总第十三期

# 托克逊年鉴

（2020）

托克逊县地方志编纂委员会　编

方志出版社
Publishing House of Local Records

**图书在版编目(CIP)数据**

托克逊年鉴. 2020/托克逊县地方志编纂委员会编.
—北京:方志出版社,2020. 12
ISBN 978-7-5144-4644-9

Ⅰ. ①托… Ⅱ. ①托… Ⅲ. ①托克逊县—2020—年鉴 Ⅳ. ①Z524. 54

中国版本图书馆 CIP 数据核字(2020)第 262226 号

**托克逊年鉴(2020)**

**编　　者**:托克逊县地方志编纂委员会
**责任编辑**:张　颢

**出 版 者**:方志出版社
地址　北京市朝阳区潘家园东里 9 号(国家方志馆 4 层)
邮编　100021
网址　http://www.fzph.org
**发　　行**:方志出版社图书经销中心
电话(010)67110500
**经　　销**:各地新华书店
**印　　刷**:新疆新华华龙印务有限责任公司
**装　　订**:新疆新华印务有限责任公司

**开　　本**:787×1092　1/16
**印　　张**:22. 25
**字　　数**:552 千字
**版　　次**:2021 年 12 月第 1 版　　2021 年 12 月第 1 次印刷
**印　　数**:001~500 册

ISBN 978-7-5144-4644-9　　定价:240. 00 元

## 《托克逊年鉴(2020)》编纂委员会

**主　任:** 朱剑军

**副主任:** 阿不力米提·阿不力孜　阿力木·艾比布　赛福丁·卡德尔　邓　铭　梅　勇　薛　雪　张　赳

**委　员:** 朱　刚　李志超　章　东　李宗新　王晓峰　张　军　杨极思　马生政　吴卫强　蒋　颖　王世海　靳春海　李建东　庄　震　胡嘉丽　王　刚　丁光玉　张思维　王永生　穆　荣　李连齐　阿不都拉·阿不力米提

## 《托克逊年鉴(2020)》编辑人员

**主　　编:** 朱　刚

**执行主编:** 陈慧琴

**编　　辑:** 王　云　崔浩荣　蒋珊珊

**图片提供:** 各有关单位办公室

## 审　定

托克逊县审读工作领导小组

吐鲁番市地方志编纂委员会编辑室

# 《托克逊年鉴(2020)》撰(组)稿工作人员

(按姓氏笔画排序)

马　丽　马　荣　马　强　马雨薇　马学文　马晓华　马雪良　王　云　王　浩
王　琴　王　瑛　王文欢　王东旭　王永莉　王雨婷　王新华　木扎帕尔·吾甫尔
木巴热克·木那瓦尔　方　军　尹静静　巴小青　邓　琛　艾尼·肉苏力
艾孜孜古丽·阿布里孜　古丽加娜提·买买提　古丽给娜·泰来提　石振军
田建国　付　雪　白　雪　务喜英　冯　欣　冯　强　司小红　加娜提古丽·艾乃吐力
再乃提古丽·尼斯尔　吐尔逊阿依·吾苏甫艾合买提　肉克亚木·买苏提　伍友海
任　强　任苗利　刘　盼　刘玉环　刘兆民　江雪香　宇智麟　祁国泰　许锦程
孙文博　孙文鑫　孙进昌　朱兆勇　买尔孜亚·艾亚孜丁　玛合木提江·海瓦尔
苏　涛　苏含明　李　华　李　江　李　果　李　周　李振堂　李石井
李兴华　李纪东　李丽娟　李杰夫　李树正　杨　阳　杨　蓉　杨　福
吾尔也提·米尔苏力　吴晶晶　余　锐　沈　波　宋春丽　张　铭　张　静　张文麒
张丽娟　张宏新　张宜良　张亮仁　张桂娜　阿力玛斯江·阿不力米提
阿不来提·卡哈尔　阿不都热合曼·艾合买提　阿尔孜古丽·热克甫
阿丽亚·买买提　阿孜古丽·买买提　阿拉法特·居来提　阿迪拉·艾乃吐力
孜克亚古丽·阿不来孜　陈　亮　陈　蕊　陈红玲　纵华超　武永强　范冬梅
迪力亚尔·帕尔哈提　迪丽萨尔·哈力瓦尔　罗　伟　罗文麒　帕如克江·帕哈尔丁
金　星　周　俊　周　燕　周永萍　庞瑞博　郑　丹　郑思伟　孟庆瑞　赵　梅
赵　海　胡海燕　钮晶莹　拜热叶古丽·合力克　侯　涛　娜地热·阿帕尔
热孜也·艾尼瓦尔　夏扎提古丽·吾甫尔　夏克尔·托乎提　徐　固　徐伟伟
徐爱晶　徐富增　殷延军　凌　燕　郭　丰　郭　洁　郭卫蓉　唐　杰
黄广琴　曹孟琳　崔　东　崔令师　崔浩荣　崔巍涛　彭艳丽　蒋　真　韩　娇
程彩霞　鲁喜莲　鲁福平　谢　惠　强培培　路　铭　蔡　荣　赛提古丽·买合木提
颜　亮　潘　亮

# 数字托克逊2019

| | |
|---|---|
| 县域面积 | 16564平方千米 |
| 辖 | 7镇1乡 |
| 全年实现全县地区生产总值 | 102.91亿元 |
| 农林牧渔业总产值 | 16.87亿元 |
| 耕地面积 | 17.11千公顷 |
| 农作物总播种面积 | 25.16千公顷 |
| 其中:粮食作物播种面积 | 4.45千公顷 |
| 棉花面积 | 4.59千公顷 |
| 瓜果类面积 | 3.41千公顷 |
| 蔬菜面积 | 1.72千公顷 |
| 其他 | 10.99千公顷 |
| 全年粮食总产量 | 2.18万吨 |
| 棉花总产量 | 0.62万吨 |
| 瓜果类总产量 | 12.18万吨 |
| 蔬菜总产量 | 6.97万吨 |
| 红枣总产量 | 1.43万吨 |
| 杏子总产量 | 1.85万吨 |
| 奶类总产量 | 0.22万吨 |
| 秋翻耕地 | 2.29万公顷 |
| 年末牲畜存栏数 | 38.24万头(只) |
| 牛羊育肥 | 107万头(只) |
| 肉类总产量 | 0.62万吨 |
| 森林覆盖率 | 5.13% |
| 森林面积 | 8.67万公顷 |
| 年内完成人工造林 | 65万株 |
| 年末草原面积 | 33.19万公顷 |
| 年末人均绿地面积 | 20.1平方米 |
| 年末农业机械总动力 | 9.6万千瓦 |
| 工业总产值 | 167.02亿元 |
| 建筑业实现产值 | 3.6亿元 |
| 房屋建筑施工面积 | 2.76万平方米 |
| 房地产开发企业完成投资 | 3.82亿元 |
| 污水处理厂 | 1座 |
| 全社会固定资产投资累计完成 | 53.02亿元 |
| 招商引资到位资金 | 49.42亿元 |
| 旅游接待游客 | 263万人次 |
| 实现旅游消费 | 3.1亿元 |
| 减少扶贫对象 | 3户9人 |
| 享受教育扶贫学生 | 1687人 |
| 助学补助金 | 269.69万元 |
| 公共财政收入 | 16.09亿元 |
| 公共财政支出 | 29.27亿元 |
| 年末金融机构各项存款余额 | 49.94亿元 |
| 年末金融机构贷款余额 | 47.69亿元 |
| 实现社会消费品零售总额 | 13.78亿元 |
| 农牧民人均纯收入 | 16505元 |
| 城镇居民人均可支配收入 | 35431元 |
| 全县中小学 | 37所 |
| 在校生 | 24224人 |
| 教师 | 3479人 |
| 卫生机构 | 88所 |
| 拥有医疗床位 | 717张 |
| 卫生技术人员 | 1120人 |
| 参加城乡居民基本养老保险 | 54070人 |
| 参加城乡居民基本医疗保险 | 95376人 |
| 参加失业保险 | 20421人 |
| 参加工伤保险 | 25000人 |
| 参加生育保险 | 21835人 |
| 收养型社会机构 | 3个 |
| 年末领取政府最低生活保障金 | 6695人 |
| 发放城乡居民最低生活保障金 | 2431.7万元 |
| 农村“五保”供养人员 | 178人 |
| 年末固定电话用户达 | 22806户 |
| 移动电话用户达 | 177249户 |
| 年末境内公路通车里程 | 1620.42千米 |

# 年度大事

2019年1月13日，中共托克逊县第十一届委员会第十三次全体(扩大)会议召开

2019年1月14日，中国人民政治协商会议托克逊县第十二届委员会第四次会议开幕

2019年1月15日，托克逊县第十七届人民代表大会第四次会议召开

2019年1月25日，永兴县·托克逊县2019年文化交流联欢晚会在湖南省永兴县人民会堂举行

2019年1月31日，托克逊县为郭勒布依乡开通村级新能源纯电动公交6号线

2019年3月25日，托克逊县为60户烈属、军属和退役军人等家庭颁发光荣牌

2019年5月23日，托克逊县退役军人服务中心揭牌、各乡(镇)授牌

2019年5月18日，第六次全国优质杏品鉴会上托克逊县被授予“中国早熟杏之乡”美誉

2019年5月23日，托克逊县召开脱贫巩固提升工作推进会

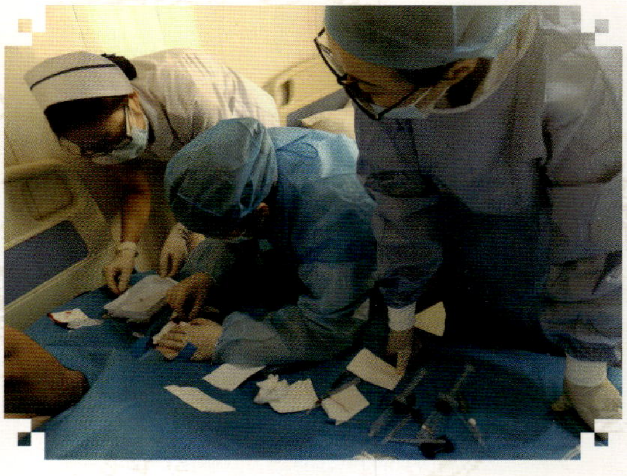

2019年6月4日，托克逊县人民医院开展首例PICC成人置管术

2019年6月20日，托克逊县融媒体中心挂牌

2019年7月31日，托克逊县在职县处级领导参观吐鲁番市纪法警示教育中心

2019年8月14日，托克逊县人民医院通过自治区胸痛中心建设预审

2019年9月6日，中煤科工集团重庆研究院专家检查雨田煤业安全工作

2019年11月7日，援疆生态林建设现场验收通过复验

2019年11月12日，新疆中泰化学托克逊能化有限公司年产30万吨高性能树脂项目建成投产

2019年11月15日，托克逊县人民医院举行“远程影像、远程心电诊断”启动仪式

# 脱贫攻坚

## 干部帮扶

发放生物肥料

发放辅助器具

## 家门口就业

托克逊县2019年"春风行动"郭勒布依乡专场招聘会

## 企业帮扶

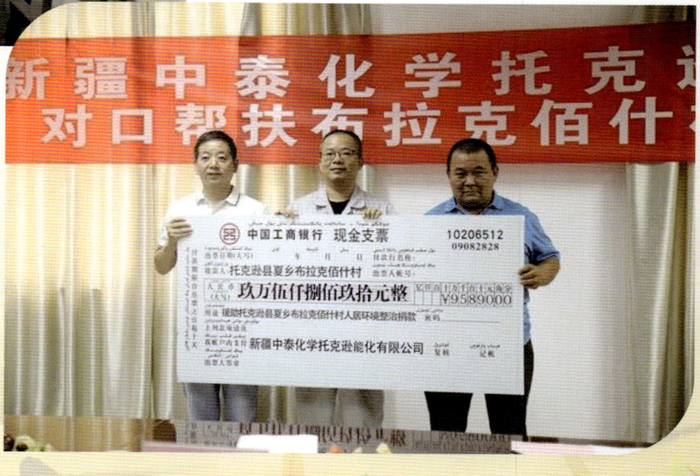
新疆中泰化学托克
对口帮扶布拉克佰什
中国工商银行 现金支票
10206512
09082828
托克逊县夏乡布拉克佰什村
玖万伍仟捌佰玖拾元整
¥9589000
援助托克逊县夏乡布拉克佰什村人居环境整治捐款
新疆中泰化学托克逊能化有限公司

## 农村环境整治

美化庭院

厕所革命

门前整治

舒心巷道

# 精品农业

种瓜指导

哈密瓜压蔓、留瓜技术培训

新型职业农民培育培训

讲授枣树管理技术

丰收节公益直播盛典

硕果累累

2019年5月20日，托克逊县开展“5·20”要杏福电商营销活动

2019年10月16日，托克逊县举办红枣开园仪式暨全渠道对接会

# 工业腾飞

圣雄能源有限公司25万吨PVC、22万吨烧碱离子膜项目

厂区一角

中泰化学重大项目车间生产线

中车永电能源装备有限公司首批1.5兆瓦直驱永磁风力发电机组下线

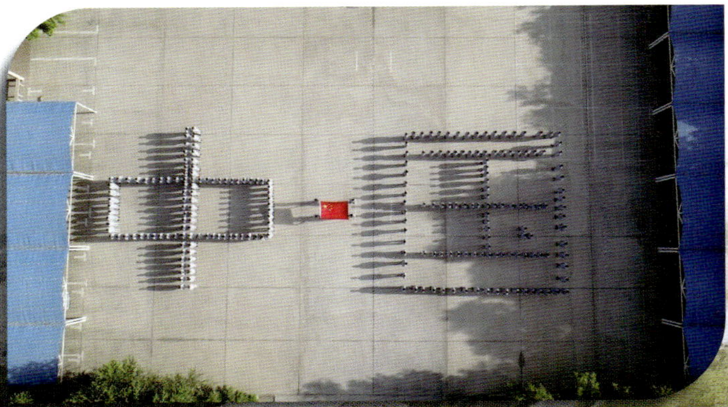

企业员工向党爱国

# 文化民生

“三下乡”活动

党支部活动

“4·26”知识产权周版权宣传活动暨
“绿书签行动”活动启动仪式

最美家庭

送岗位到家门口

“金秋助学”大会

高校毕业生赴湖南锻炼培训

重温誓词

红歌联唱

“我和国旗合个影,我为祖国送祝福”

# 宣 传

减税降费政策宣传

消防宣传

法治宣传

惠民政策宣传

造血干细胞知识宣传

# 培 训

暑期返乡大学生电商创业培训

村级电商培训

电子商务创业集中培训

电商创业表彰

# 民族团结

我爱我的祖国

各族人民心向党

民族团结一家亲

# 扎下根的支边人

20世纪50年代末60年代初，荒凉偏僻、人烟稀少的托克逊县接纳了江苏铜山、海安籍和安徽庐江籍居多的近3000名支边青壮年，他们响应祖国号召，从山清水秀的内陆平原唱着“新疆是个好地方”来到这边疆小城，热情高涨地投身托克逊各项建设，他们与当地维吾尔族、回族等各族群众相濡以沫、互帮互助，在这里安家落户、繁衍生息……

岁月不居，时节如流。60年过去，当初青春激扬的热血青年如今已近耄耋之年，他们无私地奉献了自己的青春、才智、汗水、泪水甚至热血，他们也深深地融入到他们爱的深沉的托克逊这片热土。

扎根托克逊60年

# 感恩援助

## 教育援助

“郴托情”爱心捐书

潇湘名家讲坛讲座

援疆老师参观托克逊民族团结展厅

## 医疗援助

“郴托情”义诊送医

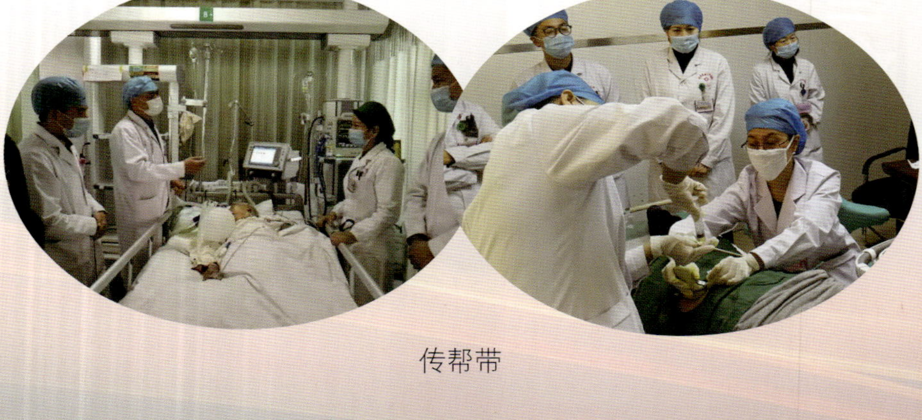

传帮带

# 项目援助

安居富民工程

援疆生态林

甘霖援助

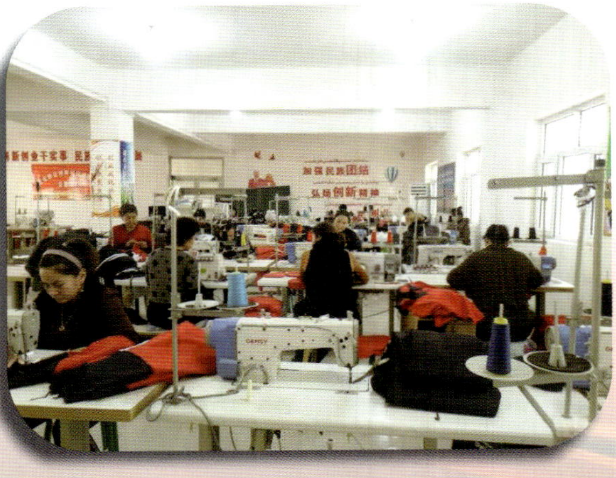

“一户一工人”

# 托克逊风光

# 编辑说明

一、《托克逊年鉴(2020)》(以下简称本年鉴)以马克思列宁主义、毛泽东思想、邓小平理论、“三个代表”重要思想、科学发展观、习近平新时代中国特色社会主义思想为指导,坚持辩证唯物主义和历史唯物主义的立场、观点和方法。

二、本年鉴承载托克逊县政治、经济、社会事业等各类信息,力争按年度反映托克逊县政治、经济、文化和社会发展历程及重大事件,是县内资料权威的工具书。2020年刊收载2019年托克逊县经济和社会发展的基本情况,旨在为各级领导科学决策、指导工作提供可靠依据,为读者提供多种信息服务,为编史修志积累宝贵资料。

三、本年鉴设31个部类,依次为:特载、托克逊概览、大事记、中国共产党托克逊县委员会、托克逊县人民代表大会、托克逊县人民政府、中国人民政治协商会议托克逊县委员会、纪检监察、法治、军事、群众团体、农业和农村工作、工业、城乡建设、交通·通信、商务、生态环境、自然资源管理、经济管理与监督、财政·税收、金融、教育、科技、社会生活、卫生、文体传媒·旅游·文物、脱贫攻坚、专题辑录、乡镇、人物·荣誉、附录等。

四、本年鉴采用分类编辑法,主要内容按类目、分目和条目框架编排,采用条目形式编撰。

五、本年鉴录入的资料是由各部门各单位提供,并经相关单位领导审核签字、单位盖章编辑入鉴。书中主要数据出自统计局和其他权威数据部门,与统计资料有出入的,以统计数据为准。部分资料参考了县政府网站信息。

六、本年鉴中涉及人物简历的,原则上从简书写;为保证资料完整,个别县级领导任职时间适当延伸至2020年1月;领导干部收录标准为2019年担任领导职务的科级以上领导干部。班子成员按照组织部核定标准,排序仅为编辑需要和查询方便。

七、本年鉴中简称的“县”一律为托克逊县,吐鲁番市简称“市”。“区”一律为自治区。

八、本鉴中地名原则上以《托克逊县地名图志》为准,《新疆维吾尔自治区行政区划简册》(2010)出版后,涉及变化的地名均以此简册为准。2015年全国第二次地名普查,托克逊县规范地名信息,此后地名变化以普查资料为准。为规范城乡地名,县人民政府下文将博斯坦镇博孜尤勒滚村和李毛坎儿孜村分别更名为博孜尤勒贡村和李孟坎儿孜村。郭勒布依乡硝儿村改为硝尔村。《托克逊县地名图志》中的地名有些属于习惯性称法,如:托克逊河惯称白杨河,托克逊镇惯称城镇。

九、本年鉴中各类名称在文中第一次出现时用全称,以后用简称。如上年年鉴中已作说明的本鉴不再做特别说明。

十、本年鉴执行国家有关规定的计量单位。但为方便读者,农业和乡镇建设部分所使用的面积为“亩”,其他部分使用“公顷”,如:概述、国土资源管理部分。

十一、本年鉴的综合资料、数据,一般截至2019年底。为全面反映年内个别事物的结果,体现资料的完整性,个别资料可延伸至2020年初,如特载中的县委十一届十四次(扩大)会,时间跨入2020年,但反映的是2019年的工作资料。湖南援托工作3年为一周期,为全面反映工作的整体性,时间跨度从2017—2019年,以方便读者查阅。

因统计口径等原因,有关部门所提供的个别数据与统计局的资料不尽一致,采用者请予注意。

# 目　　录

## 县委办公室工作



## 深化改革工作



## 机要保密工作



## 专用通信



## 档案服务



## 组织工作



## 宣传工作



## 统战工作



## 网络安全和信息化工作



## 机构编制

### 机关党建



### 党校工作



## 托克逊县人民代表大会

### 人民代表大会和人大常委会会议



### 检查、监督和决定



## 托克逊县人民政府

### 施　政



### 政府办公室工作



### 政务服务



### 退役军人事务与双拥创建



### 应急管理



## 中国人民政治协商会议托克逊县委员会

### 政协全委会会议和常委会会议

## 武　警



# 群众团体

## 总工会



## 共青团



## 妇女联合会



## 工商业联合会



## 文学艺术界联合会



## 残疾人联合会



## 红十字会

## 农业和农村工作

### 环保督察和生态环境监察执法



### 生态环境整治



## 自然资源管理

### 国土资源管理和空间规划



### 土地调查和地图监管



### 矿产资源管理



### 自然资源监督执法



## 经济管理与监督

### 宏观经济管理



### 市场监督管理

## 统计管理



## 审计监督



# 财政　税收

## 财　政



## 税　收



# 金　融

## 银　行

### 中国人民银行托克逊县支行



### 中国农业发展银行托克逊县支行

## 托克逊县第一中学



## 托克逊县第二中学



## 校外教育



# 科　技

## 科学技术



## 科学普及



## 气象测报



# 社会生活

## 人力资源



## 劳动保障



## 医疗保障

## 托克逊县人民医院



## 托克逊县维吾尔医医院



## 卫生监督



## 妇女儿童保健



## 疾病预防控制



## 生育管理和服务



## 卫生服务



# 文体传媒　旅游　文物

## 文化　体育



## 广播　电视

### 旅游　文物



## 脱贫攻坚



## 专题辑录

### 湖南援助托克逊县工作
### 第八批援托工作



## 乡　镇

### 郭勒布依乡



### 夏　镇



### 博斯坦镇

### 伊拉湖镇



### 托克逊镇



### 阿乐惠镇



### 克尔碱镇



### 库米什镇



## 人物　荣誉

### 人　物



### 2019 年县级主要领导

## 荣 誉



# 附 录

## 重要文件摘录



## 地方志专题



## 通讯报道



## 名词解释

# 特 载

## TEZAI

## 在中共托克逊县第十一届委员会第十四次全体(扩大)会议上的讲话(摘选)

托克逊县委书记、县人大党组书记 朱剑军

(2020 年 1 月 4 日)

会议的主要任务是:坚持以习近平新时代中国特色社会主义思想为指导,全面贯彻落实党的十九大和十九届二中、三中、四中全会、中央经济工作会议、自治区党委九届八次全体会议、经济工作会议和市委一届七次全体(扩大)会议精神,总结上年工作,部署 2020 年任务,带领全县各级党组织和广大党员干部群众,坚定坚决贯彻落实新时代党的治疆方略、特别是社会稳定和长治久安总目标,奋力谱写托克逊稳定改革发展新篇章,为坚决夺取全面建成小康社会伟大胜利而努力奋斗。

一、2019 年各项工作

紧扣要求找差距,主题教育成效显。我们坚定不移按照党中央关于开展"不忘初心、牢记使命"主题教育工作部署,各级党员干部坚持静下心深学深悟、沉下身调查研究、刀刃向内检视问题,用心用情为民做好事、办实事、解难事,主题教育期间累计解决群众各类困难诉求 471 件、办好事实事 1800 余件、化解矛盾纠纷 172 起。紧盯专项整治,细化量化 12 个工作方案、完成专项整治问题 95 个、制订具体整改措施 376 条,集中精力整治漠视群众利益问题,严肃查处行业不正之风和"不作为、慢作为、乱作为"问题,机关干部工作作风持续向好。经市指导组评估、党员群众评议,县主题教育好评率均为 100%。

用心用情办实事,群众工作解民忧。我们坚定不移贯彻落实自治区党委"六项工作"要求,坚持把解决思想问题与实际问题相结合,强化思想疏导和宣传引导,真正把群众工作做到群众心坎上。千名干部共赴基层,了解群众最急、最难、最盼、最怨的问题,运用"闭环式"问题解决机制,累计解决群众困难诉求和矛盾纠纷近万余件,最大限度争取和凝聚了人心。践行新时代"枫桥经验",完善人民调解和司法调解工作机制,推行并组建村级人民调解委员会,一批深层次矛盾得到解决。常态化开展入户走访、民族团结一家亲和民族团结联谊活动,各级干部累计走访 50.8 万余户次、办好事实事 3.2

万余件,拉近了党群干群关系。深入开展"视频大宣讲"、周一升国旗、"看历史、游家乡、爱祖国"等群众性教育活动,筑牢了各族群众中华民族共同体意识。各级窗口单位为民服务意识强化,实现群众上门马上办,老弱难事全程办,各族群众的获得感、幸福感、归属感提升。

坚持践行新理念,经济发展稳中进。我们坚定不移按照自治区党委"1+3+3+改革开放"工作部署,防范化解政府债务风险,持续巩固脱贫攻坚,全力打好蓝天、碧水、净土保卫战,"三大攻坚战"成效显著。加快融入丝绸之路经济带核心区建设,深入实施乡村振兴战略,打造景区+乡村全域旅游模式,"三项重点工作"有力推进。加快推进重点项目建设,加大招商引资力度,优化营商环境,经济发展注入新动力。预计2019年,实现全县生产总值91.66亿元,同比增长7.6%;规模以上企业增加值50.63亿元,同比增长9.5%。全社会固定资产投资同比增长15.1%;一般公共财政预算收入16.08亿元,同比增长7.5%;招商引资到位资金49.42亿元;社会消费品零售总额6.53亿元,同比增长6.3%。城乡居民可支配收入分别增至35415元和14298元。

注重推进一体化,城乡面貌日异新。我们坚定不移按照田园城市战略定位,创建国家园林城市、卫生城市,宜居宜业托克逊建设稳步推进。加快旧城改造和城乡基础设施建设,建设安居富民房2204户、棚户区改造1200套,城乡居民居住条件持续改善。实施城乡道路建设项目18个,里程92.63千米,完成危桥改造项目2个,城乡交通网络逐步完善。新增城镇绿化面积18万平方米、乡村绿化造林57千米,城乡生态环境持续优化。加快公共交通网络组建,新增电动公交车6辆,优化公交线路3条,新增公交里程38千米,各族群众出行更加便捷。学习借鉴"千万工程"经验,创新推动人居环境整治"十项行动",探索建立村级"四个一"管理体制,推进"厕所革命",农村人居环境改善。

持续竭力补短板,民生事业惠民生。我们坚定不移保障和改善民生,实施33项民生建设项目,民生支出占公共财政预算支出的85%以上。深入推进"一户一工人"和家门口就业工程,实现城镇新增就业3368人,农村富余劳动力转移就业1.26万人次。全面启动冬季农民大培训,举办就业技能培训班217期,培训8045人。优先发展教育事业,投入1963万元实施教育领域建设项目14个,改善了薄弱学校办校条件,顺利通过国家义务教育发展基本均衡复验。落实教育惠民资金2234.38万元,惠及学生2.4万人;投入142.98万元实施贫困家庭子女资助政策,惠及学生1232人。完成新一轮全民健康体检工作。稳步推进公立医院综合改革,加大重大传染病、地方病防控,实施乡镇卫生院、村卫生室标准化建设,医疗服务水平提升。严格落实计划生育目标管理责任制,严格控制计划外生育。提高居民最低生活保障水平,城乡低保标准分别提高至462元/月、3732元/年,特困人员、孤儿有意愿集中供养率均达到90%以上。扩大养老、医疗、失业、工伤、生育保险覆盖面,社会保障水平持续提升。

援疆开创新模式,无私奉献成果丰。我们坚定不移贯彻落实第七次全国对口援疆工作会议精神,加强工作对接落实,全年到位援疆资金9144万元,实施惠民项目15个。探索建立"2+3+X"产业援疆新模式,被湖南援疆前方指挥部重点推介。"组团式"教育和医疗人才援疆成效明显,创新开展"潇湘名家讲坛"8期,实现小学、初中、高中3个学段网络联校全覆盖。全力推动"疆货出疆""疆品入湘",成功举办首届托克逊

（郴州）年货节和哈密瓜展销会，建成托克逊名优特产展示中心。坚持每月常态化开展"郴托情·义诊送医"活动，建成与湖南省湘雅医院、郴州市第一人民医院的远程医疗会诊平台。三年来，第八批援疆干部人才无私奉献、埋头苦干，赢得了各族干部群众的认可和赞誉。

夯实基础强党建，监督执纪查问题。坚定不移贯彻落实新时代党的建设总要求，全面落实村第一书记统筹村级各支力量工作机制，推行社区"大党委"建设，巩固强化党的执政基础。加强基层党组织建设，持续整顿软弱涣散基层党组织，深化"访惠聚"驻村工作，推进村集体经济规范化管理，加快村（社区）阵地建设，基层党组织战斗堡垒作用持续巩固。坚持在基层一线培养锻炼干部，全方位引进外来人才，高质量完成村组干部联审，招录1275人充实到基层一线，实现"一村至少1名大学生村干部"全覆盖，干部队伍结构持续优化。落实"基层减负年"工作要求，推进文山会海、督查考核、台账表格等专项清理行动。整治发生在群众身边的腐败问题，严查基层微腐败和不正之风，纠治"四风""四气"问题132件，运用监督执纪"四种形态"处理477人次，堵塞廉政风险点650个，党风、政风和社会风气持续好转。

一年来，面对维护社会稳定和长治久安的历史使命和各族群众的新期盼，县委总揽全局、协调各方，人大依法履职、有效监督，政府依法行政、主动作为，政协建言献策、服务大局，各级党政班子同心同德、和衷共济，党员干部激情干事、无私奉献，各族群众辛勤劳动、艰苦奋斗，齐心协力推进托克逊稳定改革发展各项事业迈出了新步伐。

这些成绩的取得，是习近平新时代中国特色社会主义思想科学指导的结果，是新时代党的治疆方略、特别是社会稳定和长治久安总目标统领引导的结果，是自治区党委和市委坚强领导的结果，是湖南省郴州市无私援助的结果，是每一位党员干部群众团结奋进的结果。在总结成绩的同时也要清醒地认识到：托克逊县长治久安的基础还不牢固，松懈麻痹、盲目乐观思想依然存在；经济转型升级任务依然繁重，营商环境仍需优化；农民增收致富渠道还不够宽；民生领域还有不少短板；作风建设有待加强。面对这些问题和短板，我们必须时刻保持清醒头脑、增强忧患意识，在今后的工作中加以解决，真正干出让人民满意、历史肯定的成绩。

二、2020年各项任务

2020年，全县工作的总体要求是：坚持以习近平新时代中国特色社会主义思想为指导，全面贯彻落实党的十九大和十九届二中、三中、四中全会及中央经济工作会议精神，坚决贯彻落实习近平总书记关于新疆工作的重要讲话和重要指示批示精神，坚决贯彻落实新时代党的治疆方略，聚焦社会稳定和长治久安总目标，紧扣全面建成小康社会目标任务，按照自治区党委九届八次全会、经济工作会议和市委一届七次全体（扩大）会议安排部署，坚持稳中求进工作总基调，坚持新发展理念，统筹推进保稳定、稳增长、促改革、调结构、惠民生、防风险，保持社会大局持续和谐稳定，保持经济运行在合理区间，确保全面建成小康社会和"十三五"规划全面收官。

2020年，全县经济社会发展的主要预期目标是：实现全县生产总值增长7%以上，全社会固定资产投资增长15%以上，一般公共财政预算收入增长7%以上，城乡居民人均可支配收入分别增长6%和10%以上；城镇登记失业率控制在3.2%以内，居民消费价格涨幅3%左右。

确定上述发展目标，是县委根据全市预期目标结合托克逊县实际，综合各方面因素，科学分析当前形势，反复研究讨论做出的决定,是完全能够实现的。我们坚信,通过全县各族干部群众的共同努力和不懈奋斗,我们必将谱写更加辉煌的新篇章。

(一)以习近平新时代中国特色社会主义思想为指导,坚定不移贯彻落实新发展理念,推进经济高质量发展

聚焦全面建成小康社会,打赢"三大攻坚战"。一要打赢精准脱贫攻坚战。要聚焦脱贫质量,紧扣"两不愁、三保障",推进"七个一批""三个加大力度",防止返贫。做到责任、政策、工作"三落实",识别、帮扶、退出"三精准",义务教育、基本医疗、住房和饮水安全"三保障"。组织开展好脱贫攻坚"冬季攻势",抓好脱贫攻坚大排查、全员培训、项目建设、整改落实四项重点工作,定期开展"回头看",着力解决影响脱贫攻坚成色的突出问题,提高脱贫质量。二要打赢污染防治攻坚战。牢固树立绿水青山就是金山银山、冰天雪地也是金山银山的理念,坚持生态保护第一,努力建设天蓝、地绿、水清的美丽托克逊。加快推进中央环保督察反馈意见整改工作,确保剩余整改任务按期销号。牢固树立红线底线意识,坚持精准治污、科学治污、依法治污,坚决打好蓝天、碧水、净土保卫战。全面落实河(湖)长制,大力推进河湖整治三年行动,加快污染源和水生态系统整治。严格执行环境准入负面清单,严禁"三高"项目进入托克逊,坚决守住生态功能保障基线、环境质量安全底线、自然资源利用上线。三要打赢防范化解重大风险攻坚战。妥善处置隐性债务存量,按照"不增新债、认真化解"的要求,坚决做好清理拖欠民营企业、中小企业账款工作。严格按照"四个一律"要求对新增项目进行审核把关,将可能发生的政府隐性债务风险消除在萌芽状态。加强金融监管服务,坚决打击违法违规金融活动,严守不发生系统性风险的底线。充分发挥财税金融支撑作用,大力培植财源税收,引导金融机构回归本源、服务实体经济。

聚焦丝绸之路经济带核心区建设,壮大优势产业。要主动融入丝绸之路经济带核心区建设,抢抓"五大机遇",大力发展实体经济,培育壮大特色优势产业,着力提升产业基础能力和产业链水平。一要抢抓"北电南送""疆电外送"机遇,加快煤炭资源优势转化。坚持以煤为基、多元发展,大力促进煤炭洁净高效利用,重点发展煤炭、煤电、煤化工产业。加快克(布)尔碱、黑山矿区建设,推进煤炭资源整合,做好现有煤矿改扩建与新建煤矿产能衔接,实现2020年煤炭原料供应2000万吨。争取配套电厂落地建设,打造"疆电外送"第四通道重要电源支撑点,努力把资源优势转化为发展优势。二要抢抓新能源产业政策松绑机遇,推动新能源产业链延伸。紧跟国家、自治区新能源政策,大力发展"金风系列""天合系列"等品牌产业,激活新能源设备组装、制造生产基地,全力打造新能源全产业链,努力把托克逊建成面向疆内、辐射西北的新能源装备制造业基地,力争使新能源装备制造产业成为托克逊经济发展的战略先导产业和未来经济发展的支柱产业之一。紧盯准东区域新增光伏和风电项目市场需求,加强沟通交流和产销对接,帮助新能源企业拓展市场,着力把托克逊建成全疆风电、光伏产业装备的供应基地和采购目的地。三要抢抓重大项目落地机遇,全力抓项目促投资。围绕产业和产业链发展,抢抓重大项目落地机遇,谋划带动一批产业关联度高、集聚效应强、辐射带动作用明显的重大项目,对规划中尚未开工的中泰煤基新材料和神华煤化工等重大项目,力争2020年开工建设;对在建的天雨煤化500万吨/年煤分质清洁高效综合利用、华天瓷业中高档瓷砖、博斯坦煤业等项目,紧盯进度、尽快建成投产;对建成的中泰

30万吨/年高性能树脂、圣雄50万吨/年聚氯乙烯树脂、金林实业100万吨/年兰炭、新华环保2万吨/年活性炭等重大项目,保障满负荷生产,发挥促增长的最大效益。加强与国家、自治区规划的衔接,高质量编制"十四五"规划,加快项目库建设,谋划储备一批能源交通、农林水利、装备制造、公共设施等重大工程、重大项目,增强经济发展后劲。四要抢抓乌鲁木齐机场在吐鲁番落地机遇,融入乌鲁木齐经济圈。围绕建设乌鲁木齐第二机场机遇,发挥连通南、北疆交通及鱼儿沟、望布千万吨铁路物流港优势,推动公路、铁路、航空物流协同发展。加快推动乌吐区域经济一体化融合发展,着力做好产业配套衔接、提升服务能力,主动融入乌鲁木齐经济圈。推动能源重化工工业园区制度创新、模式创新、管理创新、服务创新,激发市场主体活力,引导产业集聚、要素集约、企业集中,打造经济发展的主平台。抓好园区规划、产业升级,做好核心园区扩建区域和伊拉湖循环经济产业园基础设施建设,吸引一批大集团大企业来托克逊县投资置业,形成带动能力强、辐射范围广、产业链条长的特色产业园。五要抢抓稳定红利持续释放机遇,抓好招商引资工作。树立"招商引资是发展之基、投资之源、产业之策、转型之机"的理念,抢抓稳定红利持续释放的机遇,充分发挥资源、电力、土地、劳动力等优势,组建招商专班,按照"签约项目抓落地、在建项目抓进度、建成项目抓投产"要求,建立招商工作责任机制。突出精准招商、产业链招商、以商招商,围绕中泰、骆驼、华天、盛泰等企业,重点做好煤炭精细化工、再生资源、新型建材、家纺服装等全产业链招商,实现引进一个企业、带动一个产业,为工业转型升级和高质量发展提供强力支撑。

聚焦"三农"工作,推进乡村振兴。围绕农业提质增效和农民增收,做精做优特色农业,大力发展哈密瓜、早熟西瓜、反季节蔬菜、红枣、杏等特色农产品。着力建立牛羊标准化养殖示范区,推动黑羊、肉牛等特色化、规模化养殖。坚持把农业产业化经营、农产品精深加工作为主攻方向,扶持壮大农业产业化龙头企业和联合体,规范提升农民合作社,完善"公司+合作社+农户"利益联结机制,推动电子商务进农村,抓好农产品产销对接,拓宽农民增收渠道。实施科技特派员制度,推进新型农民培训和农业科技推广,壮大乡村振兴人才队伍。大力弘扬和践行社会主义核心价值观,完善农村公共文化体系,培育文明乡风、良好家风、淳朴民风。推进"千万工程",抓好村容村貌提升、房前屋后环境治理、垃圾污水处理、"四好农村路""厕所革命",推进"三区分离",继续推动人居环境整治"十项行动",重视发展农村庭院经济,完成4个人居环境整治示范村建设。以提升组织力为重点,建强基层党组织,促进农村基层组织全面进步、全面过硬,为乡村全面振兴提供坚强政治和组织保证。

聚焦旅游富民,推进全域旅游发展。统筹"白杨河+南湖杏花村景区""红河谷+魔鬼城+怪石林+通沟景区"等旅游资源,实施南湖杏花村景区提质行动,推动旅游集群化、品质化、特色化发展。发挥"旅游+"优势,健全旅游交通网络,打通阿乐惠镇、伊拉湖镇布尔加依村、黑山牧场、克尔碱镇通沟村的环线旅游通道。以办好杏花节、拌面节等特色节庆活动助推旅游发展,推进白杨河、南湖杏花村景区、五大主题公园等A级景区创建工作。围绕文化和旅游发展,制订专业人才培养和引进计划,建立文化和旅游人才信息库,培养文艺骨干和后备力量。加快旅游综合服务提质增效,推进智慧旅游,发挥好各类媒体和援疆平台的推介作用,吸引更多游客到托克逊观光旅游、休闲度假。

聚焦精细建管,推进城乡一体化建设。

坚持田园城市战略定位，构建城镇体系完善、资源利用集约、基础设施均衡、公共服务均等的城乡发展格局。充分发挥规划引领和刚性控制作用，推进“多规合一”，构建更加清晰的生产、生活、生态空间格局。抓好棚户区和老旧小区改造，完成棚改2000套、公租房184套及配套基础设施建设，建成安居富民房2489户，完成老旧小区改造16个，全面改造和提升居住环境。坚持以城带村、乡村联动，因地制宜发展特色小城镇，完善克尔碱小镇、色日克墩小镇、伊拉湖小镇3个特色小镇基础设施，促进城乡融合发展。深入推进环卫城乡一体化、伊拉湖镇基础设施建设、阿乐惠镇供热管网、污水处理厂、生活垃圾填埋场及收运系统等项目建设，完善城乡基础设施。推进全国园林城市创建，实施园林提升工程，推进园林单位、园林学校、园林社区、园林小区建设，规划建设一批旅游景观道路，进一步美化、绿化城市环境。加强供水、供暖、供气、供电、通信等市政基础设施建设，实施工业余热集中供热工程、污水处理厂提标改造、第二水源地和水厂配套管网、供水改扩建及配套管网工程。实施城区14千米道路及停车场建设项目，基本形成布局合理、功能完善、衔接畅通、安全高效的综合交通运输体系。

聚焦全面深化改革，着力增添发展后劲。统筹推进事业单位改革、综合行政执法改革、基层管理体制改革，做好机构改革“后半篇文章”。深化财税金融改革，落实减税降费政策，强化财政资金绩效管理，提高财政资金配置效率和使用效率。深化“放管服”改革，加快政务服务“一张网”、基层“一张表”“最多跑一次”改革，努力打造服务最好、办事最快的营商环境。坚持和完善农村基本经营制度，稳步推进农村承包地“三权分置”，推进农村集体产权制度改革，健全城乡融合发展体制机制。深化民生领域改革，抓好教育领域综合改革、医药卫生体制改革，加快建设养老服务体系，使改革精准对接发展所需、基层所盼、民心所向。

(二)以习近平新时代中国特色社会主义思想为指导，坚定不移保障和改善民生

推进高质量就业。改善就业结构、提高就业质量。支持劳动密集型产业壮大发展，突出解决农村富余劳动力转移就业和高校毕业生、困难群体就业问题，实施好就业困难人员“一对一”帮扶和零就业家庭动态清零，确保每个有劳动力的家庭至少有1人就业。实施职业技能大培训提升行动，2020年完成职业技能培训1.08万人次，实现城镇新增就业2800人，农村富余劳动力转移就业1.1万人次，争创自治区创业型县。全面落实创业扶持资金和灵活就业补贴政策，充分突显“以业安人、以业稳人、以业脱贫”作用。

办好人民满意的教育。大力发展教育事业，坚持正确办学方向和为党育人、为国育才鲜明导向，把立德树人作为根本任务，持续提高思想政治教育水平。推进国家通用语言文字教学，巩固学前教育普及普惠成果。实施职业教育现代化达标提升工程，推进初、高中未就业毕业生职业技能培训全覆盖。全面建设一支能够满足现代化教育教学发展要求，结构合理的教师队伍，提升教育教学质量和水平。

提升全民健康水平。加快发展卫生健康事业，实施全民健康工程，全面做好全民免费健康体检工作。推进城乡医疗卫生服务能力提升工程和人民医院分院建设，深化医疗共同体改革，健全县、乡、村三级医疗服务体系，提升城乡医疗卫生服务水平。加大艾滋病、结核病等传染病防控力度，做好地方病防治和职业卫生管理工作。严格落实基本医疗保险、大病保险和医疗救助三重保障机制，确保贫困人员基本医疗有保障。加

强计划生育和妇幼保健工作，坚持优生优育，提高人口质量。开展爱国卫生运动和健康教育宣传活动，大力倡导健康文明风尚和良好生活习惯，提高广大人民群众的健康意识和生活水平。

完善社会保障体系。加快完善覆盖城乡的社会保障体系，大力实施全民参保计划，继续落实城乡低保、养老保险、医疗保险、工伤保险、生育保险等基本保障制度，实现应保尽保。扩大社会保险覆盖面，推进国有企业退休人员社保社会化管理，健全城乡低保标准动态调整机制，加强关键时点、困难人群的基本生活保障，着力构建多层次广覆盖的社会保障体系。拓宽跨省异地就医覆盖范围，为各族群众异地就医购药提供便利。加大各项惠民政策宣传讲解力度，探索推行“互联网＋”网上经办模式，让各族群众在最快时间内，通过最便捷渠道了解、享受各项惠民政策。

推进对口援疆。探索完善援疆新模式。坚持谋划在前、行动在先，全力做好“十三五”援疆项目收尾工作及“十四五”援疆规划编制工作。持续拓宽对口援疆工作的广度和深度，全面推进项目援疆、产业援疆、教育医疗“组团式”援疆和旅游文化援疆，充分发挥援疆工作综合效能。深化柔性援疆，引进紧缺专业技术人才，以第九批援疆工作为新起点，努力开创援疆工作新局面。

（三）以习近平新时代中国特色社会主义思想为指导，坚定不移巩固发展民族团结，加强各民族交往交流交融

完善民族团结进步教育常态化机制。坚持把民族团结教育纳入国民教育、干部教育、社会教育全过程，构建课堂教学、社会实践、主题教育多位一体的教育平台，推动民族团结进步理念入脑入心。要加强中华民族共同体教育，以社会主义核心价值观为引领，深化新时代爱国主义教育，广泛开展马克思主义“五观”、中国特色社会主义、中国梦、党史国史、改革开放史和新疆历史教育，引导各族群众树牢“三个离不开”思想，增进“五个认同”。紧扣“中华民族一家亲、同心共筑中国梦”主题，讲好民族团结故事，唱响民族团结主旋律，深挖群众身边的民族团结事迹，选树典型、表彰典型、宣传典型，用身边人、身边事影响广大干部群众。

广泛开展民族团结进步创建活动。围绕“共同团结奋斗、共同繁荣发展”主题，按照“全域创建、全民参与、全员行动”要求，推进民族团结教育进机关、进乡村、进社区、进学校、进企业、进军警营、进宗教活动场所、进景区、进窗口单位，充分发挥党员干部在创建活动中的先锋模范作用，拓展创建活动的深度和广度，形成人人参与、携手共创的良好氛围。坚持把民族团结进步创建作为“一把手”工程来抓，形成党委统一领导、党政齐抓共管、职能部门牵头抓总、县乡村三级联动、社会各界广泛参与的创建工作格局，促进各民族交往交流交融，让各民族像石榴籽那样紧紧抱在一起。

深化民族团结一家亲和民族团结联谊活动。秉持“重在平时、重在交心、重在行动、重在基层”理念，健全完善干部职工与基层群众结对认亲机制，坚持住访并举，引导各族干部群众多层次、多方式、多形式走动互动，加深感情。每月至少开展1次民族团结联谊活动，真心真情结对认亲、诚心实意帮扶解困。

（四）以习近平新时代中国特色社会主义思想为指导，坚定不移做好宣传思想文化工作，确保意识形态领域绝对安全

强化党的创新理论学习教育。巩固深化“不忘初心、牢记使命”主题教育成果，建立健全用习近平新时代中国特色社会主义思想武装党员干部、教育各族群众工作体系，推动党委（党组）理论中心组学习常态

化,进一步深化“习近平新时代中国特色社会主义思想进万家”活动,发挥好“学习强国”学习平台作用,用好群众工作“视频大宣讲”有效载体,把党的创新理论传到千家万户、落到基层一线,巩固各族群众团结奋斗的思想基础。

加强宣传文化阵地建设。坚持党管意识形态不动摇,坚持政治家办报、办刊、办台、办新闻网站,按照把准方向、改善条件、优化服务、高效利用的原则,策划推出一批主题宣传活动,做到中心工作推进到哪里、宣传思想工作就跟进到哪里。推进文化惠民,弘扬优秀传统文化,健全公共文化服务体系,推进新时代文明实践中心和县级融媒体中心建设,继续加大县文化活动中心、乡(镇)文化站、村(社区)图书阅览室等文化场所软硬件投入,实现文化阵地全覆盖。定期向基层推送“春雨工程”系列视听产品和通俗读物,为各族群众提供更丰富、更有营养的精神食粮。

巩固加强意识形态阵地。一要强化正面宣传引导。坚持正确政治方向、舆论导向、价值取向,把握好时效度,唱响主旋律、弘扬正能量,壮大主流思想舆论,以团结稳定鼓劲、正面宣传为主,推进传统媒体与新兴媒体深度融合,广泛开展社会主义核心价值观和爱国主义教育,引导各族群众树立正确的国家观、民族观、历史观、文化观、宗教观。二要认真落实审读机制。全面落实出版物审读机制,加强对各类媒体、课堂讲台、讲座论坛、文艺演出的管理,决不能让宣传文化阵地成为错误思想言论传播的渠道。三要开展“看历史、游家乡、爱祖国”活动。启动实施新一轮“看历史、游家乡、爱祖国”活动,让历史发声、让文物说话,引导各族群众牢固树立正确的历史观,提高辨别是非、抵御渗透的能力。四要教育引导各族群众掌握新疆历史、民族、文化、宗教等重大问题、基本观点,认清宗教极端思想的危害。

(五)以习近平新时代中国特色社会主义思想为指导,坚定不移推进全面从严管党治党,巩固党的执政根基

把党的政治建设摆在首位。始终把政治建设作为党的根本性建设,增强“四个意识”、坚定“四个自信”、做到“两个维护”,坚决维护习近平总书记党中央的核心、全党的核心地位,坚决维护以习近平同志为核心的党中央权威和集中统一领导。严明政治纪律和政治规矩,把讲政治贯穿各项工作全过程。坚持把“不忘初心、牢记使命”作为党的建设的永恒课题和党员干部的终身必修课,加强理想信念教育,筑牢思想之基、补足精神之钙。

打造忠诚干净担当的干部队伍。注重从基层一线考验、选拔干部。加大干部培养力度,注重在条件艰苦、矛盾突出的环境中磨砺年轻干部。坚持党管干部原则,做到严管厚爱结合、激励约束并重,建立健全容错纠错机制,坚持精准问责,树立鲜明的干事导向。优化干部人才结构,引进急需紧缺人才,为社会稳定和长治久安提供坚强人才保障。加大干部关心关爱力度,解决好住房、两地分居等现实问题,营造拴心留人良好环境。

夯实党的基层基础。始终把强基层、打基础作为长远之计和固本之举,推动机构编制、人员经费持续向基层倾斜。持续整顿软弱涣散基层党组织,健全县乡领导班子成员包联整顿机制,做到不转化、不脱责任。深化“访惠聚”驻村工作,发挥好第一书记统筹各支力量、各项工作机制作用,选优配强村(社区)党组织书记和“两委”班子,用好青年专干、大学生村干部,培养建设一支政治可靠、素质过硬的村级干部队伍。推进城市基层党建示范点建设,提高机关党的建设质量。抓好企业、学校、新兴组织党建工作,实

现党的组织和领导全覆盖。持续发展壮大党员队伍,特别是注重在反恐维稳和反分裂斗争一线发展党员,巩固和强化党在基层的执政基础。

推进党风廉政建设和反腐败斗争。坚持一手抓反分裂斗争、一手抓党风廉政建设和反腐败斗争,实现反腐无禁区、全覆盖、零容忍。深化监督执纪“四种形态”,特别是“第一种形态”的运用,将苗头性、倾向性问题消除在萌芽状态。深化扶贫领域腐败和作风问题专项治理,坚决查处涉黑涉恶腐败和“保护伞”。抓好主题教育对照检视成果运用,强化思想道德和党纪国法教育,筑牢党员干部拒腐防变的思想防线。发挥县委巡察“利剑”作用,将巡察发现问题与“回头看”督促整改有机衔接,提高巡察质量。突出派驻机构职能作用,加强审计监督与权力制约,持续完善不敢腐、不能腐、不想腐的体制机制,推动全面从严治党向基层延伸、向纵深发展。

持之以恒正风肃纪。坚决贯彻落实中央八项规定及其实施细则精神,严格按照习近平总书记关于纠正“四风”“四气”不止步的重要批示要求,紧盯关键少数、关键环节,持续整治“四风”“四气”,营造风清气正的政治环境和“亲、清”新型政商关系。驰而不息转作风,坚决整治形式主义,持续深化落实基层减负各项部署要求,严把文件、会议归口审批关,进一步为基层减负松绑。持续改进调查研究方式方法,坚持深入基层、深入群众了解社情民意、分析问题症结、研究解决问题。坚决整治官僚主义,紧盯不敬畏、不在乎、喊口号、装样子的问题,坚决防止工作棚架、浮在面上,坚决克服表态多落实差、调门高行动少的现象,破除作风上的“昏、粗、懒”,确保党中央和自治区党委各项决策部署落地生根。

# 2019年政府工作报告(摘选)

## ——在托克逊县十七届人民代表大会第五次会议上

托克逊县委副书记、代县长　阿不力米提·阿不力孜

(2020年1月16日)

过去一年,在自治区党委、政府、市委、市政府和县委的坚强领导下,在县人大、政协的监督指导下,县政府坚持以习近平新时代中国特色社会主义思想为指导,深入贯彻落实党的十九大和十九届二中、三中、四中全会精神,贯彻落实新时代党的治疆方略、特别是社会稳定和长治久安总目标,坚持稳中求进工作总基调和新发展理念,统筹推进稳增长、促改革、调结构、惠民生、防风险等各项工作,保持了社会大局持续稳定和经济平稳健康发展。预计全县实现生产总值91.66亿元,同比增长7.6%;规模以上企业增加值50.63亿元,同比增长9.5%;全社会固定资产投资同比增长15.1%;一般公共财政预算收入16.08亿元,同比增长7.5%;招商引资到位资金49.42亿元;社会消费品零售总额6.53亿元,同比增长6.3%;城乡居民可支配收入分别增至35415元和14298元。一年来,突出抓了以下工作:

一、坚定不移开展扫黑除恶专项斗争。打击涉恶势力犯罪案件7起,抓获涉恶嫌疑人40人,追回涉恶赃款655.03万元,查封扣押资金资产3711.89万元,扫黑除恶取得阶段性战果。坚持狠抓各类案件侦破工作,破获"8·31"特大运输贩卖毒品案等重大案件,消除了影响社会稳定的重大隐患。精心做好群众工作,常态化走访入户50.8万户次,解决热难点问题及矛盾纠纷5400余件,办好事实事3.2万余件,最大限度争取和凝聚了民心。持续开展"看历史、游家乡、爱祖国"群众性教育活动,引导各族干部群众牢固树立"三个离不开"思想、增强"五个认同"。深入开展重点行业领域安全生产专项整治和隐患大排查,持续推进社会治理体系和治理能力现代化,平安法治托克逊建设成效显著,荣获国家级"七五"普法中期先进县荣誉称号。在全县上下的共同努力下,托克逊社会大局持续稳定。

二、坚定不移开展精准脱贫攻坚战。紧扣"两不愁三保障",推进"七个一批""三个加大力度",全县1918户6401名贫困人口吃穿不愁,安全饮水全部达标,基本医疗、义务教育、住房安全均得到保障。调整优化产业结构,开展产业扶贫,变"输血式"扶贫为"造血式"扶贫,充实项目库,累计储备项目174个,资金3.08亿元。全年共落实财政专项扶贫资金2436万元,实施项目22个,实现每一个贫困村至少有1个以上能带动贫困户稳定增收的主导产业。加大贫困人口就业扶持力度,提高放贷精准度,为1510户贫困户发放小额信贷4303.94万元,实现建档立卡贫困户就业1708人。完成2019年未脱贫3户9人的脱贫任务,贫困发生率实现动态清零。坚决落实脱贫攻坚专项整改

意见，完成巡视问题整改 149 个，确保问题全部改彻底、改到位，不反弹。持续推进脱贫攻坚“冬季攻势”，查问题、补短板，着力解决“两不愁三保障”方面存在的问题，巩固脱贫攻坚质量，确保了托克逊县脱贫攻坚成果经得起历史的检验。

三、坚定不移谋发展，经济建设取得显著成效。贯彻新发展理念，坚持稳中求进工作总基调，全县经济发展保持良好态势，主要经济指标稳居全市前列。坚持把项目建设作为促进经济发展的重要抓手，全年实施支撑项目 73 项。加大政府债务化解力度，完成 2019 年地方政府隐性债务化解任务。全面开展清理拖欠民营企业中小企业账款工作，完成偿还 50% 以上的任务要求。持续调整农业产业结构，农牧业实现提质增效，红枣、杏、西甜瓜、黑羊等特色产业优势凸显。农业产业化进程逐步推进，农村电子商务、休闲观光农业迈上新台阶，农牧民收入持续增长。围绕“旅游兴疆”战略，推进全域旅游示范区建设，突出发展乡村旅游，精心策划打造景区 + 乡村旅游模式，建成特色民宿 45 家，评定星级农家乐 4 家，新(改)建旅游厕所 9 座，打造硝尔村支边文化、通沟村民族风情园、博斯坦镇红枣采摘基地等一批特色旅游小镇，直接带动就业 2100 人，间接带动就业 3.83 万人，就业增长 10%，累计接待游客 238.3 万人次，增长 57%；实现旅游收入 3.4 亿元，增长 23%。

四、坚定不移改善人民生活。始终把保障和改善民生作为工作的出发点和落脚点，推进“一户一工人”和家门口就业工程，实现城镇新增就业 3368 人，城镇登记失业率控制在 2.95%，农村富余劳动力转移就业 1.26 万人次，“零就业”家庭继续保持动态清零。通过国家基本均衡复检验收。投入资金 1963 万元，实施建设项目 14 个，改善薄弱学校办校条件。面向全国招聘优秀教师 601 人，教师队伍结构进一步优化。落实各类教育惠民资金 2234.38 万元，惠及学生 2.4 万人。加快发展职业教育，推进校校合作、校企合作，与 12 家用人单位签订合作协议，毕业生就业率达 92%。提高医疗保障水平，基层医疗机构标准化建设实现全覆盖。推进国家基本药物制度改革，公立医院基本药物使用占比达 81.61%、基层医疗机构使用占比达 100%，降低了群众就医费用。全民健康免费体检率达 100%。乡村医生财政补助标准提高到 1460 元。加大艾滋病、结核病等重大传染病防控力度，全县精神障碍患者得到康复治疗服务。持续完善社会保障体系，财政出资 352 万元为 1.36 万困难群众代缴参保资金。落实城乡居民最低生活保障制度，累计发放城乡低保金 1507.39 万元，保障了城乡困难家庭的基本生活。拓宽跨省异地就医覆盖范围，9 家医疗机构被纳入国家异地就医结算平台，极大方便了群众异地就医购药。基层公共文化设施完善，65 个乡(镇)级、村级文化活动中心正式启用，县级融媒体中心挂牌成立、广播电视信号发射塔基础设施建设完工。全年累计实施民生建设项目 33 项，民生支出占公共预算支出的 85% 以上，全县各族群众的获得感、满意度明显提高。

五、坚定不移搞协调发展，城乡面貌焕然一新。坚持田园城市战略定位，加快推进城乡融合发展，完成棚户区改造任务 1200 套，安居富民房建设 2204 户。开展农村人居环境整治工作，投入各类资金 2.96 亿元；推进“厕所革命”，建成卫生厕所 13643 座；加大村容村貌整治力度，创建美丽庭院 2565 户；加大村庄绿化美化力度，累计完成村庄绿化造林 57 千米。着力改善城区市容环境、绿化环境，完成白杨河公园、团结路、职业高中、吐和立交桥等绿化改造面积约 18 万平方米，成功创建国家卫生县城。申创

“四好农村路”全国示范县,完成危桥改造2座、县乡道改造21.4千米、安全生命防护工程54.84千米,撤并建制村道路建设13.09千米。应群众需求,实施公交线路动态调整,新增电动公交车6台,完成ETC安装任务,群众出行更加便捷。

六、坚定不移践行“绿水青山就是金山银山”理念,生态文明建设取得重大成效。严守“三条红线”,实施“退地减水”,累计开展巡河(湖)515次;对辖区内18个集中式饮用水水源地进行排查整治,达标率均为100%。建立空气质量巡查机制,空气质量达标率为83.7%,优良率位居全市之首。坚持“以水定林、适地适树”原则,大力开展国土绿化,完成造林绿化3.2万亩,退耕还林3000亩;政策性关闭小煤矿1家、砂石料矿9家,恢复治理1.37平方千米。推进第二次全国污染源普查工作,严格落实中央环保督察整改任务,全年累计投入1.68亿元,按序时进度100%完成了整改任务。

七、坚定不移拓渠搭台,对口援疆成果显著。2019年共实施援疆项目15个,到位援助资金9144万元。搭建产业援疆平台,加强湘托两地全方位、多层次交流合作,打通了农产品销售“最后一公里”,白粮液酒、红枣、托克逊黑羊等一批特色产品“出疆”战略实现了重大突破。持续推进郴托两地网络联校、师生结对,实现小学、初中、高中3个学段网络联校全覆盖。聘请湖湘名师名家到托克逊开展“潇湘名家讲坛”8期,聆听讲座人员逾3500人次。坚持每月常态化开展“郴托情·义诊送医”活动,与湖南省湘雅医院、郴州市第一人民医院建成远程医疗会诊平台,全县医疗服务水平得到有效提升。选派近百名青年科技英才、基层干部、教师等赴湘交流培养,有效提升了本地干部服务经济社会发展能力。

八、坚定不移依法行政,法治托克逊建设再上新台阶。推进“不忘初心、牢记使命”主题教育常态化,各级干部共入户走访13.2万户次,解决群众困难问题471件、办实事好事1800余件、化解矛盾纠纷172起,政府服务效能显著提升。畅通联系服务群众渠道,发挥信访接待、县长信箱作用,全年受理并办结群众来访来件473件次。深化“放管服”改革,取消、承接行政审批事项9项。自觉接受人大法律监督、工作监督和政协民主监督,全年办理人大代表建议47件、政协委员提案53件。全面完成政府机构改革。严格执行中央八项规定及实施细则精神,坚决纠治政府系统工作棚架、浮在面上、流于形式等形式主义和官僚主义突出问题,落实基层减负各项工作要求,最大限度减轻基层负担。履行党风廉政建设主体责任,加强政府系统干部队伍监管,政府自身建设和治理能力提升,营造了政府风清气正的良好生态。

一年来,我们重视和支持工会、共青团、妇联、科协等群团组织工作。我们着力加强国防教育,推进军民融合发展,做好退役军人就业安置、优待褒扬、权益维护、服务管理工作,巩固发展军政军民团结,共同谱写军政军民双拥共建新篇章。

征程充满艰辛,成绩来之不易。在总结成绩的同时,我们也清醒地认识到,托克逊县经济社会发展还存在不少困难和问题:经济下行压力依然较大,推动经济高质量发展还面临很多困难;财政收支矛盾依然突出,民生领域还有不少短板;政府治理体系尚未健全,“放管服”改革还不够深入。对此,我们必须勇于直面问题,不遮掩、不回避、不懈怠,只要我们坚持以人民为中心,敢闯敢干、真抓实干,托克逊就没有迈不过的坎、闯不过的关。

2020年政府工作的总体要求是:坚持以习近平新时代中国特色社会主义思想为指

导，全面贯彻落实党的十九大和十九届二中、三中、四中全会及中央经济工作会议精神，坚决贯彻落实新时代党的治疆方略，聚焦社会稳定和长治久安总目标，紧扣全面建成小康社会目标任务，坚持稳中求进工作总基调，坚持新发展理念，统筹推进保稳定、稳增长、促改革、调结构、惠民生、防风险工作，保持社会大局持续和谐稳定，保持经济运行在合理区间，确保全面建成小康社会和“十三五”规划全面收官。

2020 年经济社会发展的主要预期目标是：实现全县生产总值同比增长 7% 以上，全社会固定资产投资增长 15% 以上；一般公共财政预算收入增长 7% 以上；城乡居民人均可支配收入分别增长 6% 和 10% 以上；城镇登记失业率控制在 3.2% 以内；居民消费价格涨幅 3% 左右。我们将重点抓好以下几方面的工作：

一、坚定不移贯彻党中央治疆方略，牢牢聚焦社会稳定和长治久安总目标

坚持和发展“枫桥经验”，健全城乡基层治理体系，善于运用法治思维和法治方式做好新时代矛盾纠纷化解工作。严格贯彻落实自治区党委六项工作要求，始终保持“群众利益无小事”的担当意识，持续开展“访惠聚”驻村工作，完善各级干部常态化包联帮扶机制和解决问题“闭环式”工作机制，最大限度地团结凝聚人心，夯实维护稳定的群众基础，确保社会大局持续稳定、长期稳定、全面稳定。

二、坚决打好三大攻坚战，确保与全国同步全面建成小康社会

——坚决打好精准脱贫攻坚战。坚持精准扶贫精准脱贫方略，紧扣贫困人口“两不愁三保障”，狠抓“六个精准”“七个一批”“三个加大力度”的落实，确保 2020 年如期打赢脱贫攻坚战，同全国一道全面建成小康社会。打通住房安全“最后一公里”，确保 6 月底前完成建房、改造任务，彻底消除住房安全隐患。继续开展脱贫攻坚“冬季攻势”，抓好脱贫攻坚“大排查”工作，全面梳理和解决影响脱贫质量的因素，定期开展“回头看”，提高脱贫质量成色；抓好全员培训，实现培训全覆盖；坚持“村申报、乡审核、县审定”建库程序，持续完善扶贫项目库建设；抓好基础设施和产业项目，补短板、强弱项，力争 1 月底前确认拟建项目、8 月底前全部完成；抓好问题整改，高质量完成中央专项巡视、各类考核、督查反馈问题整改。深化扶贫领域腐败和作风问题专项治理，压实工作责任，强化责任担当，形成全方位全覆盖抓脱贫攻坚的责任体系。巩固提升脱贫攻坚成效，对已摘帽的贫困村、已脱贫的贫困户落实“四不摘”政策。坚持扶贫与扶志扶智相结合，激发贫困户自主脱贫的性和主动性。加强返贫监测，持续做好建档立卡贫困户动态管理工作，对返贫人口和新发生的贫困人口及时帮扶。加大对贫困户、脱贫监测户、边缘户扶持力度，全力做好脱贫攻坚大普查工作，确保不落一户、不落一人。

——坚决打好污染防治攻坚战。践行绿水青山就是金山银山、冰天雪地也是金山银山发展理念，坚持人与自然和谐共生，严守生态保护红线、环境质量底线、资源利用上线，坚决打好蓝天、碧水、净土保卫战。实行最严格的生态环境保护制度、最严格的水资源管理制度和最严格的耕地保护制度，依法严惩重罚生态环境违法犯罪行为。加大造林绿化工作力度，完成 1.94 万亩造林任务。开展农田防护林建设和乡村绿化美化工作，确保 2020 年 70% 以上的行政村绿化覆盖率达 15%。调整产业结构，做好污染源防控和节能减排工作，严禁“三高”项目落地。持续开展“散乱污”治理工作，减少煤炭消费比重，加大燃煤小锅炉淘汰力度。继续加大“六控”力度，确保城市空气质量逐年提

升。严格执行“三条红线”,稳步实施“退地减水”,加强取水许可管理。全面落实河(湖)长制工作,大力推动河(湖)整治三年行动方案,持续开展河(湖)“清四乱”行动,管好“盛水的盆”和“盆里的水”。大力推进饮用水水源规范化建设,保障饮用水安全。加强土壤污染管控,坚决遏制危险废物非法转移、倾倒和处置,减少化肥、农药使用量,增加有机肥使用比重,继续完善废旧地膜回收处理制度。继续完成第二次全国污染源普查后续工作,按照自治区、吐鲁番市的相关要求,进一步加强对相关数据的补充完善。持续推进中央环境保护督察组反馈意见整改力度,确保按期完成2020年2项整改销号任务。

——坚决打好防范化解重大风险攻坚战。落实责任担当,压实主体责任,坚持底线思维,增强忧患意识,多方式、多渠道提升防范化解重大风险能力。用好管好地方政府专项债券,做好专项债券的储备、申报、建设和管理,严禁在法定限额外违法违规举债。加强对融资工作、政府投资项目的事前审批及事后管理工作,强化政府违规举债责任追究,严格实行倒查追责、终身问责制度。严格遵守地方政府债务管理规定,做到“四个一律”,明确“三个界限”,妥善有序化解地方政府隐性债务。建立健全企业债务风险防控机制,加强金融监管服务,紧盯风险多发高发的重点领域和关键环节。严格规范金融市场交易行为,坚决打击非法集资、地下钱庄、地下保单等违法违规金融活动,牢牢守住不发生系统性风险的底线。确保2020年底全部完成清理拖欠民营企业中小企业账款工作。

三、围绕丝绸之路经济带核心区建设,推动工业经济高质量发展

做好丝绸之路经济带发展形势分析及对策研究,加大对上对外联接,紧紧抓住“北电南送”“疆电外送”、准东新能源产业基地建设、重大项目落地、建设乌鲁木齐第二机场、稳定红利持续释放“五大机遇”,大力发展实体经济,做好内地省市产业转移承接工作,主动融入丝绸之路经济带核心区建设。

——推进现有资源提质增效。围绕“北电南送”“疆电外送”建设机遇,以煤为基、多元发展,大力促进煤炭洁净高效利用,做大做强煤电、煤炭、煤化工产业,加快克(布)尔碱、黑山矿区建设,推进煤炭资源整合,做好现有煤矿改扩建与新建煤矿产能衔接,实现2020年煤炭原料供应2000万吨。加大政策研究,有效运用托克逊县煤炭、水资源优势,争取配套电厂落地建设,打通“疆电外送”第四通道重要电源支撑点,努力把资源优势转化为发展优势。

——推动新能源产业链延伸。紧跟国家、自治区新能源政策,围绕准东新能源产业基地建设机遇,激活新能源设备组装、设备生产,大力发展“金风系列”品牌产业,推动风电产业链延伸,努力把托克逊建成面向疆内、辐射西北的新能源装备制造业基地,力争使新能源装备制造产业成为托克逊经济发展的战略先导产业和未来经济发展的支柱产业之一。紧盯准东区域新增光伏和风电项目市场需求,加强沟通交流和产销对接,帮助新能源企业拓展市场,着力把托克逊建成全疆风电、光伏产业装备的供应基地和采购目的地。

——力促重点项目投产达效。围绕现有产业和产业链,抓住重大项目落地机遇,推动一批产业关联度高、集聚效能强、辐射带动作用明显的重大项目投产达效。加快推进中泰煤基新材料、神华煤化工等重大项目前期工作,争取配套基础设施年内开工建设;对规划中尚未开工建设的新疆能源集团托克逊洁净能源多联产工程热解项目,力争

年初开工建设；对在建的天雨煤化500万吨/年煤分质清洁高效综合利用、华天瓷业中高档瓷砖、博斯坦煤业等项目，紧盯进度，尽快建成投产；对建成的中泰30万吨/年高性能树脂、圣雄50万吨/年聚氯乙烯树脂、金林实业100万吨/年兰炭、新华环保2万吨/年活性炭等重大项目，保障满负荷生产，发挥促增长的最大效益。加强与国家、自治区规划的衔接，高质量编制“十四五”规划，加快项目库建设，谋划储备一批能源交通、农林水利、装备制造、公共设施等重大工程、重大项目，增强经济发展后劲。

——打造特色产业园。围绕建设乌鲁木齐第二机场的机遇，充分发挥能源基地优势和铁路物流港优势，将招商引资和承接内地产业转移项目作为有力抓手，加快推动乌吐区域经济一体化融合发展，着力做好产业配套衔接、提升服务能力，推动能源重化工工业园区制度创新、模式创新、管理创新、服务创新，激发市场主体活力，推动产业集聚、要素集约、企业集中，打造经济发展的主平台。抓好园区规划、产业升级，做好核心园区扩建区域和伊拉湖循环经济产业园基础设施建设，吸引一批大集团大企业来托克逊县投资置业，形成带动能力强、辐射范围广、产业链条长的特色产业园。

——提升招商引资能力。牢固树立“招商引资是发展之基、投资之源、产业之策、转型之机”的理念，抢抓稳定红利持续释放机遇，充分发挥资源、电力、土地、劳动力等优势，成立招商专班，按照“签约项目抓落地、在建项目抓进度、建成项目抓投产”要求，制定落实招商工作责任机制。突出精准招商、产业链招商、以商招商，围绕中泰、骆驼、华天、盛泰等企业，重点做好煤炭精细化工、再生资源、新型建材、家纺服装等全产业链招商，实现引进一个企业、带动一个产业，为工业转型升级和高质量发展提供强力支撑。

四、大力实施乡村振兴战略，加快推进农业农村现代化

——加快乡村产业振兴。以农民增收为核心，坚持质量兴农、绿色兴农，进一步优化农业产业结构，加快构建现代农业产业体系、生产体系、经营体系。持续推进减棉、促畜、强果、兴特色，做精哈密瓜、早熟西瓜、红枣、杏、反季节蔬菜、黑羊等特色产业，全力打造蔬菜及畜产品生产基地。继续调减棉花种植面积0.8万亩，提升棉花生产机械化、规模化、标准化水平。抓好畜牧产业化发展，完成牲畜存栏36万头(只)，牛羊育肥122万头(只)，黑羊22.1万只，斗鸡3.6万羽，饲草12万亩，打造托克逊特色畜产品品牌。持续推进林果业提质增效，狠抓林果标准化生产和病虫害防治，增加优质高端特色果品生产，新增林果2万亩(其中杏、桃1万亩，葡萄1万亩)，哈密瓜3.8万亩、西瓜0.7万亩、蔬菜2.8万亩，葡萄架式改造500亩，打造葡萄标准化生产示范基地1000亩，红枣、杏标准化生产示范基地1.5万亩。坚持把农业产业化经营、农产品精深加工作为主攻方向，规范提升农民合作社，完善“公司+合作社+农户”利益联结机制，继续培育种养大户、家庭农场、农民合作社等新型农业经营主体；着力引进、培育一批红枣、葡萄、哈密瓜、蔬菜、牛羊肉等农产品加工企业，延伸农业产业链，提高农产品附加值。完善农业科技信息服务体系，快速推进农村“三网融合”，促进农村电子商务平台发展，实现农产品网络销售，发展外向型农业。

——加快乡村文化、生态、人才、组织振兴。倡导现代文明生活方式，培育文明乡风、良好家风、淳朴民风，推动乡村文化兴盛。加强农村生态保护，推动农业绿色发展。大力推进“千万工程”，持续改善农村人居环境，全面完成4个示范村创建；加快农村“厕所革命”新(改)建步伐，全县卫生厕

所普及率达到80%;加大农村垃圾、生活污水治理力度,新建无害化垃圾处理站1座、60吨垃圾中转站4座、120吨垃圾中转站1座,实现全县行政村生活垃圾有效处理,污水管网接入农村户数达到4000户;提高畜禽粪污、秸秆等资源化利用率,实现农村畜禽粪污综合利用率达到75%,农作物秸秆综合利用率达到85%;推进"三区分离",努力建设生态宜居的美丽乡村。畅通人才下乡渠道,引导各类人才投身乡村建设、到农村广阔天地大显身手。完善托克逊县现代乡村社会治理体系,确保乡村社会充满活力、和谐有序。

——全面深化农村改革。稳步推进第二轮土地承包到期后再延包政策衔接、农村承包地"三权分置"改革,深化农村产权制度改革。鼓励盘活利用农村闲置宅基地和闲置住宅。突出抓好家庭农场和农民合作社两类主体培育,落实扶持小农户和现代农业发展有机衔接各项政策,完善农业"三项补贴"制度。全面推进农业水价综合改革,完善农业供水计量设施、健全农业水价形成机制、明晰小型水利工程产权、加强农业用水需求管理,形成良好的改革氛围。

五、全面推进旅游文化发展,促进各族群众致富增收

坚持"宜融则融、能融尽融、以文促旅、以旅彰文"理念,实施"旅游+交通""旅游+农业"等模式,加快全域旅游建设,创新旅游文化市场,打造一批生态乡村旅游产品,力争全年接待游客突破260万人次,旅游综合收入3.7亿元以上。

——加快文旅产业融合发展。继续开发托克逊县旅游线路及十宝产业,整合全域旅游产品,完成南湖村景区、白杨河、红河谷、德源酒庄等A级景区创建工作。推进山里度假村、回味家宴等3处旅游民宿建设。充分利用托克逊冬春季旅游资源,开发冬春季旅游项目,集中精力打造"白杨河+南湖杏花村景区""红河谷+魔鬼城+怪石林+通沟景区"冬春旅游精品线路。发挥"交通+"优势,健全旅游交通网络,规划启动阿乐惠镇、伊拉湖镇布尔加依村、黑山牧场、克尔碱镇通沟村的环线旅游通道,力争早日开工建设。充分发挥文化要素在旅游发展中的支撑作用、点睛作用,全力办好桑葚采摘节、拌面节等特色节庆活动助推旅游发展,实现文化与旅游全面融合。

——持续完善旅游基础设施建设。以提升服务质量、吸引游客为目的,进一步完善旅游景区基础设施,加快推进红河谷景区保护设施、部分旅游道路、热点景区旅游厕所等15个项目建设。着力改善旅游服务环境,继续推动解决"三难一不畅"问题,扩建夏镇南湖杏花村停车场,建设红河谷景区信号塔,力争在交通、景区、综合配套、环境建设和接待服务等旅游基础设施建设上取得重大突破。

六、全面深化改革,为高质量发展提供持久动力

——推进"放管服"改革。继续优化政府部门权责清单,全面实行权责清单、市场准入负面清单、涉企收费清单制度。坚持清单之内必须履职尽责,清单之外禁止擅自设权扩权。加快服务型政府建设,推动"证照分离"改革,持续开展减证便民行动,推行"一站式"服务和"互联网+政务服务",实现"最多跑一次"事项466个。大力推进登记审批网络化,实现"一个窗口受理、全程跟踪服务",构建"一条龙、规范化、经常性"服务体系。加快新政务大厅建设,确保年底前投入使用,实现政府服务事项进驻综合实体大厅"应进必进",全面提升政务服务规范化、便利化水平。

——推进供给侧结构性改革。在"巩固、增强、提升、畅通"上下功夫,继续巩固

“三去一降一补”成果，依法依规引导企业化解过剩产能、淘汰落后产能，控制能源消费。加强国有资产管理，提高国有企业运营能力，合理划分职责和权利，完善国资监管体制。强化实体运营企业主体责任，深化财税金融改革，全面落实国家减税降费政策，降低全社会各类营商成本，激发市场活力。

——强化财税金融的支撑作用。坚持依法征税，强化税源管控，做到应收尽收。大力培植高效支柱财源，巩固壮大特色优势财源，实施预算绩效管理，进一步增强财政可持续性。调整优化财政支出结构，树立过紧日子的思想，严格压缩一般性支出，严控“三公”经费预算，集中财力保稳定、保运转、保工资、保民生。以市场为导向，引导更多社会资本、民间投资和金融资本投入重点领域和薄弱环节。重视做好金融工作，引导各类金融机构提升服务实体经济的能力，加快畅通经济循环，助力地方经济发展。

——支持民营经济发展。推动落实支持民营经济发展的政策措施，加快消除民营企业在市场准入、审批许可、经营许可、招投标等方面的不公平待遇。进一步健全公平、开放、透明的市场规则和法制化营商环境，坚决制止随意设限、任性执法、权利滥用等行为，为民营企业发展营造公平竞争环境。鼓励发展民营经济，支持民营企业大胆改革创新，激发市场更大活力、创造更多社会就业岗位。建立项目跟踪服务工作机制，着力解决民营企业发展中遇到的困难和问题，培育一批规模大、效益好、前景广的行业龙头企业，落实好优惠政策，更好地发挥民营经济的生力军作用，持续推动经济高质量发展。

七、强化基础设施建设，为高质量发展提供保障

统筹城乡一体化发展，加大各类基础设施建设力度，开展国家园林城市、文明城市创建工作。加大人民防空法律法规及政策的执行力度，将人民防空工程建设纳入城乡总体规划。建设完成安居富民工程2489户，完成老旧小区改造16个、棚户区改造2000套。推进住房制度改革，加快建立与托克逊县经济社会发展水平相适应、满足城乡居民基本居住需求的多层次住房保障体系，完成公租房及配套基础设施建设184套。加强道路、供水、供暖、供气、供电等市政基础设施建设，实施工业余热集中供热工程、污水处理厂提标改造、供水改（扩）建及配套管网工程。推进城乡环卫一体化，完成伊拉湖基础设施项目建设，争取阿乐惠供热管网、污水处理厂、生活垃圾填埋场及垃圾收运系统等项目建设。继续实施艾丁湖生态保护治理项目，完成1.5万亩高效节水任务；力争乌斯通沟水库开工建设；推进托克逊县小草湖水厂饮水安全巩固提升工程，延伸改造配水管道602千米，改（扩）建水厂5座。实施城区14千米道路建设项目、停车场建设项目，基本形成布局合理、功能完善、衔接畅通、安全高效的综合交通运输体系。进一步完善农村公路路网，推进农村公路建管养运持续协调发展，按计划实施农村公路安全生命防护工程等项目，继续推进阿克塔格村—布尔加依煤矿道路项目建设，协调完善通沟—省道103线岔口等项目建设相关手续，努力争创全国“四好农村路”示范县。开展环境卫生、道路交通、私搭乱建等专项治理，让各族群众生活更方便、更舒心。

八、大力保障和改善民生，让人民有更多获得感、幸福感、安全感

——做好就业工作。充分发挥政府就业引导作用，实施职业技能大培训大提升行动，鼓励和支持劳动密集型产业发展，加快建设知识型、技能型、创新型劳动者大军。将创业促进就业作为解决就业问题的主攻方向，加强创业培训，建立创业就业实训基

地。做好城镇新增富余劳动力就业和再就业服务工作。加大就业帮扶力度,落实好高校毕业生、退役军人、困难群体就业及创业人员的各项扶持政策。实现城镇新增就业2800人、农村富余劳动力转移就业1.1万人次,开展培训1.08万人次,零就业家庭24小时清零。

——稳步提高教育公平与质量。坚持党对教育工作的全面领导,坚持正确办学方向和为党育人、为国育才鲜明导向,把立德树人作为根本任务,持续提高思想政治教育水平。坚持深化教育领域改革,坚定不移推进国语教育教学向更高水平发展。推进义务教育薄弱环节改善与能力提升,重点加强乡村小规模学校和乡镇寄宿制学校建设,促进县域义务教育从基本均衡向优质均衡发展。根据自治区6:4普职招生要求,全面完成初中高中未升学未就业毕业生接受职业教育全覆盖。坚持把全面加强教师队伍建设作为一项重大政治任务,优化城乡教师资源配置,落实各类待遇保障,全力建成政治素质过硬、业务能力精湛、育人水平高超的高素质教师队伍。坚持落实精准资助和"差异化"资助要求,进一步完善各类学生资助政策,实现家庭经济困难学生资助"全覆盖"。

——丰富群众精神文化生活。完善公共文化服务体系,实施文化惠民工程,丰富群众性文化生活。以习近平新时代中国特色社会主义思想进万家、"我的中国梦·文化进万家"、脱贫攻坚等为主题,在各乡镇开展公益性演出不少于50场次。结合"冬春季旅游"、国庆等重要节庆日,持续弘扬社会正能量,开展各类大型文艺演出、文体类大型赛事活动均不少于7场次。申请配发户户通不少于500套,实现农影放映不少于500场(次),举办2020年全县职工体育运动会,为各族干部群众提供丰富的精神食粮。

——提升医疗保障水平。加快发展健康卫生事业,继续实施全民健康体检工程。持续深化医药体制改革向纵深发展,健全县域医共体运行机制,提升基层医疗服务质量和水平,减轻群众就医负担。坚持计划生育基本国策,促进人口长期均衡发展。加强疾病预防控制措施,推进精神卫生、重点地方病、职业病防治服务体系和能力建设,落实艾滋病、结核病等防治措施。全面落实"四定"措施,确保先诊疗后付费健康扶贫政策在所有医疗机构得到有效落实。实施"三个一批"行动计划,做到大病集中救治一批、慢病签约服务管理一批、重病兜底保障一批。

——健全完善社会保障体系。继续实施全民参保计划,实现应保尽保。扩大社会保险覆盖面,推进国有企业退休人员社保社会化管理。加大城乡困难群体救助力度,做好低保对象的动态管理。持续推进"双集中"工作,提高孤寡老人供养、孤儿集中收养比例。争取上级资金,完成未成年人保护中心工程建设、县人民医院阿乐惠分院建设,确保殡仪馆建成并投入使用。发展残疾人事业,保障妇女儿童合法权益。

——抓紧抓好安全生产工作。严守安全生产"红线",落实"党政同责"工作机制,标本兼治、狠抓落实,推进安全生产治理体系和治理能力现代化,坚决遏制重特大事故发生。继续深化安全生产领域改革发展,巩固各司其职、各尽其责、齐抓共管的安全监管模式,坚决保障各族群众的生命财产安全。进一步强化应急演练,细化各项应急措施,落实人力、物资、通讯等各项应急保障,提升防灾减灾救灾水平。加强食品药品安全监管,落实"四个最严"要求,持续推动全县食品药品安全形势持续稳中向好,努力让人民群众吃得放心、用得安心。

九、全面贯彻党的民族宗教方针政策,

促进民族团结和宗教和谐

高举各民族大团结旗帜，认真贯彻党的民族政策，争创“全国民族团结进步示范县”。坚持把民族团结教育纳入国民教育、干部教育、社会教育全过程，构建课堂教学、社会实践、主题教育多位一体的教育平台。坚持以点带面、点面结合、整体推进，持续实施民族团结“九进”活动，唱响各民族大团结、一家亲的主旋律。秉持“重在平时、重在交心、重在行动、重在基层”理念，完善干部职工与基层群众结对认亲机制，坚持住访并举，引导各族干部群众多层次、多方式、多形式走动互动，增进情感联系、心灵共鸣。广泛开展民族团结联谊活动，坚持每月至少开展1次联谊活动，鼓励各民族干部职工之间开展联谊活动。从居住生活、工作学习、文化娱乐等日常环节入手，拓宽各民族交往交流交融渠道，推动建立各民族相互嵌入式的社会结构和社区环境，让各民族像石榴籽一样紧紧抱在一起，共同团结奋斗，共同繁荣发展。

促进宗教和睦和谐。全面贯彻党的宗教工作基本方针，坚持我国宗教中国化方向，坚持保护合法、制止非法、遏制极端、抵御渗透、打击犯罪，依法管理宗教事务，依法保障信教群众正常宗教需求和正常宗教活动。

十、全面加强政府自身建设

——加强党对政府工作的领导。始终坚持用习近平新时代中国特色社会主义思想武装头脑、指导实践、推动工作，进一步增强“四个意识”，坚定“四个自信”，做到“两个维护”。坚持把政治建设作为根本性建设，摆在首要位置，始终对以习近平同志为核心的党中央绝对忠诚，始终在政治立场、政治方向、政治原则、政治道路上与党中央保持高度一致，任何时候都坚定坚决、不折不扣贯彻落实新时代党的治疆方略、特别是社会稳定和长治久安总目标，贯彻落实自治区党委、自治区人民政府、市委、市政府和县委各项工作要求，为推动总目标在托克逊落地生根、全面建成小康社会提供坚强政治保证。

——加强政府治理体系和治理能力建设。学习贯彻落实党的十九届四中全会精神，坚持政府为人民服务、为人民负责、受人民监督，持续推进依法行政、创新行政方式、提高行政效能。构建职责明确，依法行政的政府治理体系。进一步优化政府职责体系和组织结构，完善政府经济调节、市场监管、社会管理、公共服务、生态环境保护等职能。坚持全面依法行政，加快建立权责统一、权威高效的依法行政体制，依法有效化解矛盾纠纷，努力构建职能科学、权责法定、执法严明、公开公正、廉洁高效、守法诚信的法治政府。坚持“公开为常态、不公开为例外”原则，向社会公开政府职能、法律法规、实施主体、权责权限、管理流程、监督方式等事项，进一步提高政府工作的透明度，让权力在阳光下运行、在透明中进行。坚持共建共治共享的社会治理制度，完善由党委领导、政府负责，社会组织、社会单位、企业、个人等所有利益相关者共同参与、协同行动的社会治理格局，激发多元主体活力，为基层社会治理注入新的动力，提升基层社会治理水平。自觉接受人大的法律监督、工作监督和政协的民主监督，提高人大议案和政协提案的办理质量，充分听取社会各界意见和建议，广泛接受新闻舆论和人民群众监督。

——加强政府作风建设和反腐败斗争。坚持全面从严治党，坚持加强和改进作风。严格执行中央八项规定及其实施细则精神以及自治区党委有关规定，坚持不懈整治政府系统“四风”“四气”，坚决纠正工作棚架、浮于表面、流于形式等形式主义和官僚主义突出问题，坚决克服表态多落实差、调门高行动少的现象以及欺上瞒下、弄虚作假等行为。坚持实事求是，不搞形象工程、政绩工程，着力解决“不忘初心、牢记使命”主题教育专项整治工作涉及民生领域的问题，办好事关各族群众切身利益的民生实事，推动政府作风发生根本性转变。加强廉洁政府建设，认真履行党风廉政建设主体责任，落实好“一岗双责”，推进政府系统党风廉政建设和反腐败斗争建设，用好监督执纪“第一种形态”，以党性党风党纪教育为重点，以岗位廉政教育为重要对象，以示范教育和警示教育为重要形式，以廉政文化建设为重要内容，增强反腐倡廉教育的针对性和实效性，推动政府及其工作人员转作风、严纪律、强监督、肃贪腐，营造政府风清气正的良好政治生态。

对口支援新疆也是党中央一项长期重大战略，我们要深化对口援疆工作，坚决贯彻落实第七次全国对口支援新疆工作会议精神，抓住新一轮对口援疆机遇，配合湖南省落实好援疆规划，坚持全面援疆、精准援疆、长期援疆，持续在干部人才援疆、产业援疆、脱贫攻坚和扩大就业、各民族交流交往交融等方面聚焦用力，发挥湖南省和中央企业的优势，提高综合效益，推动援疆工作再上新水平。做好新一批援疆干部人才轮换工作，加大关心关爱力度，做好服务保障，鼓励和支持援疆干部人才敢抓敢管、放手工作，发挥好援疆干部人才的重要作用，开创对口援疆工作新局面。

我们将一如既往重视和支持工会、共青团、妇联、科协等群团组织工作。实施军民融合发展战略，加强和完善国防教育，支持国防和部队建设，认真做好新时代退役军人工作，开展“双拥”活动，让军政军民团结之树根深叶茂、永葆常青。

# 托克逊概览

## TUOKEXUN GAILAN

## 地 情

【地理位置】 托克逊县位于天山南麓，吐鲁番盆地西缘，介于北纬41°21′14″—43°18′11″，东经87°14′5″—89°11′8″之间。东邻吐鲁番市，南接巴音郭楞蒙古自治州的尉犁县，西抵巴音郭楞蒙古自治州的和硕、和静县，北依乌鲁木齐市。县城托克逊镇北距乌鲁木齐市162千米，东望吐鲁番市55千米，距吐鲁番火车北站50千米，南距库尔勒市320千米，交通便利，是出入南疆东疆的交通门户。

【土地面积】 2019年，全县土地总面积16564.19平方千米。

【行政区划】 2019年，托克逊县下辖7镇1乡，即托克逊镇、克尔碱镇、库米什镇、阿乐惠镇、伊拉湖镇、夏镇、博斯坦镇和郭勒布依乡。全县有8个乡级行政区、44个行政村、15个社区，1个自治区级能源重化工工业园区。

【地貌结构】 托克逊县位于天山山脉的山间盆地——吐鲁番盆地西部，县境北部及西北部为中高山区，有东西走向天山山脉的铁克里克乔喀山—恰克马克山及喀拉乌成山；中部为中低山区，有西北—东南走向的阿拉沟山—觉罗塔格山；南部为中山区，有库鲁克塔格山。三山之间为两洼，为东部倾向艾丁湖的两个簸箕状地形，总体地势西北高、东南低。山地占总面积的20.48%，山前戈壁砾石带占75.39%，平原绿洲占4.13%。山区海拔高程1000—4317米，绿洲海拔高程－125—200米（为冲洪积平原），东部最低海拔高程为－125米，海拔高程零米线穿过县城中心。自然坡降自西部的阿拉沟口向东，逐渐减缓，出山口后为1.5%，县城减为0.8%，县城东平原林场仅为0.5%。

【自然资源】

水资源 托克逊县水资源是吐鲁番地区相对丰富的县。人均4000余立方米。境内有6条河流，均来自于西北部天山高峰融雪，地表水总流量5.16亿立方米，可利用地表水资源量为4.26亿立方米，年毛引水量为2.2亿立方米，余量2.06亿立方米，地下水总补给量2.57亿立方米。建成库容5350立方米的灌注式红山水库1座；库容为4500万立方米的阿拉沟水库规划设计完成；地下水天然补给量为县境内不重复的地下水补给量，包括河床潜流量，山前侧渗补给量和降水入渗补给量。托克逊县内地下水天然补给量多年平均为1742.37万立方米。托克逊河、阿拉沟河“两河”流域托克逊县水资源总量为县境内产水量与不重复的地下水补给量之和5.34亿立方米，“两河”流域托克逊县可利用水资源量为4.43亿立方米。

光热风能资源 托克逊

县光照时间长,光热充足,2019年平均气温为15.7℃,年日照时数2804.5小时,全年降水量为2.8毫米。

托克逊素有“风库”之称,全年主导风向为西风,年均风速8米/秒,且风速平稳。风能资源丰富,托克逊县风力发电场共规划3个区域,总面积为650.35平方千米,规划区域分别为:小草湖风场,规划面积约342.4平方千米,平均海拔480米;通沟风场,规划面积约212.35平方千米,平均海拔1989米;克尔碱风场,规划面积约95.6平方千米,平均海拔580米。克尔碱风场、通沟风场区域内未设气象站(无基础数据),该规划区域内地势平坦,均为戈壁荒滩。根据县气象站30年各月平均气温、气压和绝对湿度计算空气密度,得出全县区域密度为1.235千克/立方米。

全县规划区域风电场呈东北西南走向,多为冲积扇、河床和丘陵,地形、地貌简单,地形整体上北西高、南东低。表层细颗粒土由于长期受风的作用影响而保留较少,多为粗颗粒土,地基为土卵石、圆砾分布均匀,工程地质性能较好,承载力高,是建筑物良好的天然地基持力层和下卧层。

县规划区内10米高年均风速为8.6米/秒,年有效风速时数为4513小时;40米高年均风速为9.7米/秒,年有效风速时数为4484小时;50米高年均风速为9.9米/秒,年有效风速时数为4463小时;60—70米高年均风速时数为10米/秒,年有效风速为4421小时。规划区域内春夏季风大、冬季风小,大风月主要集中在4—7月,小风月集中在11月至翌年2月。由于区域内的风受内陆气候和地形作用影响比较明显,冬季下垫面为冷源,大气层较稳定,空气流动减弱,到12月最小;随着翌年气温回升,大气活动频繁,风速逐渐加大,风向多为西风和西北风。年风功率密度为1924瓦/平方米,年有效风功率密度(4—25米/秒)为1106瓦/平方米。

**野生动物资源** 托克逊县野生动物主要有雪豹、野骆驼、北山羊、金雕、玉带海雕、大鸨、胡秃鹫、盘羊、猞猁、兔狲、马鹿、鹅喉羚、天鹅、长耳鸮、秃鹫、鸢、高山雪鸡、苍鹰、游隼、灰鹤、短耳鸮、雕鸮、刺猬、狼、赤狐、沙狐、虎鼬、草兔、石鸡、白鹭、灰斑鸠、麻雀、啄木鸟、托克逊沙虎、壁虎等。

**野生植物资源** 主要有麻黄、灰胡杨、白梭梭、盐节、甘草、沙生柽柳、新疆琵琶柴、罗布麻、肉苁蓉、山柑(老鼠瓜)、宽刺蔷薇等。

2019年,重新复查认定全县古树名木、大树,托克逊县共有挂牌古树名木211株,树种主要为榆、桑。

**草场资源** 2019年,全县年末草原面积33.14万公顷,其中可利用面积26.07万公顷。分全年和夏、秋、冬三季利用。春季草场在乌鲁木齐等外县。草原畜牧业牲畜的饲养采取游牧放牧方式。

**森林资源** 全县森林资源和自然植被匮乏,山区基本无天然林,现有天然林主要分布在库米什镇戈壁山区、甘草湖一带、库加依红山沟、通盖一带以及平原绿洲边缘郭勒布依乡、夏镇与吐鲁番交界处的荒漠灌木林。只有前山戈壁和平原绿洲分布有少量柽柳、盐节木、麻黄等灌木,覆盖率较低。平原人工林较发达,实现农田林网化,已形成具有吐鲁番地区特色的“窄林带、小网格”平原绿洲防护林体系。2019年,全县林业用地12.87万公顷。人工林主要以榆树、沙枣、桑树、杨树等乔木为主;天然林主要以柽柳、麻黄、骆驼刺、锦鸡儿等灌木为主。

全县森林面积8.67万公顷,森林覆盖率5.13%。2019年人工造林面积2133公顷,造林义务劳动参加人数7万人次,植树65万株,义务植树尽责率达94%。退化林修复面积533公顷,人工更新面积34公顷,森林抚育面积2067公顷。

年末,全县人均公园绿地面积20.1平方米。

【优势资源】

*矿产资源* 素有“天然聚宝盆”之称。已发现矿产41种，优质矿产有煤炭、盐、蒙皂石、钨、铜、铅、锌等，其中煤炭最为丰富，储量在43.06亿吨以上。

*旅游资源* 特殊的地理环境，造就了托克逊县各具特色的旅游资源，有独特的雅丹地貌、红山水库、洄流、盘吉尔塔格怪石林、巴依托海草场等自然景观。境内有阿拉沟古代塞人的竖穴木墓和保存完好的唐代烽火台等古迹遗址40处，自治区级文物保护单位5处，县级文物保护单位26处，其中库加依岩画石刻水系图为世界首次发现，具有较高的研究价值。作为世界知名旅游城市吐鲁番的两翼之一，是吐鲁番旅游业的有益补充。

【气候特点】 托克逊县北部、西部、南部有高山屏障，地势低而闭塞，特殊的地理位置及地形、地势等特点形成了其气候与邻接地区迥然相异的气候特征。

托克逊县属于独特的暖温带干旱荒漠气候。干燥、酷热、多风；盆地内年日照时数长，蒸发量大；降水量少，局地性强。春季升温迅速而不稳定，干燥少雨，风多力强。夏季漫长而酷热，因地形影响，盆地增温迅速，散热不易，形成持续高温天气；冬少严寒，风小雪少；秋季秋高气爽，降温迅速，温差大，降水稀少，灾害性天气少。夏季酷热少雨。全年盛行西风或偏西北风，偏东风次之。托克逊县素有“风库”之称，有著名的“三十里风区”，风能资源较为丰富，大风尤以春、夏季大风日数最多，约占全年大风日数的70%；秋季次之；约占25%；冬季最少，约占5%。月最多年份可达27天，冬季最少也有4—5天。

2019年，托克逊主要气候特点为：气温偏高，降水偏少。平均气温为15.7℃，比历年平均气温（14.5℃）偏高1.2℃，比上年度高0.6℃；年最高气温47.6℃，出现在7月3日；年最低气温-16.4℃，出现在1月2日。35℃以上炎热日105天，比历年同期多8天，比上年多4天；40℃以上酷热天气49天，比历年同期多16天，比上年少3天；45℃以上极热日4天，比2018年多2天。

全年降水量为2.8毫米，比历年平均降水量少5.3毫米，比上年少11.9毫米，一日最大降水量1.4毫米，出现在4月23日。全年日照时数2804.5小时，比历年少132.1小时。年最大冻土深度43厘米，出现在1月14日。大风日为57天，比上年少16天。扬沙日25天，比上年多2天。霾日52天，比上年多41天。

【水文土壤】 境内地表水系主要由北部的托克逊河水系（白杨河水系）及西部的阿拉沟水系组成。由冰雪消融及降水组成地表水源，汇集面积3361平方千米，年平均径流量为$2.25 \times 10^8$立方米。托克逊河水系由托克逊河和库加依沟组成，发源于博格达山南麓，海拔4000米以上，汇水面积3051平方千米，年平均径流量$1.14 \times 10^8$立方米。两大水系最终在县城西部汇合流经托克逊河注入艾丁湖。阿拉沟水系由发源于托克逊西的喀拉乌成山和包尔图山，由阿拉沟、鱼尔沟、祖鲁木图沟和乌斯通沟4条河沟组成。

境内地下水较丰富，分为地下潜水和承压水，分布较广，且埋藏不深，加上平原坡度较大及特殊的灌水方式，使地下水资源可以重复利用。承压水的主要排泄方式是径流排泄，大部分承压水沿着自西向东的水力坡降以径流的方式消耗，还有一部分承压水顶托补给上层潜水进行消耗。潜水运动方向基本与地面坡降一致，由西北向东南至艾丁湖运移。厚度约在50—100米之间。潜水地层为第四纪砾石夹砂覆盖层，洪积、冲积而成，孔隙度大，透水性好，水量丰富。以机电井为主的形式利用，平均单井涌水量为20.4升/秒。其次以坎儿井、排水沟的形式利用。

托克逊县地表水系均发源于山区,水质较好,矿化度较低。据监测评价,阿拉沟、托克逊河水质良好,未受污染,适宜生活饮用、渔业养殖、农田灌溉。鱼尔沟水质较差,为Ⅳ类,主要是溶解氧低于标准值,氨氮超标;乌斯通沟、祖鲁木图沟水质均为天然状态,未受污染,水质良好。平原地区除下游的夏镇大部、郭勒布依乡部分地区潜水位高、潜水蒸发强烈,潜水盐分排泄不良而矿化。

地表水各河流泥沙含量较大,属多泥沙河流,托克逊河、阿拉沟等属干旱地区,植被差,地表裸露,土壤松散,河道纵陡大,中上游河段水流流速大,河流含沙量年内分配极不均匀,主要集中在汛期,河流泥沙进入引水渠道,增加了各级渠道的清沙工作量,特别是汛期,在干、支渠,坡度较缓渠段,必须经常清淤。淤积沙是极好的建筑材料。

托克逊县土壤分为山地土壤和绿洲土壤两大类。山地土壤随高度而呈垂直分布的规律,从上到下依次为高山寒漠—高山草甸—栗钙土—棕钙土。冲积洪积平原地带自西向东分布着:棕漠土、灌耕土、草甸土、潮土、盐土、灌淤土、灌淤潮土;由北向南分布着:棕漠土、风沙土、灌耕土、盐土、灌淤潮土和盐土。农业用地以潮为主。盆地土壤分为7个土类,16个亚类、11个土属、35个土种、47个变种。

# 经济社会建设

**【概况】** 2019年地区生产总值102.91亿元,按可比价计算,同比增长9.41%。第一产业完成增加值10.82亿元,同比增长4.72%,在地区生产总值中占比10.52%;第二产业实现增加值56.49亿元,同比增长7.65%,在地区生产总值中占比54.89%,其中:建筑业完成增加值5.44亿元,同比增长4.93%;第三产业完成增加值35.6亿元,同比增长13.91%,在地区生产总值中占比34.59%。按户籍人口计算,人均生产总值86365元,同比增长9.98%。全县城镇居民可支配收入35431元,比上年增加2394元,增长7.25%;农村居民可支配收入14280元,比上年增加1293元,增长9.96%。

2019年居民消费价格比上年上涨2%。其中食品价格上涨4.2%;服务项目价格上涨0.6%。商品零售价格上涨1.9%。农业生产资料价格上涨1.3%。

**【农业】** 2019年,托克逊县全年农村经济总收入预计达20.39亿元,同比增长10.8%。农民人均纯收入预计达16505元,增幅为12.36%。

农村第一产业总收入16.81亿元,占农村经济总收入的76.3%,同比增长7.25%;全县第二产业总收入1.64亿元,同比增长2.45%;第三产业总收入19505万元,同比增长3.79%。

2019年,托克逊县广辟外出务工转移渠道,农民外出劳务总收入16139万元,同比增长10.25%。

2019年,完成各类牲畜最高饲养量36.04万头只(吐鲁番黑羊22万只),其中大牲畜2.55万头,猪250头,羊42.4万只(黑羊最高饲养量22万只)。至年底,完成牛羊育肥107万头(其中牛育肥2.71万头,羊育肥44.87万只,标准数1头牛等于5只羊),完成率48.6%。完成斗鸡养殖3.57万羽,完成率54%。完成吐鲁番驴养殖6100头,完成率80.6%。

**【工业建筑业】** 2019年规模以上工业总产值162.97亿元。2000万元以上工业增加值比重大,2000万元以上工业增加值50.17亿元,同比增长6.7%。

2019年,全县建筑业完成总产值3.6亿元,同比下降80.75%。完成竣工产值1.05亿元,同比下降18.72%。房屋建筑施工面积2.76万平方米,同比下降42.72%。

## 2019 年托克逊县主要农产品产品产量一览表

表 1　　单位:吨

| 产品名称 | 2018 年 | 2019 年 | 比上年增减(%) |
|---|---|---|---|
| 粮食 | 22200 | 21787 | -1.86 |
| 其中:高粱 | 14463 | 19047 | 31.7 |
| 棉花 | 8453 | 6203 | -26.6 |
| 蔬菜 | 61000 | 69682 | 14.23 |
| 瓜类 | 68223 | 121764 | 78.5 |
| 其中:甜瓜 | 58995 | 111141 | 88.39 |
| 西瓜 | 9228 | 10623 | 15.12 |
| 油料 | 5914 | 2184 | -63.07 |
| 葡萄 | 22000 | 26749 | 21.8 |
| 红枣 | 42990 | 14284 | -66.78 |
| 杏子 | 40950 | 18475 | -54.88 |

## 2019 年托克逊县主要工业产品产量一览表

表 2

| 工业产品 | 计量单位 | 2019 年 | 2018 年 | 比上年增减(%) |
|---|---|---|---|---|
| 石墨及碳素制品 | 吨 | 90200 | 54602 | 65.2 |
| 铅金属含量 | 吨 | 313 | 539 | -41.91 |
| 初级形态塑料 | 万吨 | 57.3 | 56.66 | 1.14 |
| 白酒 | 千升 | 1369 | 1286.2 | 6.44 |
| 锰硅合金 | 万吨 | 1.63 | 1.79 | -9.27 |
| 原盐 | 万吨 | 53 | 27.87 | 90.17 |
| 稀有稀土金属矿 | 吨 | 736 | 723 | 1.8 |
| 锌金属含量 | 吨 | 949 | 16879 | -94.37 |
| 烧碱 | 万吨 | 38.29 | 38 | 0.76 |
| 硅酸盐水泥熟料 | 万吨 | 120.54 | 102.70 | 17.36 |
| 服装 | 万件 | 52.47 | 23 | 126.46 |
| 电石 | 万吨 | 213.82 | 205.95 | 3.82 |

续表 2

| 工业产品 | 计量单位 | 2019 年 | 2018 年 | 比上年增减（%） |
|---|---|---|---|---|
| 焦炭 | 万吨 | 104.27 | 99.18 | 5.12 |
| 水泥 | 万吨 | 81.52 | 116.52 | -30.04 |
| 石灰 | 万吨 | 287.68 | 308.85 | 18.97 |
| 发电量 | 亿千瓦时 | 93.25 | 102.96 | 1.9 |
| 其中:火力发电量 | 亿千瓦时 | 75.69 | 86.94 | 0.25 |
| 风力发电量 | 亿千瓦时 | 15.51 | 14.08 | 10.13 |
| 太阳能发电量 | 亿千瓦时 | 2.05 | 1.93 | 6.25 |
| 硫酸 | 万吨 | 0.29 | 4.2 | -93 |
| 石灰石 | 万吨 | 534.42 | 369.62 | 6.46 |
| 硫铁矿石 | 万吨 | 27.48 | 22.55 | 21.85 |
| 盐酸 | 万吨 | 4.87 | 3.09 | 57.58 |
| 原煤 | 万吨 | 1612.32 | 1451.22 | 0.75 |
| 商品混凝土 | 万立方米 | 8.59 | 12.29 | -0.97 |
| 铜金属含量 | 吨 | 465 | 1162 | -59.95 |
| 煤气 | 万立方米 | — | 33918 | -100 |
| 干制红枣 | 吨 | 300 | 878 | -65.87 |
| 天然大理石建筑板材 | 万平方米 | — | 2.06 | -100 |
| 瓷质砖 | 万平方米 | 366.35 | 81.78 | 347.97 |
| 活性炭 | 吨 | 13084 | 16160 | 19.03 |
| 供热量 | 万焦吉 | 468.79 | 446.13 | 5.08 |
| 铅酸蓄电池 | 千伏安时 | 299009 | 142326 | 110.09 |
| 焦油 | 吨 | 78517.5 | 48787.2 | 60.94 |

**【固定资产投资】** 2019 年，全县固定资产投资累计完成 53.02 亿元，同比增长 6.04%。其中第一产业完成投资 0.48 亿元，同比下降 91.5%；第二产业完成投资 43.88 亿元，同比增长 10.11%；第三产业完成投资 9.13 亿元，同比下降 5.58%。

2019 年，房地产开发企业完成投资 38206 万元，同比增长 17.64 倍。全县商品房销售面积 5466 平方米，同比下降 35.29%，商品房销售额 1000 万元，同比下降 52.72%。

**【交通通信】** 2019 年末，托克逊县境内公路通车里程 1592 千米，其中等级公路里程 1524 千米，等外公路里程

68 千米;国道 145 千米,省道 96 千米,县道 178 千米,乡道 349 千米,村道 665 千米,专用道路 159 千米。托克逊县客运量 80.39 万人,客运周转量 5033 万人/千米,货运量 276.27 万吨。

2019 年,全县年完成邮电业务收入 12548 万元,同比增长 1.71%。其中通信业务收入 11160 万元,同比增长 1.08%。年末电话总户数 16.88 万户,同比下降 8.67%;固定电话年末数 2.28 万户,同比增长 1.19%,其中城市电话用户为 1.16 万户,同比增长 13.78%,乡村电话用户为 1.03 万户,同比下降 9%。移动电话年末数 14.6 万户,同比下降 10.04%。年末全县互联网用户 41388 户,同比增长 18.32%。

**【商品贸易】** 2019 年,社会消费品零售总额 13.78 亿元,同比增长 7.43%。城镇消费品市场零售额 7.75 亿元,同比增长 6.03%;乡村消费品市场零售额 6.03 亿元,同比增长 9.29%。

2019 年,批发零售业零售额 10.93 亿元,同比增长 6.95%,占社会消费品零售总额比重 79.3%。住宿和餐饮业累计 2.85 亿元,同比增长 9.29%,占社会消费品零售总额的 20.7%。

**【财政金融】** 2019 年,完成一般公共预算收入 160880 万元,同比增长 7.5%。税收收入 111987 万元,同比下降 11.1%,其中增值税 42788 万元,同比下降 21.9%;企业所得税 12765 万元,同比增长 17.9%;个人所得税 3396 万元,同比下降 33.8%;资源税 12031 万元,同比增长 10%。非税收入 48893 万元,同比增长 17.4%。

**2019 年托克逊县金融机构信贷收支情况一览表**

表 3 单位:万元

| 项目 | 2019 年 | 2018 年 | 比上年增减(%) |
|---|---|---|---|
| 各项存款余额 | 499424 | 531666 | -6.06 |
| 住户存款 | 305124 | 292676 | 4.25 |
| 非金融企业存款 | 83802 | 137794 | -39.18 |
| 政府存款 | 110498 | 101196 | 9.19 |
| 各项贷款余额 | 476928 | 501040 | -4.81 |
| 住户贷款 | 105214 | 95069 | 10.67 |
| 非金融企业及机关团体贷款 | 371714 | 405971 | -8.44 |
| 短期贷款 | 99950 | 83074 | 20.31 |
| 中长期贷款 | 297518 | 322491 | -7.74 |
| 各项保费收入 | 20847.56 | 18502.91 | 12.67 |
| 财产保费收入 | 7856.29 | 7444.08 | 5.54 |
| 人寿保费收入 | 12991.27 | 11058.83 | 17.47 |

2019 年,一般公共预算支出 292684 万元,同比下降 6.91%。其中一般公共服务支出 42421 万元,同比增长 97.6%,公共安全支出 43545 万元,同比增长 54.1%,教育支出 58045 万元,同比增长 8.2%,社会保障和就业支出 17169 万元,同比增长 6.6%、医疗卫生支出 22852 万元,同比增长 27.2%。

全县金融机构各项存款余额 49.94 亿元,比年初减少 3.22 亿元,同比下降 -6.46%。其中住户存款 30.51 亿元,比年初增加 1.24 亿元,同比增长 4.25%。全县金融机构各项贷款余额 47.69 亿元,比年初减少 2.41 亿元,同比下降 4.81%。

全县全年实现保费收入 20847.56 万元,同比增长 12.67%,其中财产保险保费收入 7856.29 万元,同比增长 5.54%;人寿保险保费收入 12991.27 万元,同比下降 17.47%。支付各类赔款 8890.73 万元,同比增长 21.06%,其中财险赔款 4237.83 万元,同比下降 8.92%;人寿赔款 4652.9 万元,同比增长 34.75%。

**【教育文化和卫生】** 2019 年,托克逊县各级各类学校、幼儿园 89 所(教学点 2 处),其中高级中学 1 所、初级中学 2 所、职业技术学校 1 所、九年一贯制学校 4 所、完全小学 30 所、小学教学点 2 处、幼儿园 51 所(其中独立公办幼儿园 30 所、公办附属幼儿园 19 所、民办幼儿园 2 所)。各级各类学校共 776 个教学班级,教职工 3479 人。

2019 年末,全县艺术表演团体、文化馆、书店、公共图书馆各有 1 个,文化站有 7 个;全县公共广播 7 套、公共电视 6 套、广播电视台 1 座、调频转播发射台 5 座、电视转播发射台 4 座;全县广播综合人口覆盖率 98.07%,电视综合人口覆盖率 97.07%,有线电视用户 3000 户,有线数字电视用户 3000 户。全年图书馆藏书 4.31 万册。

2019 年末,全县共有卫生机构 88 个,医院 2 所,其中综合医院 1 所、民族医院 1 所。基层医疗卫生机构有 80 所,其中社区卫生服务中心 8 所,乡镇卫生院 7 所,村卫生室 45 所,门诊部 2 所、诊所、卫生所、医务所有 17 所。专业公共卫生机构 5 所,其中疾病预防控制中心 1 所,妇幼保健院(站)1 所,卫生监督所 1 所,计划生育技术服务机构 1 所。其他卫生机构 1 所。

全县总床位数 717 张,卫生从业人员 1120 人,其中卫生技术人员 865 人,其他技术人员、管理人员以及工勤技能人员 255 人。

2019 年,卫生技术人员 865 人,其中执业助理医师 318 人,注册护士 352 人,药师(士)48 人,技师(士)63 人,其他 84 人。2019 年,门诊 23.04 万人次,住院 2.1 万人次。

**【生态环境保护】** 2019 年,全县年末草原面积 33.14 万公顷,其中可利用面积 26.07 万公顷。全县森林面积 8.67 万公顷。人工造林面积 2133 公顷,退化林修复面积 530 公顷。年末,全县人均公园绿地面积 19.42 平方米。

年末托克逊县污染处理厂 1 座,污水处理厂设计处理能力 8300 吨/日。污水实际处理量 57 万吨,再生水生产量 57 万吨,污泥产生量 443 吨,本年为保护环境运行费用 662 万元。空气质量达到国家Ⅱ级以上标准天数 286 天,占监测天数的 80.6%。

**【人民生活和社会保障】** 2019 年,全县城镇居民可支配收入 35431 元,比上年增加 2394 元,增长 7.25%;农村居民可支配收入 14280 元,比上年增加 1293 元,增长 9.96%。

年末城镇新增就业人员 3368 人,同比增长 0.45%,城镇登记失业人数 715 人,同比持平,城镇登记失业率 2.89%。

2019 年,城镇职工基本

养老保险参保共29069人,同比增长16.16%;城乡居民基本养老保险参保54070人,同比增长2.16%,享受待遇11162人次,同比增长3.88%;城镇职工基本医疗保险参保24339人,同比增长17.12%,享受待遇9950人次,同比下降36.97%;城乡居民基本医疗保险参保95376人,同比下降0.9%,享受待遇50090人次,同比下降35.91%;失业保险参保20421人,同比增长42.2%,领取失业保险210人次,同比下降20.15%;工伤保险参保2.5万人,同比增长27.27%,享受待遇207人次,同比增长48.92%;生育保险参保21835人,同比增长26.98%,享受待遇1297人次,同比增长51.52%;职业年金参保8816人。

说明:地区生产总值、农业增加值、工业增加值、建筑业增加值指标绝对数按现价算,增长速度按可比价计算

# 大事记

DASHI JI

## 1 月

**3 日** 托克逊县召开2018年援疆工作汇报会。湖南省郴州市第八批援疆工作队汇报援建项目、疆品入湘、产业招商、教育援疆、医疗援疆、人才、文化援疆开展情况。县委、吐鲁番市委有关领导参加会议。

**4 日** 托克逊县各乡(镇)、社区、县消防安全成员单位近200人参加消防安全教育培训,培训内容主要是了解消防安全和扑救初期火灾的基本常识、消防安全检查、疏散逃生、火灾的应急和预防等知识。

**10 日** 全国第33个"110"宣传日。托克逊县公安局指挥中心民警进校园、社区、企业开展"警民携手110,共创平安迎大庆"主题宣传活动。引导群众在公共安全、个人生命财产安全受到威胁急需公安救助时正确拨打110,坚决打击恶意骚扰电话行为,确保警力资源发挥最大价值。

**是日** 托克逊县召开农村集体产权制度改革暨清产核资工作推进培训会。会议的主要任务是再动员、再部署、再安排全县农村集体资产清产核资工作,深化农业农村改革,推进农村集体产权制度改革。

**13 日** 中共托克逊县第十一届委员会第十三次全体(扩大)会议召开。县委书记、县人大常委会党组书记朱剑军作《坚定坚决贯彻党中央治疆方略奋力开创托克逊社会稳定和长治久安新局面》的报告。

**14—15 日** 托克逊县召开中国人民政治协商会议托克逊县第十二届四次全委会议,应到委员108人,实到委员84人。会议审议通过第十二届常务委员会工作报告决议、提案报告决议、政治决议。

**15—16 日** 托克逊县召开第十七届人民代表大会第四次会议,应到代表132人,实到代表118人。会议听取审议并通过政府、计划、财政、人大、法院、检察院6个工作报告。

**14 日** 吐鲁番市考核组考核托克逊县2018年实行最严格水资源管理制度、节水型社会建设工作。针对托克逊县实行最严格水资源管理制度建设情况、用水总量控制、用水效率控制、水功能区限制纳污等内容进行考核。

**16 日** 自治区纺织企业工会领导一行慰问托克逊县华帝服装有限公司务工人员,并为他们送去慰问金和生活物资。

**是日** 托克逊县公共就业服务局与县残疾人联合会联合举办2019年"就业援助月"专场招聘会,有9家企业参会,为100余名待业人员提供就业岗位。

**23 日** 托克逊县举行2019年项目推介会。县直有关部门负责人及43家受邀企业代表70人参会,推介会推出13个项目,涵盖交通基础设施、市政公共设施、水利设施、社会事业、片区开发、物流服务中心、农业产业化精深加工等领域，总投资额预计达83亿元以上。

**25日** 永兴县—托克逊县文化交流联欢晚会在湖南省永兴县人民会堂举行，两地文艺工作者用舞姿和歌声为现场观众呈现一场文化大餐。

**29日** 托克逊县县直机关工委举办《中国共产党支部工作条例（试行）》培训班，县直各单位党员干部参加，培训主要引导党员熟悉党支部相关工作条例，强化党支部政治功能。

**30日** 吐鲁番市食品安全检查组专项检查托克逊县食品安全。检查组详细查看鲜肉、肉制品、水产品、蔬菜及禽蛋的进货渠道和检验票据，食品包装标识、生产日期等信息，抽查超市食用农产品自检、节令食品抽检及管理工作开展情况。

**31日** 托克逊县开通新能源纯电动公交6号线，此次投放公交车4辆，投入资金170余万元，线路起点为郭勒布依乡尤库日克喀拉阿什村，终点为郭勒布依乡大十字，全长13.2千米。

**是日** 托克逊县委组织部和团委联合举办“爱在托克逊，幸福相约2019”青年交友联谊会，为外地来托青年人才搭建一个交流、交往的平台。

**是月** 托克逊县实施退棉计划，累计退棉1.4万亩，退棉后主要种植杏树、西甜瓜、韭菜、葡萄等经济作物，营造红枣、杏子、葡萄等经济林面积达20.3万亩。

## 2月

**11日** 托克逊县妇联举行“爱心一元捐”项目·小额循环贷款发放仪式，仪式上发放资金21万元，用于56名城乡妇女就业创业。

**16日** 托克逊县召开美丽乡村“四清”、脱贫攻坚“冬春季攻势”暨爱国卫生工作动员会议，动员全县开展“美丽庭院”建设以及“清垃圾、清杂草、清林带、清庭院”的“四清活动”。

**19日** 托克逊县召开2019年棚户区改造工作会议，计划改造任务1200套。至年底，按计划全部完成。

**是日** 为促进在脱贫攻坚、农产品加工销售、农业产业结构调整等方面健康发展，带动贫困群众增收致富，托克逊县与火洲果业举行战略合作签约。

## 3月

**2日** 托克逊县2019年脊髓灰质炎疫苗补充免疫活动正式开始，各部门实行责任制，分片包干，开展适龄婴幼儿服苗工作。

**4日** 自治区民政厅与自治区统计局、国家统计局新疆调查总队调研组调研托克逊县农村低保经济状况核查工作情况。

**7日** 郴州市捐赠2台价值100万元的电动公交车，开通贫困村班线。

**15日** 托克逊县市场监督管理局等多个部门联合开展“3·15”国际消费者权益日宣传及假冒伪劣商品销毁活动。

**25日** 托克逊县为烈属、军属和退役军人等家庭举行悬挂光荣牌仪式，现场授予60户烈属、军属和退役军人等家庭代表“光荣之家”荣誉牌。

**27日** 运营托克逊—吐鲁番线路客运车辆驾驶员集体向托克逊县客运站反映诉求，要求坚决打击“黑车”，维护客运市场秩序。从4月5日起托克逊县开展打击黑车专项行动，仅4月5日1天，客运站发车121次，客流量933人次，4月6日发车109次，客流量1180人，清明节期间出现客流高峰期。

**30日** 托克逊县启动文化科技卫生“三下乡”活动。

**是日** 自治区经济普查检查组检查指导托克逊县第四次全国经济普查入户登记工作。检查组指出要全面摸清县域产业的发展规模、布局和效益,完成全县第四次全国经济普查工作。

## 4 月

**4 日** 托克逊县召开2018年度“访民情惠民生聚民心”宣传工作表彰大会,表彰“访惠聚”信息宣传先进工作队10个、信息宣传先进工作者10人。

**11 日** 吐鲁番市中央环境保护督察反馈意见整改工作领导小组在托克逊县召开督办会,要求托克逊县将环保整改工作纳入“一把手”工程,确保如期完成各项整改任务。

**15 日** 托克逊县开展坚持总体国家安全观、着力防范化解重大风险等活动,各乡(镇)、村(社区)举行全民国家安全教育日主题活动升国旗仪式及普法宣传活动。

**18 日** 国务院安全生产委员会第五考核巡查组考核托克逊县开展安全生产和消防工作。

**19 日** 托克逊县人民医院与县维吾尔医院举行医共体签约挂牌仪式,这是深化托克逊县医药卫生体制改革,提升基层医疗卫生服务能力、推进分级诊疗的一项重要举措。医改的核心指标是基层首诊,县域内就诊率保持在90%以上。

**25 日** 上午9时许,夏镇喀拉苏小学附近发生1起车祸,一辆长安卡车,因超速行驶与同向行驶载3人的三轮电动车相撞,致1人死亡,1人重伤。

**是日** 托克逊县举行“4·26”知识产权周版权宣传活动暨“绿书签行动”活动启动仪式。

**27 日** 吐鲁番市人大常委会执法检查组检查托克逊县开展水污染防治法贯彻落实情况。执法检查组听取汇报、实地检查后,要求全县依法治污水、净河水、促节水,坚决打好水污染防治攻坚战。

**29 日** 郴州市举行托克逊旅游推介会,吐鲁番市、郴州市相关领导,湖南省内外的20家旅游投资企业、30余家旅行社及众多媒体单位参加,托克逊县与郴州市企业代表签订旅游投资项目,县文化体育广播电视和旅游局与郴州市旅游广电体育局签订帮扶合作协议。

此次推介会,托克逊推出3大类11个旅游招商项目,包括旅游资源整合优化建设成“一大园”“一大景”(“一大园”即以万亩杏花园为中心,配以建设桃花、梨花、玫瑰花、樱花等主题花园,形成环城休闲观光旅游圈。“一大景”即打造克尔碱百里大景区,将天山红河谷、雅丹魔鬼城、盘吉尔怪石林、五彩湾、通沟哈萨克风情部落、黑山草原等串并成线)和1个旅游战略合作项目。南湖村万亩杏园乡村旅游度假区、盘吉尔怪石林景区、万亩桑葚生态观光体验园、天山红河谷康养旅游度假区、林海园林生态农业观光园5个运营管理类项目,草原风情部落旅游建设项目、黑山草原生态旅游建设项目、红河谷自驾车旅游建设项目、阿乐惠水上旅游探险项目、五彩湾景区建设项目5个投资建设类项目。

## 5 月

**7 日** 自治区脱贫攻坚指导组到托克逊县专题培训脱贫攻坚工作。县直各单位分管领导、县扶贫办全体成员、有扶贫任务的6个乡(镇)分管领导、有扶贫任务的行政村第一书记、民生组组长、扶贫专干参加。主要讲解脱贫攻坚工作的重大意义、工作目标、六个精准,脱贫攻坚七项基础工作、巩固提升的五项重点工作、整改相关工作等,提出乡(镇)、村级脱贫攻坚档案整理的工作建议。

**8 日** 托克逊县在郭勒布依乡硝尔村举行农村土地承包经营权证首发仪式推进会,现场为硝尔村70户农民颁发土地承包经营权证证书。

**15 日** 托克逊县公安局经侦大队和多家银行在始昌驿步行街联合开展“5·15”

打击和防范经济犯罪宣传日活动。

**18日** 中国园艺学会李杏分会、新疆园艺学会授予托克逊县“中国早熟杏之乡”并举行授牌仪式。

**是日** 第六次全国优质杏品鉴会在托克逊县召开，中国园艺学会李杏分会、新疆园艺学会领导、专家以及吐鲁番市、托克逊县相关领导和部门负责人、杏农代表参会。中国园艺学会李杏分会专家品鉴托克逊县种植的8个品种61个样品杏，通过对杏子大小、着色、口感、糖酸比等标准分别评选出一等奖1个、二等奖2个和三等奖3个，郭勒布依乡选送的苏勒坦杏获一等奖。

**22日** 自治区人大常委会调研组调研托克逊县贯彻实施《中华人民共和国城市居民委员会组织法》和社区建设情况。要求社区干部加强管理，提高办事效率，确保社区高效有序运转。

**23日** 托克逊县妇联开展“最美家庭”游家乡活动，30户“最美家庭”获得者及县妇联干部职工40余人参观游览县城9个主题公园。

**是日** 19:50分，托克逊县省道202线托克逊至吐鲁番方向68千米处瞬间风力达13级以上，能见度不足20米。县公安局交警大队立即启动应急预案，提前封闭路段，及时发布路况信息，现场指挥、劝阻广大驾驶员朋友，躲避大风、车辆暂时停留在指定避险服务区南疆路、吐和立交桥处，救援劝阻滞留车辆大小车72辆、213名随车人员。

**是日** 托克逊县退役军人服务中心举行揭牌仪式，8个乡镇退役军人服务站同时授牌，全县成立退役军人服务中心(站)62个。

**26日** 托克逊县举行庆祝自治区第17届“环卫工人节”暨表彰大会，表彰为全县环卫事业工作中作出突出贡献的15名先进个人。

**28日** “郴托情”郴州市第一人民医院援疆远程会诊平台启动仪式在托克逊县人民医院举行，通过互联网实现远程医疗会诊平台，开启了郴托医院远程医疗工作的新篇章。

**29日** 吐鲁番市调研组调研托克逊县工业经济发展情况，实地调研新疆中泰化学托克逊能化公司30万吨高性能树脂项目及天雨煤化工项目兰炭装置、动力站、制加氢区域施工项目建设情况。

## 6月

**4日** 深圳狮子会为托克逊县10所学校捐赠价值40万元的图书建成“春风图书馆”。

**是日** 新疆军区总医院指导托克逊县人民医院PICC小组首次为1名乳腺恶性肿瘤切除术后患者实施PICC成人置管术。

**7—9日** 托克逊县启动“高考考生，免费乘车”活动，167辆出租车参与爱心送考。

**15日** 湘新两地情·文旅一家亲——2019“春雨工程”湖南省文化和旅游志愿服务惠民演出活动走进托克逊县，为群众送上了一台精彩的文化大餐。

**20日** 托克逊县融媒体中心正式挂牌，中心开设2个电视频道、2个广播频率，开办自办栏目有托克逊新闻、天气预报。

**22日** 自治区人大代表专题调研托克逊县脱贫攻坚开展情况，实地调研郭勒布依乡尤库日克喀拉阿什村村级文化阵地及美丽乡村建设情况，与华帝服装厂安置的在厂就业贫困员工交流，调研夏镇布拉克贝希村棚户区改造拆迁情况、伊拉湖镇依提帕克村馕产业基地项目建设情况，肯定了托克逊县在脱贫攻坚方面取得的成果。

## 7月

**1日** 托克逊县召开庆祝中国共产党成立98周年暨表彰大会，会议表彰10名优秀共产党员、10名优秀党务工作者、10个先进基层党组织和 1 名自治区见义勇为模范。

**11 日** 吐鲁番市国家保密局领导小组检查托克逊县各级保密工作,发现系列问题隐患,托克逊县组织专业技术人员立整立改,及时纠正失泄密隐患,推进保密工作常态化、制度化开展。

**18 日** 自治区调研组调研到托克逊县脱贫攻坚、项目建设工作,深入乡村、企业了解各族群众和企业员工的生产生活状况、“两不愁三保障”落实和产业帮扶、就业帮扶、脱贫成效等情况,查看神华新疆托克逊县黑山煤矿工程项目建设进度及了解整体搬迁规划。

**22 日** 托克逊县召开脱贫攻坚新闻发布会,发布 2019 年上半年托克逊县脱贫攻坚工作开展情况。

**23 日** 新疆煤矿安全监察局救援指挥中心组织阿克苏、库车、新疆神华、新疆焦煤的矿山应急救援专家一行 6 人验收托克逊县雨田煤业有限责任公司克布尔碱矿山救护队质量标准化工作。救护队通过三级质量标准化验收。

**24 日** 托克逊县残疾人联合会联合吐鲁番市爱尔阿迪娅眼科医院在县残疾人康复中心举行“自强脱贫,助残共享”公益活动,医务人员用眼部检测仪器免费为广大群众初检眼疾、视测试力,并为眼患残疾人免费发放助视器和生活用品。

**26 日** 托克逊县人大常委会办公室牵头,组织 15 家县直部门、县域企业与武警中队举行双拥共建签约仪式。

**27 日** 县妇联邀请县疾控中心工作人员,通过远程教育,为各乡镇、村社区群众开展预防艾滋病知识讲座。

**是日** 县人民检察院开展“公益诉讼宣传周”大宣讲活动及新闻发布会。

**29 日** 托克逊县直机关工委举行庆祝中华人民共和国成立 70 周年宣讲活动,邀请县退休老干部为返乡大学生宣讲党的光辉历程及托克逊县的发展变化,100 余名返乡大学生参加。

**30 日** 托克逊县领导走访慰问驻托部队、人民解放军、武警官兵、公安民警,共叙军民鱼水情。

**31 日** 县委组织在职县处级领导前往吐鲁番市纪法警示教育中心参观开展纪法教育,引导党员干部知敬畏、存戒惧、守底线。

**是日** 石油和化学工业规划院一行 5 人实地调研托克逊县煤化工发展情况,肯定托克逊县发展煤化工的资源优势。

**是月** 托克逊县完成河(湖)长制立卷归档、总结评估准备工作,收集佐证资料,编写总结评估自评估报告,各级河长巡河检查,整治河道环境,通过吐鲁番市 2018 年河(湖)长制评估考核工作。

**是月** 托克逊县开展“大棚房”清查整治专项行动。全县 5752 座温室发现违法违规问题 435 处,占地面积 52.59 亩。435 个问题全部按照阶段性要求整改完毕。

## 8 月

**2 日** 托克逊县委组织全县干部参与《中国共产党支部工作条例(试行)》和《宗教事务条例》教育专题培训。

**3 日** 湖南省郴州市党政代表团调研托克逊县经济社会发展情况并看望援疆工作队员,第八批援托工作开展以来,郴州市先后拨付援托项目资金 2.33 亿元,实施援托项目 22 个。

**是日** 托克逊县开展“郴托情”爱心助学活动,湖南省郴州市教育基金会捐助 12 万元帮助 60 名贫困学生完成学业。

**6 日** 托克逊县举办农村集体资产产权制度改革推进培训会暨清产核资验收总结会。作为自治区农村集体产权制度改革试点县,会议总结的工作经验为先行先试、整县推进农村产权改革任务厘清了思路,也为下一步全疆推开农村产权制度改革起到了标杆示范作用。

**是日** 县公安局组织开展“云剑”行动，召开打击电信网络诈骗及诈骗类犯罪返赃大会，民警现场向受害者返还追回资金36.7万元。

**是日** 托克逊县召开农村产权制度改革工作推进暨培训会。

**7日** 吐鲁番市餐饮协会到托克逊县开展优秀餐饮商户评选工作。评审小组按照特色餐饮名店评分标准进行现场打分，14家餐饮店参加，其中新穆沙子食堂、乌孜迪亚尔特色美食店、阿布都热合曼快餐店、T号小杨拌面馆、小黑羊蒸肉店、艾尼美食馆6家餐饮店被评为百年老店。

**是日** 县妇联在夏镇奥依曼买里村举行“靓发屋”项目点揭牌仪式。

**13日** 自治区农影中心调研组调研指导托克逊县农村公益电影放映情况。

**14日** 自治区胸痛中心评审专家、自治区人民医院心血管主任一行到托克逊县预审人民医院胸痛中心建设情况，70余人参加预审会。

**15日** 团县委通过远程教育视频培训系统开展“珍爱生命，远离毒品”主题团日活动。县直各单位团支部干部、团员、入团积极分子、返乡大学生200余人参加。

**17—23日** 托克逊县举办暑期返乡大学生电商创业培训班，分别设在托克逊镇、郭勒布依乡、夏镇、伊拉湖镇、博斯坦镇5个乡镇开展培训，281名返乡大学生参加，主要培训电商基础知识、社群电商、新农人直卖分销平台介绍、电商创业案例及电子商务服务中心优惠政策。

**22—25日** 新疆煤矿安全监察局东疆监察分局、新疆应急救援指挥中心检查组检查博斯坦煤业有限公司的基础资料、地面及井下现场安全等情况，查处隐患46条，形成安全“体检”报告，煤矿针对查处隐患制定整改方案严格落实。

**26日** 县直各单位及乡镇100余名干部在县盘吉尔怪石林参加第28届中国丝绸之路吐鲁番葡萄节托克逊县系列活动，活动共开展13天。

**29日** 县总工会在2019年度“金秋助学”助学金发放仪式上，向40名困难职工家庭子女发放金秋助学金20万元。

**30日** 托克逊县举行2019年“金秋助学”大会。全县就读高校的196名学生享受助学金88.2万元，其中湖南援助托克逊县籍贫困大学生项目资助54人，共32.4万元；托克逊县人民政府“托克逊县贫困家庭子女补助”项目资助132人，共52.8万元，县妇联“爱心一元捐”春暖助学项目资助10人，共3万元。

**31日** 托克逊县武装部组织退伍士兵，开展“驻托官兵游托克逊，喜迎新中国成立70周年”活动，退伍士兵先后到文旅局民族团结教育基地、工业园区、克尔碱怪石林、红河谷、雅丹地貌等旅游景点参观游览。

**是月** 托克逊县公安局与吐鲁番市局联合在云南省侦破特大贩卖毒品案，案件破获海洛因15.1千克，扣押涉案汽车3辆，抓获犯罪嫌疑人5名，彻底摧毁一条由云南至甘肃到新疆的贩毒通道。

## 9月

**6—10日** 新疆职业病防治协会会长廖由俊协中煤科工集团重庆研究院一行5人到托克逊县检查雨田煤业一号井、博斯坦煤业、同泰煤业、金马煤业瓦斯专项治理工作。

**16日** 托克逊县举行2019年国家网络安全宣传周启动仪式，县相关部门单位、网络安全企业、青年志愿者代表、群众共600人参加。

**17日** 交通运输部“四好”农村路验收组参加托克逊县召开创建“四好”农村路示范县工作汇报会。

**23日** 托克逊县开展“礼赞共和国、智慧新生活”主题科普宣传活动，同时组织各乡镇卫生院抽调医护人员为4000余名群众提供免费健康咨询和现场查体等义诊服务项目。

## 10 月

**2日** 县城市行政管理执法局综合整治九龙农贸市场的环境卫生、供货车辆管理，下发九龙农贸市场供货车辆专项整治管理通知220余份。

**3日** 新疆煤矿安全监察局、吐鲁番市应急管理局、托克逊县发改委联合检查托克逊县博斯坦煤业有限公司安全情况并召开座谈会。

**是日** 托克逊县举办“支边援疆60周年暨民族团结一家亲”联谊活动，来自全县各支边村约200余名支边老人代表参加。

20世纪50年代末60年代初，来自安徽、江苏等地2000余名支边青年怀揣建设边疆的梦想，来到荒凉偏僻、人烟稀少的托克逊县投身到支援边疆建设的浩荡洪流中去，并在荒漠的边疆小县安家落户，繁衍生息，和托克逊县各族人民一起推动了托克逊的经济社会和各项事业的开展。

**7日** 托克逊县公安机关破获杀3人特大现行命案，擒获犯罪嫌疑人。

**11日** 托克逊县举办2019年郴托情·文化旅游讲解员培训班，邀请吐鲁番市职业技术学院、新疆财经大学旅游学院、自治区培训中心的专业老师授课，县直各单位骨干及行业从业人员40余人参加。

**16日** 托克逊县举办红枣开园仪式暨全渠道对接会，50名企业、合作社、种植大户、电商服务站站长代表参加，吸引疆内外20家客商收购洽谈，现场达成采购意向协议1700多吨，还为新疆西域小白农业科技有限公司、百世快递、疆果缘商贸有限公司进行“天山风韵·丝路飘香”托克逊县公共品牌授权。

**21日** 通过自治区对托克逊县义务教育均衡发展督导评估复验。

## 11 月

**7日** 托克逊县林业和草原局、发改委、水利局验收援疆生态林建设项目竣工情况，项目建设地点位于吐和立交东侧，总投资1000万元，包括节水工程、造林绿化、道路建设等，建设面积680亩，项目通过复验。

**是日** 湖南援疆工作队入选2018年度“感动中国之感动湖南人物”十佳人物。

**12日** 新疆中泰化学托克逊能化有限公司举行年产30万吨高性能树脂项目建成投产开车仪式。

**是日** 托克逊县公开集中销毁2877千克超过保质期、不符合食品安全标准、假冒伪劣等问题食品，涉及金额4.06万元。

**13日** 托克逊镇开展刑事“模拟法庭”庭审现场会。

**15日** 托克逊县第一中学举办第二届校园科技节，设少儿科幻画作品、空气弹射器的制作与改装、意面高塔的创作与搭建及有趣的手抄报和科技作文比赛，作品展示了同学们参与科技创新的热情。

**是日** 托克逊县医共体各成员单位160余人在人民医院参加“远程影像、远程心电诊断”启动仪式。远程影像、远程心电平台启用标志着县医共体工作正式实施。

**16日** 因大风天气造成火车停运，大量旅客滞留鱼儿沟火车站，托克逊县紧急调派8辆客车救援，应急疏运旅客239人，其中转运乌鲁木齐227人、吐鲁番12人，及时将旅客安全送达目的地。

**18日** 托克逊县为克尔碱镇英阿瓦提村发放1辆洒水车、1辆垃圾清运车、1辆吸粪车和300个垃圾桶，价值50万元，解决清洁设备，提高环卫配套设施装备水平。

**20—23日** 新疆艺术剧院木卡姆艺术团在托克逊县开展9场“我们的中国梦”文化进万家惠民演出活动。

**24—25日** 托克逊发展和改革委员会聘请专家，分设开拓开采、一通三防、机电运输和地测防治水4个检查组，检查盘吉煤矿的安全生产工作。

**29日** 吐鲁番市花园职业技能培训学校在夏镇南湖村举办中式烹饪技能培训班，培训班为期15天，夏镇40余名贫困户参加培训。

**是日** 吐鲁番市党的十九届四中全会精神宣讲团深入托克逊镇和博斯坦镇开展党的十九届四中全会精神宣讲。

**是月** 托克逊县教育局为滨河学校配备1辆校车，解决了28名孩子上学放学难的问题。

## 12月

**4日** 托克逊县举行2019年国家宪法日宣誓暨宪法宣传周启动仪式，托克逊镇各社区群众代表220人参加。

**4—5日** 托克逊县博斯坦煤业有限公司邀请11名煤炭序列专家验收矿井年产量60万吨改扩建项目安全设施情况，通过井下现场和地面查阅资料，通过验收。

**10日** 托克逊县市场监督管理局联合教育局等部门成立检查组专项检查食品安全，当场对不规范、不符合食品安全标准问题提出整改意见，要求限期整改。

**19日** 吐鲁番市党的十九大宣讲团在托克逊举行“百名法学家百场报告会”法治宣讲，托克逊县县直各单位负责人参加。

**23日** 中央和国家机关医疗援疆专家团到托克逊县人民医院开展大型巡回义诊活动，巡回义诊的专家们分别在各自的专业领域为80余名门诊及住院患者提供专业诊疗服务。

**26日** 托克逊县举办电子商务优秀创业者表彰大会，授予4名“电商创业英雄”，每人奖励8000元；5名“电商创业先锋”，每人奖励4000元；8名电商“电商创业达人”，每人奖励1000元。

**29日** 托克逊县召开2019年度党(工)委书记抓基层党建工作述职评议会，县委、县人大、政协主要领导，县党建工作领导小组成员、“访惠聚”驻村工作领导小组成员，乡镇党政正职，“两代表一委员”，村(社区)第一书记、党支部书记280余人参会并民主评议。

**30日** 自治区发改委经济研究院规划调研组调研托克逊县“十四五”发展思路，要求做好“十三五”规划总结及“十四五”规划启动工作。

**31日** 托克逊县消防救援大队正式挂牌。

**年内** 托克逊县通过争取市级财政扶贫资金170.5万元，推进实施扶贫公路项目6.6千米，完善了伊拉湖镇郭若村，郭勒布依乡尤库日克喀拉阿什村，夏镇喀拉苏村、奥依曼买里村共4个贫困村的道路基础设施，10月底全部完工通车。

**年内** 实现城镇新增就业3368人，目标任务2800人，完成率120%。

**年内** 托克逊县坚持合理规划布局，利用搁置厂房及各类场所建设纺织服装、镶、食品加工、矿泉水、风积沙粗加工、铁艺制品、日用品加工、水洗厂、搅拌、吨包装加工等多种产业“卫星工厂”。2019年，全县5个乡(镇)29个行政村建设56个卫星工厂项目，解决就业411人，其中贫困户47人。

**年内** 托克逊县推进“厕所革命”，建成卫生厕所13643座。

**年内** 托克逊县8个乡(镇)卫生院建立医共体并完成挂牌。全县所有医疗机构已全面执行国家基本药物制度，基本药物使用占比达81.83%，县域内村卫生室配备基本药物均达80种以上。

**年内** 托克逊县建立县级电子商务服务中心1个，乡镇级电子商务服务站8个，村级电子商务服务网点24个。通过物流整合，构建县、乡、村三级物流配送网络，打通“工业品下乡、农产品进城”上下行物流通道。

# 中国共产党托克逊县委员会

ZHONGGUO GONGCHANDANG TUOKEXUNXIAN WEIYUANHUI

## 重要会议

**【中共托克逊县委十一届十四次全体(扩大)会议】** 2020年1月4日,中共托克逊县委召开十一届十四次全体(扩大)会议,县委书记、县人大党组书记朱剑军代表县委作报告。会议回顾上一年工作。2019年,托克逊县实现生产总值91.66亿元,同比增长7.6%;规模以上企业增加值50.63亿元,同比增长9.5%。全社会固定资产投资同比增长15.1%,一般公共财政预算收入16.08亿元,同比增长7.5%,招商引资到位资金49.42亿元,社会消费品零售总额6.53亿元,同比增长6.3%,城乡居民可支配收入分别增至35415元和14298元。

会议确定2020年主要预期目标是:实现全县生产总值同比增长7%以上,全社会固定资产投资增长15%以上;一般公共财政预算收入增长7%以上;城乡居民人均可支配收入分别增长6%和10%以上;城镇登记失业率控制在3.2%以内;居民消费价格涨幅3%左右。

**【县委常委及常委(扩大)会议】** 2019年,共召开36次常委及常委(扩大)会议,主要议题有十大类。

一是传达学习上级领导讲话、有关文件精神。4次传达学习习近平总书记关于脱贫攻坚重要论述、重要讲话、重要指示批示和扶贫论述摘编以及解决“两不愁三保障”突出问题座谈会上的讲话、扶贫工作的重要论述和党中央脱贫攻坚决策部署;传达学习自治区党委副书记李鹏新7月24日在东疆片区解决“两不愁三保障”突出问题的指导意见和实施意见、国务院扶贫办有关领导“关于提高资金使用效益”的重要讲话精神;学习习近平总书记在全国宣传思想工作会议和第二次中央新疆工作座谈会上的重要讲话以及对民政工作作出的重要指示精神,自治区党委办公厅有关严重违纪违法案及其教训警示通报;6次传达学习自治区党委书记陈全国以及其他有关领导在自治区扶贫开发领导小组会议上、全区扶贫领域警示教育大会上的讲话以及自治区统战部部长、民宗委主任会议和组织部部长会议暨干部教育培训工作会议精神;学习《中共中央关于加强党的政治建设的意见》《中国共产党重大事项请示报告条例》及自治区党委通报全区意识形态领域形势的分析;传达学习国家、自治区关于“大棚房”问题专项清理整治行动坚决遏制农地非农化方案和有关领导讲话;学习传达从中共中央、国务院到自治区党委关于开展扫黑除恶专项斗争决策部署和吐鲁番市委贯彻专项斗争会议纪要;4次学习陈全国在公安、稳定、政法、维稳指挥部调度等大会上和在吐鲁番市调研时的讲话。学习自治区党委解决形式主义突出问题为基层减负的20条措施、自治区农村基层党建工作会议精神和《中国共产党农村基层组织工作条例》；传达学习中共中央关于在全党开展“不忘初心、牢记使命”主题教育的意见和正确认识中美贸易斗争，集中精力办好自己的事，自治区有关领导在民生领域整治、教育等大会上工作部署讲话，传达全国市县巡察工作推进会主要精神提纲；传达学习中央关于退役军人信访工作的意见和自治区解决全区部分退役士兵社会保险问题以及组建市县、乡、村四级退役军人服务中心(站)等文件精神。

二是聚焦总目标方面。分解吐鲁番市“访惠聚”驻村工作有关要求任务；评定2018年综治维稳暨平安建设工作。

三是重攻脱贫攻坚任务。贯彻落实中央第六巡视组对自治区开展脱贫攻坚专项巡视反馈意见、自治区整改工作动员大会和专项巡视反馈意见整改方案；落实脱贫攻坚四类整改任务销号工作；听取自治区脱贫攻坚督导组对托克逊县扶贫工作督导反馈；审议中央巡视组专项巡视指出突出问题和共性问题整改方案、落实自治区2018年扶贫开发成效考核工作方案、自治区脱贫攻坚指导组反馈托克逊县有关问题整改方案；听取全县及7个乡(镇)党委扶贫领域腐败和作风问题专项治理工作进展情况汇报；听取托克逊县中央新增财政专项扶贫资金项目进展报告、“两不愁三保障”突出问题核查情况以及中央第六巡视组脱贫攻坚专项巡视各类反馈问题整改进展情况；两次听取托克逊县2019年财政专项扶贫资金项目和2020年项目库建设进展情况，研究2019—2020年新增项目和中央新增财政专项扶贫资金项目计划以及贯彻落实2018年自治区党委和政府脱贫攻坚成效考核反馈问题整改方案；研究脱贫巩固提升工作、三级书记遍访贫困对象和加强各级扶贫干部队伍建设等实施方案，部署2019年脱贫攻坚工作和中央巡视反馈意见整改工作；安排准备脱贫攻坚专项巡视反馈意见整改专题民主生活会；审议托克逊县落实自治区东疆片区会议精神暨脱贫攻坚工作“回头看”实施方案，审议通过托克逊县脱贫巩固提升存在问题整改清单；审议托克逊县贯彻落实国务院扶贫开发领导小组2019年脱贫攻坚督查反馈问题整改方案、开展2019年全国“扶贫日”活动方案；年内，多次安排部署脱贫攻坚工作。

四是扫黑除恶行动。多次听取和审议托克逊县扫黑除恶专项斗争工作情况汇报、通报专项斗争进展情况、排查问题清单、问题整改方案以及督查检查考核年度计划。听取严打攻坚破获涉危涉稳案件、扫黑除恶专项斗争侦破案件“回头看”等工作情况汇报；听取县纪委监委处置涉黑涉恶问题线索情况汇报、县公安局扫黑除恶专项斗争和禁毒工作汇报。安排部署在托克逊县重点行业和重点领域开展扫黑除恶专项斗争。配合中央扫黑除恶专项斗争督导工作，解决各成员单位分管行业、领域扫黑除恶专项斗争工作中存在的问题。

五是重点工作研究。研究2019年防范化解金融风险、脱贫攻坚、环保以及安全生产工作方案。听取2018年地方政府隐形债务情况报告和2020年地方政府专项债券项目申报、县中央环保督察反馈意见整改工作情况汇报，并对中央环保督察反馈意见整改工作再安排、再部署。

六是讨论报告。讨论中共托克逊县第十一届委员会第十三次全体(扩大)会议报告，“两会”人大、政协和“一府两院”工作报告，研究中共托克逊县第十一届纪律检查委员会第四次全体会议报告和相关事宜。

七是研究深化党政机构改革工作。5次研究托克逊县机构改革方案、推进托克逊县纪委监委派驻(派出)机构改革方案。讨论各部门“三定”方案,研究成立、撤销、更名国家工作部门党委及成立新组建政府工作部门党组等。

八是干部考核和评优定等。研究托克逊县2018年度(绩效)考核县处级干部评优定等;讨论2018年科级领导班子及领导干部与村(社区)“两委”班子绩效考核工作和“访惠聚”驻村(社区)工作队考核结果。

九是干部任免和违纪处理。2次研究县委组织部提交的干部任免提案;推选托克逊镇党委书记;3次研究6名干部违纪予以撤销党内职务及政务降级处分、党内警告等处分。

十是推先树优。推荐上报2018年国家、自治区级评选表彰维稳双联工作、民族团结工作、脱贫攻坚工作、人民满意公务员、退役军人,基层党组织、党务工作先进集体和个人以及推荐自治区文明村镇、文明单位。

十一是其他重点工作。整顿基层党组织,研究软弱涣散基层党组织整顿验收工作。研究部署“大棚房”专项清理整治、人才引进购房补贴政策、恢复克尔碱(红河谷)社区等。分解托克逊县“千村示范、万村整治”工程工作责任。研究南湖杏花村游客服务中心投资建设,审议托克逊县融媒体中心建设。讨论创建自治区双拥模范城任务分工,研究解决部分退役士兵社会保险问题实施方案和县、乡(镇)、村(社区)退役军人服务中心(站)建设实施方案等。审议公务员职务与职级并行制度实施情况、创建“自治区文明县”工作实施方案和托克逊县新时代文明实践中心建设试点工作方案。研究讨论选聘村级民政协理员问题。部署托克逊县“不忘初心、牢记使命”主题教育工作。调整托克逊县维护稳定工作、脱贫巩固提升工作、扶贫开发、安全生产工作等15个领导小组组成人员。

**【纪检监察工作会议】**

2019年2月17日召开。主要任务是:学习贯彻习近平新时代中国特色社会主义思想和党的十九大精神,落实自治区党委九届六次、自治区纪委九届四次全会,市委一届六次、市纪委一届四次全会和县委十一届十三次全会部署,聚焦社会稳定和长治久安总目标,总结2018年工作,部署2019年任务。

2018年,县委带头履行主体责任,重要工作亲自部署、重大问题亲自过问、重点环节亲自协调、重要案件亲自督办,带动各级党组织自觉落实管党治党政治责任。各级纪检监察机关严格落实双重领导体制,向党委和上级纪委监委报告工作,自觉协助党委推进从严治党、抓党风廉政建设和反腐败工作,以严肃问责倒逼责任落实。查处履行“两个责任”不力案件151件165人,党政纪处分32人。

加强监督检查,坚决纠正有令不行、有禁不止的问题,严肃查处托克逊县一批不聚焦总目标、不落实维稳措施的党员领导干部。立案审查违反政治纪律案件123件、党政纪处分123人,查处落实总目标不力案件250件,党政纪处分250人。

深化警示教育,以案为鉴督促党员干部知敬畏、存戒惧、守底线。建立健全领导干部廉政档案485套,为考核、考察干部提供依据。全年开展诫勉谈话190人次、提醒谈话47人次、组织函询50件次、回复干部廉政复函125件次。定期接待群众来访,各级纪检监察机关受理信访举报73件次,同比减少30%。运用“四种形态”处理1992人次,同比增长264%,实现由“惩治极少数”向“管住大多数”拓展延伸。

县委巡察工作聚焦意识形态、脱贫攻坚等重点领域,完成县委第四轮6个县直单位、11个行政村的常规巡察、第五轮8个县直单位、12个行政村(社区)的专常结合巡察,启动实施第六轮12个党组织脱贫攻坚专项及常规相结合巡察，共发现问题754个。发现并向纪检监察机关移交党员干部问题线索54个，向组织部门移交相关问题线索11条。组织开展巡察整改“回头看”，平均整改率达90%以上。

贯彻中央八项规定精神，严格落实习近平总书记关于纠治形式主义、官僚主义批示精神和自治区党委相关问题“十改进、十不准”“十要十严禁”，督促落实规范领导干部操办婚丧喜庆、禁止公务活动饮酒等规定，全年共查处违反中央八项规定精神问题14件14人、党政纪处分11人，查处“四气”问题2791件2791人，通报曝光案件9批39件66人次。

优先处置、快查快办扶贫领域问题线索，全年查处扶贫领域案件110件143人，党政纪处分61人次。

推进改革试点工作。协调办公阵地、人员转隶、工作经费等。依法选举产生县监察委员会主任、副主任及委员。托克逊县监察委员会和县监察委员会派出8个乡镇监察办公室均挂牌成立，改革工作取得重要性成果。案件查办过程中，对12项调查措施能试尽试，细化每项调查措施的适用条件，规定审批程序、执行方式，统一调查审查文书格式。12项措施中已试用11项调查措施。

坚持“老虎”“苍蝇”一起打，紧盯“三类人”，严惩贪污贿赂、滥用职权等职务违法和职务犯罪。各级纪检监察机关共处置问题线索941件，立案502件、结案507件(含2017年遗留5件)，分别增长72%、51%、55%，移送司法3人，增长150%，留置5人。

以畜牧系统系列腐败案件为镜鉴，在托克逊县开展“以案促改”工作，分析问题根源，开展警示教育，查找问题短板，堵塞制度漏洞，规范权力运行，切断利益输送链条，铲除腐败滋生蔓延的土壤。组织托克逊县各级党组织开展“以案说纪、以案说法、以案说德、以案说责”讨论活动535场次，51名党员干部主动向组织坦白交代违纪行为，上缴违纪款100.38万元。“以案促改”工作开展以来，各级纪检监察机关利用“四种形态”共问责1117人。立案205件，同比增长68%；结案209件，同比增长67%。

在纪检监察系统开展形式主义、官僚主义集中整治，全年查处纪检监察干部违纪违法案件18件次，通报批评9人次，诫勉谈话问责4人次，党内警告处分1人次，党内严重警告处分2人次，开除党籍、开除公职处分2人次。

会议确定2019年纪检监察总体工作要求：以习近平新时代中国特色社会主义思想为指导，学习贯彻落实党的十九大和十九届二中、三中全会精神，认真贯彻落实自治区党委九届六次、自治区纪委九届四次全会和市委一届六次、市纪委一届四次全会、县委十一届十三次全会部署，不忘初心、牢记使命，强化“四个意识”，坚定“四个自信”，做到“两个维护”，聚焦聚力总目标、忠实履行党章和宪法赋予的职责，以党的政治建设为统领，协助党委推进从严治党，坚持稳中求进工作总基调，一手抓反分裂斗争、维护党的政治纪律，一手抓党风廉政建设和反腐败斗争、推进从严治党向纵深发展，深化纪检监察体制改革，健全完善监督体系，坚持纪严于法、纪在法前，实现执纪执法贯通、法法有效衔接，取得从严治党更大战略性成果，巩固发展维护反分裂斗争纪律重要阶段性成果和反腐败斗争压倒性胜利，一体推进不敢腐、不能腐、不想腐，努力推进纪检监察工作换挡提速、高质量发展，为实现托克逊社会稳定和长治久安保驾护航。

## 专题工作和调研

**【专题工作】**

“不忘初心、牢记使命”主题教育　成立主题教育工作领导小组，多次召开常委会、专题会议研究托克逊县主题教育工作，学习领会系列讲话和文件精神，专题研究部署主题教育相关工作，确保各项工作紧扣党中央、自治区党委工作要求，在县委统一领导下按规定动作统一推进。主题教育办公室内设5个职能组和8个指导组。全覆盖指导托克逊县62个县直单位、8个乡镇，并同步延伸到村（社区）、学校、国有企业、非公有制企业等基层党组织，各指导组按照指导工作手册、每周指导工作要点和工作清单，通过参加集中学习和集体研讨、实地查看、座谈交流、列席专题会议等方式进行严督实导，不定期抽查，督促整改问题，查漏补缺，防止跑偏散光走过场。发挥主流媒体和新兴媒体作用，反映各部门、各系统主题教育进展成效。与中华人民共和国成立70周年庆祝活动相结合，广泛开展党史、党性、党恩教育，发掘、总结党员干部先进典型，适时组织专题、专栏报道，用身边的先进事迹教育身边的人。

2019年，上报专报30期、简报22期，通过“托克逊县零距离”“风城零距离”“风城党建”微信公众平台发布主题教育学习内容61篇109次，刊发各类新闻稿件73篇（次），宣传报道了7名先进典型。

制定主题教育集中学习研讨方案、基层党支部学习教育方案等系列方案，从学习时间、内容、人员和纪律等方面作出具体安排、列出详细时间表。领导班子集中学习和研讨与“奋战一个月、和谐庆国庆”工作紧密结合，分时段分层级压茬进，县直单位科级干部到联系村（社区）学习。组织党员干部开展“看历史、游家乡、爱祖国”活动、纪法警示教育、观看典型事迹专题节目等多种形式的学习教育活动，跟进学习习近平总书记在参加政协工作会议暨庆祝中国人民政治协商会议、国家勋章和国家荣誉称号颁授仪式、庆祝中华人民共和国成立70周年大会等会议上的重要讲话精神和党的十九届四中全会精神，提升学习的针对性、实效性和感染力。组织基层党支部学习交流，各级各部门党委（党组）书记还带头参加所在党支部的集中学习并讲党课，发挥了领导干部关键少数的表率作用。同时，分批组织全县332名党支部书记集中培训，确保各级党组织书记一个不漏。逐一核实外出培训、南疆支教等不在本地的党员干部，要求参加所在地的主题教育。驻村工作队、下沉干部中的党员带学、帮学部分文化程度低、自学有困难的农牧民党员。对年老体弱、行动不便的党员上门送学，对在外地的退休党员、外出务工的流动党员，采取寄学方式，确保学习教育不漏一人。

重点围绕自治区党委确定的12个方面开展调研，托克逊县各级领导班子成员结合县域实际、工作实际和个人实际，确定关于做好群众工作、农村人居环境整治等360个调研课题，各级领导干部带着问题下基层与基层干部群众交流、找准症结、研究对策。各级领导班子在基层充分调研的基础上，研究梳理问题1130个、细化整改措施和对策建议1500余条，形成坚持问题导向精准施策、把群众工作做到群众心坎上、托克逊县人居环境整治工作开展情况等360篇调研报告和专题党课讲稿，并分级层召开调研成果交流会74场次、专题党课360场次。

坚持边学习边调研边检视问题，组织各级领导班子及成员、广大党员干部对照《中国共产党章程》《中国共产党党内法规制定条例》和新时代党的治疆方略，对照检视、调研检视、开门检视、交流检视、剖析检视，把自己摆进去、把职责摆进去、把工作摆进去，以正视问题、刀刃向内的勇气深刻剖析思想方面和工作方面存在的问题。托克逊县各级领导班子下发班子及成员征求意见表1958份，广泛征求各级干部群众意见建议；开展谈心谈话，交心交流，批评与自我批评。各级班子成员带头参加所在党支部组织生活，与支部党员沟通交流，听取党员批评意见；汇总对群众学习反思、调研发现、检视找出和群众反映的问题，归并去重，形成班子问题清单74张、班子问题523个、整改措施683条，班子成员问题清单403张、班子成员问题2368个、整改措施2718条，普通党员干部问题1.53万个、整改措施3.8万余条；组织召开对照党章党规找差距专题会议405场次。

围绕“8+2”专项整治任务，研究制定托克逊县主题教育专项整治工作方案和12个具体的专项整治工作方案。坚持落实上下联动、同级协动工作机制，对吐鲁番市反馈的81个问题梳理对接、部署推动，部分需要多部门联合推动的整治事项由专项政治组联合牵头单位通过部门协调会、推进会，协助配合整治。加大督促问责力度，先后履责约谈推进专项整治工作不力的干部9人次，提醒谈话专项整治履职不到位、走过场、作表面文章的3个党组织负责人，约谈了8个党组织负责人。截至年底，95个具体问题完成整治88个，其中集中整顿软弱涣散基层党组织方面，研判确定6个软弱涣散基层党组织，全部整顿完成并通过县级评估验收；组织各级各类干部人才培训22场次181人次，提拔使用干部54人，其中有“访惠聚”或基层维稳一线经历的占80%以上；年轻干部34人，引进招录教师、退伍军人、高层次紧缺等地方性事业编制1275人，推荐、表彰各级各类干部人才80余人次；整治教育文化意识形态领域存在问题，着力打造文艺精品、实施文化惠民工程，丰富群众文化生活，向基层配送“改革开放40周年、中华人民共和国成立70周年”挂图、民族文学原创和民汉互译作品，向44个行政村农村书屋各配备价值2000元的图书，开展“我的中国梦——电影进万家”“我和我的祖国”等主题放映活动550场次，丰富了基层干部群众文化生活。

提升群众满意度。化解群众就业难问题，开展“一户一产业工人”培养工程和贫困村家门口就业工程。新开通8条公交线路，解决学生上下学交通不便的问题，为滨河学校、夏镇泛海希望小学等4所学校配备校车，新增6辆公交车线路顺达沿途部分学校。在克尔碱镇、库米什镇等偏远乡村开展下乡义诊，诊疗患者4000余人次；逐村逐户摸排困难群众缺煤、缺衣等情况并予以捐助，惠及群众1900余户；“金融三下乡”活动，协调发放群众就业创业贷款1149.4万元，化解贷款逾期68.57万元，累计为群众追回各类欠款380余万元。争取中央补助支持老旧小区改造建设项目，计划2020年改造托克逊县16个老旧小区涉及居民1821户，着力解决群众普遍反映的老旧小区基础设施落后问题。2019年，各级各部门和广大党员干部累计解决群众反映热难点问题及矛盾纠纷5400余件，办好事实事3.2万余件。

整治突出问题，特别是聚焦漠视侵害群众利益问题。整治民生领域侵害群众利益问题、群众身边的不正之风和“微腐败”问题，查处违反“师德师风”案件15起，取消带课教师带班、值班制度；查处卫生领域“不作为、慢作为、乱作为”问题、违反“医德医风”问题和不正之风问题4起，追回违规收取医疗费用12万元、罚款27.24万元；全覆盖查食品小作坊、校园周边商超餐饮单位、药品零售企业、中药饮片经营使用单位、保健食品和食用农产品销售单位等，共发现问题265个，停业整顿24家，立案查处44起，罚没款10.04万元；开展生态环境领域问题整治，整改完成中央环保督查反馈13项，检查发现各类环境违法行为11个，立案11起，罚没款568万元，“四乱”问题基本得到遏制。核实清退违规享受低保294户993人，追回资金1.46万元；追回套取就业培训资金4.78万元;排查"一卡通"管理使用问题,收回违规享受的补贴资金156万元,补发应享未享补贴122万元;排查公共租赁住房,追缴欠租1.83万元,减免租金1.92万元,解决群众诉求14件;协调处理农民工工资纠纷45件、追回工资454万元。同时,为向群众提供更为便捷的服务,整合9家单位、68项业务进驻县政务服务大厅,将各村(社区)"一站式"服务大厅整合前移至便民警务站,为群众办理各项业务以及提供各类服务。2019年,查处整改职能部门执法不严、执法不公、"吃拿卡要"、优亲厚友等漠视侵害群众利益问题9622件、问责处理85人,其中党政纪处分12人、组织处理73人。

转变工作作风。将整治违反中央八项规定精神、"四风""四气"隐形变异问题和形式主义、官僚主义作为重要内容,各级党员干部真刀真枪整改整治,把工作做到田间地头、庭院炕头、车间里头,与基层干部群众面对面沟通交流,为基层群众解决困难和问题。整治党员干部工作作风,累计查处违反中央八项规定案件11起、问责处理干部11人,"四风""四气"问题132件、问责处理干部132人。落实"基层减负年"要求,大幅减文减会减活动,建立完善文件、会议报批制度、分段管控制度、终审把关制度和督促检查制度。累计发文325份,精简率48.2%;召开会议42场次,精简率46%;督查考核事项精简至13项,精简率90%;清理解散公务类微信群、QQ工作群604个,整顿精简率98.37%。梳理出基层上报的各类表格台账306项,先后合并30项、取消92项、延长上报周期23项,整顿精简率40%。

深化"以案促改"成果。组织参观纪法教育中心、召开干部大会和党风廉政工作会议、观看警示教育片开展党风廉政教育,特别是探索性推行"五个一"专项行动(开展1次廉政谈话、1次廉政党课、1次警示教育、1次自查自纠、1次专项督查),各派驻纪检监察组与管辖单位(部门)党组织负责人开展廉政谈话34人次、各单位主要领导与重点岗位人员开展廉政谈话330人次,各单位党组织负责人带头讲廉政党课39场次,开展警示教育34场次,自查自纠相关问题46个,受理群众来信来访43件、处置问题线索426件,立案147件、结案111件,给予党纪处分71人、政务处分47人、双重处分7人;运用监督执纪"四种形态"处理435人次。处置扶贫领域问题57件、问责处理69人。

主题教育促维稳。年内,共侦破案件22起33人;侦破涉恶犯罪团伙7起、抓获犯罪嫌疑人40人,依法扣押现金410万元、涉案资产3302万元,通过"一案三查"问责公职人员17人。

主题教育促经济。打好"三大攻坚战"、做好"三项重点工作"。2019年,托克逊县8个贫困村全部退出,1918户6401名建档立卡贫困户全部达到脱贫标准。统筹各类资金、资产偿还欠款5.92亿元,偿还进度51.15%,完成年底前清偿一半以上的目标任务;节能降耗方面,托克逊县规模以上综合能源消费量下降1.27%、万元工业产值能耗下降7.3%;投入2.96亿元用于农村人居环境整治;围绕"旅游兴疆"战略,推进全域旅游示范区建设,接待游客人数和旅游收入大幅提高。

主题教育促民生改善。招录引进各类教师601人,实现学前教育、义务教育、高中阶段教育普通话教学全覆盖,落实各类学生补助资金2046万元、惠及学生2.6万余人次,实现郴托两地小学、初中、高中3个学段网络联校,各族学生享受到了更高质量的教育;完成全民健康体检10.22万人、完成率101%,完成托克逊县7所乡镇卫生院、45所村卫生室标准化建设,建成与湖南省湘雅医院、郴州市第一人民医院的远程医疗会诊平台。

扫黑除恶专项斗争　自2018年1月29日托克逊县召开扫黑除恶专项斗争动员部署会议至2019年底，县委组织召开扫黑除恶专项斗争成员单位联席会议45场次。发挥“捕诉一体”办案优势，按照中央确定重点打击惩治的11类黑恶势力，以严打开路、主动出击、持续打击。2019年，全县接收线索323条，核查反馈316条，办结率100%。累计破获涉恶犯罪团伙7起，抓获犯罪嫌疑人40人，法院一审判决5起27人、正在审理2起13人。二审已判决4起19人，判处罚金793.1万元，追缴非法所得655.03万元，没收赌资52.25万元。县公安机关依法开展涉案人员非法财产清查。依法查封、扣押冻结涉案资产3302.31万元。年内，依法立案调查涉嫌参与赌博的8名赌博人员及2名棋牌室业主。全县共发放贷款5088笔，经由县金融管理部门严格审核、排查，均属正常交易，无高利放贷行为。

坚决依纪依法严肃查处党员干部和其他行使公权力的公职人员涉黑涉恶问题，深挖背后的“保护伞”“关系网”。通过“一案三查”，问责公职人员17人。

“访民情、惠民生、聚民心”驻村工作　2019年，市、县派驻“访惠聚”驻村工作队57支426人，工作队队长兼任第一书记的有55人，其中市派驻村工作队17支88人，县派驻村工作队40支338人；正处级干部2人，副处级干部14人，正科级干部50人，副科级干部49人，其他干部311人；中共党员244人，共青团员6人，群众176人；男性317人、女性109人；汉族157人、维吾尔族243人、其他少数民族26人。

制度管理。强化驻村干部安全教育培训，加强吃、住、行等管理，确保不发生事故。实行“禁酒令”，驻村工作期间一律不得饮酒，严禁私自驾驶车辆外出。违纪违规问题逐级倒查责任，严格追责问责。落实自治区党委、市委基层减负要求，针对县委组织部日常上报材料报表中涉及的122项内容，逐条讨论研究、逐项对账销号，整合各类清单台账至18项。

关心关爱。派出单位领导和工作队队长定期与驻村干部谈心交流，掌握思想、工作、学习和生活等方面的情况，理顺情绪，解决困难。定期走访慰问驻村干部家属，解决实际困难、解除后顾之忧。2019年，各级单位充分发挥后盾作用，走访慰问驻村干部家属660余户次，开展心理疏导380余人次，帮助协调解决驻村干部实际困难280余件。从优秀驻村干部中选拔重用干部，对实绩突出、群众公认的干部优先提拔重用，不让“老实人”吃亏，真正把“访惠聚”驻村工作作为干部成长进步的“锻钢炉”。2019年，提拔重用有“访惠聚”驻村工作经验的干部20人。

入户走访排查，掌握社情民意和群众思想动态。2019年，排查化解安全隐患5990个。流动人员管理严格落实“369”限时工作法，坚持流出人员登记请假制度，建立流动人口登记台账，第一时间登记、核实、上报流动人员和房屋出租情况。管理服务返乡大学生，寒暑假返乡学生返乡后第一时间到村（社区）报到。

宗教工作。贯彻党的宗教政策，正面宣传教育引导广大信教群众确立正信、抵制极端，保护合法、遏制非法、打击极端。

“扫黑除恶”专项斗争。大力宣传，提升各族群众对专项斗争的知晓率和参与率。同时对收集的各类线索建立相关台账，研判分析，深挖细查，对单销号。

脱贫攻坚。发挥第一书记统筹各支力量工作机制，坚持党员带路，帮带贫困群众，探索符合带动贫困户脱贫的有效途径和措施。2019年，工作队协助42个有扶贫任务的村制定村级脱贫计划和建档立卡贫困家庭脱贫计划。

坚持扶贫与扶志并举,教育引导各族群众摒弃“等靠要”思想,多想发展思路,多谋致富门路,多干增收实事,主动参加各类技能培训,主动外出就业,主动发展庭院经济,靠坚定的信心、勤劳的双手早日脱贫。年内,组织贫困户开展红枣、葡萄、杏树标准化栽培管理及病虫害防治为主要内容的培训活动。依托“生产奖补”政策,组织贫困户发展特色种植业。加强产业扶贫,以技能培训、劳动力转移就业、发展庭院经济、拓宽就业渠道、发展合作社为抓手,发挥后盾单位优势,帮助村民就地就近就业,鼓励引导村民通过种植、养殖、手工业增收致富。2019年,发展引进中小微企业42个,成立专业合作社56个,引进农村电商41个,转移就业1万余人,其中贫困人口转移就业2365人。推进整治人居环境,宣传发动群众改善农村生产、生活、生态环境,增强各族农牧民群众获得感、幸福感、安全感。2019年,实现“三区”分离600余户,完成厕所改造13643户。

群众工作。完善帮扶责任体系,压实村(社区)各支队伍常态力量和后盾单位包户责任。2019年,累计下沉住户18.3万余户次,开展采摘杏子、西甜瓜、红枣、棉花、葡萄及修建厕所、美化庭院等帮扶1.2万余件。以“不忘初心、牢记使命”主题教育为契机,突出抓好“1+3+3”实事,通过入户走访、常态化包户住户工作,详细了解所负责包联户的实际情况和问题困难,制定帮扶解决措施,建立跟踪销号台账,动态跟踪落实督办,将主题教育效果体现在为群众办实事上来。2019年,走访51.6万余户次,解决困难群众热难点问题5400余条,办好事实事1.8万余件。以“民族团结一家亲”和民族团结联谊活动为载体,推动后盾单位各级党员干部下沉到村、走进群开展结对认亲、思想教育、关心关爱、帮扶救助等工作,组织群众开展各类文体、宣讲等活动2.98万余场次,参与群众244.5万余人。

基层党建。建立驻村工作队与单位下沉干部、驻村各支力量及村组干部“一对一”“一对多”帮带关系,推进基层干部队伍建设。截至2019年底,协助培训村干部416人,储备村级组织骨干264人。加强党员队伍建设,培养入党分子1053人,确定发展对象194人、新发展党员105人。利用远程教育视频系统集中轮训基层干部,基层党员干部的整体素质得到提高。健全完善“三会一课”工作配套管理办法,推行基层组织村级财务管理、基层党组织日常管理、基层组织档案管理、村集体经济收支管理、村民小组党支部运行等规范化建设,推进基层党组织规范化运行。在新建村级阵地服务大厅建立党建图书角摆放维汉双语图书,便于党员群众借阅学习。设立党员服务台,实行轮岗制,每天有党员干部服务前来办事的群众。

宣传工作。坚持把“1+2+5”八项任务作为推动“访惠聚”驻村工作的重要抓手,总结推广好做法、好经验、好成果、好典型,弘扬主旋律打好主动仗。2019年收集撰写、刊发“访惠聚”驻村工作信息2800余篇(条),其中被“新疆访惠聚”采用43条,《新疆晨报》采用24条,“最远一家人”采用384条,“风城零距离”采用1518余条(篇),部分稿件被《吐鲁番日报》等媒介采用。编辑制作各类短视频42条,工作简报52期,编排《托克逊县“访惠聚”驻村工作队信息汇编》10册;编辑报送“温情小广播”50期。广泛宣传无私奉献、担当作为、履职尽责的“访惠聚”驻村工作队集体和个人。2019年,加大以“第一书记风采、工作队之星、群众工作能手、脱贫攻坚范例、基层组织先锋”等为主要内容的“五个100”新作为展示采写力度,推选典型,努力宣传好“访惠聚”驻村故事。年内,累计上报“五个100”新作为典型材料36篇，其中被“新疆访惠聚”微信平台采用5篇。围绕驻村工作八项任务，组织开展了端午节、“农民丰收节”、国庆节等大型文体活动，尤其是重阳节前夕组织开展的“庆祝支边建疆60周年暨民族团结一家亲”联谊活动，为将青春和年华甚至是一生奉献在托克逊的支边老人送去党的温暖，近200名支边老人欢聚一堂共话美好生活，感谢组织关怀。

*民族团结联谊活动* 年内，全县8485名各级领导干部与托克逊县9575户各族群众结成亲戚。

常态开展民族团结联谊活动，坚持机关企事业单位每月、学校每周组织开展1次主题突出、生动活泼的民族团结联谊活动。各部门单位组织结对亲戚或结对亲戚子女到单位驻地与结亲干部联谊联、组织群众到结对干部家中“走亲戚、串门子”等，创新民族团结联谊活动形式。2019年，累计开展民族联谊等各类活动11789场次，参加群众24.32万人次，征集上报“六个一批”材料52篇。

打造“民族团结一家亲”教育基地，发挥广播电视、门户网站、微博微信、信息简报、手机客户端等传统媒体和新兴媒体作用，利用“托克逊县零距离”“风城党建”等微信平台以及各单位官方微信，加强民族团结立体化宣传。2019年，托克逊县共组织5000余人参加“看历史、游家乡、爱祖国”群众性主题教育活动，常态化开展“厅级干部大宣讲”座谈会等970场次，入户宣讲13.36万次，累计开展普通话培训130余场次，累计培训村干部及少数民族群众26.6万余人次，召开座谈会45余场次。

各族党员干部带着感情，帮助结对认亲户加快卫生厕所改造，建设整洁美观的庭院，引导基层群众转变思想观念、摒弃陈规陋习、改善居住环境、改进生活方式、提高生活质量，推进文明新风进村入户。2019年，累计走访见面各类群众12.7万户次。

将民族团结进步创建与“民族团结一家亲”和民族团结联谊活动工作融合推进，全域创建、全民参与、全员行动。推动民族团结进步创建“八进”[进单位、进学校、进乡(镇)、进村(社区)、进宗教场所、进部队、进景区、进企业]，推动军地村企结对共建，民族团结进步创建模范单位覆盖各级机关事业单位、学校、乡(镇)、村(社区)和宗教场所、部队、景区、企业。

**【领导调研】**

*省(区)级领导调研*

2019年5月22日，自治区人大常委会调研组调研托克逊贯彻实施《中华人民共和国城市居民委员会组织法》和社区建设情况。

2019年7月11日，湖南省委副书记、省长许达哲带队，湖南省党政代表团一行到托克逊县调研援疆工作。

2019年9月2日、9月25日，自治区党委副书记、教育工委书记李鹏新一行到托克逊县考察调研教育、脱贫攻坚工作。

2019年9月21—23日，自治区人大常委会副主任王永明一行到托克逊县调研法制工作。

*厅局级领导调研*

2019年7月19日，自治区高级人民法院党组成员、副院长王浪涛为组长的调研组到托克逊县人民法院开展“不忘初心、牢记使命”主题教育调研和2019年度上半年考核。

2019年8月2—3日，湖南省郴州市委副书记邹文辉带队，郴州市党政代表团一行到托克逊县调研援疆工作。

## 县委办公室工作

**【概况】** 2019年机构改革，优化县委办公室职责。将县档案行政管理职能以及相关机构的政策研究职责划入县委办公室，对外加挂县委政策研究室、县档案局牌子。保留县档案馆,作为县委办公室所属正科级事业单位。将原县委史志办、督查室并入县委办公室。县委国家安全委员会办公室、县委财经委员会办公室、县委全面深化改革委员会办公室均设在县委办公室,接受委员会的直接领导,承担委员会具体工作。核定行政编制24人,统筹编制1人,机关工勤编制6人。办公室内设秘书科、信息科、督查科、文书科、综合科、政研室(法规科)、行政事务管理科、档案史志科。2019年,实有干部54人,其中女性15人,少数民族5人。

**【办文办会】** 2019年,县委办坚持为领导服务、为机关服务、为群众服务,发挥综合协调职能,畅通各渠道信息,认真起草综合文稿,谨慎处理机关公文,严把发文数量关、格式关、内容关。累计编发县委文件101件、办公室文件197件、内部明电8件。

坚持"工作需要、统筹考虑"的原则全力办好各类会议,会前有准备、会中有保障、有后有记录,力求办会规范高效,保障完成中共托克逊县委十一届十三次全体(扩大)会议等重要会议,全年承办各类会议330余场次。

**【信息报送】** 2019年,办公室紧贴县委中心工作,总结上报脱贫攻坚、群众工作、人居环境整治等领域典型工作经验做法,提高信息业务工作能力,加强信息工作规范化建设,努力提升信息工作质量和水平,在信息的下情上报上下工夫,为市委、县委领导提供预警性、趋势性、基层经验做法类信息,为各级领导科学决策提供可靠依据。重大突发事件、重要社会动态等重大紧急信息反应敏捷,采编迅速,报送及时,并针对采编信息内容,上报相关信息续报。坚持"一支笔审签、同口径报送"原则,发挥党委信息主渠道作用。2019年,累计向市委办公室上报信息243期(其中突发事件信息6期),被市委办公室采编15期。

**【督查督办】** 年内,县委办围绕重点工作中心工作抓督查,抓督查促落实。完善督查机制,明确督查检查考核13项,及时清理各乡镇、各单位不符合要求的督查检查事项,提升督查检查工作质效。督促检查上级和县委重要会议、文件精神的贯彻落实情况,及时反馈决策落实中带有普遍性、倾向性、政策性的问题,对领导批示、交办事项批必查、查必果、果必报,件件有着落、事事有回音,使督查工作紧紧围绕市委、县委决策部署的落实,"督"在点子上,"查"在要害处。2019年,县委办公室围绕社会稳定、群众工作、脱贫攻坚等中心工作,累计向市委督查室报送督查专报40期。

**【后勤管理】** 落实上级党委关于转变工作作风、密切联系群众的有关规定,压减办公室"三公"经费支出。2019年,"三公"经费与上年相较减少17.4%。严格执行财务管理制度,落实"收支两条线、副职管财务"的规定,有效调度资金,竭力堵住各种开支漏洞,高效率开展财务审计整改工作,严格按照审计部门最新财务要求,从制度机制、审批流程和监督管理等环节,加强后勤保障工作规范化管理,保证各项工作正常运转。热情、周到、勤俭、得体地做公务接待,公务用餐只安排本地特色工作餐,低标准不落俗套、严要求不守教条。严格落实公务接待、加班用餐逐级审批流程,实现费用支出可追溯、责任倒逼可落实。加强车辆管理,合理调度车辆,强化驾驶员安全教育,保证行车安全。

**【基层减负】** 年内,严格执行发文归口审批制度,按照发文审批流程,从严控制发文数量、规格、篇幅和范围。从严控制会议规模和时间,将内容相同或相近、参会范围相同或交叉的会议整合,压缩了会议召开频次。科学制定督查检查考核年度计划,改进督查检查考核方式方法,提升督查检查工作质效，让基层干部全身心投入到工作中。按照"先摸排、再清理、后规范"的程序，强化微信群、QQ工作群专项清理，通过摸排梳理，托克逊县共组建微信群、QQ群614个，清理解散604个，备案登记10个，整顿精简率98.37%。 （周　俊）

【档案管理和地方志编纂】

档案管理　年内，完成全县70家单位"全国档案事业统计调查"工作，按照填报要求，上报市档案局。完成涉改部门和单位档案保管期限表的收集工作。全县40家涉改部门和单位按照《机关文件材料归档范围和文书档案保管期限规定》要求，完成文件目录、文件材料归档范围和文书档案保管期限表的编制、修订和反馈工作。

地方志编纂　编纂完成《托克逊年鉴（2018）》，全书设25个部类110余个子目，收录彩色及配文黑白图片100余幅，约50万字，记述2017年托克逊县社会事业及经济发展等情况。年内，已送出版社审阅。

年内，完成《托克逊年鉴（2019）》初稿。完成《新疆年鉴（2019）》《吐鲁番年鉴（2019）》中有关托克逊的县情资料供稿任务。2019年3月赴湖南参加地方志援疆对接工作，与湖南郴州市史志办为对口援疆单位，签订湖南郴州市对口支援新疆托克逊县地方志工作协议。

党史宣传　2019年，多次结合地方党史资料为办公室及其他单位讲党课、做培训。 （崔浩荣）

## 深化改革工作

【经济体制和生态文明体制改革】

"放管服"改革　严格按照全县19个单位进驻综合实体大厅实现"应进必进"的要求，安排发改、住建、公安等单位入驻政务大厅窗口，开展133项便民服务，自治区一体化在线政务服务平台正式上线运行。2019年，受理4万余人业务与咨询服务，审批、备案项目77项。

深化供给侧结构性改革　新建华电2×135兆瓦纯凝机组关停。梳理托克逊县龙泉煤矿、吐鲁番银光民爆有限公司、托克逊县瑞盛矿业有限责任公司、中泰天雨煤化、骆驼再生资源等22家企业纳入托克逊县2019年拟培育升规企业库。将中泰产业链，农副产品精加工产业发展作为招商引资重点，把发展前景好、市场效应强、资源禀赋优的优质项目纳入招商项目库。

节能减排及去产能　推进可再生资源项目建设。协助企业办理危险废物经营许可证、制作废旧电池回收宣传牌，协助经营废旧铅蓄电池的企业回收处理。督促水泥企业贯彻落实错峰生产，并停止生产强度32.5MPa等级水泥，实现优化存量、引导增量、主动减量，优化产能布局、延伸产业链和提高产品附加值，淘汰落后产能。

城乡建设改革　2019年，棚户区改造任务1200套，年内完成100%任务量。1825户安居富民工程建设任务全部完成。

财税体制改革　县内97家单位纳入财税非税收系统改革管理，收费项目共197项。推进减费降税，涉及减费降税5319条共32万元的退税款，保证应退数据100%。

农村土地确权　年内，农村集体土地确权实测20146.67公顷（30.22万亩），其中家庭承包地合同面积11486.67公顷（17.23万亩）。

自主创新和发展高新技术产业　加强科技在农业、工业和扶贫等领域中的应用，盆栽葡萄多源根系大棚培育法、白皮洋葱套种技术、电石行业科技创新成果等一批具有自主知识产权的科技创新成果促进了县域经济的健康平稳发展。中泰化学清洁能源生产项目、高性能树脂项目等高新技术产业纷纷落户，全县科技型企业从无到有，高新技术企业培育力度加大。

生活垃圾处置　垃圾处置密闭化日产日清,每日清运垃圾105吨,全年清运生活垃圾3万余吨,实现全收集、全处理,清运率100%,无害化处理率100%。生活垃圾及餐厨垃圾的运输和处理属混合模式,有效收集餐厨水分,储存于压缩车渗滤箱内,避免外溢造成二次污染。

【民主法治领域改革】

深化政府职能　2019年3月,托克逊县政府法制办公室的职责划入县司法局。推行行政规范性文件合法性审查工作机制,审查立法保留事项、行政许可事项等10类重点事项的合法性。推行行政执法公示、执法全过程记录、重大执法决定法制审核3项制度。打击恶意欠薪,及时安抚劝返农民工。2019年,收到行政复议申请5件,办结5件,均为涉及房屋拆迁补偿方面。

深化法治服务体系建设　2019年,托克逊县完成1个县级公共法律服务中心、8个公共法律服务工作站、48个村(社区)公共法律服务工作点建设。年内,共办理法律援助案13件、人民调解案1333件。

【文化旅游体制改革】　2019年3月,机构改革将托克逊县文化体育广播影视局的新闻出版和电影管理职责划入县委宣传部。组建托克逊县文化体育广播电视和旅游局。整合托克逊县广播电台、电视录转台,组建托克逊县广播电视台。

【社会事业体制改革】

公立医院薪酬制度改革　坚持公益性原则,以国家和医改文件为依据,控制医疗费用增长、提高医务人员待遇、调动医务人员积极性、调整医院收入结构。以收支平衡为目标,重点提高骨干人员、低收入人群的待遇,适当缩小差距、扩大中等收入人群面。分类管理,按劳分配。实行分类设计绩效工资、分类考核,向关键岗位、贡献大的岗位、苦和累的岗位倾斜,实现多劳多得,优劳优得。绩效考核指标以工作量、成本效益、医疗质量、费用控制、群众满意度等为主,重点降低药品比例、提高医疗质量和医疗安全。坚持个人绩效工资与个人业绩和岗位挂钩的二次分配原则,不与药品和开单检查挂钩的原则,通过激励措施调整医院收入结构,降低药品、检查占收入的比重,提高手术、治疗占收入的比重。

县域医共体建设　2019年,建成了以县人民医院为龙头的医共体,并在各乡镇卫生院挂牌,分别与维吾尔医医院和7家乡镇卫生院签订医共体协议。

优化教学机构设置　2019年,撤销克尔碱镇通沟小学,为克尔碱镇中心小学的教学点,巩固提高义务教育均衡发展;成立郭勒布依乡奥依曼布拉克小学,优化教育资源配置,确保所有适龄儿童少年均能就近入学;将郭勒布依乡巴格万小学撤并至滨河学校,纳入机构编制管理;重新核定全县中小学校1430名教师编制,按照师生比配齐教师数量,确保编制保障到位。

【社会治理体制改革】

规范"维稳双联户"创建　严格按照自治区"联户平安稳定、联户团结和谐"的标准,规范"维稳双联户"创建工作。以联户单元为网格末梢,加强网格与"维稳双联户"的联系,深化网格服务管理基础。2019年,托克逊县有联户长3748人。

三级综治中心实体化运行　建立县、乡(镇)、村(社区)三级综治中心。年内,乡(镇)综治中心与乡(镇)维稳指挥部合并。全县57个村(社区)参与自治区、市维稳指挥部、县维稳指挥部常态调度;安装拼接显示大屏并开通公安视频专网,实现综治与公安视频监控资源双向互通共享。

【纪律检查体制改革】

深化国家监察体制改革试点　年内,托克逊县监察委员会向乡镇派出监察办公室,8个乡(镇)共核定行政编制36人。保证机构专设,编制专用,人员专职。选聘监察信息员,拓宽线索来源渠道。8个乡(镇)共选聘114名监察信息员,监督基层行使公权力人员。

县纪委监委派驻(派出)机构改革 整合调整现有县纪委监委派驻机构,实行综合派驻,设6个派驻纪检监察组,1个派驻纪检监察工委,核定编制65人。县委主要领导坚持重大问题亲自过问、重要环节亲自把关、重要事项亲自研究,亲力亲为协调,以上率下带动各级责任落实。

执行执纪审查安全程序 托克逊县纪委监委明确不发生安全事故是执纪审查的底线,严格按照依纪依规安全文明执纪审查工作要求办案。谈话前制定谈话方案,谈话中告知谈话对象应享有的权利和义务,谈话结束后,做好谈话对象的心理疏导。建立落实领导包案、组织协调、协作配合工作机制,全员办案,办案压力传递到神经末梢。机关70%工作人员集中到监督执纪问责一线岗位,坚持纪律审查以4个纪检监察室为主,大案要案由信访、案管、审理等相关科室协作配合,落实主要领导听案、案件主办人办案等制度,把审查责任逐级落实到人。

【党的建设制度改革】

深化党政机构改革 2018年6月,托克逊县按照上级要求,启动深化党政机构改革工作,2019年3月基本完成机构改革。

按照"对两个行政部门整合的单位核减行政编制30%,党政部门领导职数按2—3名核定"的要求,形成了34个党政机关机构编制职数框架。县委明确县本级设置35个党政机构,其中党委机构11个(含纪检监察机关1个、工作机关10个),与吐鲁番市基本对应;政府工作部门24个(其中与吐鲁番市对应12个机构、新组建优化11个机构、因地制宜设置1个机构)。机构设置均控制在批准限额内,行政编制未突破核定总量。改革后,党政机关相对减少6个,事业单位相对减少16个;党政机关35个部门职责调整78项;相对核减领导职数29人。按照"编随事转、人随事走"的原则转隶干部。

资产清核与档案移交管理 2019年,全面清查涉改单位的国有资产,对整体划转的单位,通过聘请第三方中介机构,完成资产、经费、债权债务清理登记造册。清查固定资产账面原值20654.02万元,划转资产8800万元,未发现各行政事业单位资产流失及违规处置资产的现象。整理文书档案永久269卷5509件,长期166卷4388件,10年53卷13388件,合计23285件488卷,会计档案永久106本、长期2975册,合计3081册(本),并全部提交档案交接文据和档案移交方案,各涉改单位均完成文书档案和会计档案的整理工作。

办公用房调配、公章刻制和机构挂牌 2019年,按照改革的要求,完成新组建部门的挂牌、印章刻制,清查办公用房共750间,面积18162.15平方米,改革中调配办公用房面积4671.07平方米。

干部队伍调配 2019年,调整涉及干部217人,其中提拔23人,交流78人,机构改革重新任命干部61人,试用期满正式任职13人,免职42人。 (王 云)

## 机要保密工作

【概况】 2019年3月深化党政机构改革,整合县委机要局、县国家保密局职责,新组建县委机要保密局,是县委工作机关。保留县国家保密局、县密码管理局牌子,在县委办公室统一领导下开展工作。内设机要密码科(应急保障科)和保密监督检查科2个科室,下设信息化管理办公室,核定行政编制5人,事业编制

5人。2019年,机要保密局在岗6人,其中女性1人。

【机要工作】 2019年,严肃负责地完成机要文件的收发、传阅、保管、保密、清退、销毁和归档等工作,未出现差误。

【保密工作】 年内,县委保密委员会召开2次全体(扩大)会议,会议学习保密知识及案例,县委分管领导与各单位签订保密责任书。县机要保密局指导全县各单位对保密工作建章立制,转发保密指导性文件10份,规范涉密岗位设置、涉密人员配备及审查、文件收发及销毁、涉密场所和计算机管理要求等工作;每月对县直单位和乡(镇)、村(社区)开展专项和"回头看"保密检查,全年累计检查15次,涉及单位50余家,打字文印店、废品收购站等80余家,检查计算机1600余台;开展"保密警示教育年"活动,通过手机APP和法宣在线组织全县干部职工开展"保密观"和无纸化保密法律法规知识问答活动,组织征订《保密工作》期刊80余份;新增电子政务外网2项对外保密服务功能,开展各类国家级考试保密工作监督管理7次。

【信息化工作】 维护县本级电子政务内网设备并日常巡检,巡检和维护乡镇电子政务内网设备2次,完成县直机关单位计算机的摸底。

(侯 涛)

## 专用通信

【概况】 中共托克逊县委员会专用通信局负责党政专用通信保障和日常维护工作,为党政重要机关提供专用通信保障工作,隶属于县委办公室管理的事业单位。2019年在岗3人。

【通信保障】 年内,采购、升级县级党政专用电视会议控制中心设备。定期巡检专用通信机房、UPS电源等,排除系统和设备存在的安全隐患,时刻确保党政专用通信网络安全畅通。

加强党政专用电视会议的组织管理和会务保障工作,坚持会前2小时开机调测制度,确保党政专用电视会议的正常召开。全年完成重要通信保障任务3次,组织保障上级党委视频会议240场次,保障其他会议120余场次,有力地发挥党和国家重要指挥线作用。

【调研指导】 2019年,县专用通讯局赴乡(镇)调研指导2次,解决视频会议设备故障4起,更换部分乡(镇)存在问题的7节UPS电池,确保全县党政专用电视会议系统安全、规范、有序运行。

【业务培训】 年内,选派骨干力量参加自治区专用通信局组织的业务技术培训班,县专用通讯局对乡(镇)操作员进行业务技术培训工作,提高专业技术能力和保障水平。

(田建国)

## 档案服务

【概况】 2019年3月机构改革,县档案局(馆)行政职能划入县委办公室,保留托克逊县档案馆,为县委办公室所属正科级事业单位。截至2019年底,档案馆有全宗号49个,以卷为单位的档案10306卷,以件为单位的档案38470件,主要以文书档案为主。

2019年档案馆在职5人,其中女性5人,少数民族2人。

【档案服务利用】 2019年,为机关事业单位及各族群众提供个人工资介绍信、工龄计算、职工花名册、退休批复、知青证明、婚姻档案等档案资料,提供利用服务,全年共查阅档案利用人578人次,800多卷(件),复印件1150多张。

【档案业务工作】

档案指导 年内,县档案

馆根据托克逊县深化党政机构改革有关档案工作的通知要求，承担相应档案收集、整理、归档、保管和利用服务，指导、督促涉改单位档案移交工作，全年指导25个涉改部门整理文书档案488卷23285件，会计档案室存永久106册，室存30年档案2975册；并按要求3月底前全部移交至新组建单位。

2019年4月，档案馆和县扶贫办人员现场指导伊拉湖镇依提帕克村和夏镇布拉克贝希村村级档案工作，并组织培训，两镇共有35名基层档案员参与。协助托克逊县8个贫困村完成2018年扶贫档案的指导工作。

摸底调查　2019年8月，托克逊县对2019年参加托克逊县事业单位机构改革的单位进行档案管理摸底调查专题培训，详细讲解工作要求。经摸底调查，全县134个事业单位共有文书档案615卷18607件，会计档案5435册3216件，业务档案42卷8519册10435件，实物档案4件，照片档案49册398张。

档案接收　2019年，接收8个涉改单位档案，其中文书档案5953件（室存永久的3468件、室存30年的2485件）。其他单位移交文书档案46卷155件，各涉改单位公章37枚。整理2018—2019年报刊资料并归档入库。

【设施建设】　年内，完成档案基础设施建设（装配S形热气溶胶灭火装置及温湿度表），档案库房达到国家档案库设施基本要求。

（阿丽亚·买买提）

## 组织工作

【概况】　县委组织部是县委工作机关。2019年机构改革后，县委组织部统一管理县委机构编制委员会办公室。统一管理老干部工作，将县委老干部工作局并入县委组织部，保留老干部局牌子。统一管理公务员工作，将县人力资源和社会保障局的公务员管理职责划入县委组织部，对外加挂县公务员局牌子。不再设立县委新兴组织工作委员会、县委人才工作领导小组办公室、县委基层组织建设领导小组办公室，有关职责划入县委组织部。

县委组织部（公务员局、老干部局）内设办公室、信息调研室、组织一科（党代表联络办）、组织二科（基层办）、组织三科（新兴组织科）、干部科、公务员科、干部教育科、干部监督科（举报中心）、老干科、人才工作科（援疆工作科）。下设县党员干部现代远程教育管理中心（副科级）、县关心下一代工作委员会办公室（副科级）、县委组织部信息管理中心（股级）3个所属事业单位。核定行政编制20人、统筹编制3人。机关工勤事业编制2人。事业单位行政职能回归机关的统筹编制。基层办、新兴组织党工委相应划入从事相关工作的3名工作人员。2019年，县委组织部（公务员局、老干部局）有工作人员31人，其中女10人，少数民族13人。　（潘　亮）

【干部管理】

概况　2019年底，托克逊县共有县处级干部29人（援疆干部2人）。其中正县级7人、副县级22人；男性26人、女性3人；汉族17人，少数民族12人（维吾尔族11人、回族1人）；中共党员29人；研究生学历3人，大学学历23人，大专学历3人；平均年龄49.69岁。

乡（科）级干部468人（援疆干部8人），其中科级领导干部367人，非领导职务干部101人；男性374人、女性94人；中共党员463人，非党干部5人；汉族236人，少数民族232人，其中维吾尔族204人、回族24人、土家族1人、土族1人、锡伯族1人、哈萨克族1人；研究生学历18人，大学学历310人，大专学历135人，中专学历5人；平均年龄43.8岁。

干部调配　2019年县委

调配科级干部5次,共任免调配涉及320人,其中提拔干部54人,交流轮岗127人,试用期满拟正式任职13人,因到龄退休、个人申请提前退休、调离等原因免职63人,机构改革重新任命61人,规范职务名称2人。

2019年县委调配一般干部3次,共研究人员调动86人次,其中调出本县干部12人,调入本县干部10人,由于工作需要县内调整调动干部64人;解决15名干部夫妻分居问题;试用期满正式任职干部34人;因到龄退休、个人申请提前退休、调离等原因免职干部13人。

后备干部储备　年内,建立完善后备干部库654人,其中正科级167人,副科级364人,年轻干部123人。

提醒、函询和诫勉制度　年内,对13名科级领导干部的苗头性、倾向性问题及其他需要引起注意的情况进行了提醒谈话。(李树正)

【公务员管理】

人才招录　2019年,托克逊县公务员招录岗位32个,招聘人数41人。经过报名、笔试、面试、资格审查、考核等环节,共录取39人。

干部考核　2019年,县委对全县80个乡(科)级领导班子和387名科级干部("访惠聚"工作队和"驻村管寺"干部考核单独实施)进行年度综合考核,考核采取述职述德述廉、民主测评、个别谈话、民意调查、实绩分析、综合评价、征求意见等方式,广泛听取群众意见,综合分析评价。评定优秀班子28个(乡镇8个,县直18个,垂管2个),良好班子52个;评定优秀干部107人(乡镇干部33人,县直单位干部66人,援疆干部8人),称职(合格)干部269人,考核不定等次干部11人;通报表扬新提任干部18人。

2019年,全县公务员(参照)及县委管理事业单位共73个,参加年度综合考核的有809名干部。经县委组织部部务会研究,评定优秀干部123人,其中县直单位公务员(参照)优秀一般干部84人、乡镇公务员(参照)优秀一般干部29人、党群事业单位优秀一般干部及工勤人员10人;称职(合格)干部611人,考核不定等次干部70人;考核不称职干部5人。

职务与职级套转　2019年,县委组织部公示纳入套转范围人员的任职时间、年龄、进入方式等信息。对公示信息无异议、符合条件的人员按照对应关系平级套。完成全县661名公务员、参照公务员职级套转工作,做到应套尽套,不漏一人。

退休办理　年内,共计审批办理退休公务员13人,其中到龄退休4人,提前退休9人,审批党群单位事业编干部因病退职1人。

抚恤金发放　审批办理11名离退休公务员死亡抚恤金及丧葬费,其中离休干部1人,退休干部10人。

(王　浩)

【干部监督】

选拔任用　2019年,县委组织部从乡镇、县直单位、"访惠聚"驻村工作队、维稳一线人员中筛选优秀干部,通过民主评议的方式了解干部的工作、生活作风,对拟提拔的干部进行为期14天的公示。2019年共提拔干部54人。

任前公示、谈话　年内,任前公示71名拟提拔、拟转任同级领导职务、拟担任更重要领导职务的干部;对181名交流、轮岗、退休干部进行集体廉政谈话。

干部请销假管理　2019年,办理请销假手续653人次。

【绩效考核】　2019年,托克逊县对80个乡(科)级领导班子进行绩效考核,收集汇总40余个绩效考核牵头单位考核结果,形成考核汇报。评定优秀班子28个,良好班子52个。(李树正)

【干部教育】　2019年6月,选派53名基层单位优秀党员干部赴湖南省湘潭市委党校参加为期10天的基层党员干部党性教育培训班。11月，选派基层单位57名党员干部赴延安参加为期10天的基层党员干部"不忘初心·牢记使命"主题教育培训班。12月，选派50名乡镇优秀基层党员干部赴湖南省郴州市委党校参加为期10天的基层党员干部党性教育培训班。

2019年6月始，在县委党校开办为期4个月的村干部能力素质提升班，培训村干部71人。2019年10月，在县会务中心举办为期3天的第一期"不忘初心、牢记使命"主题教育活党支部书记集中培训班，培训机关事业党支部书记95人，国有企业党支部书记7人，各级各类学校（幼儿园）党支部书记61人、非公有制企业和社会组织党支部书记30人，村（社区）党支部书记57人。2019年10月，在县会务中心举办为期3天的第二期"不忘初心、牢记使命"主题教育活党支部书记集中培训班，培训乡（镇）机关站所党支部书记25人、"访惠聚"工作队（第一书记）党支部书记57人。2019年10月举办为期5天的村"两委"正职集中培训班，培训村干部42人。

常态化夜学，开办村"两委"班子成员国家通用语言培训班、基层群众国家通用语言培训班，培养精通国家通用语言文字的少数民族工作骨干。2019年累计开展国家通用语言培训117场次，培训村干部及少数民族群众26.6万余人次。（夏克尔·托乎提）

【党员管理】

党组织和党员　2019年，全县共有党组织418个，其中党（工）委16个[乡镇党委8个、县直党（工）委8个]，党总支70个，党支部332个。全县有党员7933人，其中女党员3000人，少数民族党员5914人；在岗职工党员3560人，农牧民党员3207人，离退休党员766人，其他类党员400人。

党费测算　年内，由于干部职工工资调整，重新测算党员党费。2019年，共收到各基层党（工）委缴纳党费125.26万元，上交市委组织部55.95万元。

发展党员　2019年发展党员225人，其中女党员118人，占发展党员总数的52.4%；少数民族党员180人，占发展党员总数的80%。35岁及以下110人，占发展党员总数的48.9%。大专及以上72人，占发展党员总数的32%。在机关中发展党员73人（其中教师18人），占发展党员总数的32.4%；在农牧民中发展党员132人，占发展党员总数的58.7%；在村组干部中发展党员37人，占发展党员总数的16.4%；社区发展党员14人，占发展党员总数的6.2%。

党课制度　年内，领导干部讲党课、中心组集中学习、"三会一课"等，开展各类学习6000余次。采取亮身份、践承诺、"党员责任区""党员示范岗"等方式，开展学习郑德荣等先进典型活动，争做新时期合格党员。

党员培训　年内，托克逊县培训党员171519人次，其中基层党组织书记培训4824人次、农村党员远程培训159960人次、非公有制经济组织和社会组织党员培训2640人次、新党员培训225人次、边疆民族地区地区基层党员教育培训5922人次、党员创业就业技能培训4548人次。

党员民主评议　2019年开展党员民主评议的支部有316个，其中行政村88个、社区（居委会）26个、机关56个、事业单位98个、公有制经济控制企业9个、非公有制经济控制企业25个、社会组织4个，其他党支部10个。参加民主评议的党员7907人，其中行政村3312人、社区（居委会）735人、机关1641人、事业单位1937人、公有制经济控制企业95人、非公有制经济控制企业148人、社会组织14人，其他25人。表彰党员1106人,其中行政村441人、社区(居委会)65人、机关367人、事业单位193人、公有制经济控制企业15人、非公有制经济控制企业25人。

党内表彰和慰问　2019年推荐自治区表彰优秀共产党员1人、优秀党务工作者1人、先进基层党组织2个;推荐吐鲁番市表彰优秀共产党员19人、优秀党务工作者9人、先进基层党组织10个;县级表彰优秀共产党员50人,优秀党务工作者30人,先进基层党组织20个,县级发放表彰奖励金8万元。元旦、春节前夕慰问老党员和生活困难党员、因公牺牲党员干部和反恐维稳一线党员干部264人,共发放慰问金13.95万元;国庆节前夕慰问新中国成立前参加革命工作的老干部、老党员11人,慰问托克逊县受中央、自治区表彰的优秀共产党员和优秀党务工作者14人,共发放慰问金2.8万元。

(强培培)

**【基层组织建设】**

概况　2019年托克逊县共有44个行政村、15个社区,村(社区)两委干部433人。

健全完善党组织　2019年,通过"清单式交办、项目化推进、专班化跟进"方式,夯实组织基础和群众基础。健全完善45个村区域党总支部、45个"访惠聚"工作队党支部、227个村民党小组组织设置,实现驻村管寺管委会、便民警务站党组织应建尽建。

落实村第一书记统筹村级各支力量工作机制,规范各项工作运行流程,实行责任连带,确保责任精准落实到每名党员干部,构建起责权对等、责任共担体系,消除管理盲点,确保村级工作规范化。

2019年,选派15名国家干部任村党支部书记,调整村党支部书记9人、"两委"成员41人,党支部书记、村委会主任"一肩挑"达30个,占比68.2%。先后面向全国公开招录45名大学生、退伍军人到村担任党支部副书记,一村一名大学生,每村都配备了1名青年专干分管青年群众工作,同时7名服务期满"天池计划"人员继续留任基层。

后备干部培养　2019年,建立"后备干部—村干部—村党组织书记"培养链,制订后备干部培养计划,传授岗位知识、工作经验,提升工作能力。优先从返乡大学生、致富能手、联户长、小组长等人员中选定196名作为后备干部培养,动态建立村级后备队伍人才库,每村均储备3—5名村级干部力量。

基层保障水平提升　贯彻落实自治区党委加强农村党的基层组织建设意见,2019年11月起,村"两委"报酬提升。村"两委"正职报酬按照当地新录用乡镇公务员工资标准每月4830元(原每月报酬为3580元,增幅比例达34.9%),分设村两委正职报酬补助每月4155元(原每月报酬补助为3094元,增幅比例达34.3%),村两委委员报酬补助每月3865元(原每月报酬补助为2370元,增幅达63.1%),全部发放。

累计投入资金3.25亿元,新建村级阵地40个(含2019年在建4个)、村民文化科技活动中心45个、村民小组活动室38个、乡镇干部周转房416套、村级干部周转房655套,基本实现电化采暖。

指导帮扶村集体经济发展,逐村分析、研究制定可行的方案发展壮大村集体经济。年内,下拨225万元,扶持4个乡(镇)9个集体经济项目。规范管理村级集体经济,联合审查全县各乡(镇)所辖村财务收支、村务公开、"四议两公开"、村集体经济等情况,从制度层面实现资金规范化管理使用。

软弱涣散党组织整顿　年内,托克逊县集中整顿软弱涣散基层党组织,共摸排出6个软弱涣散基层党组织,分别为郭勒布依乡喀拉布拉克村党支部、河东村党支部,博斯坦镇博斯坦村党支部、李孟坎儿孜村党支部、县地方国有牧场党支部和韵达快递有限公司联合党支部。包联领导主动靠前履职，定期调研指导软弱涣散基层党组织，现场调度整顿进展情况，提出整顿意见建议。县委组织部专项指导，帮助软弱涣散基层党组织理清思路、明确举措，确保整顿工作落实有效、问题整改到位。乡镇及相关单位党委（组）反复研究“会诊”软弱涣散基层党组织整顿工作，不转化软涣散基层党组织不脱钩。2019年12月，郭勒布依乡喀拉布拉克村、河东村，博斯坦镇博斯坦村、李孟坎儿孜村，县地方国营牧场、韵达快递有限公司联合党支部6个党组织通过县委、市委的评估验收。

普通话学习培训　年内，摸排并建立不能使用国家通用语言文字的少数民族村“两委”干部台账，利用县委党校教育培训主阵地，对不能使用国家通用语言文字的村干部进行集中脱产培训，授课内容包括红色经典歌曲、国家通用语言日常用语、基础写作等，71名村干部完成培训。

群众工作　2019年，建立完善帮扶责任体系，健全群众反映问题“闭环式”解决工作机制，县委书记坚持亲自安排、亲自部署“大走访、大调研”工作，带领县四套班子成员、乡（镇）党委书记、村（社区）第一书记以及各级干部每天入户问需于民，面对面、心贴心沟通交流，详细了解所负责包联户的实际情况和问题困难，每日由各乡镇上报需县级层面解决问题，由县委书记逐条逐项批示，明确包联问题解决县领导，针对性地制定帮扶解决措施，建立跟踪销号台账，动态跟踪落实督办，解除后顾之忧。累计收集群众困难诉求3350件，列入“一户一策”1780件，解决2993件；摸排发现需县级协调解决的67件，由县委书记坚持每日签批化解热难点问题，次日逐一跟踪过问，化解43件。

（蒋　真）

## 【党员远程教育】

基层站点建设　2019年，逐村调研指导远程视频会议站点工作，详细统计各站点设备损坏情况、精准摸排设备故障问题，从统一视频画幅标准、悬挂统一会场标识、设备规范操作等方面解决基层站点远程教育设备疑难问题。2019年，基层站点开展专项调研2次，全县57个村（社区）站点焕然一新。处理各类故障50余处，财政投入73余万元资金高标准配齐了5个远程教育站点大屏幕设备。

基层站点监管　依托党员远程教育服务平台，动态监管各个基层站点远程教育学习情况，托克逊县65个远程教育基层站点月均时长达到300分钟的标准，开机率、使用率均达110%以上。各级站点集中学习时长5250小时，集中学习25.52万人次，在全市处于领先水平。

党员教育　2019年，以远程视频培训系统为载体，先后保障全市扫黑除恶动员部署会议、“不忘初心、牢记使命”主题教育动员会议、市厅级领导大宣讲、常态化普通话学习等会议及教育培训共240场。

专题片制作　2019年，制作的“七一”展播片《停不下的脚步》获自治区好作品奖并在新疆电视台、新疆党建网（昆仑网）播出。制作成片28部，《魅力风城》《火红致富路》《常晓丽的第一桶金》等专题片、微电影、微视频等成为代表性作品。

优化外宣平台　时刻关注网络上的声音，营造风清气正的网络舆情环境，做优党务外宣平台。按照县网信部门要求，托克逊县党建网站和“风城党建”微信平台实行“三审三校”制度。2019年，在托克逊县党建网累计发布信息340条，在“风城党建”微信公众平台上累计发布信息440条。

（阿力玛斯江・阿不力米提）

## 【人才管理】

人才培育　推行“科技兴县”“人才强县”战略，开展2019年“西部之光”访问学者和青年科技英才培养计划工作，推荐“西部之光”访问学者

1人,青年科技英才5人;组织30名专家人才赴湖南湘潭参加理论研修班。6名干部赴郴州市委组织部跟班学习;110名基层干部人才赴湖南省郴州市进行红色教育培训。

人才招录 2019年,招录全额事业编26人,定向师范生4人,定向医学生6人。年内,重新修改托克逊县高层次紧缺性人才引进暂行办法,为高层次人才引进工作提供政策支撑。

服务管理 年内,托克逊县为人才公寓配齐配全电视、空调、Wi-Fi、衣柜、桌椅等生活必需品,确保干部人才"拎包入住"。为丰富干部人才工作生活,托克逊县在县人才公寓设置室外篮球场、羽毛球场、室内健身房、乒乓球室、台球室、多媒体教室等活动室供干部人才休闲使用。

援疆干部管理 2019年,引进4名柔性援疆专业技术人员至托克逊县工作,协调5名柔性援疆医生援助托克逊县人民医院。规范援疆干部管理,严格落实援疆干部学习教育、请(销)假、谈心谈话、重大事项报告等管理制度。定期排查维修援疆楼,解决援疆干部生活困难。重大节庆日慰问援疆干部,组织援疆干部开展"民族团结一家亲"活动。不定期与援疆干部交流,了解其工作、医疗、生活困难并协调解决。年内,欢送21名第八批援疆干部并迎接21名第九批援疆干部,同时表彰20名优秀援疆党政人才和专业技术人才。 (崔 东)

【信息报送】

信息采编报送 2019年,组织各乡(镇)、各单位信息撰写人员参加托克逊信息写作及干部人事档案管理专题培训班。实施全员信息员制度,全年累计编发托克逊组工信息286期,完成自治区级、市级约稿30期,被《中国组织人事报》采用信息2期、新疆组工信息采用4期、昆仑网采用20余期,运用县党建网及"风城党建"微信平台等载体累计发布信息780条,实现组织工作宣传由单边灌输向互动交流的转变。

党建研究 2019年,组织召开托克逊县党建研究会第二届会员代表大会,研究制定党建研究会各项规章制度,印发工作要点、党建研究重点、自选调研课题等文件。年内,县党建研究理事会共收集各单位、县委组织部各科室报送调研课题报告76篇。其中重点课题报告26篇(各单位报送18篇、部内各科室报送8篇)、自选课题报告50篇(各单位报送45篇、部内各科室报送5篇)。经初步筛选,共选取28篇调研课题报告报市委组织部。其中重点调研课题报告16篇(各单位报送8篇、部内各科室报送8篇),自选课题调研报告12篇(各单位报送7篇、部内各科室报送5篇)。 (张亮仁)

【老干部工作】 2019年,全县有离退休干部11人,其中女性1人。异地安置离休干部2人,离休干部遗孀17人,退休县级干部38人,其中女性5人。

报刊征订 年内,为全县离退休老干部每人报销1份《老年康乐报》和1份党报,为老干部的集中学习和自我学习提供了资料。

走访慰问 2019年春节、古尔邦节慰问离退休干部和遗孀65人,发放慰问金32500元,看望因病住院的老干部25人次,电话关心和问候异地老干部184人次。年内,慰问1名去世县级退休干部、1名离休干部的遗孀。每月与异地居住的老干部电话联系,处理离退休老干部的困难诉求,为离休干部处理困难诉求3件。

护理补贴 2019年,为4名企业离休干部发放护理费、高温费、取暖费、医疗周转金达18.31万元。

健康体检 2019年,老干科与医院对接离退休干部体检服务工作。健康体检完成16人,其余人因长期卧病在床、不在本地等原因主动放弃体检。

阵地建设 2019年，县委、县政府投入4万元维修老干部活动中心暖气。与园林绿化队联系，在活动中心院内种植300余棵矮灌木。整合活动中心大楼设置为老干部活动场所。登记造册并完善所有老干部的家庭住址、身体状况、亲属联系电话。老干部活动中心开放台球、国际象棋、围棋、麻将等8个项目。

老干部活动 2019年，举办元旦“迎新春民族团结一家亲”活动，趣味运动会，“八一”建军节“展现新时代老干部风采”为主题的健身比赛活动。春节前夕到联系村开展文艺会演，与第一中学联合开展“青春心向党，建功新时代”纪念五四运动100周年主题团日活动，组织县级离退休干部14人赴高昌区、鄯善县开展“我看中华人民共和国成立70周年新成就”主题参观学习。接待吐鲁番市60余名离退休老干部在托克逊县开展“看巨变守初心，与党委结同心”主题教育参观考察活动，其中托克逊县5名退休老干部代表分别参观考察了托克逊县、鄯善县、高昌区。组织托克逊县60名退休干部和农村“四老”人员参观托克逊县经济社会发展活动，组织各乡镇党委、县直党(工)委开展“不忘初心 牢记使命”文艺会演。

撤销老干部党支部 2019年，收缴老干部党支部43名党员第一季度党费，共缴纳党费3218.4元，党员党费已经缴纳至机关工委账户，所有党员党组织关系均转入党员所在社区老干部党支部，中共托克逊县离退休干部党支部撤销。

**【关心下一代工作】** 2019年，全县有关工委组织10个，其中县关工委1个，乡镇关工委8个，机关(教育局)1个。关工委小组148个，其中社区关工委小组15个，村(队)级关工委小组44个，学校关工小组89个。县乡宣讲团10个，全县参与关心下一代工作“四老”“五老”骨干452人。

组织建设 加强基层关工组织和队伍建设，组织“五老”和农村“四老”人员参与关心下一代工作，健全乡(镇)、村(社区)、学校等关工组织网络，形成层层有组织、基层有队伍、活动有人抓的良好格局。

培训活动 组织全县关工系统及部分离退休干部党支部书记8人，到市委老干局参加为期两天的培训。

宣讲活动 组织托克逊县关工委宣讲团和乡镇宣讲团，到全县各乡镇为暑期返乡学生开展宣讲活动和座谈会，近百场次，参加宣讲活动5000余人次。组织教育局宣讲团到托克逊县10所中小学校开展10场次宣讲活动，参加师生4万余人次。

主题活动 县关工委组织县第一小学50名学生、教师到吐鲁番烈士陵园开展“瞻仰烈士陵园 学习烈士精神”主题活动。 (杨 琨)

## 宣传工作

**【概况】** 2019年机构改革后，县委宣传部统一管理新闻出版和电影工作。县文化体育广播影视局(县新闻出版局、县版权局)的新闻出版、电影管理职责划入县委宣传部。对外保留县新闻出版局(县版权局)。县精神文明建设委员会办公室职责划入县委宣传部，对外加挂县精神文明建设指导委员会办公室、县人民政府新闻办公室牌子，不再保留单设的县精神文明建设委员会办公室。

县委宣传部(县新闻出版局〈县版权局〉、县人民政府新闻办公室、县精神文明建设指导委员会办公室)内设办公室、宣传教育办公室、审读办公室、新闻办公室、出版办(版权办)、文明创建办公室、文化市场管理领导小组办公室(县“扫黄打非”办公室)、县社会科学界联合会(简称社科联)，社科联与县委宣传部合署办公。核定行政编制10人，统筹编制2人。

机关工勤事业编制1人,事业单位行政职能回归机关的统筹编制。精神文明办划入从事相关工作的2名人员。2019年,县委宣传部(社科联)共28人,其中女性18人,少数民族17人。

**【文化惠民活动】** 年内,组织县文工团、文化馆,以歌舞、小品等形式立足党的十九大精神、乡土民情,说唱老百姓自己的故事,开展“我们的中国梦——文化进万家”活动28场次(后面文化惠万家活动中是17场次),参加群众约3600人次。在“托克逊零距离”、网站、县广播电视台开设文化惠民专题专栏,加强活动宣传报道力度,宣传报道约150篇,总浏览量达5万人次。

**【媒体宣传】** 2019年,在各网站新闻媒体发布稿件1666篇,其中国家级网站新闻媒体发布稿件970篇,自治区级网站新闻媒体发布稿件450篇,其他省市网站新闻媒体发布稿件246篇。

新闻媒体宣传 外宣工作中以“托克逊零距离”微信平台为主力军,共开设我们的中国梦——文化进万家,返乡学生风采,在习近平新时代中国特色社会主义思想指引下——新时代、新作为、新篇章,民族团结一家亲,访惠聚,壮丽70年、奋斗新时代,援疆情深,双拥模范,爱旅游,警示教育在身边,不忘初心、牢记使命,打赢三大攻坚战,安全生产,葡萄节来啦,消防安全等63个专题专栏,刊发稿件2800篇,阅读量超过20余万人次,“托克逊‘零’距离”公众平台关注的粉丝量达88656人。

主题活动宣传 年内,新闻办公室会同县广播电视台开展“壮丽70年·阔步新时代”、庆祝中华人民共和国成立70周年等重大主题宣传,报道五一劳动节、纪念五四运动100周年等活动和中央、自治区党委、市委、县委重要会议精神宣传报道。特别是围绕“中国早熟杏之乡”地域品牌重点组织媒体,宣传报道托克逊杏子成熟、销售等情况,配合湖南郴州援疆指挥部完成郴州旅游推介会,制作完成1部11分钟的宣传片;制作托克逊风土人情,特别是城市变化为内容的38部短视频在抖音等平台播放,累计播放量4万多次,点赞量1264次;配合中央电视台《中国影像方志》栏目组完成《中国影像方志—托克逊篇》后期补拍工作。

**【内宣工作】**

扫黑除恶专项斗争宣传 2019年,县广播电视台、“托克逊‘零’距离”累计刊发相关稿件140条,播放扫黑除恶公益广告、宣传标语累计719分钟。广播、电视中播放“托克逊县公安局关于群众举报涉黑涉恶线索奖励办法”累计4390分钟;“中央扫黑除恶第21督导组举报电话”累计播放980分钟。通过LED电子显示屏、宣传橱窗、展板、挂横幅、张贴发放宣传资料,沿街商铺、银行、KTV、保险公司及335辆出租车等电子屏幕滚动播放宣传标语。年内,全县各乡(镇)、各单位累计设置固定宣传牌2875块,悬挂横幅2192条,成立宣讲团,抽调公检法司部门的骨干力量组成县扫黑除恶专项斗争宣讲团,各村(社区)开展扫黑除恶专题宣讲工作,宣讲团各乡(镇)开展宣讲,共宣讲83场次,受教育群众11151人次。各乡(镇)以及所辖村(社区)组织开展扫黑除恶专项斗争知识竞赛初赛及复赛130场次,参与群众5945人次。举行托克逊县扫黑除恶专项斗争知识竞赛总决赛乡(镇)专场和机关单位专场,16支代表队参赛,参与群众1240人次。

党的十九大宣传 2019年,通过入户走访宣传党的十九大各乡(镇)、村(社区)干部,下沉包户住户干部、“访惠聚”驻村工作队队员等到居民家中开展宣传党的十九大相关内容,累计入户走访5000余次,受教育群众6万人次。通过每周一升国旗宣传党的十九大精神8224场次16.15万人次受教育。草根宣讲员用老百姓能听得懂、能领会,通俗易懂的语言共宣讲2460场次,听讲1.44万人次。

宣传作品发放　2019年,县委宣传部将自治区翻译的少数民族语言重要文献和辅导材料发放至基层干部群众学习。发放“学习宣传贯彻党的十九大精神”宣传挂图、宣传折页、年历和“连环画+”等系列宣传品,共投入8万元。发放年历9520册,向各村(社区)送春联265幅;向县直单位、村社区发放“伟大的变革——庆祝改革开放40周年”宣传挂图831套(每套10张)。

【学习平台建设】　2019年,托克逊县召开“学习强国”平台建设培训会议,集中培训各党(工)委管理员。2019年1月1日“学习强国”学习平台正式上线,各级党组织立即组织党员干部下载注册认证学习,向“学习强国”新疆学习平台投稿,2019年学习强国平台共采用托克逊稿件10篇。

【公民思想道德建设】

先进模范评选　以“弘扬美德,学习楷模”为主题,开展自治区第六届道德模范、吐鲁番市第三届道德模范、最美托克逊人、吐鲁番市第一届文明家庭、学雷锋示范点及岗位等先进典型推荐评选活动。2019年,全县获得各级道德模范22人,其中获自治区道德模范1人,获自治区道德模范提名奖2人,获得吐鲁番市道德模范5人,获得“最美托克逊人”14人。开展吐鲁番市第一届文明家庭推荐评选活动,向市文明办推荐自治区文明家庭9户,其中获“吐鲁番市第一届文明家庭”荣誉2户。开展“最美奋斗者”评选推荐工作,向市文明办推荐“最美奋斗者”8人,其中获得自治区“最美奋斗者”1人。推选学雷锋志愿服务“四个100”先进典型活动,推荐“最美志愿者”10人,“最佳志愿服务组织”7个,“最佳志愿服务项目”1个,“最美志愿服务社区”1个。开展自治区民族团结好少年评选表彰活动,向市文明办推荐民族团结好少年10人。开展学雷锋活动示范点和岗位学雷锋标兵评选推荐工作,向市文明办推荐学雷锋活动示范点5个,推荐岗位学雷锋标兵12人。

未成年人思想道德建设　年内,托克逊县组织青少年开展中华民族优良传统教育、中国革命传统教育和理想信念教育,激励广大青少年把远大理想同脚踏实地的精神结合起来。清明节期间托克逊县组织青少年到吐鲁番市烈士陵园悼念烈士,开展15场次未成年人普法教育。联合关工委、老干局、教育局、团县委、妇联等单位开展“学雷锋、树新风、争做新时代的好少年”等读雷锋书、制作学雷锋手抄报、“文明校园我参与”等相关活动77场次,引导广大青少年争做“雷锋式”的优秀青少年。

组织开展“缅怀先烈,弘扬传统”活动,充分发挥吐鲁番市革命烈士陵园等爱国主义教育基地的重要作用,组织广大党员干部开展祭奠革命先烈、祭扫烈士墓以及党员干部重温入党誓词,清扫环境卫生等志愿服务活动。开展网上祭奠革命先烈活动,挖掘清明节的文化内涵,组织各族干部群众诵读中华经典和“网上祭英烈”。全年各乡镇、单位共开展相关活动200余场次,弘扬中华民族优秀文化和传统美德。全县各志愿服务队组织志愿者到村(社区)开展“送温暖、献爱心”活动,端午节为留守儿童、孤寡老人、贫困户、空巢老人、残疾人士送粽子等慰问品,共度端午佳节活动88场次;组织医疗卫生志愿服务队为村(社区)孤寡老人、残疾人等特殊人群健康体检、义诊等16场次,倡导“爱老、敬老、助老”良好风气,开展慰问演出24场次。

【精神文明创建】

创建自治区文明县　年内印发托克逊县创建“自治区文明县”工作实施方案,根据

《自治区文明城市测评体系操作手册》,规范档案资料。

**文明实践试点** 根据实际情况,将夏镇、夏镇南湖村、托克逊镇山泉社区作为试点并完成挂牌工作,开展各类志愿活动35次,发放宣传资料32565份,召开"向雷锋同志学习、建设社会主义核心价值体系"学习会20场,参会人数达15200余人次,开展乡级"最美家院"10家,"美丽庭院"示范户150户。"好邻居""好媳妇""好婆婆"等活动开展12场次,参加人数1100人次。

**文明乡镇、单位、校园创建** 年内,对初拟定符合申报的54个村镇、单位进行资格审查,征求纪检、组织、统战、政法、卫健、公安等有关单位意见,并对各村镇、单位提供的2018年、2019年度精神文明创建工作电子版材料评分。县委办等15家单位获得了自治区文明单位,1个乡镇以及10个村获得自治区文明村镇。7家学校被授予自治区文明校园称号。

**附:文明单位**

自治区文明村镇(乡镇)

伊拉湖镇

自治区级文明村镇(行政村)

夏镇色日克吉勒尕村

伊拉湖镇安西村

伊拉湖镇郭若村

伊拉湖镇阿克塔格村

伊拉湖镇伊拉湖村

郭勒布依乡开斯克尔村

郭勒布依乡郭勒布依村

伊拉湖镇古勒巴格村

郭勒布依乡硝尔村

郭勒布依乡切克曼坎儿孜村

自治区文明单位

托克逊县人民法院

国家税务总局托克逊县税务局

国网托克逊县供电公司

共青团托克逊县委

县委组织部

县委办公室

人大常委会办公室

县政协办公室

县委政法委

县委宣传部

县人民政府办公室

县发展和改革委员会

县农村信用合作联社

县人民医院

托克逊镇山泉社区

县审计局

自治区文明校园

县第一小学

县第二小学

县第一中学

县第二中学

伊拉湖镇中学

城镇中心幼儿园

托克逊县湘缘幼儿园

(白　雪)

# 统战工作

**【概况】** 2019年机构改革,县委统战部加挂县民族宗教事务局牌子。统一管理侨务工作,加挂县人民政府侨务办公室牌子。

县委统一战线工作部统一管理民族宗教、侨务工作。县民族宗教事务委员会更名为县民族宗教事务局,民族宗教事务相关职责划入县委统一战线工作部,县人民政府办公室的侨务工作相关职责划入县委统战部。县人民政府办公室的海外华人华侨社团联谊等职责划归县归国华侨联合会行使。对外加挂县民族宗教事务局、县人民政府侨务办公室牌子。核定行政编制11人,机关工勤事业编制2人。

县委统一战线工作部(县民族宗教事务局、统县人民政府侨务办公室)下设办公室、民族工作办公室、宗教工作办公室、新的社会阶层人士统战工作科、侨务工作科。2019年,县委统战部在职23人,其中女性4人,少数民族17人。

**【宗教人士培训】**

**概况** 2019年,托克逊县有宗教人士107人,其中维吾尔族96人、回族10人、哈萨克族1人。分乡镇：夏镇24人、郭勒布依乡38人、伊拉湖镇12人、博斯坦镇18人、托克逊镇9人、克尔碱镇4人、库米什镇2人；年龄：30岁以下16人、30—40岁的25人、40—50岁的34人、50—60岁的24人、60岁以上8人；学历情况：小学17人、初中59人、高中16人、中专7人、大专5人、本科1人。

*教育培训* 年内，选送宗教人士参加培训75人，其中参加中央社会主义学院培训4人、自治区社会主义学员培训18人、吐鲁番市社会主义学院培训53人；选派11名宗教人士参加新疆经文学院大专、本科班及吐鲁番市经文学院大专班学习，其中2018年新疆大专班3人、2017年新疆本科班2人、2017年吐鲁番市大专班6人。

*国语培训* 年内，各乡（镇）、各驻村管寺管委会专职干部组织宗教人士及信教群众开展国语学习培训共2587场次，宗教人士和信教群众共22923人次参加。为实时掌握国语学习实效，共开展大小考试426场次，口语测试83场次。

*关心关爱活动* 坚持落实把爱国宗教人士和信教群众当亲人、当朋友，深化领导干部联系清真寺和与宗教人士交朋友当亲人“两项制度”。2019年，托克逊县贯彻党的民族宗教政策，依法加强对宗教事务的管理，认真落实“两项制度”，建立责任分解、督查通报、考评奖惩、引导帮扶机制。为爱国宗教人士购买养老保险、人身意外伤害保险，按时足额发放宗教人士生活补助金186.78万元。

*民族团结活动* 各级干部与宗教人士开展一对一的结对子活动。常态化家访，帮助解决生产生活中的困难，干部每月走访不少于1次。提升宗教人士和信教群众思想认识，组织开展驻村管寺干部宣讲教育活动9325场次，受教育群众3.53万人次，组织宗教人士宣讲民族团结等3702次，受教育群众1.33万人次。

**【专职干部管理】**

*专职干部队伍* 2019年，托克逊县筛选政治立场坚定、政策理论水平高、熟悉宗教工作、普通话水平高的干部驻寺开展工作。向宗教人士宣传国家法律法规，督促宗教人士依法加强宗教事务管理。把专职干部管理、考勤制度作为生活补助发放依据，9月，按照每个清真寺3名干部进行调整，选派专职干部156人，其中市派干部16人、县派干部57人、乡派干部83人。

*专职干部学考* 年内，统战民宗、驻村管寺专职干部学习党的十九大和习近平总书记系列讲话精神，落实县级每季度一次考试、乡镇级每两月一次考试、村级每月一次大考、驻村管寺管委会每周一小考制度，以提高理论素质和工作要求，推动干部掌握习近平总书记新时代新思想的最新理论成果。

*专项工作经费* 年内，自治区下拨19.5万元作为管理寺院的专项经费，用于配备电脑、打印机、档案柜等办公用品。

**【宗教活动场所改善】** 2019年，托克逊县有宗教活动场所50座，正常使用47座，因危房等分流停用清真寺3座。全县49座清真寺实现“七进两有”“九配备”（七进：水、电、气、路、通信、广播电视、图书室；两有：水冲式厕所和全身净身房；九配备：医药服务、电子显示屏、电脑、空调、消防设施、天然气、饮水设备、鞋套机、储物柜）全覆盖，驻村管寺干部负责每日检查维护，各驻村管寺管委会每日巡检，规范“七防”设施使用。（许锦程）

## 网络安全和信息化工作

**【概况】** 2019年3月机构改革，中共托克逊县委员会网络安全和信息化委员会办公室（以下简称县委网信办）是县委工作机关。是中共托克逊县委员会网络安全和信息化委员会(以下简称县委网络安全和信息化委员会)的办事机构;设立县委网络安全和信息化工作委员会(以下简称县委网信工委),作为县委派出机关,设在县委网信办。县委网信办加挂托克逊县互联网信息办公室牌子,与中共托克逊县委员会网络安全和信息化工作委员会,一个机构、三块牌子。核定行政编制6人。2019年,在职人员19人,其中女性2人,少数民族2人。

**【监督管理】** 2019年,托克逊县网络文明监督员比上年同期增长93%。县委网信办通过以会代训、跟班学习、现场培训等形式先后组织10次培训,网络监督员全部受训。网信办还组织全体网信干部及全县网络文明监督员共开展两期举报应急演练工作。年内,巡查举报各类敏感有害信息600条,其中网站信息500条,新媒体信息100条。奖励符合自治区奖励申报的监督员19人,金额1.13万元;奖励符合吐鲁番市奖励申报的监督员38人,金额1.08万元。

**【网评培训管理】** 2019年,派送属地网评员参加自治区专业培训共6期60名网评员。邀请市委网信办人员授课,共6场1200人次参加,乡镇集中培训8场共950人次参加。吐鲁番市网评员演练,托克逊有41家县直单位和8个乡镇参加演练,4小时内完成转发任务723张,县直单位完成率52%,乡镇完成率76%。网信办与托克逊镇联合举行“网络安全为人民,网络安全靠人民”为主题的网络安全活动,48个村(社区)同步开展启动日、校园日、电信日、法治日、金融日、青少年日、个人信息保护日等7个主题日活动,有2万余人参加启动日活动。

2019年新疆网信办发布“网络中国节·春节”“网络中国节·元宵节”、新春走基础、两会报道及自治区相关会议政策、新疆旅游、我们的中国梦——文化进万家、群众工作、民族团结一家亲、我和我的祖国、自治区会议政策、景区旅游、改革开放、壮丽70周年等稿件2360条,参与转发人次80.76万余次,阅读量达135.24万余次;政府网、党建网、零距离、风城党建不定期在平台转发“脱贫攻坚战”“达人西游”“扫黑除恶”“网络专项治理”等文章参与转发人次7万余条,阅读量62万条。网信办开设“网信托克逊”公众号并下发文章648篇,阅读量3370人次,点赞80人次。

**【网络安全保障】**

网络管理　2019年,托克逊县属地共有网站12家,市委网信办共推送托克逊县属地微信公众号418个,核实信息数据224个,未核实数据194个,其中政务及事业单位73个,注销37个,活跃账号8个,企业及个体私营共345个;政务类微博账号9家,正常使用2家。年内,托克逊县重要信息系统、关键基础设施在原有4个的基础上新增29个,共33个。

网络运行安全　年内,制发托克逊县网络安全预警7期,提供技术指导20余次。摸排重要信息系统等级保护和关键信息技术设施的29家单位、33个系统开展信息安全等级保护工作。专项整治互联网恶意程序,共开展督促检查4次,技术指导80余次,全县共审查电脑4600余台。发现属地LED大屏139个,其中2个具有视频播放功能,其余均为字幕滚动大屏。全年共开展7起属地网站安全漏洞整改工作,均完成整改并处置。

网络内容安全　2019年,托克逊县委网信办参加“我和我的祖国·新疆心声”征稿工作,共报送5篇参赛作品,其中网信办干部周欢的作品《托克逊之旅》获自治区新媒体传播竞赛创意奖。

互联网党建工作　年内,托克逊县属地内共有网站12家,其中党政机关网站4家,企业网站6家,个体网站1家,个人APP网站1家,建立独立党支部的5家,选派党建指导员的网站7家,挂牌“县级互联网领域党建示范点”1家,推荐互联网领域2名党务工作者参加了自治区培训。

（赵 海）

## 机构编制

**【概况】** 2019年机构改革,县机构编制委员会改为县委机构编制委员会(简称县委编办),作为县委议事协调机构。调整优化县委机构编制委员会领导体制。县委机构编制委员会办公室为县委机构编制委员会的办事机构,承担县委机构编制委员会日常工作,作为县委工作机关,归口县委组织部统一管理。不再承担统筹推进县级行政审批制度改革工作、指导监督各部门行政审批制度改革工作的职责。核定行政编制8人。2019年,中共托克逊县委员会机构编制委员会办公室实有16人,其中女性9人,少数民族6人。下设事业机构,即托克逊县事业单位登记管理局,实有人员3人。

全县共有行政单位50家,事业单位262家,核定编制5295个,其中行政编制1020个,机关工勤编制86个,事业编制4189个。

**【深化党政机构改革】** 2018年6月,按照上级指示,托克逊县启动深化党政机构改革工作。至2019年3月基本完成机构改革。

组建县委议事协调机构 组建了8个委员会和领导小组,审计委员会、全面依法治县委员会、全面深化改革委员会、网络安全和信息化委员会、财经委员会、外事工作委员会、国家安全委员会、教育工作领导小组,作为县委议事协调机构。

县委职能部门的统一归口协调管理职能 组织部统一管理编办和公务员工作,宣传部统一管理新闻出版和电影工作,统战部统一管理民族宗教事务和侨务工作。

新组建机构 组建机要保密局、自然资源局、农业农村局、文化体育广播电视和旅游局、卫生健康委员会、退役军人事务局、应急管理局、医疗保障局,重新组建、优化了司法局、市场监督管理局、审计局等机构职责。

更名机构 县商务和经济信息化委员会更名为县商务和工业信息化局,作为县人民政府工作部门。

保留机构 县委工作机关保留了县委办公室、县委直属机关工作委员会、县委巡察工作领导小组办公室,县委网络安全和信息化工作委员会作为县委派出机关。政府工作部门保留了县人民政府办公室、县发展和改革委员会、县教育局、县科学技术局、县公安局、县民政局、县财政局、县人力资源和社会保障局、县住房和城乡建设局、县交通运输局、县水利局、县统计局。

挂牌机构 县委办公室挂政策研究室、县档案局牌子;组织部挂老干部局、县公务员局牌子;宣传部挂县新闻出版局(县版权局)、县人民政府新闻办公室、县精神文明建设指导委员会办公室牌子;统一战线工作部挂县民族宗教事务局、县人民政府侨务办公室牌子;网络安全和信息化委员会办公室挂县互联网信息办公室牌子;机要保密局挂县国家保密局、县密码管理局牌子。县人民政府办公室挂人民政府外事办公室、信访局、扶贫开发办公室牌子;发展和改革委员会挂粮食和物资储备局牌子;教育局挂民族语言文字工作委员会牌子;财政局挂国有资产监督管理委员会牌子;住房和城乡建设局挂人民防空办公室牌子;农业农村局挂畜牧兽医局牌子;文化体育广播电视和旅游局挂文物局牌子;市场监督管理局挂知识产权局牌子。

综合执法机构 组建农业综合行政执法大队。整合托克逊县农业综合执法大队、动物卫生监督所、农机监理站职责,整合县农业农村局内设机构有关动物卫生、饲料兽药、种子、化肥、农机、农产品质量等行政处罚以及与行政处罚相关的行政检查、行政强制职能,组建托克逊县农业综合行政执法大队,在托克逊县农业农村局加挂托克逊县农业综合行政执法大队的牌子,实行“局队合一”体制;组建文化市场综合执法队。整合县文化市场稽查队和县文物旅游管理所文物旅游监督管理职责,组建托克逊县文化市场综合执法队,在托克逊县文化体育广播电视和旅游局加挂托克逊县文化市场综合执法队的牌子,实行“局队合一”体制。

**【事业单位登记管理】** 2019年,共办理设立登记6件(托克逊县广播电视台、托克逊县郭勒布依乡奥依曼布拉克小学、托克逊县滨河学校、托克逊县军粮供应站、托克逊县政务服务中心、托克逊县市场监督稽查大队),变更登记34件,注销登记4件(托克逊县爱国卫生运动委员会办公室、托克逊县电视路转台、托克逊县人民广播电台、托克逊县质量与计量检测所),公示完成192个事业单位的年度报告。

**【统一社会信用代码】** 2019年,办理机关、群团统一社会信用代码证书初领8件,变更登记18件,注销登记3件。

**【事业机构编制管理】** 2019年,编委会研究事业单位机构职能划转、整合机构、成立机构及调整人员编制等事项。组建托克逊县广播电视台;撤销克尔碱镇通沟小学,将通沟小学及天光地教学点设置为克尔碱镇中心小学的教学点,成立托克逊县郭勒布依乡奥依曼布拉克小学,郭勒布依乡巴格万村的小学撤并至托克逊县滨河学校;组建托克逊县退役军人服务中心;调整托克逊县人民法院内设机构及主要职责;深化县纪委监委派驻(派出)机构设置,组建6个派驻纪检监察组,1个派出纪工委;调整托克逊县森林公安机关管理体制,原有林业局管理调整为县公安局管理。

严格遵守机构编制管理规章制度和保密规定,日常管理、更新维护实名制数据库并规定操作权限。严格控制机构编制总量,不经上级批准机关同意不擅自设置或变相增设机构;不擅自增挂机构牌子提高机构规格;不违规变更机构名称、规格、性质、职责或权限;不以上级业务部门干预为由违反管理权限和程序擅自设立机构。

**【招聘编制审核】** 年内,严格执行进人核编制度和空编使用计划,审核考录公务员和事业单位招聘编制119人。建立编制与组织、人社、财政部门的相互制约机制,严格按程序和规定办事,强化日常进人核编制度的执行,把好进人“准入关”。 (纵华超)

## 机关党建

**【概况】** 2019年,县直机关工委根据托克逊县机构改革方案,更名为中共托克逊县委员会直属机关工作委员会(以下简称县委直属机关工委),县委直属机关工委是县委派出机关,统一领导县直属机关各部门党的工作。内设办公室、党建业务科,主要职责是统一组织、规划、部署县直属机关党的工作,提出加强和改进机关党的建设的意见和建议,研究制定工作规划,并抓好组织实施。核定行政编制5人。2019年,直属机关工委下属3个二级党委(县委机关党委、政府机关党委、税务局党委)、5个党总支(县财政局党总支、县人民政府民政局党总支、县市场监督管理局党总支、县林草局党总支、县水利局党总支)、14个直属党支部(县人大党支部、县政协党支部、县人民法院党支部、县人民检察院党支部、县纪委监委党支部、县委党校党支部、县自然资源局党支部、县国土执法大队党支部、县规划队党支部、县农机局党支部、县公路局党支部、县邮政分局党支部、县新华书店党支部、县电信公司党支部),951 名党员。机关工委在职干部8 人,其中女性6 人,少数民族4 人。

**【“七一”表彰】** 2019 年托克逊县为纪念中国共产党成立98 周年召开暨“七一”表彰大会,表彰市委优秀共产党员 2 人、优秀党务工作者 1 人、优秀先进基层党组织 2 个;表彰县级优秀共产党员 6 人、优秀党务工作者 4 人、先进基层党组织 4 个;本级表彰优秀共产党员 15 人、优秀党务工作者 10 人、先进基层党组织 8 个。

**【党员发展】** 年内,严格党员发展程序,严把党员“入口关”,培训入党分子 91 人、发展党员 45 人,考察确定发展对象 18 人。83 名党务工作者接受业务培训。

**【基层组织建设】** 年内,因机构改革撤销 12 个党支部,新增10 个党支部,因支部调整或任期届满的党组织14 个。

**【组织关系转接】** 2019 年,所属党组织转出党员 78 人、转入党员 81 人、党内转接党员 33 人,无党组织“空挂”现象。

**【党费收缴】** 年内,按照最新工资调整标准,重新测算党费。党费收缴实行分级收缴、按季上缴、定期稽查、每季公示的办法,保证了党费按时、足额缴纳。全年县直机关工委上缴党费共 24.27 万元。

**【信息系统维护】** 年内,维护全国党员管理信息系统,确保机关党建工作基础数据准确性。2019 年,统计党员总数951 人,期中在职党员 737 人,退休党员 214 人。递交入党申请书 137 人,入党分子 123 人,发展对象 54 人,预备党员 18 人。

**【党员学习】** 年内,充分发挥“学习强国”、托克逊党建网和托克逊零距离等网站及微信公众号,督促党员干部经常学习。2019 年,所属党组织党员干部利用新媒体开展学习达 900 余人次。组织《中国共产党支部工作条例(试行)》知识竞赛;举办“时代新人说—我与祖国共成长”主题演讲比赛和“学党史、学新中国史”故事演讲比赛活动。结合“不忘初心、牢记使命”主题教育活动,协助组织部安排“看历史、游家乡、爱祖国”专题活动,托克逊县 13 个党委,77 家单位 1063 名党员干部群众参与活动,召开座谈会 35 场次。

(徐伟伟)

# 党校工作

**【概况】** 2019 年,县委党校在编人员 15 人,其中女 4 人,少数民族 7 人;高级讲师 3 人,讲师 2 人。

**【教学培训】** 2019 年,党校共举办 6 期培训班,分别是 2 期为期 4 个月的村干部能力素质提升工程班、1 期村“两委”正职培训班,1 期党员发展对象培训班,1 期宗教事务管理视频培训班,1 期党支部书记“不忘初心、牢记使命”主题教育视频培训班,全年送教下基层 5 场次。

**【师资培训】** 2019 年,为丰富教师理论知识,提高干部培训质量,选派 1 名青年教师参加自治区党校举办的为期 2 个月的党校系统师资培训班学习;选派 1 名教师参加自治区党校举办的优秀党课观摩会;选派 1 名教师参加自治区党校举办的科研理论研讨班的学习;选派 2 名教师参加自治区党校举办的十九届四中全会理论学习班;选派 1 名教师参加自治区党校举办的党性修养学习班。

(李丽娟)

# 托克逊县人民代表大会

TUOKEXUNXIAN RENMINDAIBIAO DAHUI

## 人民代表大会和人大常委会会议

**【概况】** 2019年,加强人大对预算决算、国有资产管理等的监督职能,健全人大组织工作制度,适应加强社会建设、深化国家监察体制改革的需要,完善人大专门委员会设置,更好发挥其职能作用。托克逊县人大常委会下设科教文卫委员会、财经委员会、代表委员会、法制委员会和办公室,核定编制14个。2019年,有工作人员23人,其中常委会主任1人、副主任3人。

**【第十七届人民代表大会第四次会议】** 2019年1月15—16日,托克逊县召开第十七届人民代表大会第四次会议,应到代表132人,实到代表118人。会议听取审议并通过政府、计划、财政、人大、法院、检察院6个工作报告。会议收到代表10人以上联名提出的议案原件47件,经大会主席团讨论决定,有47件作为代表建议批评和意见处理,收到代表提出的47条建议、批评和意见交付一府两院及有关部门研究处理。

**【人大常委会会议】** 2019年,县人大常委会召开会议7次,听取和审议常委会、“一府一委两院”专项工作报告10次,决定重大事项3项,做出决议决定6项,依法任免国家机关工作人员131人,实施新任命领导干部宪法宣誓制度,接受17名人大代表辞去代表职务。

十七届人民代表大会常务委员会第十九次会议 2019年1月5日召开,会议接受阿迪力·库尔纳木、苏力塔尼·艾合买提辞去吐鲁番市第一届人大代表职务的申请、听取并审议县人民政府《关于提请审议托克逊县2018年上半年预算执行情况的报告》《关于提请审议托克逊县1—11月预算执行情况及调整2018年财政预算的报告》。

十七届人民代表大会常务委员会第二十次会议 2019年1月13日召开,会议免去杨金召、海维尔·吐木尔、艾合买提·哈力克、艾合买提·艾孜木、阿克木·米塔力、胡加买提·买买提、阿迪力·库尔纳木、艾合买提·乃依木8人托克逊县第十七届人大代表职务;审议关于召开县十七届人大四次会议有关事项;讨论县人大常委会工作报告。

十七届人民代表大会常务委员会第二十一次会议 2019年4月8日召开,会议接受马灵峰、刘利胜2名人大代表辞去代表职务的申请;依照法律程序选举任免县人大常委会教科文卫委员会主任、财经委主任,选举任免县人民政府组成人员,选举任免县监察委员会委员,选举任命县人民法院人民陪审员;听取并审议县人民政府《关于申请调整政府债务限额及预算的报告》。

十七届人民代表大会常务委员会第二十二次会议 2019年5月18日召开，依照法律程序选举任免县人民政府部分组成人员、选举任免县人民法院部分组成人员。

十七届人民代表大会常务委员会第二十三次会议 2019年6月19日召开，依照法律程序免去县人民检察院部分组成人员、选举任免县人民法院部分组成人员。

十七届人民代表大会常务委员会第二十四次会议 2019年9月28日召开，会议接受部分人大代表辞去托克逊县第十七届人民代表大会代表职务的请求，依照法定程序表决县监察委员会提请任免王继强等4人法律职务、县人民法院提请任命赵延青等4人法律职务、县人民检察院提请免去阿力木江·比斯尔等4人法律职务的请示。

十七届人民代表大会常务委员会第二十五次会议 2019年11月7日召开，依照法定程序表决任免县人民政府相关组成人员，接受阿布都尼依木·艾米都力辞去托克逊县第十七届人民代表大会代表职务的请求，依照法定程序审议托克逊县人民政府关于提请托克逊县2018年县级财政决算的报告，依照法定程序表决任免县人民法院相关组成人员。

## 检查、监督和决定

**【法律监督】**

司法活动监督 2019年，视察人民法院民事审判、刑事审判、案件执行等工作情况；定期听取法院、检察院工作汇报；参加县人民检察院检察开放日活动并提出意见建议；监督法院、检察院工作，增强代表宣传法律法规、化解社会矛盾的能力，促进法检两院依法行政、公正司法。配合市人大向社会、机关单位、公民个人征集《吐鲁番市人大常委会2020年立法计划》《吐鲁番市葡萄干质量安全监督管理条例》《吐鲁番市文明行为促进条例》的意见建议，协助市人大推进地方立法工作。

经济运行监督 听取和审议县国民经济和社会发展计划执行情况报告、县本级财政预决算执行情况报告、审查和批准本级财政预算调整方案，配合自治区人大、市人大督导检查新疆维吾尔自治区实施《中华人民共和国城市居民委员会组织法》《中华人民共和国水污染防治法》贯彻实施情况，并针对问题提出可行的整改建议和意见，紧盯问题整改全过程，确保反馈问题第一时间整改到位。

民生实事监督 打好防范化解金融风险攻坚战。听取审议县人民政府打好防范化解金融风险攻坚战工作情况报告和重点领域、重大项目建设审计工作报告，督促政府规范财政行为、增强预算约束力、扩大审计覆盖面，依法从紧控制政府债务，防范和化解财政运行风险。

打好精准脱贫攻坚战。把助推脱贫攻坚作为一项重大政治任务，听取审议财政扶贫资金使用管理情况报告，提出打好精准脱贫攻坚战的意见建议，配合市人大组织三级人大代表围绕打赢脱贫攻坚战专题调研，形成人大监督支持脱贫攻坚的合力。

打好污染防治攻坚战。配合自治区人大、市人大对《中华人民共和国水污染防治法》在托克逊县贯彻落实情况专题调研，听取审议了环境状况和环境保护目标完成情况报告，提出强化饮用水水源地保护、大气污染整治力度、环保执法监管等意见建议，加强环境保护监督，促进优美生态环境建设，为实现社会稳定和长治久安总目标提供了坚实环境保障。

**【议案办理】** 2019年，县十七届人大四次会议期间共收到代表的议案72件，其中有效议案47件。经大会议案审查委员会审查，大会主席团决定并提交大会全体代表表决通过,将这47件议案改作建议、批评、意见。会议强调:各有关部门要把议案建议办理工作与开展“不忘初心,牢记使命”主题教育活动有机结合起来,始终把改善民生和维护群众利益摆在首位,把办理议案建议的过程转化为推动发展、改善民生的过程,以实际行动向人大代表及全县人民群众交上一份满意的答卷。

县十七届人大三次会议期间共收到代表的议案83件,经大会议案审查委员会审查,大会主席团提交大会全体代表表决通过,其中80件改作建议、批评和意见处理,3件作为议案,分别为依托全县特有的区位、资源优势培育旅游产业发展新亮点,编制完成切合全县实际的全域旅游规划;年内完成河道两旁堤防、景观、绿化、道路等配套设施建设和东湖、西湖、北湖1号湖、北湖2号湖4个景观湖建设,打造白杨河特色景观;为方便伊拉湖镇和博斯坦镇学生上下课及群众出行,建议开通伊拉湖镇阿克塔格村至博斯坦镇长安村公交车。

【人事任免】 2019年,依法任免国家机关工作人员131人,其中县监委会委员4人;县人民政府组成人员35人;县人民法院干部13人;人民陪审员75人;县人民检察院干部4人。

新任命领导干部实施宪法宣誓制度,增强了领导干部法律意识。

【代表工作】 县人大常委会以会代训,利用县人代会对人大代表履行职责、开展监督、提出议案等方面进行强化培训,主要领导专题讲授党的十九大精神、代表法等内容,增强履职意识。以“人大代表之家”为平台,按照选区和代表结构划编代表活动小组,制定代表活动小组学习制度、活动制度、履职制度,完善和规范代表小组活动的内容,保证基层人大代表有序开展履职活动,使“代表之家”真正成为代表学习交流、建言献策以及汇集社情民意的阵地和平台。组织人大代表开展视察活动,2019年,组织五级人大代表60人参观部分国有企业、卫星工厂、村委会和电子商务区等11家县域经济建设项目,增强对托克逊县稳定发展的认同感和自豪感。落实县人大常委会组成人员联系代表制度、人大代表联系人民群众制度、代表列席常委会会议制度,人大常委会各级领导干部走访辖区人大代表和群众沟通交流,传递党的声音和国家方针政策,听取基层代表和群众反映的突出问题,架起上传下达沟通桥梁。2019年,累计邀请代表参加“三查(察)活动”89人次,密切了人大常委会与人大代表的联系。

【信访工作】 2019年,共受理重要信访案件4件,其中现场调解2件,转交法院2件,累计接访群众24人。

(阿迪拉·艾乃吐力)

# 托克逊县人民政府

TUOKEXUNXIAN RENMIN ZHENGFU

## 施　政

**【政府常务会议】** 年内，县人民政府召开8次常务会。第六次由县委常委、常务副县长薛雪主持，其他均由县委副书记、县长玛合穆提·海吾尔主持。

2019年2月22日召开第一次常务会，会议传达学习中央、自治区脱贫攻坚相关文件，听取托克逊县脱贫攻坚工作情况汇报、中央环保督查反馈意见整改进展暨2019年生态环境保护重点工作情况汇报、2019年元旦、春节期间安全生产工作情况汇报、退耕（牧）还草草原生态保护补助奖励项目自查整改情况汇报，研究讨论关于引进社会资本方合作实施托克逊县伊拉湖循环经济产业园基础设施建设、审批新疆中泰新材料股份有限公司水权转让及供水协议书的报告、实施托克逊县人工湖溢流坝工程、风电场合作开发协议书、县职业高中学生宿舍建设项目、加强乡村小规模学校和乡镇寄宿制学校建设实施方案、源泉花苑地下室销售、划拨县草原监理站经营性国有资产、拟收回托克逊县西域徽商房地产开发有限公司土地及补偿方案、县安居富民工程建设专用账户结余资金使用等14项议题。

2019年4月15日召开托克逊县第二次常务会议，会议研究讨论白杨河地表水分协议意见、零海拔杏子酒庄项目享受优惠政策、城区公办幼儿园实施收费、2019年度地质灾害防治方案、绿叶畜牧养殖农民专业合作社畜牧养殖用地期限延续和土地复垦押金缓交、棚户区改造建设项目天然气入户工程等情况，专题研究2018年扶贫项目结余资金和调整2019年扶贫项目资金、涉农结余资金专项审计监督管理办法等议题。

2019年5月20日召开第三次常务会议，会议研究讨论委托阿拉沟水库建管局管理阿拉沟水库上游左岸变形边坡治理工程（一期），安排近期工作。

2019年5月27日召开第四次常务会，会议研究讨论托克逊县人民政府行政复议决定书、变更“十三五”期间社区综合服务设施建设项目、审查托克逊县2018—2019年中央预算内投资项目，决定消防大队不再办理建设工程消防设计审核、消防验收、备案和抽查，确定托克逊县存量房基准价格及计税价格、郭勒布依乡巴格万村小学及博斯坦镇长安小学更名等6项议题。

2019年7月3日召开第五次常务会，会议研究讨论托克逊县养牛育肥大户夏季在克尔碱镇通沟村临时过渡养殖方案、英阿瓦提村村民办理农村土地承包经营确权登记证以及关于部分村民拆迁问题等行政复议案的请示报告3项议题。

2019年8月1日召开第六次常务会议，会议研究讨论水利局购买工作车辆的请示报告，审议2016—2018年托克逊县生猪（牛羊）调出大县奖励资金分配及使用方案、2019

年农田废旧地膜回收利用示范县项目实施方案，研究克尔碱镇克尔碱社区更名为红河谷社区并确定区划范围、引进社会资金方合作实施(PPP模式)托克逊县伊拉湖循环经济产业园供排水及配套市政基础设施建设项目，设立托克逊伊拉湖循环经济产业园、工业园区建材产业园、工业园区再生资源产业园、库米什矿产资源加工区等，调整部分国有企业法人及注销托克逊县鑫德财务管理咨询有限公司相关事宜、国有资产对外转让、天山商城建设项目享受棚户区改造相关优惠政策、回购托克逊县润泽房地产开发有限责任公司住宅楼作为2019年棚户区改造安置房源等9项议题。

2019年10月16日召开第七次常务会议，会议研究讨论关于托克逊县第一小学学生分流，将托克逊县小天使艺术幼儿园纳入普惠性幼儿园，部分预算单位2018年财务收支、经济责任、工程项目审计工作安排等。确认由新建安信矿业工程技术有限公司为艾维尔矿区东部二道沟井田开发业主、新建吐鲁番金马能源开发有限责任公司为新疆克布尔碱矿区总体规划中11号矿井项目业主，研究托克逊县园林绿化管养分离、城市道路生化垃圾收集设施设置方案、国有资产对外转让、鄯善天川石油机械有限责任公司债券债务相抵、申请财政安排纺织产业园就业专项资金的报告等10项议题。

2019年11月1日召开第八次常务会议，研究讨论伊拉湖镇阿克塔格村入股振坤物流、克尔碱镇克尔碱村驿站项目、简化食品经营从业人员健康证办理流程、解决供销社资产流失、整合开发矿井资源、发布实施托克逊县土地定级与基准地价、调整托克逊县原划拨用地补缴土地出让金标准、城镇污水处理厂委托运营、调整托克逊县城市供水价格以及县属国有企业法人变更等10项议题。

**【政事实事】**

*经济发展* 2019年实现地区生产产值102.91亿元，同比增长9.4%。规模以上工业企业增加值51.45亿元，同比增长8.2%；固定资产投资55.78亿元，同比增长15.1%；招商引资到位资金49.42亿元；公共财政预算收入16.08亿元，同比增长7.5%。

*丝绸之路经济带核心区建设* 依托富集的矿产资源，形成PVC、烧碱、煤电、风电、光伏、兰炭、铅酸蓄电池等循环经济产业链。南疆铁路望布煤炭能源物流中心具备1000万吨/年铁路集装箱发运能力，乌鲁木齐铁路局及中泰化学以新疆新铁中泰物流有限公司为载体整合鱼儿沟物流基地，拥有350万吨/年PVC、烧碱及煤化工产品等铁路发运能力，初步形成两大千万吨级铁路物流仓储货运基地。振坤物流园初步形成集商业、物流管理、信息服务中心为一体化的综合性园区，辐射带动作用增强，成为地方经济发展新的增长极。以国家级电子商务示范项目产业园为服务核心，建立电商、微商公共车间，提升小微寄递物流企业产品标准化。

*培育新兴产业* 中泰30万吨高性能树脂、绿色建材厂电石渣节能环保综合利用、骆驼集团年处理16万吨废铅酸电池、丝路兴达羊绒深加工等重点工业项目陆续投产；天雨煤分质清洁高效综合利用、万振石材开发加工及各类露天煤矿土方剥离等项目正在推进；盘吉煤业、博斯坦煤业等井工矿井巷、井下工程正在建设，即将成为经济发展新增长点。

*重大项目建设* 2019年，实施支撑项目192项，完成投资123.47亿元，新疆能源集团洁净能源多联产一期工程列入国家“十三五”后两年煤炭深加工新增开工建设项目清单，中泰煤基新材料升级示范项目和神华现代煤化工项目正推进。

*招商引资* 2019年新签约项目21个，围绕中泰上下游、左右端产业落地企业5家，华天瓷业二期、中亚盛泰

无纺布、安徽润泽环保滤材化纤滤布和高中温除尘布袋、中盛农业林草兼营草畜一体化循环经济等招商项目推进。

乡村振兴　2019年,调减棉花种植面积1.36万亩。突出发展哈密瓜、杏子、葡萄及葡萄酒、设施蔬菜、红枣等特色林果业。畜牧业向标准化、现代化发展,新改扩建肉羊标准化规模养殖场(小区)达30个,国家级标准化示范场2个,徽商畜牧生态园建成投入使用。农村电商产业整合上下行物流体系,构建县、乡、村三级物流配送网络,助力农产品上行,销售额同比增长290.8%;实施高校毕业生基层成长计划,为基层经济社会发展提供人才支持。强化国家通用语言文字教育,45岁以下农民国家通用语言文字普及率达100%。农田生态保护力度增强,化肥用量减少,农作物秸秆综合利用率和农用塑料薄膜回收率提高。争取各类资金2.96亿元用于农村人居环境改善。推进"厕所革命"和生活污水处理,提升了农民群众生活品质。

民生民情　2019年,统筹推进就业技能培训、岗位技能提升培训和创业培训;加速推进卫星工厂建设,逐步实现农村劳动力家门口就业;培养专兼结合思想政治教师,推进国家通用语言文字授课,从学前到高二年级国家通用语言文字教学全覆盖。巩固义务教育均衡发展成果,改善薄弱学校办校条件,通过国家义务教育发展基本均衡复检验收。通过高校专场招聘、在内地省市人事招聘网发布招聘信息等多渠道多举措补充教师队;实施7所乡镇卫生院、45所村卫生室标准化建设,基层医疗机构标准化建设全覆盖。医疗联合体建设推进了医共体双向转诊服务;推进国家基本药物制度,减低了就医费用。全民健康体检实现常态化,建立居民健康档案,推开家庭医生签约服务;各项社保基金征缴4.14亿元,参保12.93万人次,基本养老保险参保率达98%,基本医疗保险参保率99.77%。财政代缴352万元资助城乡低保对象等1.36万人参加医疗保险,落实报销比例提高5%政策。累计发放城乡低保金1507.39万元,有意愿的"五保"老人和孤儿实现集中供养收养,保障了城乡困难居民家庭的基本生活;实施援疆项目12个,到位援助资金8044万元。探索"2+3+X"产业援疆模式,被湖南援疆前方指挥部作为品牌重点推介,推动托克逊农产品从"卖难"向"卖完"再向"卖好"转变。选派近百名青年科技英才、基层干部、教师等赴湘交流培养。

防治污染　2019年,托克逊县严格落实中央环保督察"周调度、月督察、季总结"工作要求,重部署、强协调、深督办,推进中央环保督查整改15项任务整改销号13项,完成86.7%;防治重点区域大气污染,完成中泰能化2×330兆瓦、圣雄能源2×300兆瓦火电机组超低排放改造和全工况脱销改造工程以及华电吐鲁番发电有限责任公司2×135兆瓦机组设备拆除并验收,清理燃煤小锅炉29台,排查治理"散乱污"企业67家,有效改善二氧化硫、氮氧化物排放;强制对11家重点用能企业实施能源审计,推进能耗在线监测,从源头降低能源消费量。年内,规模以上综合能源消费量372.67万吨标准煤,同比下降1.27%,万元工业产值能耗2.77吨标准煤/万元,下降7.30%;推进第二次全国污染源普查工作,加大环境监察力度,督查县域企业环保法律执行、项目建设"三同时"等工作情况;累计开展巡河(湖)275次,清理整治河道乱堆、乱扔垃圾问题,推进河湖生态环境保护与修复,改善河湖水质和水环境;落实最严格水资源管理制度,严守"三条红线",实施"关井退田、节水保林",减少地下水开采,恢复地下水平衡;控制土壤污染源头,详查39处土壤污染情况,掌握危险废物现状、底数、流向,严防突发性环境污染事故发生。

脱贫攻坚　托克逊县有建档立卡贫困村8个、贫困人口1918户6401人。2016年底托克逊县贫困村、贫困户全部达到脱贫标准,通过自治区验收核查和第三方评估验收。2017—2020年为脱贫退出巩固提升年。2019年,托克逊县不折不扣推进中央脱贫攻坚专项巡视反馈意见和自治区脱贫攻坚成效考核反馈问题整改,各批次同类问题一体推进、一体整改、一体解决,认领的149条问题完成整改145条,正在整改4条。

2019年,县委、县政府每月专题研究部署脱贫攻坚工作,研究项目推进和资金拨付工作,还建立实施单位、财政、审计、扶贫项目推进联席会议制,协调解决项目推进与资金拨付遇到的困难。解决"两不愁三保障"突出问题,强化包联体系和责任,分类分策解决。强弱项、补短板,强化包联体系和责任,县、乡、村三级包联,综合统筹帮扶工作。全年,县委常委(扩大)会研究脱贫攻坚工作12次、县委中心组脱贫攻坚专题学习12次,县政府常务会研究脱贫攻坚工作8次、县扶贫开发领导小组研究脱贫攻坚工作12次。

年内,县委、县政府和县扶贫开发领导小组严肃对中央第六巡视组反馈的问题进行整改,严格按照深化中央脱贫攻坚专项巡视整改工作的要求,将各批次同类问题一体推进、一体整改、一体解决,巡视整改与脱贫攻坚结合。组建乡(镇)脱贫攻坚专班,完善财政专项扶贫资金项目后续管理制度,按照整改清单化调度制度、整改销号制度和整改资料台账管理三项制度要求,及时认领问题、召开工作会议研究,整改销号。年内,认领各类问题149条,主要是攻坚责任落实不到位、扶贫标准把握不精准、保障工作不够扎实、政策措施落实有偏差、形式主义官僚主义时有发生、扶贫资金使用管理不规范等问题,全部完成整改,其中中央第六巡视组脱贫攻坚专项巡视反馈意见38条,完成整改38条。中央脱贫攻坚专项巡视组指出的共性问题和个性问题共57条,完成整改57条。自治区第三方评估反馈问题7条,完成整改7条。2018年省级党委和政府脱贫攻坚成效考核反馈问题47条,全部完成整改。

专项治理扶贫系统腐败和作风问题。2019年,梳理出廉政风险点7类11项,建立风险防控措施34条,查摆4类7项问题,共处置扶贫领域问题61件、处理73人(其中组织处理58人、党政纪处分15人)。

从就业、就医、就学、救助等方面,全方位投入帮扶资金。对账销号"两不愁三保障"突出问题,全县1942户6567名贫困人员吃穿均不愁,安全饮水全部达标,基本医疗、义务教育、住房安全均得到保障。引导贫困人口发展西甜瓜、葡萄、杏子等特色作物和养殖传统黑羊、牛等,依托财政专项扶贫资金项目奖补生产。新落地服装加工、手工编织、馕食品、农产品组装等劳动密集型企业。吸收贫困劳动力就业。无劳动能力、丧失劳动能力或部分丧失劳动能力的贫困人口全部纳入农村低保范围。建立健全医疗兜底保障机制,实施县级、乡(镇)先诊疗后付费和"一站式"结算服务,减轻贫困人口医疗费用负担。贫困学生享受资助金。发放小额信贷,实施贫困村水利改造提升工程建设和贫困户安全饮水工程,项目精准规划到村到户。全年共到位专项扶贫资金2436万元,拨付资金2128万元,资金拨付率87.36%,确保了每一分扶贫资金都花在刀刃上。

(李　果)

## 政府办公室工作

**【概况】**　2019年3月党政机构改革,优化县人民政府办公室职责。原县信访局职责划入县人民政府办公室,加挂县人民政府外事办公室、县信访局、县扶贫开发办公室牌子,不再保留单设的县信访局。法制工作职责析出整合至新组建的司法局、应急管理职责析出整合至新组建的县应急管理局。托克逊县人民政府办公室(外事办公室、信访局、县扶贫开发办公室)内设机关党委办公室、秘书科(翻译科)、综合科、文书科(档案室)、督查室、行政科(后勤科)、信息科、机关事务管理科、政务服务办公室(县政务公开工作领导小组办公室)、扶贫开发业务科、信访室、外事工作科。核定行政编制23人,机关工勤事业编制10人。

**【公文处理】** 2019年,县政府办公室形成以县政府、政府办名义印发的文件531期,其中托政发85期、政函212期、政办发95期、政办函63期、政办纪36期、政办电40期。

**【政务信息】** 2019年,县政府办公室深挖信息工作潜力,编写政务信息111期。

**【电子政务】** 2019年,托克逊县累计通过政府网站公开政府信息986条,其中托克逊新闻190条、公示公告96条、部门动态120条、乡镇动态73条、信息公开132条及其他需要公开的政务信息资源。关注社会动态、更新政务微博,发布和转载政务微博120条。内容涵盖托克逊新闻、信息公开、部门动态、乡镇动态、企业动态及其他需要公开的政务信息资源,加强官方微博和微信公众号等新媒体作用,让不同层次的群众通过不同渠道获取信息。

**【信访工作】** 2019年,托克逊县共受理群众来访54件89人次,其中网上投诉36件59人次,来信5件5人次,来访13件25人次。主要做法是发动群众参与矛盾纠纷排查化解工作,通过熟悉情况的驻村干部、联户长、“四老”人员等多种角色化解处理矛盾,通过村规民约、传统道德、伦理习俗等力量化解纠纷、调解关系。同时结合便民警务站、矛盾纠纷调解室进行全方位、多层次的矛盾纠纷化解工作。

全年,自治区转送、交办案件11件,办结11件,办结率100%,市级转送、交办案件7件,办结7件。全县县处级包案干部31人,包案5件,办结5件。本级信访部门共接待29批次68人次,来信4件,网上投诉23件,转送相关单位办理12件。 (李 果)

## 政务服务

**【概况】** 2019年9月成立托克逊县政务服务中心,为正科级预算事业单位,核定编制2人。下设县政务服务大厅(2018年8月运行),设立窗口28个,窗口工作人员26人。设企业、基建、不动产登记、群众服务4类综合服务窗口。因容量所限,大厅进驻单位暂有10家,主要为发改委、市场监督管理局、自然资源局、税务局、公安局、生态环境局、住建局、房管局、城管执法局、不动产登记中心。新办公场所2000平方米的政务服务综合服务大厅在建。届时,新政务中心设置前台受理窗口60个,后台办理窗口40个。30余个部门的政务服务事项全部可以进驻到大厅内集中办公,为办事群众提供“一站式”综合办事便民服务。

**【“一体化”平台】** 2019年,政务中心与各单位主动对接,协调各部门编制并在“一体化”政务服务平台上公布服务事项清单,联系电子政务中心及时给各单位开通政务专网,确保“一体化”在线政务服务平台的使用和操作。推进各部门在自治区“一体化”在线政务服务平台上认领发布事项,36个部门在“一体化”平台认领事项495项,网上发布事项503项,可网办事项比例99.01%,“一网通办”能力达到83.1%。年内,各部门在自治区“一体化”政务服务平台网上办理事项507件,网上办结472件,办结率93.10%。

**【窗口服务】** 2019年,政务服务大厅窗口为办事群众和企业提供服务。年内,累计办

理各项业务35142件，办结量27486件，办结率78.21%，为办事群众提供咨询服务8122人次。 （崔令师）

## 退役军人事务与双拥创建

**【概况】** 2018年11月，托克逊县退役军人事务局挂牌成立。将县民政局的退役军人优抚安置职责，县人力资源和社会保障局的军官转业安置职责以及军队有关职责等整合，新组建县退役军人事务局，作为县人民政府工作部门，正科级。2019年5月托克逊县退役军人服务中心揭牌，8个乡镇退役军人服务站同时授予牌匾，全县成立包括退役军人服务中心在内的中心(站)共62个。县退役军人事务局内设办公室、拥军优抚和权益维护科(移交安置和就业创业科)2个职能科室，核定行政编制5名，机关工勤事业编制1名。局下辖退役军人服务中心1个事业单位。辖托克逊镇、夏镇、郭勒布依乡、克尔碱镇、库米什镇、阿乐惠镇、伊拉湖镇和博斯坦镇退役军人服务站及村(社区)服务站共61个。2019年，退役军人事务管理局有在职干部职工12人，其中女性3人，少数民族5人。

**【信息采集与挂光荣牌】** 2019年，县退役军人事务局开展退役军人和采集其他优抚对象信息工作。同年，为退役军人和其他优抚对象家庭悬挂光荣牌。

**【社保接续】** 2019年，托克逊县成立解决部分退役士兵社会保险问题工作领导小组。县退役军人事务局公开工作流程和受理时限，发放政策告知书，定期发送短信宣传，告知补缴相关政策，受理符合补缴条件的退役士兵。

**【优抚对象服务】** 年内，县退役军人事务局为托克逊县重点优抚对象每月按时足额发放优抚金，重大节日优先慰问，全年共发放节日慰问资金283.6万元。

开展重点优抚对象医疗“一站式”结算服务工作，全年累计发放医疗补助资金18.2万元。中华人民共和国70周年大庆之际，赴昌吉、乌鲁木齐两地为4名老军人、老干部颁发中华人民共和国70周年纪念章。

**【移交安置】** 2019年，县退役军人事务局开展退役军人职业技能培训，共培训2期57人。为2018年接收的退役士兵发放一次性自主就业补助金共104.5万元，为取得职业技能培训证书的退役军人发放培训补助3万元。与托克逊县消防大队、县公安局、法院等用人单位沟通，拓宽创业就业信息渠道，努力为退役士兵搭建就业平台，通过考核并与县消防大队签订协议1人，与县法院签订用工协议1人，加入县公安局便民警务站和特警大队工作6人。

**【双拥创建】** 2019年清明节期间，开展网上祭英烈活动，线上线下联动，缅怀英烈。“八一”建军节期间走访慰问驻县部队，送去慰问资金共12.68万元。在新一轮自治区双拥创建工作中，模范退役军人和退役军人工作模范单位、模范个人推选工作，推荐全国模范退役军人1名，全国退役军人工作模范单位3个，模范个人2名，推荐自治区双拥模范单位1个，定期推选模范人物，建立相应资料库。托克逊县第一小学获得自治区爱国拥军模范单位荣誉称号。2019年8月，为激发官兵热爱“第二故乡”，建功边疆热情，托克逊县退役军人事务局组织驻托官兵开展“驻托官兵游托克逊，喜迎中华人民共和国70周年”活动。 （罗文麒）

## 应急管理

**【概况】** 2019年3月机构改革后，托克逊县应急管理局成为县人民政府工作部门，正科级。原县应急管理办公室、护林防火指挥部办公室、地震办公室、防汛抗旱指挥部办公室、草原监理站（草原防火办公室）承担的部分行政职能以及县煤炭工业管理局指导煤矿救护和组织协调煤矿事故应急救援行政职能划入县应急管理局，相应划入从事相关工作的4名人员。托克逊县应急管理局核定行政编制8名，统筹编制4名，机关工勤事业编制1名。事业单位行政职能回归机关的统筹编制，其管理按中央、自治区、市有关规定执行。局内设机构有办公室、应急协调指挥中心、安全生产基础科、安全委员会办公室。2019年，共有在职干部24人，其中女性5人，少数民族12人。

县域内共有危险化学品和化工企业38家，其中危险化学品生产企业9家、危险化学品经营单位29家（均为带储存经营的加油站）；非煤矿山企业23家。

【应急保障】 2019年，各乡（镇）、各单位修订完善各类应急救援预案102份；各企业累计开展各类应急演练22场次，700余人参与；购置1台消防车，为每个村分别配备1台简易消防车，新增消防水鹤2座，安装独立感烟报警器400个，指导建成重点单位微型消防站359个，推广设立电动车集中充电装置的小区25个。

【安全生产情况】 年内，县委、政府召开4次安委会全体会议，组织县、乡（镇）各级安全监管分管领导、安委会成员单位和企业主要负责人深入学习习总书记关于安全生产十个方面的重要思想论述、自治区主要领导有关安全生产的批示和中办、国办印发《地方党政领导干部安全生产责任制规定》《自治区安全生产严格执法十项措施》等法律法规，专题研究解决安全生产重难点问题。

2019年，托克逊县共发生3起生产经营性安全生产事故，死亡3人；其中2起为道路交通生产经营性安全生产事故，死亡2人；1起为工矿商贸类安全生产事故，死亡1人，无较大及以上安全生产事故发生。

【安全生产检查】 2019年，由分管县领导担任组长，分14个行业督导检查组，在各节假日及重点时段开展全域性安全生产大排查，累计检查各类生产经营场所2585家次，排查并治理隐患4787条，下发整改通知书610份。开展低安全风险企业摸排工作，制订建材行业、轻工行业、纺织行业风险识别范围，共排查出38个低风险企业。其中建材行业6家，轻工行业29家，纺织类3家。继续推行“专家查隐患”机制，实行政府购买安全服务，为重点监管企业诊断把脉。年内，聘请专家检查企业32家次，发现并治理隐患752条，下发整改指令书24份。

【网格化管理】 2019年，制订托克逊县安全生产网格化管理实施方案，实现县、乡（镇）、村（社区）三级全覆盖。消防、矿山、危化、建筑等所有行业全覆盖，确保网中有格、格中有人。托克逊县对矿山企业按照矿区划分责任，由各行业单位主要负责人具体负责，每个矿山企业都有具体责任人，并在重点矿山企业、重大煤化工企业各派驻1名安全生产督导员驻企业开展工作。道路交通安全方面探索推行道路交通安全管理“路长制”，在城乡各重要路段设立路长，由县级领导担任路长，确保各项管理责任落实到位。消防方面，以县、乡（镇）、村（社区）为单位，划定消防安全管理网格化人员的职责和任务。依托托克逊县便民警务站，建成微型消防站，遇到火警，警务站的警员和协勤人员就是一支义务消防队。在工矿商贸企业、中小学校、幼儿园、宾馆等人员密集场所均配设有微型消防站，值班带班领导和门岗安保人员成为随时可用的义务消防队。

【专项治理】 2019年,印发“抓深化、强重点、促全局”安全生产专项治理工作方案,推进各行业领域专项治理,严控安全风险、严治事故隐患,防范化解安全生产风险,解决行业存在的突出问题。

*非煤矿山安全整治* 2019年,累计检查企业122家次,排查隐患181条,下发指令书39份。

*危险化学品安全整治* 2019年,累计查出安全隐患514项,下发整改指令书24份。

【宣传和培训】

*安全生产月宣传* 全年,累计发放宣传单1800余份,宣传册200余本,悬挂横幅16条,安全宣传展板18块。

*安全生产专栏* 在政府网站“托克逊县零距离”、广播、电视设立安全生产专栏,向社会公告安全生产政策法规及曝光安全生产违法行为。

*培训危化企业* 年内,有6家危化企业参加培训,累计2846场次,2627人次参加,其中企业负责人75人,安全员169人。有15家非煤矿山企业参加培训,累计15场次,810人次参加,其中企业负责人15人,安全员42人。

(陈　蕊)

【消防】

*防火工作* 2019年,应急消防大队分析研判辖区火灾形势,召开动员部署会8次,约谈会3次,安排部署“防风险、保平安、迎大庆”消防安保工作、防火工作。

全年共检查单位2290家(含复查),发现火灾隐患1978处,督促整改隐患2007处,下发责令改正通知书934份,下发行政处罚决定书64份,下发临时查封决定书26份,责令“三停”单位18家,罚款29.92万元。

年内,指导社区、农村消防工作,联合民警开展小区隐患排查治理、组织物业负责人及楼长消防培训。推广安装独立式烟感报警器400个,工业园区新建2座消防水鹤,人员密集场所、小区等重点场所全部建成微型消防站,截至年底,托克逊县共建成微型消防站359个。

应急消防大队对照“三化”建设(管理标准化、标示明细化、宣传常态化)达标验收相关要求及法律法规,加大对建筑消防设施维保人员和社会单位的消防安全管理人员,消防控制室操作人员对建筑消防设施的操作规程、维护等内容的培训力度,督促单位健全消防工作制度和操作规程,落实消防安全责任,完善各类消防标识,规范“两房两室”(消防水泵房、自备发电机房、配电室、消防控制室)管理,整改消除火灾隐患,确保建筑消防设施完好可用。

年内,指导派出所民警开展消防业务培训指导,完成辖区消防安全责任人、管理人等共51人的消防安全培训。开展消防进校园活动,培训师生1800余人,发放学校消防安全须知1万份。应急消防大队在托克逊县各乡镇、社区(村)、“九小场所”(购物场所、餐饮场所、住宿场所、歌舞娱乐场所、医疗场所、教学场所、宗教场所、生产加工场所、易燃易爆物品经营储存场所)、高层住宅小区、学校等“送教”共51课,开展培训演练20次。119系列宣传形式多样,应急消防大队突出地域特色,创新理念、形式和内容,加强宣传策划、拓展宣传平台,梯次推出、形成效应,营造全民消防的氛围。

*战训工作* 年内,熟悉演练单位72家,制作预案65份,排查水源237处,与辖区企业消防队开展比赛对抗1次。中队买吾拉·买买提肉孜参加总队组织的火焰蓝比武集训,并代表总队前往浙江参加全国比武。在东疆片区比武中,中队参赛指战员玉苏普·约赛尹代表支队取得优异的成绩。

县应急消防大队与政府协调多次联合演练,构建由消防队伍、专职消防队、微型消防站以及村委会为主体的消防联动机制。协调公安部门争取辅助类消防员10人。2019年,经招录并签订合同8人,辞退1人。

**后勤工作** 2019年,应急消防大队纳入财政预算资金共205.8万元,其中业务经费按人均4万元,共164万元,消防队伍高危补助24.6万元,消防文员工资17.2万元。

2019年,争取上级资金300万元用于消防应急消防大队训练馆建设;协调县政府、规划局等,完成新建迎宾路中队土地划拨工作;完成中队通讯室接警台、衣柜和储物柜购置,改造营区监控、红门影院投影等。

(崔巍涛)

# 中国人民政治协商会议托克逊县委员会

ZHONGGUO RENMIN ZHENGZHI XIESHANG HUIYI TUOKEXUNXIAN WEIYUANHUI

## 政协全委会会议和常委会会议

【政协全委会议】 2019年1月14—15日,托克逊县召开中国人民政治协商会议托克逊县第十二届四次全委会议,应到委员108人,实到委员84人。县政协党组书记、副主席赵中革,县政协党组副书记、主席赛福丁·卡德尔,县政协党组成员、副主席赵新凯,县政协党组成员、副主席牙生·肉孜出席会议,会议听取和审议赛福丁·卡德尔主席代表政协托克逊县委员会第十二届常务委员会做的工作报告和赵新凯主席做的常务委员会提案工作报告,审议通过第十二届常务委员会工作报告决议、提案报告决议和政治决议。委员列席托克逊县第十七届人民代表大会第四次会议,听取并协商讨论县长玛合穆提·海吾尔做《政府工作报告》。协商讨论托克逊县2018年国民经济和社会发展计划执行情况与2019年国民经济和社会发展计划的报告,协商讨论两院报告,协商讨论托克逊县2018年财政预算执行情况及2019年财政预算的报告。

【政协常委会会议】 2019年,县政协常委会共召开4次会议。

政协托克逊县第十二届委员会第十一次常委会议 2019年1月13日召开,审议通过《政协托克逊县第十二届委员会第三次全委会议日程(草案)》《政协托克逊县第十二届委员会第三次会议关于第十二届常务委员会工作报告(草案)》、政协第十二届委员会第三次会议特邀及列席人员、政协托克逊县第十二届委员会第三次会议关于第十二届常务委员会提案工作报告(草案)。

政协托克逊县第十二届委员会第十二次常委会议 2019年1月15日召开,会议听取审议通过《政协托克逊县第十二届常委会工作报告的决议(草案)》《政协托克逊县第十二届委员会第一次会议关于提案审查情况的报告(草案)》《政协托克逊县第十二届委员会第一次会议政治决议(草案)》。

政协托克逊县第十二届委员会第十三次常委会议 2019年4月11日召开,按照政协章程撤销委员资格1人,各委员表决通过。

政协托克逊县第十二届委员会第十四次常委会议 2019年8月4日召开,自动免去政协委员职责3人,政协委员对政协未来工作提出意见建议。

## 履行职能

【提案办理】 全年共向政府提出意见建议72条,经审查立案54条,如中心幼儿园扩建、提高幼儿园教师队伍普通话水平教育、绿化建设、缓解友好路拥堵压力、尽快改造人民路、团结路等许多提案都得到了县委、县政府重视,均得到办理。

**【参与中心工作】** 2019年,政协党组领导班子成员参与全县中心工作。指导棚户区改造工作,完成年初确定的1200套拆迁任务,人民路、团结路、友好路延伸路段顺利施工。督查全县人居环境工作,政协机关县处级干部包联的农户全部达标,科级干部80%达标。城区安全生产工作有序开展,24次检查治理城区街面经营的商铺在用电安全、消防安全、液化天然气使用安全等方面,10次检查布料市场消防安全工作,消除隐患。做好群众调解工作,共入户化解矛盾120户120人,解决问题40件。帮助解决克尔碱农民安居富民房建设遗留问题,督促施工单位加快色日克墩村知青小镇供排水、电、道路基础建设。（余　锐）

# 纪检监察

JIJIAN JIANCHA

## 纪检工作

【概况】 中共托克逊县纪律检查委员会(以下简称县纪委)由中国共产党托克逊县代表大会选举产生,是党的纪律检查机关;托克逊县监察委员会(以下简称县监委)由托克逊县人民代表大会选举产生,是国家监察机关。县纪委与县监委合署办公,实行一套工作机构、两个机关名称,履行纪检、监察两项职责,对吐鲁番市纪委监委和县委负责。同时,县监委对县人民代表大会及其常务委员会负责,并接受其监督。在党中央集中统一领导下,县纪委监委受吐鲁番市纪委监委和县委的领导,加强对下级纪委、监察办公室的领导。

2019年3月根据机构改革要求,托克逊县纪委监委设书记、主任1人,副书记、副主任2人。内设机构10个,分别是办公室、组宣部、党风政风监督室、信访室、案件监督管理室、第一纪检监察室(政治纪律监督检查室)、第二纪检监察室(纪检监察干部监督室)、第三纪检监察室、第四纪检监察室、案件审理室。

2019年,县纪委监委在职干部76人,其中女性24人,少数民族13人。

【日常监督】 2019年,重点突出对“关键少数”的政治监督,关注“四风”隐形变异、改头换面等新动向,整治群众身边不正之风和腐败问题,开展脱贫攻坚、民生领域资金管理等专项治理,深挖彻查充当“保护伞”的党员干部和公职人员。2019年,开展诫勉谈话67人次、谈话函询23件次、回复干部廉政复函139件次,实现对监督对象的常态化、近距离、可视化监督。

专设来访接待室,建立领导干部接访、信访举报归口受理等制度,开通“12388”举报电话和举报网站。在8个乡镇、45个行政村、8个社区以及人员密集场所张贴信访举报二维码100份,发放张贴托克逊县纪检监察机关受理信访举报有关事项通告67份,开展宣讲58次,接收并转办案件149件,其中检举控告109件,其他(因工资或其他问题上访)40件。

年内,自治区、吐鲁番市群众工作督导组反馈问题256个,托克逊县整改完成255个,整改率99.61%,问责处理相关责任人280人,其中党政纪处分16人,组织处理264人。

【纠治“四风”】 年内,公布纠治“四风”举报方式,开展教育提醒、组织监督检查、通报曝光典型案例,盯紧盯住节日“四风”问题。2019年,联合税务、公安、市场监督管理等职能部门开展专项监督检查3次,发现处置疑似线索64个。与县直部门党政负责人开展廉政谈话34人次,与重点岗位人员开展廉政谈话330人次,结合“不忘初心、牢记使命”主题教育开展警示教育34场次，对照自治区纪委监委、市纪委监委和县委关于纠治“四风”的新要求，自查自纠相关问题46个；查处“四气”问题137件137人，查处违反中央八项规定精神问题13件14人；下发形式主义、官僚主义典型案例通报3期。面向全县党员干部推送廉政短信1600条，组织新提拔及轮岗交流干部开展廉政谈话、廉政测试3批次160人，组织全县党员领导干部学习《吐鲁番市纪委2017年查处严重违纪违法干部忏悔录选编》，观看《蜕变》《任性的代价》等警示教育片4部，受教育1.2万余人次。

**【案件查办】** 年内，立案审查调查195件，结案143件，其中给予党纪处分96人、政务处分58人，双重处分11人。按违纪行为分：违反政治纪律29件次，违反组织纪律4件次，违反廉洁纪律40件次，违反群众纪律13件次，违反工作纪律105件次，违反生活纪律2件次，职务违法4件次，其他违法案件18件次。运用监督执纪“四种形态”处理477人次，其中第一种形态处理334人次，第二种形态处理110人次，第三种形态处理18人次，第四种形态处理15人次。8个乡（镇）“走读式”谈话点严格执行谈话审批程序，坚持用制度管人、用流程管事。

托克逊县对县本级及乡镇案件评查，共发现问题257个，11名案件承办人被提醒谈话；案件审理过程中，对事实不清、证据不足的按程序退回补充调查，向县本级提出补证建议264条，协审乡镇案件提出补证建议172条；与司法机关联系，向县检察机关移送严重违纪涉嫌违法案件1起；坚持严管厚爱宽严相济，根据“以案促改”工作要求，先后对主动交代问题、认识态度比较好的14名国家公职人员根据实际情况给予减轻或者从轻处理；严格按照“三个区分开来”要求，对干部容错纠错，全县提拔使用工作突出的干部6人，为1名被错告诬告党员干部澄清正名。

加强案件线索管理和处置，集中管理线索，专题分析研判。年内，处理问题线索481件，其中信访举报58件次，上级交办56件次，公检法机关移送6件次，监督检查发现问题302件次，巡察发现问题16件次，行政执法机关移送15件次，其他54件次。

县纪委监委坚持党中央的重大决策部署到哪里，监督检查就跟进到哪里，重点监督检查党员领导干部在重大问题上的政治立场、政治态度和实际言行以及遵守政治纪律政治规矩情况。2019年1—12月，立案审查违反政治纪律案件29件、党政纪处分29人；立案审查违反反分裂斗争纪律案件3件，党政纪处分3人。

**【腐败和作风问题】**

扶贫领域问题专项治理　年内，常态化开展党委履行脱贫攻坚主体责任情况检查，收集各类问题线索14条，约谈乡镇党委书记3人次、县直部门负责人1人次。探索实行“县纪委监委+职能部门+乡镇纪委”联动监管机制，定期开展单项督查和联合督查。对县委巡察反馈的10个单位的24个涉及扶贫领域问题进行“回头看”，发现整改不到位问题9个，4个乡镇被全县通报批评。重新调查核实“回头看”2018年扶贫领域了结的26个问题。年内，共处置扶贫领域问题61件、处理73人（其中组织处理58人、党政纪处分15人）。组织召开警示教育大会18场次，印发警示教育通报4期15件次，剖析典型案例，总结案发诱因及规律，促进惩治成果向预防成果转化。

民生领域监督执纪问责　年内，县纪委监委牵头组织13个职能部门召开民生领域专项整治部署推进会议3场次，收集相关职能单位反映的6个问题形成专报报县委协调解决。督促职能部门制定专项整治工作方案，建立重点整治问题清单。各派驻纪检监察组把专项整治情况纳入日常监督,对2017年以来涉及部门和综合监督单位44个民生领域问题线索3轮全覆盖“大筛查”,发现问题20余条,全部督促整改。开设“民生领域专项整治”专栏,开办民生领域电视访谈,调动群众参与性。全年,共收集民生领域问题线索81条(其中市纪委监委转办2条,县成员单位移交79条),处置问题线索81个,问责51人(其中组织处理34人,党纪处分9人,政务处分3人;4名地方性事业编教师、1名临聘教师予以辞退)。

*扫黑除恶专项斗争监督执纪* 逐件筛查8个乡镇2017年以来信访举报、已办结案件、监督检查等途径受理基层干部侵害群众利益问题线索,集中研判。重点关注党员干部和其他行使公权力人员充当黑恶势力“保护伞”及工作人员在扫黑除恶专项斗争中工作推动不力等问题。2019年,各级部门向县纪委监委移交涉嫌涉黑涉恶问题线索57条,办结53条,移交市纪委监委1条;责令3个党组织向县委作出书面检查,问责47人次(其中组织处理32人、党政纪处分15人)。

*“基层减负年”监督执纪* 年内,常态化监督检查50余个县直部门、8个乡镇、44个行政村和13个社区。梳理出要求基层上报各类材料报表较多单位14个,下发监察建议书。经自查整改,14个单位要求基层上报材料、报表同比下降32.68%。全县各部门单位共清理微信、QQ等工作群280个,清理整顿率98.24%,各乡镇共清理微信、QQ等工作群322个,清理率97.87%。摸排梳理出微信公众号79个,清理注销43个,清理率为54.43%。

*大棚房、违建别墅清理* 年内,共发现违法违规“大棚房”问题435处,其中发现Ⅰ类问题1个,发现Ⅲ类问题366个,全部整改完毕,整改率100%。专项清理整治监督检查“大棚房”10次,下发督办4期,对拆除清理大棚房整改不力两个乡镇5名负责人进行提醒谈话,对Ⅰ类问题追责问责干部2人(诫勉谈话)。定期与自然资源等职能部门建立通报制度,梳理辖区2015—2019年住宅用地的审批及供应,分析研判12处疑似违建别墅图斑,12处疑似违建别墅均排疑,向市委上报1个疑似违建别墅问题线索。 (张文麒)

## 巡察工作

**【概况】** 中共托克逊县委员会巡察工作领导小组办公室(以下简称县委巡察办)是县委巡察工作领导小组的日常办事机构,是县委工作机关,设在县纪委。内设机构2个,分别是综合文秘科、巡察业务科。核定行政编制5人。县委设立第一巡察组、第二巡察组、第三巡察组3个巡察组,核定行政编制8人,其中巡察专员3人。2019年,县委巡察办在职干部34人,其中女性15人,少数民族15人。

自2016年8月开展巡察至2019年底,完成93个(46个县直单位,44个行政村、3个国有企业)党组织的巡察工作,任务完成率的71%。

**【线索整改和移交】** 2019年,共发现问题497个,整改346个,整改率69%;向县纪委监委移交个人线索23个;其中发现扶贫领域问题54个,整改率74%,向县纪委监委移交扶贫领域问题个人线索4个。发现领导干部不担当不作为问题8个,向纪检监察机关移交个人线索4个。

**【县级巡察】** 2019年,托克逊县巡察县直部门、乡(镇)村、国有企业等部门,重点从脱贫攻坚、政治建设、维护稳定、干部作风等方面找问题、纠偏差,彻查政治站位不高、党性不纯,落实党中央、自治区党委决策部署搞变通、打折扣,领导干部不担当、不作为,损害群众利益以权谋私、吃拿卡要等不正之风和违纪行为，常规巡察了22个党组织，其中16个县直单位、3个行政村、3家国有企业；巡察“回头看”17个党组织，其中6个县直单位、11个行政村；专项巡察13个党组织的脱贫攻坚工作，其中7个县直单位、6个行政村。

**【联动巡察】** 2019年，托克逊县巡察办对27个县直单位、6个乡镇43个行政村、1个社区和8个贫困村开展了联动巡察。

**【巡察人才遴选】** 年内，充实巡察人才库，遴选21名科级干部组建巡察组长库，75名干部组建巡察人才库。

（罗　伟）

# 法　　治

FAZHI

## 政法委及综治

【概况】　2019年党政机构改革,撤销社会治安综合治理委员会办公室和维稳办,中共托克逊县委员会政法委员会(以下简称县委政法委)是县委工作机关。县委防范和处理邪教问题领导小组及其办公室职责交由县委政法委员会、县公安局承担。县委政法委主要负责协调指导各相关部门做好工作,分析研判有关情况信息并向县委提出政策建议,协调处置重大突发性事件等。县公安局主要负责收集影响社会稳定、危害社会治安的情况并进行分析研判,依法打击违法犯罪活动等。县委政法委内设6个科室,分别是县委政法委员会办公室、综治督导科、维稳指导科、执法监督科、信息宣传科、基层社会治理科。核定行政编制20名。机关工勤事业编制1名。

【扫黑除恶专项斗争】　截至2019年底,托克逊县共接收线索325条,核查反馈319条,其中办结319条、正在核查6条,反馈率99.2%,办结率100%。接收各单位备案线索440条。累计破获涉恶犯罪团伙7起,抓获犯罪嫌疑人40人,法院一审判决5起27人、正在审理2起13人。二审判决4起19人,判处罚金793.1万元,追缴非法所得655.03万元,没收赌资52.25万元。

“打财断血”,摧毁黑恶势力经济基础。围绕认定的7起涉恶团伙案件开展涉案人员非法财产清查工作。至年底,依法扣押现金409.58万元,查封、扣押冻结涉案资产3302.31万元。通过“一案三查”,共问责公职人员17人;责令2个党组织向县委作出书面检查。整治行业乱象,堵塞了行业监管漏洞。启动重点行业领域专项整治行动11个。全年共排查监管问题69个,整改69个。

【矛盾纠纷排查化解】　矛盾纠纷排查采取定领导、定人员、定措施、定责任,包案件、包调处、包处理、包稳定的“四定四包”措施,预防新矛盾产生。建立健全重点领域矛盾纠纷联调、预警机制,严格执行重点时段“日排查、日研判、日报告”制度,重大紧急情况随时排查研判和及时报告。以村(社区)综治中心、警务室、便民警务站“三合一”社会治理新模式,组建“综治调解中心”,实行矛盾纠纷“一站式化解”关口前移,遏制“民转刑、刑转命”案件发生。截至2019年底,托克逊县调解成功1333件,调解涉及金额883.37万元(含劳动争议纠纷50件、婚姻纠纷771件、另类纠纷共121件、房屋宅基地纠纷17件、合同纠纷129件、损害赔偿纠纷62件、环境污染纠纷2件、物业纠纷21件)。

【信息化建设】　年内,为托克逊县8个乡镇、57个村

（社区）、40个成员单位、67所中小学幼儿园、87个警务站、10个卫生医疗机构配备视联网终端、监控协转设备、拼接显示屏。通过综治视联网、流动人口管理、人民调解平台APP等现代化新媒体的使用，加强基层信息化建设。截至2019年底，全县矛盾纠纷模块录入2503条。平安建设各模块总计录入89.31万条数据，占吐鲁番全市录入量的58%。

**【平安建设和联户创建】** 县委政法委按照上级部署要求，整体推进、组织协调、督促落实平安建设、维稳双联户创建工作全覆盖。2019年，托克逊县共有联户单元3748个、联户长3748人，涉及联户家庭48724户，评选表彰村级先进双联户单元515个、联户长515人，乡镇级先进联户单元103个、联户长103人；申报平安家庭1266户、复验平安家庭27886户，优秀平安家庭申报1435户、优秀平安家庭复验1839户，申报平安店铺236家、复验平安店铺2882家、优秀平安店铺申报59家、优秀平安店铺复验73家，平安单位申报20家、平安单位复验181家，平安宗教场所复验48个，自治区优秀平安乡镇8个。

**【禁毒宣教】** 年内，公安禁毒大队分别在托克逊镇天泉社区、夏镇托台村、郭勒布依乡开斯克尔村、博斯坦镇长安村、伊拉湖镇依提帕克村建立社区戒毒康复工作站，配备必要设施设备和专（兼）职工作人员，完善档案资料，现场指导开展工作。开展青少年毒品预防教育工作，开展禁毒宣传教育，以学校为主、家庭为辅帮助青少年增强自觉远离毒品的意识和抵御毒品的能力。落实“重嫌必检”工作，排查吸毒人员。2019年6月1—2日分别在始昌驿步行街门前与巴扎市场门口开展“依法禁毒构建和谐社会”“珍爱生命、远离毒品”等主题禁毒宣传活动2场次，发放宣传资料400份，发放宣传手册350份，悬挂横幅4条。全国禁毒日组织司法局、各乡（镇）分别在始昌驿步行街、各乡（镇）、联系村古勒巴格村开展集中宣传活动8场次，悬挂横幅12条，发放宣传单1500份。

**【铁路护路】** 2019年，督促指导4个涉路乡（镇）组建4—6人的铁路护路巡防小组，重要节点每日巡护辖区铁路，每周常态化巡护铁路，开展宣传160余场次，村内大喇叭宣传达800小时。专项排查高铁沿线，年内辖区发生影响铁路列车行驶的案件5起，全部限时整改完毕，确保辖区144.66千米铁路沿线安全畅通。（木巴热克·木那瓦尔）

## 公 安

**【打击违法犯罪】**

刑事案件　2019年，刑事案件与上年同期相比，上升26.9%。全县共破刑事案件比上年上升5.8%。刑侦大队破获刑事案件占托克逊县公安局破案总数的50.6%。

治安案件　2019年，共受理治安案件369起，与上年同期248起相比增加121起，上升48.8%。查结280起，与上年同期231起相比增加49起，上升21.2%。查结率为75.9%，与上年同期查结93.1%相比下降17.2%。共查处违法人员328人，查处单位4家。

特大命案　2019年10月7日，托克逊县公安局破获3人被杀特大现行命案，擒获犯罪嫌疑人。

电信诈骗　2019年，托克逊县公安局反电信网络诈骗中心严厉击治理电信网络新型违法犯罪。全县共立电信诈骗案件251起，破案158起，抓获犯罪团伙3个，犯罪嫌疑人16人，返还电信诈骗冻结资金17.8万元，追回损失数62万元，止付冻结资金132万元。

【交通安全管理】 2019年,共发生各类交通事故34起,死亡20人,受伤28人,经济损失2.01万元。事故起数与上年15起相比上升126.6%,死亡人数与上年相比上升53.8%,受伤人数上升155%,经济损失同比上升8.6%。

【打击经济犯罪】 2019年,共受理经济犯罪案件23起,立案查处14起,与上年同期立案41起相比减少27起,下降65.85%,破案14起,与上年30起相比减少16起,下降80%,追回经济损失573.72万元。共解决、调解各类纠纷、拖欠工资事件6起,追回工资70余万元。

【专项行动】

食药农环 2019年,共打击销售伪劣酒制品案7案,共抓获犯罪嫌疑人14人,其中取保候审9人、逮捕2人、判刑3人,扣押假酒5424瓶、散装白酒29桶、灌酒机3台,打码机1个,打钉机2个,空酒瓶5050个,假酒包装若干。

禁毒戒毒 2019年,破获"8·31"特大运输贩卖毒品案,抓获犯罪嫌疑人7人,缴获毒品海洛因,彻底摧毁了一条由云南至甘肃、新疆的贩毒通道。县公安局对吸毒人员收治收管,100%评估。全县在册吸毒人员按照《社区戒毒、社区康复管理条例》规定,每月定期检测尿样,并评估日常表现,发现复吸或存在安全隐患的吸毒人员一律按照相关法律规定采取强制措施。

扫黑除恶 2019年,摸排接收各类线索276条,移交其他单位办理27条,办结247条,办结率99.2%。录入公安部扫黑除恶专项斗争工作平台236条线索,反馈236条线索,反馈率100%。平台内上级下发线索18条,办结16条,未办结2条,办结率88.9%。共侦办案件7起,均被公安厅认定。抓获涉恶犯罪嫌疑人40人,其中认定为涉恶团伙(集团)成员59人。共带破各类涉恶刑事案件150起,依法扣押现金409.58万元,查封扣押黄金首饰372克、机动车6辆、房屋16处、商业楼1栋(4层)、沿街劳务市场庭院1处、门面房2处、土地577.2亩、羊圈1处、机电井2眼、斗鸡场1处,查封扣押各类资产总价值3813.3万元。

【监所安全防范】 年内,监所加强安保力量,强化监区巡查巡控,坚持双人提押提解制度,常态化隐患排查整治、"六防"、常态化演练等措施,提升处置能力。2019年,开展监所安全大检查76次,发现并整改隐患57处。

【重点要素管控】

危爆物品管控 2019年,强化相关责任单位、行业领域主体责任,严格危爆物品管理制度,运用信息化手段完善重点物品"产销运储用"各环节监管,实现全程流向管控和末端实名登记。全年办理违反民用爆炸物品管理条例案件5起,处罚35万元。未按照要求实名登记销售烟花爆竹案件1起,处罚1000元。

危险化学品管控 2019年,全县易制毒企业14家。按照属地派出所周检查、治安部门月检查及不定期抽查的工作机制,督促危爆物品使用单位及时消除安全隐患。全年,检查9家使用易制爆危险化学品企业,发现隐患9处,收缴危险化学品。办理违规购买易制爆化学品案件2起,处罚2万元。

物流寄递行业监管 托克逊县公安局常态化检查全县各寄递物流业,严格落实物流寄递行业收寄验视、实名登记、过机安检3个100%。2019年,物流寄递业共21家,其中快递10家、物流11家均在城镇辖区。

治爆缉枪及危险物品收缴 年内,结合扫黑除恶专项工作,加强治爆缉枪宣传,对群众主动上交管制刀具、危爆物品、涉恐涉暴宣传品及举报相关线索进行奖励。2019年,共销毁雷管207发、硫磺粉51千克、炸药11.5千克,黑火药10千克、导火索156米。

**【流动人口服务管理】** 2019年,托克逊县公安局落实以流入地为主、流出地配合的“两头抓,双向管”协作配合机制,加强流动人口协查平台和点对点核查平台的应用力度,创新采取流动人口“十必查、两报备、两托管”举措,逐人进行常态化体检。全年共登记流动人口10.5万人次,注销8.2万人次。辖区实有流入人口3.2万人,其中疆外流入2.1万人,疆内流入1.1万人。

**【出租房屋管理】** 2019年,托克逊县公安局共登记出租房屋1427间、警综平台录入承租人2840人,其中疆内流入人员556人,疆外流入2284人。治安户政大队组织辖区警务室民警实地摸排检查出租房屋,查封不符合要求的出租屋,登记造册各派出所未掌握的出租房,办理违反房屋出租管理案件3起。

**【出入境管理】** 2019年,出入境窗口共受理外籍护照业务134人、港澳通行证业务125人、台湾通行证业务60人,其中外省市居民异地办证26人次;受理群众二次申请领取护照110人、领取港澳台通行证79人。

**【警风警纪】**

文化育警　2019年,托克逊县公安局坚持“文化育警、文化强警”方针,先后编发稿件1300余篇,其中自治区级媒体55篇,市级媒体15篇,公安局内部网页编发稿件870余篇;累计通过“风城卫士”微信公众平台编发稿件260余篇,其中“践行新使命、忠诚保大庆”专项活动稿件80余篇;“扫黑除恶”工作50余篇;各基层科所队民、协警全心为民服务典型事例材料100余篇;邀请《法治人生》记者开展人物专访活动1场次;联合县电视台开展“扫黑除恶”相关宣传活动2场次;心理教官小组下基层服务活动20场次,挖掘出第六届自治区道德模范艾西丁·再依尼丁见义勇为先进典型,在《新疆日报》、平安天山、天山网、新疆电视台等媒体大力宣传感人事迹,激励鼓舞民警士气。

**附:自治区道德模范艾西丁·再依尼丁事迹**

艾西丁·再依尼丁,男,维吾尔族,1983年出生。2010年从事公安工作,曾任夏镇派出所工尚村警务室警长,任夏镇派出所巡逻防控大队大队长。

2018年8月20日下午19时许,夏镇托台村4队污水排水道堵塞,县供排水公司派出的两名维修工在井下作业后晕厥有生命危险。接到紧急报警的艾西丁·再依尼丁带领民警火速赶到救援现场,由于下水道入口狭窄加之下水道正处于缺氧、刺激性有毒气体多等复杂情况,只能憋气救人。艾西丁·再依尼丁和同事谢依都拉·阿木提经过多次尝试,终于将被困人员安全固定,成功救出被困人员。

从优待警　2019年,共投入39.04万元慰问民、协警及家属。先后慰问43名生病住院民警、22名民警及民警家属分娩,参加4名退休老民警追悼会等。为所有在职民、协警送去生日蛋糕和鲜花等生日祝福,慰问退休老干部、访惠聚工作队代表、因公牺牲、退伍军人民警等331人;还慰问了3个驻托部队。

警务交流　2019年10月,根据党中央、公安部党委统一部署,湖南省共选派40名援疆民警到托克逊县参与维稳工作,全体援疆民警谨记舍家报国倾情援疆的光荣使命,坚持与受援地民警同工作同学习,为托克逊县社会稳定和长治久安做出了突出贡献。

2019年5—12月,托克逊县公安局分别选派13名干警前往郴州市公安局北湖分局分别交流学习3个月,与郴州市公安局北湖分局建立常态化警务交流机制。

警纪问责　2019年,县公安局被追责问责72起83人次,其中政纪处理1人次、诫勉谈话1人,绩效问责67人,禁闭5人。县公安局通报批评9人。处理违纪违法案件14起14人次,其中党纪处分10人,政记处分11人,党政纪双处分7人。(孙文博)

# 检　察

【概况】　托克逊县人民检察院内设5个部门,分别是第一检察部、第二检察部、第三检察部、政治部、办公室。

【批捕、起诉】　2019年,严把案件证据关、法律关,重大案件由检察委员会集体讨论研究决定,召开检委会5次。审查批准逮捕175件295人,受理各类审查起诉案件362件522人,办理涉恶案件7件40人,提起公诉7件40人,适用认罪认罚从宽制度案件125件130人。案件均在法定期限内办结,无超期办案和超期羁押。

【公益诉讼】　2019年,办理12件公益诉讼案件,发出检察建议12份。办案督促恢复被占用公益林2.91公顷,督促整改危害餐饮安全的网络平台3家、校园周围门店10余家、售卖过期食品门店10余家,督促整改医疗垃圾储存超期的各乡镇卫生院、诊所4家,督促整改生活环境垃圾10处。举行公益诉讼发布会1次,开展"检察护航民企发展"检察开放日活动1次,开展公益诉讼法制宣传8次,受理民事执行监督案件1件。

【未成年人检察】

案件批捕　年内,坚持"捕、诉、监、防"一体化办案模式,审查起诉未成年人犯罪案件1件1人,起诉1件1人。批准逮捕侵害未成年人犯罪案件6件6人,起诉8件8人。

宣传教育　依据"一号检察建议"要求,县检察院选派院领导及业务骨干到各乡镇中小学、幼儿园开展法治进入校园系列巡讲活动10场次,受教育1500余人。开展以"携手关爱、共护明天"为主题的未成年人检察开放日活动2次,受教育100余人。

【控告申诉检察】　2019年,发布重要案件信息26条,案件程序性公开643条,公开生效案件起诉书241份。落实意识形态工作责任制,加强"两微一网一端"(指微博、微信、官方网站、官方APP客户端)自媒体建设,发布检察新闻16篇。检察官在县信访大厅接待来访66场次,检察长接访17次,开展检察开放日活动4次。

【司法救助】　年内,从检察机关办理的案件中寻找符合司法救助条件的案源,及时向上级院申请,确保应当救助的当事人依法得到救助。为在校大学生吾某申请司法救助金5.4万元,助其继续学业。

【监所检察】　2019年,开展羁押必要性审查4件4人。因超期羁押依法向县人民法院、县公安局发出检察建议书2份;依法向县看守所发出纠正违法通知书5份,检察建议书11份,向县人民法院发出纠正违法通知书1份;开展社区矫正检察工作,深入各乡镇司法所开展社区矫正检察10次。

【检察改革】　推进"四大检察"全面协调发展,优化内设机构设置,稳步推进检察人员分类管理改革,首次招录聘用制书记员11人。坚持检察长带头办案制,2019年,检察长带头办案9件,列席法院审判委员会6次。

【检察监督】　自觉把检察工作置于人大及其常委会的监督之下,向人大及其常委会报告工作,贯彻落实人大及其常委会的决议，配合人大常委会组织的专题调研和执法检查。2019 年，提请县人大常委会任免检察人员法律职务 8 人次。　　（张丽娟）

## 法　院

**【概况】**　托克逊县人民法院内设机构 8 个，立案庭（诉讼服务中心）、刑事审判庭、民事审判庭、行政审判庭（综合审判庭）、执行局、审判管理办公室（研究室）、政治部、综合办公室（司法警察大队）。

**【审判改革】**

审判委员会　健全审判委员会机制，建立专业法官委员会，发挥专业法官会议的“会诊把脉”以及对审判委员会讨论案件的前置审查过滤作用，为审判执行工作提供业务指导。审判委员会职能主要是讨论重大疑难复杂案件。年内，召开审判委员会 30 次，讨论案件 136 件，实现对疑难复杂案件的精细化审理。

选任人民陪审员　2019 年，县法院与司法局、公安局以及全县各行各业沟通对接，推荐考察，共选任 75 名人民陪审员，其中个人申请、组织推荐 15 名，随机抽取 60 名，全年陪审案件 179 件，普通程序案件陪审率 73.97%。

机构人员整合　将原有 14 个内设部门整合为 8 个部门。调整各内设机构中层干部 16 人次。

聘用书记员　县法院面向社会公开招聘聘用制书记员。年内，共招录 21 人，充实司法辅助人员队伍。

专业团队建设　组建由员额法官、法官助理、书记员组成的速裁（调解）团队、刑事审判团队、民商事审判团队、行政审判团队和执行团队 5 个团队。建立健全专业法官会议机制，强化专业法官会议管理，规定会议的申请、召集、参会人员、会议时间等具体流程。2019 年，召开专业法官会议 2 次，讨论案件 2 件，召开审委会 29 次，讨论案件 134 件。

**【审判调解】**　2019 年，县法院审理各类案件 1526 件（含旧存 54 件），同比上升 160.42%，审结 1476 件（含旧存案件），结案率 96.72%，同比上升 19.8%。

刑事审判　2019 年，共受理各类刑事案件 364 件（含旧存 14 件），同比上升 268.42%，审结 352 件，结案率 96.7%，同比上升 26.6%。依法惩处危害公共安全的犯罪行为，审结交通肇事、危险驾驶犯罪等案件 208 件；审结聚众扰乱社会秩序罪、赌博罪等犯罪案件 35 件；审结诈骗、盗窃等侵犯财产类案件 27 件；侵犯公民人身权利、民主权利罪 64 件；审结贪污贿赂罪案件 9 件；审理破坏社会主义市场经济秩序罪 7 件；加强刑事案件矛盾化解，审结刑事附带民事诉讼案件 10 件，标的额 392.22 万元。

民商审判　年内，审理涉及群众各类“衣食住行、业教保医”民商事案件 779 件（含旧存 18 件），同比上升 195.74%，结案 754 件，结案率 96.79%，同比上升 20.51%。审结民间借贷案件 164 件、劳资纠纷案件 19 件、合同纠纷案件 327 件、婚姻家庭类纠纷 154 件。

行政争议化解　2019 年，县法院坚持依法保护行政相对人合法权益与监督支持行政机关依法行政并重原则，共受理行政案件 5 件，审结 5 件。加强与有关职能部门沟通交流，建立健全司法与行政良性互动机制，为行政机关依法行政提供法律指导，促进法治政府建设。

诉前调解　完善诉调衔接机制。与司法局人民调解工作对接，使用人民调解平台，发挥县法院调解员及人民调解委员会司法能动性，提前介入，信息互通。繁简分流，快速化解矛盾纠纷。对案情简单、争议不大的及时调解或通过速裁程序处理，对案情复杂、争议较大的再流转入审判庭室审理。加强行业调解力度,对家事案件在设定的“冷静期”内先委托各乡镇、社区的人民调解委员会或妇委会调解,调解无果并由该调解组织出具证明函后才可进入诉讼程序。探索人民调解、行政调解、司法调解三联动工作体系,与8个乡(镇)和交警大队等部门完成诉前调解平台搭建工作,推动人民调解平台网络上线。运用信息技术整合网上诉讼服务,实现线上随时服务。与司法部门协调鼓励律师和基层法律服务工作者参与化解矛盾纠纷,发挥矛盾纠纷调解多元化的作用,力求把矛盾解决在基层、解决在萌芽状态。践行新时代“枫桥经验”,组建7个调解、速裁团队,把矛盾纠纷化解在开庭前。

2019年,线上化解调解案件465件。巩固完善诉讼登记制度改革,实现跨域立案1件,网上立案10件。

民生救助　2019年,着力解决当事人诉讼困难,涉及赡养、抚养、拖欠农民工工资等民生案件开通绿色通道,依法批准减、免、缓交符合条件的26件案件的当事人诉讼费共6.37万元,其中20件免交2.94万元,6件缓交3.43万元,确保经济困难的当事人能打得起官司。开展司法救助,向符合司法救助条件的20名当事人发放司法救助金21.14万元。

**【执行工作】**　年内,共受理执行案件372件,同比上升69.57%,执结360件,执结率96.77%,同比上升17.26%,申请执行标的额18232万元,执行到位8643万元,实际到位率居全市法院第一。

“利剑行动”　为解决部分被执行人规避执行,抗拒执行的问题,县法院执行局集中开展为期一个月的“利剑行动”,邀请人大代表和政协委员参与监督。通过“利剑行动”发放案款252万元,打击了“老赖”行为,解决了许多长期想解决而没有解决的难题,保障了胜诉当事人的合法权益。首次发出悬赏通告6件,进一步挤压了一些恶意逃避执行的被执行人生存空间,让老赖们无处藏身。

网络司法拍卖　依托查控系统,查控被执行人银行账户、支付宝、财富通、车辆等财产信息,通过网络交易平台公开拍卖查控到的财产。年内,发布网络拍卖22次,成交额378.77万元,实现执行财产处置价值最大化。完善失信被执行人信用监督、警示和惩戒机制,发布被执行人14人。发挥司法拘留的惩戒、强制作用,司法拘留26人,履行案款110.4万元。为8件执行案件20名申请执行人发放司法救助金21.14万元。

协助查控　加强与公安机关的协调联动,依托信息管理平台,协助查控被执行人下落11人次,执行标的到位74万元。

扫黑除恶财产案件　快立、快执、快结黑恶势力犯罪执行案件,综合运用查封、冻结、扣划、拘留等强制手段,在“打财断血”上下功夫。全年共受理扫黑除恶执行案件3件,立案标的1181万元,执行到位标的502万元。

**【审判涉黑恶案件】**　年内,县法院所有涉黑涉恶案件均由院、庭长主办或参办,快审快办。受理涉恶案件7案40人,宣判6案36人。

**【阳光司法】**　2019年,县法院全面建设智慧法院,发挥司法大数据管理和服务平台作用,深化裁判文书、审判流程、执行信息和庭审直播四大公开平台建设,推进司法公开,促进规范办案。使用新疆移动微法院完成了审判、执行办案系统对接,为当事人和律师诉讼提供电子诉讼服务。通过审判流程系统向当事人推送立案、庭审、结案等信息1000余条,在互联网公布裁判文书885份,公开信息44份,庭审直播128件。与中级人民法院一同召开新闻发布会,发布案件1件。邀请人大代表、政协委员参与监督执行利剑行动和扫黑除恶专项行动案件的宣判2次5人,邀请纪检委、公安局等参与庭审观摩100余人次。选取重要时间节点,分别在乡(镇)及村(社区)分派法官开展"扫黑除恶"法律宣传和法律咨询服务活动20余次、模拟法庭1次,利用传统媒体和新媒体宣传法院工作,微博、微信等公众平台加强法治宣传,共对外发布法院各类宣传信息127篇次,官方微博57条,微信公众号3条。 (司小红)

## 司法行政

**【概况】** 2019年党政机构改革,将原县司法局的职责,县人民政府办公室的法制工作职责等整合,重新组建托克逊县司法局,作为县人民政府工作部门,县人民政府办公室不再挂县人民政府法制办公室牌子。县依法治县领导小组改为县委全面依法治县委员会(办公室设在县司法局)。司法局内设机构7个,即办公室、社区矫正管理科、法治科、普法与依法治理科(县委依法治县委员会办公室)、基层工作管理科、安置教育工作科、公共法律服务科。基层机构8个,即夏镇司法所、郭勒布依乡司法所、伊拉湖镇司法所、博斯坦镇司法所、托克逊镇司法所、克尔碱镇司法所、库米什镇司法所、阿乐惠镇司法所。

全县有律师事务所3个,其中国办所1个,个人所2个,执业律师9人,实习律师3人,援助律师1人;公益二类事业体制公证处1个,执业公证员2人;基层司法所8个,司法助理员19人;司法协理员3人;基层法律服务所5个,执业基层法律服务工作者28人;县法律援助中心1个,人民团体法律援助工作站6个,乡镇法律援助工作站8个,全县44个行政村和13个社区建立法律援助工作联络点57个,确定了152名联络员;基层人民调解组织81个,基层人民调解员340名;基层安置帮教、社区矫正工作站8个,工作人员16人。

**【普法工作】** 2019年,托克逊县依法治县办、县司法局丰富普法形式、内容,补齐普法工作短板,提升各族群众法律素质。8月,县委召开依法治县委员会第一次会议,传达学习中央全面依法治国委员会第一次会议、第二次会议,自治区党委全面依法治疆委员会会议精神,研究通过县委全面依法治县委员会工作规、协调小组规则,推动托克逊县法治宣传教育工作深入开展。

宪法学习宣传 以宪法修正案为重点,利用4月份自治区第16个宪法法律宣传月,开展"宪法进宾馆,宪法进公共交通场所,宪法进万家"等集中专项宣传20余场次。"4·15"国家安全教育日当天,组织各乡(镇)、各级"访惠聚"驻村工作队开展了"万村千万人同升国旗"仪式及宣讲活动58场次,深入宣传党中央关于修改宪法重大决策的重大意义、宪法精神和宪法修改的重点内容,引导全社会不断增强宪法意识、宪法自信、宪法自觉。

开展宪法宣传进机关、进单位、进校园、进农村、进企业、进交通场所等活动130场次,开展"宪法宣誓活动"、宪法晨读、宪法主题班会、校外法治实践、宪法学习感言等一系列宪法学教活动。

重点工作宣传 对国家安全日教育宣传、反分裂斗争和扫黑除恶专项斗争、禁毒、开展法治宣传教育工作,宣传《中华人民共和国宪法》等法律法规。2019年,托克逊县共开展宣传活动1206场次,组织专项法治培训491场次,举办专题讲座53场次。

干部法治教育 落实党委(党组)中心组学法、公职人员日常学法、法治培训、任前法律考试等制度和公职人员"法宣在线"网络学法用法及无纸化考试工作。开展宪法、保密法及全疆国家工作人员无纸化学法考试活动3场次,共133个单位参与,5053人参加考试。

青少年法治宣传 2019年,县司法局、依法治县委员会办公室联合教育局开展法治副校长“法治进校园”法治宣传讲座88场次，受教育师生达13.25万人次。暑假期间，县司法局利用远程会议系统安排律师对全县返乡大学生开展宪法、扫黑除恶、去极端化法治宣传讲座2场次，受教育返乡大学生750人次。联合县团委开展“闪亮青春 普法有我”的青年普法志愿者法治文化主题知识竞赛活动1场次，法律讲座25场次，受教育群众4270人次，向全县的“三合一”便民警务室和服装纺织产业园各捐赠法律书籍300份。

【法治工作】 2019年，托克逊县司法局推行行政规范性文件合法性审查工作机制，推行行政执法公开制度。各行政执法部门开展行政调解案件94件，成功94件，案件涉及当事人共308人，案件涉及金额119.43万元。收行政复议申请5件，受理办结5件，均为房屋拆迁补偿。12月，县司法局组织全县24个单位318名行政执法人员参加了全疆统一行政执法人员网上考试。

【基层司法行政】

*基层工作* 2019年，选任75名人民陪审员，完善基层司法所管理体制。

*调解工作* 学习“枫桥经验”。2019年，参与司法部、自治区司法厅人民调解视频培训共11场，培训人民调解员200余人次。6月，县司法局组织举办全县人民调解员培训班1场，参加培训人民调解员20人。坚持矛盾纠纷排查报告制度，提升调解质量。全年，托克逊县各调委会共排查全县各类矛盾纠纷人民调解案件1333件，调解成功1328件，调解成功率达99%。

【安置帮教与社区矫正】 2019年，托克逊县司法局强化社会管理创新，规范在册社区服刑人员和刑满释放人员的管控教育工作。

准确把握刑罚执行一体化的工作新要求，统筹整合资源，监狱干警（挂职司法局副局长）参与社区矫正工作。将社区服刑人员和刑满释放人员纳入社会管理创新工作中，健全村（社区）帮教组织和网络，衔接、管控、安置帮教工作责任到人。加强社区矫正信息化建设，创新司法矫正电子定位手环核查应用监管，精准定位监管社区服刑人员。开展社区矫正“驻在式补短板”专项活动，排查整治安全隐患，开展安全大巡查管控重点社区服刑人员，成立“驻在式补短板”专项工作督导组，每月不定期检查、随机抽查和实地了解各乡（镇）司法所社区矫正工作。加强远程亲情帮教视频会见宣传工作。2019年，县司法局建立了25个亲情视频会见联络点，远程亲情帮教视频会见监狱服刑人员216人次，服刑人员亲属613人次。摸排甄别社区服刑人员，无符合特赦要求人员。

【公共法律服务】

*律师事务所管理* 年内，县司法局在2家律师事务所分别建立人民调解室，调处矛盾纠纷，有效减轻维稳压力。组织律师培训5场次，培训律师10人次。成立律师助力脱贫攻坚服务团和律师公益志愿服务团，组织8名律师与建档立卡贫困户结对，为其提供“一对一”法律服务帮扶，发挥律师“家庭法律顾问”作用。免费为4家民营企业“法治体检”。全年律师事务所代理案件214件。

*法律援助服务* 组织律师参与信访值班，信访接待93人次，提供法律咨询63人次。受理、审查、承办法律援助工作，公办理法律援助案件161件，其中刑事案件144件、民事案件17件。

落实刑事案件律师辩护全覆盖试点工作，2019年代理刑事案件法律援助案件144件。联合检察院、法院、公安局看守所建立敏感案件备案制度，严格把关178个案件的庭前准备工作。监督律师代理涉黑涉恶及严打案件案件的辩护工作，旁听案件20起。按照能援则援、应援尽援的要求，推动法律援助重点民生项目的实施、加强法律援助宣传，保障农民工残疾人等弱势群体的权益。2019年，法律援助中心共办理法律援助案件161件，接待来人来访93人次，为当事人代写法律文书36份。“12348”服务热线咨询57人次。

公证服务　2019年，公证处办理各类公证1007件，其中经济类516件，民事类491件，业务收费44.56万元。　（王雨婷　凌　燕）

# 军　　事

## JUNSHI

### 人民武装

【概况】 2019年,基干民兵经整组后,高中以上文化程度比例达到83.2%,党员比例24.6%,退伍军人比例3.5%,技术岗位专业对口率83%。

【练兵备战】 2019年,托克逊县人武部召开党委议战议稳会12次,修订战备预案17次,投入14.7万元,集训民兵,购置训练器材。人武部领导带头参训,常态落实月考评制度,发挥模范作用。开展独立连第二届“风城杯”比武竞赛和人武部年度军事训练考核活动,通报表彰优秀个人,激发参训热情。依据《民兵军事训练大纲》制订训练齐全计划,对27个科目的训练内容进行组训。选派独立连骨干全程教学,区分不同专业设置训练内容,提高民兵执行任务和应对突发事件的能力。年内,县人武部在吐鲁番军分区国防动员信息系统擂台赛中荣获第一名。

【后备力量建设】 重新划分民兵应急连人员布局,撤销5支专业分队,新建桥梁隧道抢修连、交通巡线连、特种车辆维修排等6支专业力量。增编1支法理斗争排新质民兵力量,巩固特殊分队力量。选派3名武装部副部长分别参加陆军、军区组织的专武干部集训。

【征兵工作】 2019年征兵工作中,适龄青年参军意愿强烈。托克逊县人武部严格落实年满18岁公民必须进行兵役登记的要求,走入学校、深入村庄宣传征兵工作,辖区适龄青年登记率为100%。超额完成新兵征集任务,其中大学生比例达92%。

【军地共建】 2019年,与奥依曼买里村建立帮扶协议结对共建,开展“民族团结一家亲”活动,帮助3户群众精准扶贫。

【国防教育】 2019年,开展国防教育宣传600余次,开展国防知识竞赛10场次,组织500余名学生参加军训,军地联合组织92名团员开展“国防教育暨征兵”宣讲活动。

【保交护路】 年内,先后组织民兵分队103人次,担负过境部队保交护路任务,并协调发改委为过境部队送去慰问物资。

【思想政治建设】 年内,统筹开展经常性基础性思想教育,编写民兵思想政治教育12讲,提高民兵思想政治素质。打造独立连营区“强军文化”,开展“军营文化夜市”等特色活动,拓展信息化文娱手段,新闻宣传工作有突破,全年共在各类媒体刊稿20篇。

(石振军　迪力亚尔·帕尔哈提)

# 武 警

【概况】 2019年,按照《军队基层建设纲要》和《基层正规化管理规定》,武警中队立足建设实际,树牢科学发展理念,注重建队育人,强化练兵备战,武警中队党支部“一班人”团结紧密,干部骨干事业心责任感强,内部关系和谐融洽,部队安全稳定,士气高昂,风气纯正,争先创优氛围浓厚,完成各项任务。

【思想政治建设】 年内,以党的十九大和习近平主席重要讲话精神为指导,武警中队大力加强思想政治建设,重点抓好团支部、军人委员会两个群众组织和干部、党员、士官3支队伍建设,培训骨干,确保部队建设的正确方向。2019年,全队官兵紧扣“听党指挥、能打胜仗、作风优良”的强军目标,把党的先进理论投身于多样化军事任务实践,提升部队战斗力。支部严格落实组织生活制度,制定整改措施,落实目标责任。坚持依法从严治军、坚持按纲建队,确保部队高度集中统一和安全稳定。

【维稳处突】 武警中队贯彻新的《军事训练与考核大纲》,坚持每天训练体能,完成队列、擒敌拳、应急棍术、刺杀、专勤专训、射击、警棍盾牌术、哨兵反袭击等科目训练,加强专勤专训和适应性训练,开展战斗精神和军事训练价值观大讨论,推进群众性练兵活动,提倡科学练兵,实行军事民主。勤务编排新老、强弱搭配,提高“三员一兵一组一班”的协同配合能力。监督各级执勤人员,落实相关责任。不打招呼、不设预案拉动部队,开展紧急出动、追逃和营区反袭击演练,提升指挥员指挥部队处置情况和部队官兵快速反应能力。每月开展执勤标兵、优秀领班员、优秀网络查勤员和优秀哨兵评选活动,激发官兵内在动力。开展敌情、社情、狱情和隐患的排查治理,坚持对执勤中“两病”(“常见病”“多发病”,即执勤中容易发生的违反执勤制度和执勤纪律,影响执勤秩序和武警部队形象等问题)软隐患和物防中的硬隐患进行每月梳理、及时治理。

2019年,完成临时勤务、重大活动安保、犯罪嫌疑人转监押解等勤务。

【警民共建】 年内,共出动兵力60余人次,参加县上重大活动警戒勤务,构建同呼吸、共命运、心连心的新型警政警民关系,同托克逊县银泉社区建立“民族团结模范社区”,广泛开展各类民族团结联谊等活动。 (郑思伟)

# 群众团体

QUNZHONG TUANTI

## 总工会

【概况】 2019 年,托克逊县总工会辖 457 个基层工会,新成立 20 家,全年累计工会会员 400 人,女性 113 人。

县总工会在职人员 9 人,其中女性 3 人,少数民族 5 人。

【建功立业竞赛】 2019 年,全县有 11 家企业、93 个班组、1106 名职工参加县工会开展的以"安全第一、预防为主、综合治理"为主题、"安全生产月"活动为重点的"安康杯"劳动竞赛活动。

年内,托克逊县获自治区先进工作者 1 人、劳动模范 1 人;市级模范职工之家 4 家、优秀工会工作者 5 人,优秀女工工作者 2 人、吐鲁番市开发建设火洲奖章 6 人,开发建设火洲奖状5 人,工人先锋号5 人。

【帮扶救助】 2019 年,县工会开展"四送三关爱一慰问"(春送岗位、夏送清凉、秋送助学、冬送温暖;关心女职工、关爱困难职工、关注农民工;节日慰问)活动,其中节日慰问及帮扶困难职工、农民工及劳动模范和金秋助学 51.57 万元,职工重大医疗救助 7 人 2.7 万元,提供价值 5 万元物资慰问援疆干部及一线公安民警。

【组织建设】 县总工会把"党建带工建、工建促党建"作为加强工会组织建设的长效机制。2019 年,20 家企业成立工会,其中 12 家属于八大行业组建工会,八大行业工会组建工作得到自治区总工会巡查组的好评。年内,因党政机关机构改革,有 12 家机关行政单位重新成立工会。

年内,县工会按照"广普查、深组建、全覆盖"工作要求,在"两新"组织中开展组建工会工作,全县新增 20 家,新增会员 400 人。

【职工代表大会】 年内,全县规模以上企业有 6 家召开职工代表大会,有 1834 名职工代表参加。

【维权工作】

信访接待　县总工会为维护职工权益,聘请专业律师当维权顾问,对未调解成功的案件由劳动人事争议仲裁院介入,形成受理、调查、调解、发律师函和企业法人恳谈、劳动争议仲裁的工作程序。2019 年,帮扶中心收到职工要求维权的案例 1 起 1 人,办结 1 件,办结率 100%。

维权宣传　年内,通过安全生产月、维权月加大宣传力度,为职工发放《中华人民共和国工会法》《工资集体协商条例》《职工、农民工维权知识》《女职工劳动保护》《女职工健康保护》等维权宣传资料 3000 余份,增强职工、农民工自主维权意识。

女职工维权　为维护女职工合法权益和特殊权益,调动女职工工作积极性,先后组织职工2500余人参与专题讲座培训、庆“三八”等活动。

【三方协调】 2019年，县总工会通过重大节日、宣传日等活动广泛宣传工资集体协商，发出邀约39份，覆盖职工10220人。8家企业工会签订工资集体协议8份，覆盖职工1751人。工资集体协商示范点2家，开展提质增效示范区域、行业工资集体协商2家。

【就业培训】 2019年，县总工会先后组织劳动模范、先进工会工作者、三好职工分4批7人赴湖南、杭州、乌鲁木齐培训交流、疗养。

2019年1月组织开展为期15天的托克逊县“湘吐情·一户一工人”第五期民宿农家乐服务技能培训班，68人参加培训，58人签订劳动合同，就业率85%。调查摸底8个乡镇，登记、分类有就业意向的人员和有用人需求的企业单位，先后组织200人开展专项职业技能提升培训。

【宣传教育】 县总工会组建宣讲团，进社区、进企业、进车间、进班组、进工地开展宣讲，印发各类宣传资料、关注市总工会“职工心声”县总工会“风城职工之家”平台里发布“扫黑除恶”等宣传方式，利用新媒体鼓舞全县职工参与“扫黑除恶”工作。开展禁毒知识讲座、禁毒知识竞赛等，引导职工自觉参与禁毒、远离毒品、拒绝毒品，印发禁毒宣传资料500份，禁毒知识讲座1场。

【职工服务中心建设项目】 职工服务中心位于临水路北侧、经七路南侧、纬四路西侧和纬七路东侧，建筑面积5162平方米，地上四层，框架结构，绿化面积17095平方米，铺装面积6758平方米，园区内道路面积5800平方米，项目总投资1500万元，资金来源为湖南省总工会援助资金500万元、自治区总工会配套资金100万元、县内自筹900万元。截至2019年底，完成主体项目建设的80%。

（殷延军）

## 共青团

【概况】 2019年，全县基层团委（团工委）20个，其中中学团委7个，中职团委1个，农村团委7个，城市社区1个，其他机关事业单位团委（团工委）4个。团支部160个，其中中学团支部90个，中职团支部3个，农村团支部47个，城市社区团支部9个，其他机关事业单位团支部11个。

全县共青团干部501人，其中专职团干部107人，兼职团干部394人；全县团员3865人，其中学校团员2040人，中职学校团员67人，农村团员952人，城市社区团员261人，其他机关事业单位团员305人。全县少先队员12118人。

2019年，团县委在职工作人员7人，其中在编3人，大学生志愿服务西部计划志愿者1人。

【青少年思想政治引领】

*青年大学习行动* 团县委组织团员青年参与团中央“青年大学习”网上主题团课，累计参与37315人次。开展“牢记总书记教导，立起团员好样子”“聚力脱贫攻坚，建设美丽庭院”“青春心向党、建功新时代”“铭记革命历史，传承爱国精神”“牢记总书记教导，谱写新时代青春之歌”“窑洞里的读书人”等主题团课，其中各学校团组织用自治区统一下发的主题团日课件、PPT、讲稿等形式集中开展，覆盖团支部103个，参与13502人次；其他团组织采取在固定日通过远程教育视频系统每月统一集中的方式开展主题团日活动，覆盖49个团支部，参与团员青年8628人次。

*主题宣传活动* 2019年4月组织团县委各级团组织、少先队组织开展“网上祭英烈——传递接力棒”主题教育宣传活动。覆盖学生团员、青少年10862人。5月为庆祝中华人民共和国成立70周

年、纪念五四运动100周年弘扬五四精神,托克逊县各级团组织开展“青春心向党·建功新时代”特别主题团日系列活动(参观村史馆、托克逊县民族团结教育基地、吐鲁番烈士陵园等爱国教育基地,志愿服务养老中心、观看红色电影、拍摄“五四精神·传承有我”微视频,开展纪念五四运动100周年青春故事分享会,收看纪念五四运动100周年大会,组织五四运动100周年演讲比赛、红歌比赛等)。

**【学校及少先队工作】**

队伍建设　2019年,全县各级少先队组织在县少工委的指导下,11所学校成立少工委,引导全县15309名少年儿童做中特色社会主义事业合格建设者和接班人。

主题活动　年内,团县委围绕少先队组织根本任务,以红领巾心向党活动为统揽,县少工委连续开展“3·5”学雷锋日、“六一”儿童节、建队日、“青春志愿行　共筑中国梦”“红领巾心向党,争做新时代好队员”“我是合格小公民”“谢谢您老师”等系列主题队日活动,培养少年儿童对党和社会主义祖国的感情。以中华人民共和国成立70周年、建党98周年、建队70周年等为重大契机,开展“我向习爷爷说句心里话”“红领巾相约中国梦”“我爱你中国”“习爷爷教导记心中”“红领巾爱家乡”主题鲜明的主题教育活动,通过主题队会、专题宣讲等形式,结合新媒体元素,引领少年儿童唱响时代主旋律。

实践体验全覆盖　年内,团县委举办夏令营、爱心生日会、主题队日等活动,以实践感染少年儿童,帮助少年儿童提升综合素质。8月,品学兼优的各族小学生代表,前往郴州参加夏令营,与郴州的小朋友同上特色课、接收爱国主义和科普教育,亲身感受郴州的发展,激发少年儿童建设家乡的思想感情。

宣传教育　团县委组织全县少先队辅导员学习“1211”(“1”指的是“一个仪式”,入队仪式;“2”指的是“两个标志”,红领巾和队委标志;“1”指的是“一次会议”,即少代会;“1”指的是“一个课程”,即少先队活动课程)等内容。为拓展“中国少年儿童平安行动”,托克逊县各级学校团队以法制宣传日、消防日、防灾减灾日等各类宣传日为契机,通过邀请法制副校长、志愿辅导员、法制宣讲团组织开展法律知识讲座、道路交通安全知识竞赛、防火自护演练等安全教育宣传活动。

**【第六届少代会】**　2020年1月14日,中国少年先锋队托克逊县第六次代表大会在托克逊召开。会议共100人参加,选举买尔孜亚·艾亚孜丁(女,维吾尔族)、赵强为主任,选举委员31人,表彰优秀少先队工作者10人。

**【返乡大学生管理】**　2019年8月,为加强返乡学生思想教育,团县委与托克逊镇结合工作实际,开展托克逊县返乡学生演讲大赛,推选10人演讲。开展托克逊县返乡大学生诗歌朗诵大赛,选出1组冠军、2组亚军及3组季军。

暑假期间成立返乡大学生临时团支部48个,并由团组织负责人组织座谈会16场。设立31个“红领巾小课堂”授课点,受益小学生932人、初中生112人。

**【关爱留守儿童】**　年内,团县委关爱留守儿童,开展“共青团爱心生日会”78场,为453人过生日,参与学生2059人。

**【基层组织建设】**

青年发展规划　2019年4月,托克逊县下发2017—2020年青年发展规划,11月组织召开托克逊县青年工作联席会议第一次全体会议,会议召集青年工作联席成员汇报2019年托克逊县青年发展规划落实进展情况,明确全县机关、事业单位、国有企业、集体企业、非公企业、社会组织等领域团组织建设工作任务分工,并征求相关单位对托克逊县青年婚恋交友实施方案提出修改意见。

团队伍建设　2019年,卫生系统建立团工委,各小学及幼儿园建立青年教师团支部。

选举工作　年内,推选团代表52人,常委1人、委员4人、候补委员1人出席吐鲁番市第一届团代会。

**【宣传教育】**　团县委以远程教育视频会议形式召开传达学习共青团新疆维吾尔自治区第十三届委员会第三次全体会议精神暨从严治团培训会、习近平总书记庆祝五四运动100周年大会上的讲话精神专题读书班、团代会、专题组织生活会、智慧团建培训会等会议精神。

**【助力脱贫攻坚】**　2019年,为发挥团员青年生力军和突击队作用,团县委动员团组织协调青年参与开展青年互助组活动,全县各乡(镇)村(社区)团组织成立脱贫攻坚志愿服务队、环境卫生维护及政策法律宣传等60支志愿者队伍,开展各类帮扶活动180余次,帮扶贫困青少年和困难户300余户。通过互助组组织各族青年技术上互学、文化上互促、有困难互帮,在农忙季节解决群众劳动力不足的问题,帮助群众解决生产生活等方面的困难。

**【贫困大学生资助】**　2019年,贫困大学生资助项目有4个,资助学生17人助学金7.6万元,其中"芙蓉学子"助学金3人,每人5000元;"湘吐情"助学金3人,每人6000元;"国酒茅台·国之栋梁"助学金5人,每人5000元;"华融湘江银行"助学金6人,每人3000元。

**【西部计划志愿服务】**

志愿者服务管理　2019年,托克逊县在岗志愿者27人,其中新分配19人。团县委将志愿者考勤收集、请销假手续、问题解答、活动组织、饭卡充值、社保办理、补贴发放等纳入日常管理和服务中。为加强志愿者队伍建设和思想教育,提高西部计划志愿者服务管理工作的效率,团县委定期开展谈心谈话、党团务知识学习,形成一种自我学习、自我教育、自我服务和自我管理的精神风貌。年内,选派1名志愿者参加2019年西部计划优秀志愿者典型事迹宣讲团。

绩效补贴发放　除志愿者补贴发放及各方面经费保障外,托克逊县大部分用人单位能够比照正式在编行政事业单位工作人员的待遇给予志愿者一定比例的绩效奖、高温补贴、冬碳费、综合治理奖、精神文明奖等补助,以实际行动保障志愿者权益及待遇。

(买尔孜亚·艾亚孜丁)

## 妇女联合会

**【概况】**　2019年,全县共有8个乡镇妇联,45个村妇联,14个社区妇联,53个机关事业单位妇委会。妇女人数5.95万人,占总人口的49.7%。

妇联在编9人,其中女6人,少数民族5人。

**【"三八"纪念活动】**　为庆祝"三八"国际妇女节109周年,县妇联开展县级"巾帼建功"评比表彰活动,评选"巾帼建功"先进集体12个,"巾帼建功"先进个人25人。全年各级妇女组织开展庆"三八"纪念和庆祝活动共20余场次。

**【妇女创业就业】**　2019年,县妇联在托克逊县职业高中举办美容美发培训班,有45人参加培训。全县共8个"靓发屋",县妇联为每个靓发屋免费提供7000元的设备,为9名贫困妇女解决创业就业;6月,在县电子商务产业园举办电子商务培训,55人参加培训。为打造托克逊县"卫星工厂"品牌,创造良好的投资环境,助力巾帼脱贫攻坚,县妇联组织妇女1300余人次参与手工艺品技能培训。

**【维权工作】** 年内，利用妇联"12338"(8822107)妇女维权公益服务热线听取妇女诉求，化解矛盾，维护妇女儿童合法权益，2019年各级妇联共调解矛盾纠纷119件。

**【"两纲"工作】** 2019年，县妇联利用"三八""六一"等重要节日，面向社会各界持续宣传"两纲"的主要内容、总体目标、具体任务和策略措施。

妇女工作 年内，乳腺癌筛查1713人，查出1人患乳腺癌。宫颈癌筛查2200人，查出21人患宫颈癌，其中1人为宫颈癌晚期，20人为宫颈癌早期，7名早期患者已录入系统。为减轻3名患"两癌"贫困妇女所在家庭的经济负担，县妇联申请贫困母亲"两癌"救助专项救助基金共3万元，每人1万元。帮扶50名妇女创业，累计金额达19.2万元，用于扶持牛羊养殖、蔬菜种植等产业发展，从根本上解决妇女发展产业资金短缺的问题。开展困难家庭妇女教育关心关爱活动。9月，县妇联组织开展县、乡(镇)、村(社区)三级电视电话大宣讲活动，约5000余人参加活动；50名困难家庭妇女以每人280元的标准，共发放慰问金1.4万元；8名困难家庭创业妇女以每人2000元的标准，共发放创业资金1.6万元。"爱心一元捐"项目中8500元资金用于援助42名贫困妇女儿童，对10名即将入学的贫困大学生以每人3000元的标准，共发放助学金3万元。

儿童工作 年内，为61名贫困小学生发放"爱心书包"61个。

**【巾帼宣讲】** 利用远程教育平台共开展妇女儿童权益保护相关政策、家庭教育等法律宣讲活动6场次，受益妇女群众达1.6万人次。成立由组织、人社、扶贫办、民政、教育、工健、疾控中心、农业等部门领导组成的"巾帼脱贫"宣讲团，深入贫困村宣讲就业再就业、惠民政策、种植业、养殖业等内容，推进脱贫攻坚扶志扶智工作。发挥妇女引领作用，开展党的惠民政策、扶贫政策、普法、美丽庭院建设等宣讲活动115场次，4.7万人次妇女群众参加。

**【馕产业发展】** 托克逊县馕产业由县妇联牵头。截至2019年底，托克逊县有打馕专业合作社38家，馕品生产企业5家，馕协会1家，馕坑42[illegible]个，从业人数1182人，平均每天打馕1万个，日销售金额达2万—3万元。新创建亚那巴木、克尔碱馕、克布加依馕、布尔加依纯奶馕等馕品牌，并建设博斯坦镇长安村"博斯坦镇馕一条街"，扶持博斯坦镇馕食品农民专业合作社。发展壮大夏镇色日克吉勒尕村、托台村、南湖村，克尔碱镇克尔碱村等打馕村。打造伊迪拉克馕品牌并注册商标，并取得食品生产许可证，推动特色馕产品品牌化、规模化、市场化发展。

夏镇色日克吉勒尕村、托台村依托赫科买提食品农民专业合作社、馕文化科技开发协会开展"托克逊馕"生产经营文化建设、馕文化研究与交流，创新和发掘馕品种，促进"亚那巴木"馕品牌建设，日生产销售量达1000个。夏镇还将个体散户集中起来开展技能培训，统一打馕工艺流程、加工方法、规范销售价格，不断扩大合作社生产规模，新增就业人数20人，增加馕坑5座；克尔碱镇克尔碱村创新和开发果木发面烤馕，随着伊和勒木和迪力热孜食品农民专业合作社的壮大，吸纳周围分散打馕户的加入，新增从业人数15人，新建馕坑10座。同时拓宽销售渠道，在县城开设20个直销点定点销售，平均日销量达1000个。

赫科麦提打馕专业合作社生产的馕品已进入乌市天山区延安路图尔库木超市销售，每两天供应量为800—1000个，阿尔乌拉克馕农民专业合作社在天山区延安路租赁店铺进行自营销售，日销量在

100千克左右，克布加依食品有限责任公司在县二中对面九龙山开设商铺经营馕品销售，平均日销量达1000个。

县妇联还深入挖掘馕产品的文化内涵，打造品牌故事，借助微信、网络、电视等各种宣传媒体平台，将产业发展与旅游产业、旅游规划结合起来，在活动地点设立宣传销售点，展销特色馕产品，努力将本地馕产品推向全疆。开展给环卫工人发放暖心馕工作，为148名环卫工人，以每人每周发放5个暖心馕的标准，共发放价值3.76万元的暖心馕。

**【寻找“最美”活动】** 县妇联宣传动员妇女同志积极创建美丽庭院。截至2019年底，托克逊县创建美丽庭院1816户，其中151户为贫困户。全县共创建美丽庭院示范户491户，含贫困村美丽庭院125户，举办挂牌仪式60余场次，实现托克逊县8个乡镇的全覆盖。2019年5月，组织开展“最美家庭”游家乡活动，评出“最美家庭”30户，表彰并发放荣誉证书和纪念品。

（谢　惠　邓　琛）

## 工商业联合会

**【概况】** 托克逊县工商业联合会（以下简称工商联）（总商会）有执委30人，会员68人，其中个体会员40人、企业会员17人、单位会员11人。

2019年，工商联在职4人，其中女1人、少数民族1人。

**【百企帮百村】** 2019年，工商联协调13家企业参与“百企帮百村”并与11个自然村相互结对，联系自然村村民1047人，为其提供就业岗位、教授就业技能、捐献生活物资，其中托克逊县华帝服装有限公司在托克逊县伊拉湖镇建立分厂，接收当地贫困户73人参加工作，每月共产生工资性报酬约15万元。托克逊县绿叶合作社在夏镇招收贫困户20人，每月共产生工资性报酬5万元。同时，为改善群众生活环境，改良群众住房条件、捐资助教等共捐资50.4万元。

**【光彩事业】** 县工商联动态了解托克逊县上规模民营企业发展情况及遇到的困难，发现问题及时向相关部门反映并加以协调解决。2019年，共走访调研托克逊县非公企业15家次，其中共10家民营企业反映融资难问题。与吐鲁番市工商联对接，与农村信用联社、农业银行、工商银行、建设银行4家金融机构，召开全市银企对接会，帮助托克逊县10家民营企业完成银行授信，解决了10家民营企业融资难问题。县工商联通过光彩基金贷款帮助6家涉农企业贷款125万元。

**【调查研究】** 2019年，县工商联组织托克逊县天马棉业有限责任公司、吐鲁番雪银金属矿业有限公司、托克逊县达康大药房等10家民营企业参与网上调查问卷。前往民营企业实地调研企业运行状况、安保、职工待遇、法律维权、司法援助等方面情况，联合县人民检察院联合举办“检查护航民企发展”，与县司法局联合建立司法援助通道等方式，为民营企业发展保驾护航。

**【宣传教育】** 2019年，县工商联协助托克逊县新兴组织党工委开展非公有制经济党建宣传工作，鼓励更多民营企业抓好企业党组织建设，增大党组织在非公有制企业中的覆盖面。同时通过走访调研企业，加大对企业平安生产、用工安全等方面的宣传工作，与县商工局联合举办防范金融风险现场宣传等工作，发放防范金融风险资料、安全生产资料等1000余份。　（宋春丽）

## 文学艺术界联合会

**【概况】** 托克逊县文学艺术界联合会（以下简称县文联）机构规格正科级，隶属县委管理，核定事业编制3名（管理岗位3名),经费实行全额预算管理。2019年,有3名干部。管理县作家协会、县书法家协会2个文艺团体。县作家协会会员32人,其中新疆作家协会会员7人、吐鲁番市作家协会会员9人;县书法家协会会员28人,其中中国书法家协会会员1人、新疆书法家协会会员3人、吐鲁番市书法家协会6人。

【文学艺术活动】

创作培训　年初,邀请中国书法家协会会员、书法家夏定(吐鲁番市)为托克逊县书协会员和书法爱好者授课,讲授书法创作;年内,5名作家协会会员参加吐鲁番市文联文艺交流会,3名书法家会员参加鄯善县"祖国在我心中"新疆·湖南两省区书法作品交流展。8月,组织9名县书协会员进军营开展创作交流活动,送出书法作品58幅。

主题活动　年内,深入6个村2个社区帮助书写宣传扫黑除恶宣传标语43条;组织13名书法家协会会员、5名作家协会会员参加文艺创作座谈会,学习全区基层文联工作现场推进会上有关文件精神,讨论书法家协会改选问题。

征文活动　举办"我与祖国共成长"征文评选活动,征集文学作品38篇,书法作品30幅,共评出一、二、三等奖和优秀奖共40个,其中散文类一等奖1名、二等奖2名、三等奖2名、优秀奖5名。诗歌类一等奖1名、二等奖2名、三等奖2名、优秀奖5名。书法类一等奖2名、二等奖4名、三等奖4名、优秀奖10名。（李石井）

## 残疾人联合会

【概况】　托克逊县残疾人联合会(简称县残联)下设办公室、就业服务所。2019年,全县有188人残疾人办理残疾人证,其中视力残疾19人、听力残疾16人、言语残疾2人、肢体残疾115人、智力残疾18人、精神残疾10人、多重残疾8人,累计有3955人办理残疾人证。

2019年,县残联有在职干部6人,其中女性3人、少数民族5人。

【换证核查】　2019年,托克逊县域内换证1137人,一、二级重度残疾1564人。2019年托克逊县残联就业服务所向医保局、社保局提供1560名重度一级、二级残疾人士的相关资料,社保局反馈符合条件的重度残疾人有383名,其中建档立卡20人。

【康复工作】

康复需求调查　2019年,开展残疾人基本服务状态和需求信息动态更新工作,累计入户核查残疾人信息4296人。托克逊县有康复需求的残疾人为569人,占残疾人总人口的13.2%,已服务493人,康复服务率86.64%。有辅助器具适配需求的384人,占有康复需求的67.5%,已服务360人,辅具适配率93.75%。

白内障复明　2019年,县残联协同乌鲁木齐长安医院、阿迪娅眼科医院、县维吾尔医院等定点医疗机构、卫生部门,完成38例白内障复明手术。

肢体残疾人康复　年内,县残联出资6万元帮助20名成人肢体残疾人完成康复训练。为肢体残疾人士安装假肢、矫形器装配15例,社区协调员培训6场次150人。

精神残疾人康复　全年为40名精神病患者提供"阳光家园计划"托养服务,106名精神病患者免费服药,26名脑瘫儿童完成康复训练。

残疾辅助器具发放　2019年,发放辅助器具902件,为7名符合条件的残疾人发放残疾人机动车免费停放标识牌。

智力残疾儿童评定　托克逊县残疾人联合会邀请自治区第一人民医院医生评定托克逊县未入学的48名6—15岁智力残疾儿童,其中建档立卡残疾人2名,完成率100%。

【"两项补贴"】 2019年,发放残疾人"两项补贴"232.09万元,其中享受生活补贴的困难残疾人12012人次96.1万元,享受护理补贴的重度残疾人16999人次135.99万元。建档立卡残疾人享受"两项"补贴5218人次41.74万元,其中享受生活补贴的困难残疾人2868人次,享受护理补贴的重度残疾人2350人次。

【资金救助】

贴息补助　年内,为农村户口残疾人有康复扶贫贷款的家庭贴息8万元资金。

创业资助　全年资助残疾人创业资金5万元。

助学基金　2019年,为4名残疾人家庭子女和残疾学生发放"爱心天使"助学基金补助1.33万元。

燃油补贴　年内,有321名行动不便的人享受机动轮椅车燃油补贴8.35万元,补贴标准每辆机动轮椅车260元/年。

无障碍改造　年内,县残联筹集7万元资金为26户农村残疾人家庭改造无障碍卫生间。

【就业工作】

安置就业　2019年,安置残疾人就业70人,其中按比例就业45人、集中就业6人、个体就业19人。

就业培训　年内,有235人次参加插花、面食面点、家政服务、手工等职业技能技术培训,其中50名残疾人取得职业资格证书。1名盲人参加全国盲人医疗按摩考试,1名盲人参加自治区举办的盲人继续教育。2019年先后组织4名残疾人技能人才参加自治区残联组织的技能大赛。

就业援助　全年有26家企业为残疾人提供了电工、电焊工、裁缝、管理员、业务员等115个工作岗位,198名残疾人参加现场招聘,127名达成就业意向,33名残疾人就业。

（马雨薇）

## 红十字会

【概况】 行政企事业单位红十字会团体会员单位50个,会员4570人。2019年,托克逊县红十字会有干部职工3人,其中女性1人,少数民族2人。

【宣传工作】 年内,利用应急救护培训课堂等平台和"5·8"世界红十字日、世界急救日、献血日等宣传活动,宣传《中华人民共和国红十字会法》,传播普及红十字运动知识,开展各种宣传活动2场(次),参与单位共4家,红十字会员和志愿者共200余名,共发放宣传资料400余份。开展"三救三献"知识宣传2场(次),受益1000人次。宣传和推广造血干细胞捐献和人体器官捐献工作、防治艾滋病和无偿献血工作。

2019年,托克逊县红十字会联合托克逊县人民医院、托克逊县维吾尔医医院、金泉社区在托克逊县人民医院组织开展无偿捐献造血干细胞血样采集活动,共有45名志愿者捐献了造血干细胞血样。

【应急救护演练】 2019年6月,县红十字会联合县第二中学举行"爱心相伴,'救'在身边"应急救护演练主题活动。学校师生400余人参加活动,现场进行了地震逃生、地震自救脱险等操作演练,由红十字会工作人员向师生详细讲解生活中遇到突发状况急救、徒手心肺复苏以及对伤员进行包扎等内容并演示操作演练。

【扶贫济困】 关注弱势群体,开展"红十字博爱送万家"为主题的扶贫济困活动。2019年向困难群众发放450袋面粉、450袋大米,折价金额近4.5万元。为白血病患儿、先天性心脏病患儿、唇腭裂、宫颈鳞癌患者申请"小天使基金""天使阳光基金""嫣然天使基金"等医疗救助项目共6例,其中为1名宫颈鳞癌患者申请到2万元的医疗救助费。（娜地热·阿帕尔）

# 农业和农村工作

NONGYE HE NONGCUN GONGZUO

## 综　述

【产值】　2019年,托克逊县全年农村经济总收入预计达20.39亿元,同比增加2.2亿元,增长10.8%。农民人均纯收入预计达16505元,同比增加1815元,增幅为12.36%,比年初增收目标任务1469元超额完成23.57%。

农村第一产业总收入16.81亿元,占农村经济总收入的76.3%。比上年同期,一产总收入增加1.14亿元,同比增长7.25%。农民人均纯收入从第一产业中可获得8774.2元。全县第二产业总收入1.64亿元,比上年同期增长391.5万元,增幅为2.45%,人均收入895.82元,比上年同期增加43.56元,增长率5.11%;第三产业总收入19505万元,比上年同期增长713万元,增幅为3.79%,人均收入1082.6元,比上年同期增加62.81元,增长率6.16%。

【效益】　2019年,托克逊县根据贫困村、贫困户的实际情况,将杏花节旅游、打馕产业发展等与行业技能培训、市场需求挂钩,拓展农村二、三产业就业增收空间,广辟外出务工转移渠道,农民外出劳务总收入16139万元,与上年同比增长1500万元,增幅为10.25%。人均收入1860.7元,比上年同期增加173.09元,增长率10.26%。

【强农惠农补贴】　2019年,托克逊县严格落实中央、自治区明确的各项惠农强农政策。惠农补贴总收入14994万元,比上年同期增长1120万元,增幅为8.07%,人均收入1728.69元,比上年同期增加129.27元,增长率8.08%。

【机构改革】　2019年3月机构改革,原县委农村工作办公室的职责,县农牧兽医局(农业产业化发展局、农产品加工局)的职责,县农业综合开发办公室的职责以及县发展和改革委员会的农业投资项目,县国土资源局的农田整治项目,县水利局的农田水利建设项目管理和渔业监督管理职责,县农业机械化管理局的农机管理、农机监管职责等整合,组建托克逊县农业农村局,作为县人民政府工作部门,加挂县畜牧兽医局牌子。县委农村工作领导小组办公室设在农业农村局,不再保留县委农村工作办公室、县农牧兽医局(农业产业化发展局、农产品加工局)、县农业综合开发办公室。为县人民政府工作部门,正科级。内设办公室、乡村产业发展办(改革规划办)、计划财务办(项目办)、农产品质量安全监管办(科技规划办)、畜牧兽医办、农业机构化管理办。核定行政编制9名,统筹编制6名,机关工勤事业编制2名。事业单位行政职能回归机关的统筹编制,其管理按中央、自治区、市有关规定执行。原县畜牧兽医局、农业综合开发办公室承担的职能划归县农业农村局,相应划入从事相关工作的6名工作人员。2019年,农业农村局及所属二级部门在职干部职工105人,其中女性54人、少数民族79人。

县委农村工作领导小组办公室设在县农业农村局,接受县委农村工作领导小组的直接领导,承担县委农村工作领导小组具体工作,协调督促有关方面落实县委农村工作领导小组决定事项、工作部署和要求等。

## 水　利

**【概况】**　2019年3月机构改革后,原县计划节约用水办公室承担的行政职能划归县水利局。托克逊县水利局(以下简称县水利局)是县人民政府工作部门,为正科级。核定行政编制5名,机关工勤事业编制1名。事业单位行政职能回归机关的统筹编制,其管理按中央、自治区、市有关规定执行。水利局下设办公室、农牧水利办公室(工程建设管理办公室)、河湖管理办公室(水旱灾害防御办公室)3个科室。

2019年,共有在职干部职工168人,其中高级专业技术职称1人,中级专业技术职称12人;大专以上学历151人;干部135人,工人35人(高级技师1人,技师5人,高级工16人,中级工8人,初级工5人);女性78人,少数民族152人。

**【水利建设】**　2019年,累计完成水利基础设施建设投资10783.67万元。

*吐鲁番市艾丁湖生态保护治理项目*　为吐鲁番市水资源综合管理系统及农田水利设施(托克逊县)工程,新建(改建)渠道22.97千米,新建艾丁湖入湖流量监测点1处,投资1310.93万元;托克逊县高效节水工程,新建高效节水灌溉面积2.5万亩,投资3999.98万元。

*库米什镇中型灌区续建配套与节水改造项目*　重建及改建干渠10.05千米,投资1071万元。

*2019年托克逊县1.5万亩自治区农业高效节水补助资金建设项目*　新建高效节水灌溉面积1.2万亩,投资1346万元(该项目批复投资为1650.05万元,其中自治区农业高效节水补助建设项目资金769万元,整合高标准农田项目及农民自筹881.05万元)。

*农村安全饮水设施改造项目*　改造郭勒布依乡巴格万村、库米什镇柯尔克孜铁米村、夏镇色日克墩3个村的农村安全饮水设施,新建供水管道19.13千米,入户管网升级改造397户,投资161万元。

*山洪灾害防治项目*　新增水位站2处,摄像机1套,更换蓄电池16套,太阳能板16套,充电控制器16套,升级、更换RTU14套及其他配套设施,项目总投资87万元。

*阿拉沟水库除险加固建设工程*　治理阿拉沟水库上游左库岸变形边坡,减载72万立方米,总投资2782.76万元,年内完成全部建设内容,竣工验收。

*吐鲁番市2019年自治区小型农田水利“最后一公里”项目*　伊拉湖镇阿克塔格村渠道工程,新建防渗渠1.2千米,完成投资25万元。

**【乌斯通沟水库立项】**

*规划设计*　乌斯通沟水库位于吐鲁番市托克逊县伊拉湖乡西南侧乌斯通沟水库,距县城55千米,距伊拉湖镇40千米。流域最高高程为3980米,最低高程为830米,平均高程为2520米,河流出山口后流经山前洪积扇汇入阿拉沟河,多年平均年径流量4084万立方米。规划通过修建乌斯通沟水库,合理利用水资源,提高水资源利用率,乌斯通沟水库工程的开发任务为农业灌溉和工业园区供水,改善乌斯通沟灌区灌溉条件,

缓解灌区地下水超采问题。灌区设计灌溉面积2.58万亩,水库总库容1440万立方米,最大坝高为73米,坝顶长度为261.9米。工程总投资为4.47亿元。

可研立项　2019年,完成投资1.07亿元,包括乌斯通沟水库工程、农业高效节水工程、艾丁湖生态保护治理项目、农村安全饮水工程、水库隐患整治项目。乌斯通沟水库可研立项前置附件已全部编制完成并取得自治区各主管部门相关审查意见及批复文件,已将可研立项所需附件上报自治区发改委审核立项。完成节水建设灌溉面积4万亩。新增防渗渠36.75千米。修建临时防洪堤19千米。更新改造农村自来水管网42.13千米。阿拉沟水库上游左库岸变形边坡减载72万立方米,完成投资约2300万元(安全监测2020年年中完成)以及完成红山水库蓄水阶段验收和红山水库竣工验收工作。

【供水运行管理】　2019年,各河流总引水量为1.84亿立方米,其中农业用水量1.69亿立方米、生态用水量6914万立方米、工业用水量1481万立方米,应收水费1435.88万元,实收水费1253.79万元;农村供水总站2019年完成供水154万立方米,实收水费293万元,自来水安装入户582户,收取安装费46.6万元。

【巡河履职】

河道巡查　2019年,托克逊县各级河长履行职责,通过自治区河长通APP共开展巡河515次,在自治区河湖长制综合管理系统中上传巡河图片,详细记录巡河发现的问题。2019年,清理整治河道乱堆、乱扔垃圾问题5件,及时对接和督促所属乡镇清理整治。

河道整治　为加强河流河道管理保护,回头看2018年联合开展整治的非法采砂点和停业整顿废渣侵占河道的采矿企业,完成土方开挖、回填4500立方米,完成场地平整2300平方米。整治白杨河流域水生态环境,要求生产企业自己完成。年内,完成治理的企业有7家(小草湖后沟5家、胜利渠首下游2家),清理整治采砂坑48个18万立方米,弃料堆25个17.45万立方米,土方开挖、回填约17万立方米,平整场地约7000平方米,各乡(镇)组织5批860余人次全面清理河道沿线存在的建筑及生活垃圾,全县累计完成河道清理垃圾130多吨。

考核评估　2019年,对照总结评估大纲,整理河(湖)长制档案,基本完成河(湖)长制立卷归档。按照水利部印发的《全面推行河长制湖长制总结评估技术大纲》要求,收集佐证资料,编写总结评估自评估报告。通过吐鲁番市评估考核和县级河长办抽查、赴现场督查等措施,督促各级河长巡河履职,查找问题,及时处置。年内,完成自治区和吐鲁番市关于托克逊县2018年河(湖)长制评估考核工作。

【水政水资源管理】　年内,严格按照规定征收水资源规费,征收各类水行政规费1781.3万元,其中水资源费1022.17万元、水土保持费648.33万元、水权转让费104.8万元、罚款收入6万元,所有水行政规费全部上交县财政。

年内,查处封停非法机电井3眼,关闭县域内自备井7眼,更新机电井25眼,置换井3眼。

【防洪减灾】　2019年,排查发现隐患65处,其中防洪设施类60处、交通设施类5处,均根据隐患处置工作要求,制订除险加固方案和应急预案。组建县、乡两级防洪应急抢险队伍9支750人。2019年境内未发生洪涝灾害。

(杨　福　黄广琴)

## 种植业

【产业结构调整】　2019年,

种植业播种面积为24.49万亩(比上年减少8900亩),主要是杏子、葡萄、红枣等林果业种植面积扩大,棉花种植面积下降,托克逊县突出发展哈密瓜、杏子、葡萄及葡萄酒、设施蔬菜、红枣等特色产业,以旅游带动农产品产业升级,高效种植业、特色林果业成为托克逊县农业经济的重要支柱产业,也是农民快速、大幅增收的主要产业。年内,种植业总收入53534.8万元。农民人均从种植业获得纯收入3004.8元,比上年同期增加1075.2元,增长55.7%。

2019年,继续调减棉花种植面积。以红枣、杏子为主的特色林果业发展到21.6万亩,孜然、饲草面积同比也有少量减少。因农产品供求关系发生变化,规模效应不强,投入多、产出少,托克逊县农业产业结构调整仍待提高。

**【哈密瓜产业】** 2019年,托克逊县哈密瓜种植面积3.56万亩,较上年同期增加4100亩,总产量达8.54万吨,较上年增加1.18万吨。

**【蔬菜产业】**

大田蔬菜　种植面积1.27万亩,比上年同期增加8830亩,平均单产同比每亩增加57千克,平均亩费用同比每亩增加100元,预计净收入达4842.34万元,同比增加1001.27万元。预计农民种植大田蔬菜获得人均纯收入558.28元,比上年增加115.48元,增长26.08%。

设施蔬菜　种植面积1.32万亩,平均单产与上年同期略有提高,蔬菜市场价格行情较好。2019年,设施农业总收入11259.2万元,占第一产业总收入的6.7%。预计农民从设施农业中获得人均纯收入729.71元,比上年同期增加21.03元,同比增长2.97%。

**【棉花种植】** 2019年,全县棉花种植面积1.59万亩,比上年2.95万亩减少了1.36万亩,农民人均纯收入31.56元,比上年同期减少16.28元,降低了16.28%。

**【孜然种植】** 2019年,孜然种植面积为1.1万亩,比上年减少1.15万亩,降低了95%。农民从中获取的人均纯收入为91.65元,比上年同期减少91.28元,降低99.5%。

**【饲草种植】** 2019年,饲草种植面积为12.05万亩,比上年增加4907亩,农民人均纯收入712.07元,比上年同期减少105.98元,降低17.49%。

**【农业执法】**

农资市场监管　托克逊县农业综合行政执法大队不定期开展农业行业领域大检查,全年累计开展农资市场监督检查142场次,查处违法违规案件7起,均为销售假劣农药、禁售农药等行为案件,年内案件均办结,共处罚金4.8万元上缴县财政。

种子市场监管　全年共进行种子市场检查10次,共检查23家销售点,主要检查经营手续是否齐全、有无经营档案、有无经营假劣种子和散装种子现象、有无经营未审品种现象等,现场整改5家,未发现种子质量案件。

“大棚房”专项行动　年内,托克逊县按照上级要求对“大棚房”问题进行分类并整顿整改,逐一摸排全县5752座温室,发现违法违规“大棚房”问题435处,占地面积52.59亩。其中发现Ⅰ类问题1个,占地面积3300亩;发现Ⅲ类问题366个,占地面积10.93万亩;附属及配套设施28个,面积为31.66万亩;列入“屯垦戍边”40个,面积为9.67万亩。2019年,全县435个问题全部按照阶段性要求整改完毕,整改率100%。

**【农产品质量安全检测】** 2019年,托克逊县农产品质量安全检测中心抽样检测配合自治区农业农村厅完成例行监测和监督抽查抽样任务。共完成223批(蔬菜135批、水果88批)果蔬监督抽查检测任务,检验合格率为100%。配合自治区共抽取样品249批,其中监督抽查75批(蔬菜47批、畜禽26批、水产品2批),例行监测161批(蔬菜78批、畜禽81批、水产品2批),水果专项13批(杏子6批、葡萄7批),检验合格率为100%。

2019年,县农业农村局与农业农村部食品质量监督检验测试中心(石河子)签订委托检测合同,委托该单位完成2019年144批畜禽检测任务,合格率100%。

【民生领域专项整治】 2019年,托克逊县根据民生领域10个方面23项专项整治重点工作,专项整治2017年肉羊标准化规模养殖场建设,2018年草原生态保护补助奖励资金,2017年、2018年度耕地地力保护补贴资金,"粮改饲"4个惠农项目。发现问题11个,涉及补贴金额共259.16万元,其中2018年草原生态保护补助奖励项目整治问题3个,避免错发补贴,涉及资金199.23万元;"粮改饲"项目整治问题3个,避免冒领资金54.49万元;2017年、2018年耕地地力保护补贴项目整治问题4个,避免超标准超范围发放资金2.88万元;应享未享补贴资金2.26万元,避免重复享受资金3000元;2017年肉羊标准化规模养殖场建设项目整治问题1个。

(冯 强 吴晶晶)

## 畜牧兽医

【畜禽产量】 完成各类牲畜最高饲养量达到36.04万头只(吐鲁番黑羊22万只),其中大牲畜2.55万头、猪250头、羊42.4万只(黑羊最高饲养量22万只);至年底,完成牛羊育肥107万头,完成率48.6%。完成斗鸡养殖3.57万羽,完成率54%。完成吐鲁番驴养殖6100头,完成率30.6%。

【重大动物疫病防控】 2019年,托克逊县畜禽免疫工作整体推进,按照"一畜一标一证一针一账"要求,乡(镇)不漏村、村不漏户、户不漏畜、畜不漏针,春秋免疫、月月补针,日常补免易感畜禽,杜绝免疫漏洞。秋季利用一个月的时间开展重大动物疫病集中防控,自9月启动,10月完成(O－A)型双价口蹄疫疫苗免疫羊10.29万只、(O－A)型双价口蹄疫疫苗免疫牛1.34万头、禽流感新城疫二联苗免疫3.88万羽、小反刍兽疫活疫苗免疫羊9.94万只、羊痘免疫3.86万只。

【畜产品质量安全监管】

*产地检疫* 2019年,启动网络电子出证,全县共有10个网络电子出证点,严格按照动物检疫规程开展产地检疫和屠宰检疫监管乡镇屠宰点,2019年初起,全县屠宰检疫共4.72万头只,其中生猪159头、牛5426万头、羊4.16万只。

完成屠宰环节的"瘦肉精"抽检1236份,其中养殖环节共抽检82份(羊56份、牛20份、猪6头);屠宰环节"瘦肉精"抽检1154份(羊636份、牛345份、猪173头),未发现"瘦肉精"非法添加情况。病死畜禽无害化处理监管监督,猪、牛羊屠宰场(点)共无害化处理有害动物脏器600千克、牛2头、羊165只、猪162头,定点屠率场产检疫回收率100%。

*畜禽污染物处理* 贯彻绿色发展理念,大力推进全县80家畜禽养殖专业合作社(企业)畜禽粪污资源化利用设施设备建设,规模养殖场粪污处理设施配套率达70%。按照废弃物"减量化产生、无害化处理、资源化利用"的原则,推行"种养结合、循环发展"模式,粪污全量收集还田、固体粪便堆肥还田,为全县的种植基地提供了优质有机肥,畜禽粪污综合利用率70%。

*控制"非洲猪瘟"* 年

内，排查监测生猪养殖环节和屠宰环节，全县5户生猪养殖户，累计排查生猪4.8万头。立案查处无证运输动物及动物产品案件7起，处罚金额1.04万元。同时排查动物及动物产品，其中排查家畜91873头只，家禽鸡56万羽，肉及副产品586吨。

【动物卫生监督执法】 托克逊县原有7个屠宰场（点）。2019年，因动物防疫条件和维稳条件不规范停业4个，3个屠宰场（点）正常屠宰。养殖场实行定员、定岗、定期制度，监督养殖户建立健全用药记录制度，严格执行休药。全年开展监督执法检查128次，查处违法行为15起，罚款3.34万元并立案处理，立案率、结案率均100%。管理动物证章，调查统计规模养殖场，年内发放动物防疫条件合格证2份。整治兽药、饲料，年内均安装兽药追溯体系并正常使用，专项整治县域6家兽药店，开展兽药监管检查48次，停业整顿3家兽药店。

2019年，托克逊县组织监督执法人员监督开展活畜交易市场、屠宰场、养殖合作社、养殖小区等场所大清洗、大消毒工作，共监督牛、羊、猪、禽42个养殖场圈舍消毒，累计消毒面积约8.4万平方米，活畜交易市场消毒约6.84万平方米经，指导各屠宰场（点）和活畜交易市场进出动物及动物产品运输车辆开展消毒，累计消毒过往车辆1259辆。

（赛提古丽·买合木提 艾尼·肉苏力）

## 林　草

【概况】 2019年3月机构改革后，原县林业局的职责以及县农牧兽医局的草原监督管理职责，县国土资源局、县住房和城乡建设局、县环境保护局、县农牧兽医局的自然保护区、风景名胜区、自然遗产、地质公园管理职责等整合，组建托克逊县林业和草原局，作为县人民政府工作部门，为正科级，由县自然资源局统一管理和协调。不再保留县林业局。核定县林业和草原局行政编制5名，机关工勤事业编制1名。原县绿化委员会办公室、草原监理站承担的行政职能划归县林业和草原局，相应划入从事相关工作的7名人员。县林草局内设办公室、生态保护修复科（县绿化委员会办公室）、资源管理科、林果业管理科。公安局森林派出所转隶至地方公安，转隶人员7人。下属二级单位7个，分别为林管站、治沙站、林果中心、林检局、草原站、草原监理站、第二苗圃。事业单位行政职能回归机关的统筹编制，其管理按中央、自治区、市有关规定执行。

2019年，林草局有职工250人，其中干部职工71人、护林员78人、公益性岗位76人、新增地方性护林员25人。

【林业建设】 年内，完成人工造林3.2万亩，其中重点区域造林8220亩、常规造林2.38万亩。完成封育1万亩，森林抚育1.5万亩。全县参加义务植树7万人次，义务植树65万株，尽责率为94%。争取乡村绿化美化项目资金100万元，在郭勒布依乡硝尔村和伊拉湖镇安西村实施了村庄绿化示范。免费为各乡镇发放苗木15万余株，用于村庄绿化和农田林网化完善工程，争取中央财政及自治区财政各类专项资金4100万元，用于林业发展。

托克逊县干旱少雨，风沙灾害多，夏季酷热且持续时间长，植树造林成本和抚育管护成本远大于其他地区，地方财政压力较大，林木管护区域多、面积大，生态环境建设任务繁重。林果业标准化体系建设缓慢。主要表现在林果业资金投入不足、科技支撑乏力、结构调整不明显。特色林果业对农民增收的贡献率有待提高。

【种苗生产管理】 2019年，严格执行“四证一签”制度，检疫检查苗木质量工作,悬挂标签;办理林木种苗生产经营许可证4份,更换2份。年内,全县完成育苗1125亩,育桑树苗20万株,杏树苗20万株。

【退耕还林补助】 年内,检查托克逊县2015—2018年退耕还林任务,全部完成。2015年第三批、2017年第二批补助资金上报财政拟兑现。2016年第二批、2019年退耕还林补助资金已兑现。2018年退耕还林建设面积3000亩,已兑现补助资金。

【森林公安】 按照上级森林公安局部署要求,组织开展扫黑除恶、缴枪治爆、依法打击破坏野生等专项行动,累计接警6起,处警6起,受案2起,查处林业行政案件2起,处罚2人次,罚款6630元,救助5只野生动物,全部放生。整治涉枪涉爆和扫黑除恶违法犯罪,广泛宣传,走访入户,宣传5场次,310人次听讲,走访公益林周边农牧民24户,未发现异常情况。

【林证执法】 2019年,完善了保护发展森林资源目标责任制,按程序办理建设项目使用林地手续2份。年审木材经营加工许可证1本,办理木材运输证2份。开展木材加工厂和木材市场安全生产大检查8次,检查过程中未发现安全生产隐患。严格执行限额采伐制度,采伐蓄积848.3立方米。完成2019年退化林检查,需修复的退化林2600余条。

【森林防火】 年内,培训半专业化扑火队伍使用扑火器具,21人参训。应急演练1次,排查林区6次,开展森林防火宣传3次,检查进入林区车辆200余辆,告诫进入林区人员的360余人不得野外用火,全年未发生森林火灾。

【有害生物防治】 全年,实施无公害防治林业有害生物预防面积16.38万亩,无公害防治率100%;预测林业有害生物发生面积4.12万亩,实际发生面积3.97万亩,测报准确率96%;产地检疫调查,种苗产地检疫率100%。专项调查苹果枝枯病、葡萄蛀果蛾、松材线虫、扶桑绵粉蚧等有害生物,均未发现疫病。有序预测预报、监测林业有害生物,设立固定监测点104个、临时监测点220个,发布虫情预测预报5期。

【林木管护】 坚持“造管并重”,按照“属地管理”“谁受益、谁管护”原则,落实管护主体。发动各乡镇干部职工,群众的力量对主要道路两侧4.6万亩防护林进行除草、涂白、林地清理等工作。全年,林带浇灌次数普遍在10—12次。管护重点林区,利用阿拉沟放水时节,全面灌溉梭梭林带,为多年未灌溉的桑葚园东侧7800亩梭梭林安装了低压管道,林木得到有效恢复。吐托快速路、红山水库、大河沿路林木使用羊粪和尿素施肥,万亩桑葚园使用水溶性肥料施肥;两次修剪红山水库、大河沿路万亩桑葚园。郭勒布依乡北侧绿化带及戈壁滩5000亩地发生亚洲飞蝗,及时采取有效措施就地除治,同时化学防治G30管护区蝗虫。更换吐托快速绿化区阳光爆晒脆裂的3号井、4号井、5号井、7号井管道,共更换管道1000卷。

【林果业建设】 年内,中国园艺学会李杏分会授予托克逊县“中国早熟杏之乡”荣誉称号,并授予托克逊县小白杏、苏勒坦杏金奖。为企业搭建营销平台,组织企业参加“北京世博会”“第二届中国新疆特色林果产品博览会”“葡萄节”,拓宽销售渠道,提升产品竞争力。开展红枣开园仪式暨全渠道对接会,现场签约,红枣采购意向近1700吨。领导领办示范园12个2300亩。新建标准化示范基地1.6万亩,其中红枣1万亩、杏5000亩、葡萄1000亩。通过示范带动,实施“林果提质增效”工程,重点推广嫁接、科学水肥管理,合理修剪等措施,提升了林果的品质与产量。在发展特色林果业过程中,建设特色林果与旅游相结合的红枣、杏、桑葚观光采摘园。以花果为主的生态旅游资源和浓厚的杏文化被开发,全年接待游客64.59万人次,收入466.22万元。

【草原工作】

退牧还草项目　年内,完成舍饲棚圈450座。完成人工饲草地建设任务1.7万亩。粮改饲(青贮)项目完成4万吨。

退耕还草项目　2015年任务1万亩,2019年实际保有面积7363亩,需补播面积2637亩。完成2016年2000亩任务,发放第一批补助资金。完成2017年度0.5万亩地块落实任务。

草原征占　排查核实15家矿企征占草原的实际面积,实现非税收收入2231万元。办理草原征占用手续3起。

【万亩桑葚园项目建设】　林草局按照“以水定林、工程造林、以林促旅、以林兴业”的发展战略,围绕“万亩桑园、万亩杏园”建设,在郭勒布依乡北部规划实施万亩桑葚博览园。自2018年秋季至2019年春季,通过统筹使用湖南援疆资金、整合相关行业项目资金,企业援建、全县各单位部门共同参与,调动全社会力量参与植树造林工作,栽植以桑树为主,胡杨、白榆、红柳、紫穗槐等为辅的乔灌混交苗木,共栽植各类苗木50余万株,累计完成造林1.2万亩,增强了县城及各乡镇防风固沙能力,保护了土壤,净化了空气,同时拱卫(环绕在周围保护)附近的国道3012线、省道301线、大河沿路等道路安全通行。后期计划嫁接改良桑树品种,增加品种,发展桑葚酒、制桑葚干等深加工及延伸产业。托克逊县桑葚成熟早,将发展集游览、观光及采摘有机结合的区域旅游产业,拓宽农民增收渠道。

(陈红玲)

## 农牧业机械

【概况】　托克逊县农牧业机械局下设局机关、农机化技术学校(以下简称农机校)、农机推广站、农机监理站(以下简称农机站)。

2019年,农机局有干部职工32人,其中有技术人员12人(高级职称4人、中级职称6人、初级2人);女性16人,少数民族29人。

【农机装备及农业机械化水平】　2019年,全县农业机械总动力9.6万千瓦。全县有拖拉机2018台,其中大型28台、中型929台、小型1061台。全县配套农具9172台(套),其中大中型配套农具2469台(套),小型配套农具6703台(架)。全县种植面积33.5万亩,机耕面积33.5万亩,机播面积22.66万亩,机收面积6.2万亩。主要农作物耕、种、收综合机械化水平分别是100%、67.62%、18.51%,农林牧综合机械化水平达65.8%。

【春耕春播】　年内,完成机耕面积20.06万亩,播种面积6.2万亩。

【秋翻冬灌】　2019年,全县秋翻冬灌总面积34.4万亩,完成率100%。

【农机补贴】

农机购置补贴　2019年,全县共发放农机购置补贴资金50万元,上年结转资金128.14万元,实际发放资金113.04万元,资金使用率96.3%。受益农户85户,累计推广补贴农业机械424台(套),其中拖拉机36台、排灌机械312套、旋耕机21台、播种机8台、玉米脱粒机6台、秸秆粉碎还田机2台、青饲料收获机2台、铡草机25台、动力喷雾机8台、北斗导航辅助驾驶系统4台。

农机深松作业补助　2019

年,托克逊县争取中央农机深松作业补助资金15万元,2018年结转农机深松作业补助55.06万元。2019年,农机深松作业总任务2.4万亩,完成2.1万亩。

项目资金 年内,申报农机信息化建设项目和农机监理建设项目、农机推广信息化服务能力建设项目2个项目,争取项目资金4万元。

**【农机安全监管】** 全年,检查农业机械356台次,纠正各种违章行为23台次,发现隐患95个,整改90个,拖拉机尾部贴反光标识150条。

监督检查拖拉机无牌无证、“非法载人”、非法拼接以及大型机械超速、无牌行驶、无证驾驶、不按规定检验、“一车一档”、审批单使用情况等。全年检查拖拉机“非法载人”3次,粘贴封条的大型机械设备有9辆,罚款8辆,执法文书9份,罚款金额1.6万元。暂扣车辆2辆、暂扣行驶证和驾驶证2本。

年内,县农机局调查农牧民群众投诉。2019年4月,夏镇村民于圣源中心城泰鸿远业农机经销部购买1台TH554拖拉机,使用10天后出现前桥裂缝现象,该村民于5月向农机局反映此情况,经审验中心鉴定情况属实,后与经销商协商更换成新的TH60拖拉机。

**【农机驾驶与培训】** 年内,为提升拖拉机作业效率,预防农机事故的发生,县农机局组织55名新拖拉机手培训拖拉机驾驶操作与安全生产理论知识并考试,39名考试合格者颁发拖拉机驾驶执照。5月,组织驾驶员学习农机安全法规,受教育6500余人次;培训大型工程机械设备操作人员515人。7月,培训专业技术人员,主要内容是农机购置补贴政策、深松耕地技术及补贴程序、残膜机械化回收技术等知识,参训30余人。12月,开展农村劳动力职业技能培训,免费培训4个乡镇156名拖拉机驾驶员。

**【农机审验】** 2019年,县农机局狠抓大型工程机械设备牌证管理登记注册工作,严格按照程序发放牌照。全县共有大型工程机械设备1862台,注销32台。注册登记288台、变更49台,转入2台、转出7台、年检628台、转移54台。大型机械操作人员总数1995人,B2照转操作证1050个,增驾49个、签注16个,年审54个,操作证转出9人,大型机械操作人员1565个。

集中检验、服务到村。2019年,拖拉机新注册56台,拖拉机年度检验1030台,行驶证变更104个,行驶证补证41个,转移24台,转入7台,报废1491台。

**【农机合作化建设】** 全县有8家农机化合作社,固定资产815万元,分别是福田农机专业合作社,固定资产100万元,年收益10万元,从业80人;富保田农机专业合作社,固定资产100万元,年收益15万元,从业5人;红光农机专业合作社,固定资产70万元,年收益15万元,从业5人;孟磊农机专业合作社,固定资产100万元,年收益7万元,从业5人;升化农机专业合作社,固定资产35万元,年收益8万元,从业8人;亚然农机专业合作社,固定资产100万元,年收益10万元,从业6人;远程农机专业合作社,固定资产200万元,年收益6万元,从业7人;鑫农富民农机专业合作社,固定资产110万元,年收益5万元,从业9人。

2019年,无新增建的农机合作社。

**【农机具检修保养】** 县农机局联系县域3家农业机械销售公司、8家农机配件经销商、6家农机维修点为农机专业合作社、农机大户提供配件和维修服务。年内,完成维修农具3058台,其中拖拉机273台、开沟机78台、液压翻转犁484台、植保机械1052台、各类播种机66台、旋耕机580台、深松机3台、设施农业机械417台、畜牧养殖机械105台。（郭　丰）

## 乡村振兴

**【产业振兴】**

结构调整　2019年，托克逊县继续调减棉花种植面积，棉花生产机械化、规模化、标准化比率由同期的30%提升到70.5%，同比增加40%。突出发展哈密瓜、杏子、葡萄及葡萄酒、设施蔬菜、红枣、特色养殖等特色产业，特色林果业发展到21.6万亩，通过嫁接、品种培育，林果提质增效面积占比达66%，特色农作物面积增长率达12%。以旅游带动产业升级，优化农业产业结构，推进农产品标准化生产。新改扩建肉羊标准化规模养殖场（小区）达到30个。已命名国家级标准化示范场2个。徽商畜牧生态园投入使用，实现牛羊育肥107.05万头（只），养殖黑羊22万只，各类牲畜存栏36.04万头（只）。培育草食畜养殖专业户2500户，育肥出栏达到1000只以上标准畜的养殖户有100户以上。

产业扶持　2019年，托克逊县农产品加工业109家（其中个体户98家），从业人员1474人，实现增加值7256万元，同比增长6.39%；利润总额2070万元，同比增长3.75%。全县农业产业化组织及合作社有457个，专业农贸市场5个，年交易额达4123万元。农户从事产业化经营增加收入825万元。

农村电商通过物流整合，打通了工业品下乡、农产品进城的上下行物流通道，累计培训电子商务5410人次，其中培训贫困户626人次，累计培育企业、个人网商110家，带动214人就业。年内，建立县级电子商务公共服务中心1个，乡镇级电子商务服务站8个，村级电子商务服务点24个，县、乡、村三级服务体系基本搭建完毕，全县农产品网销额1100万元。

乡村旅游及休闲农业　以发展农家乐和民俗旅游为重点，申报自治区级休闲观光农业示范点4家，休闲观光农业园区1家。全县休闲旅游观光农业实现营业收入991万元，同比增长4.88%，休闲农业达到12家，接待人次累计20.7万人次，同比增加14%。

发展新产业　打破城乡二元经济，推动一、二、三产业融合，鼓励和引导新型农业经营主体延长农业产业链，深加工农产品，把农业附加值留在农村内部。通过招商引资，在工业园区引进多门类企业，促进农民工工资性收入增长。2019年，农牧民人均纯收入16505元，同比增收218.73元，增幅为14.9%。农村集体年收入5万元以上的村占比100%，农业富余劳动力转移就业12086人次，完成目标任务1.2万人次的100.71%。

**【生态振兴】**

恢复农林水草生态环境　2019年，托克逊县坚持“以水定林，适地适树”原则，确定适宜树种，重点区域、村庄绿化、农田林网化完善工程所需苗木由县里统一采购免费提供。2019年完成人工造乔木林3.2万亩，其中重点区域造林8220亩、常规造林2.38万亩。

农田生态　推广有机肥代替化肥、秸秆还田替代化肥，全县化肥用量从2018年为39.5万吨（销售量）到2019年急减到34.3万吨（销售量），化肥用量下降13.18%。农作物秸秆综合利用率达36.4%。大力推广厚度和宽度合格、便于回收的农用塑料薄膜。全县农膜使用量比上年同期减少5%，废旧农膜回收率提高2%。地膜回收共239吨，回收率达73%。

畜禽粪污处理利用“种养结合”模式和“种养结合+农家肥生产模式”，大多数畜禽养殖场(户)所产生的粪污经堆沤腐熟后,就近用于自有土地或流转土地,实现粪便还田,资源化利用。至年底,规模养殖场粪污处理设施装备配套率达72.58%。通过农家肥、肥水资源化利用总量10万余吨,畜禽粪污综合利用率70%。

改善农村人居环境　中央资金投入582.74万元(其中4个示范村奖补资金200万元,其他各相关单位382.74万元),自治区资金投入243万元,市级资金投入4.68万元,县本级资金投入18682万元,自筹资金投入6500万元。

“厕所革命”。2019年需建设完成改厕任务是8977户,年内累计完成13643户,任务完成率达118.79%,其中整村推进工作需完成5220座卫生厕所建设任务,完成4692座,任务完成率达90%(涉及4个示范村、9个整村推进村)。

公厕改造。年内,全县各乡(镇)政府所在地公共厕所15座,新建3座,改建1座。8个示范村有公共厕所10座,新建3座,改建3座。乡镇卫生院8所,卫生院公厕19座,水冲式厕所14座,旱厕5座,其中夏镇、克尔碱、阿乐惠、库米什卫生院水冲式厕所接入管网。

农村中小学校厕所改造。托克逊县有33所小学,3所初中,2所九年制学校,学生总数14547人,有厕所98座,卫生厕所改造完成75座,非卫生厕所23座,卫生厕所主要是两类,分别是三格化粪池16座,水冲式(有完整下水道系统)41座,其他卫生厕所18座。

生活污水管网摸排。根据农村地理环境和人口聚集程度,实施农村生活污水处理。2019年,生活污水排入城镇管网1500户,生活污水得到处理的行政村有8个,农村生活污水处理设施有3座。

“三区分离”试点　落实生活区、养殖区、种植区“三区分离”,一户一设计,一户一方案,人畜分离,畜禽粪污资源化利用。全年有600余农户实现“三区分离”。动员全县农户开辟“我家小菜园”。

【人才振兴】

就业增收　2019年,开展各类就业培训班123期3147人次,主要包括新型农民科技、旅游餐饮、保安员、自主创业、农民合作社经营与管理、装饰装修工等培训班。实现城镇新增就业3368人,完成目标任务2800的109.4%。全县共开展职业技能培训5951人,完成全年培训任务5080人的117.15%。全县建档立卡贫困户就业1600人,完成目标任务1000人的160%。高校毕业生实际报到986人,其中就业901人,就业率91.3%。

“三支一扶”　2019年吐鲁番市安排托克逊县15名“三支一扶”大学生,经过岗前培训,全部正式上岗。依托对口援建省市柔性援疆项目,组织有创业意愿的未就业大学生参加培训。2019年吐鲁番市分配托克逊县30名高校毕业生赴湖南衡阳技师学院参加为期15天的能力提升培训。

普通话培训　年内,全县村干部在县委党校集中培训4个月,提高村干部综合素质。每周三、周四通过远程设备组织群众在村委会参加夜学,根据村民接受能力,设立快班、慢班,力争将45岁以下农民国家通用语言文字普及率达到100%。

【文化振兴】

文化惠民　年内,以“我们的中国梦——文化进万家”为主题,开展送电影、送图书下乡活动以及各类“民族团结一家亲”联谊活动,宣传习近平新时代中国特色社会主义思想、党的十九大精神、党的惠民政策以及中华人民共和国成立70周年以来祖国繁荣发展的美好景象。弘扬美德,学习楷模,推荐评选先进典型,向市文明办推选13名道德模范、9户市级文明家庭。开展志愿者服务活动

300余场次。对福利院的老人们表演慰问24场次。2019年,共开展各类文体活动500场次,共免费赠送技术、少儿读物、红色书刊、养生等各类期刊书籍1000余册,受众达2000人。

新疆历史普及教育　年内,传达党的十九大会议精神及各项惠民政策和学习新疆历史教育612场次,受教育达6.73万人次。

基层文化阵地建设　托克逊县文化活动中心项目,完成主体结构、建筑外墙装饰等工程。覆盖城乡广播电视发射塔建设项目,完成发射塔主体及花瓣膜的主骨架。全域标识牌标准化建设工程,完善怪石林景区及南湖杏花村的旅游标识牌,设计重要交通节点及高速沿线的旅游标识标牌。升级改造237套农村广播大喇叭设备。建成9座旅游厕所。

文化产品供给服务　持续开展科技大篷车进乡村送科普活动,展出各类宣传展板11块、发放科普杂志、科普挂图等科普资料2830余份,宣传群众152人次。重点开展了青少年科普文化教育,组织全县中学生参加自治区青少年科技创新大赛。2019年申报并争取吐鲁番市"基层科普行动计划"、精准扶贫专家服务行动项目5项,争取项目资金16万元。

【组织振兴】

平安乡村建设创建　2019年,全县8个乡(镇)、57个村(社区)综治中心均配备综治视联网系统,提升了县、乡(镇)、村(社区)三级综治中心信息化建设。夏镇、郭勒布依乡、伊拉湖镇、博斯坦镇、托克逊镇、克尔碱镇、阿乐惠镇创建为"自治区优秀平安乡镇"。创建平安家庭31656户,优秀平安家庭1120户,平安店铺2851家,优秀平安店铺92家。开展联勤联动巡防和联户互助活动3500余次。化解各类纠纷7300件,消除各类安全事故隐患200余起,创建"维稳双联户"单元3691个。评选表彰县级"先进维稳双联户"单元22个,涉及联户家庭259户、县级先进"联户长"22人、县级先进集体6个,共发放奖励资金25.9万元。

基层组织队伍建设　2019年,选派44名科级以上干部担任村第一书记,设立党建群团、政法综治、社会民生、经济发展和民族宗教5个工作小组,统筹326名村"两委"、650名村民代表、171民村务监督委员会成员、驻村工作队、村警务室等各支混编力量抓基层党建促乡村振兴。全年8个乡(镇)、45个村(社区)建立人民调解委员会,调解案件1750件,其中婚姻纠纷1081件、邻居纠纷163件、房屋纠纷20件、合同纠纷186件、劳动争议纠纷79件、农村土地承包经营纠纷11件,其他纠纷210件。

【乡风文明】

城乡居民安全保障　2019年,义务教育学校标准化建设达标率100%。持续消杀除"四害",排查县城总下水管道,客运站等700多个重点场所,年内完成8个小区的消杀工作。城乡居民医疗保险9万余人,参保率100%。城乡居民基本养老保险参保54070人,达到符合参保条件的96.11%,完成自治区、市级下达的95%目标任务。2019年10月1日已正式启动征收2020年城乡居民医疗保险。托克逊县各乡镇农牧民使用安全饮用水共26055户86330人,农村自来水普及率100%。

农村基础设施　2019年,托克逊县所有镇、乡、居委会、建制村均具备硬化路和通客车条件,所有镇、乡、居委会、建制村均实现路面硬化,44个建制村中,43个建制村已通客车,建制村通客车率达97.7%。无农村集体年收入"空白村"。

村容村貌改善　签订门前"五包"责任书,将农村人居环境整治纳入村规民约,动员各族干部群众清理村庄环境卫生。排查农村危房安全隐患,动员各族农牧民群众拆除存在安全隐患的危房。组织农户美化居室,收集整理杂物,厨具卫生、卧具整洁,桌椅有序、窗明几净。2019年,全县44个行政村开展春季、夏季村庄清洁行动,清理各类垃圾5.4万吨、清理村沟村塘淤泥0.8万吨、清除村内残垣断壁3200处。

村庄绿化美化　动员群众合理种植特色林果、花木、蔬菜,加强管护农田防护林带、房前屋后树木,清除林带内的枯枝和杂草,通过集中清理整治,美化、净化了村庄环境。累计完成绿化村庄造林57千米。

【存在问题】

农业产业结构调整有待提高。农产品供求关系发生变化,农业结构越显不合理。不少农户无技术、无资金、无经验,无法形成规模效应,造成投入多、产出少或产业调整后迷茫,需要政府大力引导,合理规划种植品种。

产业化程度不高。农业产业链条延伸难,农产品转化增值率低。龙头企业存在等、靠、要思想,企业小、散、乱,重复建设严重,带动示范作用小。新型经营组织发展不规范,社会化程度低。

信息化程度相对滞后。农业生产缺乏及时、充分的农业生产技术、农业产品市场需求及产业动态等方面的信息指导和服务,农民靠经验吃饭,无抵御市场风险能力。

畜禽养殖方式总体落后。畜禽养殖仍是以散养为主,规模化养殖程度低,科学饲养水平偏低,同时吐鲁番黑羊总量不大,扩大种群速度较慢,急需政策扶持。养殖贷款额度少、期限短、利息高,不便农牧民资金周转。动物防疫防控形势严峻,畜禽规模化、标准化养殖发展速度缓慢。畜产品产业链较短,以活畜外销为主,畜牧产业化经营程度低。饲草连片种植和销路短缺,需要寻找大户或合作社订单合作,确保销售。

生活垃圾基础处理设施不足。由于垃圾处理设施不足,资金投入量大,村里缺乏能力建设,影响了农民处理生活垃圾的方式。

村民意识提升慢。受长期以来受传统习惯和落后观念的影响,村民公共卫生意识和环境保护意识改变较慢,生活污水乱排乱倒,垃圾乱丢,粪污乱排,农药乱用,院内堆放秸秆,房屋建新不拆旧等现象还时有发生。

人力资本短缺,综合素质不高。随着工业化和城市化发展,尤其是近年来中泰、圣雄等国有企业入驻托克逊县后,大批中青年农民进城打工,农村人力资本短缺,乡村队伍因为年龄偏大,无论是在知识更新速度、接受新事物能力还是发展视野等方面,都具有一定的局限。乡村人力资本短缺、综合素质不高等问题,使得乡村振兴战略各项政策的落实以及各项工作的开展缺少有力的支撑。

乡村人才培养机制不健全。乡村振兴人才队伍建设缺乏后劲。人才培养上,不能充分考虑受众群体的接受能力与理解能力,使培养工作流于表面。

基层工作能力有待提高。面对文化工作的新形势、新任务,干部在思想观念、自身素质等方面还不能完全适应。基层文化建设发展不均衡,吸引力不强,也缺乏应有的影响力。　　(郑　丹)

## 农村合作经济经营管理

【概况】　托克逊县农村合作经济经营管理局主要承担监督管理农牧民减负、土地承包管理、农村集体资产财务与资产管理和农村财务审计,指导农民专业合作经济组织建设和农业社会化服务体系建设,农村收益分配统计等工作。局内设行政、审计、统计、土地承包等办公室。2019年,有在职干部11人,其中女性6人、少数民族9人。

【农村经济发展】 2019年，全县参加农村经济收益分配的一乡五镇(郭勒布依乡、夏镇、伊拉湖镇、博斯坦镇、库米什镇、克尔碱镇)，44个行政村，总人口86736人。农村经济总收入预计205877万元，同比增加14438万元，同比增长7.54%。可分配净收入总额146402万元，同比增长14.9%。农民人均纯收入预计16879元，同比增加2189元，增长14.9%。

【土地确权颁证】 2017年托克逊县被定为自治区农村土地承包经营权确权登记颁证整县推进试点县，农村土地承包经营权确权登记颁证任务共有6个涉农乡镇44个行政村17573户农户。2018年11月基本通过自治区验收，数据汇交自治区，农村集体土地确权实测面积30.22万亩，其中家庭承包地合同面积17.23万亩。2019年5月，托克逊县在郭勒布依乡硝尔村举行农村土地承包经营权证首发仪式推进会，现场为郭勒布依乡硝尔村70户农民颁发土地承包经营权证证书。年底，信息核查完成16793户，占确权总数的95%，证书导出12599户，占确权总数的71%，颁证农户共604户，占确权农户数的3%，分别是夏镇大地村88户、郭勒布依乡硝尔村238户和伊拉湖镇康喀村278户。

【农村集体资产与财务管理】

为规范管理和监督农村集体资金、资产和资源，完善规范村级财务管理，统一使用中农兴达三资财务软件。2019年，统计全县8个贫困村发展壮大村集体经济工作完成情况。8个贫困村发展壮大村集体经济收入预计收入199.59万元，入账83.86万元，未入账115.73万元，入账率42%。

【农民合作社培育管理】 2019年，全县459家农民专业合作社(夏镇90家，郭勒布依乡82家，伊拉湖镇72家，博斯坦镇91家，克尔碱镇21家，库米什镇7家，阿乐惠镇2家，城镇29家，畜牧养殖小区65家。按产业化分畜牧业225家，林果业74家，种植业64家，农机服务业24家，手工业53家，服务业19家)，注册资本55292.68万元。2018年培育的可热木巴巴果蔬种植农民专业合作社获2019年国家级优秀示范社。

年内，托克逊县严格按照创建要求筛选出组织机构健全、运行机制规范、财务管理规范，经营效益突出、产品质量安全、社会声誉良好，符合条件的董双双农民专业合作社、沃土种植农民专业合作社和农益园林种植农民专业合作社进行申报。在全县8个贫困村选出8个农民专业合作社作为吐鲁番市示范社进行培育指导。

专项清理农民专业合作社"空壳社"，组织清理整顿种植业农民专业社问题，其中无农民成员实际参与的合作社27家，无实质性生产经营活动的合作社78家，因经营不善停止运行的合作社60家，165家"空壳社"均按要求清理。注销20家未生产、经营的"僵尸"合作社。

组织26名合作社理事长到吐鲁番参加1天培训；秋龙果蔬种植合作社、绿色故乡林木合作社、皇家坎种植合作社理事长分别参加昌吉、新疆农大相关培训。

【土地流转】 托克逊县农村土地经营权流转还处于探索发展阶段。2019年，全县家庭承包耕地流转面积为6416.4亩，其中家庭承包耕地流转到农户面积为3491.6亩、流转给合作社350亩、流转到企业2244.8亩、流转到其他主体的面积为330亩。占全县家庭承包耕地面积的3.72%，共涉及农户1194户。流转的家庭承包耕地种植西甜瓜2207.1亩、林果2672.27亩，其他作物面积1537亩。

【农村集体产权制度改革】

农村集体资产清产核资 托克逊县产权制度改革领导小组统一部署指挥清产核

资工作,各乡镇、村为实施主体。2019年1月,托克逊县引进新疆永佳会计事务所做为第三方指导服务全程指导审核把关。县农经局协调会计师事务所全程指导清产核资工作。全县农村资产清产核资45个行政村,264个核算单位,其中夏镇12个村(78个核算单位)、郭勒布依乡11个村(69个核算单位)、伊拉湖镇8个村(44个核算单位)、博斯坦镇9个村(68个核算单位)、克尔碱镇3个村(3个核算单位)、库米什镇2个村(2个核算单位),2019年5月31日之前清查数据录入到全国农村集体资产清产核资管理系统中,并通过系统网上核查。8月,通过上级有关部门清产核资验收,取得自治区级验收组抽查评定优秀成绩。

农村集体资产产权制度改革　托克逊县农村集体产权制度改革确认农村集体经济组织成员身份,产权改革6个试点村完成成员身份确认、股权设置、资产量化工作,选举产生了首届股东代表、理事长、监事长,召开股东代表大会、理事会、监事会,通过《股份经济合作社章程》,完成全国农村集体经济组织登记赋码管理系统的网上登记工作。截至年底,全县申请成立股份经济合作社的有6家,分别是夏镇布拉克贝希村、郭勒布依乡硝尔村、伊拉湖镇康喀村、博斯坦镇琼帕依扎村、克尔碱镇克尔碱村、库米什柯尔克孜铁米村。自治区检查组抽查验收伊拉湖镇康喀村、博斯坦镇琼帕依扎村2个试点村取得优秀成绩。　（务喜英）

## 农业技术推广

【概况】　托克逊县农业技术推广服务中心(以下简称农技中心)下设办公室、财务室、栽培站、土肥站、植保站5个科室。有10个示范田,共700亩。2019年,农技中心有干部职工24人,其中技术人员有21人(高级职称14人、中级职称6人、助理1人);女生12人,少数民族19人。

【园艺栽培示范服务】

设施蔬菜示范　2019年,为推动全县农业标准化生产,实现“设施农业”精耕细作,县农技推广中心依托科技示范基地分别在夏镇、郭勒布依乡、伊拉湖镇、博斯坦镇建立5个设施蔬菜标准化种植示范田和5个精品哈密瓜标准化种植示范田。2019年,科技示范棚中番茄效益基本保持在1.8万元左右。

哈密瓜种植技术服务　分别在夏镇、郭勒布依乡、伊拉湖镇和博斯坦镇建立精品哈密瓜示范田500亩,在哈密瓜生产的各个重要时期深入田间地头开展技术指导和培训,现场解决农民反映的问题。2019年,开展精品哈密瓜农民培训35期,参训847人次。完成全县种植精品哈密瓜1.5万亩。

【新品种试验示范推广】

试验示范　7个品种的哈密瓜比较试验与示范;5个品种的温室番茄比较试验与示范;花生新品种“花育9610”栽培与示范;露地甜瓜化肥减量示范。

技术推广　孜然高产栽培技术推广1万亩;花生高产栽培技术推广1600亩;哈密瓜套种洋葱技术推广500亩。

对比试验　设施番茄新型肥料对比试验。

【植物防治保护】

农作物病虫害综合防治　2019年,托克逊县各种农作物病虫草鼠害轻发生面积4.08万亩,防治面积4万亩,防治处置率98.16%,其中烟粉虱发生面积750亩,防治面积750亩,防治处置率100%,防效96%,发生程度中度;温室病虫害发生面积1250亩,防治面积5000亩;大田西甜瓜病虫害发生面积3300亩,防治面积3300亩;室内花卉防治3.79万盆;应冻棚2364座,已冻棚2293座;林区亚洲飞蝗爆发生面积

3000亩次，指导防治5000亩次；发放鼠夹500个、溴鼠灵毒饵5000千克、毒饵盒1000个。防治农田2万亩，涉及农户5000户。

重大植物疫情普查和植物检疫为有效降低危险性病虫害传入托克逊县的风险，根据自治区植保站和市农技中心的统一安排，先后开展了苹果蠹蛾、马铃薯甲虫、黄瓜绿斑驳病毒病、葡萄根瘤蚜、梨枯枝病等检疫性有害生物的调查，分别在阿乐惠镇、郭勒布依乡、克尔碱镇设立刺萼龙葵、苹果蠹蛾、马铃薯甲虫定点监测点，全年开展定点调查36次。农田统一灭鼠面积2万亩，灭鼠效果达到85%。利用害虫性诱剂消灭烟粉虱、蝗虫、棉蚜等重大病虫害。同时，产地检验全县种植的3.3万亩哈密瓜，未检出有害生物。

绿色防控示范　按照项目要求在夏镇、郭勒布依乡、伊拉湖镇、博斯坦镇建立长期稳定的农业科技试验示范基地9个，每个乡镇选取40个示范棚，共160座温室蔬菜。主要是设施农业示范基地、精品哈密瓜基地和葡萄标准化生产基地。建立设施农业农作物病虫害绿色防控示范区400亩，其中博斯坦镇200亩、伊拉湖镇100亩、郭勒布依乡100亩；大田哈密瓜春季绿色防控示范区1500亩，秋季绿色防控示范区500亩。

分别在郭勒布依乡萨依吐格曼村、博斯坦镇吉格代村哈密瓜大田和设施农业建立农药减量控害试验示范区。采用“深耕晒垡+物理诱杀+微生物菌剂+生物制剂+增效剂+药剂减量”的绿色防控技术模式示范。在农区蝗虫建立绿色防控与统防统治融合示范区，郭勒布依乡萨依吐格曼村、伊拉湖镇郭若村和依提帕克村采用“生态控制+生物农药+高效低毒低残留农药”防治模式统防统治。

通过物理、农业技术，化学防治的综合技术，选取生物农药或高效低毒低残留农药防治，降低病虫害基数、避免产生病虫害适宜的发生环境，防治温室蔬菜、大田哈密瓜病虫害，示范区内病虫害零星发生，降低了农药使用量并达到减量增效的目的。

**【化肥减量增效和调查】** 2019年，全县大力推有机肥及秸秆还田替代化肥、有机肥替代化肥等措施，化肥用量逐年减量，年比上年减少1001吨。通过不同区域，不同地力条件，作物单位面积施肥标准等，开展春提早温室西红柿化肥减量试验100亩，示范田内增施有机肥每亩240千克，减少化肥施用量71千克，亩用量比非实施区减少27.8%。大田甜瓜化肥减量示范面积500亩，示范田内增施有机肥每亩50千克，减少化肥施用量10.83千克，亩用量比非实施区减少23.5%。开展肥料市场调查2次，主要调查肥料的种类、价格和有无假冒伪劣的肥料，及时报请农业执法部门处理。

**【推广补助项目】** 2019年，托克逊县中央农技推广补助项目4项，总资金116万元，分别是2018年托克逊县基层农技推广体系改革与建设补助项目71万元、2019年托克逊县基层农技推广体系改革与建设2个补助项目共35万元、2019年托克逊县中央财政农作物病虫害防治项目10万元。项目资金主要用于科技示范户物化补助、绿色防控、农民技术培训等。补助项目用于农技推广服务、设施农业、哈密瓜示范户、建档立卡贫困户补助和绿色防控和农民技术培训。至年底，示范基地建设、示范户、绿色防控等任务完成。

物化补助。全县科技示范户物化补助767户，发放大棚膜、哈密瓜生物有机肥、根菌肥、葡萄园架式建设（水泥柱和铁丝）补助。物化补助共59.24万元，其中建档立卡贫困户377户物化补助30.71万元、农技示范户390户物化补助28.53万元。

绿色防控。夏镇、郭勒布依乡、伊拉湖镇、博斯坦镇4

个乡(镇)共投入38.74万元,分别用于安装太阳能测报灯、病虫害绿色防控、施肥等。

【科技培训】 2019年,农技中心利用冬季农闲时节深入各村集中开展农业技术理论培训,农忙季节深入田间地头召开现场会,手把手教农作物种植管理技术和方法,解决农民生产中的实际问题。全年聘请吐鲁番市农技中心、林果中心皇家瓜园8名专家培训专业技术人员267人次。农民现场培训、集中培训累计343场次,其中现场会270场次,县级培训3场次,专业技术人员培训3场次,村级培训67场次,完成培训4.58万人次,发放哈密瓜栽培技术、设施蔬菜栽培技术、花生栽培技术、露地韭菜栽培技术及农作物病虫害防治宣传材料5.8万份。全年技术培训投入3万元。

(阿尔孜古丽·热克甫 苏含明)

## 农村广播电视培训

【概况】 新疆农业广播电视学校托克逊县分校(以下简称农广校)内设教务科、培训科、财务科、办公室4个科室,主要职能是开展成人学历教育,农牧民实用技术培训。2019年,农广校有教职工6人,其中高级职称2人,中级职称1人;女性3人,少数民族5人。

【农牧民培训】 年内,县农广校围绕全县农业产业结构调整开展实用技术和科技培训,推进培训教师和人才培养进村,2019年吐鲁番市农广校承接自治区农广校分行业新型职业农民示范培育培训工作,承办培育培训分行业新型职业农民果树专业00人,县农广校承办其中0名行业新型职业农民示范培训工作,全年农牧民实用技术培训33场次。利用地区现代农业示范中心多媒体或现场讲解等形式多次开展科技之冬培训,聘请新疆农业大学园艺学院教授授课,主要内容有林果业、设施农业培训,培训温室蔬菜与整地、施肥、土壤消毒,病虫害防治后期管理技术等田间管理,还在夏镇铁提尔村、奥依曼买里村开展新型职业农民的实践教学和跟踪服务工作,参训850人。科技书屋发放科技书籍1020册。

【教学工作】 2019年,严格执行教学计划,确保学习时间、内容和教学效果,使理论与实践结合、专业技术与生产实际结合,提高教师的教学和管理水平以及学员的专业技能和理论水平。在声像教学基础上,加强学员自学指导和管理,组织学员到生产第一线实习。2019年,49名果蔬花卉生产技术专业的学生毕业。

(肉克亚木·买苏提)

# 工 业

GONGYE

## 综 述

【工业经济】 2019年，全县规模以上工业实现总产值162.97亿元，2000万以上工业增加值50.17亿元，同比增长6.7%，完成全年任务的102.3%。2019年升规5家企业，分别是托克逊县始昌热力有限责任公司、托克逊县疆运电力器材有限责任公司、托克逊县龙泉煤矿、托克逊县新创源新型建材有限责任公司、托克逊县合力预拌混凝土有限公司。

【工业经济运行监测】

企业节能减排、节水 督促能耗超标企业新疆圣雄电石有限公司整改，并实时监测，组织46家规上企业申报节水型企业创建工作。

落实惠企政策 2019年，争取上级各类资金340万元，其中纺织服装产业专项补贴资金115万元，自治区节能减排专项补贴资金100万元，自治区绿色体系制造奖励资金30万元，电商发展专项资金95万元。

**2019年托克逊县规模以上工业企业财务指标一览表**

表4 单位：个、万元

| 指标名称 | 2019年 |
|---|---|
| 企业数 | 46 |
| 其中：亏损企业数 | 15 |
| 主营业务收入 | 1669929.7 |
| 主营业务成本 | 1348971.3 |
| 主营业务税金及附加 | 38406.9 |
| 利润总额 | 103784.5 |
| 应收账款 | 313676.8 |
| 应缴增值税 | 55438.7 |
| 资产合计 | 4324030.9 |
| 其中：产成品 | 35842.2 |
| 负债合计 | 3268331.9 |

说明：年销售收入2000万元以上的工业企业财务指标

**2019 年托克逊县规模以上工业增加值增长速度一览表(按现价计算)**

表 5　　　　单位:%

| 指标名称 | 2019 年 | 2018 年 |
|---|---|---|
| 规模以上工业分行业增加值 | 8.7 | 9.9 |
| 采掘业 | — | — |
| 煤炭开采和洗选业 | 13.68 | 19.8 |
| 非金属矿采选业 | 0.79 | -37.4 |
| 开采辅助活动 | 0.22 | -33.8 |
| 制造业 | — | — |
| 农副食品加工业 | 0.01 | -90.2 |
| 酒、饮料和精制茶制造业 | 0.07 | -46.9 |
| 石油加工、炼焦和核燃料加工业 | 0.76 | 3.0 |
| 化学原料和化学制品制造业 | 21.69 | 9.4 |
| 橡胶和塑料制品业 | — | -100 |
| 非金属矿物制品业 | 2.42 | 12.8 |
| 黑色金属冶炼和压延加工业 | 0.21 | 54.6 |
| 电气机械和器材制造业 | 0.18 | -100 |
| 电力、热力、燃气及水生产和供应业 | — | — |
| 电力、热力生产和供应业 | 9.16 | 6.2 |
| 燃气生产和供应业 | 0.4 | 6.6 |

说明:规模以上工业是指年销售收入 2000 万元以上的工业企业

# 能源重化工工业

**【概况】** 托克逊工业园区为自治区级工业园区,全额事业单位,园区内设 1 室 4 部(党政办公室、经济合作发展部、土地规划部、建设环境保护部、财政核算部)。2019 年共有职工 18 名(其中管理岗为 15 名,工勤岗位 3 名)。

**【园区规划和产业发展】** 工业园区总体规划为"一园四区"(核心工业园、黑山—克布尔碱产业区、红岭产业区、库米什多金属产业聚集区、中核金正循环经济产业区),还有圣雄同心工业园和伊拉湖产业园两个企业自办园区。

园区发挥"资源富地、成本洼地、产业高地、交通汇集地"优势,按照自治区"工业园区化、园区产业化、产业集群化"和"布局集中、用地集约、产业集聚”的要求，把投资作为拉动经济增长的主动力，通过建设“园中园”突出发展特色，产业转型升级，相继引进中泰化学、中国神华、中国兵器、湖北骆驼、华天陶瓷等一批有实力、管理水平较高的大集团、大企业入驻园区，初步形成了煤电、现代煤化工、无机盐化工、新型建材、先进装备制造、纺织服装加工和再生资源（城市矿产）回收七大产业体系。

**【工业产值】** 2019年，入园企业67户（含煤矿），其中规上企业31家，产业工人超过1.2万人，少数民族员工占30%。园区完成工业总产值151.41亿元，完成工业增加值46.24亿元。

**【固定资产投资】** 全年，园区固定资产投资完成43.49亿元，同比增长15.81%；其中中泰高性能树脂、天雨煤化、神华煤矿、圣雄露天矿、盘吉煤矿、骆驼再生铅等重点工业项目累计完成投资39.99亿元，占投资总数的91.95%；圣雄、中泰绿色建材厂电石渣、圣雄能源股份煤电一体化项目等20个项目完成3.5亿元。

**【重点项目建设】**

中泰高性能树脂项目 2019年11月12日开车运行，配套的绿色建材厂电除尘改造和窑头窑尾改造工程完成。

天雨煤化工项目 兰炭主装置及新增储运设施完成中交。

骆驼集团新疆再生资源有限公司年处理16万吨废旧铅酸蓄电池项目 已投产。

托克逊县西润农业科技有限公司滴灌带项目 试生产。

新能集团洁净煤项目 纳入国家煤炭深加工产业示范“十三五”规划。

焦油制氢、加氢装置各厂房及建构筑物土建工程 施工完成，工艺设备安装完成。

新疆中泰新材料股份有限公司煤基新材料升级示范项目 可研、工艺设计前期工作完成，项目纳入《现代煤化工产业创新发展布局方案》等相关规划。

托克逊能源重化工工业园区污水处理厂项目 完成环保竣工预验收、消防验收、工程验收，厂区绿化工程完成2万平方米，完成中央环保督察整改八十四、八十六销号工作。生产型企业21家全部接入排水主管网。

**【设施建设】** 年内，建材产业园基础设施建设项目开工建设；伊拉湖循环经济产业园供排水及配套市政基础设施建设项目PPP前期手续推进，环评已委托编制；园区新建35千伏双回公用线路和10千米10千伏线路改造项目完工，可满足建材产业园和再生资源产业园新入园企业用电需求；中泰化学工业固废处理场扩建项目将上报自治区审批；协调解决华天第二水源供水管线和新创源生产用气，保障丝路兴达生产电源供应，保障企业生产运行要素。

**【安全生产监管】** 年内，按照11类重点场景无感知安检设备安装及网络接入工作要求，督促中泰、华电、骆驼3家企业完成设备安装及网络接入工作。加大检查指导，蹲点跟踪督促落实。2019年园区累计发现问题隐患250余个，下发整改通知书19份。协调处理各类信访案事件43起，涉及1046人2651万元，妥善处理12起网络信访事件，涉及169人258.3万元。

（李纪东 任苗利）

## 2019年托克逊县园区企业基本情况一览表

表6

| 规上企业(31家) | | | | |
| --- | --- | --- | --- | --- |
| 企业名称 | 企业性质 | 生产规模 | 生产产品 | 2019年产值(万元) |
| 新疆中泰化学托克逊能化有限公司 | 规上 | 110万吨电石、2×33兆瓦火电、30万吨高性能树脂、22万吨烧碱、180万吨水泥 | 电石 | 315004.6 |
| | | | 石灰 | |
| | | | 火力发电 | 1403.7 |
| 新疆华电吐鲁番发电有限责任公司 | 规上 | 2×13.5万千瓦火电 | 火力发电 | 13106.7 |
| 托克逊县盛疆矿业有限公司 | 规上 | — | 煤炭开采辅助 | 6549.7 |
| 新疆天鹏炭素有限公司 | 规上 | 20万吨电极糊 | 石墨及炭素制品 | 29822.1 |
| | | | 焦炭 | — |
| | | | 焦油 | — |
| 托克逊县金林实业有限公司 | 规上 | 年产100万吨兰炭配套80万吨石灰项目 | 焦炭 | 23835.3 |
| | | | 石灰 | 0 |
| 新疆黑山煤炭化工有限公司 | 规上 | — | 焦炭 | 22471.5 |
| | | | 火力发电 | — |
| 新疆圣雄焦化有限公司 | 规上 | — | 石灰 | 0 |
| 吐鲁番盛泰矿业开发有限公司 | 规上 | — | 石灰石 | 225.1 |
| 吐鲁番雪银金属矿业股份有限公司 | 规上 | 日处理2000吨选矿 | 铜金属含量 | 1181.8 |
| | | | 硫铁矿石 | — |
| | | | 锌金属含量 | 254.1 |
| | | | 钨精矿($WO_3$65%) | 6208.9 |
| | | | 硫酸 | 86.9 |
| | | | 硫酸渣 | — |
| 新疆长乐锰业有限公司 | 规上 | 4万吨规模合金 | 硅锰合金 | 10429.7 |
| 托克逊新捷能源有限公司 | 规上 | 天然气运输及供应 | 天然气供应 | 13030.1 |
| 托克逊县中泰化学盐化有限责任公司 | 规上 | — | 原盐 | 3377 |
| 吐鲁番天宝混装炸药制造有限公司 | 规上 | 混装乳化炸药 | 混装炸药 | 3343.8 |

续表 6

| 企业名称 | 企业性质 | 生产规模 | 生产产品 | 2019 年产值（万元） |
| --- | --- | --- | --- | --- |
| 新疆方脉矿业有限公司 | 规上 | 年产 30 万吨彩虹铜 | 铜金属含量 | 758.6 |
| | | | 锌金属含量 | 1070.4 |
| | | | 铅金属含量 | — |
| 托克逊县华帝服装有限责任公司 | 规上 | 年产 100 万套服装 | 服装 | 4091.6 |
| 新疆新华环保科技有限公司 | 规上 | 20 万吨活性炭 | 活性炭 | 5403.2 |
| 托克逊县新业矿业有限责任公司 | 规上 | — | 石灰石 | 8348.4 |
| 骆驼集团新疆蓄电池有限公司 | 规上 | 400 万千伏安电池 | 蓄电池 | 8514 |
| 托克逊县华天瓷业有限公司 | 规上 | 一期 450 万平方米瓷砖，二期 450 万平方米正在建设 | 瓷砖 | 7827 |
| 神华新疆托克逊矿业有限责任公司 | 规上 | 400 万吨 | 原煤 | 146453.3 |
| 新疆黑山露天矿有限公司 | 规上 | 200 万吨 | 原煤 | 45809.9 |
| 新疆吐鲁番金马能源开发有限责任公司 | 规上 | — | 原煤 | 7162.5 |
| 托克逊县雨田煤业有限责任公司 | 规上 | — | 原煤 | 22458.6 |
| 新疆同泰煤业有限公司 | 规上 | — | 原煤 | 7654.8 |
| 托克逊县露天煤矿有限公司 | 规上 | — | 原煤 | 1499.1 |
| 托克逊县润北矿业有限公司 | 规上 | — | 原煤 | 0 |
| 托克逊县博斯坦煤业有限公司 | 规上 | 60 万吨/年 | 原煤 | 1628.3 |
| 新疆圣雄电石有限公司 | 规上 | 2×300 兆瓦火电，50 万吨 PVC，40 万吨烧碱、60 万吨烧碱、120 万吨电石、180 万吨水泥 | 电石 | 225167.4 |
| | | | 石灰 | 863.2 |
| | | | 焦炭 | 5855.1 |
| | | | 焦油 | — |
| 新疆圣雄氯碱有限公司 | 规上 | | PVC | 292630.2 |
| | | | 盐酸 | 121.8 |
| | | | 烧碱 | 67385.6 |

续表6

| 企业名称 | 企业性质 | 生产规模 | 生产产品 | 2019 年产值(万元) |
|---|---|---|---|---|
| 新疆圣雄能源股份有限公司 | 规上 | — | 火力发电 | 105872.6 |
| | | | 原煤 | 57612.9 |
| | | | 蒸汽 | — |
| 新疆圣雄水泥有限公司 | 规上 | | 水泥 | 29961.4 |
| | | | 水泥熟料 | — |
| **年底入规(2家)** | | | | |
| 托克逊县疆运电力器材有限责任公司 | 规上 | 年产10万根水泥电杆及配件项目 | 电线杆 | — |
| 托克逊县新创源科技材料有限公司 | 规上 | 年产30万立方米加气块 | 加气块 | — |
| **规下及在建、停产(34家)** | | | | |
| 吐鲁番绿翔岩棉有限公司 | 规下 | 年产6万吨岩棉 | 岩棉 | — |
| 新疆七色花涂料有限公司 | 规下 | 年产5000吨涂料 | 涂料 | — |
| 托克逊县宇昇印刷有限公司 | 规下 | 年产660万平方米纸箱 | 纸箱 | — |
| 托克逊县金龙建材有限公司 | 规下 | 年产5万吨膨润土系列产品深加工项目 | 膨润土 | — |
| 托克逊县安信资源综合利用有限公司 | 停产 | 年处理2万吨烟道灰 | 烟道灰 | — |
| 吐鲁番天合光能有限公司 | 停产 | 年产150兆瓦高效太阳能组件生产项目 | 光伏组件 | — |
| 托克逊县瑞祥矿业有限公司 | 停产 | 年处理4.5万吨多金属资源回收选矿 | 金属回收 | — |
| 吐鲁番金风科技有限公司 | 停产 | 年产100兆瓦风电机组项目 | 风电机组 | — |
| 托克逊县中车永电能源装备有限公司 | 停产 | 年产100兆瓦风机转子项目 | 风电机组 | — |
| 新家园高清材料科技发展有限公司 | 停产 | 年产120万吨石灰、1.8亿块免烧砖项目 | 石灰、免烧砖 | — |
| 新疆林炭新材料科技发展有限公司 | 停产 | 年产6万吨石油焦石墨化 | 石油焦 | — |
| 托克逊县绿翔管道有限公司 | 停产 | PVC、PE管件及玻璃钢管 | PVC管 | — |
| 托克逊县崇盛欣源有限公司 | 在建 | 年产5000吨抗车辙剂 | 抗车辙剂 | — |
| 骆驼集团新疆再生资源有限公司 | 规下 | 年处理16万吨废铅酸蓄电池 | 回收铅 | — |
| 新疆盛泰纺织有限公司 | 在建 | 年产4.6万吨无纺布项目 | 无纺布 | — |

续表 6

| 企业名称 | 企业性质 | 生产规模 | 生产产品 | 2019 年产值（万元） |
|---|---|---|---|---|
| 新疆中亚盛泰环保科技有限公司 | 在建 | 年产 10 万吨废旧瓶片料回收制涤纶纤维项目 | 涤纶纤维 | — |
| 托克逊县丝路兴达绒毛纺织有限公司 | 在建 | 年 5000 吨羊绒深加工项目 | — | — |
| 新疆业泰水泥有限公司 | 停产 | 3000 吨/天新型干法水泥生产线 | 水泥 | — |
| 新疆新鼎水泥有限公司 | 停产 | 2500 吨/天熟料水泥生产线 | 水泥 | — |
| 托克逊县康为实业有限公司 | 在建 | 年产 8000 吨 H 单酸钠盐 | — | — |
| 托克逊县远成矿业有限公司 | 停产 | 年产 100 万吨型焦 | — | — |
| 托克逊县银风科技有限公司 | 在建 | 年产 500 套垂直轴风机 | — | — |
| 托克逊县昌盛矿业有限公司 | 在建 | 年产 30 万吨富锰渣，建设规模年产 30 万吨 | — | — |
| 新疆雅钧硅业有限公司 | 停产 | 年产 5 万吨金属硅 | — | — |
| 新疆神禾华投资有限公司 | 停产 | 年处理 4 万吨宝玉石加工 | — | — |
| 吐鲁番泰越建材有限公司 | 规下 | 年产 6 万吨岩棉 | — | — |
| 托克逊县西润农业科技有限公司 | 在建 | 5000 吨/年滴灌器材及 2000 吨/年农用地膜建设项目 | — | — |
| 托克逊县振坤物流有限公司 | 规下 | 年 500 万吨货运量 | — | — |
| 新疆能源集团托克逊洁净能源多联产一期工程热解项目 | 新建 | 规划建设年处理 300 万吨原煤，联产 35 万吨/年煤焦油加氢，生产兰炭、1#轻质油、2#轻质油等产品（新建） | — | — |
| 中泰集团天雨煤化工有限公司 | 在建 | 年 500 万吨煤质分解项目（在建） | — | — |
| 托克逊县陇新化工有限公司 | 停产 | 年产 5000 吨金属锶项目（已建成） | — | — |
| 托克逊县新轴混凝土有限公司 | 规下 | — | 混凝土 | — |
| 托克逊县合力预拌混凝土有限公司 | 规下 | — | 混凝土 | — |
| 托克逊县盛泰建材有限公司 | 停产 | — | 混凝土 | — |

# 煤炭工业

【概况】 黑山矿区隶属于克尔碱镇行政区划范围内，位于省道103线85—54千米处，总面积75平方千米，距离通沟村委会约9千米，距离托克逊县城140千米，距离乌鲁木齐市70千米。托克逊县黑山矿区管理委员会成立于2018年7月，其前身为托克逊县黑山矿区开发指挥部，为托克逊县政府派出临时部门，由托克逊能源重化工工业园区管委会代管。办公阵地建成于2008年，位于省道103线55千米处东侧，建筑面积1500平方米，含办公室、档案室、宿舍、厨房、餐厅、库房等，内设管委会综合办公室。黑山矿区管委会有工作人员18名，其中党委书记1名、县工业园区派驻干部1名、借调干部2名，通过劳务派遣工作人员14名(办公室1人、联防9人、司机2人、厨师2人)，管理企业37家，黑山矿区主要资源为煤炭，资源储量约19.59亿吨。

2019年，黑山矿区37家企业缴税4.79亿元，其中增值税1.78亿元，企业所得税9713万元，其他税收约2.04亿元。

【矿区建设】 黑山矿区主体矿区为新疆托克逊县肖尔布拉克梯匈沟矿区，总面积75平方千米。无常驻人口，流动人口为4800余人，由汉族、回族、维吾尔族、蒙古、哈萨克等民族构成。矿区有商户87户，其中餐饮类商户34户，住宿类宾馆3家，超市商贸类13户，居民服务类37户。矿区承运物流公司43家，承运车辆约1500余辆。国营企业11家、民营企业20家。拥有独立法人企业31家。

【经济发展】 2019年，黑山矿区完成工业总产值42.2亿元。矿区有煤炭企业4家，产业工人4800余人，少数民族员工占20%。

*矿业* 4家公司，其中1家停产。神华新疆托克逊矿业有限责任公司下属施工单位11家；新疆圣雄能源股份有限公司托克逊县黑山矿区露天煤矿下属施工单位3家；新疆黑山露天矿有限公司；亿丰矿业停产。3家矿业2019年国内生产总值25亿元，剥离量9806万立方米，采煤量1240万吨，销售量约1221万吨。

*加油站、加气站* 有银海加油站、中石油黑山加油站、中石化黑山加油、新捷黑山加气站共4个。2019年，国内生产总值5.9亿元。

*爆破* 葛洲坝易普力新疆爆破工程有限公司黑山分公司，下属钻机队企业3家；吐鲁番天宝混装炸药制造有限公司；安顺达爆破公司。2019年，生产总产值5.13亿元。

*煤化工企业* 有新华环保科技有限公司、黑山煤化工和托克逊县金林实业3家企业。2019年，生产总值5.2亿元。

*矿区洗煤厂* 托克逊县宁疆工贸。2019年，生产总值2555万元。

*煤炭交易公司* 有新宇佳晟公司、鹏坤锦程公司、汇天力公司、玉疆运输公司、华海金瑞公司、汇亿源商贸公司、煤炭交易中心6号煤厂等。2019年，生产总值6489万元。

【安全生产】 年内，每日督导巡查各企业，重点检查安全生产、消防安全、环境卫生等。全年黑山管委会对矿区企业安全生产、消防、检查372次，共查出隐患515条，现场整改323条。下发整改通知书192份，全部整改完毕。

【环境整理】 2019年，矿区管委会动员环境卫生整治，各企业清理周边垃圾、55千米处至62千米处周边陈年废旧垃圾，共清理约1300余吨废旧垃圾，生活垃圾运往托克逊县垃圾处理站集中处理。年内，与众安环保有限公司协

议，于103省道58千米处修建垃圾中转站。 （马雪良）

## 电力工业

**【概况】** 国网托克逊县供电公司设置有综合管理部、财务资产部、安全监察部、党建部（宣传部）、配电营销管理部、发展建设部6个职能部室，下设城区、夏镇、博斯坦、伊拉湖、郭勒布依、克尔碱、阿乐惠、库米什8个供电所和营业班、高压供电服务班、配电运检班、物资供应班、带电作业班5个专业班组。

2019年，公司有员工83人，长期在岗职工56人，供电服务公司直签工25人，供电服务公司派遣工1人，集体企业员工1人，职工平均年龄40.3岁。

**【电网设备】** 托克逊县区域内220千伏变电站4座，110千伏变电站7座，35千伏变电站14座。2019年，公司所辖配网10千伏线路共82条，线路总长1899.87千米，其中10千伏公用线路61回，线路总长1435.62千米；专用线路21回，线路总长464.25千米。所辖400伏线路896条，线路长1030.405千米。10千伏配变共2673台，容量共411.694兆伏安。其中10千伏公用配变901台，容量为128.836兆伏安；10千伏专用配变1772台，容量为283.458兆伏安。用电户数52928户，供电面积16171.47平方千米。

**【经济指标】** 2019年，完成售电量25.48亿千瓦时，较同期增加4.14亿千瓦时，增长率19.4%，电费回收率100%。

**【安全生产】**

安全防范　截至年底，实现跨年度连续安全运行6763天，年内安全运行365天。公司安全生产保持稳定，未发生一般及以上安全事故，实现了安全总体目标。

危及重要用户用电检查及隐患排查　2019年，普查辖区683个台区，共普查电力客户4.06万户。对党政机关、人民医院、煤矿企业、牵引站、中泰圣雄大型工矿企业等20户重要电力用户，开展周期安全用电服务，累计排查电力隐患70条，整改52条，促进了重要电力用户的安全用电。

安全巡查和人员保障　结合春秋季安全大检查、安全生产月、安全巡查、隐患专项排查治理等活动排查三线搭挂、拉线伤人、跨越距离不足安全距离等15类触电隐患25条。年内，修改应急预案18份，签订各类安全责任书38份，组织安全警示教育等各类学习11场次，取得高压电工证、低压电工证、高处作业证、电力电缆操作证共58人次，配网带电作业证2人。

安全监督奖惩　年内，建立公司安全监察大队，充分利用微信平台管控，及时沟通、分析与总结工作现场的工作情况。2019年，监察、点检工作现场157个，现场纠正不安全行为89次，查处严重违禁、违章7起。

应急能力　年内，开展大面积停电、防恐、人身伤亡事件及消防等7次应急培训及演练，组织与鄯善县供电公司应急联动演练1次，完成2019年中华人民共和国成立70周年大庆、元旦、春节等大型节假日、高考中考保电、恶劣天气及各类政府安排的保电工作121场次，保电期间实现“零”闪动。

**【营销管理】**

“星级”供电所创建　年内，开展星级乡镇供电所建设工作。2019年，克尔碱供电所通过四星级供电所验收，阿乐惠供电所通过五星级供电所验收。

同业对标　年内，将县供电企业的对标结果应用到日常管理中，每月召开同业对标分析会，逐条分析各项指标，仔细研读同业对标的相关规则，分析自身短板，查找各项业务管理上的薄弱环节,将指标落实到个人,制定责任清单,提升县供电公司在全疆县级同业对标排名。

增供扩销　深化“互联网+营销服务”,推广线上缴费新渠道。掌握了解重大项目的落地情况,跟踪用电服务。

【农配网技改大修】　2019年,农网工程项目计划新建10千伏线路15.83千米,新建400伏线路2.01千米,改造400伏线路6.23千米,增换配电变压器7台,总容量1.3兆伏安。解决了郭勒布依乡奥依曼布拉克村4台公变台区低电压问题、夏镇奥依曼买里贫困村的用电问题和重要用户托克逊县纺织工业园安全可靠用电问题。新建工程达标投产率100%,农配网工程任务完成率100%。

技改、大修项目32项,新建10千伏线路15.83千米,新建、改建400伏线路24.01千米,增换配电变压器38台,总容量7.3兆伏安。从配电网网架优化、富民安居、贫困村、解决低电压、消除安全隐患、线路设备重过载等解决了电网运行急需解决的问题,优化配电网架结构。(李杰夫)

# 城乡建设

CHENGXIANG JIANSHE

## 城市建设与管理

【概况】 2019年机构改革后,优化县住房和城乡建设局职责,仍为人民政府工作部门,正科级。县房产管理局承担的行政职能划入县住房和城乡建设局,保留县人民政府防空办公室牌子。原房产管理局、建设工程质量安全监督站承担的行政职能回归行政机关。所属事业单位的设置、职责和编制事项另行规定。局内设办公室、城市建设管理科、住房保障与房地产监管科、建筑业管理科、质量安全监督科(抗震应急保障科)。核定行政编制8名,机关工勤事业编制1名。下属托克逊县园林绿化管理中心、市容环境卫生管理中心、房产管理局、建设工程质量安全监督站、国有土地上房屋征收与补偿管理办公室5个事业单位。

2019年,住建局有干部职工527人,其中在编人员133人,地方性事业编、安置人员、公益性岗位394人;女性264人,少数民族465人。

(孙文鑫)

【投资项目管理】

项目招标 2019年,政府性投资项目公开招标27项,邀请招标7项,共34项(其中施工招标22项,监理招标12项),中标金额7.29亿元。非国有资金投资项目备案6个,发包金额2.29亿元,建筑面积为16.10亿平方米。

施工许可 2019年,办理施工许可证86项,建筑面积约249.4万平方米。年内,依法行政处罚施工许可13个项目,共处罚245.45万元。

消防审查 市、县两级建设工程消防设计审查、验收权限划分后,托克逊县落实市、县消防设计审查、验收工作划分,进行消防设计审查、受理、消防验收,完成消防审查。办理消防设计审查受理58项,出具消防设计审查意见书36项。消防设计审查依法行政查处5个项目,处罚17万元。

检查整改 检查施工现场8个项目涉及7家企业按要求进行整改。对两家未取得资质证书承揽工程的商混站下发整改通知书,要求整改,查封施工现场。

(马 荣 钮晶莹)

【质量安全监督】 2019年,受监工程项目400项(单体建筑),监督总建筑面积99.25万平方米,工程造价37.5亿元,其中2019年新报监186项(单体建筑),建筑面积43.52万平方米,工程造价18.5亿元。工程监督覆盖率100%,一次验收合格率100%。组织开展各类专项检查10次,下发建设工程质量安全整改通知书145份,其中停工整改通知书62份,限期整改通知书83份,查处各类质量安全隐患755条,整改率100%。下发行政处罚决定书7份,处罚106万元,行政处罚施工许可11个项目,共处罚金 88.24 万元。消防设计审查受理 54 项,出具消防设计审查意见书 28 项,出具建设工程消防验收合格意见书 17 项,消防设计审查依法行政处罚 4 个项目,共处罚金 14 万元。（王东旭）

【城市管理行政执法】 2019 年,托克逊县城市管理行政执法局治理占道经营和跨门经营行为,清理流动摊贩占道经营 1999 人次。治理户外广告及"牛皮癣",拆除无亮化不符合要求的广告牌 136 块,清理牛皮癣小广告 85 起。专项整治车辆停放秩序,查处乱停乱放不文明交通行为 1906 起;协助处理交通事故 11 起,清理僵尸车辆 8 辆。专项整治城区环境,处理施工场地扬尘 12 起、渣土运输沿途撒漏、带泥上路污染路面行为 6 起;检查餐饮店 43 家,餐饮店油烟限期整改 20 起,处理煤炭烤肉 29 起,拆除关停燃煤小锅炉 4 台;查处焚烧垃圾污染环境 7 处;受理解决油烟污染噪音扰民问题 9 起。专项整治拆除违章搭建。依法强制拆除"私搭乱建"违法建设 6 处、彩钢房 5 处,面积 468 平方米。排查治理人员密集场所。重点对巴扎、农贸市场等人员密集场排查安全隐患 72 起;清理违反门前五包行为 1154 次。纠正劝导不文明行为 4275 人次;违反《城市道路管理条例》《城市市容和环境卫生条例》96 起,其中立案 10 起,结案率 100%,行政处罚共 5.28 万元,罚没、收费共 6.65 万元。在政府政务办事大厅设立业务窗口,办理广告牌审批 444 户,办理车辆通行证 1100 辆次,挖掘审批 20 起,临时占用城市道路许可 3 起。（路 铭）

## 安居富民和保障性住房建设

【安居富民工程】 2019 年,托克逊县安居富民建设开工 2204 户,开工率 100%,竣工 2130 户,竣工率 96.6%。

【保障性住房建设】 托克逊县共建各类公共租凭住房 5048 套,分配入住 4748 套,未分配入住 300 套。2019 年,申请公租房有 137 户,其中 42 户提交相关申请材料,经审核符合公租房申请条件并办理入住手续的有 34 户。按照住建厅要求住房保障信息系统全面更新,托克逊县公租房项目信息、楼栋信息、人员入住信息全部录入完毕;棚户区改造信息录入完成 1200 套,完成率 100%。公共租凭住房入住 1852 套,信息录入 1852 套,完成率 100%。（郭 洁）

## 房屋征收与补偿

【棚户区改造】 按照县委总体战略部署和工作要求,住建局把棚户区改造作为推进新型城镇化建设重要内容,2019 年棚户区改造任务 1200 套,总投资 9.6 亿元,资金来源为申请地方政府专项债券资金,年底,完成 1200 套。（吐尔逊阿依·吾苏甫艾合买提）

【项目建设】

老旧小区改造项目 2019 年,托克逊县中央补助支持老旧小区改造建设项目对全县 16 个老旧小区实施改造,分别是供电公司家属楼、怡园小区、鸿雁小区(邮电局)、花园小区、粮食局小区、兵团家属楼、华视综合楼、养路段小区、农发行家属院、高管局家属院、农业银行家属院、人民银行家属院、地税局家属院、国税局家属楼、信用社家属院、锦苑小区。涉及居民 1821 户,总改造建筑面积 16.87 亿平方米,总投资 9984 万元,项目资金来源为中央预算内资金 7987.2 万元,地方配套 1996.8 万元,项目改造内容为道路、供热管网、供水管网、排水管道、燃气管道、道路和停车位及消防通道、照明设施、外墙保温、屋面防水、电路、绿化、物业用房配建、公共服务设施建设及健身器材等。年内项目可研性报告已编制完成,计划于2020年开工实施。

**人民路、政府路建设项目** 2018年1月公开招标,由新疆天拓伟业建筑安装有限责任公司中标施工,2019年3月开工建设,工程总造价约1800万元,工程建设内容为道路全长1.8千米;车行道宽15米;人行道宽3米;绿化带2道总宽9米,项目于2019年10月1日通车。

**中央环保督察反馈意见整改落实情况** 年内,完成并投入使用的有城镇污水处理厂办公楼、生活区、污水处理粗格栅、细格栅,化验室、氧化塘、二沉池、配电室、出水口巴歇尔槽、清水池、供排水管道、厂区监控、机修间、混合反应池、储泥池、厂区绿化、V形过滤池、污泥脱水间、除臭风机设备,完成一级B各类设备正常运行,一级A正在调试完成,至年底,环保竣工报告书编制完成待审核验收,消防、在线监测验收完成,准备环保销号台账。 (孙文鑫)

## 房地产管理

【房地产开发投资】 2019年,房地产开发投资4亿元,施工面积11.7万平方米,其中住宅1.3万平方米、商业10.4万平方米。全年总施工面积15.42万平方米(含2018年未竣工再施工3.72万平方米)。2019年,实有住房面积218万平方米,包括工矿企业用房、平房和楼房,楼房面积超过160万平方米。

【房屋权属登记办理】 2019年,办理商品房预售许可证21件,预售面积10.9万平方米,共销售商品房109套,面积1万平方米,成交金额2700万元,其中住宅93套,建筑面积8400平方米,成交金额1800万元;商业房16套,建筑面积1600平方米,成交金额900万元。二手房交易486户,面积4.5万平方米,成交金额1.08亿元。

【住宅小区物业管理】 全县共有62个小区(其中单位自管11个、国有物业管理31个、商业物业管理20个)。2019年,全县共登记备案物业服务企业17家,管理住宅小区20个、管理商业项目7个、社区成立业主委员会7个、房管部门备案3个。业主委员会成立后参与住宅小区物业管理,监督物业企业管理活动,协调业主和物业企业的关系,协调解决住宅小区内存在的问题。全年共接到居民投诉35起,解决34起。

(杨 阳)

# 市政公用事业

## 城市供排水

【概况】 2019年,供排水公司新增用水用户1557户,城区有用水单位92家,居民小区54个,居民用水25122户(智能水表用户19532户,机械水表用户224户),承接白粮液大厦接水项目1个,维修DN400主管网3次,DN300主管网1次,DN200主管网4次,DN100以下管网318次,及时更换供排水检查井井盖96个,水表改造262户,更换分管网2300米,疏通排污主管网56次,全县自来水普及率100%。

2019年,完成供水量465万立方米,销售水总量230万立方米,与同期相比分别增长7%和41%,城镇年污水排放量57万立方米,年污水处理总量12万立方米。总用水户26053户,其中居民智能水表20322户,平方区居民用水2034户,单位用水102户,商业用水2791户,更换智能水表1086户。实现营业总收入695万元,比上年同期增长311万元,增长率80.99%。

【管网建设】 年内,新增供水管网3.5千米,二次管网改造150米,供水管网安装工程19处、新装及更换水表416块、供水管网维修396次、更换管网阀门14个、疏通排水管网79次、更换供排水主管网井盖71个。

【水质检测】 检测出厂水、管网水的色度、pH值、细菌总数、大肠杆菌、余氯等10个项目,委托有专业检测资质的第三方对出厂水、管网水以及末梢水水质每项39个检测项目检测分析,结果全部达标。

【城镇污水处理】 属新建项目,2019年试运行。污水厂有职工20人,配有专业化验人员,每日要对进水和出水进行9项数据的人工化验检测,各项指标均正常。污水厂污泥含水量45%,污泥处置按照制度将处理过的污泥运至县垃圾填埋场填埋。城区居民生活排水最高处理量为7000—8000立方米/小时,污水厂出水达到一级A标准。

【供排水建设项目】 2019年,托克逊县供排水建设项目总投资4.02亿元。

第二水源地和水厂配套管网建设工程项目 总投资6000万元,专用公路线461线和省道202线吐—托快速路预埋供水管线3850米,水源地至水厂管线完工,水厂土建工程完成80%。

排水管网及污水处理二期工程项目 总投资1.5亿元,1.2万立方米污水处理厂1座(其中日处理一级A标准8300立方米)、排水管网50.94千米、中水绿化管网72.06千米,已正常运行。

供水改扩建及配套基础设施工程项目 总投资1.92亿元,团结路、经二路、人民路管网和麻黄素厂安置区管网设施正在施工。 (王 琴)

## 城市天然气和供暖供热

【城市天然气管理】 2019年,共销售天然气7230.02万立方米,其中燃气汽车销售6855.5万立方米、民用气销售374.52万立方米、液化石油气(居民家用)销售318.92吨。年内,燃气入户安装391户,其中居民入户安装355户、商户入户安装36户,累计完成居民入户安装18516户,商业入户安装263户。天然气入户率达到85%。全年天然气销售额2.07亿元,其中天然气每方2.84元,销售额2.05亿元;液化石油气每千克5.8元,销售额184.97万元。

【供暖供热】 托克逊县始昌热力公司有限责任公司承担托克逊县供暖供热,2019年,全县供暖面积为233万平方米,有三级换热站40座,关闭原有燃煤锅炉,热电联产形式供暖。按照县内总体规划,每年新增供暖面积约20万平方米。2018—2019年采暖期供暖空置房面积约30万平方米,暖气报停面积约23万平方米,减免20%约10万平方米廉租房的暖气费。

(李 江)

## 市容卫生管理

【道路清扫保洁】 2019年,托克逊县市容环境卫生管理中心负责清扫保洁城市道路。207名环卫工人每天对主次道路、背街小巷、城乡结合部、住宅小区等区域全天候清扫保洁、清运垃圾、洒水降尘。全年清扫保洁面积310万平方米,人均道路清扫保洁面积均5000平方米,道路机扫及洒水面积55万平方米,清扫保洁率100%。

【垃圾处置填埋】

垃圾处理设施 城区新建无害化处理场1座、120吨中转站1座,分别在伊拉湖镇、郭勒布依乡、夏镇、博斯坦镇新建60吨中转站4座等配套基础设施。

城区垃圾收集运输 共有船式垃圾箱310个、移动式带盖垃圾桶460个,设置垃圾屋15座。对城区生活垃圾采用区域实际分布设置的随时投放方式进行收集,500多个收集点垃圾由清运人员使用压缩车、摆臂车装运至垃圾中转站,经中转站集装后由车辆运至垃圾处理场。运输过程封闭覆盖篷布,防止滴洒漏飞污染,日清运垃圾约85吨,垃圾密闭化运输率100%,日处理垃圾约85吨,全年清运约3.03万多吨,其中清运生活垃圾2.79万吨,实现全收集、全处理,清运率100%,密闭化清运率达到100%。维护环卫收集设施由片区清扫保洁人员负责,市容督察队每日巡回督查,及时发现、及时处理收集设施可能发生的焚烧、自燃等事件,控制损毁可能性。

农村生活垃圾收运处理　托克逊县开展城乡人居环境整治工作,注重处置生活垃圾。利用11座垃圾处理设施,优化配置资源,统筹农村生活垃圾收运和处理。距离县城无害化生活垃圾填埋场20千米范围内的乡镇、村,由户集、村收,乡镇转运,县处理;距离县城无害化生活垃圾填埋场20千米范围外、不具备转运条件的乡镇、村庄,有户集、村收,乡镇转运,乡镇处理。城区路段机械化清扫面积达70万平方米,道路清扫保洁、收集清运、无害化处置200余人,清扫保洁率100%。有船式垃圾箱310个、移动式带盖垃圾桶460个,设置垃圾屋15座。

全年清运生活垃圾2.79万吨,实现全收集、全处理,清运率100%,密闭化清运率达到100%。全县45个行政村,9个20%治理的行政村,优化配置收集清运设施大垃圾箱62个、小垃圾桶155个、拖拉机箱式垃圾箱17个、垃圾池4处、清运车3辆、洒水车1辆;配备专职村庄清扫保洁人员50名、清运工5名。年内,清理农村生活垃圾3500吨、清理村沟村塘淤泥3600吨、清除村内残垣断壁330处。

垃圾终端处置　托克逊县垃圾场位于县城以南20千米处,占地面积约22万平方米,建设规模115吨/日,总容量29万立方米,服务期限5年。机械设备、供配电、供水等设施完善。垃圾进场后,推土机分层摊铺,再用专业设备按照规范要求分单元、分层压实,每日覆盖,杜绝垃圾场焚烧或自燃现象,达到了无害处理。投资制作安装填埋区坝顶防飞散网,清理开通填埋区外雨污分流设施,铺设管道进入填埋区路口。建设清洗消杀间、渗滤液池区域保护设施。无害化填埋作业,定期喷洒药物消毒,控制蚊蝇滋生,垃圾处理定点倾倒,分区、分层作业。年内,卫生填埋量近3万吨,无害化处置率达100%。

**【道路洒水除尘】**　根据季节和实际情况,每日3次对城市道路洒水除尘,如遇酷热雾霾等环境因素增加洒水次数,洒水面积达55万平方米,城区道路全部覆盖。对施工工地等污染严重的道路随污染、随清理、随冲洗。

**【建筑领域扬尘污染防控】**　2019年,城区在建开工项目26个,涉及施工企业18个,开展扬尘污染治理专项检查3次,涉及18家施工企业,检查发现扬尘污染隐患73处,隐患已全部整改完毕。城区各项目施工现场四周全部围挡,物料堆放、工地裸土达到100%覆盖,工地主要道路全部硬化。出工地运输车辆100%冲洗,扬尘施工工程100%洒水抑尘。

**【公厕管理】**　全县共有公厕29座。年内,新建旅游公厕6座,面积均为80平方米,分别分布于202省道北侧(零海拔酒庄斜对面)、托克逊镇政府法制公园内、县政府综合办公楼对面、县级干部高层北侧、胡杨公园内、托克逊县友好路延伸段西侧。每日保洁清扫公厕管理,29座公厕其中16座由环卫中心工人每日两次清洁,13座承包给开发商做清洁,由环卫中心每天督促检查。　(刘兆民)

## 城市道路和设施

【城市道路建设】 2019年,托克逊县人民路建设项目工程总造价约1800万元,完成建设道路长1.8千米,车行道宽15米,南侧人行道宽3米,绿化带宽9米,北侧绿化带宽3米。

【市政设施维护】 年内,维修养护城区12条道路路灯、景观灯,其中维修路灯1550余盏,维修红绿灯70余次,维修配电柜200余次,全县城区路灯亮化率达98%以上,市政设施完好率达96%以上。维修撞毁护栏51节,隔离墩121米。(苏 涛)

## 城市绿化

【绿化种植】 2019年,托克逊县园林绿化管理中心对白杨河公园、团结路、九龙路、滨河小区东侧等空地进行绿化种植,绿化面积约18万平方米,共种植乔木1.87万余棵,灌木79万株、半乔木690棵、草坪9万平方米、花卉8.02万株、苜蓿3000平方米,安装管线1.87万米、滴管管线6.2万米、喷头1922组;南湖植树挖沟6千米、吐—和立交桥绿化面积500亩,黄土换填1.8万立方米,平整场地1.8万平方米,种植乔木4500棵。

在县城友好路西十字路口马踏飞燕标识周围、县政府、公园广场、大十字等主要十字路口摆放花坛花卉图案,共摆放木质花箱146个(规格80厘米×100厘米×40厘米);摆放各种草花共17.8万株。养护管理洒水车1辆、小型喷雾器2台;在白粮液酒厂前三角地、白粮液酒厂东侧、滨河小区侧门、湘山幼儿园、白杨河西湖、天山小镇、足球场等10块空地进行绿化前期准备工作,换填黄土1.5万立方米,清运垃圾9000立方米,安装管线17.6千米、喷头安装2600组。

【管理养护】 2019年,除草累计约90万余平方米,乔木挖坑掩埋农家肥,灌木及草坪人工撒施(化肥)追肥,共施化肥约23吨、农家肥约200立方米,整形修剪城区各道路、公园、街头小游园绿化带的乔木、灌木。共整形修剪乔木约1.68万余棵,整形修剪灌木累计98万平方米,修剪草坪累计36.5万平方米。全年对全城区道路、公园以及部分单位和小区的乔灌木病虫害进行3次全方位、立体式化学防治和1次人工喷药防治,防治高发的小蠹虫和蚜虫,控制了城区病虫害。为保护城区棚户区树木,移植影响正常施工的树木,累计移植乔木751棵,灌木160平方米。更换并清洗11眼绿化机井设备,更换1台63千伏安变压器。(孙进昌)

## 人民防空

【管理机构】 2019年11月,托克逊住建局设立人防办业务科,职能是结合民用建筑修建防空地下室易地建设行政许可审批、人民防空工程易地建设费征收。

【行政许可】 2019年,托克逊人防办依法建设“结建”防空地下室,应建必建,坚持并联审批和重点项目建设服务制度。办理行政审批许可事项69项,其中结合建设4项,易地建设65项,收取易地建设费3068.97万元。

【工程建设管理】 巡查建设项目人防行政许可办理情况,责令未办理人防行政许可的项目整改,督促建设单位限期办理人防行政许可手续。2019年,共审批人民防空地下室结建工程1.02万平方米。全年共下发责令改正通知33份,督办通知2份,依法追缴防空地下室易地建设费1938万元;行政处罚15项,罚金125万元。

(马 强)

## 住房公积金管理

【公积金归集】 2019年，托克逊县缴交住房公积金单位有229个，其中229个单位正常汇缴，销户封存5个单位，新增加19个单位；缴存17443人，其中国家机关和事业单位9293人，企业8150人。

截至年底，公积金余额58523.3万元，其中当年归集29370.51万元。

【公积金提取】 2019年，托克逊县共17727人提取公积金14067.16万元，其中正常支取16732人11886.76万元，销户提取955人2180.4万元。

【公积金贷款】 2019年，累计发放个人住房公积金贷款380户6714.2万元。年内，住房公积金托克逊县管理部与3家开发商签订7栋住宅楼贷款担保协议，其中托克逊县华仪房地产开发有限公司华仪小区一期5号、6号、7号、8号住宅楼。托克逊县汇鑫房地产开发有限责任公司汇鑫小区1号住宅楼。托克逊县圣源房地产开发有限责任公司圣源中心城6号、7号住宅楼。 （张 铭）

# 交通 通信

JIAOTONG TONGXIN

## 交通运输

### 公路建设与管理

**【概况】** 2019年,机构改革后托克逊县交通运输局是县人民政府工作部门,为正科级。内设办公室、公路科、运输管理科(交通战备办公室)3个机构。核定行政编制4名,机关工勤事业编制1名。在职24人,其中行政干部4人,事业人员10人,工勤人员2人,地方性事业编干部8人;女性7人,少数民族13人,学历全部是大专及以上文化程度。

**【农村公路建设】** 截至2019年底,托克逊县农村公路共1352千米,其中县道178千米,乡道350千米,村道665千米,专用道路159千米。其中一级公路0.37千米,二级公路30千米,三级公路219千米,四级公路1035千米,等外路68千米。全县乡镇、行政村实现通畅率100%,8个乡镇客运班车通车率100%、42个行政村通客运班车,通车率95.45%,2个行政村暂未通客运班车。

2019年,续建县乡道改造、危桥改造项目,新建撤并建制村道路、安全生命防护工程、市(县)专项扶贫资金等项目,共实施项目17个,建设里程161.5千米,完工通车96千米。

博斯坦镇南端博斯坦桥跨越阿拉沟水系的亚希拉吾斯河,原为当地群众自建的浆砌卵石石拱桥,1996年洪水灾害时原桥冲毁一直未恢复,是长安村(原海提甫坎儿孜村)居民生产生活的重要通道。2018年10月列入博斯坦桥危桥改造项目开工建设,新建桥梁全长44.08米,桥面全宽9米,净宽8米。2019年7月10日博斯坦桥完成梁板吊装施工。

**【农村公路养护】** 年内,完成坑槽修补约4500平方米,安装减速带140米,完成涵洞抢修1道。

**【路政执法】** 2019年,托克逊县路政稽查队严格依法纠处超限运输,查处超限超载、道路污染、损坏路面案件6起,收回路产路权损失7.94万元,保障了道路安全、通畅。

**【公共客运管理】** 2019年,县内城市公交经营企业2家,运营公交线路8条,公交车37辆,设置公交站点50个。拥有出租汽车经营企业4家,出租汽车335辆。

1月底,托克逊县新能源公交车开通纯电动公交6号线,投放纯电动公交车4辆,投入资金170余万元,线路起点为郭勒布依乡尤库日克喀拉阿什村,终点为郭勒布依乡大十字,全长13.2千米。

**【行业督查】** 2019年,托克逊县排查整治各个客运站及客运企业、客货危险品企业、修理服务中心、物流等领域安全防范情况，共检查车辆10656车次，检查企业509家次，查处违规经营出租汽车行为11起，共处罚金3.13万元，检查发现整改问题隐患1061个，其中现场整改502个、限期整改559个。

【交通服务】 高考期间，在全县出租汽车、公交车发起免费接送高考生志愿服务活动，组织170辆出租汽车、公交车为考生提供免费乘车服务，接送考生1200余人次。

【整治规范】 2019年，开展"黑车""超限超载车辆"专项整治活动，共检查车辆97车次808辆，查处涉嫌非法营运"黑车"车辆54辆，经研判放行5辆，处理35辆，下发违法行为通知书7辆，未来接受处理7辆，共处罚金23.7万元。查处超限超载165辆，卸载货物4672吨，罚款15.35万元，交警部门计分789分。

规范城市客运市场经营行为，共查处车辆道路运输违规14起，口头教育210次，停运教育学习25人次。出租汽车不按规定使用计价器、拒载、合乘、未按规定着装、车容车貌不符合规定等违法违规行为7起。受理12328网站投诉及电话投诉91起，处理投诉82起，无效投诉9起。

老旧车辆更新。更新老旧出租车82辆，车型为上海大众宝来和新款桑塔纳，排量均为1.6升。

（王文欢　江雪香）

## 公路管养

【概况】 2019年，养护总里程为268.8千米，其中国道3012线145千米（高速公路114千米，一级公路31千米）；省道301线82千米（二级公路62.7千米，三级公路19.3千米）；省道202线27.67千米，全部为二级公路；专用公路14.14千米（475线7.74千米，476线6.4千米）。管养桥梁129座，涵洞730道。

【公路养护】 2019年，县公路分局按照"好路精养，重点养护，维持养护"三区段开展养护，共划分13个路况区段（上下行共426.25千米），其中路况良好区段3个，路况一般区段9个，路况较差区段1个。其中好路精养路段65.34千米，占养护总里程的15.32%，重点养护路段314.92千米，占养护总里程的73.88%，维持养护路段46千米，占养护总里程的10.79%。年内，公路分局管养的高速公路MQI（《公路技术状况评定标准》）年初为89.3，年末90.4；普通公路MQI年初90.3，年末92.3；全局三类桥数量控制在全局桥梁总数的3%以内。

分局以路面为中心养护，快速维修公路病害。按照公路养护技术规范要求实施病害修补作业，整修路肩边坡，清理路基范围内杂物，清理风积沙。清理疏通桥梁、涵洞、排水沟，每月对大中桥梁伸缩缝清理及桥面保洁1次工作。修护沿线设施，每周清扫路面1次、每月机械清洗护栏板1次，避险车道每两个月机械翻松1次，累计翻松44次。2019年，公路巡查累计564次，其中高速公路巡查377次、普通公路巡查187次。

年内，完成国道3012线5座桥梁伸缩缝凿除重建项目和路面裂缝处治小型专项工程，预防性养护国道3012线队12座桥梁工程。

【应急抢险】 累计对国道3012线、省道301线清理积雪3次，共清理积雪5.1万立方米，累计机械抛洒融雪剂49吨，防滑沙300立方米，营救被困大、小车辆30辆，营救被困人员66人。累计出动道路抢险救援（车祸、塌方）2次，出动人工16人/次，机械6台班。国庆前在国道3012线安装应急标志牌，出动人工26人/次，机械4台班，保证国庆期间道路交通安全。配合高昌分局处理8月15日国道312线上行线K3419+500处塌方工作，出动人工3人/

次,机械3台班。

提前对历年易积雪、积冰的陡坡路段备防滑料400多立方米、工业盐1.5吨,检修抢险用的机械设备,专人管理,随时待命。

【设备管理】 公路分局有道班交通车8辆,不定期检查,督促驾驶人员维护与保养道班交通车。封存长期不用的机械设备,二级保养机械、车辆,使机械、车辆保持良好的技术状况。

(夏扎提古丽·吾甫尔)

## 路政管理

【概况】 托克逊路政管理局机关内设财务科、内业室和路政队,下设1个超限检测站,管辖468.11千米(国道3012线K0+000至K145+000,国道30线K3360+160至K3466+759米,国道312线新桩号K3989+197至4038+707,共301.11千米;省道301线K0+000至K102+000、202线K37+732至K88+668,共153千米。专用公路475线K0+000至K7+260、476线K0+000至K6+400米,共14千米),担负着保护公路路产路权,保障公路完好、安全和畅通的重要行政管理使命。有在职干部职工22人,其中女性5人,少数民族6人。

【巡查治超】 2019年,公路管理巡查、治超701车次,巡查里程累计7.68万千米,向公路养护部门送达公路、公路附属设施修复及隐患排查告知单63份,其中告知公路养护部门修复139项,安全隐患1处,配合公路养护、交警部门疏导交通6次。

【路政案件查办】 2019年,县路政局依法查处、办理各类路政案件132起,收缴公路赔(补)偿费79.85万元、罚款2.07万元,两项共81.92万元,其中损坏路产、侵占路权的行政处罚案件62起,破案62起,结案61起,结案率98.4%。检测超限车辆38.98万辆,其中查处超限运输车辆145辆总质量4084吨。

【专项治理和清障】 年内,有序开展了国道3012、省道301、省道202线等沿线公路管线穿跨、公路两侧公路用地、控制区内违法建筑物构筑物、非法标志、平面交叉道口等专项治理活动,发现有占道经营、违章堆物、乱搭乱建等违法行为和苗头予以教育制止。路政管辖的公路路段无“三乱”问题,无行政诉讼案件。配合养护部门抗灾、清雪保畅2次。

(孜克亚古丽·阿不来孜)

## 道路运输管理

【概况】 2019年道路运输管理局在职干部职工13人,其中女性6人,少数民族11人。

全县普通货物运输企业134家,个体105家,道路运输普货车辆共2113辆,机动车维修企业备案77家,客运企业5家99辆车(其中农村客运班线55辆),危险品运输企业14家,驾驶员培训学校4所,检测站1家。

【行政许可】 2019年,托克逊县道路运输管理局执行《中华人民共和国行政许可法》《新疆维吾尔自治区行政许可行为规范》要求,严格按照许可程序办理许可事项。新增52家普货企业(含个体),注销道路货物运输企业256家(含个体),新增普货车辆704辆,车辆道路运输证注销600辆。货运道路运输证年审2010人次,道路运输驾驶员资格证年审1096人次,继续再教育1093人次。

【行政执法】 2019年加大“打非治违”工作力度,查处各类违章、违规案件52件,一般程序案件51件,简易程序1件,未发生行政复议案件。严格按照《新疆道路运输行政处罚自由裁量基准》规范行政处罚自由裁量行为,案件处理中统一执法尺度，落实自由裁量权，实现了行政处罚的公平、公正、公开，保护了行政相对人的合法权益。

**【安全监管】** 2019年，开展安全生产检查，重点时段和特殊节点深入各道路运输企业工作，对货运企业下发整改通知书18份，停业整顿10家，在克尔碱镇和黑山煤矿进行货运源头单位治超工作，检查企业15家，停业整顿2家，1家处罚款1万元。检查货运车辆75余辆，查处非法经营"黑车"45辆。

**【油价补贴】** 年内，累计发放托克逊县农村客运2016—2018年度油价补贴资金款507.29万元，其中发放2016年油价补贴金额171.63万元（二级网络72辆车，发放金额139.57万元；三级网络9辆车，发放金额32.06万元）。发放2017年度油价补贴金额共179.22万元（二级网络54辆车，发放金额144.72万元；三级网络9辆车，发放金额34.5万元）。发放2018年油价补贴金额共156.44万元（二级网络61辆车，发放金额118.48万元；三级网络9辆车，发放金额37.96万元）。

（张　静）

## 公路客运

**【概况】** 托克逊县客运站下设办公室、财务科、安全科和客运班组、伊拉湖班组以及托运部、超市等，位于县友好路西延段南侧。站内实行智能系统化管理、安全生产标准化管理（售票系统、全方位监控系统等），设有洗车场、综合服务台、特殊旅客候车室、行包托运、超市等功能区。托克逊县客运站集旅客运输组织与管理、中转换乘、行包托运、宾馆餐厅、火车票代售等业务为一体的多功能、开放式、系统化的运输服务体系，是自治区运管局评定的二级客运站。占地面积45亩，建筑面积3780平方米，前后停车场一次性可容纳100多辆大中型客运车辆。日均发班次97车次，日均发送旅客812人次；经营客运班线11条，其中市际班线两条（托克逊—乌鲁木齐、托克逊—库尔勒）；县际班线2条（托克逊—吐鲁番、托克逊—大河沿镇）；县内通往各乡镇有7条客运班线，县城至伊拉湖、博斯坦、阿乐惠、克尔碱、南湖、喀格恰克、郭勒布依，还开通有伊拉湖至布尔加依线路，进站营运客车148辆。

托克逊县客运站下设6个乡镇客运站（郭勒布依乡客运站、伊拉湖镇客运站、夏镇客运站、克尔碱镇客运站、库米什镇客运站、阿乐惠镇客运站），3个简易站（县电视台简易站、雪银硫酸厂简易站、九龙路简易站），3个招呼站（克尔碱镇英阿瓦提村招呼站、郭勒布依乡萨依吐格曼村招呼站、夏镇工尚村招呼站）。

2019年，在册职工36人，其中女性18人，少数民族26人。

**【线路运营】** 2019年，县客运站共发送车35625次，比上年的30310车次上升17.5%。完成客流量29.64万人次，比上年的25.48万人次上升16.3%；完成旅客周转量3400.67万人·千米，比上年的2926.13万人·千米增长16.2%，完成售票额852.27万元，比上年的732.58万元增长16.3%。

**【打击非法运营】** 2019年3月27日，运营托克逊—吐鲁番线路客运车辆驾驶员集体向托克逊县客运站反映诉求，要求坚决打击"黑车"，维护客运市场秩序。由于大量"黑车"、出租车、私家车在原客运站周边聚集揽客，或通过网络、微信、电话揽客非法经营，极大地冲击托—吐班线客运，合法经营者经营陷入困境，强烈要求有关部门严厉打击"黑车"，大力整治客运市场，维护正当经营者合法权益。有关部门非常重视，从4月5日起开展打击"黑车"专项行动，效果明显，客运站仅4月5日一天，发车121次，客流量933人次,4月6日发车109次,客流量1180人次,清明节期间出现客流高峰期,发车364车次,同期的311车次增长17%;完成客流量4053人次,同期的2908人次增长38%;完成旅客周转量49.78万人·千米,与同期的32.11万人·千米相比增长55%,完成客票额12.71万元,与同期的7.88万元相比增长61%。

【应急救援】 2019年9月7日,客运站收留1名聋哑旅客,在联系相关部门无果的情况下,客运站领导资助该残疾旅客120元将其送到去往库车的客车。

11月16日,因大风天气造成火车停运,大量旅客滞留鱼儿沟火车站,托克逊客运站立即启动恶劣天气救援预案,紧急调派8辆客车救援,应急疏运旅客239人,其中转运乌鲁木齐227人,转运吐鲁番12人,及时将旅客安全送达目的地。 (李 华)

## 通信信息

### 邮 政

【概况】 中国邮政集团公司新疆维吾尔自治区托克逊县分公司(以下简称“托克逊县邮政分公司”或“县邮政公司”)。2019年有职工74人,其中正式员工34人、非正式员工40人。

县邮政分公司共有10处邮政网点,其中城市网点3处(北大街邮政支局、金桥邮政支局、西大街邮政支局),农村网点5处(郭勒布依乡邮政所、夏镇邮政所、库米什镇邮政所、伊拉湖镇邮政支局、阿乐惠镇邮政所),均为电子化支局。城市投递有12个段道,农村邮路有8条,全县投递总长度800千米。县内有3个邮政储蓄代理网点。

【邮政电商】 2019年,托克逊邮政分公司大力在邮乐、极速鲜、拼多多等电商平台推销特产,优化开发具有本地特色的“家乡包裹”风城特产寄递——托克逊县特色鲜红枣、干红枣、西州蜜25号哈密瓜、杏子等家乡特色包裹。2019年,寄递红枣35吨,西州蜜25号哈密瓜65.6吨,杏子8吨,还主动接洽县扶贫办、团委等部门,精准扶贫帮困,并寻求内地电商平台合作开发,通过电商、微商帮助农民解决了销路。

【农资业务】 2019年,邮政服务帮销化肥285吨,金额109万元。发挥邮政自身网络优势和品牌的优势,为农民提供“产品配送+技术指导+售后服务”一整套邮政特色服务模式。坚持诚信经营,严把经营秩序、售后服务,为农民朋友挑选保质保优的化肥,统一质量标准、统一服务规范。

【邮政类业务】 托克逊县邮政分公司承担着全县44个行政村的普遍服务工作。全县党报党刊每日6434份,月193020份,当日见报率100%。2019年邮件到件量29.88万件,发件量9.22万件。(再乃提古丽·尼斯尔)

### 电 信

【概况】 中国电信股份有限公司托克逊分公司主要经营固网光宽、移动通信、互联网接入及应用等综合信息服务,拥有覆盖全县、通达各乡镇、村庄的电信网络,具有“公安访客系统”“一键报警”“天翼光宽带”“天翼高清电视”“信息化产品”等知名品牌,具备电信全业务、多产品融合的服务能力。2019年,电信分公司拥有合同制职工25人,其中少数民族17人,全公司超过90%人员拥有大专以上学历。

【业务营销】 2019年,分公司开展跨年度营销、各节日促销、城市攻坚战、信息化产品发展等活动。通过扫村、扫楼、扫街等方式,重点聚焦城市、校园和流动市场,加大

4G 智能终端促销力度，以整村整楼免费体验、存费送机、购机送红包等灵活促销方式，开展多波次，灵活多样的营销活动，促进了各项业务发展。

各支局划小承包，拓展代理渠道，开展收割战，实现了稳步发展，先后推出“库看电视”业务的整村团购，推动了当地信息化发展，丰富了居民文化生活。

【信息化网络支撑】　2019 年，中国电信股份有限公司全面推进光网大建设活动以及移动 4G 互联网的建设力度，扩大 CDMA 网络覆盖区域，拓展 4G 网络的覆盖深度。通过规模引入 EPON 技术，加快推进光纤进大楼及光纤到户 FTTH 的力度，中国电信的光纤接入、“光进铜退”，县城区域基本实现了光纤全覆盖，农村的光纤覆盖工作也在有序推进。

【业务情况】　2019 年中国电信放新增天翼手机完成全年计划的 101%；有线宽带完成全年计划的 103.5%；FTTH 完成全年计划的 90.9%。

（徐　固）

## 联　通

【概况】　中国联合网络通信有限公司托克逊县分公司（以下简称托克逊县联通公司）是中国联合网络通信有限公司在托克逊县的分支机构，主要经营移动通信、数据通信、互联网、大数据、云计算、物联网，以及国际国内业务各类电信增值业务。2019 年，托克逊县联通公司下设经理办、综合大厅、综合办、大客户管理中心、网络维护中心、渠道管理中心 6 个部门。

【经营业务】　2019 年，托克逊县联通公司根据互联网转型要求，探索行业信息化应用需求，重点围绕互联网、云计算等创新业务，创新推出物联网、大数据、云计算业务，为企业客户提供警务执法仪、电子云章，智能访客，以及各类公有云业务。

【网络建设】　2019 年新建 4G 基站 34 个，累计 4G 站址达到 287 个，优化建设 4G 室内 7 处累计达到 26 处。2019 年新增接入盟鑫元小区，金汇小区等 6 个小区的光纤宽带，宽带 FTTH 端口占用率为 29%、IPTV 渗透率 83.66%，光纤宽带速率 100M。通过业务割接、设备调整等手段增加业务保护比例、提高网络健壮性，截至年底，托克逊县区域内 4G 网络、光纤宽带资源进一步提高，满足了社会积极发展和群众需求。

（艾孜孜古丽·阿布里孜）

## 移　动

【概况】　托克逊县移动分公司隶属于吐鲁番移动市公司，县分公司下设经理办、副经理办、综合办、销售服务中心、大客户管理中心、网络维护中心、自有营业厅 7 个部门。辖管乡镇营业厅 35 个。2019 年，有员工 33 人，其中女性 14 人，少数民族 21 人，大专及以上学历 27 人。

【渠道业务】　2019 年，为了方便用户，新增码店、泛渠道等业务，通过信息化方式提供服务和销售产品的自有渠道，与实体渠道互为补充、相互结合，形成服务销售渠道体系。能向新疆移动客户提供宽带、终端分期购、话费、套餐合约、乐播 TV+、最新资讯、缴费、话费查询、积分兑换、密码服务等。

【网络建设】　2019 年，托克逊县移动分公司 FTTH 建设业务开通 43 个热点，覆盖用户万户以上，4G 室分县城区域基本普及。启动 GSM 村通工程，以乡镇、矿区、吐库铁路复线工区覆盖为重点，手机信号、GPRS 覆盖由原来的“乡乡通”深入到“村村通”，基站数量 215 个，LTE425 个。

（崔松梅）

# 商　　务

SHANGWU

## 综　述

【概况】 2019年机构改革，原托克逊县商务和经济信息化委员会更名为托克逊县商务和工业信息化局(以下简称县商工局)，是新组建的政府工作部门，为正科级。原粮食、食用油、食糖、食盐等重要商品的县级储备管理相关职能划转到县发展和改革委员会，反垄断执法职责划转到县市场监督管理局，不再设立县招商管理局(县经济技术协作办公室)，其承担的行政职能划入县商务和工业信息化局，全部资产划转入托克逊县商务和工业信息化局，相应划入从事相关工作的6名人员。事业单位行政职能回归机关的统筹编制，其管理按中央、自治区、市有关规定执行。核定行政编11名，统筹编制6名，机关工勤事业编制1名。商工局内设办公室、商务运行科、外经外贸科、经济运行科、技术进步科、电子信息科、招商管理科7个科室。2019年，有在职干部26名，其中行政编制11名，参公3人、工勤1人、地方性事业编11人；女性5人，少数民族9人。

【商贸效益】 2019年，托克逊县社会消费品零售总额为13.78亿元。全县电商快递量163万件，全县网销额为2842万元。建立县级电子商务公共服务中心1个，乡镇级电子商务服务站8个，村级电子商务服务点27个，其中8个贫困村电商全部有服务点。全县电商快递量163万件，全县网销额为2842万元，线上线下销售农产品4840万元。

【职工安置】

金兰水泥厂职工安置

根据原金兰水泥厂安置工作方案，职工社保单位补缴部分由政府缴纳，个人补缴部分由职工承担。原金兰水泥厂职工按方案足额缴纳个人应缴纳社保部分后，优先解决该职工社保。至2019年，原金兰水泥厂99人职工中同意签字84人，15人无法联系，经职工代表确认后暂放置。80名职工养老保险、失业保险单位缴纳部分共39.21万元，个人应缴纳部分5.02万元，利息68.95万元，共113.17万元。年内，该工作在推进中。

三川建材厂职工安置

县商工局、人社局、信访局等部门成立工作组，再次核算三川建材公司拖欠职工工资、社保、住房押金等问题。依据三川建材有限公司提供的2015年8—12月职工工资表，欠发225名职工工资233.47万元。三川建材有限公司欠缴131名员工社保单位欠缴部分147.48万元，利息部分40.81万元。15名职工提供住房押金收款情况表，约37.9万元，共约459.66万元。托克逊县多方召开协调会解决，安置费用总金额及筹款方式已确定，安置费包括欠发职工工资部分和需退还部分人员的住房押金。待安置费到位后发放。

破产改制企业职工退休手续办理情况　2019年，解决原破产企业欠缴14名职工（原麻黄素厂3名、原化工总厂2名、原新华建材1名、原百货公司2名、原西域公司1名、养路队3名、宏发公司2名）的养老统筹金、失业金及利息对公部分，已交由人社局处理后续事宜。

## 商贸和供销

【商贸服务业概况】　截至2019年底，全县有农贸市场8家，中型超市4家，百货商城3家。社区商业网点有农副产品直销店5个。乡镇、村电商服务站点35个、乡镇集贸市场6家。全县持证餐饮服务单位有1126家，单位食堂109家，其中学校食堂66家。餐饮服务单位分布情况，县城内共有餐饮服务单位740家，其余各乡镇386家。餐饮服务有限公司共有3家。

托克逊县农村公路1351.62千米，乡镇、行政村实现通畅率100%，初步形成了以县城为中心，辐射乡、镇、村的公路运输网络。有宾馆酒店55家，床位5000多张，其中三星级宾馆1家、准三星级宾馆5家。

【社会消费零售额】　2019年托克逊县社会消费品零售总额为13.78亿元，其中批发业总额1904万元（限额以上批发零售额1247万元，限额以下批发零售额657万元）；零售业总额10.74亿元（限额以上零售额4589万元，限额以下零售额10.28亿元）；住宿业总额1771.8万元（限额以上住宿业36.8万元，限额以下住宿业1735万元）；餐饮业26741万元，全部是限额以下。

【贸易进出口】　2019年，托克逊县共有货物贸易进出口资质备案进出口企业22家，外贸进出口额为零。

【电子商务】　托克逊县是第三批国家级电子商务进农村综合示范项目之一，围绕“1+2+4”模式（即打造一个电子商务公共服务中心，构建乡级电商服务站、村级电商服务点两级服务系统，推动公共服务、创业孵化、仓储物流、网络营销四大体系建设），推动电商产业发展。2019年，县、乡、村三级物流配送网络建成，完成代投4.02万件。8月，托克逊县探索农村商贸流通“最后一公里”配送模式，至年底，累计工业品下行8344件，配送金额10.6余万元。建立电商、微商公共车间，配备自动打包机1台、半自动打包机2台、6米传送带2条、全自动封箱机1台、全自动封口机2台、打码机1台、喷码机1台、氮气包装机1台，提升了园区服务能力。

年内，建立县级电子商务公共服务中心1个，乡镇级电子商务服务站8个（乡镇级电商服务站覆盖率100%），村级电子商务服务点27个，其中8个贫困村电商服务点全覆盖。入驻企业26家，累计孵化网商200余名，依托园区销售农产品超过2000万元，累计电商培训7101人次，累计带动就业240余人，新增小微网商180余家。托克逊县组织客运与圆通、申通、优速、韵达4家快递公司签订乡镇代投协议，实现农产品打包、保鲜与外销一体化建设。2019年，全县电商快递量163万件，同比增长95.8%，全县网销额为2842万元，同比增长329%，其中农产品网销额1100万元，服务性网络销售额1742万元。线上线下销售农产品4840万元。销售哈密瓜、红枣、杏子、葡萄干等1610余吨，其中销售75户贫困户农产品306.29吨，其中杏子3.2吨、哈密瓜296吨、红枣5.89吨、葡萄干1.2吨，红嘴雁蛋2500个，刺绣200幅，贫困户销售额累计达到111.3万元。

确定“天山风韵·丝路飘香”为托克逊县公共品牌

名称,并培育品牌。2019年4月22日、5月5日、10月17日,分别完成2019年电子商务进农村综合示范项目3个标段招投标工作,确定新疆西域传奇网络科技有限公司、托克逊县逊达电子商务有限公司、新疆哎呦喂食品有限公司分别为托克逊县2019年一包、二包、三包运营商。年内,开展“年味中国·县长来了”淘宝年货、“戈壁滩的搬运工·大漠寻石”“520要杏福杏子采摘”、托克逊县公共品牌发布暨哈密瓜渠道对接会、2019年托克逊县红枣开园仪式暨全渠道对接会、2019丰收节公益直播盛典·新疆专场等网红直播活动,线上线下推广托克逊县特色产品,累计线上销售杏子、哈密瓜、葡萄干、红枣、奇石等特产26503单,销售额达400余万元。

**【成品油市场管理】** 2019年,共有加油站28家(除兵团加油站),其中中石油加油站12家、中石化加油站8家、国有参股加油站2家、其他国有加油站1家(郭勒布依乡农机服务加油站)、社会加油站5家。

全年全县28家加油站汽油购进量2.51万吨,同比上升16.5%;汽油销售量2.35万吨,同比上升10.56%;柴油购进量16.74万吨,同比上升42.66%;柴油销售量16.61万吨,同比上升42.37%。成品油市场销售经营当中未出现异常波动情况。黑山矿区核查黑山矿区危化品运输车辆2940辆,核查油品8.82万吨,劝返29辆外地油罐车,净化了黑山矿区成品油流通市场。

**【特色餐饮】** 2019年,开展吐鲁番市“十佳特色餐饮店”评比,托克逊县组织14家特色餐饮企业参加了评选,新穆沙食堂、艾尼派吐努斯牛羊肉拌面馆、小黑羊蒸肉店、T号小杨拌面馆、乌孜迪亚尔特色美食店、阿不都热合曼肉汤快餐店6家餐饮企业被评为“吐鲁番老字号店”。葡萄节期间吐鲁番美食创意大赛,集中推出特色菜品,托克逊县明珠食栈和新艾丽热木美食城取得大赛第三名。

**【市场监测监管】**

生活必需品应急保供

托克逊县有三大监测样本企业共12家,其中生活必需品监测样本企业2家、重点流通监测企业8家、重要生产资料监测企业2家。三大系统样本企业按时报送生活必需品周报及重点节假日日报,重点流通企业月报、生产资料公司旬报及月报,全年上报周报172份,月报80份。

生活必需品价格监测

密切关注粮食、食用油、肉类、蔬菜等重要生活必需品的供求和价格变化情况,启动生活必需品市场监测预警系统,加强市场运行监测,分析市场运行、预测市场发展趋势,为应急商品市场调控工作提供政策支持。督促重点商贸物流企业关注生活必需品市场供应,确保市场调度顺畅。2019年全县粮、油、鸡蛋、肉等生活必需品商品供应充足,价格总体稳定。为保障突发情况县域生活必需品供应充足,商工局与4家大型生活必需品供应企业签订了生活必需品应急保供协议,确保遇突发下,生活必需品供应充足。

**【二手车交易】** 先后两次现场验收县宏途二手车交易有限公司,确保交易行为规范运行。2019年,全县共完成二手车交易509辆。

**【现代化物流寄递产业】** 托克逊县年物流总量约5000万吨,其中疆外运输量2000万吨,疆内运输量2300万吨,地区间运输量700万吨。主要产品有煤炭1300万吨左右,石灰石、原盐等非金属矿产品2000万吨,有色金属矿产品300万吨,PVC、电石等产成品初加工品类1000万吨,水泥120万吨。农牧产品和特色林果品,其中哈密瓜、蔬菜、棉花、孜然、饲草等50万吨左右,葡萄、红枣、杏子等特色林果品22万吨，牛羊育肥58.4万头只，牛羊肉等畜产品2075吨。

全县从事交通运输、物流配送、信息服务等与物流业有关的企业共133家，共有货运企业123家，货运车辆1931辆，铁路专用线4条，拥有集装箱7500组1.5万件（其中望布拥有集装箱5000组1万件，鱼儿沟2500组5000件）。2018年累计到发430万吨量；2019年到发643.88万吨量。全县共有10家快递公司（韵达、圆通、申通、中通、邮政、天天、优速、百世汇通、顺丰、京东），2019年累计配送118.63万件。12家托运部集中在振坤物流园内营业，2019年累计货运量106.18万件。

**【农产品储备调控和应急保供】** 2019年，托克逊县储备各类蔬菜1039吨。其中购进各类应急蔬菜共932吨（大白菜107吨、土豆247吨、胡萝卜258吨、青萝卜113吨、洋葱181吨，其他蔬菜27吨），当地农民专业合作社储备蔬菜107吨。

**【供销社综合改革】** 年内，托克逊县稳步推进供销社综合改革。创新社有资产管理体制机制，专人专管，加强社有资产的经营管理，促进社有资产增值增效。参与农资销售、农村食品监督检查，抵制假冒伪劣农用物资和过期食品进入农村市场。年内，新建1个基层社，领办3个农民专业合作社、3个电子商务服务网点、3个供销超市，发挥了基层供销社和农民专业合作社作用。利用社有空闲场地和房屋，增加社有资产收益，引进2家企业，社有资产每年增收18万余元。至年底，基层社和农民专业合作社共购进农副产品620.5万元，销售787.3万元。

（宇智麟）

## 工业信息化

**【工业经济】** 2019年，全县规模以上工业实现总产值162.97亿元，实现增加值50.17亿元，同比增长6.7%，完成全年任务的102.3%。

**【能耗监测】** 2019年，督促能耗超标企业新疆圣雄电石有限公司进行整改，并实时监测，严格要求企业节能减排、节水，组织46家规上企业申报节水型企业创建工作。年内，共争取上级各类资金340万元，其中纺织服装产业专项补贴资金115万元，自治区节能减排专项补贴资金100万元，自治区绿色体系制造奖励资金30万元，电商发展专项资金95万元。

**【丝绸之路经济带核心区重点项目】**

陆港型物流枢纽（新疆煤炭交易中心托克逊县望布煤炭能源物流枢纽项目） 托克逊县望布站是“一带一路”向南中巴经济走廊和向西霍尔果斯、阿拉山口等口岸的连接线的重要节点。望布铁路煤炭物流园区货场占地827亩，建有4条1050米长的铁路专用线，配套5个50×1050米的铁路货场，年发运能力近期500万吨、中期1000万吨、远期2000万吨，完全满足托克逊县、克尔碱矿区、黑山矿区煤炭、煤化工、石灰石产品的铁路运输需求。2018年，望布铁路煤炭物流园区完成铁路煤炭运输183万吨，2019年发运279.52万吨，日均饱和作业能力6列。

项目总投资3.5亿元，其中一期投资1.037亿元，于2018年年底投入运营，初步成为乌鲁木齐铁路局最大的煤炭、煤制品、煤化工产品铁路集装箱货场、敞顶集装箱货场、特种箱罐货场，年发运铁路集装箱能力在1000万吨/年以上。二期计划投资1.5亿元，针对中泰化学、新能集团及所有在托克逊县落地的煤化工企业的不同产品，购置租赁公路、铁路、海运的特种集装箱罐，以箱以罐代贮、代购、代运、代售，并配套相关基础设施，通过公、铁、海联运,确保托克逊煤化工产品通过“一带一路”倡议节点的多式联运,快速进入全国及国外市场交易体系中,三期计划投资1亿元,建设托克逊县煤炭、煤制品、煤化工产品电子商务交易平台,在托克逊县完成产品贸易结算。同时,正在规划远期用地3000亩望布小镇建设,计划近期用地500亩、投资2亿元先行建设望布小镇配套基础设施,建成后将集停车场、住宿、餐饮、物流配套等为一体的特色小镇。

*生产服务型物流枢纽(新疆新铁中泰物流股份有限公司托克逊鱼儿沟铁路物流基地)* 主要定位于服务中泰化学的千万吨级危化品及化工产品铁路物流仓储基地,为中泰化学开行PVC、烧碱“西行班列”打好基础。新铁中泰鱼儿沟铁路物流基地一期项目占地面积为170亩,主要承担黑山煤矿以及托克逊县工业园产品的运输,其中初期发送量250万吨,近期到达量80万吨,发送量475万吨,远期到达量140万吨,发送量570万吨。站内有机一、机二两条线,分别长728米,达到装运54节货车列车的条件,发运能力10368吨/天(3列),为顾客提供运贸一体化、集零为整、集装箱、公铁联运等多种运输服务。2019年4月投运以来,主要装运托克逊县PVC、片碱、石灰石、煤炭等产品,2019年累计完成货物发运182.21万吨。

鱼儿沟二期项目将预增500亩占地,总投资1亿元,预计2021年开工,2022年完工,项目主要建设内容为:拆除南疆线鱼儿沟站存1线到存12线;存9线改为贯通式,将存7、8、9线延长为硬化面站台;存1至存4线纳入鱼儿沟站线路,改为全线贯通;存1、存2线全线电化、增加轨道衡2台;在吐鲁番方向增加1个汽车通道;届时将建成四条长度为850米的整列货物线,同时增建超过25万平米的仓储区域,形成年到发近千万吨大进大出的现代铁路运输物流平台。

*商贸服务型物流枢纽(托克逊县丝路驿站物流园区)* 位于托克逊县城北部,西临吐和高速,南临省道301,交通运输便捷,是托克逊县的物流集散中心,是集运输、仓储、流通加工、配送、避风等功能为一体的现代物流聚焦园区。项目规划总用地面积300.45公顷(约4500亩),总投资9.15亿元,其中:物流园基础设施建设投资4.22亿元,公共建筑及物流信息化系统建设投资4.93亿元。项目一期物流园基础设施建设采用PPP模式建设、运营,合作年限为15年(建设期2年,运营期13年)。项目一期于2017年5月动工,完成投资1.952亿元,完成园区内道路路基及底基层,防护林完成95.92%,种植苗木达12万株,灌溉2500亩。二期项目以农副产品物流仓储区和中转建设为主,占地面积815亩,突出连接南、北、东疆的交通枢纽优势,建设南、北、东疆农副产品商贸服务型物流枢纽,重点突出干支联运、多式联运,区域性农副产品中转服务,物流中转区,货运配载、仓储配送、城市配送和流通加工,实现商贸服务型综合物流园的主体功能。同时加快建设农产品物流体系和农产品配送中心的检测、加工、包装、仓储、配送等设施,推行农产品物流全程跟踪、监控;加快冷链物流设施建设,逐步建立食品冷链物流全程追溯系统和肉类产品全程信息系统,保障食品安全。加强农资连锁配送中心设施设备,建设公共建筑及物流信息化系统,货物仓储流通区、物流分拨中心、产品展示区、电子结算中心、汽车避风港维护中心、综合配套服务区等其他配套附属设施。

**【乡镇卫星工厂建设】** 2019年,全县5个乡(镇)、28个行政村建设49个卫星工厂项目,其中竣工投产项目24

个,在建项目3个,解决就业164人,其中贫困户25人,残疾人2人。计划投资3948万元,完成投资3443万元。计划完成年产值5925万元,实际完成3617.4万元;季节性停产项目9个,计划投资3520万元,完成2720万元。计划年产值19874万元,实际完成5193.9万元;正在办理证件项目4个,计划投资345万元,实际完成285万元。计划年产值283万元,实际完成99万元;储备项目9个,计划投资1894万元,完成投资1218万元。计划年产值642万元,完成119万元;在建项目3个,计划投资420万元,完成投资100万元。

**附:卫星工厂项目**

竣工投产项目24个。分别是博斯坦镇9个,即硝尔坎儿孜村铁艺加工厂、李孟坎儿孜村钢窗加工厂、博斯坦村吐鲁番金时代手工艺品农民专业合作社、博斯坦村扫帚加工厂、博斯坦镇服装厂和地毯清洗及简单加工、长安村新建模具加工生产线、红枣加工厂和风积沙粗加工项目;伊拉湖镇3个,即古勒巴格村食品加工厂、阿克塔格村白山日用品加工厂和阿克塔格村混凝土预制厂。郭勒布依乡5个,即奥依曼布拉克村农机具加工厂、切克曼坎儿孜村托克逊县立平砖厂、开斯克尔村吨包袋加工厂、硝尔村韭菜花加工和郭勒布依村农贸市场建设项目。夏镇5个,即布拉克贝希村餐具消毒厂项目(夏镇洁康餐具消毒厂)、被服水洗厂项目、塑钢门窗生产,南湖村树枝加工和奥依曼买里村吨包袋加工项目。库米什镇2个,即柯尔克孜铁米村新疆伊佳拜特饮用纯洁水加工和矿泉水项目(原恰玛古饮用水加工厂)。

在建项目3个。分别是博斯坦镇吉格代村餐具清洗消毒厂、伯日布拉克村门面房市场建设和风积沙粗加工项目。

季节性停产项目9个。分别是博斯坦镇博斯坦村彩砖厂(预制厂),伊拉湖镇伊拉湖村混凝土用添加剂项目。郭勒布依乡房门、钢窗加工厂,钢筋预捆扎加工厂,萨依吐格曼村钢筋预捆扎加工厂,葡萄架柱子预制厂项目(托克逊县博惠建筑安装有限公司)和搅拌站项目(托克逊县天泽混凝土有限公司)。夏镇喀格恰克村矿泉水加工厂项目(托克逊县通邦纯净水厂)和工尚村托克逊县华帝服装有限公司夏镇卫星工厂项目。

正在办理证件的项目4个。伊拉湖镇正在办理证件的项目有3个,分别是依提帕克村特色馕生产基地建设项目、伊拉湖镇郭若村馕产业基地和布尔加依村托克逊县欧沽兰馕农民专业合作社;夏镇正在办理证件的项目喀格恰克村托克逊县第一馕基地项目(托克逊县雅莱餐饮服务有限公司)。

储备项目9个。博斯坦村打馕合作社项目。伊拉湖镇选煤厂项目。夏镇布拉克贝希村好帮手物业公司、托台村合作社牛羊养殖项目、托克逊县特色民族产品加工厂项目和红光农机合作社农机项目。郭勒布依乡河东村酸奶加工厂、尤库日克喀拉阿什村后勤保障中心项目和喀拉布拉克村花生加工厂项目。库米什镇储备项目柯尔克孜铁米村家门就业项目(为湖南援疆项目)。　(宇智麟)

# 经济合作

**【招商引资】**　2019年,全县完成招商引资到位资金49.42亿元,同比增长17.4%,完成目标任务的101%。续建项目35个,到位资金44.38亿元,同比增长12%,占全年到位资金89.8%,新开工项目21个,投资总额11.46亿元,到位资金5.03亿元。

**【交流联络】**　围绕中泰系上下游产业链,外出招商,与前往江苏、河南、山西、陕西、浙江等地考察企业、对接项目，共考察调研企业21家，落户3家。组织企业参加西安丝博会(丝绸之路国际博览会暨中国东西部合作和投资贸易洽谈会)、厦门厦洽会(厦门国际投资贸易洽谈会)、上海农博会(第七届上海国际现代农业品牌展暨农业产业化博览会)、吐鲁番葡萄节等节会，签约项目23个，签约额64.63亿元。召开托克逊县农副产品、奇石和工矿产品推介会，展出葡萄7种、馕饼20余种、酒类20余种、精美奇石10余种、工矿25种以及服装、瓷砖、枣类等，达成购销协议9个。

(帕如克江·帕哈尔丁)

## 风险防范

**【清理账款】** 2019年，托克逊县8个乡镇、12家县直单位及1家地方平台公司拖欠民营企业中小企业账款共12.7亿元。至年底，偿还拖欠账款6.64亿元，偿还率52.31%，完成一半以上的清理任务。

**【小额贷款公司清查年审】** 年内，托克逊县富裕、荣和利华、厚德、天山4家小额贷款公司通过加强监管，富裕小额贷款公司、荣和利华小额贷款公司通过年审，天山小额贷款公司未通过年审，厚德小额贷款公司自愿申请注销。未发现非法集资活动。 (宇智麟)

## 关停改造

**【淘汰落后产能】** 2019年6月，新疆华电吐鲁番发电有限责任公司主动申请2×135兆瓦纯凝机组关停，8月31日机组停运，拆除关键设备。9月底，自治区工信厅、市发改委、市工信局以及国网吐鲁番公司电力专家与托克逊县7家县直单位联合进行现场验收，完成华电落后产能淘汰工作。

**【技术改造】** 2019年托克逊县共有新疆圣雄氯碱有限公司ASPEN模拟提升、烧碱车间2号装置脱硫脱硝、电解车间热量综合利用、水处理、聚合车间汽提塔改造、2万吨/年废硫酸再生处理装置、新疆圣雄电石有限公司2万吨/年湿法电石渣生产电石活性氧化钙环保示范、新疆中泰集团圣雄能源工业园高含碳难燃烧废弃粉尘综合利用工程等8个技术改造项目。共完成投资1.4亿元，其中新疆圣雄氯碱有限公司烧碱车车间2号装置脱硫脱硝项目、电解车间热量综合利用、水处理和聚合车间汽提塔改造4个项目已完成，其余4个项目正在改造中。 (宇智麟)

## 图书发行

**【经营情况】** 2019年，县新华书店图书销售总额106.49万元。进货31550册，合计码洋104.47万元，教材发行76.8万册，码洋718万元，其中非免教材码洋424万元，免费教材294万元。

**【重点发行】** 2019年，县新华书店重点发行图书《习近平新时代中国特色社会主义学习纲要(汉文)》单价15元，发行5368册，销售码洋80520元。《习近平新时代中国特色社会主义学习纲要(维文)》单价28元，发行2052册，销售码洋57456元。《习近平谈治国理政第二卷(维文)》单价80元，发行558册，销售码洋44640元。《中华人民共和国史稿》单价260元，发行363册，销售码洋94380元。《中国共产党的九十年》单价150元，发行365册，销售码洋54750元。《习近平扶贫论述摘编》单价27元，发行1000册，销售码洋27000元。

**【农家书屋】** 2019年，县新华书店"东风工程"为65个乡、村、镇、社区送书，"书香农家"使读书成为新时尚。

【账款回收】

门市欠款　2019年,收回门市欠款32.55万元,其中收回2019年欠款21.49万元、2018年欠款1.06万元、2017年欠款22.82万元、2015—2016年欠款2.11万元。

教材欠款　2019年,收回教材欠款483.77万元,其中收回2019年欠款300.11万元、2018年欠款147.04万元、2017年欠款19.34万元、2016年欠款8.88万元、2015欠款5.8万元、2014年欠款1.18万元、2013年欠款1.43万元。

未收账款　2019年,门市应收账款剩余18.22万元,其中2019年3.43万元、2018年3404.2元、2017年12.7万元、2015—2016年1.75万元。教材应收账款剩余199.79万元,其中2019年124.28万元、2018年36.66万元、2017年14.13万元、2016年10.17万元、2015年7.95万元、2014年1.41万元、2013年9466元,合同民语课本资料费4.24万元。

【进销管理】　年内,重点把握常销书,日常关注动销书,及时清退滞销书,满足市场需求报订订单时,重点报订重点图书、社科类、少儿读物等。2019年,教辅销售不理想,民营书店的崛起造成新华书店销售压力增大,民营书店教辅资料种类齐全、价格低廉,受到消费者青睐。

（阿不来提·卡哈尔）

## 烟草专卖

【概况】　托克逊县烟草专卖局隶属于吐鲁番烟草专卖局,下设专卖稽查大队,主要承担县域辖区内的卷烟专卖行政管理工作。2019年,托克逊县烟草专卖局在岗员工3人,其中少数民族1人。

2019年,辖区有持烟草专卖零售许可证的单位、个人793户。

【专卖管理】　年内,县烟草专卖局有效打击、摧毁莫合烟、假烟销售网络,追踪莫合烟、假烟流向地,查找经营者,追溯分销商,摸排储运人员,斩断生产源头,建立与各执法职能部门联合工作机制,开展两节市场整顿、“春雷2019”、百日加热不燃烧型查处、中小学校周边卷烟零售店清理整顿等专项行动。2019年,县烟草专卖局查处各类涉烟违法案件48起,其中销售非法生产的烟草专卖品案件9起,未在当地烟草专卖批发企业进货案件16起,无证运输案件4起,无证经营案件19起。查获各类违法卷烟1835.2条,莫合烟1695.73千克,总案值34.8万元。　（巴小青）

# 生态环境

SHENGTAI HUANJING

## 综　述

【概况】 2019年3月机构改革,原托克逊县环境保护局职责以及县发展和改革委员会的应对气候变化和减排职责,县国土资源局的监督防止地下水污染职责,县水利局的编制水功能区划、排污口设置管理、流域水环境保护职责,县农牧兽医局的监督指导农业面源污染治理职责等整合,作为市生态环境局的派出机构,不再保留县环境保护局。重新组建托克逊县生态环境局。内设行政办公室、综合业务科、法规科3个科室,下属环境监察大队、环境监测站2个事业单位,政务大厅设1个办事窗口。

2019年,县生态环境局有干部职工26人,其中行政和参公编制7人、援疆挂职1人、工勤1人、全额事业编制和地方编17人;女性8人,少数民族11人。

【环保准入】 2019年,县生态环境局执行环保法律法规、产业政策和行业准入条件,不符合国家产业政策和区域总体规划、不符合环境保护要求的项目一律不批;改扩建项目必须淘汰原有落后生产工艺设备。全年受理环境影响报告书(表)22个,其中报告书5个(初审5个)、报告表17个(审批10个,初审7个),登记表网上备案93个。严格遵守"先评价、后审批建设"的原则,全年排污许可证核发行业企业有9家。

【"放管服"改革】 2019年,县生态环境局对接自治区一体化在线政务服务平台工作完成,达到100%网上可办,实时流转,压减审批时间。政务服务事项全部认领,公开办事指南、办理流程、政策法规和标准规范。全年,县生态环境局共办理环评备案91件。但政务服务网使用率仍较低,环境影响报告表和报告书的项目审批权限只有少部分在县生态环境局审批,未完成所有事项网上办理、联合审批。

## 环境质量

【空气质量】 根据托克逊县空气质量监测站数据统计,2019年,共检测355天,有效天数346天,无效天数9天,优良率80.6%。其中优10天,良好276天,轻度污染48天,中度污染8天,重度污染9天,严重污染2天,主要污染物颗粒物$PM_{10}$。

【饮用水质量】 2019年,吐鲁番市环境监测站分别在1月、7月、9月对托克逊县集中式生活饮用水源(地下水源)托克逊县供排水公司自来水厂进行监测,监测点位为供排水公司自来水厂水口(无加氯装置),根据《地下水质量标准》监测水质均为Ⅲ类,主要影响项目为砷。

## 托克逊县集中式生活饮用水水源水质监测项目及监测结果一览表

表 7

| 化学组分 | 采样日期 | | 《地下水质量标准》（Ⅰ—Ⅲ类）标准限值 | | |
|---|---|---|---|---|---|
| | 2019 年 1 月 5 日 | 2019 年 7 月 3 日 | Ⅰ类 | Ⅱ类 | Ⅲ类 |
| pH | 7.9 | 7.8 | 6.5—8.5 | | |
| 高锰酸盐指数（毫克/升） | <0.5 | <0.5 | ≤1.0 | ≤2.0 | ≤3.0 |
| 氨氮（毫克/升） | <0.01 | <0.01 | ≤0.02 | ≤0.10 | ≤0.5 |
| 铜（毫克/升） | <0.001 | <0.006 | ≤0.01 | ≤0.05 | ≤1.00 |
| 锌（毫克/升） | <0.02 | <0.004 | ≤0.05 | ≤0.5 | ≤1.0 |
| 氟化物（毫克/升） | 0.356 | 0.3529 | ≤1.0 | ≤1.0 | ≤1.0 |
| 硒（毫克/升） | <0.4 | <0.0004 | ≤0.01 | ≤0.01 | ≤0.01 |
| 砷（毫克/升） | 0.0036 | 0.0020 | ≤0.001 | ≤0.001 | ≤0.01 |
| 汞（毫克/升） | <0.04 | <0.00004 | ≤0.0001 | ≤0.0001 | ≤0.001 |
| 镉（毫克/升） | <0.0001 | <0.0001 | ≤0.0001 | ≤0.001 | ≤0.005 |
| 六价铬（毫克/升） | <0.004 | <0.004 | ≤0.005 | ≤0.01 | ≤0.05 |
| 铅（毫克/升） | <0.002 | <0.002 | ≤0.005 | ≤0.005 | ≤0.01 |
| 氰化物（毫克/升） | <0.001 | <0.001 | ≤0.001 | ≤0.01 | ≤0.05 |
| 挥发酚（毫克/升） | <0.0003 | <0.0003 | ≤0.001 | ≤0.001 | ≤0.002 |
| 阴离子表面活性剂（毫克/升） | <0.05 | <0.05 | ≤ | ≤0.1 | ≤0.3 |
| 硫酸盐（毫克/升） | 31.2 | 52.9 | ≤50 | ≤150 | ≤250 |
| 氯化物（毫克/升） | 13.5 | 33.7 | ≤50 | ≤150 | ≤250 |
| 硝酸盐（毫克/升） | 0.63 | 0.72 | ≤2.0 | ≤5.0 | ≤20 |
| 铁（毫克/升） | <0.03 | <0.02 | ≤0.1 | ≤0.2 | ≤0.3 |
| 锰（毫克/升） | <0.01 | <0.004 | ≤0.05 | ≤0.05 | ≤0.1 |
| 总硬度（毫克/升） | 113 | 193 | ≤150 | ≤300 | ≤450 |
| 亚硝酸盐（毫克/升） | <0.001 | <0.001 | ≤0.001 | ≤0.01 | ≤1.0 |
| 溶解性总固体（毫克/升） | 196 | 224 | ≤300 | ≤500 | ≤1000 |

续表7

| 化学组分 | 采样日期 | | 《地下水质量标准》(Ⅰ—Ⅲ类)标准限值 | | |
|---|---|---|---|---|---|
| | 2019年1月5日 | 2019年7月3日 | Ⅰ类 | Ⅱ类 | Ⅲ类 |
| 钠(毫克/升) | | 36.5 | ≤100 | ≤150 | ≤200 |
| 碘化物(毫克/升) | | <0.002 | ≤0.04 | ≤0.04 | ≤0.08 |

说明:《地下水质量标准》划分为五类:Ⅰ类:地下水化学组分含量低,适用于各种用途;Ⅱ类:地下水化学组分含量较低,适用于各种用途;Ⅲ类:地下水化学组分含量中等,主要适用于集中式生活饮用水水源及工业用水;Ⅳ类:地下水化学组分含量较高,以农业和工业用水质量要求以及一定水平的人体健康风险为依据,适用于农业和部分工业用水,适当处理后可做生活用水;Ⅴ类:地下水化学组分含量高,不宜作为生活饮用水水源,其他水可根据使用目的选用

【蓝天工程】

发展循环经济产业链　年内,推进以中泰等重点企业产业链延伸,推动工业转型升级,基本建成了以中泰圣雄为主的煤电盐循环经济产业链。

落后火电机组关停　2019年8月31日关停新疆华电吐鲁番发电有限责任公司2×135兆瓦落后火电机组,并于9月24日通过关停联合验收。

示范项目升级　新疆中泰新材料股份有限公司煤基新材料升级示范项目被纳入国家现代煤化工产业创新发展布局方案。

综合整治“散乱污”企业　排查出托克逊县劲松耐磨产品铸造有限公司和新疆天富化工有限公司2家“散乱污”企业,完成整改。

燃煤小锅炉专项整治　2019年,清理县城区燃煤小锅炉29个,将中泰化学过剩热能引进城区集中供暖系统,用于城区集中供热。

超低排放改造　年内,组织相关部门,协调圣雄热电厂、中泰能化热电厂开展超低排放改造,2家电厂超低排放改造工作年内完成。

优化区域交通结构　2019年,累计查处货车扬尘20余起,引导辖区客货运输企业报废老旧车辆,购进新能源纯电动客车和CNG载货汽车,落实降耗、减排、增效的要求。全县有城市出租汽车335辆,均已安装CNG天然气罐,完成“油改气”工作,城市公交41辆,其中纯电动绿色公交车33辆,油电混动动力车2辆,汽电混动公交车6辆,新能源和清洁燃料公交车比例为100%。

供热管网扩建　新疆圣雄能源股份有限公司集中供热项目于2019年8月25日履行审批手续,10月25日开工建设,项目建成后总供热面积可达50.3万平方米,其中现状供热面积为20.8万平方米,近期新增规划供热面积为12.5万平方米,远期新增规划供热面积为17万平方米,总供热负荷为33.05兆瓦,其中现状供热负荷为15.35兆瓦。

重点区域生态环境整治　治理白杨河流域,拆除白杨河后沟段2个砂石料厂约1500平方米的违法建筑、生产设备,并清理、平整;督促白杨河小草湖段河道西侧的3家砂石料厂将距离河道150米以内的废料、采坑拉运平整。

城区园林绿化　2019年,全县有13个公园,建成区绿化面积518.4公顷,绿化覆盖率43.2%,建成区绿地面积达441.84公顷,绿地率36.82%,人均公园绿地面积19.42平方米。

工地及道路扬尘管理　2019年,专项检查全县城区26个扬尘污染治理项目3次,涉及

18 家施工企业，检查发现扬尘污染隐患 73 处，下发整改通知书 50 份，隐患已全部整改完毕。

渣土运输车管理　2019 年，处罚渣土车辆抛撒、不盖篷布 6 起，立案 6 起，处罚 9500 元，结案率 100%。

秸秆综合利用和控制氨排放　托克逊县棉花秸秆直接粉碎还田，全县秸秆综合利用率约为 80%。2019 年，全县有畜牧养殖合作社 104 家，畜禽粪污产生量 10 万余吨，规模养殖场粪污处理设施装备配套率达 70.96%，采用"种养结合"模式和"种养结合 + 农家肥"生产模式处理畜禽粪便，肥水资源化利用总量 10 万余吨，畜禽粪污综合利用率 70%。

挥发性有机物(VOCs)专项整治　年内，调查煤化工、化工等行业开展挥发性有机化合物(VOCs)排放，建立挥发性有机化合物(VOCs)污染治理台账，完成 4 家企业挥发性有机化合物(VOCs)的监测工作，均属于达标排放。

## 节能减排和污染防治

**【节能减排】**　年内，根据自治区燃煤电厂超低排放和节能改造要求，托克逊县圣雄热电厂和中泰化学托克逊能化有限公司分别需完成超低排放改造和全工况脱销改造工程。至年底，圣雄热电厂 2 号超低改造工程完工，1 号机组超低排放改造完成并网。中泰化学托克逊能化有限公司 2×330 兆瓦机组超低排放改造 1 号机组改造完毕；2 号机组在企业官网公示。

**【排污许可】**　根据 2019 年排污许可证核发准备工作和固定污染源排污许可分类管理名录（2017 年版）要求，2019 年托克逊县申领排污许可证的行业有热力供应、污水治理、酿酒制造、乳制品制造、聚氯乙烯、电池制造、废弃资源综合利用、一般工业固废处置 8 个行业。涉及企业有园区污水处理厂、城镇污水处理厂、始昌热力公司、骆驼电池制造、骆驼再生资源公司、圣雄氯碱、白粮液酒厂、零海拔酒庄、德源酒庄（停产）圣雄固废填埋场、中泰固废填埋场、安信公司、夏镇酸奶厂、宝贵心酸奶厂。同时，督促天雨公司在试生产前申领排污许可证。

**【危废物管理】**　清理环境统计、违法建设项目，动态更新危险废物产生、经营单位。托克逊县域内有 11 家产危废企业和 2 家危废经营企业（正在申请危险废物经营许可证），年内，托克逊县规范化管理，所有涉危废企业危险废物均控制在标准中。

按照自治区环境应急管理工作要点要求，中石油吐鲁番分公司托克逊县辖区内 13 家加油站、新建骆驼蓄电池有限公司等 30 家单位完成应急预案的备案及平台录入工作。2019 年，县生态环境局重点检查涉危、涉重、涉尾矿库等重点排污企业，规范辖区企业危险化学品，废旧机油等贮存、放置等，消除环境安全隐患，严防突发性环境污染事故的发生。

**【第二次全国污染源普查】**　年内，制定了托克逊县第二次全国污染源普查数据质量核查反馈问题整改方案，逐项对本辖区普查工作进行"回头看"整改。托克逊县共有普查对象 402 家，专网通过强审 402 家，通过率 100%。核实第四次全国经济普查清查名录、2017 年全年用电量工业企业清单、散乱污企业和"12369"等其他信访举报清单反馈的共 698 家污染源名录并进行比对，确定补充入库25 家。

## 环保督察和生态环境监察执法

**【中央环保督察反馈问题整改】**　2019 年，托克逊县严格落实中央环保督察"周调度、月督察、季总结"工作，县生态环境局协调相关单位将整改工作开展情况上报市整改领导小组办公室。县委、县政府每月1次专题听取中央环境保护督察反馈意见整改进展及需县委政府解决问题的专题汇报,专题研究生态文明建设与环境保护和环保督察反馈问题整改工作。

至年底,中央环保督察反馈意见涉及托克逊县的15项整改任务完成整改13项(自治区方案序号27项涉及城镇污水处理厂提标改造工程建设正在制作销号台账,自治区方案序号58项涉及野骆驼保护区勘界立标工作销号台账已上报市整改办),正在有序整改2项(自治区方案序号71项涉及砂石黏土矿地质环境整治和自治区方案序号72项涉及艾维尔沟矿山整治)。

自治区方案序号七十一:关于政策性关闭小煤矿、黏土砂石矿恢复治理等问题

整改进展:该问题的整改完成时限为2020年底前,需治理面积为1.8平方千米。年内,已完成治理恢复面积约1.44平方千米,完成需恢复治理总面积的80.1%。2019年12月13日,由市自然资源局、县检察院、生态环境局、林草局等有关部门组成验收组阶段性验收托克逊县2019年砂石黏土矿50%治理任务,验收通过。

政策关闭小煤矿地质环境整治情况:按照整改方案要求,托克逊县雨田煤业有限责任公司3号井地质环境恢复治理面积为0.56平方千米,整改时限为2020年3月底,年内托克逊县雨田煤业有限责任公司3号井已完成恢复治理面积为0.42平方千米。

自治区方案序号七十二:艾维尔沟矿山治理问题

整改进展:该问题整改完成时限为2020年12月底前。艾维尔沟矿山涉改6家石灰岩矿已于2018年12月底基本完成小料清运整治工作,共清运小料300.67万吨,完成河道内生产设施拆除工作,已于2019年6月底基本完成无序开采整治工作,于2019年7月26日通过地质专家与有关部门组成的验收组的验收。2019年8月19日,托克逊县人民政府批复艾维尔沟涉改企业的生态环境保护与恢复治理方案,2019年12月10日通过生态环境专家与有关部门组成的验收组生态修复完成50%的验收。

**【“双随机”专项执法检查】** 2019年,县生态环境局对县域内工矿企业开展“双随机”专项执法检查,共检查企业67家,按照相关要求,一二季度“双随机”专项检查情况在县人民政府党建网公示,第三季度“双随机”专项检查情况在自治区生态环境厅移动执法终端公示。

**【在线监测设备执法检查】** 年内,辖区重点污染源企业在线监测设备专项执法检查共检查19家次,59套在线监测设备,发现的问题要求企业严格按照相关法律法规和在线监测站房建设标准专项整改,确保托克逊县在线监测安全。

**【环境监察执法】** 严厉查处辖区内存在“未批先建、未验先投”等环境违法问题的企业,督促2016年反馈的4个“未批先建”项目完善相关手续。新疆美汇锰合金有限公司10万吨/年铁矿石选矿生产线建设项目按照相关要求编制环境影响报告书,已上报自治区生态环境厅评审,年内按照专家要求补充完善和销号;托克逊县润田煤矿60万吨/年建设项目和托克逊县润北煤矿60万吨/年建设项目已整合120万吨/年建设项目,纳入“十三五”煤炭中期规划,该项目委托中煤科工重庆设计研究院编制环境影响报告书;新疆亿丰矿业开发有限责任公司托克逊县黑山矿区通盖煤矿240万吨/年建设项目已委托中国煤炭科工集团武汉设计研究院有限公司编制建设项目环境影响报告书。

2019年,县生态环境局现场监督检查企业89家次,共发现各类环境违法行为11

起,立案11起,县生态环境局下发违法行为决定书11份,行政处罚决定书11份。全年,县生态环境局完成非税收入金额568.38万元,其中收缴2018年年底未结案的行政处罚案件金额180.69万元,追交历史性欠款305万元,2019年结案的行政处罚案件金额106.79万元。

年内,组织开展高(中)考噪音检查绿色护考、农村饮用水源地检查、安全生产大检查等,严肃查处各类环境违法行为。

**【重点行业企业用地调查】** 年内,吐鲁番市委托第三方专业机构新疆泰施特环保科技有限公司调查重点行业企业用地工作,县生态环境局配合第三方入企调查取证。复函相关部门配合提供相关支撑材料。详细调查地块周边区域环境、敏感受体、企业生产经营产生主要污染物、建筑设施等,并对地块历史取证,填写调查表。年内,第一阶段基础性工作基本完成。

**【在线监控管理】** 托克逊县工矿企业的在线监控管理有专人负责与企业对接,建立在线设施管理信息微信群,在线情况日报告,24小时内对出现异常的企业向局机关报备,并同时抄送市环保局,无异常情况。

**2019年托克逊县环境行政处罚案件执行一览表**

表8

| 被处罚企业(或个人) | 处罚事由 | 处罚依据 | 执行情况 |
|---|---|---|---|
| 托克逊县骏帅呈熙商贸有限公司 | 煤堆场未按照要求密闭 | 《中华人民共和国大气污染防治法》 | 已执行 |
| 新疆托克逊县龙泉煤矿 | | | |
| 托克逊县盛泰工程建设有限公司 | | | |
| 新疆宏顺矿业投资有限公司 | | | |
| 新疆金冠丞腐植酸有限公司 | | | |
| 卓　勇 | | | |
| 托克逊县天臣滴灌带有限公司 | 未向环境保护主管部门报批环境影响评价文件,擅自开工建设 | 《中华人民共和国环境影响评价法》 | 已执行 |
| 托克逊县渝泰商贸有限公司 | | | |
| 新疆黑山煤炭化工有限公司 | | | |
| 新疆云城公路有限责任公司 | | | |

续表 8

| 被处罚企业(或个人) | 处罚事由 | 处罚依据 | 执行情况 |
|---|---|---|---|
| 托克逊县信华隆洁净能源有限公司 | 项目配套建设环境保护设施未建设、未验收投入生产 | 《建设项目环境保护管理条例》 | 已执行 |
| 托克逊县雨田煤业有限责任公司 | 生活污水未经处理直接排放至外环境 | 《中华人民共和国水污染防治法》 | 已执行 |
| 新疆奥龙达能源有限责任公司 | 未通过竣工环保验收,擅自投入生产废旧机油桶未规范性放置 | 《建设项目环境保护管理条例》《中华人民共和国固体废物污染环境防治法》 | 已执行 |

## 生态环境整治

**【集中饮用水源地】** 年内,县生态环境局检查辖区内 18 个集中式饮用水水源地,反馈整改了 4 个问题。在城市集中式饮用水水源地保护区便道入口设置了限高装置,禁止大型车辆进入保护区,便道增加了减速带,确保水源地保护区区域内行驶安全,自来水公司拆除 3 处违建设施,在水源地保护区明显地界设置标示标牌,建设围墙。整顿农村饮用水水源地周边畜牧养殖点,清理残留粪便及其他废弃物。

**【农村人居环境整治】** 根据托克逊县农村人居环境整治(2018—2020 年)行动方案,吐鲁番市生态环境局申请到自治区生态环境厅专项资金,补助托克逊县 3 套地埋式一体化污水处理设备和 45 套单户式地埋一体化污水处理设备。托克逊县配发 2019 年示范村夏镇南湖村 1 套集中式地埋一体化污水处理设备和 23 套单户式地埋一体化污水处理设备,郭勒布依乡尤库日克喀拉阿什村 2 套集中式地埋一体化污水处理设备和 22 套单户式地埋一体化污水处理设备。年底,集中式地埋一体化污水处理设备正在安装,45 套单户式地埋一体化污水处理设备全部安装完毕。

农村环境连片整治示范项目部分乡镇垃圾填埋场、垃圾处理厂、污水管网不够完善,村民环保意识淡薄,总体进度不佳。城镇和工业园区一些环境基础设施建设滞后。城镇生活垃圾、医疗废物、危险废物的处理处置尚未全部达到规范化要求。(李振堂)

# 自然资源管理

ZIRAN ZIYUAN GUANLI

## 国土资源管理和空间规划

【概况】 2019年3月机构改革,托克逊县国土资源局新组建托克逊县自然资源局,增加了国土空间规划相关职能,内设行政办公室、纪检监察室、财务审计科、自然资源监督执法科、国土空间规划科、自然资源确权登记和测绘地理信息科、耕地保护监督科、国土资源用途管制科、自然资源调查监测科、矿产资源保护监督科、国土空间生态修复科11个科室。下属不动产登记中心、规划队、土地储备交易中心3个事业单位。局内共17人,其中行政编制13人,全额事业编制3人,工勤编制1人;女性4人,少数民族8人;借调各乡镇国土资源所干部16人。3个下属单位共7人,其中地方性事业编13人;女性10人,少数民族13人。

(刘　盼)

【土地要素和保障】 2019年,全县土地总面积165.64万公顷,其中农用地21.64万公顷(含耕地面积)、建设用地2.17万公顷,未利用土地141.84万公顷。

年内,组织审查上报建设用地报件32件,面积150.81公顷,其中上报市人民政府审批报件9个,用地面积36.96公顷;上报自治区审批报件19个,面积109.61公顷;正在组织建设用地报件4个,面积4.22公顷。

【土地效益】 2019年,全年供应国有建设用地118宗,面积443.07公顷。挂牌出让45宗,成交面积217.47公顷,成交金额33695.55万元。其中工业用地23宗,面积184.5公顷,成交价款12167万元;商业用地16宗,面积18.96公顷,成交价款14514万元;住宅用地6宗,面积14.01公顷,成交价款6715.9万元。2019年较上年供地率有所提高,主要是工业用地供地面积较大,商业和住宅用地供地较多,成交价款增高。

【地籍管理与调查】 2019年,完成农村地籍调查工作,向市自然资源局提交内业工作验收申请。全年完成地籍调查测量农村集体建设用地调查30336宗,面积2277.8公顷,外业权属调查签章。2020年1月通过内业验收,发证公告已发布政府网站,开展符合城市规划,纠纷偏少的村作为试点村稳步开展发证工作。

(古丽加娜提·买买提)

【耕地保护与补偿】

耕地保护措施　2019年,全县耕地面积2.41万公顷,基本农田保护总量不减少、质量不降低,年初县人民政府与1乡7镇、村集体层层签订耕地保护责任书,将耕地和基本农田保护工作落实到乡(镇)、村,农户;将耕地保护工作纳入各乡(镇)年终考核内容。

耕地占用补偿　2019年,全县批准占用耕地的项目有15个,建设用地210.79公顷,占用耕地30.28公顷,已全部补划入库。（任　强）

【基本农田整理项目】　2019年,托克逊县在建农村基本农田整理项目1个,基本农田整理项目3个,分别是夏镇托台村、色日吉勒尕村和南湖村,项目预算总投资810.5万元,建设规模为597.04公顷,年内完成施工和验收。2019年,实际完成投资769.02万元,项目完成改建灌溉工程14.9千米,建筑物445座,其中斗渠改建13.58千米,支渠改建1329.34米,配套建筑物445座;改建道路工程20.78千米,配套桥涵49座,其中改建完成4米生产道路15.58千米,6米田间道5.2千米。

【土地处置】　年内,逐宗梳理2009年以来批而未供土地共41宗,面积532.74公顷。处置批而未供土地165.45公顷,其中按划拨方式供应土地21宗,面积为135.92公顷。出让方式供应1宗,面积为29.53公顷。长期未动工建设、无意向人和不具备供地条件的土地2宗,面积8.2公顷。年内,2宗土地失效批复申请报县人民政府和市自然资源局。超额完成自然资源厅下发的处置任务30公顷,并给于10%指标奖励。

【土地储备交易】　托克逊县设置土地储备机构1个,成立于2010年10月,名称为托克逊县国土资源储备交易中心,隶属于县国土资源管理,未重复设置土地储备机构。土地储备机构承担对依法取得的土地进行前期开发、储存以备供应土地等工作,主要是为县政府部门行使职能提供支持保障。在编人数1人,经费来源于县财政拨款。

2013年3月1日托克逊县储备土地4宗,分别位于托克逊县高速公路立交桥东侧、大河沿路南侧(3宗)和重工业园区第一辅道南侧(1宗),土地总面积166.67公顷,3月1日土地以政府储备的方式登记在托克逊县国土资源交易中心名下,使用权类型为储备用地,土地用途设定为储备用地,终止日期为2045年11月4日,储备土地分别于2005年、2006年经自治区国土厅和地区国土资源局批准。

【规划管控】　2019年,累计核发选址意见书12个;核发用地规划许可证27个,核发工程规划许可证72个,核发竣工规划认可书15个,为中泰能源有限公司圣雄同心工业园渣厂建设等项目出具用地复函40个,出具开挖回复意见23个,出具建设项目选址意见书请示38个,出具规划设计条件70个。

年内,配合各乡镇完成安居富民和沿街改造建设项目,规划评估4个人居环境整治工作示范村,推进托克逊县人居环境整治工作的顺利开展。

【不动产统一登记】　2019年,办理不动产登记4098件,比上年同期增长47.99%,其中发放不动产权证3302本,发放不动产登记证明796份,涉及抵押金额243157万元,完成不动产登记信息查询600余次,档案编号、装订3800余份。

2019年,完成不动产确权登记、农村宅基地及集体土地的不动产调查,其中城镇需要办理的不动产总量约2.3万户,农村宅基地及集体建设用地约30876宗。不动产硬件平台方面,全县自然资源和不动产登记信息管理基础平台服务器位于县自然资源局机房。完成自然资源和不动产登记资料收集、整理、共享、汇交等工作,涉及地籍区11个,地籍子区82个,集体所有权宗地257宗,建设用地使用权宗地616宗,自然幢898个,户信息10398个,成果质量符合率、落宗率、逻辑关系率、拓扑正确率均为100%,数据等级评定级别为B1。

（颜　亮）

## 土地调查和地图监管

【土地调查】 2019年，自然资源局开展外业图斑实地举证，召集各乡镇三调负责人判定内业图斑，召集农业农村局和林业林草局农转未判定、林草对接、农变未等相关工作，并按照国家三调办反馈的意见，开展现场举证和图斑判定工作。核实国家下发的图斑，现场举证，将核实后的变化图斑，做图形和属性维护，属性主要涉及相关信息有地类编码，权属性质，权属单位代码，耕地类型，种植属性代码，图斑细化代码，城镇村属性等。数据库8月3日提交国家三调班审核，待核实通过后托克逊县应用第三次国土调查数据。

【涉密测绘成果保密检查】 根据自治区有关要求，对本辖区内领取、使用、保管涉密基础测绘成果资料的用户单位、测绘资质单位进行涉密测绘成果保密检查。经检查，未发生违反保密和安全的行为。

【地图市场监管】 年内，托克逊县对10家（第一小学、第一中学、新华书店、华新书店、乐福超市、中信超市、第二中学、规划队、广电局、旅游局）地图市场场所检查，未发现问题。

（拜热叶古丽·合力克）

## 矿产资源管理

【矿产资源概况】 托克逊县位于中天山成矿带，具有较好的成矿条件，2019年全县已发现各类矿产40多种、矿产地（含矿点）193处，查明资源储量的矿产31种，能源矿产3种。已开采或正在开采利用的矿产有19种。托克逊县优势矿产主要有煤、盐、石灰石、钨矿、大理岩、膨润土、石膏、石英、白云岩等。

2019年，开采矿石量2089.04吨，工业总产值30.84亿元。有探矿权61个。按勘查阶段分：预查项目2个、普查项目13个、详查项目6个、勘探项目40个。

【矿产资源规划调整】 年内，调整第三轮矿产资源规划，托克逊县根据工业经济发展状况对矿产品的需求，经企业申报后，将26个探矿权、28个采矿权调整至托克逊县矿产资源总体规划。

【矿山地质环境整治】 2019年，中央环境保护督察反馈问题清单中涉及自然资源局督导整改的有5项，其中3项整改销号完毕，剩余两项正在整改中。其中第七十一项：需治理政策性关闭煤矿1个，政策性关闭建筑用砂矿9个，恢复土地面积1.8平方千米；年内，完成恢复治理面积1.37平方千米，完成2019年任务量的152.9%。第七十二项：治理艾维尔沟矿区无序开采的6家石灰岩矿，地形地貌破坏严重，大量矿山小料未在指定地堆放、压实的问题；年内，完成小料清理和无序开采整治工作。2019年7月，第十一地质大队专家以及市自然资源局、县纪委等9家单位现场验收小料清运和无序开采整改情况，并于11月通过生态环境保护与恢复治理方案审查工作，小料堆覆土、种草、清理道路两侧排水、厂区内道路硬化和清理厂区废旧物品等工作持续进行。

【矿山资源储量管理】 为加强托克逊县矿山储量年报、核实报告的编写质量，吐鲁番市自然资源局分别于4月、7月、9月邀请自治区自然资源厅专家库中的专家召开集中审查会，审查了托克逊县27家矿山的2017年度、2018年度矿山储量年报、核实报告，已全部通过专家审查。

【地质灾害防治】 2019年，累计排查重点道路、景区等隐患点128个，以书面形式告知路政、旅游部门，要求加强防范,并在地质灾害易发、易威胁群众安危的隐患点处设立警示牌11处,提示来往车辆、人员进行避让。

**【矿业权报件办理】** 2019年,共办理采矿权新立报件1个;采矿权延续报件28个;延长划定矿区范围报件3个;探矿权延续报件5个;建设项目压覆查询47宗;建设项目预查询15宗。

**【矿山统计】** 2019年,托克逊县有矿山企业88家,一、二类矿产资源的矿山企业为62家,其中煤矿13家,硫铁矿3家,铜矿3家,金矿3家,铅矿2家,铁矿1家,钴矿1家,锌矿1家,锰矿1家,盐矿1家,石棉矿1家,硅灰石1家,膨润土矿3家,石灰岩矿14家,石英矿3家,白云岩矿1家,大理岩矿5家,石膏矿5家;三类矿产资源的矿山企业为26家,其中砖瓦用黏土13家、建筑用砂11家、砖瓦用页岩矿2家。按生产情况分:生产矿山企业41家,未生产(筹建)矿山企业47家。按矿山规模分:大型矿山7家、中型矿山7家、小型矿山51家、小矿23家。

**【矿业权出让】** 2019年,共出让探矿权5个,其中2个成交、1个流拍、2个处于挂牌阶段。

**【安全生产检查】** 年内,共检查非煤矿山企业、原非法开采点、地质灾害隐患点128个,下发责令停止自然资源违法行为通知书18份、限期整改通知书1份,发现安全隐患14处,立即整改13处,限期整改1处。打击无证开采违法行为4起,查封、扣押作业机械4套、变压器2台、挖掘机17台、装载机6台、小型货车1辆、皮卡车1辆;供电部门断电4处,制止各种萌芽状态的违法行为。 (彭艳丽)

## 自然资源监督执法

**【自然资源监管整治】** 2019年,制止各乡镇无证开采行为6起。接到举报、交办案件8起,其中发改委移交2起(为润北、龙泉煤矿乱挖乱采问题),经实地检查已处于停止状态;无证风积沙案1起;无证采砂案件2起;以采代探案(石英)1起。其他2起实地检查为合法行为,经研判分析,均无涉黑涉恶行为。接到违法占地建设案件专办1件,对违法建设的4465平方米违法用地处高限每平方米30元的罚款,合计13.39万元。违法占用一般耕地建设的建筑物及其他设施和擅自将农用地改为建设用地的相关设施,根据《中华人民共和国土地管理法》及实施条例相关规定做限期拆除处理。打击土地乱象,立案处罚违法建房,乱占土地案6起,拆除违法建筑650平方米,罚没款28万余元。

**【案件查办】** 开展土地、矿产违法行为查处工作,共立案查处违法案件23件,其中查处土地违法案件19件(均为卫片),结案19件(基本农田6件,共0.36公顷),收缴罚款34.03万元。矿产违法案件4件(卫片2件,巡查发现2件),结案4件,收缴罚没款13.92万元。同时处理上年未结案件2件,其中1件收缴罚没款78万元,1件于2019年6月23日移交法院强制执行。2019年共收缴罚没款125.94万元,其中土地34.03万元,矿产91.92万元,已全部上缴财政。

**【建设用地监管】** 对建设用地报批进行批前踏勘、实地核查,严格审查签批,共监管43个用地项目。共对26家矿山企业矿业权延续报件开展核查,做到了执法关口前移,有效防止未批先建、无证、越界采矿等土地矿产违法行为发生。

**【卫片执法】**

土地执法 2018年托克逊县土地变更调查共下发遥感监测图斑288个图斑,经拆分合并后图斑为300个。经核查托克逊县土地违法图斑66个,其中民生工程图斑23个,国家和自治区重点工程项目图斑25个,自行纠正图斑2个,违法立案图斑16个,按照程序转办并立案查处违法图斑9个(结案图斑7个),未处理图斑7个。拆除违法建筑230平方米,收缴罚没款34.03万元。

*矿产执法* 2018年国家下发的托克逊县矿产卫片执法遥感疑似违法图斑共21个,逐一对比、核实疑似违法图斑,其中合法图斑7个、伪变化图斑6个、违法图斑8个(违法非立案3个),罚没款金额93.9万元,没收矿产品1.83万吨。

(朱兆勇)

# 经济管理与监督

JINGJIGUANLI YU JIANDU

## 宏观经济管理

**【概况】** 2019年机构改革，优化托克逊县发展和改革委员会(以下简称县发改委)职责。原县煤炭工业管理局的除指导煤矿救护和组织协调煤矿事故应急救援以外的职责，县援托工作办公室的职责，县民政局的救灾物资储备管理职责以及原县商务和经济信息化委员会的食糖、食盐等储备管理职责等划入县发展和改革委员会，加挂县粮食和物资储备局牌子，不再保留县煤炭工业管理局、县援托工作办公室，不再保留县粮食局牌子。是县人民政府工作部门，为正科级。原县煤炭工业管理局划入5名干部，原县援托工作办公室划入2名干部。核定行政编制14名，统筹编制7名，机关工勤事业编制2名。

县发展和改革委员会(粮食和物资储备局)内设办公室、国民经济综合科、煤炭管理科、粮食流通管理科、价格管理科、援托工作办公室、全社会节能监察办公室7个科室，2019年，县发改委有干部49人，其中行政编19人、事业编10人、地方编18人、工勤编2人，女性20人，少数民族17人。

**【国民经济和社会发展计划执行】** 2019年，预计实现全县生产总值91.66亿元，同比增长7.6%。规模以上企业工业增加值50.63亿元，同比增长9.5%。全社会固定资产投资同比增长15.1%。一般公共财政预算收入16.08亿元，同比增长7.5%。招商引资到位资金49.42亿元，同比增长17.4%。社会消费品零售总额6.53亿元，同比增长6.3%。农村居民人均可支配收入14298元，城镇居民人均可支配收入35415元。

**【项目审批服务】** 2019年，牢牢守住“零举债”底线，从严把项目审批关，确保政府零违规举债，防范地方债务风险。除涉密项目以外全部运用在线平台赋码，公开和共享在线审批平台审批、建设和监管信息，全年共审批、备案项目77项，其中备案类46项、审批类31项。共争取中央、自治区预算内投资项目29个，中央预算内到位资金1.77亿元；地方政府专项债券到位资金5.96亿元，其中一般债券2.8亿元，专项债券2.8亿元，再融资债券0.36亿元，缓解了地方财政压力，全县未新增政府隐性债务。

年内，中泰高性能树脂、天雨煤化500万吨/年煤分质清洁高效综合利用、神华黑山露天矿、圣雄黑山露天矿等重点项目顺利建设，拉动全县投资完成46亿元，完成年计划的83.64%，同比增长21.7%。

**【固定资产投资】** 2019年，全县固定资产投资目标55亿元，全县固定资产投资支撑项目72项。截至年底,项目开复工率100%,全年完成固定资产投资55.78亿元,同比增长11.5%,其中第一产业项目5项,年计划投资5500万元。

能源和制造业领域投资拉动作用较强。全县固定资产投资支撑项目按十大投资领域分,能源和制造业领域投资项目共26项,在中泰高性能树脂、天雨煤化500万吨/年煤分质清洁高效综合利用、骆驼集团年处理16万吨废铅酸电池、神华黑山露天矿、圣雄黑山露天矿等重大续建项目支撑下完成投资38.7亿元,占完成投资总额的75.32%。

非政府性社会投资类项目贡献突出,成为拉动全县固定资产投资的主力军。非政府性社会投资类项目开复工40个,完成投资51.26亿元,占全县投资的91.89%。政府投资类项目开复工32个,完成投资4.52亿元,占全县投资的8.11%。

**【重点产业项目】**

重大产业项目　2019年,重大产业项目陆续建成,丝路兴达羊绒深加工项目梳绒生产线于10月投产;中泰30万吨高性能树脂项目于11月试车;绿色建材厂电石渣节能环保综合利用项目年内局部试车;骆驼集团年处理16万吨废铅酸电池危险废物固体许可证10月带料试车。

重点在建项目　年内,天雨煤分质清洁高效综合利用、万振石材开发加工、黑山矿区神华、圣雄、东方金盛等露天煤矿的土方剥离等项目建设推进;盘吉煤业、博斯坦煤业、雨田煤业等井工矿井巷、井下工程正在建设;棚户区改造配套基础设施、白粮液大厦、零海拔小区、天山商城、金盾小区、圣源建材城、金汇广场三期项目主体建设基本完成。

重点项目前期工作　新疆能源集团洁净能源多联产一期工程项目列入国家“十三五”后两年煤炭深加工新增开工建设项目清单;中泰煤基新材料升级示范项目支持性文件已上报自治区人民政府;神华现代煤化工项目已列入国家能源集团“十四五”规划;乌斯通沟水库工程可行性研究报告上报至自治区发改委待批复;自治区发改委核准民心矿业120万吨/年煤矿建设项目;润田科技120万吨/年煤矿建设项目正在办理矿区划定和用地预审等核准的支撑性文件;翔峰云物流公司托克逊带式输送机输煤、华天瓷业二期中高档墙砖、中亚盛泰无纺布、安徽润泽环保滤材化纤滤布和高中温除尘布袋、中盛农业林草兼营草畜一体化循环经济等招商引资项目前期工作有序推进。

**【核心区物流能力】**　年内,托克逊县与自治区对接完成丝绸之路经济带核心区“五大中心”(新疆的交通枢纽中心、商贸物流中心、金融服务中心、文化科技中心、医疗服务中心)规划建设项目编制工作。现代物流业发展较快,全县共有货运企业123家,货运车辆1931辆,铁路专用线4条,拥有集装厢7500组1.5万件(其中望布铁路能源拥有集装厢5000组1万件,新铁中泰鱼儿沟铁路物流基地拥有2500组5000件),望布铁路能源物流枢纽项目投资1.04亿元,完成1.8万平方米的中转储运大库,铁路货场地坪12万平方米,集装箱、仓储系统正常试运营,年计划发运量197万吨,已发量210万吨;新铁中泰鱼儿沟铁路物流基地投资3500万元,延长机一、机二线384米,硬化地坪3.8万平方米,年计划到发量300万吨,由于企业市场供需预计不足,至年底到发量145万吨;物流设施能力显著增强,多式联运广泛应用,资源集聚和辐射带动作用增强,成为地方经济发展新的增长极。

**【煤炭安全生产监管】**　主动落实监管责任,守护煤矿安全,每日报告、每周碰头,一周不少于2次下井检查,防范煤矿重大风险事故发生。监管煤矿主体责任频次、加强力度,对高风险煤矿安全“体检”、各类专项监管、安全综合检查等方式排查隐患,实现隐患排查、登记、治理、监督、销号全过程的闭环管理。2019年,托克逊县有5家正常生产的矿井,生产原煤1647万吨,同比增加192万吨,增长13.29%;累计执法检查107矿次,发现隐患1072条,完成整改1040条,整改率97.01%,全年煤矿企业未发生安全生产事故。

**【污染防治】** 2019年2月,克(布)尔碱矿区总规环评取得生态环境部审查,落实了矿区各项环境保护对策与措施;圣雄2×300兆瓦热电厂2台机组和中泰2×330兆瓦热电厂1号机组完成燃煤电厂超低排放和节能改造工程,8月底华电吐鲁番发电有限责任公司2×135兆瓦机组设备拆除,改善了二氧化硫和氮氧化物的排放。煤电盐化循环经济一体化项目能耗申报列入国家重大项目“三基地一通道”,落实了能源消费总量和节能“双控”目标。

**【节能降耗】** 2019年,县发改委邀请北京铭晟阳光科技有限公司专家对县域内11家重点用能企业开展能源消费现场核查工作,实施强制能源审计,落实企业能耗“双控”主体责任,挖掘企业节能潜力,共提了53条建议,助力托克逊县进一步挖掘节能降耗潜能,从源头降低托克逊县能源消费量。

2019年,全县规模以上综合能源消费量372.67万吨标准煤,同比下降1.27%;万元工业产值能耗2.77吨标准煤/万元,同比下降0.22吨标准煤/万元,下降7.30%。

**【援疆工作】** 2019年,湖南对口支援托克逊项目15个,计划投资9144万元,年内援助资金全部到位,实施项目15个,完成13个。分别是未就业大学生锻炼培训项目,援助资金100万元,组织未就业大学生赴湘锻炼培训,每人补助1.75万元;家门口就业工程,援助托克逊县产业发展与促进就业引导资金250万元,实施项目共9个;万名教师支教计划,选派支教教师34人。投入资金255万元;县一中多功能教学楼建设项目,总投资1200万元。完成投资200万元,总建筑面积3828平方米及配套设施建设,包括大型合唱室等功能室及供排水、供暖、强弱电工程、绿化、地面硬化等附属工程;资助在内地上学的贫困大学生项目,资助新疆籍内地高校100名贫困大学生就学项目的60万元资金全部落实到位,每名学生援助6000元;人才交流交往培养项目,投资200万元,开展高层次人才培养、干部双向挂职、柔性人才引进,开展学术交流、技术指导、专家讲坛等活动;安居富民工程,完成投资1820万元,新建安居富民房每套补助1万元;广播电视中心和发射塔项目,项目总投资8900万元。年内投入300万元,发射塔主体完工,电视中心主体施工已完成;援疆生态林项目,投入800万元,选址于吐和立交桥东侧,新建500亩援疆生态林,主要种植桑。年内完工;夏镇色日克墩村基础设施建设项目,投入200万元,实施知青小镇配套基础设施建设,道路硬化、绿化、亮化;伊拉湖镇康喀村基础设施建设项目,投入100万元,实施康喀小镇配套基础设施建设,道路硬化、绿化、亮化;托克逊县村级综合文化服务中心建设项目,完成24个村级阵地,投资1200万元。

援疆扶贫开创“2+3+X”产业援疆模式,2019年落地企业2家,投资3000万元,带动就业20人;2019年安排60万元援助资金扶持考上大学的建档立卡贫困户子女,每名学生援助6000元。全年援助学生68名;疆货出疆,将农业龙头企业与销售平台结合使产品直达终端,发展物流电商产业促进线上线下融合,全年帮助销售农产品2600吨。解决了30户贫困户就业;选派医务人员13名(其中柔性援疆医生5名),培养受援地医疗骨干人才26名,开展医疗卫生人才培训22场次,培训2100人次,常态化开展"郴托情"送医下乡活动11次,诊治病人600余人,牵头组建科室1个,实现科研突破2项。

**【粮食管理】** 年内,粮食纯销区,县发改委从源头、销售和库存储备3个方面定期开展市场调查,掌握实际情况。完成粮食安全生产县长责任制考核,考核84分,内容主要包括确保耕地面积基本稳定、质量不下降,粮食生产稳定发展;保护种粮积极性,财政对扶持粮食生产和流通的投入合理增长,提高种粮比较收益,落实粮食收购政策;落实地方粮食储备,增强粮食仓储能力;完善粮食调控和监管体系,保障粮食市场供应和价格基本稳定,不出现脱销断档。完善粮食应急保障体系,确保粮食应急供应;加强耕地污染防治,提高粮食质量安全检验监测能力和超标粮食处置能力,禁止不符合食品安全标准的粮食流入口粮市场。

通过预借军粮、暂存军粮、听取意见等方式,主动与辖区部队沟通,保障全县军粮供应工作,年内未发生断粮事件。改建应急物资储备库,年内投入使用,配备了48个灭火器,军粮供应站储粮搬至储备库统一管理。 (曹孟琳)

**【价格监测认证】** 2019年,全县居民消费价格指数持续高位运行,县发改委密切关注米面油、肉、蛋禽、农资、水泥、建材、煤炭等涉及民生和经济发展的重要商品价格的变动情况,形成分析报告,为政府调控市场提供了重要信息。管理服务收费价格,根据定价权限制定托克逊县2019年政府定价经营性服务收费目录清单,并实时更新。完成全县31个收费单位及自行定价的两个收费项目的2018年度收费审查,通过国家收费系统完成2017年、2018年价格年审工作。深入推进棉花目标价格改革,督促棉花加工企业按时上传交售数据,为籽棉收购奠定基础。开展农产品调查,引导农民优化种植结构,完成种植意向调查、农资购买情况调查、棉花成本预测工作。

2019年,按照《价格认定行为规范》及《价格认定文书格式规范》要求,依法开展价格认证,累计认定案件92起,涉案金额3247万元。客观公正地出具附属物补偿价格鉴定结论。保证重点项目建设,按时完成夏镇布拉克贝希村幼儿园二期工程项目、郭勒布依乡棚户区改造后期、伊拉湖镇特色小镇建设项目等土地及附着物认证工作,共评估业务32起,评估金额1275万元。涉黑案件价格认定协办案件10起,涉案金额2463万元。 (鲁喜莲)

# 市场监督管理

**【概况】** 2019年3月机构改革后,将原县市场监督管理局的职责,县发展和改革委员会的价格监督检查与反垄断执法职责,县商务和经济信息化委员会的相关反垄断职责,县知识产权局的职责等整合重新组建县市场监督管理局(简称市监局),作为县人民政府工作部门,加挂县知识产权局牌子。核定行政编制26名,其中局机关行政编制20名、派出机构行政编制6名(城镇市场监督管理所3名,伊拉湖镇市场监督管理所3名),机关工勤事业编制1名。原县知识产权局承担的行政职能划入县市场监督管理局,相应划入从事相关工作的3名人员。县食品安全委员会的具体工作由县市场监督管理局承担。县市场监督管理局不再挂县工商行政管理局、县质量技术监督局、县食品药品监督管理局、县食品安全委员会办公室牌子。不再保留单设的县知识产权局。县发展和改革委员会不再挂县价格监督检查局牌子。局内设机构10个,即办公室(政策法规室)、行政审批科、信用监督管理科、食品安全监督管理科、药品医疗器械化妆品监督管理科、标准计量科、消费者权益保护科、质量监督管理科、稽查科和知识产权保护科。派出机构2个,即城镇市场监督管理所、伊拉湖镇市场监督管理所。2019年,实有68人,其中行政和参公编制59人、事业编制和工勤人员5人、地方性事业编4人。女性34人,少数民族52人。

2019年,行业监督组2个,即酒店宾馆行业督导组、商超餐饮督导组。市场监督管理局共管理个体工商户6834家。

【职责明晰】 县市场监督管理局与县公安局建立行政执法和刑事司法工作衔接机制。市场监督管理部门发现违法行为涉嫌犯罪的,应当按照有关规定及时移送县公安部门,县公安部门应迅速审查,并依法作出立案或者不予立案的决定。县公安部门依法提请县市场监督管理部门作出检验、鉴定、认定等协助的县市场监督管理部门应当予以协助。

与县农业农村局、林业和草原局的有关职责分工。县农业农村部门负责食用农产品从种植养殖环节到进入批发、零售市场或生产加工企业前的质量安全监督管理,负责兽药、饲料、饲料添加剂以及职责范围内的农药、肥料等其他农业投入品质量及使用的监督管理,负责畜禽屠宰环节和生鲜乳收购环节质量安全监督管理;县林业和草原部门负责食用林果产品及林副产品在生长环节到进入批发、零售市场或者生产加工企业前的质量安全监管。各部门要建立食品安全追溯机制,加强协调配合和工作衔接,形成监管合力。

县卫生健康委员会负责食品安全风险评估和食品安全标准的备案工作。会同市场监督管理等部门制定、实施食品安全风险监测计划。对通过食品安全风险监测或接到举报发现食品可能存在安全隐患的,由卫生健康委员会组织食品安全评估及时向市场监管理部门通报食品安全风险评估果。县市场监督管理局负责及时提出食品安全风险评估的建议,对风险评估结论为不安全的食品采取措施。县市场监督管理局会同卫生健康委员会建立重大药品不良反应事件相互通报机制和联合处置机制。县市场监督管理局在监督管理中发现需要进行食品安全风险评估的,应当及时向卫生健康委员会提出建议。

与县商务和工业信息化局的有关职责分工。县商务和工业信息化局负责拟定食品(含酒类)、医药工业、药品流通、促进餐饮服务和酒类流通发展规划、计划和政策并组织实施。县市场监督管理局负责药品流通、餐饮服务食品安全和酒类食品安全的监督管理,配合执行药品流通发展规划和政策。

【重点行业整治】

危险化学品市场安全检查　全年,危化品生产企业大检查8次,检查危化品生产企业46家次,排查安全隐患202处,下达整改意见通知书35份,全部整改到位。

密集场所及管控刀具监督检查　重点检查超市、商场、餐饮、酒店、宾馆、步行街等个体经营户及人员流量大的密集场所落实安全防范措施情况,督促严格落实刀具销售实名登记制度,共检查经营户1900户次。

涉枪涉爆风险隐患排查治理　教育引导经营者、从业人员自觉抵制非法经营涉枪涉爆物品行为。突出重点区域重点行业排查工作力度。2019年,开展排查治理行动8次,检查重点行业重点区域及其他经营场所95户次。

【注册服务】 推进商事制度改革,优化登记窗口服务,登记注册时间压缩到3个工作日内。2019年,办理企业设立登记234户,变更登记389

户,注销登记79户,迁出企业5户,迁入企业3户,办理股权出质登记8起。办理个体工商户注册登记937户,变更登记1216户,注销登记874户。办理食品经营许可登记769户,变更登记100户,注销登记133户。

落实名称自主申报和市场主体网上登记,网上登记与窗口登记并行,方便企业办事。通过手机等智能移动终端"随时下载、实时验证、移动应用"电子营业执照,推广全程电子化登记。放宽企业住所(经营场所)登记条件,推行"一址多照"和"一照多址"登记制度。落实前置审批改后置审批工作,取消企业集团核准登记、设立分公司备案、营业执照作废声明、名称预先核准(包括企业、企业集团、个体工商户、农民专业合作社)审批事项。推行企业简易注销登记改革,公开办理企业简易注销的申请条件、登记程序、审查要求和审查期限。2019年,简易注销企业113户。

【商标广告监管】 年内,整治涉嫌非法集资广告清理及保健品虚假广告。行政约谈广告经营单位1次,检查广告经营单位25家次,责令整改通知书5份。制定印发公益广告,2019年全县发布扫黑除恶、民族团结一家亲、环境保护等公益广告占50%以上。组织开展商标专利联合执法检查,发现侵权行为1起,责成侵犯知识产权相关企业整改落实。

【网上动产抵押登记】 2019年,利用全国市场监管动产抵押登记业务系统软件,开展网上动产抵押登记工作。登记备案合同2份,网上办理动产抵押物登记9件,动产抵押注销登记6件。

【价格收费监督】 节假日期间专项检查全县主要旅游景点、农贸批发市场的价格及收费情况,纠正明码标价不规范等问题。检查电网和转供电环节电价,监督全县物业公司以及商业综合体转供电经营主体,禁止转供电主体违反相关政策规定,乱加价或者收取费用不合理且未按照规定公示等行为。清理规范铁路货运相关收费,督导铁路货物运输企业严格执行明码标价规定,公示收费项目、标准及服务内容。专项检查涉企收费,全年共有23家单位上交了自查报告。重点治理医疗服务价格,专项检查公立医疗机构医疗服务价格收费情况,未发现擅自增加医疗服务价格项目的行为。监管城镇燃气工程安装收费,专项检查全县2家城镇民用燃气工程供应及安装企业,未发现无资质经营、垄断行为、不明码标价收费、乱收费等违法违规行为。规范燃气企业合法经营行为,保护市场公平竞争秩序。检查了辖区顺通、宏达、昌盛3家驾校收费项目,未发现乱收费现象。

【市场主体信用监管】 2019年,完成企业年报1295户,年报率92.04%;完成农民专业合作社年报358户,年报率80.1%;完成个体工商户年报5124户,年报率85.5%。依托全国企业信用信息公示系统,"双随机、一公开"任务共3批次85家市场主体(其中企业63家,个体2家,农民合作社20家),全部完成上报。落实失信联合惩戒机制,被列入经营异常名录满3年仍未规定履行公示义务的,依法列入严重违法企业名单,并通过企业信用信息公示系统向社会公示。在政府采购、工程招投标、国有土地出让、授予荣誉称号等工作中,将依法予以限制或者禁入。2019年,列入经营异常名录75家,移出严重违法企业名录2家。"僵尸"企业去产能企业债务处置工作和信用信息修复工作也同步进行。

【消费权益保护】 2019年,县"12315"网上平台受理中心受理案件103件,办结101件,办结率98%,为消费者挽回经济损失5800元,办结回访82件,消费者满意率98%以上。"3·15"组织各成员单位召开新闻发布会,举办现场咨询服务活动,推进消费维权进农村、进社区、进校园、进景区等六进活动,宣传消费维权法律法规,销毁假冒伪劣物品,共销毁食品、药品、烟、酒、盗版光碟、服饰等8个大类价值6万余元的假冒伪劣过期物品,净化了市场消费环境。

## 【质量监督管理】

**保障特种设备安全** 年内,加强危险化学品相关特种设备检查,检查全县2户工业气瓶充装单位的许可资质、充装和检验员资格,发现问题隐患10处,下达安全监察指令书3份,立案查处违法违规行为,罚没款10万元。

**电站、锅炉及范围内管道安全情况排查** 2019年,全县共有8台电站、锅炉,通过排查,部分企业管理混乱,责令限期改正。

**电梯安全隐患排查治理** 全县共有31家电梯使用单位,274部电梯。年内,开展"三无"电梯专项整治和电梯使用标识检查,消除事故隐患和风险,评估老旧住宅电梯,大力推进电梯救援平台建设,绑定维保关系电梯228台,绑定率100%;与县域内4家维保单位签订特种设备安全承诺书;检查指导31家电梯使用单位电梯,发现安全隐患117处,下达安全监察指令书38份,封停电梯3部。

**特种设备定期检验** 年检县域内在用274部电梯、839台压力容器、34台锅炉,确保在用特种设备年检率100%。

**特种设备专项检查** 2019年,全县共有特种设备1482台,在用已注册设备1393台,进行特种设备安全大检查16次,检查特种设备使用单位218家次,检查特种设备1467台(件),排查安全隐患412处,约谈使用单位11家,下达责令整改通知书73份,立案查处5起,罚没款28万元。

**产品质量安全监管** 产品质量抽检。检查全县6家危化品获证企业的生产状况和生产条件以及质量关键控制点,抽样检验10批次,合格率90%;抽检县域内6家建材企业砂石料24批次,烧结多孔砖4批次,合格率100%。实地调研全县10家重点能耗单位的能源在线监测安装工作,完成安装5家。监督检查全县18家电动车、平衡车、儿童玩具、安全帽等学生用品、劳动防护用品质量安全,责令不符合国家新标准的178辆电动车整改;处理部分安全帽、电焊防护面罩、防静电服等无生产许可证编号问题,责令下架和退货。监管儿童和学生用品质量安全,检查玩具店53户次,校服生产企业1户,改正了问题。监督检查危险化学品及包装物,检查生产企业5家,部分企业原材料存在采购验证资料不全、计量管理不规范等问题,已整改。

**质量强县** 实行质量强县工作领导责任制和部门分工负责,将质量强县经费纳入县财政预算8万元,较上年度增加33%。

## 【强制检定计量器具监管】

年内,监督检查全县4家眼镜店在用验光仪、验光镜片箱、焦度计共11台强检计量器具,改正了的问题。民用"三表"监管。摸排梳理全县3家供水、供气、供电服务企业水表、电表、燃气表安装首检,检查建档和台账、检定和轮换等情况,改正了存在的问题。监管乡镇农村农产品收购计量器具,检查农产品收购计量器具20余台件,对存在的问题责令改正,切实维护广大群众的合法权益。检查县域内78家次的企业、医疗机构、大型集贸市场、商店使用的计量器具,抽查检定计量器具563台件,立案查处不合格计量器具1起。2019年,免费检定计量器具6298台件,主要是台案秤、血压计、压力表、加油机、水表、燃气表等计量器具。

【食品监管】

日常监管　托克逊县共18家食品生产加工企业。年内，开展食品生产企业日常监管12家次，下发责令整改通知书12份，立案查处1起。在农贸市场、集贸市场、批发经营者及城乡接合部、农村巴扎集中开展重点区域、重点食品市场专项整治行动，共检查食品经营户1822户次，发现问题1256处，停业整顿9家，立案查处26家，全部整改到位；分区、分批次专项整治友好路、南疆路两侧、始昌路、165检查站、拌面城、美食一条街、黑山矿区、阿乐惠镇等路段餐饮服务经营单位867户次，下达责令整改通知书148份，停业整顿8家，立案查处15家，全部整改到位；防控食品市场“非洲猪瘟”，常态化检查猪肉销售店、批发商共408家次。检查餐饮服务单位餐厨垃圾处理情况265家次。抽检生鲜猪肉及猪肉产品共5批次，合格率100%；督促落实食品安全抽检任务，扩大抽检种类、数量和覆盖面，共抽检食用农产品87批次，不合格1批次，合格率达98.8%。

食品小作坊专项整治　2019年，坚决取缔生产条件达不到要求的小作坊，共检查食品小作坊63家次，依法取缔4家，立案查处2家，罚没款1.6万元，发放食品小作坊登记证2家。专项整治校园及校园周边食品安全，全县65所学校（含托幼机构）食堂及学校周边200米内商超餐饮服务单位，共检查校园及校园周边食品经营单位860家次，停业整顿4家，立案查处16起，没收销毁问题、过期食品2876千克，货值金额4万余元。

发掘托克逊地方特色美食产品　在“吐鲁番十佳特色餐饮店”评比活动中，托克逊县12家餐厅及2家馕农民专业合作社被评为“十佳特色餐饮店”，6家从事20年以上餐饮活动的餐厅被推荐为“百年老店”。在第二十八届中国丝绸之路吐鲁番葡萄节上，托克逊县天山明珠酒店和新艾丽热木食堂获得“吐鲁番美食创意大赛”三等奖。

【药品安全监管】

药品医疗器械安全监管　年内，开展执业药师“挂证”行为专项整治，共有34家企业开展执业药师挂证自查自纠；对执业药师不能正常在岗凭处方销售处方药下达责令整改通知书18份，办理简易程序案件18起。

疫苗监管　重点对疾病预防控制中心疫苗采购、销售、质量管理制度的执行情况，各级疫苗使用单位冷链设施设备的运转、储存运输使用状况、各项经营记录、使用、发放情况等开展检查。2019年，检查疫苗经营使用单位11家，没有使用过期疫苗现象，疫苗采购存储、运输等各环节能够保证冷链的完整，各疫苗接种单位使用的一次性无菌注射器购进渠道合法，产品质量合格。

中药饮片质量集中整治　2019年，检查中药饮片经营使用单位26家次，下发责令改正通知书7份，查处经营过期中药饮片案件2起，罚没款2100元。

非法回收药品、医疗器械等集中整治　2019年，全县共检查医疗机构及药品经营使用单位136户次，查办药械案件7件。

整顿和规范化妆品市场秩序　2019年，随机抽查辖区内的商超、专卖店、美容美发机构、宾馆酒店等经营者相关产品，索证索票和购销台账建立情况，共检查化妆品经营企业36家次，下达责令改正通知书5份，全部整改到位。

药械、化妆品不良反应监测　集上报药品不良反应报告80例，医疗器械不良事件报告20例，化妆品不良反应报告10例。

药品、化妆品抽检　2019年，完成基本药物抽检5批次，药品监督抽检20批次，中药材及中药饮片监督抽检10批次，完成抽检任务的100%，化妆品监督抽检2批次,完成抽检任务的100%,其中药物、药品及化妆品监督抽检均为100%合格。

【行业督查】 年内,每日常督促检查酒店旅馆、商超餐饮等人员密集场所的维稳安保、安全生产、火灾隐患、食品安全和消防安全。2019年,行业督导组共检查5832户次,发现存在安全隐患及相关问题2186处,责令停业整顿40家,查封4家。

2019年,一般程序案件共立案80起,结案78起,罚没款入库88.16万元,无行政复议或行政诉讼案件。

(古丽给娜·泰来提)

## 统计管理

【概况】 托克逊县统计局是县人民政府工作部门,为正科级。2019年核定行政编制6名,机关工勤事业编制1名。内设办公室(法规科)、综合核算统计科、社会经济统计科(能源统计科)。2019年,统计局共有干部职工12人,其中女性8人,少数民族8人。

2019年,托克逊县统计局编印和发布统计资料,向社会各界发布《托克逊县国民经济和社会发展统计公报》《领导干部手册》《托克逊县经济要情参考》编印工作,共印发彩版《托克逊县经济要情参考》11期,发放350份。会同县商经、发改、税务、市场监督管理等部门,入库监测新引进注册单位、规模以下企业运营情况,确保"四上"企业应统尽统。累计编写"经济要情卡片"500余份,编写涉及工业、能源、投资等各类经济分析材料30余篇,统计名录库更新100余家,新增规模以上企业16家。

【工业统计】 2019年,托克逊县规模以上工业企业46家,其中本年新入规企业5家,规模以下工业企业96家,共涉及22个行业。

工业统计以工业统计报表制度要求为标准,审核企业上报数据,调研了解企业生产经营情况。规上工业企业在"企业一套表平台"联网按时、独立自主上报统计数据,直报率100%。

【经济指标】 2019年,预计全县生产总值(GDP)91.66亿元,同比增长7.6%,增幅比上年同期增长0.5个百分点,其中第一产业增加值11.15亿元,同比增长5.2%,对GDP的贡献率为9.8%,拉动增长0.88个百分点;第二产业增加值61.84亿元,同比增长8.2%,对GDP的贡献率为67.55%,拉动增长6.06个百分点;第三产业增加值18.68亿元,同比增长8.0%,对GDP的贡献率为22.78%,拉动增长2.04个百分点。

预计全县46家规模以上工业企业实现增加值50.63亿元,同比增长9.5%;社会消费品零售总额实现6.53亿元,同比增长6.3%,固定资产投资同比增长15.1%;城镇居民人均可支配收入35415元,同比增长7.2%,农村居民人均可支配收入14298元,同比增长10.1%。一般公共预算收入16.46亿元,同比增长10%。

【全国第四次经济普查】 根据《全国经济普查条例》规定和《国务院关于开展第四次全国经济普查的通知》精神,自2018年9月起,托克逊县组织开展第四次全国经济普查,2019年5月完成普查工作任务。

【城乡住户调查一体化】 2019年,托克逊县城乡一体化样本调查户120户,其中省级和县级样本户各60户,为确保如实统计城乡居民可支配收入,统计局干部逐户了解家庭基本情况、收支情况,逐户造册,顺利通过自治区住户调查总队对"城乡一体化"双随机检查。至年底,自治区安排布置人口变动情况抽样调查,统计局组织干部赴57个村(社区),完成2019年人口调查村、社区基本情况表登记工作。

【2019年住户样本轮换工作】 住户调查样本轮换每五年进行1次,2017年为样本轮换年。按照国家统计局调查总队统一部署,2017年10月托克逊县住户调查样本轮换工作正式启动。根据方案要求,将从托克逊县城乡居民中抽选960户作为样本框进行摸底调查,并最终确立120户,作为托克逊县今后5年住户调查工作的监测户,调查托克逊县城镇、农村居民可支配收入的户样本。

本轮换户工作按照程序,随机抽取托克逊县夏镇、郭勒布依乡、博斯坦镇、托克逊镇4个乡镇120户,其中城镇户30户,农村户90户开展住户调查换户。

【统计执法】 2019年,托克逊统计局执法巡查企业46家,给2家企业下发统计执法检查通知书、送达书,查处统计违法案件2起,全县通报2起。集中进行托克逊县规模以上统计单位统计法培训1次,发放统计法律法规宣传资料150份,企业签收履行统计义务告知书120份。 (孟庆瑞)

## 审计监督

【概况】 2019年机构改革,优化托克逊县审计局职责。将原县发展和改革委员会的重大项目稽察,县财政局的预算执行情况和其他财政收支情况的监督检查职责,县国有资产监督管理委员会的国有企业领导干部经济责任审计等职责划入县审计局。核定县审计局行政编制13名,机关工勤事业编制1名。托克逊县审计局内设办公室、经济责任审计科、财政金融审计科、行政事业审计科、固定资产投资审计科。2019年,在职员工28人,其中女性12人,少数民族14人。

年内,组建托克逊县委审计委员会,作为县委议事协调机构,县委审计委员会办公室设在县审计局,接受县委审计委员会的直接领导,承担县委审计委员会具体工作,研究提出审计领域坚持党的领导、加强党的建设的政策建议,组织研究全县审计工作规划、重大政策和改革方案,协调推进和督促落实县委和县委审计委员会决策部署,研究提出年度审计项目计划等。审计局的内设机构根据工作需要承担县委审计委员会办公室相关工作,接受县委审计委员会办公室的统筹协调。

【机构改革】 托克逊县审计局(以下简称县审计局)是县人民政府工作部门。设行政编制10名。拨款方式为全额拨款。

县审计局在承担主管全县审计工作等12项职责的基础上将托克逊县发展和改革委员会的重大项目稽察、托克逊县财政局的预算执行情况和其他财政收支情况的监督检查职责、托克逊县国有资产监督管理委员会的国有企业领导干部经济责任审计等职责划入县审计局。

【项目审计】 年内,配合吐鲁番市审计局赴鄯善县开展2018年度保障性住房跟踪审计;参加北疆35个贫困县审计;组织专项审计组赴高昌区开展自治区统一安排脱贫攻坚专项审计,向上级纪律检查委员会、监察委员会提供有效线索6条,审计结果被上级上级纪律检查委员会、监察委员会采纳,共给予被审计单位党纪政纪处分26人次,其中党内严重警告4人次,党内警告6人次,诫勉谈话16人次,立案调查2人,累计收回资金100余万元;开展高昌区易地扶贫搬迁专项审计,揭示了一批项目施工过程中偷工减料,擅自改变工程计划的行为。

【政府投资审计】 截至2019年底,50万元以上项目共完成竣工结算审计项目61个,送审金额10.1亿元,审定金额8.4亿元,核减1695.84万元,核减率为16.79%。50万元以下备案项目完成复审142个项目,送审金额4636.35万元,审定金额3054.64万元,核减1581.71万元,核减率为34.11%。

**【重大政策跟踪审计】** 组织专人对托克逊县2016—2018年度脱贫攻坚专项审计发现问题进行指导、督促整改,共完成17项问题整改。

配合纪律检查委员会、监察委员会落实脱贫攻坚领域及防范和化解金融风险领域问题整改,并提供有效线索10余条;受纪律检查委员会、监察委员会委托对托克逊县伊拉湖镇人民政府债务情况进行专项审计,发现镇债务底数不清;无相关票据支付工程款涉及金额598.04万元;抵债挪用资金60万元;各行政村对本村债务底数不清,存在潜在遗留债务风险;美丽乡村建设广告费情况未计入镇村债务;托克逊县华托预制品、鑫辑源建材有限公司、伊拉湖镇广分豫兴建材厂等账目未计入村镇债务共8类23项问题。

**【审计责任】** 年内,完成16家预算单位的财务收支、预算执行、经济责任及工程项目建设情况审计,同时指导在2018年度开展过审计的30家预算单位发现的问题整改。项目实施过程中,跟踪施工进度,规范指导项目资料报审,精准发力,推进项目有序进行。 (蔡 荣)

# 财政 税收

CAIZHENG SHUISHOU

## 财 政

【概况】 2019年3月机构改革，县财政局职责优化。农业综合开发办公室整体转隶至农业农村局，财政监督职能划转至审计局。原县国有资产监督管理委员会的职责划入县财政局，加挂县国有资产监督管理委员会牌子，不再保留单设的县国有资产监督管理委员会。为县人民政府工作部门，正科级。局内设办公室、综合科、预算科、国库科、文行科、社会保障科、国资科、农业农村科、政府采购管理科9个科室，直属事业单位乡镇财政管理局。县财政局行政编制14名，其中机关工勤事业编制2名。2019年，实有29人，其中女性17人，少数民族15人。

【财政收支】 2019年，一般公共预算收入完成16.09亿元，完成年初预算目标，较上年同期增长7.47%；政府性基金收入完成2.31亿元，完成年初预算任务1.5亿元的153.8%，较上年增长207.38%；国有资本经营收入完成7800万元，完成年初预算2000万元的390%，较上年同期增长420%。

2019年，一般公共财政预算支出29.27亿元，完成年初预算20.4亿元的143.4%，同比下降6.8%，一般公共预算上解支出3.6亿元；政府性基金支出完成3.1亿元，完成年初预算1.48亿元的209.7%，同比降低24.87%，年底预计调入一般公共预算2亿元；国有资本经营收入7800万元全部调入一般公共预算。

【财政社会保障】 2019年，财政资金在公共安全和教育、卫生健康、社会保障等民生项目投入方面增幅较多。民生领域投入22.77亿元，占公共支出的77.8%。

【地方政府债券】 2019年，托克逊县收到上级转贷地方政府债券资金5.96亿元，其中新增政府一般债券资金2.8亿元，主要用于维护稳定的投入；新增专项债券资金2.8亿元，全部用于棚户区改造投入；再融资债券3600万元，用于置换以前年度到期政府债券。

【政府债务限额管理】 2019年，上级政府核定托克逊县地方政府债务限额24.63亿元，其中一般债务限额16.60亿元，专项债务限额8.03亿元。全县各类债务余额19.14亿元，其中一般债务余额11.69亿元，专项债务余额7.45亿元，均在限额范围以内。

【政府采购】 2019年，实施政府采购679笔，采购金额合计432.65万元。公开招标、竞争性谈判共计37笔，采购预算共计8743.16万元，实际采购金额8206.14万元，节约率6.2%。

【财政改革】

财税部门协调联动　围绕年初目标任务,健全财税部门协调联动机制,监测分析财政经济运行,监控重点税源企业税收,税收及非税收入应收尽收。

预算支出执行管理　加强预算支出执行动态监控,跟踪财政资金支付流程,严防违规操作,确保财政资金安全。控制一般性支出,压缩“三公”经费支出。2019 年,“三公”经费 1027.21 万元,同比上年下降 2%。

财政预算绩效管理　2019 年,纳入预算绩效管理项目 467 个,涉及资金 23.09 亿元,其中本级项目 299 个,涉及资金 7.92 亿元;专项项目 168 个,涉及资金 15.17 亿元。

国库集中支付改革　清理部门结余结转的项目资金统筹使用,提高财政资金使用效益。2019 年,托克逊县各项资金支出均实行国库集中支付,其中直接支付占总支出的 76.81%。公务卡改革,所有预算单位开卡、激活、信息维护工作,并实现公务卡消费,减少公务支出中的现金使用。

【财政监督】　对惠农惠民财政资金“一卡通”开展专项整治,检查 2017 年度、2018 年度发放的 22 项惠农惠民财政补贴资金,涉及 8 个乡(镇)、44 个行政村、13 个社区、230 个村民小组,涉及资金 3.22 亿元,涉及人员 73214 人。收回违规享受补贴资金 15.59 万元,补发补贴资金 121.67 万元。对照各类补贴资金绩效目标,监控补贴项目进展情况及使用效益,提升财政资金的使用效率。

【国有资产管理】

国有资产实体运营　年内,托克逊县成立投资、运营集团公司,其中投资公司下属 16 家企业,运营公司下属 15 家企业,调整下属企业董事会、监事会 26 人,下属 31 家企业中 27 家企业年内完成股权变更,泓源、龙泉等 2 家涉及农发基金的企业,国营牧场、宏发 2 家全民所有制企业因改制未完成股权变更。

经营性国资统一监管　管控企业资产,落实国有资产登记工作,统一监管调拨至托克逊县碧禾兰商贸有限公司的经营性国有资产集中,已调拨商铺 39 间、住宅 2 间,以出租等形式对外合作,确保国有资产保值增值。

国有企业运营项目　年内,总投资 9616.72 万元,主要有天山商城建设、天山商城二期、润泽商业街、金盾小区等建设项目和望月楼旧楼改造项目。

【乡镇财政管理】　涉农惠民全部进入“一卡通”。2019 年纳入“一卡通”系统补贴项目共 24 项,同比增加 3 项,发放惠民补贴资金 8925.07 万元。托克逊县此项工作持续走在全市前列。

2019 年,补贴棉农 2510 户,补贴金额 2317.18 万元。2019 年,第一批农机补贴发放兑现 34 户,补贴金额 45.93 万元,补贴机具 45 台。所有补贴资金均通过“一卡通”支付方式发放到补贴对象手中。

【财政扶贫】　2019 年,全县脱贫攻坚到位资金 2346.11 万元,其中中央财政扶贫专项资金 1617 万元,自治区财政扶贫专项资金 274 万元,吐鲁番市安排扶贫资金 545.11 万元。实施扶贫项目 22 个,其中产业扶贫项目 6 个、防渗渠建设项目 3 个、项目管理费项目 1 个、资产收益项目 10 个、道路建设项目 2 个。2019 年,共支付 2173.7 万元,其中中央财政扶贫专项资金支付 1546.6 万元,自治区财政扶贫专项资金支付 259.08 万元,吐鲁番市安排扶贫资金支付 368.02 万元。

【工资抚恤审批】

抚恤审批　全年审批 49 名职工死亡后的丧葬费、抚恤金 55.14 万元,补助 314 名死亡职工遗属 132.82 万元。

工资审核　全年,审核审

批全县103家机关事业单位工资4.03亿元、地方性津贴2316.03万元。

增资调资 根据各类调整工资的文件精神，完成提拔、晋升职务增加工资、事业单位岗位变动、新参加工作人员的高定工资、警衔津贴、公务员职务与职级并行、人民警察值勤津贴、特勤津贴、员额内法官、检察官晋升、调整高定工资、机关事业单位人员正常晋升工资、公安机关执法勤务警员、警务技术职务序列改革等复核兑现工作。

**2019年托克逊县财政收入预算执行情况一览表**

表9 单位：万元

| 项　目 | 2019年预算数 | 上年同期完成数 | 累计完成情况 | | 比上年同期 | |
|---|---|---|---|---|---|---|
| | | | 金额 | 完成预算（%） | 增减额 | 增减率（%） |
| 全口径财政收入总计 | 278167 | 245973 | 262103 | 94.2 | 16130 | 6.6 |
| 地方财政收入合计 | 179657 | 157194 | 183952 | 102.4 | 26758 | 17 |
| 一般公共预算收入小计 | 164657 | 149688 | 160880 | 97.7 | 11192 | 7.5 |
| 税收收入 | 121014 | 108049 | 111987 | 92.5 | （11988） | -11.1 |
| 增值税（50%） | 61348 | 54760 | 42788 | 69.7 | （11972） | -21.9 |
| 其中改征增值税 | — | 10786 | 9976 | — | （810） | -7.5 |
| 营业税 | — | 16 | — | — | （16） | -100 |
| 企业所得税（40%） | 12128 | 10829 | 12766 | 105.3 | 1937 | 17.9 |
| 企业所得税退税 | 0 | — | — | — | 0 | — |
| 个人所得税（40%） | 5749 | 5133 | 3395 | 59.1 | （1738） | -33.9 |
| 资源税 | 12245 | 10934 | 12031 | 98.3 | 1097 | 10 |
| 城市维护建设税 | 6089 | 5437 | 4430 | 72.8 | （1007） | -18.5 |
| 房产税 | 4844 | 4325 | 5897 | 121.7 | 1572 | 36.3 |
| 印花税 | 1448 | 1293 | 1817 | 125.5 | 524 | 40.5 |
| 城镇土地使用税 | 6205 | 5540 | 7586 | 122.3 | 2046 | 36.9 |
| 土地增值税 | 484 | 431 | 611 | 126.2 | 180 | 41.8 |
| 车船税 | 768 | 686 | 874 | 113.8 | 188 | 27.4 |
| 耕地占用税 | 8568 | 7649 | 18532 | 216.3 | 10883 | 142.3 |
| 契税 | 1138 | 1016 | 1272 | 111.8 | 256 | 25.2 |
| 烟叶税 | — | — | — | — | 0 | — |

续表 9

| 项　　目 | 2019 年预算数 | 上年同期完成数 | 累计完成情况 | | 比上年同期 | |
|---|---|---|---|---|---|---|
| | | | 金额 | 完成预算(%) | 增减额 | 增减率(%) |
| 环境保护税 | — | — | — | — | 0 | — |
| 其他税收收入 | — | — | (12) | — | (12) | — |
| 非税收入(不含政府性基金收入) | 43643 | 41639 | 48893 | 112 | 7254 | 17.4 |
| 专项收入 | 5720 | 5553 | 10362 | 181.2 | 4809 | 86.6 |
| 行政事业性收费收入 | 29100 | 28155 | 27837 | 95.7 | (318) | -1.1 |
| 罚没收入 | 5650 | 4467 | 4615 | 81.7 | 148 | 3.3 |
| 国有资本经营收入 | 36 | 15 | 105 | 291.7 | 90 | 600 |
| 国有资源(资产)有偿使用收入 | 2437 | 2276 | 1800 | 73.9 | (476) | -20.9 |
| 捐赠收入 | 450 | 982 | 95 | 21.1 | (887) | -90.3 |
| 政府住房基金收入 | 250 | 191 | 3996 | 1598.4 | 3805 | 1992.1 |
| 其他收入 | — | — | 83 | — | 83 | — |
| 政府性基金预算收入 | 15000 | 7506 | 23072 | 153.8 | 15566 | 207.4 |
| 上划自治区税收收入 | 9796 | 9207 | 10009 | 102.2 | 802.3166 | 8.7 |
| 上划中央税收收入 | 88714 | 79572 | 68142 | 76.8 | (11430) | -14.4 |
| 增值税(50%) | 61348 | 54861 | 42897 | 69.9 | (11964) | -21.8 |
| 消费税(100%) | 550 | 768 | 1004 | 182.5 | 236 | 30.7 |
| 企业所得税(60%) | 18192 | 16243 | 19148 | 105.3 | 2905 | 17.9 |
| 个人所得税(60%) | 8624 | 7700 | 5093 | 59.1 | (2607) | -33.9 |

(陈　亮)

## 2019 年托克逊县财政支出预算执行情况一览表

表 10　　单位:万元

| 项　　目 | 2019 年预算数 | 上年同期完成数 | 累计完成情况 | | 比上年同期 | |
|---|---|---|---|---|---|---|
| | | | 金额 | 完成预算(%) | 增减额 | 增减率(%) |
| 地方财政支出合计 | 218764 | 355603 | 323664 | 148 | (31939) | -9 |
| 一般公共预算支出小计 | 203992 | 314369 | 292684 | 143.5 | (21685) | -6.9 |

续表10

| 项　　目 | 2019年预算数 | 上年同期完成数 | 累计完成情况 | | 比上年同期 | |
|---|---|---|---|---|---|---|
| | | | 金额 | 完成预算（%） | 增减额 | 增减率（%） |
| 一般公共服务 | 19341 | 21472 | 42416 | 219.3 | 20944 | 97.5 |
| 外交 | — | — | — | — | — | — |
| 国防 | — | — | 900 | — | 900 | — |
| 公共安全 | 26969 | 28265 | 47544 | 176.3 | 19279 | 68.2 |
| 教育 | 56345 | 53649 | 54046 | 95.9 | 397 | 0.7 |
| 科学技术 | 221 | 199 | 145 | 65.6 | （54） | －27.1 |
| 文化旅游体育与传媒 | 2079 | 4867 | 3024 | 145.5 | （1843） | －37.9 |
| 社会保障和就业 | 17915 | 16102 | 17168 | 95.8 | 1066 | 6.6 |
| 卫生健康支出 | 19430 | 17962 | 22852 | 117.6 | 4890 | 27.2 |
| 节能环保 | 222 | 4537 | 3190 | 1436.9 | （1347） | －29.7 |
| 城乡社区事物 | 18199 | 38669 | 27027 | 148.5 | （11642） | －30.1 |
| 农林水事物 | 13615 | 18808 | 32279 | 237.1 | 13471 | 71.6 |
| 交通运输 | 3564 | 1052 | 16021 | 449.5 | 14969 | 1422.9 |
| 资源勘探信息等 | 12980 | 34231 | 3358 | 25.9 | （30873） | －90.2 |
| 商业服务业等 | 81 | 861 | 297 | 366.7 | （564） | －65.5 |
| 金融 | — | 42 | 26 | — | （16） | －38.1 |
| 援助其他地区支出 | — | — | — | — | — | — |
| 自然资源海洋气象等 | 306 | 385 | 549 | 179.4 | 164 | 42.6 |
| 住房保障支出 | 5690 | 18452 | 15935 | 280.1 | （2517） | －13.6 |
| 粮油物资储备 | 15 | | 30 | 200 | 30 | — |
| 灾害防治及应急管理支出 | 541 | | 451 | 83.4 | 451 | — |
| 国债还本付息支出 | — | — | — | — | — | — |
| 其他支出 | 3300 | 52256 | 1667 | 50.5 | （50589） | －96.8 |
| 债务付息支出 | 3129 | 2536 | 3724 | 119 | 1188 | 46.8 |
| 债务发行费用支出 | 50 | 24 | 35 | 70 | 11 | 45.8 |
| 政府性基金预算支出 | 14772 | 41234 | 30980 | 209.7 | （10254） | －24.9 |

（陈　亮）

# 税　收

【概况】　国家税务总局托克逊县税务局于2018年7月20日在托克逊县挂牌成立,原托克逊县国家税务局、托克逊县地方税务局正式合并。国家税务总局托克逊县税务局为吐鲁番市地方税务局的直属机构,具体承担所辖区域内各项税收、非税收入征管等职责。2019年1与1日起基本养老保险费、基本医疗保险费、失业保险费等各项社会保险费交由税务部门统一征收。托克逊县税务局内设办公室、法制股、税政股、社会保险费和非税收入股、纳税服务股、征收管理股、收入核算股、税源管理一股、税源管理二股、风险管理股、人事教育股11个科室。有派出机构2个,为第一税务所(办税服务厅)、第二税务所。事业单位1个,信息中心。另设机关党委、纪检组。

2019年,托克逊县税务局有在职职工121人,其中行政116人、工勤1人、事业编1人、参公事业编3人;女性57人,少数民族63人。

【组织收入】　2019年,完成组织收入22.9亿元,除去新增社保费收入同比减少3.84%,减收8084万元,其中完成税收收入19.5亿元,同比减少3.45%,减收6967万元;完成非税收入4927万元,同比减少14.88%,减收861万元;完成工会经费收入2299万元,同比减少10.02%,减收256万元;2019年开始征收的社会保险费完成2.68亿元,其中养老保险费1.7亿元、医疗保险费8400万元、失业保险费498万元、工伤保险费313万元、生育保险费399万元、其他社会保险费270万元。全年累计组织中央级税收收入7.03亿元,同比减少14.79%,减收1.22亿元;完成省级税收收入9958万元,同比增长8.51%,增收781万元;完成市级税收收入2780万元,同比增长25.73%,增收569万元;完成县级税收收入11.19亿元,同比增长3.6%,增收3893万元,完成县财政目标任务11.13亿元的100.57%。

【社保划转】

机关事业单位社保费征收　2019年1月1日机关事业单位社保费及城乡居民社保费划归托克逊县税务局。全年机关事业单位社保费共关联186户,征收社保费2.34亿元。2019年5月1日,自治区实施降低社会保险费率,全年机关事业单位降率减费额共1600万余元。

**2019年托克逊税收收入分级次完成情况一览表**

表11　　　　单位:万元

| 级　次 | 本年累计 | 上年累计 | 同比增减额 | 同比增长率(%) |
|---|---|---|---|---|
| 税收收入合计 | 194997 | 201964 | -6967 | -3.45 |
| 中央级收入 | 70341 | 82551 | -12210 | -14.79 |
| 地方级收入 | 124656 | 119413 | 5243 | 4.39 |
| 省级收入 | 9958 | 9177 | 781 | 8.51 |
| 市级收入 | 2780 | 2211 | 569 | 25.73 |
| 县级收入 | 111918 | 108025 | 3893 | 3.6 |

城乡居民社保费征收 全年，共计征收城乡居民养老保险费39067人次，征收城乡居民养老保险费957万元。完成2018年实际完成39440人的99%。征收城乡居民医疗保险91937人次，征收城乡居民医疗保险费2521万元，完成2019年实际完成93184人的98.66%。

【金税三期系统并库】

数据清理 2019年1月，托克逊县金税三期系统并库工作正式启动。税务局接收清理疑点数据73万余条。主要修改纳税人税收管理员不一致数据8835条，管户对照18627条，违法违章疑点数据清理2036条，逾期未申报数据清理4264条，税种行业相关疑点数据1536条，自然人数据清理5428条，单管户数据4327条，投资方疑点数据4430条，个体工商不一致数据3250条，有票种的纳税人管户对照数据3929条。有效清理统一国、地税征管平台不良数据。

平台搭建 托克逊县税务局金税三期（并库版）运行环境搭建在办税服务厅，实行“一窗双机双人”各项业务同步录入模式，设金三并库版后台运行环境数量6个，原系统办税服务窗口总数6个，金三并库版后台窗口总数6个，人员配置到位，双轨运行环境于2月16日搭建完成。

岗位培训 托克逊县税务局充分利用大双轨准备期间开展岗位培训，使12名储备税务干部了解金税三期（并库版）与原系统的变化，熟练掌握系统功能，提高实际操作水平，减少大双轨期间因人为错误操作导致的数据质量问题，共组织专项培训5场次，参加人员达60人次。

双轨运行 双轨运行期间，并库系统共计录入业务2215笔，其中登记类145笔、申报类516笔、征收类1224笔、优惠类54笔、发票类116笔、法制（处罚）160笔，双轨业务率达96.3%。

【减税降费】 2019年，托克逊县税务局减税降费2.01亿元，其中2019年新出台减税政策1.32亿元（小微企业普惠性减税1168.63万元、个人所得税专项附加扣除378.51万元、深化增值税改革1.16亿元、其他新出台减税政策43.35万元）。2018年到期后在2019年延续的减税政策中减税164.22万元；2018年减税政策2019年的翘尾减税6769.85万元。

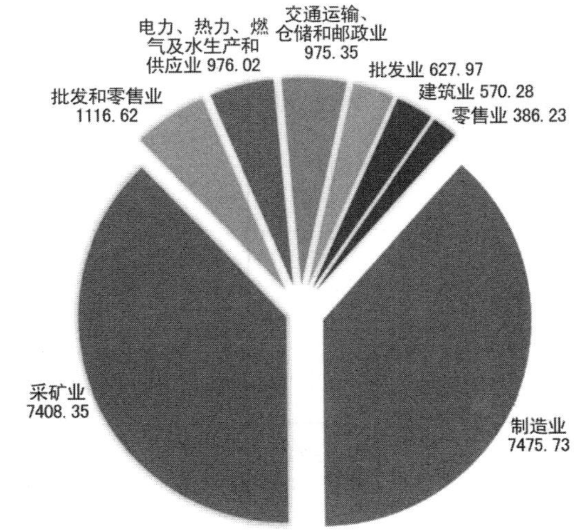


主要行业减免额 单位：万元

**【个人所得税改革】** 2019年,托克逊县税务局每月个税明细申报率达100%,平均每月申报22000人。托克逊县采集专项附加扣除自然人数共5796人,涉及扣缴单位314户,累计预扣减税722万元。2019年,个人所得税入库8564万元,比上年同期减收3188万元,下降27.13%。

**【税源管理】**

重点监控 2019年,县税务局密切跟踪90户重点监控的重点税源企业,征缴税款15.77亿元,占到整体税收的81%。

风险管控 2019年,县税务局将风险管理作为堵漏增收的主要手段,开展两次组织收入专项检查,重点集中检查采矿业、道路运输业、煤炭加工业、建筑安装房地产业、加油站等行业,深挖涉税风险点,全年累计评估检查527户次,查补税款5682万元。控新欠、清陈欠,实地检查欠税企业,制定对应的清欠措施,全年清理欠税入库1.47亿元。

以地控税 2019年,处理21户新增土地的纳税人土地标绘,采集255户纳税人土地信息,征收入库税款1019万元,滞纳金282万元。

税源管控 2019年,跨区域重点建设项目管理成效显著,实施动态跟踪监管,及时掌握项目结算进度。多次深入到黑山矿区,对神华、圣雄能源、能化等大型企业外包劳务的企业预缴税款核查,补缴入库税款236万元。强化外埠建筑劳务企业属地管理,多家外地企业本地化注册。2019年,本地化注册新增14户企业,增加税收收入近1500万元。调整餐饮业、住宿业定额。2019年,县税务局三产服务业实现税收收入35696万元,同比增长10.42%,其中住宿和餐饮业实现税收175万元,同比增长50.86%。

**2019年托克逊县重点行业税收收入一览表**

表12 单位:万元

| 项 目 | 本年累计税收 | | | |
|---|---|---|---|---|
| | 2019年累计 | 2018年同期 | 同比增减额 | 同比增减率(%) |
| 合计 | 165517 | 177303 | -11786 | -6.65 |
| 煤炭 | 83949 | 71126 | 12823 | 18.03 |
| 化工建材 | 41232 | 69334 | -28102 | -40.53 |
| 电力 | 7575 | 3697 | 3878 | 104.9 |
| 建筑 | 13989 | 13995 | -6 | -0.04 |
| 批发零售 | 8657 | 8407 | 250 | 2.97 |
| 交通运输 | 10115 | 10744 | -629 | -5.85 |

说明:托克逊县6个重点行上本年累计实现税收收入165517万元,占整体税收收入比重84.88%

【纳税服务】 打造“窗口服务＋网上服务＋自助服务”的服务新模式，加强人员培训、优化窗口配置，简化办理流程，缩短业务办理时限，让纳税人感受到税务部门更快、更易的办税体验。抽调业务骨干组成专家坐席，为纳税人解答政策辅导办理，电子税务局、手机APP等多渠道办税方式让纳税人足不出户即可办理涉税事项，降低办税成本，缓解办税厅压力。2019年10月，托克逊县税务局启动“智慧大厅”工作。通过“一机三屏”模式开展“老带新”“一帮一”的业务操作，每周开展2—4场的业务培训，提升办税效率。服务理念更新，工作人员在着装、仪容仪表、举止行为、文明用语及办公秩序等行为规范方面参加考评。对符合条件的纳税人申请事项即时办结，对不符合条件的纳税申请事项实行一次性告知。2019年，网厅受理各项业务24622笔，其中税务登记320笔，变更税务登记599笔，存款账户备案533笔，跨区域涉税事项报验登记1214笔，反馈1247笔，普通发票代开1873笔，专用发票代开1854笔，办结率100%。

【行政执法】 2019年8月，托克逊县税务局全面推行“三项制度”（行政执法公示制度、执法全过程记录制度、重大执法决定法制审核制度），主动公开、全过程记录、法制审核，在大厅公示税务行政一般程序处罚结果、准予行政许可的结果等14项内容，推进了税务执法透明、规范、合法、公正。

行政执法公示 办税服务厅公示的14项内容，其中事前公开8项分别为税务行政许可事项、取消进户执法项目、涉企保证金目录、办税服务指南、最多跑一次事项、全程网上办事项、纳税人权利和义务、受理纳税人投诉举报检举途径；事中公示1项为办税服务场所有关信息；事后公开4项分别为税务行政一般程序处罚结果、准予行政许可的结果、非正常户认定信息、纳税信用评定结果为A级纳税人名单；尚未公示2项，其中执法流程图执法流程图建议由市局统一模板后再公开，法律救济渠道将于近期公开；尚未发生无须公示4项，为享受安置残疾人增值税优惠政策纳税人信息、用人单位缴纳残疾人保障金情况、出口企业分类管理评定结果为一类、四类的出口企业名单及涉企保证金收取返还情况。

全年未发生重大执法决定法制审核事项。

核查摸排 2019年，核查增值税发票136户1.26万张，向吐鲁番市税务局稽查局移交高风险、逃税金额较大的案件11起。深入企业开展扫黑除恶宣传，摸排发现2条涉黑涉恶线索移交县扫黑办。

【人力资源管理】

人力资源配置 将9个业务部门合署为4个部门，缓解了AB岗衔接不畅现状。选拔出2名正股、5名副股共7人充实到中层干部中。

干部培训教育 采取岗位大练兵，业务大比武、业务骨干授课、考试测验等多种方式在局内开展培训50余场次，组织青年干部于每周二、周四晚上开展夜校学习，更新干部知识，提高干部执行力，提高队伍整体素质。

绩效管理 全员推行数字人事，相继制完成职级设置、职数设置、职级套转等工作。2019年，县局有99人完成套转。

工会福利 关心关怀干部69人次，落实1名家庭困难干部工会救助基金1万元。

## 2019年托克逊县税收分项目一览表

表13　　单位:万元

| 项　　目 | 2019年 | 2018年 | 增减额 | 增减率(%) |
| --- | --- | --- | --- | --- |
| 收入总计 | 229068 | 210307 | 18761 | 8.92 |
| 税收收入 | 194997 | 201964 | -6967 | -3.45 |
| 国内增值税 | 85725 | 109754 | -24029 | -21.89 |
| 国内消费税 | 1004 | 768 | 236 | 30.73 |
| 海关代征 | 0 | 0 | 0 | 0 |
| 企业所得税 | 31914 | 27072 | 4842 | 17.89 |
| 个人所得税 | 8488 | 12833 | -4345 | -33.86 |
| 资源税 | 21863 | 19992 | 1871 | 9.36 |
| 城镇土地使用税 | 7572 | 5532 | 2040 | 36.88 |
| 城市维护建设税 | 4427 | 5437 | -1010 | -18.58 |
| 印花税 | 1817 | 1294 | 523 | 40.42 |
| 土地增值税 | 611 | 431 | 180 | 41.76 |
| 房产税 | 5896 | 4325 | 1571 | 36.32 |
| 车船税 | 874 | 685 | 189 | 27.59 |
| 车辆购置税 | 2245 | 2963 | -718 | -24.23 |
| 耕地占用税 | 18532 | 7650 | 10882 | 142.25 |
| 契税 | 1272 | 1017 | 255 | 25.07 |
| 环境保护税 | 2780 | 2211 | 569 | 25.73 |
| 其他税收 | -23 | 0 | -23 | 0 |
| 出口退税 | 0 | 0 | 0 | 0 |
| 社保费收入 | 26845 | 0 | 26845 | 100 |
| 基本养老保险费 | 16965 | 0 | 16965 | 100 |
| 基本医疗保险费 | 8400 | 0 | 8400 | 100 |
| 失业保险费 | 498 | 0 | 498 | 100 |
| 工伤保险费 | 313 | 0 | 313 | 100 |

续表 13

| 项　　目 | 2019 年 | 2018 年 | 增减额 | 增减率(%) |
| --- | --- | --- | --- | --- |
| 生育保险费 | 399 | 0 | 399 | 100 |
| 其他社会保险费 | 270 | 0 | 270 | 100 |
| 非税收入 | 4927 | 5788 | -861 | -14.88 |
| 教育费附加 | 2655 | 3263 | -608 | -18.63 |
| 地方教育附加 | 1763 | 2169 | -406 | -18.72 |
| 文化事业建设费 | 6 | 5 | 1 | 20 |
| 税务部门罚没 | 105 | 47 | 58 | 123.4 |
| 残疾人就业保障金 | 398 | 304 | 94 | 30.92 |
| 其他收入 | 2299 | 2555 | -256 | -10.02 |
| 工会经费收入 | 2299 | 2555 | -256 | -10.02 |
| 职业年金 | 0 | 0 | 0 | 0 |
| 附:石油划转税收 | 155 | 63 | 92 | 146.03 |

（金　星）

# 金　　融

JINRONG

## 银　行

### 中国人民银行托克逊县支行

**【概况】** 2019年,中国人民银行托克逊县支行(以下简称县人行)内设综合办公室、营业室、保卫股。在职职工25人,其中女8人,少数民族13人;大专以上学历占96%;中级职称4人;平均年龄43岁。

**【货币政策执行】** 2019年,县人行优化信贷结构,保障经济平稳运行。托克逊县金融机构人民币各项存款余额为49.94亿元,人民币各项贷款余额为47.69亿元。

县人行发挥金融主动性和能动性,督促涉农金融机构落实好金融扶贫政策。2019年,累计发放扶贫小额信贷772笔,涉及农户604户,累计贷款余额2787.01万元,无不良记录。全年累计投放支农再贷款7000万元,为"三农"经济发展注入了活力。

**2019年托亘逊县主要商业银行各项存款占比一览表**

表14

| 商业银行 | 存款余额（万元） | 年初（万元） | 比年初（万元） | 市场份额（%） |
|---|---|---|---|---|
| 工行 | 69740 | 73653 | -3913 | 50 |
| 农行 | 69709 | 111316 | -41607 | 50 |
| 合计 | 139449 | 181522 | -45520 | 100 |

**2019年托亘逊县主要商业银行各项贷款占比一览表**

表15

| 商业银行 | 贷款余额（万元） | 年初（万元） | 比年初（万元） | 存贷比（%） |
|---|---|---|---|---|
| 工行 | 56430 | 79030 | -22600 | 80.96 |
| 农行 | 16395 | 31195 | -14800 | 23.52 |
| 合计 | 72825 | 89952 | -17100 | 52.22 |

【金融环境建设】

信用体系建设 年内，多次召开农村信用体系建设试点工作推进会，以政府主导、人行推动、多方参与、共同受益为建设原则，统筹推进托克逊县农村信用体系建设步伐。年内，组织开展了"诚信建设万里行"活动，与金融机构签订信用承诺书，推动诚信建设进机关、进乡村、进社区、进学校、进企业、进单位，扩大了社会信用体系建设工作的认可度和影响力。

支付系统服务 2019 年，县人行召开金融机构支付工作部署会议，组织各金融机构开展支付系统宣传活动，保障消费者合法权益，提升"央行支付，中流砥柱"的服务效能，促进支付系统在提升金融服务水平方面发挥重要作用。

金融经济融合发展 年内，实地走访各金融机构、企业和农户，召开座谈会、进村入企精准服务、精准对接，让金融机构与企业、农户双方零距离沟通，解决企业和农户金融难题，促进金融与实体经济融合发展、良性互动。

【防范化解金融风险】 围绕县域金融运行特点，防范信贷风险。落实重大事项报告制度，应对金融突发事件，督促地方法人金融机构上缴存款保险，维护辖内金融秩序稳定，突显基层央行金融履职担当责任。2019 年，地方法人金融机构不良贷款余额 8030 万元，较年初减少 1066 万元。不良贷款率 3.26%，较年初下降 0.58%。

【金融服务与管理】

联网移动支付 2019 年，制订移动支付便民示范工程建设计划，指导金融机构推进银行卡联网移动支付业务，完成托克逊县 37 辆公交车云闪付、银行卡扫码乘车和 20 个惠农站、2 个村的金融服务站建设工作。

金融服务建设 提高 ACS 精细化核算水平、应急演练业务和会计核算应急处置能力。2019 年，加强账户管理，现场检查县工商银行、农村信用社账户管理工作，规范金融机构账户管理工作流程。

便利企业开户 落实"放管服"工作要求，通过集中培训、银企座谈等方式，督导金融机构取消企业银行账户推广工作，便利企业开户程序。

征信业务服务 稳步推进征信二代系统上线升级，优化个人征信信息的标准化、精细化管理，为客户解读征信报告，提高社会公众对征信报告的认知度。2019 年，提供个人信用报告 6113 笔、企业信用报告 128 笔，办理机构信用代码证 494 笔。

【国库基础工作】 年内，按时收缴、划转社会保险费，推进国库 TCBS 系统维护和账户参数维护，逐步开展财税库银横向联网系统银行端扣税业务上线工作、非税收入无纸化以及电子退、更、免等工作。2019 年，实现中央级收入 7.14 亿元，省区级收入 1.05 亿元，地州级收入 1.06 亿元，县级收入 21.12 亿元，办理支出 34.33 亿元。

【货币发行】 2019 年，统筹部署新版人民币和纪念币发行工作，组织金融机构加大新版人民币及反假币知识宣传力度，通过"3·15""6·14"和"国家网络安全宣传周·金融日""金融知识进社区、进农村"等活动，向群众介绍新版人民币票面特征和反假币知识。根据中国人民银行纪念币发行公告要求，统筹发行"中华人民共和国成立 70 周年纪念币"和"泰山纪念币"，监督指导托克逊农业银行维护兑换现场秩序、督导兑换、应急处置等工作，确保了现场兑换绝对安全。地方金融机构上缴假币面值 2.36 万元。 （王世波）

## 中国农业发展银行托克逊县支行

【概况】 中国农业发展的银行托克逊县支行（以下简称县农发行）内设办公室、信贷业务部、会计结算部3个职能部门。2019年,在职员工18人,其中女性10人,少数民族9人。均为大专以上学历。

【业务经营】 全年累计收回中长期贷款6872万元,收回棉花贷款3810万元,发放150万元。各项贷款余额15.27亿元,较年初减少1.05亿元。对公存款余额6379万元,较年初减少2.36亿元,日均存款1.9亿元,较年初减少9100万元。实现账面利润1630万元,不良贷款余额为零。

【棉花收购管理】 贯彻落实国家宏观调控政策,发挥农业政策性银行支持收购主导银行作用,把确保支持收购不出大的问题作为各项工作的目标底线和不可推卸的政治责任,全力供应与管理好棉花收购资金。5月,完成棉花贷款双结零。为防范风险,严格落实棉花收购管理制度,2019年,对衣亏超过国家规定标准的棉花企业不提供棉花贷款,杜绝棉花收购风险。

【重点建设基金】 2019年,农发重点基金9个项目到位总额5.92亿元,支付5.7亿元,支付率96.35%。归还基金1个项目1500万元。基金能够按时足额上划利息及本息,且全部纳入隐形债务。为防范基金风险,归还未支付基金共2156万元,即减轻企业负担,又防范基金风险。

【拓展营销渠道】 在国家清理整顿政府债务、依靠政府信用投放贷款方式难以为继的情况下,大力开展创新业务营销。与中泰(集团)有限制责任公司旗下两家企业(新疆中泰化学托克逊能化有限公司、新疆天雨煤化集团有限责任公司)达成项目合作意向,2个环保项目拟申请农发行生态环境建设与保护贷款8.4亿万元。同水利局密切联系乌斯通水库支持项目,提供融资方案,计划支持2.2亿元。支持小微企业两家,融资需求1300万元,其中华帝服装加工厂300万元,投放150万元,实现业务突破。

年内审查基建项目,总行下达733万元基建指标,在保证工程质量,完成设计内容的情况下,使用672万元基建指标,节约投资61万元。

(再娜甫古丽·阿不力米提)

## 中国工商银行股份有限公司托克逊支行

【概况】 中国工商银行股份有限公司托克逊县支行(以下简称县工行)设营业部、市场营销部和办公室。2019年,有员工26人,其中女12人,少数民族13人。正式员工10人,合同柜员16人。

【存款业务】 2019年,县工行各项存款时点余额6.89亿元,较年初减少4726万元,其中储蓄存款时点余额4.87亿元,较年初增加700万元。随着多元化投资渠道增加,多数居民调整资产配置,从传统定期储蓄转向理财类等高收益产品或购入固定资产等投资方式,对公存款时点余额2.02亿元,较年初减少5426万元,下降的主要原因是客户归还贷款以及专项资金统一上划。

【贷款业务】

企业贷款 2019年,县工行重点推进普惠及民营企业贷款,拓宽融资渠道,做精市场规划,从行业、区域、客户、产品等维度统筹规划发展方向。截至年底,各项贷款余额5.64亿元,较年初减少2.26亿元,存贷比81.87%,其中公司贷款余额4.7亿元,较年初减少2.14亿元,贷款余额下降的主要原因是存量新能源项目贷款按期还款及银团贷款到期归还。

普惠贷款 2019年新增小微企业贷款客户3户,年内累计为5户小微企业发放法人经营快贷普惠贷款867.82万元。县工行主要通过“网上小额贷款”打通小微企业融资通道。该产品是工商银行运用大数据技术，基于小微企业客户交易、资产、征信等多维数据构建客户信用评分模型，为小微企业客户量身打造的全线上小额信用贷款产品，贷款随借随还，是工行利用金融科技下沉客户服务层级，助力普惠金融发展的重要尝试。

个人贷款　截至2019年底，个人贷款余额9462.68万元，较年初减少121.39万元。全年累计发放个人贷款1653.75万元，其中个人住房贷款604.8万元，个人消费贷款506.85万元，累计为12户小微企业主发放个人经营性贷款2笔，合计金额494.4万元。

【票据融资】　除法人贷款业务外，县工行根据当地企业结算方式中票据多、现金少的市场现状，合理配置融资类产品。以票据贴现为主，满足企业现金流需求，以解燃眉之急。年内，累计为16家企业合计办理票据融资19.18亿元，其中小微企业15户，累计办理票据融资1.49亿元。

【资产业务】　2019年，资产业务主要以消费金融、普惠金融、小微企业票据直贴和小微企业融资为主。

消费金融　向行内外推广e分期、融e借综合消费贷款、质押贷款，为个人客户消费需求提供有力的信贷产品支撑。

普惠金融　针对小微企业抵押物不足的现状，拓宽融资渠道，创新推广产品，满足小微企业多元化融资需求，降低融资门槛。开展银税合作，“以信授信”，将企业的纳税信用转化为银行授信。

小微企业票据直贴业务　根据总行加快发展小微企业贴现业务优化票据资产结构的精神，县工行成立票据团队，增强营销力量，推广营销小微企业票据直贴业务。

小微企业融资　除贷款利息与结算手续费外，不收取与贷款相关的承诺费、咨询费等费用，发放贷款时不附加不合理条件。　（马学文）

## 中国农业银行股份有限公司托克逊县支行

【概况】　2019年，中国农业银行股份有限公司托克逊县支行（以下简称县农行）有对外营业机构1个，内设客户三农服务部、后台机关。县农行有员工20人。

【存款业务】　2019年，各项存款余额6.97亿元，较年初下降4.16亿元，其中储蓄存款4.29亿元，比年初上升443万元，对公存款2.68亿元，比年初下降4.12亿元。

【贷款业务】　2019年，各项贷款余额1.6亿元，较年初下降1.48亿元（下降原因主要是企业归还贷款和贴现），无不良。

县农行对公贷款余额15258万元，剔除票据业务后对公贷款余额为14958万元。深入企业开展调查研究，按照好中选好、优中选优的模式，先后为5家小微企业发放贷款（贴现）533万元。发放“新棉通”贷款3140万元，实现吐鲁番分行零突破，打造县域贷款投放新的增长点。

农户贷款余额80万元，较年初减少35万元。2019年，支行发放惠农e贷贷款4笔115万元。

非农个贷余额1057万元，较年初增加13万元。2019年，发放48笔681.92万元。

【不良贷款清收】　年内，县农行针对2017年的1笔135万元个人经营性不良贷款，多次与法院执行局沟通，寻找解决办法，网拍有实力的买家，收回贷款本息168万元及垫付评估费5.4万元，共计173.4万元。在此期间，亿恒达400万元流动资金贷款于2019年5月逾期形成不良，该企业抵押物无法变现，经过与法院执行局反复协商，制定感情清收方案。在全行上下共同努力下，长达半年之久

400万元本金和18.7万元欠息全部还清,以上2笔不良贷款双降。县农行不良贷款率为零,使县农行在年终绩效考核得分及排名跃居前位。

**【惠农通服务】** 县农行加大建设各乡镇惠农通服务点,安排专车、专人办理布放惠农通机具,并将其为金融扶贫的一项重要工作。通过收集资料、安装机具、培训人员,布放完成全县7镇1乡、15个行政村30部惠农通机具,提前完成了服务网络延伸“两个全覆盖”的工作目标。

**【ETC专项营销】** 2019年,托克逊县农行ETC专项营销活动中,共办理1334个,吐鲁番各网点名列前茅。

**【内控管理】**

风险排查　根据专项排查系统中,总行2019年运营风险、吐鲁番分行2019年员工行为集中排查、吐鲁番分行扫黑除恶专项斗争专项排查、“三线一网格”按月履职等,2019年未出现履职超期被扣分现象。2019年,县农行收到预警信息31条,属实有效预警信息26条,发挥了揭示案件、防范风险的作用。

员工管理　加强重点领域、重点部位和重点环节的制度建设执行工作,倡导“我的合规我负责,别人的合规我有责”等理念。每天提醒相关人员,要求严格按操作规程办理业务,强化员工劳动组合,加强重要岗位人员管理工作,定期轮岗。加强业务学习,定期组织员工培训,进行差异化培训,提高运营业务质量。推进“三线一网格”系统的应用。

业务竞赛　县农行开展‘春天行动”“补短提效”等竞赛活动,安排部署重点工作,鼓励员工参与,鞭策后进,激励员工抓住时机,找准营销重点,强力出击。开展外拓活动,对比同业,增进各项业务指标完成。

多策营销　2019年,县农行根据不同的客户需求,组织开展多场不同类型的客户活动,围绕电子银行产品、贵金属、保险、信用卡等热销产品,组织不同主题的贵宾客户答谢活动。分层营销,分层维护,掌握营销信息。

存款冲刺　年内,县农行多次专门召开督导会议,分析存款断崖式下降的严峻形势,鼓励员工树立“存款立行”思想,激发员工潜力年终奋力一搏。年末完成储蓄存款返正目标,储蓄存款比年初增加443万元,完成预定目标。

**【安全保卫】** 严格落实案防知识学习和教育制度,每月集中安全常识学习和教育,基础知识常温,基本操作熟知。加强押运和保安管理,确保了营业网点封包安全准时接送无差错。2019年,县农行安全保卫无事故。　（王新华）

## 托克逊县农村信用合作联社

**【概况】** 托克逊县农村信用合作联社直属自治区联社党委管理,联社主要职能是服务“三农”,管理模式为社员代表大会、理事会、监事会,实施统一法人管理,有较为全面、合理、相互制衡的“法人治理”框架。县农信社设立营业网点10个,金融服务站1个,实现了县域各乡镇金融服务全覆盖。2019年,在职职工103人,其中机关12人、一线员工91人;女性54人,少数民族68人。

**【存款业务】** 2019年,各项存款余额26.4亿元,较年初增加1.89亿元,增幅7.71%,完成年初制定目标任务的101.02%。

**【贷款业务】** 2019年,各项贷款余额24.65亿元,较年初增加9774万元,增幅4.13%,其中农户贷款余额4.84亿元,较年初增加3878万元,增幅8.72%;城镇个人贷款余额4.09亿元,较年初上升8023万元,增幅24.42%;企业贷款余额8.79亿元,较年初增加

2.07 亿元,增幅 30.88%,贷款市场占有率 52.23%,增加 4.42 个百分点。

**【不良贷款】** 2019 年,不良贷款余额 8029.87 万元,较年初减少 1065.62 万元,不良贷款率 3.26%,较年初下降 0.58 个百分点,实现不良贷款"双降"目标。

**【经营效益】** 2019 年,县农信社实现收入 1.51 亿元,较上年同期增加 337.3 万元,增幅 2.29%。各项支出 1.21 亿元,较上年同期增加 244.9 万元,增幅 2.07%。拨备覆盖率 197.07%,较年初增加 35.54 个百分点。净利润 2473.56 万元,较上年同期增加 46.48 万元,增幅 1.91%。资本充足率 11.32%,较年初减少 1.46%。资本净额 2.34 亿元,较年初增加 1738.22 万元,核心一级资本净额 2.1 亿元,较年初增加 1316.06 万元。

**【中间业务】** 2019 年,累计发行银行卡 20.19 万张,交易 160.71 万笔,银行卡存款余额 4.64 亿元;发放金融社保卡 9.35 万张,存款余额 3966 万元;发行金卡 320 张,余额 1524 万元;布放智慧柜员机 9 台,对公回单机 2 台,全年交易 2.38 万笔;布设 ATM 自助设备 18 台,全年交易 128 万笔;开办个人网银 2.68 万户;开办企业网银 937 户;开办手机银行 2.38 万户,全年交易 33361 笔,交易金额 3.82 亿元;拓展条码支付商户 2276 户,拓展特约商户 373 户,布放 POS 设备 446 台;办理 ETC 4345 户,完成全年总目标任务的 145%;办理住房公积金业务 1171 笔,金额 8698 万元;托克逊县 44 个行政村布放普惠金融服务站 44 个,交易 1.09 万笔,交易金额 592 万元,成功将电子商务服务站与普惠金融服务站相互结合,打通普惠金融服务群众的零距离通道,让居民享受到"一站式"的金融服务,实现了县域各乡镇金融服务全覆盖。

**【"三农"信贷投放】** 县农信社按照"立足'三农'、服务小微、服务县域经济"的市场定位,强化涉农服务。2019 年,全年累计投放春耕备耕生产贷款 2.1 亿元,有效满足了农户春耕备耕生产资金需求。县农信社大部分农户贷款由原先的小额信用贷款归还后转为"农贷通"贷款,一次授信,循环使用,多种渠道,自助办理,具有"随用随贷、秒借秒还"等功能。随着农村信用环境的逐步改善,适时提高"农贷通"额度。年内,"农贷通"贷款累计发放 1.04 万户,金额 3.28 亿元。

**【金融精准扶贫】** 2019 年,县农信社作为县域扶贫小额信贷贴息贷款的唯一金融机构,全年累计发放扶贫小额信贷 1615 笔,金额 4680 万元,无逾期贷款。有效满足有信贷需求且符合信贷条件的建档立卡贫困户生产经营信贷需求。

**【小微企业和城市个贷】** 年内,累计发放个体工商户贷款 157 户 2094 万元,发放公职人员消费贷款 2307 笔 2.47 亿元。

**【维稳安保】** 县农信社实施领导带班制度,不定期暗访督导辖内各网点,确保稳妥处理各类事件。定期为辖内各网点配备的防刺服、单兵装备、安检门、访客系统等设施检查,提升技防和物防水平。严格实行身份证实名登记、开包检查制度,定期检查消防灭火器、水袋,着力消除安全隐患,夯实维稳安保各项基础。完善各类应急处置方案,组织消防知识安全、预防突发事件等各类培训,不定期开展应急演练,提升员工应急处理能力。2019 年,县联社安全保卫无事故。 (伍友海)

## 中国邮政储蓄银行托克逊支行

**【概况】** 中国邮政储蓄银行

托克逊支行(以下简称县邮储银行)有1个自营网点、4个邮政储蓄代理网点,布放ATM、存取款一体机8台,网银一体机5台,POS机107台,设立助农金融服务区10个。2019年,县邮储银行有员工17人,其中女性12人,少数民族14人;劳动合同制员工11人,劳务派遣6人。

**【经营情况】** 2019年,县邮储银行累计发放绿卡20.9万张、信用卡4982张、ETC卡1266张。贷款累计发放3893万元,贷款资产质量良好;居民储蓄余额1.69亿元,活期比重42%,活期比重比上年末增长0.3%,定期比重58%。个人储蓄业务实现收入558.6万元,公司业务收入96万元,比上年末净增25.04万元,信贷业务实现收入216万元,中小额贷款收入76万元,消费贷款实现收入130万元,小企业贷款收入10万元。

**【内控管理】** 2019年,县邮储银行加强各业务环节的风险管控,不定期组织开展业务检查,提高合规操作能力,通过交叉验证、提高信贷逾期提高资产质量,实现不良贷款“双降”目标,落实安全保卫和案件防控工作,每月组织开展安全和业务培训,每季度组织应急预案演练,增强专项操作风险管理能力,开展案防警示教育,进行风险提示,提升员工风险意识,建立健全营销机制和团队、通过整合人员、产品和资源,提高员工的综合营销能力。 (王永莉)

# 保 险

## 中国人民财产保险股份有限公司托克逊支公司

**【概况】** 中国人民财产保险股份有限公司(以下简称人保财险)公司设有营销部、理赔部、承保部三大部门。主要经营业务为机动车辆保险、企业财产综合保险、信用保证保险、责任保险、意外健康保险及政策性农业保险。2019年托克逊支公司有在职员工11人,其中女职工4人,少数民族5人。

**【业务经营】** 2019年,人保财险托克逊支公司实现保费总收入5092.58万元。

**【理赔服务】** 2019年,公司处理各类赔案累计支付赔款3800万元,其中农业保险全年累计赔款580万余元,为广大农民朋友提供上亿风险保障。同时,为客户提供一站式理赔服务,打造全国通赔、限时理赔、极速理赔等高品质理赔服务。

**【公司优势】** 中国人保财险托克逊支公司乡镇级网点覆盖率达70%,构建城网农网共建共享、线上线下结合的立体化销售服务网络。可与客户实现“点对点”快速对接,成为“人保之友”客户俱乐部,为客户提供车辆和生活相关的增值服务。

**2019年人保财险托克逊支公司各险种保费一览表**

表16

| 险种 | 完成保费(万元) | 险种 | 完成保费(万元) |
|---|---|---|---|
| 商业险 | 2246.41 | 健康险 | 9.06 |
| 交强险 | 1316.02 | 货运险 | 3.8 |
| 车险合计 | 3562.43 | 责任险 | 402.77 |

续表 16

| 险种 | 完成保费(万元) | 险种 | 完成保费(万元) |
|---|---|---|---|
| 意外险 | 332.31 | 非车非农合计 | 847.37 |
| 家财险 | 23 | 非农合计 | 4409.8 |
| 企财险 | 65.37 | 农险 | 682.78 |
| 质惠宝 | 11.06 | 全险种合计 | 5092.58 |

(阿拉法特·居来提)

## 中国人寿保险股份有限公司托克逊县支公司

**【概况】** 中国人寿保险股份有限公司托克逊县支公司(县人寿保险公司)有正式员工 5 人,营销员百人。2019 年实现总保费收入 7741.17 万元,同比降低 0.74%,其中新单保费 1876.74 万元,同比下降 8.89%,短险保费 495.09 万元,比上年增长 14.12%。

2019 年,承保新农合大病保险,成为新疆自治区全民意外险承保理赔服务商,承担全民意外伤害保险赔付。

**【理赔服务】** 2019 年,县人寿保险公司为 754 名客户提供理赔服务,赔付总金额 874.85 万元,其中长险理赔件数 114 笔,赔付金额 430.62 万元;短险 640 件,赔付金额 444.23 万元。

**附:重大理赔案件**

被保险人张某,因交通事故死亡,赔付 55 万元。

被保险人张某某,因重大疾病赔付 13 万元,客户治疗后,身体恢复良好。

**【新产品发布】** 2019 年 4 月,中国人寿特别推出“国寿福”品牌系列二十周年纪念版产品——“国寿福(臻享版)”保险产品组合,涵盖重大疾病、特定疾病、身体高度残疾、身故等多重保障,为客户提供全方位、多角度的保障服务。

(张宜良)

# 教　育

JIAOYU

## 教育行政

【概况】 2019年3月党政机构改革,组建县委教育工作领导小组,作为县委议事协调机构,办公室设在县教育局。

原县民族宗教事务委员会(县民族语言文字工作委员会)的民族语言文字工作职责整合,重新组建托克逊县教育局,作为县人民政府工作部门,为正科级。加挂县民族语言文字工作委员会牌子。原县人民政府教育督导办公室承担的行政职能划归县教育局。所属事业单位的设置、职责和编制事项另行规定。核定行政编制10名,机关工勤事业编制1名。

改革后,托克逊县教育局由原14个科室精简为5个科室4个中心。5个科室即:托克逊县教育局内设办公室(财务审计规划科)、思想政治教育科、基础教育职称办(国家通用语言文字普及推广和管理办公室)、教师工作科、教育督导办公室,4个中心即:教师发展中心、招生考试中心、资助中心、青少年活动中心。托克逊县教育局有干部38人,其中行政编制10人。

2019年年底,托克逊县各级各类学校、幼儿园89所(教学点2处),其中高级中学1所、初级中学2所、职业技术学校1所、九年一贯制学校4所、完全小学30所、小学教学点2处、幼儿园51所(其中独立公办幼儿园30所、公办附属幼儿园19所、民办幼儿园2所)。各级各类学校共776个教学班级,其中幼儿园有教学班级238个、小学有教学班级388个、初中有教学班级105个、高中有教学班级45个。在校学生24558人,其中学前教育学生5938人、小学学生11609人、初中学生4102人、高中学生2120人、职业技术学校在校生789人。教职工3479人,其中幼儿园教职工503人、中小学教职工2916人、职业技术学校教职工60人。

【教育教学】

“送教下乡” 按照“区培计划(2018)”要求,组织开展吐鲁番市义务教育阶段送教下乡暨“爱阅读、善表达”活动,覆盖中小学物理、化学、地理、英语、道德与法制等多门学科,参与教师336人次。

“潇湘名家讲坛” 2019年,邀请湖南省在校园管理、教学教研等方面的专家、学者、名校长、名教师开坛授课、举办讲座,举办讲座15期23场次,聆听讲座教师1万余人次,实现了各级各类学校教职工培训全覆盖。

教师选拔 充分发挥市、县两级名师和教学能手的引领、辐射作用,根据自治区教育厅和市教育工委对人才梯队建设的要求,选拔55名教师补充到骨干教师队伍中,为充分发挥其示范引领作用提供了人力保障。

课题研究 动员鼓励、督

促指导托克逊县各学科教师开展课题研究工作。年内，完成各学校上报的48个课题的审核工作，上报市教育局32个，自治区级立项8个。

“青蓝工程” 各学校根据本校实际，通过听、评课等活动，徒弟虚心向师傅学师德、学责任、学艺术，逐渐形成“老带新、新促老”的“青蓝工程”结对互学机制。年内，全县共有1100对师徒结对，相互学习，共同进步。

教学视导 教育局安排人员定期不定期视导教师备课、上课、课堂组织管理、布置作业等情况，督促教师查漏补缺。2019年，开展阶段性教育教学常规视导工作3次，听课550节，下发工作提醒70余份。

教育信息化 2019年，实现小学、初中、高中基础教育网络联校全覆盖，托克逊县一小、博斯坦镇长安小学与郴州市湘南小学，托克逊县一中与郴州市六中，托克逊县二中与郴州市二中之间开启网络联校工作，全年与郴州开展网络联校活动20余次。

**【普通话教学】** 全力推进国家通用语言文字教学，倡导师师、师生、生生自觉使用普通话交流，利用校园文化墙、校园广播、文化走廊、电子屏、手抄报、黑板报等载体广泛宣传，努力创造学习国家通用语言文字环境，增强师生学习国家通用语言的主动性。发挥带动辐射作用和家长学校作用，以“小手拉大手”活动来带动家长，通过教会家长每天一句普通话，和家长一起看《新闻联播》等多种形式，营造学生教、家长学的氛围，同时将家校共建工作引向深入。开展第22届全国推广普通话宣传周活动，紧扣“普通话诵七十华诞，规范字书爱国情怀”主题，开展“推普周”，宣传国家语言文字政策法规，倡议各单位设立普通话监督岗，组织师生开展“国旗下宣讲、主题班会、手抄（黑板）报评比、书写规范字比赛和汉字听写大赛、中华经典诵读比赛”等活动，掀起全民学习普通话的热潮。

**【德育教育】**

“一会两大赛一研究”活动 2019年，全面推进学校思想政治理论课，召开思政课建设工作现场推进会1场次，参与教职工312人，其中6位学校党支部（总支）书记作交流发言，通过现场交流、借鉴经验、开阔视野、拓宽思路，实现思政教育优势资源共享。组织开展托克逊县首届“思政课程”和“课程思政”课堂教学大赛，经过层层筛选，有59名教师入围决赛，比赛分为思政课程组和课程思政组两组进行，最终决出一等奖8名、二等奖18名、三等奖33名。

专项课题研究 2019年，托克逊县开展“思政课程”“课程思政”和德育为专项课题研究工作，各校共申报课题25个，经审核14个课题立项为县级课题，2020年6月结题。同时，组织党支部书记、德育工作者、思政教师共312人开展为期15天的思政专题培训，提高其业务能力及专业水平，打造专兼结合的思政课教师队伍。年内，全县专职思政课教师134人，兼职思政课教师51人，整体比上学年增加48人。

依法治校 县二中先后配备法治副校长50人，推动法律精神进校园、进班级，通过法治讲座、主题班队会、“宪法宣传日”等载体，形成浓厚法律法规宣传学习氛围。

“三进两联一交友”活动 市厅、县处级领导干部发挥模范带头作用，重点在联与交上下功夫、谋思路、出成效，同时民汉混合编班、编队、住宿实现全覆盖，深化活动效果，参与活动教职工2738人，联系学生9898人，联系家长19796人。

**【招生工作】** 县教育局严格试卷保密、考务组织、考风考纪等各环节管理，完成普通高考、中考、内高、内初、内职等招生考试，确保招考“零”事故。2019年托克逊县高考报名1042人,实际参加普通高考958人,大专以上录取787人;参加初中毕业升学考试考生1214人;参加内初考试考生总人数915人,录取133名,湖南韶山班录取11人;参加内高考试考生384人,录取73人;参加内职班报名124人,录取31人;通过湖南长沙周南中学招生考试,湖南周南班录取11人。

【教育资助】 2019年,托克逊县发放保障机制补助资金1905.32万元,其中学前三年免费教育资金747.2万元,义务教育阶段补助资金1089.63万元,高中阶段补助资金68.49万元,惠及托克逊县学生2.2万人通过申请政府拨款、集体募捐等方式筹措资金确保做到应助尽助,没有学生因贫失学。2019年,发放贫困家庭子女教育补助资金142.98万元,惠及贫困学生1232人。县教育局多方沟通动员争取社会捐助解决困难家庭子女上学难问题,2019年,募集社会捐助教育资金471.55万元。

【合撤并转】 2019年,为适应义务教育均衡发展巩固提升需求,托克逊县将伊拉湖镇高中部撤并至托克逊县第二中学;通沟小学改为克尔碱中心校通沟教学点和天光地教学点;原郭勒布依乡阔什拱拜孜小学更名为巴格万小学、原博斯坦镇海提甫卡日孜小学更名为长安小学;郭勒布依乡巴格万小学撤并至托克逊县滨河学校;托克逊县滨河学校、郭勒布依乡奥依曼布拉克小学取得组织机构代码证。

【基础建设】

项目建设 年内,县教育局督促新建第二小学教学楼、滨河学校食堂续建项目,推进博斯坦镇吉格代小学学生宿舍、博斯坦镇明园小学等学校教学及教学辅助用房、职业高中、滨河学校、城镇中心幼儿园消防设施改造等建设项目。累积投入资金2636万元,开建项目14个,总建筑面积8120平方米。

已竣工使用的项目有:第二小学教学楼建筑面积6500平方米,项目总投资1342万元,资金来源为自治区改薄资金,2019年9月1日竣工使用;滨河学校食堂建筑面积1180平方米,项目总投资360万元,资金来源为县内自筹资金,2019年9月底竣工使用;城镇中心幼儿园消防改造,项目总投资100万元,资金来源为湖南援疆资金,2019年9月竣工使用;第一中学等6所学校校园配套设施建设项目总投资146万元,资金来源为中央财政资金,年底项目竣工使用;库米什镇中心小学教辅用房建筑面积300平方米,项目总投资60万元,资金来源为中央财政资金,年底完工。

年内主体施工完成的项目有:博斯坦镇明园小学教辅用房建筑面积600平方米,项目总投资120万元,资金来源为中央财政资金。郭勒布依乡奥依曼布拉克小学教辅用房建筑面积300平方米,项目总投资60万元,资金来源为中央财政资金。博斯坦镇吉格代小学宿舍建筑面积240平方米,项目总投资48万元,资金来源为中央财政资金,年内项目完成主体施工。职业高中消防水池改造工程,项目总投资400万元,资金来源为湖南援疆资金,年内完成室内消防管网等设施改造。

校园"厕所革命" 各学校厕所建设纳入学校的整体规划与设计。将夏镇南湖小学、喀格恰克小学,郭勒布依乡喀拉阿什小学、光荣小学、开斯克尔小学、奥依曼布拉克小学,克尔碱镇英阿瓦提小学,伊拉湖镇五星小学、阿克塔格小学,博斯坦镇明园小学、新高潮小学、琼帕依扎小学、吉格代小学学生宿舍,库米什镇小学等14所学校水冲式厕所、化粪池及配套排污管网建设项目纳入2019—2020年义务教育薄弱环节改善与能力提升工作建设规划。各项目计划于2020年6月实施,总投资192万元,建筑面积836平方米。

【党建工作】

组织建设 2019年，县教育局调整书记、校(园)长39人。加强新时代中小学校党的建设工作，将8个乡镇党委下属的49个中小学(幼儿园)党组织1019名党员党组织关系转交至托克逊县委教育工委、教育局党委统一协调管理，转隶后新成立党支部10个，撤销党支部1个。2019年底教育系统共有党支部63个，党员1304人。成立8个党总支，加强各学校、幼儿园党的建设和党员的教育、监督及管理工作。

党员发展 年内，递交入党申请书322人，入党积极分子160人，发展对象27人，预备党员18人。

专项整治 对照党中央8个方面和自治区党委2个方面，围绕师德师风、阳光招生、中小学减负、漠视侵害群众利益等，梳理建立单位"8+2"专项整治工作台账，共梳理出问题12个，督促整改并跟踪问效。

廉政建设 贯彻落实中央八项规定，结合"以案促改"专项工作，深入学习贯彻《中国共产党廉洁自律准则》《中国共产党纪律处分条例》，教育系统全年处理违反党纪党规、违反中央八项规定、违反师德师风类案件21起，信访举报34起。

文明校园 2019年，托克逊县第一中学、第二中学、伊拉湖镇中学、县第一小学、县第二小学、城镇中心幼儿园、托克逊县湘缘幼儿园被候选为第一届自治区文明校园。

【队伍建设】

教师招录 严把教师入口关，坚持把能否胜任国语教学放在首位，2019年，招录地方性事业编教师231人，特岗教师324人，临聘教师50人，同时接收甘肃民族师范学院、兰州文理学院实习教师34人，大幅度优化教师队伍。

书记、校(园)长论坛 县教育局为学校(幼儿园)领导班子之间、学校之间构建交流沟通与对接协作的平台，在教育资源优势互补的基础上实现更大范围的联合和协作。2019年，共举办论坛5期。

教师培训 依托"国培计划""周末大讲堂"、暑期集中培训、短期培训等方式，转变新老教师教育教学理念，提高其教育教学组织管理、课堂组织管理、课下组织管理的能力水平。2019年，参训教师9300余人次。

师德师风建设 坚持弘扬高尚师德，以榜样的精神感染人、鼓舞人、引导人，加强典型宣传引领，健全师德师风建设长效机制，建立"师德银行"，将师德师风纳入工作考核，引导广大教师以德立身、以德立学、以德施教、以德育德。2019年，教育系统应参加年底师德师风考核教职工2109人，实际参加教职工人数2081人，考核优秀346人，考核合格1722人，13人因师德师风问题未达到合格等次。未进入合格等次的教职工不予发放30%绩效、年底奖励、高定工资等，不参加各项评优评先活动，且三年内不得评聘职称。

职称评审 2019年，启动教育系统职称申报工作，审核提交高级职称申请41份、通过评审27人，其中一级职称申请37份、通过评审31人。三级进二级申请13份、通过评审12人。初级申请380份、通过评审319人。

服务保障 为新聘教师申请公租房90套，投入64万元，配备基本设施解决新聘教师住房问题，并通过联谊活动、趣味运动会等丰富业余生活，了解新聘教师工作、生活困难，尽力解决其后顾之忧。

评优评先 树立模范典型，引导全体教职工学习先进、靠近先进、超越先进，在第35个教师节上，表彰教育系统优秀书记校(园)长、优秀人民教师、优秀思政教师、优秀学前教师、扎根火洲优秀青年好教师、优秀班主任共120人，奖励现金1.2万元。

【平安校园】

平安校园创建 全面推

动学校安全管理制度化、规范化建设。2019年,托克逊县教育系统已配备访客机70台,安装人脸识别系统70台,实现智能化访客系统全覆盖,全年成功申报自治区级平安校园2所、市级平安校园4所、县级平安校园34所。

扫黑除恶专项斗争　将扫黑除恶专项斗争同其他工作同安排、同部署,常态化开展宣讲、线索摸排、乱象治理,营造"有黑必扫,有恶必除,有乱必治"的高压态势,开展宣讲2560场次,摸排梳理归纳出典型乱象8条,并制定整改治理办法,确保扫黑除恶在教育系统取得实效。

安全教育培训　全面夯实中小学、幼儿园消防、用电、食品、维稳安全基础,提升学校安全管理和安全宣传教育能力。2019年,组织消防安全培训5场次涉及教职工3000余人、学生2万余人,组织电工培训1场次、82人参加培训,组织厨师、食堂管理员培训3场次、213人参加培训,组织保安培训1场次、321人参加培训。

校园及周边环境治理　联合相关部门全面排查校园周边的餐饮、商店、网吧,发现问题及时下发整改通知书限期整改,全年出动750人次,检查学校(幼儿园)1360次,发现隐患613个,下发整改通知书613份,立行立改570个,限期整改43个。

(范冬梅)

## 职业教育

【概况】　托克逊县职业技能培训中心(县职业高中)以中等职业学历教育与短期培训相结合为办学目标,承担着学制教育、短期技能培训和各行业技能培训工作。有教职工94名,其中在编41人、地方编教师17人、援疆教师5人、借调31人。专任教师60人,双师型教师13人。

在学制教育中,有在校学生803人,开设了烹饪、服装设计与生产、木工工艺、汽车运用与维修、机电技术运用、机械加工技术6个专业,班级14个。2019年托克逊县技工学校新申请酒店服务、美容美发与造型、家政服务、室内设计、幼儿教育5个专业,共11个专业具有招生资质。

【教学改革】　推进"四步走"(学文化、知礼仪、练技能、稳就业)的教学模式,整合设置班级,调整课程安排,坚持先成人,后成才原则。2019年,完善各专业人才培养方案,强化语言学习,实行新生入校国家通用语言文字预科学习,各专业混合、滚动式编班,提高学生学习语言的积极性和紧迫感,确保职业学校语言学习三年不断线。学校教学理念是以培养学生职业素养为宗旨,将职业素养养成规划作为职业教育的第一步,形成"以学生就业创业能力培养为主体,以素质教育和技能培养为两翼"的办学新体系,培养一批具有职业素养的技能型人才。

【教育发展】　2019年,县职业高中组建对口高考班,宣传职业学校一样可以实现大学梦,成立职业班,将有意向考大学的学生单独编班,对学生单独辅导考试,高标准严要求。组建2017级高考班1个、2018级职业班1个、2019级职业班2个、2019级特长班1个,配备管理水平高、经验丰富的老师当班主任,配备教学水平高、责任感强的老师任课,通过职业班带动,提升学生的荣誉感、积极性、学习观念和奋斗意识,打通了学历提升衔接渠道。

【技能大赛】　2019年4月,县职业技能培训中心(职业高中)9名学生参加自治区职业院校技能大赛,分别参加电气安装与维修、焊接技术、中餐热菜、冷拼与雕刻、中式面点5个项目的比赛,获得焊接技术、中餐热菜、中式面点三个项目的三等奖。开展以"庆祖国七十华诞,展职教时代风采"为主题的技能节暨职业教育宣传周活动。通过文艺会演、主题班会、趣味运动会、专业教师座谈会、中式面点、文明风采社团活动、美容美发、家政服务等10项内容，为师生搭建了技能切磋、学习交流的平台，使家长了解学校，提升了职业学校的吸引力。

**【校企合作】**　2019年是职业教育发展的关键一年，县职业技能培训中心（职业高中）抓住机遇，制订《托克逊县职业教育发展提升实施方案》，坚持“政府主导、学校主体、行业指导、企业参与”的校企合作机制，实行产教融合、校企合作，工学结合，订单式培养的办学模式，推行“双证书”教育，实现学校培养与企业需求的有效对接。学校争取在订单培养、教师到企业挂职锻炼、校外实习基地建设、特聘兼职教师等方面取得突破。年内，校企合作企业12家，校外实训基地9家。2019年毕业生61人，就业57人，就业率达93%。

**【短期培训】**　县职业技能培训中心（职业高中）承担着学制教育、短期技能培训和各行业技能培训工作。在短期技能培训中，协调各村村委会及农牧民文化技术学校，培训各行业紧缺、急需岗位人才。2019年，县职业技能培训中心（职业高中）组织电焊、面点、计算机操作员、家政服务员、美容美发、挖掘机等各类职业技能培训63个班次，培训学员2512人，其中富余劳动力1706人，企业订单式用工511人。

**【学生资助】**　县职业技能培训中心（职业高中）建立健全家庭困难生资助政策体系，利用入学通知、宣传板、专题讲座等形式宣传全国家各项资助政策。严格审核学生资助贫困认定环节，坚持班级民主评议、班主任初审，学生资助管理办公室复审、校内公示，确定贫困认定程序。2019年享受国家助学金学生233名，发放资金23.3万元。发放交通补贴1.8万元，178名建档立卡贫困户和低保户子女享受补贴。

**【后勤管理】**　2019年，县职业技能培训中心（职业高中）改革食堂管理，食堂改为由学校后勤办管理，劳务费全部纳入学校财政支出，不从学生餐费中加收。成立学生会生活部，对食堂饭菜品种提出意义和建议。加强学生碗筷消毒，完善学生就餐环境卫生。宿舍实行“宾馆化”管理，改善学生宿舍硬件设施，每层楼有宿管老师24小时管理，班主任每天第一时间查寝，学生按规定时间进出宿舍，学生住宿环境得到改善。　（张桂娜）

# 教育督导

**【均衡发展复验】**　2019年，本着重点指导、帮助整改的原则，复查托克逊县38所义务教育学校，督促指导义务教育均衡各项工作，累积出具书面限期整改通知书199份，下发工作通报3次，下发其他整改通知书7份。2019年10月，托克逊县义务教育均衡发展通过自治区督导评估复验。

**【督导评估】**

*政府履职督导*　2019年，根据自治区教育督导委员会征求地（州、市）人民政府（行政公署）履行教育职责评价方案和国务院教育督导委员会办公室对自治区人民政府2017年履行教育职责评价意见整改方案的要求，县教育督导室督促30个涉教机构和8个乡（镇）担负起教育职责。

*幼儿园办园行为督导评估*　2019年9月，开启51所幼儿园办园行为督导评估网上自评工作，评估12所幼儿园办园行为，访谈家长47人次，教职工座谈146人次，提出整改意见、建议，为全面开展幼儿园办园行为督导评估工作奠定基础。

**【控辍保学】**　2019年，托克逊实现义务教育阶段零辍学。

疑似辍学儿童家访　逐一摸排242名疑似失学儿童,及时同学校、家长沟通劝返疑似失学儿童。各责任区督学联合乡(镇)村委会(社区)对返校学生家庭尤其是有疑似辍学可能的学生家庭进行宣传教育。

特殊教育支持保障　规范特殊教育办学工作,督促义务教育适龄残疾儿童少年入学工作,2019—2020学年托克逊县教育系统7—15岁义务教育适龄残疾儿童少年187人,其中51名残疾儿童少年未就读,县教育局会同卫生健康委员会、民政局和残疾人联合会等部门,设立托克逊县特殊教育专家委员会,评估鉴定51名未入学残疾儿童少年,并提出入学安置意见。经安置,随班就读5名,普通学校送教上门25人,特殊教育学校就读5人,不具备接受教育学习能力16人。

(周　燕)

**附:部分学校简介**

## 托克逊县第一中学

**【概况】**　托克逊县第一中学始建于1956年,位于县城友好东路,是一所初级中学,学校占地面积47710平方米,建筑面积21267平方米,有39间教室42间各类功能室。有教学班级39个,在校学生1772人。教职工207人,其中专任教师177人,女132人,少数民族102人;研究生学历2人、本科189人、大专15人,大专以下1人;高级职称36人、一级职称79人、二级职称20人、特岗35人、临聘37人。35岁以下专任教师90人、35岁以上专任教师74人。援疆教师13人。

**【教学成绩】**　2019年,初中毕业班16个,毕业生697人。学生升学考试中700分以上1人,600分以上16人,500分以上96人。内地新疆班录取5人,周南中学录取4人,中央民族附属中学录取1人。前10名周文康705.9分、李锦祥692.9分、依克巴乐江·阿布都瓦尔665.4分、代吾然江·马合木提660.7分、依力扎提·塔衣尔656.5分、孙静655.1分、张吾优652分、爱迪娜·阿里木江647.9分、马腾岳636.8分、艾合塔尔江·艾克拜尔619.1分。

**【教研成就】**　年内,马丽英老师在吐鲁番市举办的中小学语文课堂大赛中获得一等奖,邹凡雄、李讨讨、赵梦梅老师在中小学青年教坛课堂大赛中获得二等奖,刘艳涛在吐鲁番市教育局举办的中小学语文课堂大赛中获得三等奖。寇建梅老师在班主任培训中的讲座获得了市委领导的好评。李智勇、尹桃珠等老师的10项立项课题申请结题。

**【教师培训】**　全年组织新教师校内培训7次,累计参与300余人次。组织各类网络培训,其中教师培训网“国培计划(2018)”——新疆乡村中小学和幼儿园教师工作坊研修项目共参与教师136名,除转岗、辞职教师以外,合格率达到100%。国培计划(2018)”——培训团队信息化指导能力提升研修项目6人。国培计划(2018)”——校长信息化领导力提升研修项目1人。吐鲁番校本研修项目培训136人。赴内地培训6人。各类疆内培训人员累计15人次。

**【教研活动】**　年内,各教研组开展新教师见面课和老教师示范课,教研组开展各类听课评课活动60节。与联盟捆绑的4所学校开展各项教研活动,其中开展“送教下乡”教研共建活动6次。与郴州市六中“林邑之光”1+N网络联校是教育部18个立项单位之一,根据自治区课程改革要求和新课程出台,有计划、有步骤地组织教师学习课程方案、教育教学理论、课题研究等。

**【联盟捆绑】**　2019年,县一中与郭勒布依乡中心校初中部、夏镇中心校初中部、博斯坦中学建立“联盟捆绑”，开展集体备注、党建工作、质量监测、送教下乡、教师培训等校际间教学交流活动，提升了教师解决实际问题的能力，开发与共享了优质教育资源。

**【德育工作】** 2019 年，检查、督促、指导班主任工作。每周布置德育工作，建立班级精细化管理要求。制定考核细则，量化班级管理。及时反馈工作，每天检查大早操、教室卫生、包管区卫生、纪律、学生日常行为规范等，天天检查、天天反馈。加强仪容仪表的检查，精心组织班会课，认真设计班会内容。利用各大节日组织班班结对文艺活动，加强班级与班级，学生与学生之间的友谊。组织师生按时开展“三进两联一交友”活动，组织学生开展民族团结知识竞赛、民族团结趣味运动会等各种形式的民族团结交友活动。加强了各族师生的关系，丰富了校园生活。组织全校 12 个团支部（11 个班级支部、1 个教师支部）开展从严治团主题团日活动。18 个中队组织七年级建队、八年级 12 个中队退队活动。

**【安全教育】** 每学期开学初组织全校师生进行为期一周的法治、法规、校规以及文明礼仪等方面的学习。组织师生学习开展法治宣讲活动。联合公安局民警对全校师生手机大排查 2 次，电脑排查 2 次。安全隐患大排查 4 次，防止校园暴力事件发生。每天消防巡查，开展防范交通事故、预防溺水、避免拥挤踩踏、消防安全、网络安全、预防煤气中毒等安全教育。安全讲座和各种演习 18 次，开展消防灭火器使用实战演练培训活动。专门对住校生进行消防演习，提高住校生的逃生及应急能力。重点教育学生做到“六不”（不私自下水游泳；不擅自与他人结伴游泳；不在无家长或教师带领的情况下游泳；不到无安全设施、无救援人员的水域游泳；不到熟悉的水域游泳；不熟悉水性的学生不擅自下水施救）。2019 年，对全校学生进行网络安全教育，专项检查、落实骑电动车同学，确保骑电动车的同学必须达到法定年龄并征得家长同意，签订安全责任书 1758 份。

**【教代会换届选举】** 2019 年 3 月 25 日，全体教职工代表在湘江剧苑进行教代会换届选举，产生了新一届的工会委员。大会通过学校工作报告和第五届工会工作报告决议及工会财务工作报告决议。通过了托克逊县第一中学 2018 财务工作报告和 2019 年财务预算报告和托克逊县第一中学章程。

（刘玉环　冯　欣）

## 托克逊县第二中学

**【概况】** 托克逊县第二中学始建于 1978 年，2008 年 1 月与县一中民汉合校，成为托克逊县唯一一所民汉合校的高级中学。2011 年 9 月起，县政府批准恢复初中招生，第二中学成为民汉合校的完全中学，按照教育局要求取消学校的初中招生资格，2016 年 9 月学校的初一年级转至托克逊县第一中学，并将逐步过渡到高级中学。学校占地面积 155.4 亩（占地面积 10.53 万平方米），校舍建筑面积 45631.54 平方米。综合教学楼、学生公寓楼、食堂，多媒体教室、“班班通”、数字化实验室等学习、生活场地基本能够满足教育教学工作开展，配套设施设备较完善。

2019 年，学校有教职工（在编人员）228 人，女职工 144 人，专任教师 226 人，少数民族 164 人。大专学历 10 人，本科学历 215 人，研究生学历 3 人，高级职称 60 人，一级职称 78 人，二级职称 88 人。

2019 年，县二中有 45 个教学班，学生 2019 人，其中住宿学生 713 人。参加高考 653 人，本科上线率为 43%。

【德育工作】

军训　2019 年 8 月 25—30 日,高一年级 600 余名新生进行为期 6 天的军训。

"三进两联一交友"　年内,全校 213 名教职工参与活动,中层以上领导每个人联系一个年级、两个班级,其他老师每人联系一个班级,与 750 余名各民族学生结为朋友,6 个年级组成为结对年级、45 个班级互成为结对班级、2000 余名学生分小组成为民族团结对子。

学校思想政治教育　发挥班主任的引导教育作用和团支部书记、团员的先锋作用,制定专题方案,通过主题班会,思想政治学习课等,安排学生学习党的政策、习近平总书记系列讲话精神、法律法规、新疆历史等内容,增强学生的爱党、爱国、爱中华的精神,举办"欢度传统佳节,高奏团结之歌"为主题的手抄报比赛,增强学生对中华传统文化的认同。

【教研工作】　培训新招聘的特岗教师,使新教师快速成长,学校领导培训新教师 4 次。组织开展推门听课 150 余次,课后及时组织评课。为年轻教师提建议意见,使他们快速成长。举办骨干教师与新聘教师结对子活动,每组有 46 名教师参与结对。开展课堂教学研讨课、观摩课、公开课、示范课、教学讲座等活动,促进提高教学能力和教学质量。

【安全工作】　全年开展 6 次地震逃生演练、5 次消防演练。高考期间针对参加高考学生进行 3 次地震演练。加强防火、防盗和不安全隐患的排差,落实安全巡查日报制,学校领导、科室工作人员、值班人员巡视,加大管理密度,堵塞了安全漏洞。

【群团工作】　开展丰富多彩的主题团队活动。把党支部建在年级组,党总支以"党建带团建",开展丰富多彩的主题团队活动,以纪念"五四"运动 100 周年这一契机,隆重举行以"感恩、责任、梦想、成长"为主题的高三毕业典礼暨十八岁成人礼活动。组织优秀学生参观爱国主义教育基地。

组织女教职工联谊会、教师节、演讲比赛等活动。为外地教师送节日祝福和礼物等活动。工会及时了解掌握教职员工情况,看望生病教职工 21 人,组织慰问困难教职工,慰问吊唁 18 人次。

(韩　娇)

## 校外教育

【概况】　托克逊县青少年活动中心是中央彩票公益基金扶持的第二批校外活动场所建设项目,是吐鲁番市唯一一所——自治区级示范校外活动场所。新建大楼于 2018 年 5 月正式投入使用,中心建设项目总投资 1200 万元(湖南援建资金 950 万元、县内自筹 250 万元),建筑面积 3823 平方米,为四层框架结构的多功能综合楼。中心每年面向全县青少年学生开展各类公益性主题、实践、艺术、科普和体育等综合实践活动,活跃了全县学生校外课余文化生活,成为促进未成年人德、智、体、美、劳等方面发展的重要阵地。2019 年,县青少年活动中心获"同梦蓝天"全国校园文化艺术节舞蹈类唯一金奖,夺得自治区"我和祖国共成长"中小学生美术书法作品二等奖和三等奖等,120 余人次取得市、县各类比赛奖项。

2019 年,青少年活动中心共有教师 7 人(在编 6 人),其中女性 5 人,少数民族 5 人。

【公益活动】　2019 年,青少年活动中心面向全县青少年学生开展教育系统"走进新时代,共筑中国梦"迎新春文艺会演、托克逊县返乡大学生"争当民族复兴大任的时代新人"迎新春文艺演出、全县青少年校外活动场所"冬润童心"寒假教育综合实践、托克逊县百童少儿模特大赛、吐鲁番市美术专业教师交流培训、自治区科技流动馆巡展、全县青少年校外活动场所“圆梦蒲公英,伴我快成长”快乐暑期公益、“献歌祖国70华诞,祝福祖国繁荣富强”新入职教师集中培新结业演出、走进2所乡镇3所学校开展“特色课程走进农牧区”、全县“五老人员”开展“爱祖国,爱家乡”参观活动、“我和祖国共成长”中小学生美术书法比赛、教育系统“不忘初心·逐梦前行”迎新春文艺会演、“寻文化,爱家乡”托克逊县中小学生吐鲁番研学旅行实践2批次等各类实践、艺术、科普和体育等公益性主题群文活动50余场次,参与学生6万余人次,培训学员5000余人次,学员参加各类比赛荣获奖项达60人次。与县公安局禁毒办、县教育局联合主办“珍爱生命,远离毒品”参观禁毒科普教育基地系列活动26场次。全年组织迎接湖南省各级领导调研、观摩活动9场次,迎接自治区、市级观摩调研活动5场次。

**【普及培训】** 青少年活动中心免费实行普及性教育实践活动和文体活动,对残疾儿童,家庭贫困学生全部免费。2019年,中心累计开设艺术、科普、体育、综合实践等四个大类20余个特色培训班(跆拳道、钢琴、民族舞、书法、沙画、古筝、绘画等)同时开设6项免费活动项目,全年面向广大青少年学生免费开放图书阅览室、科技展览室、道德模范展厅、禁毒教育基地等多个功能性活动区。

**【交流活动】** 2019年,青少年活动中心骨干教师多次到省内乌鲁木齐、伊宁、奎屯等地青少年活动场所参观学习并交流学习经验。

**【乡村少年宫管理】** 继续推进“一宫一特色”的创建模式。各乡村少年宫深入挖掘传统资源,突出乡土特色和民族特色,打造各自的校外教育品牌。

继续推行“一站一品牌”的辐射模式。将有特色活动项目的学校发展为校外教育活动站并形成各自品牌,使校外教育与校内教育有机融合、有益互补。

继续推广“无围墙式”的办宫模式。让更多的青少年参与到校外活动中,充分发挥各乡村少年宫校外教育资源优势,辐射带动全乡乃至全县的校外活动全面开展。

（王　瑛）

# 科　　技

KEJI

## 科学技术

【概况】 2019年机构改革，将县科学技术局的职责，县人力资源和社会保障局的外国专家管理职责整合，重新组建县科学技术局，作为县人民政府工作部门，为正科级。将托克逊县知识产权职责划转至托克逊县市场监督管理局，将地震工作办公室职责划转至托克逊县应急管理局。核定行政编制5名，机关工勤事业编制1名。内设办公室、综合业务科2个机构。2019年，有行政编制5人，实有干部8人，其中女性3人，少数民族7人。

【企业创新】

调研　县科技局与市科技局联合开展企业、农民专业合作社科技需求调研，实地调研托克逊县零海拔酒庄、中泰、亿恒达、天鹏碳素、瑞源畜牧养殖农民专业合作社、克然木巴巴农民专业合作社、董双双果业农民专业合作社等7家企业及农民专业合作社，为全县发展科技型中小企业、高新技术企业培育收集资料。

比赛　县科技局动员县域企业、农民专业合作社参加第六届新疆创新创业大赛(吐鲁番赛区)暨第三届吐鲁番市创新创业大赛，全县10家企业报名参赛，4家企业获奖，创历年最好成绩。

培训　县科技局推荐4家企业、农民专业合作社主要负责人到湖南参加培训。

【科技项目】 自治区科技厅组织专家组现场勘验托克逊县承担的自治区科技富民强县项目“托克逊县优质杏基地建设及产业化示范”，通过了中期勘验。

【科普活动】 通过科技“三下乡”、科技活动周等重大活动，县科技局、科协持续开展科技大篷车进乡村送科普活动，展出各类宣传展板11块、发放科普杂志《知识的力量》《科技与生活》、科普挂图等科普资料3.83万份，宣传群众2800余人次。同时与市科协联合为城镇8个社区、夏镇色日克吉勒尕村建设科普宣传栏，免费配发各类宣传展板130余块。

## 科学普及

【概况】 托克逊县科学技术协会与托克逊县科学技术局合署办公。2019年，实有工作人员1人，其中女性1人。

【青少年科普文化教育】 县科协通过各类科普活动，不断提升青少年的科技文化素养。中国流动科技馆托克逊站巡展活动在县青少年活动中心布展，县第一中学组织学生参观体验，参加人数达1000人次；自治区青少年科技创新大赛全县上报参赛项目6项，其中青少年科技创新成果2项、青少年科技实践活动2项、少年儿童科学幻想画2项；推荐县二中、伊拉湖中学4名学生参加2019年度青少年高校科学营；推荐全县各中小学、青少年活动中心23名科技辅导员参加相关培训，加强托克逊县科技辅导员队伍建设。

**【科技人才推优】** 发挥科协联系科技工作者的桥梁纽带作用，推荐开展“最美科技工作者”、吐鲁番市全民科学素质工作先进工作者。2019年，县科协推荐上报“最美科技工作者”候选人1名。全国科普日有2名科技工作者获吐鲁番市2019年全民科学素质工作先进工作者称号。

**【基层科普项目申报】** 2019年，县科协申报并争取吐鲁番市“基层科普行动计划”、精准扶贫专家服务行动项目5项，争取项目资金16万元，其中基层科普行动计划2项、分别为科普示范社区——托克逊镇天泉社区，科普示范基地——董双双果业农民专业合作社。精准扶贫专家服务行动项目3项，项目承担单位为托克逊县忠诚养蜂专业合作社、爱吉尔养殖农民专业合作社、美和耐提果蔬农民专业合作社。

**【科普信息化建设】** 2019年，托克逊县9个新疆科普e站，其中社区科普e站4个（分别为玉泉社区、山泉社区、龙泉社区、滨河社区），乡村科普e站3个（分别为郭勒布依乡喀拉布拉克村、开斯克尔村，夏镇奥依曼买里村），校园科普e站2个（分别为第一中学、第二中学）。分别为各站点配发安装55寸智能电视机。　（程彩霞）

## 气象测报

**【概况】** 托克逊县域内共有各类气象观测站14套，其中国家级有人值守气象观测站2个，分别在托克逊镇和库米什镇（自1958年建站以来，已连续观测气象要素61年，参与国内、国际气象资料交换，为上、下游地区提供气象监测资料）。在黑山、乌斯通沟、克尔碱、甘沟建设有4座气温、雨量六要素山洪雨量监测站区域站，在阿乐惠镇建设有1座六要素区域气象监测站，在郭勒布依乡建有土壤水分观测站1套，在夏镇、郭勒布依乡、博斯坦镇和伊拉湖镇建有四要素自动气象站4套。博斯坦镇吉格代村大棚新建区域有小气候检测自动气象观测站1座。2019年新建夏镇南湖杏树（花）小气候观测站并投入使用。

2019年，县气象局有职工9人，其中副高职称1人，工程师2人，助理工程师4人；女性2人，少数民族5人。

**【气候概况】**

气温　2019年平均气温为15.7℃，比历年平均气温（14.5℃）偏高1.2℃，比上年度偏高0.6℃；年最高气温47.6℃，出现在7月3日；年最低气温－16.4℃，出现在1月2日。

35℃以上炎热日数105天，比历年同期多8天，比上年多4天；40℃以上酷热天气49天，比历年同期偏多16天，比2018年少3天；45℃以上极热日数4天，比2018年多2天。

2019年月平均气温除12月与历年持平外、3—4月、6—11月均较历年平均偏高0.3℃—3.7℃，1月、2月、5月均较历年平均偏低0.6℃—0.9℃。3月平均气温偏高2.4℃，对设施农业生产十分有利。9月月平均最高气温为34.6℃，比1981—2010年累年月平均最高气温偏高0.9℃。10月25日的霜冻对蔬菜和棉花生长极为不利，其他时间气候情况正常。

降水　2019年降水量为2.8毫米，比历年平均降水量偏少5.3毫米，比2018年偏少11.9毫米，一日最大降水量1.4毫米，出现在4月23日。日降水量大于0.1毫米日数3天，降水主要集中在4月、6月、7月。

日照　全年日照时数2804.5小时，比历年偏少132.1小时。月日照时数，1—2月、11—12月在1300至1976小时，4—10月2500至2780小时，年最大冻土深度43厘米，出现在1月14日。

大风沙尘　2019年大风日数为57天，比2018年少16天。沙尘暴日数0天，比2018年少2天。扬沙日数25天，比2018年多2天。霾日数52天，比2017年多41天，主要出现在1月29天、12月20天。

相对湿度　1月和12月这两个月的月平均相对湿度在50%—56%之间，2—11月的月平均相对湿度在21%—36%之间。

霜期　全年开春期出现在2月19日，比历年偏晚4天。终霜期出现在3月3日，比历年偏早15天。初霜期出现在10月25日，比历年偏早8天。入冬期出现在11月18日，比历年偏早8天。

**【测报工作】**　2019年，国家级自动站整点数据传输率、可用率、气象观测质量综合指数均为100%。主要测报内容有气压、温度、湿度、风向风速、降水量、日照、冻土、天气现象、地表温度、浅层地温、深层地温等。严格执行业务技术规范和自动站各项业务规章制度。及时上报气象探测环境变化报告表、各类数据文件。未使用带病、超检仪器，及时升级测报软件。全年报表未发生重大差错。9月，日照实现自动观测。

2019年，业务改革取消人工观测项目，测报改为无人值守，不再观测霜、冻土等项目。日照和降水实行平行观测，年底以自动站为主。

**【预报服务】**　春季、汛期是气象服务的头等大事，县气象局在关键性、灾害性、转折性天气预报和服务上慎之又慎。汛期领导带班24小时值守，及时向县领导和防洪办汇报天气情况。全年共发布大风等重要天气情报服务7期，节日期间和高考、中考期间专题预报共73期，气象灾害预警信号30期，天气预报信息30期。年内发送气象短信信息43万余条，各类气象服务信息邮件约7.6万余封。每天在“托克逊气象”微信公众号（关注用户5100人）、微博、“气象参谋”微信群、电子邮件（联系用户209人）等发布天气预报。

**【农业气象观测】**　完成托克逊县棉花农气观测业务和土壤水份观测任务，观测棉花发育期和调查伏前桃、伏桃、秋桃任务，分析棉花产量结构，全年农气业务工作未出现差错。新增杏树自动气象观测设备服务了农林业生产。

**【气象灾害】**　2019年，主要出现天气灾情2次，全年损失493.54万元。对全县农牧业生产、交通及人民生活造成较大损失和影响。

洪灾　6月23日22时，托克逊县库米什镇普降暴雨，引发洪灾，受灾人口240人，棉花、甜瓜受灾面积855亩，绝收面积369亩，经济损失367万元。

风灾　8月10日12—24时，城区阵风11级，造成全县3个乡（镇）农业受灾面积960亩，其中成灾面积324亩、绝收面积636亩，经济损失75万元。风灾引发大棚火灾，受灾24座，损失50.54万元；多种农作物受损，造成经济损失约1万元。全部经济损失126.54万元。

**【防灾减灾】**　2019年，托克逊县气象、民政、安监、水利、国土、交通、旅游、农业、林业、消防等多部门联合天气会商2次，培训气象信息员、协理员1次。基层气象防灾减灾预警发布覆盖范围扩大，县、乡、村级负责人和各级信息员纳入气象灾害预警平台，遇有重要天气预警时及时通过短信、微博、微信、邮件等公众气象服务平台发布气象预报预警。气象工作和防雷安全纳入政府绩效考核中，托克逊县突发事件预警信息发布中心作用凸显。及时发布大风橙色预警、高温橙色和红色预警等气象灾害预警信号30期,发布大风、沙尘、降水、降温等重要天气预报信息30期,向县领导、应急管理、农林水利、交通等部门发送大风、降雨等实况短信80条。

【科普宣传】 2019年,托克逊县气象局结合世界气象日、中国水周、防灾减灾日、防灾减灾活动周、安全生产月等活动,组织开展以《中华人民共和国气象法》《施放气球管理办法》《防雷减灾管理办法》《气象灾害防御条例》等有关法律、法规和条例为主要内容的宣传活动。开放科普教育基地,发放各种科普宣传材料,向群众宣传气象知识和防灾减灾知识。全年共接待130多名中小学生、干部群众参观县气象局。

**2019年托克逊县气象局月平均气温、降水一览表**

表17

| 月份 | 1 | 2 | 3 | 4 | 5 | 6 | 7 | 8 | 9 | 10 | 11 | 12 | 年均 | 年极高 | 年极低 |
|---|---|---|---|---|---|---|---|---|---|---|---|---|---|---|---|
| 气温(℃) | -8.1 | -0.6 | 12.3 | 22.7 | 24.8 | 31.7 | 33.6 | 33.1 | 26.8 | 14.8 | 3.5 | -5.8 | 15.7 | 47.6 | -16.4 |
| 降水(毫米) | 0 | 0 | 0 | 1.4 | 0 | 0.3 | 1.1 | 0 | 0 | 0 | 0 | 0 | 总量2.8 | — | — |

(张宏新)

# 社会生活

SHEHUI　SHENGHUO

## 人力资源

【概况】　2019年机构改革,优化县人力资源和社会保障局职责。托克逊县人力资源和社会保障局(以下简称县人社局)是县人民政府工作部门,为正科级。县社会保险管理局承担的行政职能划入县人力资源和社会保障局,相应划入从事相关工作的2名工作人员。事业单位行政职能回归机关的统筹编制,其管理按中央、自治区、市有关规定执行。核定行政编制11名,统筹编制3名,机关工勤事业编制2名。2019年,局内设办公室、就业促进与职业能力建设科(网络管理科)、事业管理科、工资福利退休科(工资改革领导小组办公室)、社会保险科、劳动关系科(调解仲裁科)、劳动保障监察科(社会保险基金监督科)。

【事业单位管理】　2019年,全县共有事业单位202个,在职工作人员7154人,其中管理人员559人,专业技术人员4053人,工勤人员197人。引进各类人才2345人,其中公安机关977人、党政机关418人、教育581人、乡镇369人。

2019年,兑现1名正高级专业技术人员、18名副高级专业技术人员、19名中级专业技术人员职称;变动5名高级专业技术人员、23名中级专业技术人员、8名初级专业技术人员办理岗位。办理40名专业技术人员相应级别聘书。办理引进和公开招聘人员、特岗人员、免费师范生共66人入编手续;1名村干部转全额编;办理“天池计划”服务期满人员、免费医学生共8人入编手续;2019年,招聘公安及教育部门编外聘用人员850人。

全年累计办理全额、差额事业编人员辞职手续23人,编外聘用人员辞职手续233人。

2019年职称评审工作,通过评审取得相应职称760人,其中初次确定559人,中级职称86人,副高职称107人,正高级职称8人。

全年共办理调动手续38人次,其中调入4人,调出1人,县内调动33人;共解决异地分居干部困难问题办理调动11人次,其中调出3人,调入8人。

【工资福利与退休】

绩效审核　审核托克逊县法院、检察院绩效奖金总量工作。测算事业单位的绩效工资,审核审批全县机关事业单位工资、地方性津贴、绩效工资。

增资调资　根据各类调整工资的文件精神,完成提拔、晋升职务增加工资、事业单位岗位变动、新参加工作人员的高定工资、警衔津贴、公务员职务与职级并行、人民警察值勤津贴、特勤津贴、员额内法官、检察官晋升、调整高定工资、机关事业单位人员正常晋升工资、公安机关执法勤务警员、警务技术职务序列改革等复核兑现工作。

工资套改　套改47名调动人员的工资。

工龄认定　为11名工作人员认定工龄。

退休办理　为56人办理退休手续。组织70名机关事业单位因病退休(退职)人员到吐鲁番市进行劳动能力鉴定。

抚恤审批　年内,审批47名职工死亡后的丧葬费、抚恤金、17名职工死亡遗属的补助费。

工资培训　2019年,举办事业单位、行政、参照单位工勤人员工资统计报表培训班,开展工资报表统计工作,撰写统计报表说明和分析。

**【人事档案管理】**　2019年,县人社局管理文书档案24048册,各类人事档案11065册。

行政档案　行政事业单位干部档案3705册,其中干部档案2008册、工人档案345册、退休档案898册、死亡档案453册。

企业档案　企业人事档案3303册,其中干部档案162册、工人档案2050册、退休工人档案1091册。

其他档案　"无头档案"235册,人才交流档案33册,大中专毕业生档案3724册,辞职人员档案48册,开除人员档案17册。

**【事业单位招录】**

全额事业编招录　及时向各单位转发公务员和事业单位岗位申报通知,核定事业招录岗位16个,招聘事业编制干部16人。为教育系统47名特岗办理入编手续。根据市委要求,为12名两地分居的事业编干部办理调动手续。审核办理40名申请辞职的全额事业编人员的解聘手续。

地方事业编招录　累计为分配至政法公安、各单位、各乡镇的676名和教育系统276名编制外聘用工作人员下达聘用批复,办理签订合同和入职起薪工作。根据2019年5月县第二次人事人才会议要求,对2018年公安局招聘武校生及"985"院校未就业大学生组织定向招聘。妥善处理5起招聘工作中的信访事件。做好2623名编制外聘用人员的档案整理及相关管理工作。审核办理502名编制外聘用人员的解聘手续。建立健全全县事业单位人员信息台账。

**【职称评审】**　2019年,指导各单位上报专业技术人员的职称评审材料,完成网上资料的审核工作。办理岗位变动211人,审核办理相关职称聘书312人。

**【工勤培训】**　年内,组织45名工勤人员分期参加自治区举办的驾驶员、农机修理等培训班。

## 劳动保障

**【整顿人力资源市场秩序】**　依托广播、电视等媒体,开展劳动法规宣传,提升企业和劳动者维权意识。推行集体合同制,扩大劳务用工日常巡视检查和书面审查覆盖范围。加强经营劳务派遣业务行政许可和监督,清理整顿人力资源市场秩序,分行业、分区域开展联合专项执法检查98家用人单位,其中劳务派遣公司6家,工业园区企业11家,黑山矿区企业6家,库米什矿山石材企业4家,克尔碱煤矿企业6家,建设领域企业39家,个体工商户15家(涉及宾馆、餐饮、超市、装潢、服务业),快递物流、网络送餐企业11家,专项检查督促补签劳动合同130份,补发110名劳动者工资82万元,警告7家用工单位,对维护劳动者合法权益和托克逊县企业的健康发展起到了作用。

**【行政许可审核和劳务派遣用工管理】**

行政许可审核　坚持内

部初审、实地考察原则,落实县级初审和市级终审的两级审批制度,对不符合条件的当场反馈意见,对符合条件的及时办理劳务派遣经营许可。2019 年,为两家企业发放劳务派遣经营许可证。

劳务派遣企业用工跟踪管理　2019 年,开展一次规范劳务派遣行政许可和劳务派遣用工专项行动。托克逊县有劳务派遣公司 6 家,在托克逊县备案的劳务派遣分公司 1 家,均按照相关法律规定发放劳务派遣经营许可证和备案。托克逊县劳务派遣公司共向 47 家用人单位派遣劳动者 2100 人,其中向 15 家企业派遣劳动者 1420 人,向 32 家机关单位派遣劳动者 680 人。劳务派遣企业与劳务派遣工均依法签订了劳动合同,缴纳了社会保险费,劳务派遣工工资均不低于当地最低工资标准。

集体合同和工资集体协商　2019 年,审查集体合同 11 份,涉及职工 979 人。严格执行企业实行特殊工时审批制度。对 3 家企业下发批准实行综合计算工时制和不定时工作制的批复,实行不定时工作制的涉及 170 人。

新业态下劳动用工　年内,摸底调查托克逊县有从事快递行业的用人单位 9 家,从业人数 58 人;网络送餐服务的用人单位 3 家,从业人数 60 人;电子商务行业的用人单位 2 家,从业人数 5 人。

**【劳动监察执法】**　年内,拉网式专项检查非煤矿山、煤矿、建筑领域、小砖厂等用人单位,详细地检查和日常巡查企业遵守劳动保障法律法规情况。常规检查用人单位 142 家,涉及劳动者 8638 人,补签劳动合同 463 份。

**【化解劳资纠纷】**　年内,受理投诉案件 10 件,立案 10 件,为农民工追回工资 351 万元,涉及劳动者 274 人。

**【劳动用工书面审查及备案】**　2019 年,县人社局向全县用人单位下发了《关于开展用人单位劳动用工书面材料审查及备案工作的通知》,对 142 家用人单位的劳动用工书面审查及备案,涉及 8638 人。

**【农民工工资保证金征缴】**　年内,托克逊县成立解决拖欠农民工工资领导小组,印发农民工工资保证金征缴方案,常态化落实保证金收缴制度。征缴 90 个在建工程项目保证金 1384.5 万元。

**【农民工工资专用账户管理及银行代发工资】**　开展农民工工资专用账户管理工作,完善工程建设领域治理拖欠农民工工资长效机制,规范工程建设领域农民工工资支付行为,联合住建局、水利局、交通局等相关单位全面推进工程建设领域实行农民工工资专用账户及银行代发工资,并制定相关实施方案。开设农民工工资托管账户 42 户,发放单位 5635 笔,代发 8926 万元。

**【劳动争议调解仲裁】**　完善劳动争议调解仲裁制度,建立分类处理机制和全程调解机制,坚持依法办案,及时、公平、公正处理好劳动争议案件。2019 年,受理劳动争议案件 19 件,全部结案,其中裁决结案 8 件,调解结案 7 件,撤诉 4 件,涉及劳动者 19 人,涉案金额 128 万元。仲裁案件法定期限内结案率 100%。

**【工伤认定】**　2019 年,完成工伤认定 125 起,上报伤残鉴定材料 87 起,送达工伤认定结果 125 人和鉴定等级结论 87 人,保障了职工的基本救治和经济补偿,有效地维护了企业和职工的合法权益。

**【企业职工退休审批】**　年内,办理原企业职工和灵活就业人员正常退休 95 人,向市人社局上报 1 名特殊工种认定材料,17 名因病提前退休劳动能力鉴定材料,7 名因病提前退休和 2 名因特殊工种提前退休材料。

【视同缴费年限认定】 年内，通过查阅相关资料、职工个人档案、企业职工档案，完成40个机关事业单位654人人事工资封定、视同缴费年限认定工作，为470名企业职工认定视同缴费年限。

（徐富增）

## 医疗保障

【概况】 2019年3月机构改革，县人力资源和社会保障局的城镇职工和城镇居民基本医疗保险、生育保险职责、新型农村合作医疗职责，县发展和改革委员会的药品和医疗服务价格管理职责和县民政局的医疗救助职责等整合，新组建县医疗保障局（以下简称县医保局），作为县人民政府工作部门。县医保局办公地点暂设立在人力资源和社会保障局一楼。局下设办公室（医药价格和招标采购科）、规划财务基金监管科、医药服务待遇保障科3个科室，核定行政编制7人，机关工勤事业编制1人，转隶县社会保险管理局2名科员。调入和聘用7名地方编干部，至年底县医疗保障局有工作人员13人。

【主要职责】 贯彻实施国家医疗保险、生育保险、医疗救助等医疗保障制度，并组织落实医疗保障制度法规、政策、规划和标准；组织实施人身意外伤害保险、大额医疗补助、公务员医疗补助、企事业单位补充医疗保险、离休人员和优抚对象医疗保障政策及管理；监督管理医疗保障基金，承担医疗保障基金支付方式改革；组织实施医疗保障筹资和待遇政策，统筹城乡医疗保障待遇标准；组织实施药品、医用耗材价格和医疗服务项目、医疗服务设施收费等政策，指导药品、医用耗材招标采购平台建设；动态调整药品、医用耗材、医疗服务项目、医疗服务设施等医保目录和支付标准；组织实施定点医药机构协议和支付管理办法，监督管理纳入医保范围内的医疗服务行为和医疗费用，依法查处医疗保障、生育保险领域违法违规行为；负责医疗保障经办管理、公共服务体系和信息化建设。落实国家跨省异地就医管理和费用结算政策；完善统一的城乡居民基本医疗保险制度和大病保险制度，建立健全覆盖全民、城乡统筹的多层次医疗保障体系，推进医疗、医保、医药“三医联动”改革，减轻群众医药费用负担；与县卫生健康委员会在医疗、医保、医药等方面加强制度、政策衔接，沟通协商，提高医疗资源使用效率和医疗保障水平。

【医保检查】

日常检查　托克逊县有定点医疗机构10家，定点零售药店23家。2019年，按照自治区统一安排部署，采取明查暗访、专项治理、集中交叉检查、群众举报、专项稽核、国家飞行检查等方式，检查33家定点医药机构，100%全覆盖。年内，检查定点医疗机构19次、定点零售药店42次，发现问题线索40个，约谈限期整改12家。根据协议管理要求，对惠仁堂大药房、伊拉湖镇雪莲药店违规行为停网1个月，扣除相应预留金。核查国家医保局推送问题线索1个，约谈和批评教育金达康大药房负责人，停网1个月限期整改，并扣除2019年6月10%预留保证金，追回串换药品发生的548.6元费用的处理决定。

专项检查　年内，邀请自治区心脑血管医院、人寿保险吐鲁番市分公司、县审计局基金监管专家对县人民医院和维吾尔医医院开展专项检查，核查县人民医院、县维吾尔医医院违规费用11.98万元，按照协议规定罚款27.23万元，共39.21万元。专项检查县域内23家定点零售药店，23家定点零售药店实现“非药物品全面下架”。

【医疗救助】

交接培训　2019年8

月,托克逊县召开医疗救助工作交接专项会议,县民政局、财政局、卫健委、社保局等相关职能转移交接。城镇职工和城镇居民基本医疗保险、生育保险职责、新型农村合作医疗等职责以及县发展和改革委员会的药品和医疗服务价格管理职责和县民政局的医疗救助职责等整合交接。现场明确工作流程,医疗救助职能及相关工作平稳交接。当月,组织各乡镇民政办工作人员20人开展政策培训,确保医疗救助流程畅通。

实地稽核　年内,县医保局深入医疗机构和救助对象家中,查阅医疗救助信息,核对病情和医疗费用,确保救助对象医疗信息真实,医疗救助合理。

审批程序　由个人所在村(居)委会提出书面申请,并提供相关资料,由村(居)委会调查和初审,填写城乡医疗救助申请、审批表报乡(镇)人民政府审核,后由县医疗保障局审批,符合条件的按照《托克逊县城乡医疗救助工作实施办法》救助拨付。

资金管理发放　通过财政平台将"一站式"结算救助资金直接拨付到各医疗机构,外地医院就医患者救助资金手工测算后打到个人社保卡中。2019年4月1日至12月31日,职能归口医疗保障局后,支付医疗救助资金共206.96万元968人,其中"一单式"医疗救助门诊结算9.22万元145人次,住院结算166.02万元1988人次;手工医疗救助门诊结算2400元1人次,住院结算85.48万元237人次。

【贫困人员医疗保障】　2019年,托克逊县特殊供养人员、低保对象和建档立卡贫困人员6553人参加城乡居民基本医疗保险,参保率100%,贫困人员大病保险起付线从1万元降至5000元。

【异地就医直接结算】

摸清底数　2019年,托克逊县基本医疗保险参保缴费共119172人,其中城镇职工参保24339人、城乡居民参保94833人,贫困人员5776人,医疗救助代缴2019年度城乡居民特困人员医疗保险费用150.18万元。

定点医疗机构有10家,其中公立医院2家、妇幼保健站1所,一级医疗机构(乡镇卫生院)7家。已纳入国家异地就医平台9家,基本医疗协议二级以上定点医疗机构全部纳入国家异地就医结算平台2家,全部接入国家跨省异地就医结算平台乡镇卫生院7家。托克逊县外出异地就医备案1534人,其中退休942人,外派364人,异地长期居住228人,异地就医直接结算42人,住院总费用14.95万元,医保统筹支付9.45万元,其中自治区内职工13人、住院总费用8.73万元、医保统筹支付6457元,居民1人住院总费用660元、医保统筹支付10.98元。自治区外职工1人住院总费用5.12万元、医保统筹支付2.57万元,居民2人住院总费用1.04万元、医保统筹支付4287元。

平台测试　测试各定点医疗机构异地结算系统运行情况,县二级定点医疗机构2家、乡镇卫生院5家全部纳入国家跨省异地就医结算平台,并建立异地就医结算定点医疗机构台账,上报部级平台并向社会公布,稳步推进定点医疗机构覆盖范围。

学习交流　2019年6月,组织2家二级医院和7家乡镇卫生院在县人民医院进行异地就医直接结算政策和业务专题培训,宣讲并解答异地就医直接结算政策及经办流程出现的问题,为进一步开展工作打下基础。

【人身意外伤害保险】　年内,为使业务经办保持与市级同步,托克逊县医保局初步确定并优化人身意外伤害稽核工作经办报销流程,并于7月1日起执行。在保障医疗保险基金安全可持续运行的情况下,确保各族群众及时、足额享受医疗保险待遇。全年通过实地调查取证、调查询问外伤患者及相关证明人，累计收到外伤案件233件（含县社保局2019年4月1日之后备案未开展稽核的77件外伤案件），直接结案219件，涉及住院总费用259.28万元，其中移交社保基金支付138件，拒付47件，涉及住院费用69.26万元。各定点医疗机构医保办外伤稽核结案181件，涉及住院总费用98.63万元。稽核处置拒付案件1件，住院费用4120元，医保基金支付的3054元全部追回，避免了医保基金流失。

【城镇职工补充医疗保险】 2019年，收缴城镇职工补充医疗保险，全县共有237家单位参保，缴费474.1万元。

【医疗保障扶贫】

核查 落实贫困人口参保缴费全覆盖要求，核查动态情况，与县扶贫办、县社保局对接推送扶贫人员核实信息，确保贫困人口及时参保正常享受待遇。2019年，建档立卡贫困户1942户6567人参加医疗保险情况全部核查完毕，比对筛查有4人在疆外参保，3人死亡，3人服刑，2人参军，2人户籍迁出，实际参保人员为6553人，参保率100%。

整改 2019年，局党组以贯彻落实中央第六巡视组反馈意见整改工作为标准，结合国务院扶贫开发领导小组2019年脱贫攻坚督查反馈问题，对照梳理出10个问题，形成整改台账，限定完成时限，确保了医疗保障扶贫工作精准落实。

取消贫困人员医疗保险相关过度政策，针对取消"贫困患者优先"服务和贫困患者就诊绿色通道政策、医保扶贫门诊慢性病补偿政策、医保扶贫住院分娩补助政策、医保扶贫住院不设起付线政策等4项过度政策，检查医疗机构执行落实情况。通过核实监测，过度政策全部整改。

结算 实行"一站式"结算，确保困难群众得到及时享受医保待遇。2019年，全县贫困人口门诊大病就诊2804人次90.2万元，其中基本医保支付2674人次50.6万元，大病保险支付130人次3.2万元，医疗救助252人次19.4万元。住院就诊1503人次，住院费用807.08万元，其中基本医保支付1435人次431万元，大病保险支付68人次13.2万元，医疗救助费用361.97万元。

医疗保障职能未划转前，建档立卡贫困户医疗救助主要由民政局承担。职能划归后，住院医疗救助1491人次，门诊救助1504人次，共229.47万元，其中建档立卡低保户医疗救助325人24.04万元，事前救助2人1万元。 （郭卫蓉）

## 就业服务

【概况】 托克逊县公共就业服务局隶属托克逊县人力资源和社会保障局，全额事业单位，机构规格相当副科级，事业编制5名（管理岗位5名），经费实行全额预算管理。局内设3个办公室、就业服务与综合办机构。2019年，在职干部4人，女性2人，少数民族2人。

【就业情况】 2019年，全县实现城镇新增就业3368人，目标任务2800人，完成率120%，其中就业困难人员实现就业403人，目标任务300人，完成率134%。农村富余劳动力转移就业12736人，目标任务1.2万人次，完成率106%。全县应届高校毕业生总数977人（疆外328人、疆内649人），实现就业929人，未就业13人，其他去向35人（延期毕业22人、户口迁移13人），就业率95.08%。城镇登记失业率为2.95%，零就业家庭实现动态清零。

【就业培训】 突出职业技能培训和创业培训的针对性。组织各类职业技能培训9615

人,全年培训任务5080人,完成率189.3%。

旅游餐饮　2019年,开展旅游餐饮职业技能培训8期342人,涉及中式烹调等4个工种。

维稳安保　全年在郭若村、依提帕克村等,开展保安员培训班共12期469人。

装饰装修　通过工匠带农户,引导农民参加装饰装修工培训。在夏镇铁提尔村、托克逊镇开展2期84人的装饰装修工培训班,实现农户自建自装修,依靠技能实现到安居富民工程转移就业、致富增收。

创业培训　以促进农民创业增收为切入点,在各乡镇开展创业培训班13期433人,组织农民参加农民合作社经营与管理培训班1期38人,引导其优化经营与管理方式,将托克逊县馕、花生、黑羊肉、哈密瓜等优质产品销售出去,实现创收。

【就业措施】

专场招聘　2019年,全县组织专场招聘会16场次,参加招聘企业181家次,提供就业岗位2048个,参加招聘会人数累计达2859人次,达成初步就业意向1779人次,实现转移就业643人次。联系10家民营企业在吐鲁番市高昌区参加民营企业招聘会,组织360名城乡富余劳动力、高校毕业生赴会,与企业达成就业意向120人。

对口推介　对接中泰能化。了解预计用工需求,为中泰能化30万吨高性能树脂项目投产筹备工人,统计推荐40岁以下、有到中泰就业需求的大中专毕业生91人。

对接林业部门。为招聘林木管护人员量身定做招聘信息,在县城周边的托克逊镇等乡镇广泛宣传,帮助71名城乡富余劳动力做好报名、面试工作,实现45人就业。

对接纺织产业园。为托克逊县未就业的城乡富余劳动力提供就业岗位,其中华帝服装有限公司共提供岗位300个,绿叶红合作社提供岗位90个,小绵羊针织有限公司提供岗位80个,组织到纺织产业园区实现就业79人。

灵活就业　精准帮助更多农村富余劳动力灵活就业。联系订单,为8个村购买手工编织产业所需的胶枪、胶条、缝纫线等原材料,动员组织450名农村富余劳动力参加手工编制,实现不离家门就能增加收入。

见习就业　2019年,县就业局落实吐鲁番市《三年三百名青年见习计划》,联系各类中小微型企业,有企业10家提交就业见习基地申报材料,新疆人力资源和社会保障行业应用统一登录平台登记见习人员22人,其中8人已稳定就业,14人结束见习期自谋职业,1人未完成见习。

政策宣传　年内,发放创业和扶贫等政策宣传册累计3522份,现场解答406人次。

【就业扶贫】　聚焦脱贫攻坚,打通就业扶贫"最后一公里"。实现建档立卡贫困户已就业1708人,目标任务1000人,完成率170.8%,其中稳定就业918人,灵活就业655人,自主创业135人。累计开展建档立卡贫困劳动力培训403人,全年目标任务300人,完成率134%,培训后实现就业285人,就业率70.7%。

职业培训　建立建档立卡贫困人员职业培训实名制台账,督促培训机构对贫困人员进行国语培训、思想教育培训、安全教育培训,鼓励他们转变思想外出务工。对接中泰集团争取就业岗位,组织有就业意愿的就业困难人员,前往中泰参加就业培训,配合企业开展管理服务工作。以招聘会、就业宣讲会为契机,大力宣传就业创业优惠政策,召开就业宣讲会24场次,发放关于就业、创业和扶贫等政策宣传册累计3392份,现场解答356人次。

职业介绍　组织召开脱贫专场招聘会5场,参加招聘企业49家(次),提供就业岗位390个,参加招聘会累计达605人次,实现转移就业376人次。

技能培训　针对8个贫困村巩固脱贫工作,开展职业技能培训12期,培训涉及中式面点师等10个工种。

就业跟踪服务　安排专人,每天跟踪有就业意愿人员的就业进展情况。到中泰参加培训及就业202人,到徽商生态牧业有限公司就业18人,县纺织产业园就业19人,自主创业452人,准备创业171人,家门口就业88人,其他岗位就业412人。

**【高校毕业生就业、创业】**

服务管理　加强应届高校毕业生报到及就业服务管理。与未就业人员保持联系,主动提供就业服务,新疆公共就业服务体统共录入977名应届高校毕业生。

搭建平台　组织华帝服装有限公司等4家中小微企业报名参加创业创新大赛。在吐鲁番市赛区有36个项目报名参赛,托克逊县华帝服装厂创业项目荣获创业组第一名,创业绘画、沙画、魔法练字、陶艺项目取得创业组第三名,金丝路电子商务及美团物流配送取得优秀奖。在自治区大赛中华帝服装有限公司的创业项目获得一等奖。

青年就业启航计划　为171名有就业创业意愿的青年,提供就业技能培训、创业培训、电子商务培训等帮助实现就业。158名就业高校毕业生报名并现场确认,通过考试、体检、岗前培训,有15名大学生到各乡镇、社区正式上岗。

培训锻炼　年内,托克逊县选派43名培训人员赴湖南进行为期半个月的锻炼培训,其中未就业有创业意愿的高校毕业生33人、职业技能提升教师9人及带队干部1人。

**【职业技能鉴定】**　2019年,县就业局指导各培训机构在人力、设备、场地、时间上支持鉴定工作。全年完成农村富余劳动力初级职业技能鉴定27班次1154人、合格1009人,其中中式烹调师324人、合格288人,电焊工38人、合格31人,保安员549人、合格475人,中式面点师243人、合格215人。

**【务工人员服务管理】**　2019年,县就业局安排1名科级干部常驻南疆务工人员集中居住点开展管理服务,居住点有务工人员205名,督促44名宿舍长发挥作用,遇到隐患和不稳定因素及时报告;引导10名党建指导员发挥作用,督促用工单位企业常态化组织南疆务工人员开展每周一升国旗、民族团结一家亲联谊等活动,增强他们爱党爱国的感恩意识和对单位企业的归属感。开展庆元旦、春节、“三八”“五四”等民族团结一家亲联谊活动20场次。

(热孜也·艾尼瓦尔　付　雪)

## 社会保险

**【概况】**　托克逊县社会保险管理局(以下简称县社保局)隶属于托克逊县人力资源和社会保障局,负责托克逊县养老、失业、医疗、工伤、生育,机关养老、城乡居民基本养老、医疗保险基金的收缴、支付、管理、运营事务,社会保障卡的申领、发放、信息变更、组织实施社会保险基础性、技术性、事务性和服务性工作。县社保局办公区域建筑面积约为1200平方米,其中“一站式”服务大厅使用面积约为400平方米,内设行政办公室(行政财务室)、综合办公室(基金征缴、四险待遇支付)、医保结算办公室、信息办公室、基金财务办公室、稽核办公室、城乡居民基本养老、医疗保险办公室7个办公室13个业务窗口。2019年,有参照公务员管理人员13人,事业编制人员8人,工勤人员2人,地方性事业编制人员7人;其中女性19人,少数民族15人。

【养老待遇调资】 托克逊县基本养老保险参保单位302家,参保14305人(其中享受待遇3702人),基金征缴1.5亿元,支出1.14亿元;根据2019年调整退休人员基本养老金有关问题的文件精神,调整全县符合调资条件的5810名退休人员待遇。

机关 享受机关养老待遇符合待遇调资的2200人,平均增资额为208.14元,调资后退休人员的基本养老金从原来的5045.95元增长至5254.09元,从2019年1月起补发,补发金额为320万元。

企业 享受企业养老待遇符合待遇调资的3610人,平均调资额为149.03元,调资后退休人员的基本养老金从原来的2224.12元增长至2373.14元,从2019年1月起补发,补发金额为376万元。

【养老保险】 2019年,全县机关事业单位和企业养老保险收缴基金共28678万元,发放养老金共23289万元。

机关事业单位养老保险 参保11053人,征缴基金14792万元,发放机关事业人员养老金13106万元。

企业职工养老保险 参保17938人,征缴基金13886万元,发放企业单位人员养老金10183万元。

【城镇职工医疗保险】 2019年,参保24339人,征缴企业医疗保险基金10002万元,待遇支出5904万元。

【城乡居民基本养老保险】 2019年托克逊县城乡居民基本养老保险参保人员54070人。缴费人数39067人,当年累计征缴养老金989万元;享受待遇人数11162人,当年累计发放养老金1784万元。

【城乡居民基本医疗保险】 参保95376人,征缴个人基金2478.74万元,财政补助5034.50万,待遇支出4796万元。

【失业保险】 托克逊县失业保险参保单位492家,参保20421人,基金征缴1088万元,新增领取失业金149人次,享受失业金待遇1262人次,支出失业金167万元。

【工伤保险】 托克逊县工伤保险参保单位492家,参保25000人,基金征缴2007万元,享受工伤保险待遇209人次,支出工伤保险费1667万元。

【生育保险】 托克逊县生育保险参保单位488家,参保21835人,基金征缴781万元,享受生育保险待遇1297人次,支出生育保险费1013万元。

【职业年金】 托克逊县职业年金参保8816人,征缴基金3353万元。

【社会保障卡“一卡通”】 2019年,提交制卡数据2145条,提交成年人制卡数据1887条;提交未成年人数据258条,完成即时补卡10475张。

【社会保险基金管理】

社会保险缴费基数核定 2019年,审核参保单位368家24124人。

“两定”机构支付信息核查 为进一步加强医疗保险协议管理,防止参保个人套取医保现金、挪作他用或冒名顶替,对“两定”机构进行日常检查,通过医疗监控系统核查,日常、专项检查,停网整顿药店3家,扣除违规金额5.28万元。

待遇支付稽核 为全面保障社会保险基金安全,防止各种违法违纪套取医疗保险基金行为,按照待遇支付申请,开展待遇支付稽核。全年,共稽核72起145人次(其中生育保险1起),拒付5人次,累计拒付近9万元。

养老待遇“三项指标”核查 针对不符合享受待遇人员,即特殊身份人员、死亡冒领待遇人员、重复享受待遇人员三类人员，发生违规领取待遇的情况进行待遇追回的工作。推送信息平台的共计370人，其中268名身份信息有误，88名死亡冒领、13个重复领取待遇、1个特殊身份人员已全部核查清楚，需进行待遇追回的人员及金额已全部追回完毕，共追回待遇82人19.52万元。年末，市级推送101人疑似死亡人员中，其中健在26人，停发待遇75人，需追回待遇34人3.3万元，已追回待遇7人3935元，待追回27人2.91万元。正通过社区、单位联系对接追缴相关基金。

**【社保卡“一站式”办理】** 为群众提供更大便利，与农信社、工行、农行等金融单位协议，实现全县金融领域“一站式”办理社保卡业务。广大群众可以通过相关指定银行办理社保卡领取、查询、注销、补卡、挂失、激活等业务。为全面推进社保卡使用率，扩展社保卡应用功能，与财政、民政、残联、扶贫办等部门单位联系沟通，通过社会保障卡发放惠农补贴资金、低保资金、残疾人补贴资金及多项惠民补贴资金。

**【社保扶贫】**

养老保险政府代缴　将低保对象、特困人员纳入城乡居民养老保险政府代缴范围，县财政为其代缴100元/年标准养老保险。60周岁以上未缴费也未享受基本养老保险待遇或缴费未满15年的贫困人员，可不用补费，直接领取城乡居民养老保险待遇。

贫困人员医疗费用　2019年，全县建档立卡贫困人员普通门诊就诊14591人次，总费用56万元，支付35.5万元。慢性病就诊2965人次，总费用94万元，支付52万元。住院1648人次，总费用585万元，支付467万元。

**【保费减负】**

医疗保费　落实自治区城镇职工基本医疗保险企业不再为已满最低缴费年限的退休、退职人员缴纳基本医疗保险费，为37家参保企业的退休职工668人减免职工医保缴费102.1万元。

养老保费　落实《关于印发自治区降低社会保险费率实施方案的通知》文件精神，养老保险费率从18%降至16%，为253家企业12387人减费1137万元。

失业保费　失业保险按照1%费率执行，累计为239家企业20413人减费948.54万元。

工伤保费　落实“同舟计划”，对48个符合要求的工程项目按照1‰比例收取工伤保险费，征缴基金128.11万元，减轻了企业缴纳社保费用的压力。

技能补贴　做好参保职工提升职业技能“展翅行动”工作。为新疆中泰化学等4家企业313人发放技能补贴52.45万元。

稳岗补贴　失业保险援企稳岗“护航行动”工作，为供电公司、雨田煤业等11家企业发放稳岗补贴276.47万元。　（徐爱晶）

# 民政救助

## 社会救助

**【概况】** 县民政局（以下简称县民政局）是县人民政府工作部门，为正科级。核定行政编制5名，机关工勤事业编制1名。所属事业单位的设置职责和编制事项另行规定。内设办公室和社会救助管理科（社会事务管理科），下辖儿童福利院、敬老院、怡心福利院、老年人活动中心、福利中心、殡仪馆、殡葬办、婚姻登记处等8个事业单位；夏镇、郭勒布依乡、伊拉湖镇、博斯坦镇、托克逊镇、克尔碱镇、库米什镇、阿乐惠镇8个乡镇民政站所。

2019年，托克逊县民政系统共有在编56人，其中女性33人，少数民族45人；行政编制7人,事业编制43人,工勤岗位6人;大学本科学历21人,大学专科25人,中专7人,高中3人。各乡镇民政办有专职民政干事8人。

【城乡居民最低生活保障】

最低生活保障金发放　2019年,向286户500人累计发放城市低保金355.77万元,向917户2157人累计发放农村低保金1246.2万元,发放春节前一次性补贴204.41万元。

建档立卡贫困户中享受城乡低保有319户662人累计发放低保资金257.28万元,其中享受农村低保267户559人累计发放低保金209.72万元,享受城市低保52户103人累计发放低保金46.99万元。

建档立卡贫困户兜底保障。2019年,全县有347户655人建档立卡贫困户享受农村最低生活保障,累计发放315.17万元,有58户104人建档立卡贫困户享受城市最低生活保障,累计发放52.87万元。

家庭经济状况核查　县民政局指导、监督各乡镇、村社区。通过核查,完善最低生活保障制度,严格把握政策,精准认定救助对象,坚决防止"政策性保障把握不够准,'一兜了之'现象。一定程度上养了'懒汉',助长了依赖思想"等问题的发生。全县核查低保对象5058户6695人,其中农村低保户数4264户5673人,城市低保户数794户1022人。

民政协理　推行政府购买服务,加强基层社会救助经办服务能力,民政、编办、财政、人社共同协作,推进落实好村级民政协理员工作,共选聘17名村级民政协理员。

【特困人员供养】

"五保"老人供养服务　2019年,托克逊县有特困老人180人,全县"五保"户178人,其中集中供养"五保"户90人(中心敬老院集中供养51人、怡心福利院集中供养39人),分散供养"五保"户88人。特困人员有意愿集中供养率91%。

城市"三无"人员供养　全县城市"三无"人员(无生活来源、无劳动能力、无法定扶养义务人或扶养义务人丧失劳动能力而无力扶养的公民)22人,其中集中供养城市"三无"人员9人,分散供养城市"三无"人员13人(中心敬老院集中供养6人、怡心福利院集中供养7人)。

孤残儿童集中供养　托克逊县将符合条件并自愿入住的孤残儿童全部实现集中供养,为他们提供生活、学习、娱乐、医疗为一体的多功能空间。2019年,全县有孤儿学生53人,其中集中供养孤儿有39人(疆内外各大院校就读有孤儿学生13人,在院集中供养孤儿26人),各乡镇分散供养孤儿有14人,有意愿集中供养率为90%。

【残疾人两项补贴】　全县享受困难残疾人生活补贴590人,享受护理补贴重度残疾人1460人,全年累计发放资金232.09万元,其中向393名贫困残疾人发放残疾人两项补贴资金41.74万元。

【社会组织登记管理】

社会组织登记　2019年,县民政局做好社会组织登记,办理社会组织成立登记1个、变更登记4个、注销登记10个。全县登记的社会组织有24家,其中社团组织21家、民办非企业单位3家,行业协会、商会9家。

非法社会组织整治　年内,托克逊县启动打击整治非法社会组织专项行动,开展摸排清理,确保依法依规开展活动。

社会组织党建　加强社会组织开展党建工作,严把入口关,对新申请成立的社会组织,严格审核党组织组建情况,指导社会组织开展党建活动,实现了党的工作全覆盖。

【婚姻登记】　年内,依法办理结婚登记1056对、离婚登记 507 对、补办结婚证 671 对、补办离婚证 24 对、办理收养 8 人。

【区划地名工作】

第二次全国地名普查 年内，数据库通过自治区、国务院普查办验收。县地名办复核并录入全县各乡（镇）、村（社区）标准地名地址编码至数据库平台。

地名更名命名工作 2019 年，完成郭勒布依乡、博斯坦镇、克尔碱镇更名村（社区）标准名称的工作，行政村更名 2 个，分别是博斯坦镇海提甫坎儿孜村更名为长安村，郭勒布依乡阔什拱拜孜村更名为巴格万村（维吾尔语意为园丁），社区更名 1 个，克尔碱社区改名为红河谷社区。全年，命名巷道 25 条，编排门牌 300 余个。

地名书籍编撰工作 2019 年，编撰《中华人民共和国政区大典》新疆分卷托克逊篇资料，考证、论证、确定国家存疑地名工作完成。乡级词条的编撰工作全部完成，县级词条的编撰正在进行。

【殡葬服务管理】

2019 年清明节期间，托克逊县民政部门免费提供接送祭扫服务，前往南湖公墓祭扫群众 2532 人。

2019 年，民政局殡葬办联合市场监督管理局、发改委等部门，实地摸排检查全县殡葬用品销售店铺，专项整治殡仪馆基本服务及公益性墓地收费标准定价标准、殡葬领域突出问题，先后 2 次排查殡葬服务、中介服务和丧葬用品销售等。重点整治殡葬服务、中介服务及丧葬用品销售中的违法违规行为以及违规经营、欺行霸市行为。有 1 家殡葬服务用品店没有营业许可证，已封停取缔。3 家殡葬服务用品店有少数商品未明码标价、服务内容不清晰，已整改完成。

【流浪乞讨人员救助】 2019 年，民政局救助管理站积极救助生无着落的流浪乞讨人员，救助符合救助条件的求助人员和城市流浪乞讨人员。全年共救助各类人员 11 人（区内受助人员 3 人，区外受助人员 8 人），埋葬无名尸体 4 具。

【民生领域专项整治】

低保资金管理使用 2019 年 8 月，根据自治区民政厅先后推送的财政人员享受低保、大额存款等疑点信息 446 条，全部核查，去除重复信息后，清退 294 户 993 人不符合低保条件人员，保留 118 户 358 人符合低保条件人员。对基层低保审核把关不严、作风不实、工作不认真等共问责处理干部 45 人，其中给予提醒谈话 11 人，通报批评 30 人，诫勉谈话 4 人。

“一卡通”管理使用 与县财政部门组成专项检查组，继续开展专项资金管理不规范、财政补贴申报审核工作中“错保”“漏保”等问题，严格按照上级要求，全部采用“一卡通”的形式兑付到群众手中，没有乡村截留、挪用情况。

【项目进展】 完成托克逊县殡仪馆及配套设施建设工程及 10 个儿童之家建设项目交付使用。

（迪丽萨尔·哈力瓦尔）

## 康复福利

【概况】 2019 年，承担社会福利和康复机构的怡心福利院有工作人员 211 人，其中行政工作人员 16 人，医护人员 115 人（医生 19 人、护士 45 人、护理员 44 人、医技 7 人），后勤组工作人员 31 人，安保人员 49 人。年内，签订人事聘用合同 60 份，办理辞职手续 18 份。

2019 年，怡心福利院接受住院治疗的精神障碍患者共有 528 人，其中出院患者共有 214 人，返回住院治疗的有 32 人。院内有患者 282 人，其中“三无”人员 5 人、“五保”户 43 人、低保户 83 人、持有残疾证患者 215 人。

【康复管理和诊疗】 完善管

理制度、工作流程、检查标准,提高医疗护理质量。医疗组根据病区情况从劳动纪律、医德医风、疫情防控、护理管理、医疗质量管理、患者安全等方面制定了管理制度,规范医务人员医疗护理行为。要求医务人员将严格按照工作流程执行,专人监护患者室外活动、娱乐活动、吃饭、洗澡、服药、理发、刮胡子、刷牙、洗脚、剪指甲、上厕所等,保证患者安全。根据病区情况制定医疗、护理质控检查标准,每周检查各病区医疗、护理质量,由各病区主任、护士长监督全程整改过程。定期召开专题会议讨论分析病区发生的不良事件,提升医疗护理质量和水平。管理新入院、出院患者病历档案,统计住院、出院、转院、"五保"户、"三无"人员、低保户、持有残疾证情况等患者相关数据和资料保密工作。

定期开展防疫情应急演练。严格消毒隔离,全年开展防疫情演练11场次。住院患者定期体检,医务人员及时了解患者病情变化,一旦异常,及时汇报并诊疗。

年内,163名住院患者病情稳定并好转,按批次出院。按计划完成出院患者评估并上报批准、准备档案、办理出院手续。出院患者在家康复治疗期间,医疗组工作人员每月对出院患者电话回访、现场随访和家访工作,电话随访共850人次、现场随访及家访共820人次,通过随访调整药物共20人。通过住院、出院精神障碍患者的康复治疗和管控,减轻了精神障碍患者家属的负担。年内,按照上级指示,还接收高昌区、鄯善县户籍100名精神障碍患者入院。

福利院医疗组承担全县精神障碍患者提供药物和诊疗工作,全年为416名精神障碍患者提供药物,其中住院患者280人,非住院患者136人。

**【风险评估】** 每月对住院患者进行一次风险评估,加强看护病发症多、生活自理能力低、经常癫痫发作患者。重点看护患者安排在重点病房,发放与普通患者不同颜色的服装。

**【精神鉴定】** 2019年,与县残联配合完成的精神病残疾鉴定187例。

**【亲情会见】** 年内,安排的亲情会见共2578人次、亲情通话共9328人次。

**【技能考核】** 每月组织医护人员专业理论知识学习、操作技能培训、院感知识培训;每季度考核业务理论知识考试和实践技能操作。多次邀请自治区第四人民医院、乌鲁木齐市安宁医院和昌吉静宁医院等精神病专科医院专家到院讲座、培训和指导。还定期选派院医疗、护理、康复骨干到自治区人民医院、乌鲁木齐市安宁医院进修学习。

**【消防安保】**

消防　制订消防应急预案,大风天气日消防应急小组成员在院24小时待命;消防值班人员每日巡查全院消防设施设备。全年每日巡查发现的问题8条,均整改完成。定期开展消防演练,全年消防演练开展43场次。院内安排的消防培训16场次,处置突发事件4次。

安保　利用监控视频监看巡查,加强原大门、各病区A/B门、患者室外活动、患者外出就医、转院、出院等与患者安全密切相关的安保工作。定期组织安保人员召开思想教育会议,加强安保人员体能训练,规范工作制度和纪律。开展防地震演练,全年安排2次参加人数250人次。完善安保人员工作流程,加强总监控室、分控室值班制度,为患者室外活动、外出就医、日常活动等方面提供服务。处置停电、停水、楼顶漏水、污水堵塞等事件,及时恢复正常工作。2019年,福利院安全隐患排查发现问题580多条,全部已整改完毕。

【设施改善和食材保障】

办公环境改善　大门安装暖气，改造长时间不用的消防车库，安装暖气改善洗衣房、晾衣房工作条件，两项施工节省3万多元资金支出。

食品原料加工采购　保证食品原料的采购、加工、消毒、留样、护送、发放等过程的安全，每日给院干部职工和患者提供饭1000多份。为合理搭配住院患者饮食，每周提供1次新鲜水果，保障患者每日身体所需营养。定期调查市场，掌握蔬菜、肉类、水果、面、油等市场价格，每月节省资金支出9000多元。　（唐　杰）

# 卫　　生

## WEISHENG

## 医疗行政

【概况】 2019年机构改革。原县卫生和计划生育委员会的职责、县安全生产监督管理局的职业安全健康监督管理职责、县老龄工作委员会办公室的职责和县爱国卫生运动委员会办公室的职责等整合,组建县卫生健康委员会,作为县人民政府工作部门。县老龄工作委员会、县爱国卫生运动委员会的日常工作由县卫生健康委员会承担。不再保留县卫生和计划生育委员会。不再设立县老龄工作委员会办公室、县爱国卫生运动委员会办公室。

托克逊县有县级医疗卫生单位8家,即县疾控中心、县妇幼保健站、县人民医院、县维吾尔医医院、县卫生监督所、县计划生育服务指导站、社区卫生服务中心、怡心福利院;7所乡镇卫生院;6个计划生育服务站;45个村卫生室;个社区卫生服务中心,8个社区卫生服务站;20个个体诊所。托克逊县医疗机构核定床位数为429张,实际开放床位717张。

2019年,卫健系统核定编制680人,实际在编587人,临聘896人,村医92人。卫生技术人员1120人。正高职称16人、副高职称61人、中级职称161人。县、乡(镇)计划生育工作人员51人(专业技术人员21人)。村(社区)计划生育宣传人员57人,计划生育协管人员225人。

【公立医院改革】 重点推进紧密型医共体建设。2019年3月,建成以县人民医院为龙头的医共体,4月与各乡镇卫生院完成挂牌,在医共体内,开展远程医疗应用服务,县乡远程医疗服务覆盖50%的乡镇卫生院,县域医共体内实现检查结果互认。2019年向下转诊54人次。全年门诊230434人次,住院28586人次,出院28297人次,门诊均次费用为197元,住院均次费用为4925.3元,手术2887人次。

【全民免费健康体检】 2019年,全县设立体检点10个,成立全民体检质量控制专家组,对各体检点开展指导和培训,保证体检质量。2019年初全县摸底应体检人数101265人,累计完成体检102216人,完成率100.94%。

【基本药物制度】 2019年,由县人民医院牵头联合各乡镇卫生院建立药联体,实现药品统一招采、统一议价、统一监管。所有药品全部参加自治区网上统一招标采购,实施药品零差率销售,推行两票制(指药品从药厂卖到一级经销商开一次发票,经销商卖到医院再开一次发票,减少流通环节),实现国家基本药物制度实施全覆盖。年内,全县2家县级公立医院、妇幼保健机构、7所卫生院及45个村卫生室已全面执行国家基本药物制度,所有药品全部参加自治区网上统一招标采购,减少流通环节,规范流通秩序,县域内村卫生室配备基本药物不低于80种。县级公立医院实施药品零差率,建立科学补偿机制,通过增加财政投入、调整服务收费和医院科学管理予以补偿。

【公共卫生管理】

基本公共卫生服务 2019年,基本公共卫生服务人均补助经费提高到69元。严格按照国家基本公共卫生服务项目规范要求,为全县居民建立居民健康档案、开展健康教育,并以65岁以上老人、0—6岁儿童、孕产妇、慢性病患者等为重点人群开展随访、用药指导、健康管理,各项基本公共卫生服务项目指标均达到自治区标准。

家庭医生签约 组建家庭医生签约团队47个,在全县安装家庭医生签约"居民健康手机APP"系统,逐步取消纸质版签约,居民可自愿下载"居民健康手机APP",查询到个人健康档案及全民健康体检信息。2019年,完成APP系统签约5.61万人,签约率46.75%,其中重点人群签约1.95万人,重点人群签约率61.65%。

【老年人优待】 2019年3月,老龄委职能划入卫健委,为65岁以上老年人办理老年人优待证135人次。开展"老年健康宣传周""全国敬老月"活动,宣传普及老年健康科学知识和老年健康相关政策,增强老年人健康意识,提高老年人的健康素养和健康水平,营造有利于老年人健康生活的社会环境。

【疾病预防管理】 2019年,全县常规疫苗接种率均在95%以上。县域范围内开展两轮脊髓灰质炎疫苗补充免疫活动,均通过自治区快速评估。法定管理传染病上报17种936例,死亡报告9例,其中甲类传染病无病例报告,乙类传染病报告12种819例,丙类传染病报告5种126例。全年未发生突发公共卫生事件。

【结核病防治】 2019年,全县确诊肺结核病患者128例,传染性患者集中隔离治疗期间由财政统一免费提供餐费,2018年11月至2019年10月累计为活动性肺结核患者送餐5788人次,补助5.35万元。转入吐鲁番市人民医院治疗的66人次患者,住院治疗期间由财政统一免费提供餐费,补助3.93万元。经治疗后不具有传染性的肺结核病患者每天早上集中到各村卫生室服药,由村卫生室统一提供免费营养早餐。

【艾滋病防治】 托克逊县自2004年发现首例艾滋病感染者,推广使用安全套防治艾滋病,加强高危人群干预,使县内艾滋病疫情持续控制在低度流行水平。截至2019年,存活报告的感染者抗病毒治疗覆盖率93.64%,治疗有效率89.33%。

【精神障碍患者管理】 截至2019年,全县精神病患者686人,其中康复中心住院治疗140人,由乡(镇)管控精神病患者546人。在家管理精神病监护人员家长均签订管控协议书,由村委会包联干部、乡镇卫生院精防专干和村医负责"四清"(底数清、去向清、治疗状况清、精神状态清)管理精神病人,及时评估患者风险。

【职业卫生管理】 2019年,托克逊县有43家企业完成职业病危害因素检测并完成职业危害网上申报。由湖南专家团队现场监测县人民医院放射科和托克逊县雨田煤矿放射源。检测结果,该公司1号皮带走廊处核子秤含有137Cs放射源共1枚,检测的含密封源仪表使用场所袋辐射水平符合《含密封源仪表袋放射卫生防护要求》

(CBZ125－2009)中央规定要求。通过开展监测活动,保护了放射工作人员的职业健康权益,降低了放射性疾病负担。

【健康扶贫】 2019年,全县有贫困人口1919户6403人。经核实,有慢病704人、大病64人。年内组织县级医疗巡回组到8所贫困村和偏远的乡村,为群众进行义诊、体检,尤其是多发病、疑难病的诊治和转诊服务。县域内实行"先诊疗后付费"服务模式,慢性病住院就诊1923人次,患者无需缴纳住院押金,直接住院治疗,方便了患者诊疗,县域内医疗机构全部实施"一站式"结算窗口,贫困患者因病住院,出院时只需在医院结算窗口即可直接即时报销医疗费用。

2019年,贫困人员普通门诊就诊17461人次,总费用为67万元,统筹支付43万元。慢性病就诊1923人次,总费用87万元,统筹支付53万元,其中商保大病享受193人次,支付4万元。住院1856人次,总费用768万元,统筹支付543万元,其中大病享受162人次,报销31万元。

组建家庭医生签约服务团队51个。2019年,完成APP系统签约5.61万人,签约率46.75%,其中重点人群(老年人、儿童、慢性病患者、孕产妇、精神病患者、建档立卡贫困户)签约1.95万人,重点人群签约率61.65%,贫困户签约率100%。

【地方病工作】

地方性甲状腺疾病 年内,托克逊县地方性甲状腺疾病筛查专家组在2019年全民健康体检工作中初步筛查193名疑似甲状腺肿大患者,全部排除疑似患者。

包虫病防治 2019年,全民健康体检新发包虫病19例,其中复发1例,16例在县人民医院、1例在新医大第一附属医院、2例在自治区人民医院手术,托克逊县人民医院救助资金支出5.06万元。

犬驱虫及管理 2019年,全县登记管理犬数从2017年5600只减少到约有1474只,基本实现月月驱虫。

【厕所革命】 2019年,托克逊县改建厕所任务8977座,其中示范村、推进村改厕任务5220座。年内,完成示范村、推进村改建厕所5414座(2018年完成201座),其他村7313座,共12727座。

【国家卫生县城创建】 2019年,按照创建国家卫生县城11项硬性指标,逐项整改创建国家卫生县城专家评估组反馈的问题。按照国家卫生县城标准检查全县各单位及"五小"行业(小饮食店、小美容美发厅、小歌舞厅、小旅馆、小网吧),并开展回头看,整体情况较好。年内,通过自治区创卫综合评审组评审。

【专业技术力量】

职称评定 2019年,受理医师资格考试134人,其中执业医师62人,助理医师72人;受理卫生专业技术资格考试192人,其中初级职称139人、中级职称53人;受理护士执业资格考试44人;受理高级职称考试现场审核17人。

基层培训 2019年,托克逊县委托县人民医院培训基层医疗机构管理人员12人、护士13人和乡村医生26人,重点提高基层卫生人员常见病、多发病的诊疗能力,以及实操能力,基本公共卫生服务内容的实践能力。

【医疗援助】 2019年,援疆医生所在的科室完善核心管理制度80余项,医疗组接诊门诊及急诊患者超2万人次,病房收治住院患者超4000余人次,完成各类手术500余台,创新、改良医疗技术30多项,在不同场合共举办讲课讲座100余次。

(马晓华)

## 附:公立医院简介

### 托克逊县人民医院

**【概况】** 托克逊县人民医院是一所集医疗、预防、保健、康复、科研、教学为一体的二级甲等综合性医院。始建于1958年,目前医院占地面积25897平方米,总建筑面积30897平方米。与湖南各三甲医院及郴州市第一人民医院搭建远程会诊平台,同时与疆内三甲医院,自治区人民医院、新疆医科大学第一附属医院、第二附属医院、自治区胸科医院搭建了远程会诊平台、医联体协作关系;签订卒中专科、内分泌专科、帕金森病、普外科专病联盟协议。2019年年底县人民医院通过中国胸痛中心基层版认证,标志着托克逊县人民医院正式成为国家级胸痛中心。

新医改明确建立以县级医院为龙头,以乡镇卫生院为骨干,以村卫生室为基础的三级医疗辐射网络。县级医院除了承担对危重病人的治疗和抢救,还承担对乡镇卫生机构的业务技术指导和培训。

全院设有14个临床病区,大内科病区7个科室(心脑血管疾病科、消化肿瘤科、呼吸血液科、皮肤传染性疾病科、重症医学科、急诊科、血液净化科);大外科病区4个科室,外二科病区(骨科、胸外、脑外)、外一科病区(肛肠、泌尿、)妇产科病区(妇科、产科)、五官科病区(眼、耳、鼻、喉科)、儿科病区(儿科、新生儿科)、康复医学科病区、手麻科病区;3个诊断中心,B超心电诊断中心、医学检验诊断中心、放射医学诊断中心;3个医技科室,病理科、药剂科、供应室;8个行政后勤部门;医院定编床位183张,实际开放350张。

2019年,全院有干部职工495人,其中专业卫生技术人员416人(高级职称37人、中级职称95人、初级职称284人)、行政后勤人员79人。

**【软硬件投入】**

*信息化建设* 2019年,县人民医院信息化建设投入332万元,累计投入1929万元。上线全民健康体检软件,实现结果上传至自治区全民体检健康管理信息平台。上线手机APP预约挂号,实现“一键”就诊。为保证急救综合医疗安全,将急诊科、重症医学科、血液净化室整层全部接入UPS不间断后备电源,实现断电后能无间隙地切入后备电源供电状态下工作。

*医疗设备投入* 年内,投资155万元购置血液灌流机、空气波压力治疗仪、监护仪、除颤仪、红光治疗仪等安装工作,为急诊患者的救治提供保障。扩容PACS的存储空间,增加1台华为磁盘阵列(27T),投入资金8万元。

**【业务工作】**

*医疗指标* 2019年,抢救急、危重病人1325人次,抢救1273人次,抢救成功率96%,急诊出诊1396次;全院实际占用床日数108276天,病床使用率101.76%,甲级病案率93.3%,处方合格率95.15%。开具住院证15925张,门、急诊就诊患者153207人次,出院患者16012人次,手术例数2583台,送检病理标本2226例,其中冰冻切片58例(外一科40例、妇产科18例)。

*经济指标* 2019年,医疗收入1.18亿元(门诊收入3428万元,住院收入8371万元),药品收入2003万元。

**【专业技术能力】**

*新生儿重症监护* 2019年1月,正式成立县人民医院新生儿重症监护室,与自治区人民医院新生儿科建立医联体关系,定期教学查房,指导工作。科室成立以来,熟练掌握新生儿复苏及气管插管技术,空氧混合仪、无创呼吸机辅助通气治疗新生儿呼吸窘迫综合征。能应对危重病例抢救,包括呼吸窘迫综合征、胎粪吸入综合征、新生儿消化道出血、NEC、新生儿窒息等。成功抢救了呼吸、心跳骤停、低血容量性休克、ABO、RH

血型不合性溶血、新生儿湿肺、新生儿败血症、新生儿颅内出血等危重症患儿。婴儿保暖箱3台、婴儿保暖箱加蓝光一体机1台、辐射保暖台1台、无创呼吸机1台、双面蓝光箱1台。

心脑血管疾病　是县人民医院重点专科之一,含胸痛中心、卒中中心。诊疗项目包括急性心肌梗死介入治疗、冠状动脉成形及支架置入术、急性缺血性脑卒中介入溶栓、取栓治疗、缺血性脑血管病(颈动脉狭窄、椎—基底动脉狭窄等)血管内成形及支架置入术、心脏危重症的治疗(主动脉内球囊反搏术(IABP)、临时起搏器置入术)、高血压、心力衰竭、心房颤动、卒中等常见心脑血管疾病筛查及防治。

妇科　经腹腔镜子宫肌瘤剔除术+子宫修补术,经腹腔镜卵巢囊肿剔除术+卵巢修补术,经腹腔镜输卵管切除术,经腹腔镜输卵管取胚术,经腹腔镜卵巢取胚术,经腹全子宫切除术,经腹次全子宫切除术,经腹子宫肌瘤挖除术+子宫修补术,经腹卵巢囊肿剔除术+修补术,阴道前后壁修补术。

眼科　白内障超声乳化摘除术+人工晶体植入术,青光眼小梁切开术+虹膜周边切除术+前房成形术,鼻窦炎蝶窦、筛窦、额窦、上颌窦开放术+鼻息肉摘除术+鼻中隔矫正术+筛前神经阻断术鼻腔良性肿瘤摘除术,耳乳突根治术+鼓膜修补术+鼓室探查术,腭咽成形术(成人鼾症)眼底病综合治疗。眼科与县残联合作,对托克逊县贫困白内障患者免费手术。

骨科　人工全髋关节置换术、胸腰椎骨折后路切开复位椎弓根内固定术、老年胸腰椎骨折PVP、PKP治疗、椎间孔镜下髓核摘除术、关节镜下交叉韧带重建术、髌骨脱位成形术、陈旧性肩关节脱位切开复位术、老年股骨转子间骨折微创治疗、断肢(指)再植术、小儿颅脑损伤手术治疗、肺大泡切除术。

普外科　甲状腺癌根治术、乳腺癌根治术、腹腔镜下结直肠癌根治术、腹腔镜下胆囊切除术、腹腔镜下阑尾切除术、腹腔镜下精索静脉高位结扎术、胆总管囊肿切除胆道成形术、肝包虫外囊剥除术、经皮肾镜钬激光碎石取石术、肾盂输尿管成形术、经腹腔镜肾囊肿切除术、经输尿管镜钬激光碎石取石术、前列腺汽化电切术、胰腺部分切除术、肝破裂修补术、脾脏切除术、肠破裂修补术、胃肠穿孔修补术、肠造瘘术。

【诊疗服务】　2019年,通过专家坐诊、远程会诊、内科诊疗等开展各类诊疗。

专家坐诊　邀请自治区人民医院、自治区第三人民医院等上级医院专家坐诊8次,看诊55人次,手术390例。

远程会诊　加强医联体建设,开展远程会诊362人次,其中郴州市人民医院会诊3人次,转诊3000例。

内科诊疗　完成冠脉造影术506人次、植入支架141人次、临时起搏器安装术5例、肾动脉造影1例、球囊扩张术3例、主动脉球囊反搏术4例、经皮选择性动脉造影2例。完成脑血管造影139例,经皮选择性动脉造影121例。

外科诊疗　完成体表异物取出并美容缝合1例、重睑成形术39例、除皱术5例、甲床修复72例、浅表肿物切除157例、植皮术1例、脓肿切开引流术27例。完成显微外科手术148例,其中县人民医院自行手术6例。白内障后发障YAG激光2例、视网膜眼底激光1例。

透析化疗　血液透析3296人次,其中普通血液透析2756人次、血液灌流319人次、血液透析滤过190人次。完成肿瘤化疗4次。

穿刺技术　开展超声引导下穿刺14例,包括乳腺、淋巴结、肾囊肿、腱鞘囊肿、盆腹腔囊肿。开展CT引导下深部脏器精准定位穿刺技术4例。

理疗保健　偏瘫肢体综合训练20人次、平衡功能训练16人次、大关节松动训练

30人次、大关节粘连传统松动术75人次。新生儿油浴97人次。

【医疗成果】 2019年4月13日，县人民医院实施首例带真皮血管网游离皮片切取术和游离皮片移植术，是首次独立完成的皮肤溃疡移植术，该手术填补了县人民医院皮肤美容外科的一项技术空白。

2019年4月25日，县人民医院成功实施首例腹腔镜下直肠癌根治术该手术的成功实施，标志着县人民医院在胃肠肿瘤手术方面实现"零"的突破。

2019年6月4日，在新疆军区总医院PICC专科护士的技术指导下，县人民医院PICC小组成功为1名乳腺恶性肿瘤切除术后患者实施了PICC成人置管术。

2019年7月9日，县人民医院开展鼻空肠营养管置入术。此技术使急诊重症科在治疗重症胰腺炎的技术上更加完善。

2019年9月23日，县人民医院心脑血管疾病科完成首例经桡动脉途径右侧椎动脉起始部狭窄球囊扩张支架成形术。

【医共体】 托克逊县8个乡(镇)卫生院建立医共体并完成挂牌。县人民医院与县维吾尔医医院、夏镇中心卫生院、伊拉湖镇中心卫生院、郭勒布依乡卫生院、博斯坦镇卫生院等8个成员单位进行医共体挂牌。建立与8个乡(镇)卫生院的胸痛患者联络机制、120合作机制，确保基层卫生院就诊的胸痛患者能够及时、有效得到救治。选派以主治医师为主的技术骨干对口支援夏镇中心卫生院、博斯坦镇卫生院、郭勒布依乡卫生院、伊拉湖镇中心卫生院，提高广大人民群众对疾病认识，健康宣传，健康指导，医患互动，将医疗健康服务"最后一公里"变成"零距离"。

县人民医院牵头全县所有医疗机构已全面执行国家基本药物制度，基本药物使用占比达81.83%，县域内村卫生室配备基本药物均有80种以上。 (胡海燕)

## 托克逊县维吾尔医医院

【概况】 托克逊县维吾尔医医院始建于1983年，是一所集医疗、预防保健、康复为一体的维吾尔医药特色治疗为主的专科医院。医院占地面积10320平方米，建筑面积7235.66平方米;绿化面积为318平方米。医院编制床位95张，实际开放床位195张。开设有内一科、内二科、外科、康复理疗科、妇科、产科、口腔科、皮肤科、检验科、B超心电图室、放射科、手术麻醉科等科室共12个临床医技科室。在职在编人员75人，聘用人员147人(包括临聘、试用期人员)。

【业务工作】 2019年，门诊就诊27668人次，人均费用184元。出院6130人，其中职工医保患者1786人、居民医保患者3883人、自费462人，平均住院费4502元，平均住院日8天。

【预防保健】

疫苗接种 脊髓灰质炎糖丸接种85人，乙肝疫苗接种54人，卡介苗接种58人。

新生儿筛查 年内，筛查新生儿并上报54人，没有出现任何差错。

输血 全年输血7例，成分红细胞悬液7例，总量2400克，输血适应症合格率100%。

手术 全年手术130人次，其中产科手术44人次，外科手术86人次。

【专科建设】 2019年，维吾尔医医院成立了皮肤科、康复科、内二科、产科、门诊、信息设备科。年内，与乌市友谊医院建立协作关系，指导维吾尔医医院医疗管理、医疗质量、护理质量、人才培养、双向转诊、科研课题等方面的技术。

邀请乌市友谊医院专家组开展大型义诊活动,查病房50人次,医务培训、讲课等。

【教育管理】 2019年,制定适合医院发展的短期和中长期人才培训计划,为医院储备人才。医务部、护理部每周业务学习1次,组织包括社保政策、病历书写规范、医疗质量管理、院感、传染病管理等业务培训和讲座共20余次,培训人员1000余人次,医院各科室骨干参加县、市、自治区各学习班30余人次。2019年,接受、安排各校来院实习,见习医生、护士、药剂士15人。

【对口支援】 选派3名骨干对口支援单位郭勒布依乡卫生院,阿乐惠镇卫生院,为期6个月。

【乡村义诊】 全年开展“访惠聚”、扶贫巡回义诊62场次,送出去的药品总额400元,参与义诊的专家16人次,总共参与群众1680人次。

(阿不都热合曼·艾合买提)

## 卫生监督

【概况】 托克逊县卫生监督所隶属县卫生健康委员会管理,核定事业编制(参照公务员管理)10名,经费实行全额预算管理。2019年,实有干部职工8人,实际在岗工作人员4人。

托克逊县有监督对象409户,分布在1乡7镇,其中学校45所(小学30所、中学5所、托幼机构及辅导班10所),公共场所268家(住宿52家、美容美发147家、游泳馆2家、KTV 9家、按摩店13家、网吧24家、棋牌室21家),医疗机构83家(县直医疗机构2家、疾病预防控制机构1家、妇幼保健站1个、计划生育指导站1个、福利院1个、乡镇卫生院8个、社区服务中心8个、村卫生室43个、诊所18个),生活饮用水单位21家(城镇集中式供水单位2个、乡镇集中式供水12个、二次供水单位7个),餐饮具消毒单位1户。

【卫生监督执法】 2019年,县卫生监督所监督检查医疗机构(个体诊所)372家次,整顿非法行医诊所3家;全面监督检查14家集中式供水单位、6所中小学校、102家公共场所,放射监督检查2家,餐具消毒产品经营单位监督检查1家,抽检餐饮具1次,30份抽样餐具均合格。下达卫生监督意见书48份,限期整改48份、停业整顿18份。

【卫生行政许可】 2019年,全县各公共场所的卫生许可持证率达到100%,从业人员持有效健康证达到98%。全年办理卫生许可证140个,健康证592个。

【医疗机构监督检查】 年内,规范18家个体诊所的医疗服务行为、维稳安保工作。定期组织个体诊所负责人集中培训,分别对维稳知识、消防安全知识、院内感染和传染病防治进行现场培训,提高规范管理意识和服务水平。

【生活饮用水监督检查】 2019年,专项监督检查6家二次供水单位1次,3个乡镇集中供水单位2次,1家供排水公司,生活饮用水均达标。

【视力矫正监督检查】 年内,县卫生监督所重点监督检查8所学校、2家医疗机构,未发现违规宣传视力矫正的医疗机构和眼视光产品质量不合规的医院。

【卫生监督协管员培训】 年内,举办卫生监督协管知识培训班,全县各乡(镇)卫生院和卫生服务中心的卫生监督协管员30人参加,使乡镇卫生监督协管员明确协管员的工作职责、任务及巡查程序和内容,提高自身法治意识和业务水平。

【职业病防治宣传】 年内,在阿乐惠新疆圣雄能源股份有限责任公司开展关注职业安全健康为主题的职业病防治宣传活动,发放职业病防治知识宣传资料500余份,受理群众咨询300人次。

**【医疗机构监管和医疗纠纷处置规范】** 2019年,下达卫生监督意见书42份,限期整改30份、停业整顿15家、无立案处罚案件。做好医疗纠纷处置工作,从而规范全县医疗市场的正常秩序,遏制非法行医行为,维护全县各族人民群众身体健康和就医安全。

**【国家双随机监督抽查】** 2019年,检查"监督国家随机抽查"公共场所、学校、水厂、卫生室等单位26家。完成8所中小学的传染病防治、饮用水卫生、教学环境、生活设施卫生的检查检测。检查检验水厂4家,主要检查水厂的持证情况、卫生制度、水质、农村水厂纳入监督协管服务情况。

**【卫生法律教育】** 结合"国家卫生县城"创建、"扫黑除恶"专项斗争两项重要工作,专项教育培训18家个体诊所41名从业人员3次。开展对联系村公共场所、学校卫生、饮用水卫生等相关法律法规宣传活动4次,惠及群众400余人次,提高广大群众的健康知识知晓率、健康行为形成率。干部职工也不断学习《公共场所卫生管理条例》《生活饮用水卫生监督管理办法》等法律法规,提高执法人员卫生行政执法能力和水平。

**【存在的问题】** 公共场所从业人员健康证持有率未达100%,从业人员健康证过期后不主动体检换证,健康意识不强。公共场所、生活饮用水卫生监督监测的设备不全,人员、设备、用房配置达不到卫生部有关要求,监督监测频率不符合公共场所卫生管理的相关法律、法规、标准,覆盖率未达100%。自来水厂及二次供水设施管理单位办理卫生许可证率较低、管理人员健康证持有率较低,无水质检验结果,未建立健全相关的卫生管理档案和管理制度,无储水设备清洗、消毒的记录。

(尹静静)

## 妇女儿童保健

**【概况】** 托克逊县妇幼保健站设有妇保科、儿保科、妇科、儿科、检验科、药剂科、注射室、行政科、财务科9个科室。拥有先进医疗设备,能开展常规检查,生化项目,医疗仪器有彩色B超、薄层液基涂片系统(TCT)、全自动生化仪、尿十项、血球仪、微量元素仪、骨密度仪等,主要开展孕妇儿童系统保健、婚姻保健、妇女儿童常见病、多发病的诊断治疗工作、健康咨询及妇科、儿科常见病的诊治等工作。

2019年,有在编职工22人(含4名地方编人员),少数民族12人。有副高职称3人、中级职称6人、初级职称8人。

**【保健管理】**

*孕产妇管理* 2019年,全县总产妇1131人,活产1117人;早孕建卡1030人,早孕建卡率91.07%;住院分娩818人,分娩住院率100%;孕产妇系统管理725人,管理率88.63%;产后随访763人,随访率93.27%;高危孕产妇455人,管理率100%;剖宫产活产数384人,剖宫产占46.94%;孕产妇死亡1人,孕产妇死亡率121.65/10万;评审危重孕产妇评审1例,孕产妇五色花管理中橙色113人,红色3人,其中贫困高危孕产妇3人。农村孕产妇住院分娩补助109人,补助资金5.45万元;农村育龄妇女免费增补叶酸任务800人,新增叶酸应服用1256人,实际新增叶酸服用1205人,服用率95.93%;乳腺癌、宫颈癌筛查任务100%完成。

*新生儿保健* 2019年,新生儿访视1073人,新生儿

访视率94.87%;新生儿疾病筛查840人,筛查率为98.47%;新生儿听力筛查835人,筛查率为97.89%。检查0—6岁儿童数7682人,入托儿童体检率达99.9%。

儿童保健管理　3岁以下儿童3536人,3岁以下儿童系统管理3445人,率达97.43%,0—6岁儿童总数9907人,0—6岁儿童保健管理数9608人,保健管理率96.98%,新生儿访视数754人,率达92.17%,新生儿死亡数1人,死亡率1.22‰,婴儿死亡数3人,死亡率3.66‰,5岁以下儿童死亡数8人,死亡率9.77‰。

儿童入托体检　全年检查0—6岁儿童7682人,入托儿童体检率99.9%。

【医疗项目】

艾滋病、梅毒、乙肝母婴阻断　2019年,全县HIV、梅毒、乙肝咨询及抗体检测孕妇1298人,咨询率及检测率100%。

婚前检查　2019年,检查737对1474人,婚检率100%。

农村妇女免费增补叶酸　2019年,叶酸应服935人,服用895人,服用率95.72%。无神经管缺陷新生儿。

"两癌"筛查　全年乳腺癌筛查任务数2000例,完成2000例(原计划任务数是1000例,2019年6月新增任务至2000例),宫颈癌筛查任务数2000例,完成2000例。

新生儿疾病(苯丙酮尿症、先天性甲状腺功能减低症)筛查　全年活产数647人,采集血638份,筛查率为98.61%,不合格血片3片,血片合格率为99.53%,无可疑苯丙酮尿症、先天性甲状腺功能减低症阳性患儿。

新生儿听筛　筛查633人,全县筛查率为99.22%,无听力障碍患儿。

【门诊业务】　全年就诊2.04万人次,其中妇女保健门诊3600人次,儿童保健门诊1.4万人次,其他门诊2790人次。

(赵　梅)

## 疾病预防控制

【概况】　托克逊县疾病预防控制中心(以下简称"县疾控中心")内设行政办公室、检验室、结核病防治股、地方病股、艾滋病防治股、疾病预防股6个科室。主要职能为负责全县传染病防治、免疫规划、艾滋病防治、地方病防治、寄生虫防治、生活饮用水监测、碘盐检测、突发公共卫生事件处置等工作。有业务用房3000平方米,其中检验室用房1080平方米,检验中心设有艾滋病初筛实验室,以及理化检验、微生物检验、临床检验等功能实验室。县疾控中心为公益一类事业单位,核定编制33人,经费为财政核拨。2019年,有高级专业技术人员8人、中级专业技术人员4人。

【免疫规划管理】

常规免疫接种　2019年,常规免疫接种卡介苗、乙肝、脊髓灰质炎、百白破、麻风、麻腮风、A群流脑、A+C第一剂次、A+C第二剂次、甲肝、白破疫苗接种率均在95%以上。

AFP监测　2019年,中心组织实施2轮脊髓灰质炎疫苗应急强化免疫活动,为全县所有目标儿童接种脊髓灰质炎疫苗11844人次,接种率98.80%。

预防接种证查验　加强与教育部门的沟通联系,查验7560人,查验率为100%,补种率100%。

【传染病管理】　2019年,全年无甲类传染病发生,无重大传染病疫情暴发流行,甲、乙类传染病报告总发病率控制在较低水平,乙、丙类法定传染病发病率和死亡率均较上年下降。全县13个网络直报单位传染病疫情网络系统运行正常,全年共报告乙丙类传染病17种945例,死亡报告9例。

【结核病诊疗】

门诊登记 结核病门诊接诊可疑肺结核病人855例，免费拍摄胸片人数420人，自带胸片435人，查痰人数828例，查痰率96.84%（自治区目标任务90%）。

结核发现 发现活动性肺结核127例，其中涂片阳性44例、仅培阳1例、仅分子生物学阳性21例、病原学阴性肺结核患者36例、单纯结核性胸膜炎25例，密切接触者筛查率100%，痰培养103例。

治疗效果 2018年度发现活动性肺结核225例，规范服药患者220例（非结核死亡5人），成功治疗率97.77%（自治区目标任务90%）。

网络追踪 非结核防治机构网络报告病人数244例，总体到位率98.15%（自治区目标任务95%）。

【地方病监测】

碘盐检测 三类人群（妊娠期妇女、哺乳期妇女、婴幼儿和青少年）普服碘盐补碘，完成200名学生和100名孕妇尿碘和盐碘检测。

犬感染监测 2019年，筛查包虫病5000人，各级医院检查诊断肝包虫病人数15例，手术14例，4例病人术后免费服药阿苯达唑乳剂。年内，共驱虫犬5125只次，犬粪采样、检测1000份。

【水质监测】 全年完成枯水期、丰水期24个监测点48份水样采样检测上报任务。

【艾滋病管理】

HIV监测 年内，完成11.94万人次（下达指标6万人次），完成率199%。

随访检测 CD4检测564人次，完成95%，病毒载量检测425人次，完成88.4%，配偶检测率99%，结核检测率99%。

抗病毒治疗 2019年，抗病毒覆盖率93.64%。

（马 丽 周永萍）

## 生育管理和服务

【生育管理】

*已婚育龄妇女节育管理* 全县已婚育龄妇女22694人，其中使用避孕药具人数1343人，实际使用药具人数1343人。药具应用率达100%，随访率100%，有效率99%以上，群众对药具知情率、服务满意率达100%。药具计划发放率100%。采取各种节育措施17275人，比上年同期减少906人，综合节育率为76.1%，比上年同期下降2.3个百分点。采取长效节育措施14820人，比上年同期减少1169人，长效节育率65.3%，比上年同期下降2.86个百分点。

惠民惠农财政补贴资金发放管理 规范计划生育“三项制度”和独生子女父母奖励“一卡通”发放，2019年全县享受计划生育家庭奖励扶助政策对象6609人，发放资金1071.2万元，其中享受国家三项制度857人253.06万元、享受自治区级项目5752人818.14万元。年内，资金全部发放完毕。

【生育指导和技术服务】 托克逊县计划生育宣传技术指导站（以下简称县计生指导站）下设行政办、门诊部、药具股、宣教股，核定人员编制13人。2019年，实有人员14人，其中在编人员12人，地方编1人。乡镇服务站有人员11人，其中夏镇计生服务站站3人、郭勒布依乡计生服务站2人、伊拉湖镇计生服务2人、博斯坦镇计生服务站2人、克尔碱镇计生服务站1人、库米什镇服务站1人。

【国家免费孕前优生项目】 2019年，托克逊县免费孕前健康检查计划600对。年内，完成600对符合政策的农村夫妇孕前健康检查，服务方式以乡计生办组织宣传，由县站统一体检和下乡集中体检，主要服务对象是农村和流动人口中计划怀孕的夫妇，为规范“国免孕优"(国家免费优生检查)工作,严格工作流程和要求,确保健康体检人员能够按时进行体检,按时完成信息录入和评估反馈,并加强质量控制工作,开展实验室室内质控工作,保证检验结果准确无误。(杨 蓉)

## 卫生服务

**【概况】** 托克逊县卫生服务中心成立于2008年6月,为副科级全额拨款事业单位(公立医疗机构),下辖天泉、山泉、龙泉、玉泉、银泉、金泉、滨河、阳光8个社区卫生服务站,内设办公室、财务科、计划免疫科、儿保妇保科、结核病管理科、重症精神病管理科、艾滋病管理科以及综合治理安全生产科使用面积1200平方米,核定事业编制12名。

2019年,县卫生服务中心有工作人员44人,其中在编人员15人(管理岗1人、专业技术岗14人:中级职称4人、初级职称10人)、地方性事业编4人、临聘人员25人。医生5人,护士24人,无全科医师及口腔医师。

**【居民健康档案】** 城镇辖区常住人口24343人。年内,完成一般人群电子健康档案建档23857人,建档率98%。

**【慢性病管理】**

*老年人健康* 2019年,辖区65岁以上老年人建立健康档案1723人(新增220人),应管理老年人1887人,达到上级要求管理率的91%。每年为建档的65岁以上老年人健康体检一次,含健康管理、健康危险因素调查和一般体格检查。老年人中医保健指导应完成762人次,完成1343人次,完成率176%。

*高血压患者* 年内,管理高血压患者2057人(新增961人),应管理高血压患者1700人,达到上级要求管理率的121%。

*糖尿病患者* 年内,管理糖尿病病人827人(新增320人),应管理糖尿病病人653人,达到上级要求管理率的126%。对高血压患者、糖尿病病人每季度进行面对面随访测量血压、血糖,针对测量结果控制不满意的进行个体化健康指导一次并提醒患者两周以内两次随访。

*精神病患者* 年内,管理重症精神病病人126人,建立纸质档案、电子档126人,全部录入国家重症精神病管理686系统。病情稳定随访为0级在家管理患者106人,病情不稳定收治康复中心患者20人;每月对重症精神病病人入户随访一次,并定期前往康复中心为在管服药的29名病人领取和发放药物。

*结核病患者* 年内,管理确诊结核病人55例(其中30例于2018年完成治疗,2019年11人完成治疗,两人转出其他乡镇,截至年底管理12人,耐药管理1人),每天给予营养早餐(牛奶、鸡蛋、馕),每天早上按时发药,定期通知病人及家属痰检、拍片。

**【健康教育】** 2019年,累计在各社区、公共场所进行艾滋病防治宣传、脊髓灰质炎防治宣传、结核病防控宣传等10次,举行健康知识讲座51期,制作及更换健康知识宣传栏50期,发放宣传健康教育知识资料2800余份,宣传手提袋1000余份,宣传品挂历、抽纸等900余份,免费为居民测量血压1500余人次,测量血糖800余人次。

**【计划免疫、预防接种】**

*脊髓灰质炎疫苗接种* 2019年,根据自治区安排于3、4月开展了两轮脊髓灰质炎疫苗强化活动,两次强化免疫活动中共接种疫苗4576剂次,补种完成率达到100%。8月,根据自治区疾控中心的要求对适龄儿童进行(IPV)补充免疫活动,活动总接种1173剂次,接种率100%。

*查验补种* 2019年,春季、秋季对入托入学儿童开展两次查验证,春季查验证工作中总查验2989人,查验后总补

种264人,应补种387剂次,实补种382剂次,补种率98.7%;秋季查验证工作中查验3472人,查验后总补种人数264人,应补种268剂次,实补种368剂次,补种率99.62%。

预防接种　疫苗从中心到各接种点,均保证在适宜的温度下运转,确保疫苗的效价,并按照要求在接种前清理核查疫苗,摸底登记临时接种人数,提前计划疫苗需用量。接种人员严格按照预防接种操作规程和培训要求,开展接种前预检,实施安全注射,观察儿童接种后的反应,在各接种点观察室准备了各项急救药品和器械。2019年,辖区内0—6岁儿童3394人,各社区共接种一类疫苗9991针次。

**【死因管理】**　配合疾控中心管理网报人口死亡信息登记,全年共上报99例。

**【全民健康体检】**　2019年3月,托克逊县卫生服务中心承担全民健康体检工程,在原有建档基础上完成全民健康体检档案建档工作。年内完成辖区内参加体检居民的结果反馈。2019年,共完成体检14082人(应体检13806人)。其中15—64岁居民应体检9711人,已体检10470人;65岁以上居民应体检人1463人,已体检1429人;流动人口应体检2632人,已体检2183人。

**【家庭医生签约式服务】**　县卫生服务中心组建家庭医生团队8个,每个团队由1名公卫人员、1名护士及两家县级医院配备家庭医师组成,负责300—400户家庭。优先覆盖贫困户、老年人、孕产妇、儿童、残疾人等人群,以及高血压、糖尿病、结核病等慢性疾病和严重精神障碍患者等。完成签约纸质版档案2512人,其中一般人群签约643人,重点人群签约1869人(其中0—6岁儿童签约198人,65岁及以上常住居民签约210人,高血压患者签约数396人,糖尿病患者签约250人,严重精神障碍患者签约72人,结核病患者签约27人,贫困户居民签约716人)。6月初,接上级通知开展家庭医生签约手机APP业务。全年,手机签约9798人,签约覆盖率43.61%,其中重点人群签约4565人,重点签约率62.1%,完成目标任务。

**【卫生监督协管】**　托克逊镇辖区内约100余家餐厅、学校及幼儿园、诊所等公共场所。2019年3月,开始监督协管辖区内卫生工作,协助托克逊镇开展辖区内食源性疾病、饮用水卫生安全、学校卫生、非法行医等巡查工作,每月向县卫生监督所出具卫生监督协管巡查记录。

**【艾滋病随访】**　2019年8月,县卫生服务中心开始负责辖区内艾滋病患者随访管理工作,定期随访在辖区居住管理的艾滋病感染者和病人,随访率100%。免费CD4检测,检测率100%,其中符合条件的病人免费抗病毒治疗。随访艾滋病感染者和病人及配偶,免费发放宣传材料和安全套,对其开展心理抚慰和关怀。

**【地方病管理】**　2019年,为全民健康体检中发现的甲状腺肿大病人做进一步治疗和复查、随访。城镇发现甲状腺肿大患者118人,复查后有26名病人确诊甲状腺病,89名病人复查结果正常。　(祁国泰)

# 文体传媒　旅游　文物

WENTI CHUANMEI　LVYOU　WENWU

## 文化　体育

**【概况】**　2019年机构改革后,原县文化体育广播影视局(县新闻出版局〈县版权局〉)除新闻出版、电影管理以外的职责,县旅游文物局的职责整合后,新组建县文化体育广播电视和旅游局(以下简称县文旅局),是县人民政府工作部门,为正科级。加挂县文物局牌子,不再保留县文化体育广播影视局、县旅游文物局。局内设办公室、文化活动科、市场管理科、广电科4个科室。核定行政编制11名,机关工勤事业编制2名。2019年,文旅局有在职职工85人,其中行政编制15人,事业编制10人,地方性事业编制9人,协警编制42人,公益性岗位4人,临聘人员2人,村村通人员3人;女43人,少数民族75人。

**【文化市场管理】**

文化监管　2019年,全县共申请设立9家场所,其中棋牌室3家,健身房1家,台球厅1家,游泳池3家,歌舞娱乐场所(KTV)1家。年内,县文旅局检查全县各类旅游文化娱乐场所、出版发行场所2075家次,发现问题232家,其中停业整改32家,限期整改97家,立即整改103家。

网上注销　2019年,完成注销各类长期未经营场所56家,其中歌舞娱乐场所(KTV)8家,网吧16家,棋牌室7家,动漫城(游戏厅)24家,美术馆1家。

扫黄打非　年内,未发现打字复印店、印刷厂等场所有非法打印印刷和经营非法报刊等现象,网吧等场所未发现观看非法视频、传播淫秽色情和死亡游戏等现象,台球厅棋牌室也未发现赌球赌博等事件。

扫黑除恶　2019年,县扫黑办排查行业乱象,深入分析乱象发生的原因,有针对性地整治歌舞娱乐、网吧、景区、星级酒店和星级农家乐等经营性场所2075户次,发现2条线索移交文旅局核查,整治6条行业乱象。

**【群众文化】**　2019年,托克逊县开展民族团结一家亲演出52场次,民族团结展厅接待1万余人次。组织举办“时代新人说——我和祖国共成长”主题演讲比赛,选送2名代表参加市区比赛。组织150名广场舞和健美操爱好者进行民族舞健身操和啦啦操两项三级指导培训,推广培训第九套广播操,举办迎“六一”读经典朗诵、庆“八一”文艺会演暨军营开放日活动,参加县人武部独立连“庆建军佳节、话鱼水深情”主题活动。举办第二十八届中国丝绸之路葡萄节托克逊县系列文艺活动。开展支边青年进疆60周年联谊活动。组织“看历史、游家乡、爱祖国”专题教育活动。

**【图书阅览】**　年内,开展公共文化服务,图书馆为各村免费赠送期刊书籍500余册、技术类10本、少儿读物50本、红色书刊50本、养生小册子200本、各类宣传册500本，受众达2000人。

【电影放映】　2019年，托克逊县有农影放映站点44个，分别分布在44个行政村，年放映任务为528场次，放映完成率100%。县农影中心有4套放映设备，4名放映工作人员。农村电影放映以“政府买单，群众看电影”的形式，让农民在农闲的时候通过丰富的影视文化作品开阔眼界，增长见识，丰富业余文化生活。年内，开展“和你一起过大年”“民族团结一家亲”“我的中国梦——电影进万家”“我和我的祖国”等主题放映活动。8月，自治区农影中心调研组调研指导农村公益电影放映情况。

【文化扶贫】　年内，为8个贫困村提供20万元健身器材资金。为44个行政村各提供2000元图书。为南湖村解决冬季供暖煤31吨，并购置12台空调，还为南湖村贫困学生捐款6000元。

【基层文化场所建设】　年内，65个村（社区）级文化中心（站）挂牌。全年开展文化市场和旅游行业从业人员座谈会14场次795人次，召集干部集中学习各类文件9场次。开展各类宣传2075户次，受教育2824人，悬挂横幅116条，组织从业人员安全消防培训1次，60余人参加。督促从业人员严格落实各项安防制度，出动执法人员491人次，宣传场所2075户次，重点检查监控设备、一键报警器、访客系统、消防设备设施等。

【体育发展】　年内，组织举办三级社会体育指导员培训工作，培训内容主要是快乐健身操和民族舞蹈健身操，143人参加培训。培训普及第九套广播体操，150人参加培训。选派7名干部二级社会体育指导员参加自治区体育学院组织的一级社会体育指导员培训班，选派1名干部参加自治区裁判员培训。普查体育场地，完成了208个全民健身场地普查上报工作和3个体育场地上报工作。

（米合日古丽·马衣提）

## 广播　电视

【概况】　2019年机构改革，整合托克逊县广播电台、县电视录转台，组建县广播电视台，作为县人民政府直属事业单位，归口县委宣传部领导。县广播电视台为托克逊县政府直属正科级公益一类事业单位，加挂托克逊县融媒体中心牌子，归口县委宣传部领导，是托克逊县政府和广大人民群众重要的宣传阵地。核定事业编制34名，经费实行全额预算管理。广播电视台内设办公室、总编室、新闻采访科、新媒体运行科、专题科、技术科、广告科7个科室。2019年6月20日加挂托克逊县融媒体中心牌子，标志着托克逊县媒体融合发展进入新阶段，将形成“一次采集、多种生成、全媒传播”的融合发展新格局。拥有2个电视频道、2个广播频率。开设《托克逊新闻》《天气预报》广播电视自办栏目，每天电视播出时长为15小时、广播播出时长为16小时。2019年，广播安全播出5610小时，电视安全播出5100小时。

机构改革后，5名隶属文旅局地方性事业编记者转隶至电视台工作，增加10个全额事业编制。按照机构改革相关要求，广播电视台财务需独立运行。年内，逐步办理新机构代码证、事业单位法人证书、新开户行账户，账户和交易平台开设办理完毕，陆续向县财政申请办公和维护经费，保障了广播电视业务正常运行。

年内，支付遗留的设备欠款，送修的DS－8频道功率放大器维修设备、服务器等设备安装到位,保障广播电视业务正常运行。投资24.5万元,购置1套UPS直流供电系统和1组柴油交流发电机组,从硬件上支持和保障安全播出工作。联系厂家维修损坏的摄像机等设备,申请购置智慧广电公共服务运维监管云平台设备及经费。

**【栏目设置】** 2019年,开设托克逊新闻等14个栏目。电视汉语节目共采集转播连续剧2160集,电影365部,其他节目3259期,文艺节目10期。维语节目共采集转播连续剧3600集,其他节目2316期。

**【主题宣传】** 全年广播电视台共发布新闻683条,一周新闻联播40期。维、汉语新闻在吐鲁番电视台播出60篇。在新疆人民广播电视台发稿42篇,在中央人民广播电视台及央广网发稿5篇。结合扫黑除恶、防范非法集资、环境卫生整治等工作,播报公益广告6部、通告10条、应知应会25条。

**【农村广播电视】**

*安装维护* 2019年,完成2万余户农村广播电视“建档立卡”工作。为全县44个行政村的村委会安装大喇叭及扩音设备,用于宣传各类惠民政策、收听时事新闻、方便突发事件的通知。加强农村广播电视村村通、户户通设备运行维护工作,全年维修农村广播大喇叭终端接收设备400余次,农村广播电视设备500余次。

*升级改造* 农村广播大喇叭设备升级改造工程。为237套农村广播大喇叭接收终端加装RDS+SCA双编码控制器,张贴237份标识牌,并建立档案。 (李兴华)

## 旅游 文物

**【旅游工作】**

*旅游品牌* 托克逊县有“新疆第一春,花开托克逊”乡村文化和“新疆第一面,托克逊拌面”餐饮文化2个旅游品牌。

全年培训旅游行业服务人员500余人次。全年接待游客263万人次,实现旅游收入3.1亿元。完善乡村旅游规划,创建民宿品牌,南湖杏花村已打造为托克逊县乡村旅游的名片,成为旅游民宿的精品示范点。2019年12月20日,吐鲁番市旅游景区等级评定委员会组织专家验收托克逊县南湖杏花村景区A级景区创建工作,达到国家AA级旅游景区标准要求,南湖杏花村景区评定为国家AA级旅游景区。

*旅游线路* 推广旅游线路两条:一条是“杏福第一春,花开托克逊”乡村旅游休闲采摘观光游。一条是“红、魔、怪”徒步摄影自驾探险体验游。

*旅游活动* 年内,与吐鲁番市同步举办春博会(杏花节)、非物质文化遗产周活动,组织人员赴郴州开展托克逊旅游推荐会、组织文工团参加郴州春晚及年货节文化交流活动,梳理旅游资源项目库、制作旅游项目招商手册,开展“湖南人游托克逊”等活动。2019年,托克逊县游客接待213万人,旅游消费2.65亿元。

*旅游产品* 突出特色,挖掘乡村文化,弘扬非物质文化遗产,如木卡姆表演、土陶技艺,丰富游客文化生活,策划加工一批当地农副产品、手工制品,打造原生态乡村旅游商品。

*旅游讲解* 年内,组织开办2019年郴托情·文化旅游讲解员培训班,各单位骨干及行业从业人员40余人参加培训。提高和规范各单位对外接待人员的服务水平,加深对新疆历史、吐鲁番历史、托克逊历史以及本土的民俗民风、特色产品、景区景点的认识和了解。

**【项目建设】**

*托克逊县文化活动中心项目* 主体已通过五方验收。

室内二次装修设计施工图审图已完成。

托克逊县广播电视中心和景观发射塔项目　景观发射塔高度158米,已建设完成。发射塔亮化工程设计完成。广播电视中心主体正在建设中。

广播电视发射塔建设项目　托克逊县覆盖城乡广播电视发射塔建设项目已基本完工。

托克逊县公共体育场田径跑道和足球场建设项目　已完工。

夏镇足球场地设施建设项目　已完工。

伊拉湖镇足球场地设施建设项目　正在建设中。

旅游厕所的建造项目　年内,完成9座并全部投入使用,发放补助资金90万元。

旅游民宿项目　全年打造旅游民宿45家,新增床位380个,发放补贴资金11.8万元。

标识标牌标准化建设工程　年内,完成怪石林景区及南湖杏花村全域标识标牌标准化建设,完善重要交通节点的旅游景区及乡村旅游指示牌、导览牌,完善高速沿线旅游标识标牌设计。

【“非遗”工作】　推荐吐尔逊·买买提和阿米尼汗·卡德尔两名木卡姆传承人上报到自治区级代表性传承人名录。配合市局组织以民间艺人为主的45名艺人开展为期7天的“文化和自然遗产日”暨第七届新疆非物质文化遗产周系列活。

【文物保护】

文物普查修复　托克逊县境内有72处不可移动文物点和200余条坎儿井,其中有全国重点文物保护单位1处(阿拉沟烽燧),自治区级重点文物保护单位11处,县级文物保护单位60处。

通过第三次全国文物普查,托克逊县发现墓葬、墓群40余处,最早可追溯到春秋战国时期,出土物有陶器、木俑、石尖状器、毛绳等,墓葬周边曾采集到夹砂红陶片、彩陶片、薄胎夹砂红陶片等。长城资源10处烽火台的围栏标识牌及文物整体修复等工作基本完成,10处烽火为阿乐惠石垒、萨依卡尔烽火台、阿萨墩城堡、考克烽火台、大墩烽火台、布干烽火台、吾斯提沟烽火台、柏拉克烽火台、吐孜塔格烽火台、乔拉克烽火台。

文物日常管护宣传　2019年,托克逊县15处文物保护单位有15名文物看护人员负责文物点的日常管护工作。文物所工作人员每月三分之一的时间巡视野外文物,记录掌握野外文物保存情况等,还开展流动博物馆宣讲。文物保护存在的突出问题是不可移动的文物都在野外戈壁滩,常年风吹日晒,会遭遇洪水、人为破坏等,保护难度大。

坎儿井维修加固　2009年第三次全国文物普查托克逊县有坎儿井295条,其中破坏、无水、废弃的坎儿井有257条,农民可利用的坎儿井有38条。2019年,托克逊县有水坎儿井23条,吐鲁番市文物局启动坎儿井维修加固项目工程,维修加固托克逊县有水的坎儿井23条,分布在县的夏镇南湖村、喀格恰克村、郭勒布依乡郭勒布依村、尤库日克喀拉阿什村,伊拉湖镇布尔加依村等地。坎儿井维修加固工作包括5个阶段,第一阶段掏捞清淤暗渠里的泥巴,第二阶段维修加固塌方的竖井口,第三阶段加固暗渠塌方段,第四阶段清理明渠,第五阶段维修涝坝。11月,第六期坎儿井抢救性保护加固工程竣工。　（沈　波）

# 脱贫攻坚

## TUOPIN GONGJIAN

**【概况】** 托克逊县有建档立卡贫困村 8 个,贫困人口 1918 户 6401 人,分布在 6 个乡(镇)42 个行政村。2016 年底托克逊县贫困村、贫困户全部达到脱贫标准,已经通过自治区验收核查和第三方评估验收。2017—2020 年为脱贫退出巩固提升年。

截至 2019 年底,托克逊县发展生产 1588 户 2115 人,转移就业 1166 户 1656 人,生态补偿 133 户 189 人,教育扶持 1125 户 1687 人,享受低保 347 户 655 人。

**【扶贫项目】**

项目库建设　2019 年,托克逊县坚持“村申报、乡审核、县审定”建库程序,完善县级项目库,年初纳入县级项目库 89 个项目,资金 1.45 亿元。按照国务院扶贫办县级项目建设要求,科学立项,精准规划到村到户项目。至年末,托克逊县累计储备 174 个项目,资金 3.08 亿元,其中新增 2020 年项目库项目 75 个,资金 8974 万元,工业发展和农业产业布局方面也在继续储备和完善。

项目资金监管　落实“两上两下”项目申报制,强化资金项目事前、事中和事后监管,公告公示资金项目,并后续管护。2019 年,到位中央、自治区、吐鲁番市财政专项扶贫资金 2436 万元,其中中央资金 1617 万元、自治区资金 274 万元、市级资金 545 万元,实施的 22 个项目全部完工。

**【“两不愁三保障”】** 2019 年,在托克逊县农户“两不愁三保障”工作中摸排出收入低于 4000 元的贫困家庭 22 户 86 人、3 名新生儿未参保、16 名适龄儿童因残疾智障无能力接受义务教育等 3 类问题。年内,县委常委会 3 次专题研究解决“两不愁三保障”突出问题,强弱项、补短板,强化包联体系和责任,县、乡、村三级包联,综合统筹帮扶工作,坚决防止 3 户 9 人和收入低于 4000 元的 22 户脱贫户返贫,确保退出成效。截至 2019 年底,托克逊县所有贫困人口吃穿不愁,安全饮水全部达标,基本医疗、义务教育、住房安全均得到保障,年内无新增贫困人口。

**【发展生产】** 坚持宜农则农、宜林则林、宜牧则牧、宜工则工、宜商则商、宜游则游,完善产业扶贫政策,推动一产上水平、二产抓重点、三产大发展。2019 年新增葡萄种植 2 万亩,贫困村新增特色林果种植面积 0.3 万亩,鼓励 1588 户 2115 名贫困人口发展西甜瓜、葡萄、杏子等特色作物和参与传统黑羊、牛等养殖。依托财政专项扶贫资金项目,奖补生产,引导 499 户贫困户发展特色种植 2198.2 亩。强化实用技术培训,以讲座、现场会、座谈讨论会等形式累计开展培训 124 场次 8272 人次,其中农业技术培训 87 场次 6781 人次(含贫困人口 393 人次);葡萄、杏树标准化栽培管理、冬季修剪技术及病虫害防控技术、葡萄架式改造等林业技术培训37场次1491人次。托克逊县建立县级电子商务公共服务中心1个，乡镇级电子商务服务站8个，村级电子商务服务点24个，县、乡、村三级服务体系基本搭建完毕，托克逊县农村网销额699.03万元，同比增长30.3%。

【**转移就业**】 2019年，托克逊县统筹行业部门开展贫困劳动力转移就业和技能培训，涉及中式面点师、烹调师、保安员、工艺制作、叉车驾驶员、创业培训、电工、农民专业合作社经营管理、农艺工、美容美发师等10个工种，开展职业技能培训12期403人，实现贫困劳动力转移就业1166户1656人，其中自主创业131人、稳定就业939人、灵活就业586人。

2019年，新建占地面积997亩纺织产业园，落地服装加工、手工编织、馕食品、农产品组装等10家企业，吸纳用工480人，其中低收入群体148人、建档立卡贫困户30人、残疾人8人。托克逊县建设扶贫车间56个，共吸纳就业441人，其中贫困人口110人。

【**最低生活保障**】 2019年，托克逊县累计向1203户2657名城乡低保户发放低保资金1778.09万元。建档立卡贫困户中享受城乡低保347户655人，累计发放城乡低保资金317.51万元。托克逊县为符合条件的2050名残疾人发放残疾人两项补贴232.08万元，其中向393名贫困残疾人发放残疾人两项补贴资金41.74万元。为5776名贫困对象代缴城乡居民基本医疗保险150.18万元。贫困人口参加城乡居民基本医疗和养老保险参保率均100%。

【**教育扶贫**】 坚持优先发展教育事业，不让贫困代际传递。健全完善贫困学生助学政策体系，保障基本学习和生活，保证贫困家庭孩子精准资助，接受有质量的教育。2019年，教育扶持1125户1687人，其中学前教育231人、义务教育940人、普通高中150人、内初班12人、内高班22人、职业高中63人、中职65人。大专及以上199人，特教5人，共资助资金269.69万元。

【**健康扶贫**】 2019年，托克逊县累计免费体检10万余人，体检率100%。参加城乡居民医疗保险9.29万人，其中免除贫困户个人缴费部分8488人164.93万元、大病救助121人3.74万元，其中医药补助0.17万元、民政补助0.3万元、医疗补助3.27万元。建立健全医疗兜底保障机制，实施县级、乡（镇）先诊疗后付费和“一站式”结算服务，开辟绿色通道，减轻贫困人口医疗费用负担。全年建档立卡贫困人口普通门诊就诊18391人次，总费用70.11万元，统筹支付46.1万元。慢性病就诊1939人次，总费用86.84万元，统筹支付49.58万元。住院1880人次，总费用800.05万元，统筹支付532.36万元。8个贫困村均有标准化卫生室，每个贫困村配备合格乡村医生（持有乡村医师证）2人，达标率100%，签约服务率100%。

【**基础设施建设**】 2019年，全县基础设施建设总投入1271万元。

电力设施配网建设工程 投入44.52万元，实施夏镇奥依曼买里村配网建设工程，强化电力设施建设。

节水灌溉项目 投入735万元，为3个贫困村和1个一般村实施33.3千米防渗渠、节水灌溉1700亩，提升水资源利用率和土地利用效益。

安全饮水项目 投入161万元，实施3个一般村安全饮水巩固提升工程，新建供水管道19.3千米，完成入户管网升级改造，收益贫困户51户。

道路建设项目　投入331万元,为3个贫困村(伊拉湖镇郭若村,夏镇喀拉苏村、郭勒布依乡尤库日克喀拉阿什村)新建道路6.7千米。

【金融扶贫】　2019年,县、乡(镇)、村三级审核,提前预警,金融机构组织人员入户排查,提高放贷精准度,确保金融扶贫政策落实落地。累计为1615户贫困户发放小额信贷4679.84万元,建立实名制台账加强管理,全年无逾期和不良贷款。

【社会帮扶】

企业帮扶　2019年,托克逊县32家规上企业帮扶8个贫困村。托克逊县17家企业(华帝服装有限责任公司、中泰化学托克逊能化有限公司、吐鲁番银光民爆有限公司、华天瓷业有限公司、天鹏炭素有限公司、新疆宏顺矿业投资有限公司、吐鲁番雪银金属矿业股份有限公司、雨田煤业有限责任公司、中石油托克逊县销售片区、新疆长乐锰业有限公司、新疆黑山煤炭化工有限公司、金林实业有限公司、神华新疆托克逊矿业有限责任公司、葛洲坝易普力新疆爆破工程有限公司黑山分公司、新捷能源有限公司、新疆长乐锰业有限公司、振坤物流有限公司)累计投入68.72万元,通过消费购买贫困村、贫困户特色农产品,支持产业发展和解决医疗教育、改厕、资助大学生等方式,助力脱贫攻坚。伊拉湖镇组织25家镇级企业与75户低收入贫困户建立包联关系,提升"两不愁三保障"水平。

干部帮扶　坚持因人因户施策,一户一方案、一户一措施,托克逊县1918名干部开展结对帮扶,投入帮扶资金350余万元。

网络助力　年内,通过中国社会扶贫网搭建帮扶需求与社会资源的对接平台,动员社会各方力量参与脱贫攻坚,干部结对帮扶大数据平台手机APP工作,提高社会扶贫精准度和公信力。截至2019年底,注册手机APP 1918人、社会扶贫APP注册爱心人士和贫困户2148人,利用社会扶贫APP发起爱心捐赠,捐款522次12492元。

爱心捐助　托克逊县倡导各级党政机关、企事业单位及广大干部职工,各个行业、社会组织分头开展扶贫资金募集、物资捐赠等活动,捐资、捐物约30万元。为贫困、低保、残疾、优抚等低收入群体送去党和政府的温暖,营造良好的社会氛围,持续推动社会扶贫工作。

【援疆扶贫】　2019年,湖南省郴州市援助托克逊县工作出色有力,仅在产业援疆、教育援疆方面就争取援疆资金310万元,同时援疆干部还牵线搭桥帮助将农产品引入湖南销售。

产业援疆　组织各乡镇申报并实施家门口就业项目,争取援疆资金250万元,实施项目共6个,解决30户贫困户就业。

教育援疆　2019年安排60万元扶持考上大学的建档立卡贫困户子女,每名学生援助6000元。截至2019年底已援助疆外贫困大学生68人。

疆品出疆　将农业龙头企业与销售平台结合使产品直达终端,发展物流电商产业促进线上线下融合,帮助托克逊县群众脱贫致富。2019年,帮助销售农产品5316吨,金额6600万元。

【"冬季攻势"】　托克逊县农业户籍人口2.6万户8.7万人。全年累计培训贫困人口5682人次,其中实用技术培训156场次4103人次,技能培训304场次1579人次。完善2020年县级扶贫项目库,81个项目纳入项目库。2020年计划实施23个,涉及上级下达2889万元。截至2019年底,共清理登记2014年以来扶贫项目36个,资金3890.65万元。

【双向引导】

正面宣传　托克逊县注

重“既富口袋、又富脑袋”，增强脱贫攻坚内生动力，广泛动员群众参与，力争把正信、扶智、励志贯穿扶贫开发全过程，使脱贫攻坚的过程成为争取和凝聚人心，增强“五个认同”的过程。2019年“托克逊零距离”发布报道163篇，其中典型引路宣传报道50余篇。宣传中央及自治区党委、市委、县委关于脱贫攻坚的决策部署以及取得的成就33篇；其他相关报道80篇。县广播电视台共发布报道104篇，其中典型引路报道34篇。宣传中央及自治区党委、市委、县委关于脱贫攻坚的决策部署以及取得的成就23篇，其他相关报道47篇。

感恩教育　托克逊县利用“民族团结一家亲”、干部走村入户结对帮扶等契机，宣讲解读教育、医疗卫生、脱贫帮扶等各项惠民政策，宣传党的惠民政策和习近平总书记关于扶贫工作的重要论述。开展扶贫对象感恩教育，入情入理引导和启发贫困户消除“等靠要”思想。依托文化活动室、文化大院等活动载体，组织开展各类宣传发动活动，增强贫困群众脱贫的积极性、主动性，从“要我脱贫”变为“我要脱贫”。通过群众工作加强思想教育引导，广泛动员各族群众树立正确价值导向，截至2019年底，通过各种形式传达学习习近平新时代中国特色社会主义思想等党的最新理论成果57场次，受教育人数2.3万人次。

（鲁福平）

# 专题辑录

ZHUANTI JILU

## 湖南援助托克逊县工作第八批援托工作

【概况】 2017年初,郴州市组建第八批援疆工作队入托。至2019年底,三年间累计共有援疆队员166人,其中党政干部10人、医生19人、教师48人、检察7人,其他各类人才82人。

第八批援疆工作队援疆期间,发扬“特别能吃苦、能战斗、能奉献”的援疆精神,积极牵线搭桥,力促当地经济社会各项事业发展。聚焦维护稳定和长治久安总目标,突出抓住项目建设、产业发展、民生改善、民族团结四条主线,出实招、办实事,务实谋事、精心搭台,真情援疆多点开花;强化政治、纪律、廉政三项建设,坚守初心、严管厚爱,教育引导,锤炼、磨砺、培养援疆干部,打造了一支讲政治、作风实、敢担当的援疆队伍,展现了郴州援疆干部人才良好形象。

【援疆项目】 “十三五”期间,规划援建项目6大类22个项目,投入资金2.43亿元,所有援疆项目向基层倾斜,向保障改善民生倾斜,全部按照计划完工。保证80%以上的援疆资金用于民生项目。双语幼儿园等10个教育援疆项目比原计划提前两年完成,率先实现双语幼儿园“应建尽建”目标,为托克逊县通过“全国义务教育发展基本均衡县”验收起到了重要作用。县维吾尔医医院门诊综合楼投入使用,更加方便少数民族群众就医就诊。阿乐惠镇阿拉沟社区、库米什镇英博斯坦村、伊拉湖镇布尔加依村等24个村(社区)级阵地建设完成,使村民享受到便利的村务、政务服务。完成奥依曼买里、喀拉苏等8个贫困村基础设施建设项目,干净整洁的道路使村容村貌大为改观。千亩援疆生态林项目实施完成,让戈壁渐披绿装。这些项目建设管理经验多次受到湖南援疆前方指挥部表扬,并推广至其他援疆队伍。

未就业大学生锻炼培训项目 2017—2019年,投入援疆资金220万元,组织未就业大学生赴湖南锻炼培训(含师资培训),每人补助1.75万元。2017年组织35人创业培训、38人企业就业培训,2018年组织21人企业就业培训、33人创业培训,2019年组织33人创业培训。

产业发展与促进就业引导资金(家门口就业工程) 湖南援助550万元,援托期内,完成夏镇奥依曼买里村冷库及辅助用房项目、伊拉湖镇郭若村电子商务楼和依提帕克村标准化馕坑建设、博斯坦镇李孟坎儿孜村纺织服装厂项目、克尔碱镇通沟村生态旅游观光项目、夏镇布拉克贝希村水洗厂建设项目、库米什镇柯尔克孜铁米村汽车修理及汽车加水标准厂房项目、夏镇喀拉苏村卫星工厂、郭勒布依乡尤库日克喀拉阿什村生态农业休闲旅游项目、克尔碱镇英阿瓦提村庭院经济发展等产业发展项目。

万名教师支教计划　湖南援助255万元，援助34名湖南籍教师赴吐鲁番支教。

示范性“双语”幼儿园建设项目　该项目总投资2690万元，湖南援助1749万元。共建成6所双语示范幼儿园，其中1所城镇双语示范幼儿园，共600万元；5所农村标准化幼儿园（其中3所每所200万元，夏镇布拉克贝希双语幼儿园600万元，克尔碱镇通沟村双语幼儿园149万元），以及配套基础设施建设，2017年底完工。

教育信息化项目　该项目总投资2780万元，湖南援助950万元，到位资金2016年350万元，2017年600万元，完成配备班班通设备125套、课堂直播教室8间、教育局中心机房升级设备、配备教育云平台设备、网络云空间设备、智慧课堂设备，2017年底完工。

一中多功能教学楼　该项目总投资1200万元，湖南援助950万元，建设总面积3828平方米及配套设施，包括大型合唱室等功能室及供排水、供暖、强弱电工程、绿化、地面硬化等附属工程。

滨河学校塑胶运动场和室内篮球馆　该项目湖南援助800万元，2016年投入500万元，2018年投入300万元，建设300米塑胶运动场、1000平方米室内篮球馆。

夏镇喀拉苏小学综合教学楼建设　该项目总投资900万元，湖南援助576万元，建设3563.64平方米综合教学楼及附属工程。其中综合教学楼3310.5平方米、消防水池164.9平方米、警卫室88.24平方米并完善地面硬化、围墙、给排水、消防管网等配套附属设施。

资助受援地在内地上学的贫困大学生项目　援疆期内，湖南援助180万元，资助受援地在内地上学的贫困大学生每人每年资助6000元。（5年共资助500名贫困生，计划补助300万元）。

人才交流交往培养项目　该项目湖南援助400万元，2018年、2019年开展高层次人才培养、干部双向挂职、柔性引进人才，开展学术交流、技术指导、专家讲坛等活动（含旅游人才培养经费100万元）。

安居富民工程　该项目湖南援助10168万元，到位资金8387万元，新建安居富民房10168套（户），每套补助1万元，已完工8387户。

贫困户（村）安居富民工程基础设施配套建设　该项目湖南援助1344万元，每套补助1万元用于1344户贫困户安居富民房基础设施配套建设，全部完工。

定居兴牧工程　湖南援助218万元，新建定居兴牧房176套，每套补助1万元共176万元，余42万元用于调剂2020年安居富民工程。

县维吾尔医医院门诊综合楼建设　该项目总投资2900万元，2016—2018年湖南援助1500万元，新建6000平方米门诊综合楼及附属设施、购置医疗设备，2018年完工并投入使用。

广播电视中心和发射塔项目　该项目总投资8900万元，湖南投入援助资金6900万元，到位资金4900万元，建筑面积为4500平方米广播电视中心和158米广播电视发射自立塔，2019年发射塔主体已完工，电视中心主体施工。

援疆生态林　湖南援助资金1000万元，到位资金800万元，选址于吐和立交东侧，新建500亩援疆生态林，主要种植桑葚等树种。

夏镇色日克墩村基础设施建设项目　该项目总投资400万元，湖南援助200万元，实施夏镇色日克墩村知青小镇配套基础设施建设，道路硬化、绿化、亮化等。

伊拉湖镇康喀村基础设施建设项目　该项目总投资200万元，湖南援助100万元，实施伊拉湖镇康喀小镇配套基础设施建设，道路硬化、绿化、亮化等。

村民小组活动室建设项目　该项目湖南援助600万元,2016—2017资金全部到位,建设郭勒布依乡喀拉布拉克村1组、7组,开斯克尔村1组、7组,郭勒布依村2组、8组,切克曼坎儿孜村1组,巴格万村3组,萨依吐格曼村2组,尤库日克喀拉阿什村1组;伊拉湖镇康喀村1组、3组,古勒巴格村1组,郭若村5组,郭若村6组,布尔加依村1组;夏镇铁提尔村7组,南湖村良种场小组,博斯坦镇博孜尤勒贡村6组,长安村4组,共20个村民小组活动室。

县村场队阵地(村级综合文化服务中心)建设　该项目总投资5140万元,湖南援助4000万元,2016—2019年到位资金3400万元,建设26个村(社区)场队阵地(村级综合文化服务中心),完工24个,分别是夏镇铁提尔村(村委会办公楼)、色日克吉勒尕村、喀格恰克村、铁提尔村(村民活动中心)、喀拉苏村、托台村、奥依曼买里村、巴扎社区,郭勒布依乡河东村、硝尔村、开斯克尔村、喀拉布拉克村、奥依曼布拉克村、尤库日克喀拉阿什村、巴格万村,博斯坦镇博孜尤勒贡村、琼帕依扎村,伊拉湖镇郭若村、依提帕克村、布尔加依村,库米什镇英博斯坦村,阿乐惠镇阿拉沟社区,克尔碱镇克尔碱村,托克逊镇阳光社区。

购置技术装备　该项目湖南援助500万元,用于购置警用和技术装备。

【产业援疆】　2017—2019年,工作队把解决现实困难与增强产业后劲相结合,开创"2+3+X"模式(产业引进来、走出去两个方向,畅通"疆品出疆"批发、零售、电商3个渠道,拓展各渠道X级延伸),激活产业内生动力推动产业援疆新发展,逐渐形成哈密瓜、灰枣等一批富有竞争力的特色产品,带动了群众脱贫致富。

牵线搭桥　2017—2019年,援疆工作队托克逊县有关部门到郴州、岳阳等地考察学习,促成郴州高新技术产业开发区、岳阳经济技术开发区与县能源重化工产业园结对共建。协调指导完成县电商产业示范园建设并通过商务部验收,聚集速递物流、电子商务等企业50多家,使托克逊特色瓜果搭上互联网快车走入千家万户。推进筹建乌鲁木齐郴州商会,组织企业参加湖南果品大会、农产品博览会、郴州年货节、郴州(托克逊)哈密瓜节等,在长沙、郴州建成商品展示中心、专卖店、货仓等,拓宽了白粮液酒业、双枫农业、德源酒业等一批本地企业销售渠道。三年来,组织参加各类招商会、推介会等招商引资活动10次,与近30家企业达成投资协议和意向,签约项目15个,协议投资金额超过10亿元。力邀20余批客商到托克逊考察,其中湖南华丰利达、湖南建工、疆果佬农业科技、生源朝天龙电子商务等企业已经落地发展。

疆品入湘　2018年,许达哲省长考察湖南援疆工作时,重点强调抓好"疆品入湘、湘品入疆"工作。工作队打造托克逊特色品牌,开通"疆品入湘"直通车,建成销售专区,销售额超过5000万元。促成长沙红星大市场与托克逊县政府达成战略合作协议,累计采购哈密瓜万余吨。引进京东商城、湖南友阿、湖南一县一品产业扶贫电商联盟等企业线上线下销售托克逊农产品,在长沙农创园设立展示区,生源集团、小腾科技等在托克逊设立采购中心。三年来,工作队通过各种途径帮助托克逊企业、农户销售农产品上亿元。

【民生工程】

脱贫攻坚　2017—2019年,工作队推动建成安居富民房6358套。大力实施贫困村家门口就业工程,完成奥依曼买里村冷链物流、通沟村生态旅游观光、吉格代餐具清洗消毒等9个项目,安排农村劳动力240人。持续实施一家一助学就业·湘吐同心工程和

"湘吐情·一户一工人"培养工程,共培训1500人次,帮助贫困村发展果树种植、黑羊养殖等产业。帮助8个贫困村建成健身体育设施,改善了村民体育活动场所。党政干部队员对口帮扶1—3户建档立卡贫困户,指导生产技术、解决资金及联系工作岗位等。"郴托情·扶贫帮困"100户,资助资金20万元,队员个人帮扶物资及资金超过15万元。郴州市捐赠2台价值100万元的电动公交车,开通贫困村班线。安排180万元资金资助300名托克逊县在内地上大学的贫困大学生,协调郴州市教育基金会捐资30万元及永州市教育基金会捐资3万元,资助200名贫困学生。

*教育援疆* 构建"六位一体"教育援疆新模式,共同推进项目建设、学校结对帮扶、师资队伍培养、学生培优交流、教育扶贫等工作。推动郴州市六中与托克逊县一中、郴州湘南小学与托克逊一小及博斯坦镇长安小学实现网络联校。2019年,托克逊二中与郴州市二中完成网络联校,实现从小学到高中网络联校全覆盖。郴州市六中与托克逊一中远程同步教研共建活动——"'林邑之光'1+N网络联校"被评为全国基础教育信息化应用典型示范案例,并被确定为教育部2018年度教育信息化教学应用实践共同体18个项目之一,参加北京"网络联校助力民族教育发展"主题展览。建立"潇湘名家讲坛",举办讲座13期,聆听讲座人员6000余人次,先后选派30名托克逊教师到郴州挂职学习。选派60多名高中学生到郴州委托培养、强化复习。实施未就业大学生锻炼培训项目,完成3200人次。促成深圳狮子会和深圳爱阅基金会捐赠1.8万册价值40余万元的图书建成春风图书馆,联系湖南出版集团岳麓书社捐赠四大名著185套、永州市新华书店捐赠图书500余册。

*医疗援疆* 援疆医生充分发挥传帮带作用,毫无保留传授技艺,填补了纤维镜下支气管术、经皮气管切开术、心脏支架置放等20余项技术空白。开创柔性医疗援疆模式,解决了本地急需的儿科、骨科等科室高级医技人才。建立托克逊县人民医院建立胸痛中心、中医专家门诊、皮肤美容科与湖南湘雅医院、郴州市第一人民医院的远程医疗会诊平台。三年来,接诊门诊和住院病人3万余人次,组织参与抢救600余人次,为当地医生讲课100余场次,重症转诊率大幅下降。常态化开展"郴托情·义诊送医"活动60余次,诊疗病患2万余人次,发放药品30余万元,"郴托情·义诊送医"品牌日益光大。

**【民族团结】** 2017—2019年,工作队员按照规定下基层走访住户,与少数民族群众同吃同住同劳动同学习同娱乐。开展"民族团结一家亲""进农家、干农活、暖民心"和"三连两联一交友"等活动,队员共与100余户困难群众、建档立卡贫困户、困难学生家庭结对认亲,留下诸多"不是亲人胜似亲人"的佳话。

**【两地交流】** 三年来,托克逊县文化交流团每年赴郴州开展文化交流活动,参加郴州市2018年、2019年春节联欢晚会。协调郴州电视台、郴州日报社深入托克逊县采访报道,宣传郴州援疆20周年成果。协调联系中央电视台、湖南卫视到托克逊拍摄杏花节、桑葚节、通沟村旅游等专题节目,累计在新华社、湖南卫视、新疆卫视、吐鲁番电视台等中央、省(自治区)、市级新闻媒体上稿300多条,展现了托克逊经济社会发展成果。到长沙、郴州等地召开旅游推介会,宣传托克逊旅游资源,开设旅游培训班,组织开展"湖南人游托克逊"活动,既让湖南游客领略了托克逊的美景,又助力托克逊融入新疆旅游经济圈,带动了三产发展。

郴州市还向托克逊县增派柔性援疆人才20余人次,托克逊县选派150多名农村基层干部到韶山干部管理学院、郴州市委党校进行党性锻炼、业务培训,选派33名教育系统干部、5名宣传文化系统干部、10名青年科技英才、27名民警、5名医生赴湖南相关单位挂职锻炼。到湖南招聘教师、地方性事业编民警,拓宽了人才交流渠道。协调郴州电视台、市气象局在每晚郴州新闻联播后播报托克逊县天气预报,开辟了两地交流、了解新窗口。

**【援疆精神】** 第八批援助托克逊工作队在湖南省援疆前方指挥部指导下成立以文建军为领队、书记,欧辅国为副领队、副书记的新一轮援疆班子,按照"内抓管理,外树形象"的要求强化队伍建设和队务管理。

工作队关心队员生活,注重团队意识,发扬"特别能吃苦、能战斗、能奉献"的援疆精神。定期参加湖南援疆前指组织的远程学习培训,学习新疆的风土人情民俗习惯和政策法规,参加各类党纪党规学习。进疆后,领队、副领队与本地领导干部同一标准在县指挥中心带班值班。10名党政干部及部分专业技术人才根据托克逊县统一安排,分别到最偏远的库米什镇柯尔克孜铁米村及克尔碱镇通沟村下沉住户,与少数民族群众同吃、同住、同劳动、同学习、同娱乐,帮助他们转变观念、学习技能、发展生产,增强爱党爱国爱社会主义意识。建立健全纪律、组织、学习等10个规章制度。开展安保培训,组织应急演练,提高安全防范能力。落实安全管理承诺、请销假制度等规定,杜绝私自驾车、私自旅游等高风险事项,时时敲纪律警钟,处处防安全隐患,教育队员做好安全防范。三年来,未出现任何安全事故。

援助三年中,工作队获得吐鲁番市民族团结进步工作先进集体等荣誉,推荐获评吐鲁番市火洲开发建设奖状等奖项。湖南省第八批援疆工作队获得全国民族团结进步模范集体奖、入围2018年度感动湖南十佳人物等荣誉,50余人(次)队员获评自治区、郴州市、吐鲁番市和托克逊县民族团结进步、优秀共产党员、优秀援疆干部人才等荣誉称号,疆品出疆、网络联校等多项工作被新华社、中新社、人民网和湖南卫视、《湖南日报》、新疆卫视、《新疆日报》等媒体报道,经验推广至其他援疆队伍。

**湖南省第八批援助托克逊县干部和人才一览表**

**(2017年1月至2019年12月)**

表18

| 姓　名 | 性别 | 民族 | 籍贯 | 文化程度 | 出生年月 | 参加工作时间 | 入党时间 | 原单位及职务 | 在托克逊县援疆期间岗位和职务 |
|---|---|---|---|---|---|---|---|---|---|
| 文建军 | 男 | 汉 | 湖南临武 | 研究生 | 1978年7月 | 2000年9月 | 1999年1月 | 郴州市委办副秘书长、调研员 | 县委副书记 |
| 欧辅国 | 男 | 汉 | 湖南宜章 | 大学本科 | 1982年1月 | 2002年7月 | 2007年7月 | 郴州市苏仙区委常委、副区长 | 县委常委、副县长 |
| 郭建明 | 男 | 汉 | 湖南永兴 | 大学本科 | 1980年5月 | 1999年9月 | 1999年7月 | 永兴县七甲乡党委书记 | 县委组织部副部长 |
| 李　周 | 男 | 汉 | 湖南桂东 | 大学专科 | 1974年7月 | 1994年9月 | 1999年7月 | 桂东县科技和工业信息化局副局长 | 县科技局党组成员、副局长 |

续表 18

| 姓　名 | 性别 | 民族 | 籍贯 | 文化程度 | 出生年月 | 参加工作时间 | 入党时间 | 原单位及职务 | 在托克逊县援疆期间岗位和职务 |
|---|---|---|---|---|---|---|---|---|---|
| 陈子龙 | 男 | 汉 | 湖南临武 | 大学本科 | 1978 年 9 月 | 1998 年 10 月 | 1997 年 4 月 | 临武县乡镇长人选 | 县发改委党组成员、副主任 |
| 李雪峰 | 男 | 汉 | 湖南嘉禾 | 大学本科 | 1981 年 9 月 | 2006 年 8 月 | 2010 年 9 月 | 嘉禾县袁家镇主任科员 | 县教育局党委委员、副局长 |
| 李苏文 | 男 | 汉 | 郴州北湖 | 研究生 | 1981 年 11 月 | 2005 年 7 月 | 2006 年 7 月 | 资兴市委办公室主任科员、副主任 | 县文化体育广播电视和旅游局党组成员、副局长 |
| 谢明剑 | 男 | 汉 | 湖南嘉禾 | 大学本科 | 1974 年 9 月 | 2001 年 1 月 | 2003 年 10 月 | 嘉禾县工商联主任科员 | 县商务和工业信息化局党委委员、副局长 |
| 吴　瑾 | 女 | 汉 | 湖南郴州 | 研究生 | 1984 年 10 月 | 2011 年 3 月 | 2012 年 6 月 | 郴州市文物旅游广电体育局科长 | 县文化体育广播电视和旅游局党组成员、副局长 |
| 周邦宇 | 男 | 汉 | 湖南安仁 | 大学本科 | 1974 年 9 月 | 1996 年 8 月 | 1999 年 1 月 | 郴州市公安局有组织犯罪侦查支队主任科员 | 县公安局党委委员、副局长 |
| 罗良贤 | 男 | 汉 | 湖南安仁 | 大学本科 | 1974 年 8 月 | 1998 年 9 月 | 2005 年 7 月 | 郴州市第一人民医院（南院）ICU 主任 | 县人民医院医生 |
| 谢玉兰 | 女 | 汉 | 湖南资兴 | 大学本科 | 1977 年 9 月 | 1997 年 7 月 | 2008 年 7 月 | 资兴市第一人民医院病理科医生 | 县人民医院医生 |
| 段　欢 | 女 | 汉 | 湖南郴州 | 大学本科 | 1983 年 6 月 | 2007 年 1 月 | — | 资兴市妇幼保健计划生育服务中心医生 | 县人民医院医生 |
| 廖晓林 | 男 | 汉 | 湖南桂阳 | 大学本科 | 1969 年 10 月 | 1972 年 1 月 | — | 桂阳县宝山医院副院长 | 县人民医院医生 |
| 李　鄐 | 女 | 汉 | 湖南沅陵 | 大学本科 | 1969 年 2 月 | 1989 年 1 月 | — | 郴州市第三人民医院妇产科医生 | 县人民医院医生 |
| 许华宇 | 男 | 汉 | 湖南耒阳 | 大学本科 | 1978 年 10 月 | 2003 年 1 月 | — | 郴州市中医医院急诊科主任 | 县人民医院医生 |
| 柏　飞 | 男 | 汉 | 湖南桂阳 | 研究生 | 1977 年 8 月 | 2000 年 1 月 | 2000 年 5 月 | 郴州市第一人民医院康复医学科医生 | 县人民医院医生 |
| 刘孟江 | 男 | 汉 | 江西南康 | 大学本科 | 1975 年 12 月 | 2002 年 7 月 | 2013 年 7 月 | 郴州市第一人民医院麻醉科医师 | 县人民医院医生 |
| 余勋章 | 男 | 汉 | 湖南宜章 | 研究生 | 1976 年 5 月 | 1999 年 8 月 | — | 郴州市第四人民医院心内科医师 | 县人民医院医生 |
| 陈飞林 | 男 | 汉 | 湖南宜章 | 研究生 | 1978 年 5 月 | 2002 年 7 月 | — | 郴州市第一人民医院副主任医师 | 县人民医院医生 |
| 尹增亮 | 男 | 汉 | 湖南资兴 | 在职大学 | 1972 年 2 月 | 1989 年 8 月 | 2000 年 4 月 | 资兴市皮肤病防治所（皮肤病医院） | 县人民医院 |

续表 18

| 姓　名 | 性别 | 民族 | 籍贯 | 文化程度 | 出生年月 | 参加工作时间 | 入党时间 | 原单位及职务 | 在托克逊县援疆期间岗位和职务 |
|---|---|---|---|---|---|---|---|---|---|
| 朱柏霖 | 男 | 汉 | 湖南郴州 | 大学本科 | 1986 年 7 月 | 2010 年 7 月 | 2008 年 7 月 | 郴州市第一人民医院(南院)影像医学中心主治医师 | 县人民医院医生 |
| 廖敏兰 | 女 | 汉 | 湖南郴州 | 大学本科 | 1971 年 11 月 | 1991 年 9 月 | — | 郴州市第一人民医院超声波副主任医师 | 县人民医院医生 |
| 黎坤香 | 女 | 汉 | 湖南资兴 | 大学本科 | 1972 年 7 月 | 1995 年 9 月 | — | 郴州市中医医院针灸科主任 | 县人民医院医生 |
| 谢汉龙 | 男 | 汉 | 湖南郴州 | 大学专科 | 1974 年 1 月 | 1998 年 1 月 | — | 郴州市第五中学教师 | 县第一中学教师 |
| 谭海玫 | 女 | 汉 | 湖南郴州 | 大学本科 | 1969 年 11 月 | 1990 年 6 月 | 1999 年 7 月 | 安仁县第二中学教师 | 县第二中学教师 |
| 李日军 | 男 | 汉 | 湖南郴州 | 大学本科 | 1969 年 5 月 | 1992 年 7 月 | — | 嘉禾县第一中学教师 | 县第二中学教师 |
| 张国扬 | 男 | 汉 | 湖南郴州 | 大学本科 | 1973 年 1 月 | 1997 年 7 月 | — | 安仁县职业中专教师 | 县职业高中教师 |
| 李志刚 | 男 | 汉 | 湖南郴州 | 大学本科 | 1978 年 2 月 | 1998 年 7 月 | 2004 年 7 月 | 郴州市第十一中学教师 | 县职业高中教师 |
| 何清清 | 女 | 汉 | 湖南安仁 | 大学本科 | 1973 年 3 月 | 1995 年 7 月 | — | 郴州市北湖区教师进修学校数学教师 | 县第一中学数学教师 |
| 李晓爱 | 女 | 汉 | 湖南永兴 | 大学本科 | 1976 年 5 月 | 1994 年 7 月 | 1998 年 6 月 | 郴州市第六中学办公室主任 | 县第一中学党政办副主任、音乐教师 |
| 张惠爱 | 男 | 汉 | 湖南永兴 | 大学本科 | 1967 年 5 月 | 1988 年 7 月 | 1997 年 7 月 | 永兴县第一中学物理教师 | 县第二中学教研组组长、物理教师 |
| 欧阳奎 | 男 | 汉 | 湖南宜章 | 大学本科 | 1972 年 9 月 | 1996 年 7 月 | — | 郴州市第十五中学英语教师 | 县第二中学英语教师 |
| 曹爱国 | 男 | 汉 | 湖南永兴 | 在职大学 | 1973 年 8 月 | 1996 年 6 月 | — | 永兴县第二中学数学教师 | 县第二中学数学教师 |
| 黄瑞林 | 男 | 汉 | 湖南永兴 | 在职大学 | 1971 年 9 月 | 1993 年 8 月 | 2004 年 11 月 | 郴州综合职业中专学校高考办主任 | 县职业高中副校长、德育教师 |
| 李恪武 | 男 | 汉 | 湖南宜昌 | 在职大学 | 1978 年 1 月 | 2002 年 9 月 | — | 宜章县第四中学政教处副主任 | 县职业高中教研室主任、语文教师 |
| 周兴旺 | 男 | 汉 | 湖南郴州 | 大学专科 | 1969 年 2 月 | 1989 年 6 月 | 2011 年 7 月 | 安仁县住房和城乡规划建设局乡村规划管理办主任 | 县能源重化工工业园区管委会规划部专业技术人员 |

续表 18

| 姓　名 | 性别 | 民族 | 籍贯 | 文化程度 | 出生年月 | 参加工作时间 | 入党时间 | 原单位及职务 | 在托克逊县援疆期间岗位和职务 |
|---|---|---|---|---|---|---|---|---|---|
| 龚　纯 | 男 | 汉 | 湖南桂阳 | 大学本科 | 1986 年 4 月 | 2008 年 7 月 | 2006 年 7 月 | 郴州市固定资产投资审计中心专业技术人员 | 县审计局投资科专业技术人员 |
| 蒋　瑜 | 女 | 汉 | 湖南长沙 | 研究生 | 1986 年 1 月 | 2012 年 10 月 | 2006 年 12 月 | 郴州市城乡规划局苏仙分局行政审批股科员 | 县城乡规划局监督监察科专业技术人员 |
| 刘　健 | 男 | 汉 | 湖南道县 | 大学专科 | 1988 年 3 月 | 2011 年 1 月 | — | 郴州市公安局北湖分局涌泉派出所科员 | 县公安局视侦大队专业技术人员 |
| 肖　鹏 | 男 | 汉 | 湖南衡阳 | 函授大专 | 1994 年 11 月 | 2011 年 12 月 | — | 郴州市公安局巡特警支队反恐防暴一大队科员 | 县公安局专业技术人员 |
| 李　希 | 男 | 汉 | 湖南永兴 | 大学本科 | 1988 年 5 月 | 2011 年 7 月 | 2009 年 11 月 | 郴州市审计局固定资产投资审计中心专业技术人员 | 县审计局专业技术人员 |
| 欧社祥 | 男 | 汉 | 湖南汝城 | 在职大学 | 1965 年 11 月 | 1984 年 7 月 | 1994 年 6 月 | 郴州市疾病预防控制中心党委委员、副主任 | 县卫健委副主任 |
| 邓　镔 | 男 | 汉 | 湖南郴州 | 大学本科 | 1979 年 10 月 | 2004 年 9 月 | 2007 年 7 月 | 郴州市环保局北湖分局办公室主任 | 县环保局办公室主任 |
| 杨美章 | 女 | 汉 | 湖南道县 | 大学本科 | 1967 年 6 月 | 1986 年 6 月 | 1986 年 6 月 | 道县教育局教科中心中小学教学教研员 | 县第一中学校长助理、教学专任教师 |
| 李智勇 | 男 | 汉 | 湖南蓝山 | 大学本科 | 1975 年 4 月 | 1996 年 7 月 | — | 蓝山县教育局教研室副主任、物理教研员 | 县第一中学副校长、物理教师 |
| 李海阳 | 男 | 汉 | 湖南冷水滩 | 大学本科 | 1976 年 9 月 | 1999 年 8 月 | — | 永州市冷水滩区高溪市镇学校教务主任、语文教师 | 县第一中学教务处副主任、语文教师 |
| 唐新科 | 男 | 瑶 | 湖南双牌 | 大学本科 | 1966 年 6 月 | 1987 年 7 月 | — | 双牌县第二中学语文教师 | 县第一中学党政办副主任、语文教师 |
| 宋秋林 | 女 | 汉 | 湖南永州 | 大学本科 | 1966 年 9 月 | 1989 年 7 月 | — | 永州市第三中学语文教师 | 县第一中学语文教研组副组长、语文教师 |
| 李　锐 | 男 | 汉 | 湖南道县 | 大学本科 | 1965 年 10 月 | 1988 年 7 月 | — | 道县第一中学数学教师 | 县第一中学德育处副主任、数学教师 |
| 文贻超 | 男 | 汉 | 湖南东安 | 大学专科 | 1979 年 5 月 | 2001 年 9 月 | — | 东安县大盛镇易江学校总务室主任、数学教师 | 县第一中学总务处副主任、数学教师 |

续表 18

| 姓 名 | 性别 | 民族 | 籍贯 | 文化程度 | 出生年月 | 参加工作时间 | 入党时间 | 原单位及职务 | 在托克逊县援疆期间岗位和职务 |
|---|---|---|---|---|---|---|---|---|---|
| 胡承平 | 男 | 汉 | 湖南宁远 | 大学本科 | 1976 年 4 月 | 2001 年 7 月 | — | 宁远县第一中学数学教师 | 县第一中学保卫科副主任、数学教师 |
| 王　晴 | 女 | 汉 | 湖南祁阳 | 大学本科 | 1973 年 8 月 | 1996 年 7 月 | — | 祁阳县第一中学英语教师 | 县第一中学英语教研组副组长、英语教师 |
| 陈远礼 | 男 | 汉 | 湖南江华 | 大学本科 | 1981 年 9 月 | 2006 年 9 月 | 2001 年 6 月 | 江华瑶族自治县沱江中学历史教师 | 县第一中学政史地教研组副组长、历史教师 |
| 谢　鹏 | 男 | 汉 | 湖南新田 | 大学本科 | 1982 年 8 月 | 2006 年 8 月 | — | 新田县茂家学校历史教师 | 县第一中学德育处副主任、历史教师 |
| 刘世英 | 男 | 汉 | 湖南零陵 | 大学本科 | 1983 年 5 月 | 2006 年 7 月 | 2003 年 12 月 | 永州市第五中学物理教师 | 县第一中学物理教研组副组长、物理教师 |
| 邓仁刚 | 男 | 汉 | 湖南桂阳 | 大学本科 | 1982 年 4 月 | 2005 年 7 月 | 2003 年 3 月 | 郴州市第三中学年级副主任、语文教师 | 县第二中学校长助理、语文教研组组长、语文教师 |
| 陈永辉 | 男 | 汉 | 湖南资兴 | 大学本科 | 1969 年 8 月 | 1991 年 7 月 | — | 资兴市第一中学教务处副主任、语文教师 | 县第二中学语文教师 |
| 何平兰 | 女 | 汉 | 湖南郴州 | 大学本科 | 1970 年 1 月 | 1988 年 7 月 | — | 资兴市第一中学语文教师 | 县第二中学语文教师 |
| 付　静 | 女 | 汉 | 重庆江津 | 大学本科 | 1977 年 9 月 | 2002 年 8 月 | 2001 年 6 月 | 嘉禾县第一中学语文教师 | 县第二中学语文教师 |
| 朱长青 | 男 | 汉 | 湖南汝城 | 大学本科 | 1963 年 9 月 | 1980 年 1 月 | — | 汝城县第二中学语文教师 | 县第二中学语文教师 |
| 张金保 | 男 | 汉 | 湖南桂阳 | 大学本科 | 1965 年 1 月 | 1985 年 7 月 | 1996 年 6 月 | 郴州市第三中学数学教师 | 县第二中学数学教师 |
| 王小巧 | 男 | 汉 | 湖南资兴 | 大学本科 | 1971 年 7 月 | 1993 年 7 月 | — | 郴州市苏仙区湘南中学招生办副主任、数学教师 | 县第二中学数学教师 |
| 陈　辉 | 男 | 汉 | 湖南资兴 | 大学本科 | 1969 年 9 月 | 1995 年 7 月 | — | 资兴市第一中学英语教师 | 县第二中学英语教师 |
| 朱召德 | 男 | 汉 | 湖南汝城 | 大学本科 | 1971 年 11 月 | 1992 年 7 月 | — | 汝城县第二中学英语教师 | 县第二中学英语教师 |
| 曹　蕻 | 女 | 汉 | 湖南桂阳 | 研究生 | 1986 年 1 月 | 2011 年 7 月 | 2004 年 7 月 | 桂阳县第三中学党总支委员、党政办副主任、英语教师 | 县第二中学英语教育组组长、英语教师 |
| 王国保 | 男 | 汉 | 湖南洞口 | 大学本科 | 1981 年 6 月 | 2006 年 7 月 | — | 安仁县第一中学英语教师 | 县第二中学英语教师 |

续表 18

| 姓　名 | 性别 | 民族 | 籍贯 | 文化程度 | 出生年月 | 参加工作时间 | 入党时间 | 原单位及职务 | 在托克逊县援疆期间岗位和职务 |
|---|---|---|---|---|---|---|---|---|---|
| 陈郑生 | 男 | 汉 | 湖南汝城 | 大学本科 | 1966 年 9 月 | 1987 年 7 月 | — | 郴州市苏仙区湘南中学英语教师 | 县第二中学英语教师 |
| 黄健雄 | 男 | 汉 | 湖南资兴 | 大学本科 | 1968 年 1 月 | 1990 年 7 月 | 2000 年 7 月 | 资兴市第一中学特长处主任、政治教师 | 县第二中学政治教师 |
| 曹灼青 | 男 | 汉 | 湖南永兴 | 大学本科 | 1969 年 10 月 | 1993 年 7 月 | — | 永兴县职业中专学校化学教师 | 县第二中学化学教师 |
| 唐征华 | 男 | 汉 | 湖南安仁 | 大学本科 | 1975 年 11 年 | 1997 年 7 月 | — | 安仁县第二中学教务处学籍管理员、化学教师 | 县第二中学化学教研组组长、化学教师 |
| 邝少华 | 男 | 汉 | 湖南嘉禾 | 大学本科 | 1976 年 11 月 | 1999 年 8 月 | 1998 年 5 月 | 嘉禾县第一中学校办主任、生物教师 | 县第二中学副校长、生物教师 |
| 刘宗昌 | 男 | 汉 | 湖南苏仙 | 大学本科 | 1976 年 4 月 | 2000 年 7 月 | 2006 年 7 月 | 郴州市理工职业技术学校培训处副主任 | 县职业高中计算机应用教师 |
| 李晓辉 | 男 | 汉 | 湖南苏仙 | 大学本科 | 1972 年 9 月 | 1993 年 7 月 | — | 郴州市综合职业中专学校教务处副主任、语文教师 | 县职业高中教务处副主任、语文教师 |
| 李朝晖 | 男 | 汉 | 湖南桂阳 | 大学本科 | 1973 年 10 月 | 1996 年 8 月 | 2016 年 7 月 | 桂阳县职业技术教育学校实训处主任 | 县职业高中数学教师 |
| 黄乐华 | 男 | 汉 | 湖南永兴 | 大学本科 | 1973 年 1 月 | 1991 年 7 月 | — | 永兴县实验中学历史教师 | 县第二中学历史教师 |
| 艾光文 | 男 | 汉 | 湖南临武 | 大学专科 | 1964 年 1 月 | 1984 年 7 月 | — | 临武县第二中学化学教师 | 县第二中学化学教师 |
| 王少平 | 男 | 汉 | 湖南临武 | 大学本科 | 1963 年 10 月 | 1985 年 7 月 | — | 临武县第二中学生物教师 | 县第二中学生物教研组组长、生物教师 |
| 刘洪峰 | 男 | 汉 | 湖南耒阳 | 在职大学 | 1970 年 10 月 | 1991 年 8 月 | 2000 年 5 月 | 郴州市人民检察院反渎局侦查二室主任、助理检察员 | 县人民检察院党组成员、反贪局局长 |
| 袁　磊 | 男 | 汉 | 湖南桂阳 | 大学本科 | 1987 年 6 月 | 2012 年 8 月 | — | 临武县人民检察院反贪局副局长 | 县人民检察院公诉科副科长 |
| 张　辉 | 男 | 汉 | 湖南汝城 | 在职大学 | 1968 年 8 月 | 1985 年 1 月 | 1987 年 7 月 | 汝城县人民检察院监所室主任 | 县人民检察院党组成员、副检察长 |
| 刘泽浩 | 男 | 汉 | 湖南嘉禾 | 大学本科 | 1993 年 2 月 | 2016 年 9 月 | — | 嘉禾县人民检察院控告申诉检察科副科长 | 县人民检察院控申科副科长 |
| 何政斌 | 男 | 汉 | 湖南宁远 | 大学本科 | 1993 年 1 月 | 2016 年 9 月 | 2011 年 6 月 | 郴州市北湖区人民检察院公诉科检察官助理 | 县人民检察院监所科副科长 |

续表 18

| 姓　名 | 性别 | 民族 | 籍贯 | 文化程度 | 出生年月 | 参加工作时间 | 入党时间 | 原单位及职务 | 在托克逊县援疆期间岗位和职务 |
|---|---|---|---|---|---|---|---|---|---|
| 段小华 | 男 | 汉 | 湖南安仁 | 在职大学 | 1989 年 4 月 | 2017 年 9 月 | — | 安仁县人民检察院干部 | 县人民检察院扫黑办副主任 |
| 何厚功 | 男 | 汉 | 湖南桂阳 | 大学本科 | 1981 年 4 月 | 2004 年 7 月 | 2013 年 1 月 | 永兴县人民检察院马田检察室主任、侦查监督室副主任、检委会委员 | 县人民检察院检察长助理 |
| 蒋镕骏 | 男 | 汉 | 湖南新田 | 研究生 | 1986 年 8 月 | 2012 年 8 月 | 2010 年 4 月 | 郴州市审计局 | 县审计局 |
| 孙斌勇 | 男 | 汉 | 湖南郴州 | 大学本科 | 1980 年 5 月 | 2002 年 5 月 | 2009 年 7 月 | 郴州市广播电视台 | 县文化体育广播影视局技术员 |
| 陈奎佐 | 男 | 汉 | 湖南宁远 | 大学本科 | 1979 年 1 月 | 1997 年 11 月 | 2011 年 11 月 | 郴州市北湖区财政局副主任 | 县国资委 |
| 罗　坤 | 男 | 汉 | 湖南郴州 | 大学本科 | 1982 年 1 月 | 2006 年 7 月 | 2012 年 10 月 | 郴州市环保局副主任 | 县生态环境局技术员 |
| 廖汉昌 | 男 | 汉 | 湖南宜章 | 大学本科 | 1966 年 1 月 | 1988 年 7 月 | 1998 年 6 月 | 郴州市农业农村局农艺师 | 县农业农村局 |
| 周　巍 | 男 | 汉 | 湖南郴州 | 大学本科 | 1974 年 5 月 | 1997 年 2 月 | 2001 年 7 月 | 郴州日报社专刊专辑部副主任 | 县委宣传部副部长 |
| 王　鸽 | 女 | 汉 | 湖南郴州 | 大学本科 | 1985 年 5 月 | 2006 年 8 月 | 2009 年 6 月 | 郴州市苏仙区商务局办公室主任 | 县商务和工业信息化局电商办主任 |
| 朱文军 | 男 | 汉 | 湖南郴州 | 大学本科 | 1968 年 2 月 | 1992 年 9 月 | — | 郴州市儿童医院 NICU 科主任 | 县人民医院 |
| 钟　伟 | 男 | 汉 | 湖南衡阳 | 大学本科 | 1978 年 3 月 | 2001 年 1 月 | — | 郴州市第四人民医院骨科 | 县人民医院 |
| 蒋春艳 | 女 | 汉 | 湖南临武 | 大学本科 | 1986 年 3 月 | 2009 年 9 月 | — | 临武县中医医院妇产科 | 县人民医院 |
| 郭志文 | 男 | 汉 | 湖南郴州 | 大学本科 | 1971 年 11 月 | 1998 年 1 月 | 1997 年 5 月 | 湘南学院附属医院骨科 | 县人民医院 |
| 陈志强 | 男 | 汉 | 湖南宁远 | 大学本科 | 1972 年 4 月 | 1995 年 8 月 | — | 郴州市第三人民医院 ICU | 县人民医院 |

# 乡 镇

XIANGZHEN

## 郭勒布依乡

【概况】 郭勒布依乡地处托克逊县北部，距县城中心8千米，东邻吐鲁番市艾丁湖乡，南接托克逊镇、夏镇和博斯坦镇为邻，西靠伊拉湖镇、克尔碱镇，北倚克尔碱镇，辖区南北最长距离30千米，东西最宽距离13千米。总面积390平方千米，耕地面积9.54万亩，主要种植作物有红枣、花生、葡萄、西甜瓜、孜然和设施蔬菜，其中郭勒布依乡砂质土壤种植的花生因品质好、香味浓，享誉区内外。韭菜种植历史较长，香味浓郁，销售网络遍及乌鲁木齐市及北疆部分地区。乡辖11个行政村，1个社区，58个村民小组，总户数7229户，总人口21178人。2019年，乡党政班子成员12人，村两委班子成员87人。

2019年1月30日，阔什拱拜孜村更名为巴格万村，其意为维吾尔语"园丁"之意。

【农村和农业经济】 2019年，郭勒布依乡实现地区生产总值47749.95万元，同比增加2676.32万元，增长5.9%；其中种植业总产值1951.37万元，同比增加600.42万元，同比增长3.1%。林果业9845.75万元，同比增加830.15万元，同比增长9.8%。畜牧业总产值12867.83万元，同比增加1041.75万元，同比增长8.8%。二产总产值2610万元，同比增加56万元，同比增长2.1%；三产总产值3435万元，同比增加148万元，同比增长4.5%。

种植业 2019年，郭勒布依乡调整农业产业结构，减少棉花1500亩。着重发展特色林果业，以葡萄发展为主，全乡种植新增葡萄面积达3400亩，在萨依吐格曼村、奥依曼布拉克村各设立示范点，以点带面，适当发展2000亩杏子；喀拉布拉克、奥依曼布拉克村种植花生3000亩，西甜瓜面积为6150亩，孜然3000亩。

林果业 2019年，为提高林果产量，增加农民受益，要求三年以上的杏树坚决不允许套种棉花，可以套种花生、西甜瓜、皮牙子、红萝卜和绿豆等作物。林果面积6.3万亩，其中葡萄种植6957亩，结果1120亩；红枣种植2.78万亩，结果2.4万亩；其他果树2.83万亩，结果1.25万亩。培育各类苗木2760亩。

畜牧养殖 2019年，郭勒布依乡牛羊育肥32.21万头(只)，其中羊育肥21.78万只，牛育肥8.34万头。鸭6812羽，土鸡4.98万羽，黑羊5.112万只，驴1012头。完成配种牛1922头，人工授精牛1317头(只)，自然交配92头，小畜杂交改良5100只。牛羊养殖专业户265户，培育养殖规模在1000只以上的养殖大户27户。年内，完成饲草料种植3.11万亩。

牲畜防疫 年内，免疫注射羊口蹄疫疫苗(农区1.82万、山区1.5万)支次，牛口蹄疫疫苗1486支,秋季免疫注射羊口蹄疫疫苗(农区2.13万支,山区1.31万支),禽流感免疫2260羽。应免畜禽免疫率95%。

设施农业　2019年,设施农业大棚共1025座,可种大棚872座,完成种植699座,其中黄瓜397座、西瓜30座、甜瓜54座、西红柿95座、豇豆13座。因环境等各类因素无法种植153座。

防护林植补清理　2019年,郭勒布依乡造林面积335.7亩,所有新造林成活率95%(萨依吐格曼村75%)。年内,在乡主要道路补栽植桑树防护林102亩。防护林带清理制度化管理,完成主干道林带清理、修剪、浇水、病虫害防治近170千米。

病虫害防治　2019年,采用石硫合剂进行病虫害防治葡萄800亩、杏树4.2万亩、红枣4200亩。喷药防治郭勒布依乡主干道及滩大型生态林,防治面积1800亩以上,主要防治病虫害为春尺蠖,防治效果良好。夏季喷药防治全乡叶甲等虫害5次,防治面积5693亩。

**【节水设施建设】**　2019年,郭勒布依乡解决施农业用水,更新机电井两眼、维修破裂抵压管道5处,完成新修防渗渠3.6千米,高效节水2000亩。

**【安居富民】**　2019年,郭勒布依乡建安居富民房689套,竣工率100%。累计完成安居富民房4757套,其中低保户建房30套、残疾人1套。

**【项目建设】**

扶贫项目　2019年,扶贫类项目有5个,分别为尤库日克喀拉阿什村农产品交易市场项目及续建项目、尤库日克喀拉阿什村扶贫车间项目及续建项目、西甜瓜种植补贴项目,年内项目均完工验收。

基础设施建设项目　有5个,分别为尤库日克喀拉阿什村道路建设项目,郭勒布依村一事一议路面改造项目,喀拉布拉克村路灯建设项目、环境整治项目(种植、垃圾清运、垃圾桶购置),尤库日克喀拉阿什村美丽乡村试点项目和1组排水管道建设项目。年底,美丽乡村试点项目和排水管道建设项目正在建设中,其余均完工验收。

**【民族团结活动】**　年内,开展民族团结联谊活动86次,入户走访宣传法律法规、惠民政策,召开座谈会1430次,帮扶农业生产2040次。捐款46.08万元,捐衣物3150件。组织各级党员干部带头包联结对关心家庭、贫困户、“四老”人员、爱国宗教人士等,深入田间地头,为群众办实事、办好事、解难题。各村组建文艺队、舞蹈队、篮球队等16支,举办民族团结一家亲联谊、民族团结一家亲座谈会等系列活动147场次,少数民族群众国家通用语言文字培训370余场次、受教育群众1.1万人次。

**【精准扶贫】**　2019年,郭勒布依乡有贫困户345户1071人,全乡人均收入3000—4000元46户162人、4000—5000元792户2806人、5000元以上4893户16269人。2019年,实现转移就业235户340人,发展生产296户515人,生态补偿170户170人,最低社会保障82户153人,残疾补助79户83人;医疗救助66人次;教育扶贫276人53.45万元;计划生育补贴3户3人;安居富民补助344户1062人。全乡1073名贫困户中患慢性病的有113人,已办理慢性病卡105人。患大病15人,均享受大病报销政策。

脱贫攻坚整改工作涉及问题149条,其中郭勒布依乡认领119条问题(共性问题14条)。年内,全部完成整改。

**【社会保障】**　2019年,郭勒布依乡总人口20781人。应缴城乡居民基本医疗保险的18537人,已缴17235人,完成率93%。居民基本养老保险19—59岁的12621人,其中有“五险一金”1981人,长期不在本地456人，空挂户155人，已交人员8180人，参保率100%。

富余劳动力转移就业 2019年郭勒布依乡共转移就业3130人，其中本县内就业2777人（企业就业244人），县域外本地州就业199人（企业就业8人），疆内其他地州114人（企业就业12人），在内地省市就业40人（企业就业17人）。从事清洁工、联防、保安、协警、个体户等稳定就业1321人，在安居富民做工，超市、餐饮等灵活就业924人。季节性就业604人。纺织产业园区转移就业55人，残疾人转移就业18人。

技能培训 2019年，郭勒布依乡开展15期培训541人，完成任务数933人的72%。分别在喀拉布拉克村开展2期培训82人，切克曼坎儿孜村开展1期培训班52人，奥依曼布拉克村开展2期培训94人，河东村开展3期培训122人，萨依吐格曼村开展3期培训92人，喀拉阿什村开展1期培训35人，开斯克尔村开展1期培训40人，郭勒布依村开展2期培训77人，尤库日克喀拉阿什村开展2期培训78人。

【党建工作】

第一书记统筹 年内，规范推行村第一书记统筹村级各支力量运行机制，每个职能组平均配备干部10人左右，分别由工作队队员、乡下沉干部、村组干部、警务室民警等各支力量混编，定块分工、定组包片、定点包户，凝聚发挥“一个拳头”合力效应。

村党组织建设 2019年，调整村党组织书记3人、村委会主任1人、村“两委”干部5人。工作队员与村组全部建立包联指导关系，村干部全部接受国家通用语言培训。“访惠聚”驻村工作队“一对一”“多对一”培养帮带村后备干部39人。

软弱涣散村党组织整顿 2019年，郭勒布依乡对2018年的河东村、喀拉布拉克村2个软弱涣散村“回头看”，逐一查看检验整顿效果，经整顿通过县级检查验收。对照软弱涣散基层党组织6种表现形式和10条措施，确定喀拉布拉克村为2019年软弱涣散基层党组织，硝尔村为2019年后进村，开展整顿工作。

党员发展 2019年，郭勒布依乡主动向党组织递交入党申请书235人，确定入党积极分子264人，确定发展对象71人，发展党员39人。

党风廉政建设 2019年，郭勒布依乡组织全体党员干部开展全面从严治党专题学习，观看警示教育片，通报典型案例、党风廉政知识竞赛，纪法知识测试，乡主要领导讲党课等活动。征订《中国共产党章程》《中国共产党廉洁自律准则》《中国共产党纪律处分条例》书籍1000余本，参与答题竞赛442人。组织乡党政班子成员开展中心组学习42次，组织党员学习12次490人次。

纪律审查 2019年，郭勒布依乡立案查处违纪案件共14件，结案13件，正在办理1件，其中党内警告3人，政务记过1人，严重警告3人，撤销党内职务1人，开除党籍4人，责令辞职1人。工作纪律5人，廉洁纪律2人，政治纪律4人，组织和廉洁纪律2人，第一种形态84人，其中诫勉谈话11人，批评教育和提醒谈话73人。

人才培养 年内，培养村级后备干部队伍95人，挖掘培养乡土人才44人，培育农村实用技术人才177人，生产能手98人。

群众工作 教育引导各族群众坚定不移的听党话、感党恩、跟党走。落实群众困难诉求闭环解决机制，全年，梳理解决农业生产、医疗、教育、养老、低保、扶贫、富民安居、就业创业等热点、难点问题1233件。以“三个白皮书”为蓝本，面对面向群众宣传，解读政策、宣传法律、疏导思想。高度关注矛盾隐患线索，逐户排查了解情况，累计解决矛盾纠纷372个。

农村人居环境整治　2019年,选出3个示范村,发挥县、乡、村各级党员干部带头作用,完成改厕2537户,清理各类垃圾3600余吨,清理渠沟128千米,拆除危房349套,道路退界12千米。

【社会事业发展】

教育工作　2019年,郭勒布依乡有义务教育阶段中小学7所,在校生1672人,在校教职工270人;有幼儿园10所(独立幼儿园4所),幼儿573人。2019年新生入学205人,适龄儿童入学率100%,普及率100%,无辍学。

返乡学生教育管理　2019年,郭勒布依乡有在外就读学生936人,分别安排在乡村两个基层组织参与见习13人,引导在其他企事业单位实习45人,参与入户宣讲活动的学生116人,投入经费2万元。假期组织返乡学生开展法制培训和民族团结教育活动11场次,受教育学生达536人次。舞蹈比赛2场次,篮球比赛1场次。

计划生育　2019年,郭勒布依乡有育龄妇女5618名,已婚育龄妇女人数4005人,已婚育龄妇女中长效节育妇女2587名,长效节育达65%,育龄妇女综合避孕节育率71%。全年出生126人,死亡124人,人口出生率5.9‰,办理生育服务证141户,特批办理生育服务证4户,领取两证64户,其中独生子女证6户,计划生育父母光荣证58户。

**2019年郭勒布依乡各行政村基本情况一览表**

表19

| 行政村名 | 村党支部书记 | 村委会主任 | 人口(人) | 年末耕地(亩) | 劳动力(人) | 年末牲畜存栏(头、只) | 粮食总产量(吨) | 集体总收入(万元) | 人均纯收入(元) |
|---|---|---|---|---|---|---|---|---|---|
| 喀拉布拉克 | 赛提瓦力迪·卡依木 | 哈斯也提·艾合买提 | 2574 | 4985 | 1443 | 13443 | 3474 | 11.27 | 15484 |
| 奥依曼布拉克 | 塔西吐木尔·艾米都力 | | 1374 | 3896 | 746 | 10865 | 274 | 14.25 | 15889 |
| 河东 | 赵　军 | 阿里木·艾尔西 | 2273 | 5500 | 1330 | 14549 | 346.5 | 14.85 | 17446 |
| 开斯克尔 | 阿里木·木依提 | | 3431 | 6835 | 1470 | 16826 | 441.9 | 20.8 | 16675 |
| 切克曼坎儿孜 | 艾斯拉·买买提 | 卡合热曼·买买提 | 1833 | 6400 | 950 | 13233 | 144.4 | 16.6 | 16846 |
| 郭勒布依 | 阿里木江·外力 | | 2541 | 5013 | 1351 | 14810 | 415.4 | 9.6 | 17364 |
| 尤库日克喀拉阿什 | 木扎帕尔·买买提 | 吾甫尔·亚森 | 1678 | 4551 | 885 | 11842 | 321 | 7.66 | 16073 |
| 萨依吐格曼 | 外力·阿木提 | 吐尔地·卡德尔 | 2001 | 7020 | 1013 | 13254 | 354.1 | 10.43 | 16771 |
| 硝儿 | 刘新山 | | 911 | 3200 | 617 | 7895 | 118.8 | 6.63 | 17280 |
| 喀拉阿什 | 阿迪力·艾买提 | 单贵军 | 1408 | 3550 | 866 | 9558 | 544.2 | 12.31 | 18246 |
| 巴格万村 | 艾尼·热合曼 | | 1154 | 2675 | 634 | 8299 | 216.2 | 10 | 17414 |
| 合　计 | | | 21178 | 53625 | 11305 | 134574 | 3523.9 | 134.4 | 16862.5 |

*文化工作* 年内,组织49名党员干部职工走进吐鲁番博物馆、苏公塔、柏孜克里克千佛洞等爱国主义基地,开展"看历史,游家乡,爱祖国"主题教育活动。"我和我的祖国"暨"民族团结一家亲活动"4场次,265人参加。"我们的中国梦——文化进万家"12场次,1825人参加。在各行政村(社区)举办迎新春"民族团结一家亲"和民族团结联谊活动15场次,参与群众1520人。2019年,郭勒布依乡深入开展出版物和文艺作品的摸排清理工作,收集书刊52本。民族团结一家亲和民族团结一家亲联谊活动86场次,参与群众6756人。

(吾尔也提·米尔苏力)

## 夏 镇

**【概况】** 夏镇位于托克逊县东南部,距县城中心2千米,北、西、南三面环绕县城,与城镇、博斯坦镇、库米什镇相连,东接高昌区艾丁湖。总面积2100平方千米,耕地面积12.01万亩,主要种植农作物有棉花、西甜瓜、孜然、蔬菜、红枣、杏子和葡萄等。独特的地貌造就了托克逊县春早夏热秋瞬冬暖的气候特点,托克逊县3月下旬陆续开放至4月上旬的杏花是新疆最早迎来春天的信号,而夏镇南湖村万亩杏园洁白透粉、千娇百媚的杏花更是招引疆内外大量游客来此观赏踏青的最好去处。夏镇养殖业也已成规模,畜牧出栏率较高。镇辖11个行政村,1个社区,68个自然村。2019年,全镇总户数9711户30442人。镇党政班子成员15人,村两委班子成员96人。

**【农业农村经济发展】**

2019年,夏镇实现地区生产总值62858.04万元,同比增加4764.78万元,增长8.2%;其中种植业总产值24260.11万元,同比增加2856.95万元,同比增长13.3%。林果业12706.94万元,同比增加813.85万元,同比增长6.8%。畜牧业总产值15047.99万元,同比增加725.98万元,同比增长5%。二产总产值4133万元,同比增加96万元,同比增长2.3%;三产总产值6710万元,同比增加272万元,同比增长4.2%。

*种植业* 2019年,夏镇调整农业结构,计划完成西甜瓜播种任务1.4万亩,实际完成种植西甜瓜1.07万亩,棉花5538.6亩,饲草1900亩,高粱面积3.11万亩。调整韭菜种植面积800亩。

*设施农业* 全镇有设施农业1098座,西红柿225座,黄瓜180座,西甜瓜49座,豇豆15座,韭菜226座,辣椒15座,叶菜25座,林果70座,其他293座。

*特色林果业* 2019年,夏镇实际种植面积4.54万亩,其中红枣5000亩、杏子3.42万亩(新栽杏树2200亩),葡萄6200亩(新栽1600亩),杏树不允许套种棉花,可以套绿豆等豆类作物。年内托台村、色日克吉勒尕村、南湖村3000亩林果示范林通过验收。

*病虫害防治* 2019年,夏镇在辖区全部葡萄园设立122个葡萄蛀果蛾监测点并悬挂诱捕器,防控葡萄蛀果蛾。每个行政村监测人员记录,按要求按时更换诱捕器和粘虫板。设9个检测点挂黄板防控红枣枣食蝇。每天检测,每三天换一次,并做好检测记录、监理检测和预报档案。为有效预防病春尺蠖、榆黄叶甲的蔓延,利用车载式喷雾器喷洒全镇6230亩防护林防治尺蠖的药物,控制病虫害发生。

*畜牧养殖* 2019年,夏镇全年累计养殖牛3520头,羊3.5万只,猪65头。鸡1.45万羽,鸭150羽,鸽1.09万羽。人工培育种牛670头。

*动物疫病防治* 2019年,全镇牛口蹄防疫疫苗免疫3175头,羊疫苗免疫31556只,徽商羊殖业疫苗免疫羊3498只,小反刍疫苗免疫

29085只,禽流感三价疫苗免疫10653羽,新城疫饮水鸡160羽。炭疽疫苗免疫牛32头、羊44只,牛焦虫疫苗免疫1607头,布病疫苗免疫34只,为1067只家犬发放驱虫药。

动物卫生监督　动物产地检疫牛723头,羊8560只,鸡1.3万羽,动物屠宰检疫牛27.69万千克,羊22.42万千克。检疫鸡3.2万千克,牛羊处理内脏85千克。检测出瘦肉精超标的牛130头、羊130只。

农田防护　年内,全镇村庄绿化18.54亩,农田绿化301亩,道路绿化156亩。栽种榆树50棵、杨树4000棵、其他树种8.48万棵。种植农田防护林50亩。

农田水利　2019年,夏镇申请扶贫资金在贫困村喀拉苏村和奥依曼买里村修建防渗渠13千米,其中喀拉苏村3千米,奥依曼买里村10千米。

秋翻冬灌　夏镇秋翻冬灌总任务7.9万亩,年内完成7.83万亩,完成率98%。完成农机深松任务1980亩。

农机审验和补贴　2019年,审验拖拉机503台,免费贴反光标记1500条,完成任务95%。审验大型机械100辆。享受农业机械购置补贴农户15户18台机具,总金额35.75万元。

**【村集体经济】**　2019年,各行政村壮大村集体经济任务253.81万元,入账215.66万元,同比增加88.46万元,增长率34.8%。

**【基础设施建设】**　全年,铺设沥青道路14.42千米,其中喀拉苏村2.42千米,南湖村12千米;在色日克墩村知青小镇硬化水泥道路3.08千米,铺设供水管道3.16千米,排水管道2.75千米。

**【环境整治】**

清淤绿化　组织辖区群众清运淤泥500多辆车次,种植绿化带475亩。年内,农民比2018年减少65%的盲目使用不良农药量。

卫生厕所　2019年应建卫生厕所2792座,年内建成3101座,完成率111%。

垃圾清理　组织群众3万余人次清理生活垃圾7200余吨,清理残垣断壁385处。转移清理农户家中秸秆、树枝、杂草350余车次,拆除危旧房屋583套。

**【群众工作】**

解决困难诉求　年内,各级干部常态化入户走访,解决群众困难问题1236件,办实事好事5463件。

矛盾纠纷化解　2019年,夏镇辖区共设调解委员会13处,其中乡级调解委员会1处,村调解委员会11处,社区调解委员会1处,调解员53人。全年共调解案件291件,其中口头协议186件、书面协议105件。婚姻家庭纠纷192件,邻里纠纷17件,土地纠纷2件,农民工纠纷4件,经济纠纷45件,其他纠纷14件,房屋纠纷5件,遗产纠纷2件,合同纠纷10件,案件调解率100%。

**【精准脱贫】**　2019年,夏镇有建档立卡贫困户792户2962人,全部实现住房、基本医疗和义务教育"三保障",人均收入稳定超过年度脱贫标准。

精准摸底　年内,对辖区所有农户开展"两摸底、一核查"工作,共摸排脱贫监测户22户74人,边缘户51户157人,主要为因病、因残、就业不稳定、收入来源单一。根据每户实际情况制定帮扶措施,确保脱贫监测户不返贫、边缘户不致贫。

"三保障"　全镇792户建档立卡贫困户中428户建设安居富民房,7户建设抗震房,31户享受公租房,327户享受棚户区改造项目,贫困户安全住房问题全部解决。792户2962人基本医疗全部有保障。397户508名义务教育阶段适龄儿童无辍学失学问题。

项目扶贫　2019年,实

施精品哈密瓜补助项目，辐射贫困户175户845.3亩地，每亩补助1000元，收入约5500元/亩。实施奥依曼买里村防渗渠建设项目10千米、喀拉苏村防渗渠2.3千米建设项目，改善了贫困村农田水利基础设施。为布拉克贝希村、喀拉苏村和奥依曼买里村3个贫困村各建设1座扶贫厂房，解决贫困人口就业，壮大了村集体经济。布拉克贝希村建设水洗厂1座并投入运行，为村集体经济增收20万元。

【基层组织建设】

发展党员　2019年，新吸纳递交入党申请书93人，研究确定入党积极分子55人，确定发展对象48人，接收预备党员36人。

补选调撤　年内，改、补选"访惠聚"党支部委员2人、片区党总支委员15人、村（社区）党支部委员6人，调整撤换党支部书记2人，逐步推动基层党组织规范化运行。

【党风廉政】

转变作风　年内，组织乡机关科室、站所、村（社区）累计学习党风廉政学习130余场次，参学干部群众4100余人，党委书记带头讲党课，宣讲党的十九届四中全会精神，累计讲党课30场次，听党课的干部群众1300余人。开展专题研讨会14场次，430人参加，举行党员廉政警示教育5场次。

严管肃纪　2019年，夏镇对维稳落实不力、工作漂浮、履行职责不到位、作风不实等党员干部进行了处理，其中党内警告4人、政务警告3人、诫勉谈话9人、提醒谈话22人、批评教育32人，全县通报批评2人，严肃了党员干部作风纪律。

案件查办　2019年，办理案件72件，运用"四种形态"问责处理干部72人，广大党员领导干部清醒认识到"违规的线不要碰""违纪的绳不要动""违法的心更不能有"的铁意识。

【民生保障】

城乡居民养老保障　2019年，夏镇居民养老保险参保11055人，参保率95%。

劳动力转移就业　夏镇农村富余劳动力转移就业任务3000人次。全年转移就业3692人次，完成率123%；城镇就业任务230人，完成247人，完成率107%。

低保发放和清理　全镇有城乡低保户277户642人。2019年发放低保金324.81万元。清理1293户1965人，其中清理农村低保970户1483人、城市低保115户152人、建档立卡贫困低保户208户333人，核查低保户家庭经济状况，退回不符合享受城乡低保家庭的低保金，退回金额7970元。

大病医疗救助　2019年，申请外地医疗救助436人，共发放117.91万元，其中建档立卡贫困户329人，发放金额67.47万元。

【社会事业发展】

教育　夏镇有8所学校，10所幼儿园（3个附属），寄宿1所（中心校），教职工652人，学生3198人。每所学校和幼儿园都覆盖党支部，所有的教学点都达到了相关的目标。学校和幼儿园都有教职工周转房，便于教职工开展工作。

返乡学生服务管理。辖区内有1043名返乡学生，暑假期间返乡学生共806名。假期在喀拉苏村村委会举行"我和我的祖国共成长做感党恩、听党话、跟党走、爱党、爱国、爱家乡的新时代青年"主题的返乡学生宣传活动，327名返乡学生参加了活动。

卫生健康和计划生育　2019年，全民免费健康体检2.2万人次。全年累计确认农村部分计划生育家庭奖励扶助对象148人，全镇享受少生快富工程项目一次性奖励5000元的101户，享受自治区少生快富6户，自治区特别扶助对象4户，国家特别扶助对象17户，城镇奖励对象10户。

## 2019年夏镇各行政村基本情况一览表

表20

| 行政村名 | 村党支部书记 | 村委会主任 | 人口(人) | 年末耕地(亩) | 劳动力(人) | 年末牲畜存栏(头、只) | 粮食总产量(吨) | 集体总收入(万元) | 人均纯收入(元) |
|---|---|---|---|---|---|---|---|---|---|
| 巴扎 | 帕丽旦·买苏提 | 吐尔迪·都尕木 | 2528 | 7821 | 1574 | 1706 | 186.72 | 24.28 | 17581.3 |
| 布拉克贝希 | 再比布·艾乃[illegible]力 | | 2308 | 6491 | 1300 | 2958 | 144.64 | 69.33 | 14290.4 |
| 喀拉苏 | 阿不力米提·艾尼 | 阿布来克木·尼亚孜 | 2346 | 84541 | 1240 | 7653 | 92.6 | 12.52 | 14466.9 |
| 奥依曼买里 | 艾西丁·买买提 | 买买提·胡加布都 | 3300 | 132119 | 1765 | 9085 | 196.8 | 14.79 | 13764.4 |
| 色日克吉勒尕 | 依力哈木·买米提明 | 阿力木·玉苏因 | 2916 | 10731 | 1365 | 8726 | 231.5 | 12.09 | 17637.9 |
| 托台 | 再比不力·克日依 | | 3622 | 125491 | 1684 | 7035 | 250.1 | 26.38 | 17206.5 |
| 铁提尔 | 哈利瓦尔·马热木 | 阿不都热依木·热克甫 | 3633 | 16613 | 1950 | 9369 | 604.5 | 11.96 | 16659.9 |
| 工尚 | 金海林 | 木[illegible]瓦尔·阿布拉 | 2670 | 13265 | 1934 | 9438 | 462.67 | 6.56 | 17161.9 |
| 大地 | 周维金 | | 322 | 4573 | 266 | 1061 | 28.7 | 8.67 | 15675.9 |
| 南湖 | 阿不都乃依木·艾米都力 | | 2958 | 11135 | 1681 | 8493 | 124.9 | 19.4 | 17469.6 |
| 喀格恰克 | 肉苏力·斯马义 | | 2909 | 9880 | 1650 | 9022 | 90.1 | 28.6 | 17169.7 |
| 色日克墩 | 孙兆彬 | | 930 | 5380 | 540 | 2473 | 61.36 | 19.2 | 17086.2 |
| 合计 | | | 30442 | 120111 | 16949 | 77019 | 2474.59 | 253.81 | 16347.6 |

**安全生产** 全年,组织各类检查508次,主要为加油站、人员密集场所、商店、餐饮场所和偏远散区、大棚区。存在隐患单位307家,现场督促整改299条,提出整改意见2条。

**残联工作** 年内,享受两项补贴的残疾人农村户籍380人,其中建档立卡贫困户62人。城市户籍44人,其中建档立卡贫困户10人。全年,为农村户籍残疾人发放41.86万元,为城市户籍的残疾人发放4.62万元。

(武永强)

# 博斯坦镇

**【概况】** 博斯坦镇位于托克逊县西南部,东、南、北分别与夏镇、库米什镇和伊拉湖镇相接,西部和南部为戈壁沙漠,与县城直线距离17千米。总面积1425平方千米,耕地面积8.3万亩,主要种植作物有红枣、甜瓜、玉米、高粱等。盛产的红枣品质优良、果形匀称、色泽鲜亮、甜润可口,深受消费者喜爱,博斯坦镇也有了"红枣之乡"的美誉。全镇辖9个行政村,60个自然村,总户数8396户，总人口21883人。2019年，博斯坦镇有干部227人，其中下派至村工作的干部136人。村两委干部有76人。

2019年1月30日，海提甫坎儿孜村更名为长安村，寓意为长治久安。

**【社会经济发展】** 2019年博斯坦镇实现地区生产总值49495.3万元，同比增加2692.76万元，增长5.7%；其中种植业总产值16022.58万元，同比增加1151.71万元，同比增长7.7%。林果业11621.55万元，同比增加378.82万元，同比增长3.3%。畜牧业总产值12302.67万元，同比增加808.74万元，同比增长7%。二产总产值5249.5万元，同比增加175.5万元，同比增长3.4%；三产总产值4299万元，同比增加178万元，同比增长4.3%。

按照“农业损失劳务补”的工作思路，博斯坦镇新增劳务收入5672万元，同比增长22.2%，其中长期收入2726万元，短期收入2946万元。2019年底人均纯收入17039.4元，甜瓜、红枣等特色林果业是主导产业，主要农作物是玉米、孜然等。

*种植业* 2019年，博斯坦镇农作物总播种面积59058亩，总产量55639吨，其中高粱1823亩1640吨、棉花5333亩4264吨、蔬菜3034亩6748吨、西瓜40亩80吨、甜瓜5260亩10520吨、草莓10亩0.8吨、孜然391亩13.56吨，饲草32861亩32.65吨，红枣46680亩23340吨。

*畜牧业* 2019年，共完成牛羊育肥22万头/只，斗(土)鸡4.38万羽，黑羊4.84万只，吐鲁番驴109头，牛羊自繁自育5.24万头/只，多胎繁育母羊饲养5860只；新增出栏肉羊1.71万只、黄牛冷配1840只。

*牲畜防疫* 2019年免疫注射牛三价口蹄疫苗2204头，羊双价口蹄疫苗4.53万只，禽流感疫苗9700羽份，三联四方苗5500只，小凡刍兽疫苗2.76万只，焦虫苗1780头，驱虫6.68万只，药浴4.86万只，重大动物疫病集中免疫率100%。检疫牛205头，羊1.38万只，报检站1个，药浴池1个。配改母牛1125头，小畜品种改良4.71万只。检测鸡血清180份、羊血清150份、牛血清80份。

*林果业* 2019年，博斯坦镇园林实有面积5.82万亩，挂果面积2.21万亩，其中红枣种植面积4.95万亩，挂果面积1.89万亩，葡萄2996亩挂果907亩，杏5539亩挂果2187亩，桃50亩挂果30亩，梨18亩全部挂果，核桃172亩挂果106亩。全镇森林抚育面积5000亩，其中红枣4980亩，农防林20亩。春季农田防护林建设完成面积1455亩，新栽经济林面积4877亩。新一轮退耕还林树木成活率实际调查1024亩，育苗面积4亩。

*病虫害防治* 2019年，红枣病虫害石硫合剂预防3.69万亩。

*设施农业* 2019年，博斯坦镇种植设施农业大棚1172座，其中早春茬种植873座，秋延茬种植430座。完成550次农药残留检测任务，设施大棚蔬菜、庭院蔬菜、大田蔬菜均未发现农药残留超标现象。

*受灾补助* 2019年，申请国家救灾资金2.1万元，县应急管理局根据受灾情况发放177万元(其中设施大棚29.47万元)分发至2945户受灾群众提供其生活保障。

*秋翻冬灌* 2019年，完成林果秋翻冬灌面积6.39万亩，农田防护林清理2千米、刷白面积3950亩。

**【重大项目建设】** 2019年，博斯坦镇重大项目开工建设4个，其中扶贫项目1个，交通道路项目2个、援疆资金项目1个，总投资930.5万元。

*扶贫项目* 2019年实施精品瓜种植补助资金项目完成，涉及贫困户61户，建设规模232.8亩，申请项目资金

23.28 万元。镇扶贫办逐村逐户检查核实种植情况。截至年底,232.8 亩精品瓜全部销售,第三批(10%)补助资金发放完毕。

交通道路项目　年内,博斯坦镇上湖坎儿孜村 2 组和李孟坎儿孜村 4 组硬化道路 2.1 千米。总投资 393 万元建设长安村博斯坦大桥工程,总投资 632 万元动工建设 13 千米农村道路,项目年内完工。

援疆资金项目　由吉格代村民委员会统一组织实施的吉格代餐具消毒厂建设项目,2019 年 12 完成项目公开招投标,中标单位为托克逊县建银建筑有限责任公司,中标价为 109.57 万元,双方签订施工合同,资金来源分别为自治区发展壮大村集体经济资金 50 万元和湖南省家门口就业援疆资金 50 万元,完成地勘、地坪基础设施建设,拨付资金 50 万元。

**【安居富民工程】**　2019 年,全镇 9 个村民小组安居富民开工建设 425 户,开工率 100%,竣工 425 户,竣工率 100%,电子档案网上录入 425 户,录入率 100%,国家补助资金到位 1247.44 万元。培训安居富民施工人员 317 人,其中培训本地农民工 272 人次,外地 45 人次,当地农民工小工化参与率为 100%。

**【美丽镇村建设】**

基础设施建设　年内,全镇美丽镇村建设和各村工作队及施工队共修建水泥巷道 9.4 千米、铺设人行道 4.3 千米、沥青路 2.1 千米,林带养护修剪刷白 3.3 千米、外墙粉刷 721 平方米,村庄绿化 2.3 千米,清理、修剪、灌溉林带 2.8 千米。

垃圾清运　推行“户分离、组保洁、村收集、镇清运”模式,逐步实现农村垃圾就地减量、定点投放、收集清运。组建环境管护监督队伍,督促农户、商户落实“门前五包”责任制。辖区有非正规垃圾堆放点 3 处,其中长安村、吉格代村和硝尔坎儿孜村各 1 处。配套垃圾清运车 4 辆,新增垃圾桶 40 个。

集中整治　2019 年,生活垃圾村集中管理,政府负责清运,清运陈年垃圾及生活垃圾 4186 吨,社会、政府、群众、清运公司投入资金共 112.86 万元,村容村貌明显改善。年内,拆除擅自设置、破旧、存在安全隐患户型屋清理 123 套,清理规范店外经营行为 24 次,制止劝导处理偷运乱倒等行为 19 起。

**【村级集体经济】**　2019 年,博斯坦镇村集体经济总收入 175.55 万元,扶持村企联建和村办小型企业,通过煤矿分红、场地租赁、企业投资、开办小型加工厂等方式,改变集体经济收入状况。鼓励农户发展特色产业,种植经济价值高的西甜瓜、露地蔬菜等,引导吉格代村利用废弃大棚种植百合等花卉产业,由农业经济向观赏经济转变。

**【基层组织建设】**

队伍建设　2019 年,调整村党支部书记 2 人、落实“一肩挑”3 人、补选村“两委”干部 16 人,调整村职能组组长、副组长 12 人,为各村配备地方性事业编干部 28 人,一村一名大学生全覆盖。落实合理增长村组干部报酬,培养村级年轻储备干部 54 人。

党员发展　全年新发展党员 31 人,入党积极分子 178 人,提交入党申请书 367 人。

主题教育　以“不忘初心、牢记使命”主题教育为契机,全面加强党员干部思想政治建设,集中精力读原著、学原文、悟原理,开展集中学习 8 天、16 场次、128 人次,集体研讨 3 场次。深刻检视问题,班子检视问题 14 项,班子成员结合自身实际检视问题 295 项。班子成员深入到村与群众零距离接触开展调研 58 次,撰写调研报告 14 篇,协调解决群众热难点问题 20 件。逐项逐条制定整改措施,整改问题 270 条,其余正在整改。

【群众工作】 “访惠聚”驻村工作队严格落实“早派工、晚研判”制度，2019年，累计入户走访15万余户次；重要节日组织慰问“四老”人员、困难群众429人23.9万元。协助发放各类惠民补贴、补偿资金393万元。引进劳动密集型企业12家，实现家门口就业186人次，累计就业2525人。春耕秋收等农忙时节，先后组建农业生产互助组227个，帮助劳动力短缺家庭开展生产帮扶1.04万亩。帮助销售瓜果9800余吨。协调后盾单位及联镇驻村单位，为群众办实事好事2650件，协调解决群众困难诉求964件，密切党群干群关系。

【民族团结活动】 2019年，“民族团结一家亲”活动1316名各级干部与1471户群众结对认亲，开展宣传教育1885场次，参与人员4.83万人次，捐赠物资1201件，折合资金13.96万元，博斯坦镇414名干部全部结对认亲。

【脱贫攻坚】

脱贫任务　2019年，博斯坦镇有建档立卡贫困户188户592人，全部脱贫。全年未增加新识别国家标准贫困户。年内，复核验收上湖坎儿孜村3户9人退出贫困的各类指标完成脱贫任务。

精准增收　“一户一档、一户一策”精准增收。组织调查建档立卡贫困户转移就业185人、发展生产165户226人、兜底保障35户72人、教育扶贫114户173人、卫生扶贫188户592人。通过开展企业就业、安保技能培训解决就业37人。开展春季林果栽培、病虫害防治培训20场次，技术指导1150人次。与农村信用设协调解决贷款336.64万元，用于139名贫困人员发展二、三产业。

扶贫项目　2019年精品瓜种植补助资金项目涉及贫困户61户，建设规模232.8亩，申请项目资金23.28万元，项目资金分三批已拨付到位。

【社会保障】 2019年，完成年城镇就业人数210人，超额完成任务数200人的5%。为符合条件的146人办理失业证。参加城镇居民养老保险的8503人，其中2019年新增243人。贫困人员家庭劳动力转移就业202人，富余劳动力转移就业3343人，大中专毕业生192人全部就业。2019年开展招聘会场次5次，组织846人参加。年内，参加医疗保险18807人，发放社保卡981张，满60岁享受养老金共2382人，其中新增181人。认定就业困难人员3人，为4名创业人员申请就业援助金8000元，1人申请灵活就业社会补贴金额7364元。

【安全生产】

道路安全　年内，重点查处教育两轮、三轮摩托车主非法运营超载学生上、放学行为，清理车辆的乱停乱放，检查重点路段的路况、安全隐患，检查车辆503辆，纠正、处理违章操作车辆41辆，督促学校加强学生道路安全教育。

火灾隐患　年内，排查人员密集场所、重点部位、“偏远散”等场所火灾隐患304家，发现隐患19个，现场整改9个。

隐患排查　全年排查人员密集场所、学校、清真寺、村委会、加油站、卫生院、信用社、扫帚厂等，发现安全隐患18处，当场整改12处。排查生产企业、单位10家，发现安全类隐患4处，现场整改2个。

用电安全　2019年，排查辖区702户农户房屋电路，发现电路老化21户，全部整改。

【民政救济】 2019年，博斯坦镇有8768户次13127人次纳入农村低保，累计发放各类低保金325.87万元。发放各类捐款补助117人7.24万元。80岁以上老人补贴717人次11.91万元。发放城乡医疗救助128人次53.96万元,发放“五保”户“五保”金500人次19.76万元。两项补贴共4650人次,总补贴金额50.82万元,孤儿生活补助2人1.44万元,临时救助88人3.13万元。

【意识形态领域】 注重把握不同时期宣传重点提高舆论引导水平。“扫黄打非”基层站点及镇机关“扫黄打非”工作站规范管辖文化市场秩序、清理清查标语及清缴校园周边不良出版物。摸排违法违规安装户户通6145户,摸排损坏欠费大喇叭34个。宣传“扫黑除恶”、基层党建、社会主义核心价值观、廉政法治文化、党风廉政建设等内容。

【社会事业】

教育 2019年,博斯坦镇有中学1所,小学7所,教师348人。

计划生育 镇、村、组三级共有计生干部80人(其中镇级计生办10人,服务站2人,村级宣传员9人,协管员59人)。已婚育龄妇女4177人,长效节育率达67.2%;育龄妇女综合避孕节育率达77.3%;全年出生165人,死亡123人,办理生育服务证225人,其中一孩97户、二孩111户、三孩12户,特批生育服务证5户。领取“两证”93户,其中独生子女证16户,计划生育父母光荣证77户,全镇49岁以下计划完成的育龄妇女634名。出生人口政策符合率100%。2019年全镇新增各项奖励163户,其中国家奖励扶助7户,国家“少生快富”68户,自治区“少生快富”8户,新疆南疆三地州80户。

全年新生人口165人,死亡123人,办理生育服务证225户,“两证”领取93户。新增享受国家奖励扶助对象163户。

**2019年博斯坦镇各行政村基本情况一览表**

表21

| 行政村名 | 村党支部书记 | 村委会主任 | 人口(人) | 年末耕地(亩) | 劳动力(人) | 年末牲畜存栏(头、只) | 粮食总产量(吨) | 集体总收入(万元) | 人均纯收入(元) |
|---|---|---|---|---|---|---|---|---|---|
| 博孜尤勒滚 | 再比布里·艾孜孜 | | 2789 | 4895 | 1030 | 16739 | 252.5 | 25.91 | 16513 |
| 硝尔坎儿孜 | 斯迪克·塔西吐木尔 | 阿不力克木·力提甫 | 2275 | 4200 | 563 | 14496 | 211 | 23.02 | 15066.4 |
| 伯日布拉克 | 伊力哈木·克热木 | 艾合买提·马合木提 | 3525 | 6650 | 1175 | 22446 | 420.3 | 31.51 | 16828.3 |
| 长安村 | 依明·斯皮尔 | 艾克拜尔·吐尔逊 | 2050 | 4500 | 762 | 14391 | 152.2 | 25.32 | 16764.2 |
| 博斯坦 | 吐尔逊古丽·巴海 | 艾合买提·吾斯曼 | 3130 | 5250 | 829 | 20067 | 383.3 | 10.77 | 16072 |
| 上湖坎儿孜 | 艾克拜尔·艾合买提 | 艾米热·艾孜孜 | 1868 | 2819 | 586 | 10910 | 186.6 | 10.11 | 15629.7 |
| 吉格代 | 夏克尔江·米吉提 | | 3011 | 16300 | 214 | 18023 | 859.2 | 18.97 | 17510.3 |
| 琼帕依扎 | 阿不来肯木·艾尔肯 | | 1134 | 3000 | 249 | 18580 | 157.9 | 13.99 | 19246.9 |
| 李毛坎儿孜 | 徐文明 | 叶勇 | 2101 | 4280 | 320 | 13280 | 170.5 | 15.93 | 14821.2 |
| 合计 | | | 21883 | 83000 | 5731 | 148932 | 3191.3 | 175.5 | 17039.4 |

残联工作 2019年，博斯坦镇有残疾人902人，二代残疾证办证率99.99%。有康复需求的残疾人13人，占残疾人总数的1.44%。2019年，镇政府组织残疾人集中培训70人，安排就业15人。为15名重度肢体残疾人免费发放轮椅；13名听力残疾人安装助听器。补贴79名残疾人机动轮椅车燃油，补助费每人260元。接待来访残疾人数530人次。在春节、全国助残日、国际残疾人日，慰问残疾人5人每人300元。

【退役军人服务】 2019年5月，博斯坦镇挂牌成立退役军人服务站10个（镇本级1个，村级9个），完成退役军人登记及信息采集。“八一”期间对退役军人及家属发放慰问金6.96万元。国庆期间对重点退役军人发放了旅行真空杯，体现了党和政府对军人的关心关爱。 （庞瑞博）

## 伊拉湖镇

【概况】 伊拉湖镇位于托克逊县西北部18千米处，省道301、310穿境而过，总面积1250平方千米。耕地面积3.5万亩，主要农作物有高粱、玉米、棉花、西甜瓜、孜然、大田蔬菜，是一个以农业为先导，农牧结合互补、共同发展的农牧业镇。伊拉湖循环经济产业园已吸引一批大集团大企业到托克逊县投资置业，逐渐形成特色产业园。2019年，全镇下辖8个行政村，37个自然村，总户数5400户16488人。党政领导班子成员13人，镇机关站所干部213人，村“两委”成员58人。

【农业农村经济发展】 2019年，伊拉湖镇实施“优葡、退棉、兴林、活畜”战略，强力推进特色种植业、特色林果业和特色畜牧业发展，伊拉湖镇实现地区生产总值37706.8万元，同比增加1906.98万元，增长5.5%；其中种植业总产值11999.82万元，同比增加1059.53万元，同比增长9.6%。林果业5231.86万元，同比减少320.24万元，同比下降5.6%。畜牧业总产值11864.12万元，同比增加1089.69万元，同比增长10.1%。二产总产值4241.0万元，同比增加58万元，同比增长1.3%；三产总产值4280.0万元，同比增加80万元，同比增长1.9%。农牧民人均纯收入达16749.21元，同比增长12%。

种植业 年内，退出棉花3000亩，种植蔬菜2445亩、西甜瓜6666亩、青贮饲草1.16万亩、其他农作物1.5万亩，种植业总收入3190万元，签订土地流转合同2290亩。

林果业 2019年，销售杏子、红枣、鲜食葡萄9300吨，其中杏子销售6500吨，每千克价格1.5—5元、红枣销售2400吨，每千克价格5—9元、鲜食葡萄销售400吨，每千克价格2.5—5元，实现销售收入2169.69万元。

农田防护 年内，在伊拉湖镇北部国道301两边新造林230亩，树种有榆树、胡杨、桑树。村庄绿化15千米，主要树种为桑树。

病虫害防治 2019年，对伊拉湖镇3642亩防护林喷洒防治尺蠖的药物，控制病虫害发生。清园清理（除草、秋翻冬灌）果园1.66万亩，其中杏树4645亩，红枣1万亩，葡萄2000亩。喷施石硫合剂面积1.91万亩，其中杏树4645亩，红枣1万亩，葡萄4500亩。

畜牧业 完成牛羊育肥18.5万（头）只，黄牛冷配400头，种植牧草1.8万亩。为优化黑羊品种，国营牧场发放高品质种公羊81只。人工授精牛185头改良品种。

检疫屠宰 2019年，小反刍疫苗2.13万只羊、口蹄疫双价2329头牛、口蹄疫双价2.32万只羊、羊痘疫苗6300只羊、牛焦虫病防疫2100头、禽流感新城疫重组二联4.33万羽鸡。包虫驱虫中喂吡喹酮的犬1250条。年内，屠宰前产地出检羊3520

只、牛770头,屠宰场屠宰检疫羊9850只、牛910头。屠宰场瘦肉精测试牛200头、羊250只,外出动物产地检验检疫1350牛头,其中布病检测牛440头。

秋翻深松　年内,完成6万亩秋翻。深松地块3240亩,每亩补贴30元。

农机化发展　2019年,伊拉湖镇购置农业机械机具11台,其中拖拉机5台、旋耕机2台、秸秆揉丝机4台,国家农机补贴30.87万元。

农机年审　年内,审验拖拉机380台,发放反光标志900条。

【基础设施建设】

社区管理　2019年,在伊拉湖镇3个长年失管失控的住宅成立幸福社区,专人负责日常管理,解决以往楼房片区无人管理的局面。

开通公交　2019年,伊拉湖镇开通两条公交线并协调5辆公交车运营(伊拉湖镇至县城2辆、伊拉湖镇至博斯坦镇2辆、伊拉湖镇到阿克塔格村1辆)。

路灯改增　年内,协调60盏废旧路灯,经过维修粉刷后安装在主干道上。

道路建设　铺设康喀村到镇政府道路两边人行道1千米。

【扶贫项目】　2019年,伊拉湖镇有5个扶贫项目。

精品哈密瓜种植补助项目　全镇贫困户补助770.8亩,每亩补助1000元,共补助78.08万元。

依提帕克村馕产业发展基地建设项目　投资62万元,包括直径2米的馕坑6个、围墙100米、大门1个、钢架棚100米、生产区124.6平方米及附属设施建设。

依提帕克村防渗渠建设项目　总长度8.5千米,总投资170万元。

郭若村电子商务中心主楼及附属工程　投资资金320万元,安装2台变压器及附属,投资20万元。

小城镇附属工程　总投资1896.96万元,包括建设排水管网4.2千米、给水管网2.3千米、热力管网4.2千米、电缆9.8千米,路灯64套、绿化面积4969平方米、硬化面积8982平方米。

【基层组织建设】　2019年,伊拉湖镇党委下辖8个党总支,18个支部,有党员794人。

党员发展　2019年,发展党员29人,新发展党员均为农牧民党员。新发展的党员中35岁以下的8人,占发展党员总数的27.6%。女党员14人,占发展党员总数的48.3%,大专以及以上学历5人,占发展党员总数的17.2%。伊拉湖镇全年递交入党申请书274人、入党积极分子198人、发展对象5人。

严把党员入口关,取消2名因长期不参加组织活动的预备党员资格。

党员教育　镇党政班子成员带头上党课专题辅导24场次,受教育党员干部895人次。举办“干部大讲堂”活动,由各站所办负责人结合业务工作自定课题,每周利用1小时为镇全体干部授知识、教方法、答疑惑。年内,举办大讲堂活动20余场次。

组织建设　整合各支工作力量,完善以12名科级干部、60名“访惠聚”工作队成员、28名驻村管寺干部、58名村干部为主体,106名镇下沉干部为补充的基层常态化力量,壮大了基层工作力量。每月点评各村贯彻落实党委工作部署情况,设立奖励机制,分别给与排名第一、第二名的村党组织1000元、800元奖励资金,鼓励各村干事创业的热情,同时用制度管人,落实每月村干部绩效和基层补贴考核管理办法和评价机制。

为民办事　2019年,在“访惠聚”驻村工作队的引导下,全镇建立党员生产互助组67个,开展劳动帮扶1800余人次,累计完成红枣修剪3500余亩,帮助农户抢种、抢收哈密瓜1000余亩,修建村级道路1条,修补防渗渠 1500 多米。落实帮扶资金 11.5 万元,慰问困难群众 411 户,解决各类矛盾纠纷 82 件。

标准化建设　规范村级文化墙、图书角、党员服务台、首问负责制和为民办事流程图等阵地建设。2019 年,伊拉湖镇获市级先进基层党组织荣誉称号。

**【村集体经济】**　2019 年,镇党委、政府依托伊拉湖镇特色农产品优势,积极申报,争取项目资金,全程跟踪指导项目建设、运行过程。优化整合各村资金、场地、产品,建立中小型规模联建企业,采取商业化运作、市场型发展、入股分红的形式实现增收。2019 年,以提高煤矿分红比例和华帝服装厂的入股分红数额,8 个行政村已完成集体经济收入达到 20 万元的任务。布尔加依村跟望布车站 5 家企业签订供给水资源服务协议,增加村集体收入 45 万元。

**【民生工程】**

就业惠民　2019 年,伊拉湖镇农村富余劳动力转移就业 3114 人,完成任务的 113%;城镇新增就业 210 人,完成率 100%;高校返乡毕业生就业 98 人,就业率 95.3%。

教育惠民　全镇有学校 5 所、双语幼儿园 5 所。2019 年,伊拉湖镇升学率 100%。中小学(幼儿园)党组织全覆盖。落实高中教育补贴资金 177.85 万元,惠及学生 833 人;落实城乡义务教育保障资金 216.12 万元、贫困生子女补助金 3.06 万元、免课本费资金 108 万元、农村幼儿园保障资金 192.6 万元、内地高校新疆籍贫困家庭子女助学金 11.2 万元。组织返乡学生开展谈家乡变化座谈会、红领巾小课堂、志愿服务等各类社会实践活动及宣传教育 128 场次,参加学生 800 余人次。金秋助学活动筹集资金 7.02 万元解决 23 名困难学生上学问题。

社保惠民　2019 年,伊拉湖镇城乡居民养老保险参保率 95%;"新农合"实行双轨运行,人均筹资标准提高到 620 元,参合率 99.88%;社会救助体系不断完善,发放城乡低保金 246 万元、农村"五保"供养人员生活补助 10.68 万元、困难群众医疗救助金 32.26 万元、农村低保户冬季救济煤 1140 吨。全年全镇发放农村低保 222.72 万元,城市低保 23.31 万元。

扶贫惠民　2019 年,按照识别标准纳入的贫困户 511 户 1542 人。实施"免抵押、免担保,政府贴息"贷款政策,发放扶贫小额信用贷款 101 户 348.9 万元。全镇脱贫建档立卡贫困户 511 户,人均纯收入均超过 3850 元,建档立卡贫困人口城乡居民合作医疗参合率、重大疾病专项医疗救助覆盖率、电子健康档案建档率均 100%。2019 年实施 5 个扶贫项目,累计投入 2526.04 万元。全面落实一户一策、一户一工人、一户一规划的要求,贫困户务工报酬达年收入 100 万余元,全镇贫困户实现稳定就业 335 户 470 人,具备条件的家庭就业全部脱贫,人均纯收入均在 5000 元以上。建档立卡贫困人口城乡居民合作医疗参合率、重大疾病专项医疗救助覆盖率、电子健康档案建档率均 100%。

安居惠民　2019 年,全镇安居富民工程总投资 1024.94 万元,其中 174.81 万元为水泥款,县里直接拨付给水泥供应商。2019 年,安居富民建设工程补助资金到位 803.85 万元,分 4 批发放到盖房户手中,年内 46.28 万元未到位。安居富民 356 套建设任务全部完成,其中四类群体(低保户、"五保"户、贫困户、残疾人)22 户,建房率 100%。厕所改造 2081 户,发放补助资金 124.86 万元,完成年任务的 100%。

文化惠民　年内,标准化建设了文化墙、党建图书角等,发放各类图书 500 余册,丰富群众的精神文化生活。举办青年舞蹈大赛、巾帼心向党建功新时代、党建知识竞赛、扫黑除恶知识竞赛、健身操比赛、民族团结一家亲联谊活动等民族团结主题的系列活动,举办群众性文化活动48场次,各类宣讲56场次,受益群众1.8万人次。同时,通过自治区级环境卫生整治复验。

环境整治和安全 年内,开展环境卫生整治10项行动,动员群众参与环境整治工作。每个村都建设有示范点,评比观摩美丽庭院。集中整治环境"脏、乱、差"问题,农村人居环境得到改观。不定期检查辖区个体工商户、工矿企业、住家户等开展安全生产和消防隐患,排查安全隐患132个。在重要交通路口安装红绿灯,设立了12个交通安全劝导站,及时教育和劝阻超速超载、无证驾车、酒后驾车及不戴头盔驾车等违法违规行为,保障农村道路交通安全。

【党风廉政建设】

从严治党 坚持问题导向,逐条对常规巡察反馈的43个问题及专项巡察反馈的21个问题制定改进措施。2019年,伊拉湖镇党委修改完善制度18项,免职处理干部2人,调整岗位2人,警告处分6人,严重警告处分1人,留党察看处分1人,记大过处分1人,诫勉谈话12人,提醒谈话33人,移交纪检委线索2人,大会做检查12人,退回违规发放资金17.06万元,追回逾期借款31.4万元。

督查指导 全年查处违反廉洁纪律3起3人,违反工作纪律3起3人,违反群众纪律2起2人,违反政治纪律和组织纪律1起1人,违反组织纪律、群众纪律和工作纪律1起1人。线索来源:信访举报2件,监督检查4件,上级转办2件,群众反映1件。清查固定电话绑定个人手机号行为,给予党政纪处分2人,追回违规享受资金1.15万元;检查往年养老保险缴纳情况,追回应缴未缴资金1.13万元。检查违规享受扶贫政策补贴,追回违规享受扶贫资金3.28万元上缴国库。

**2019年伊拉湖镇各行政村基本情况一览表**

表22

| 行政村名 | 村党支部书记 | 村委会主任 | 人口(人) | 年末耕地(亩) | 劳动力(人) | 年末牲畜存栏(头、只) | 集体总收入(万元) | 人均纯收入(元) |
|---|---|---|---|---|---|---|---|---|
| 康喀 | 刘宏发 | | 1044 | 3744 | 755 | 106 | 12.09 | 11000 |
| 伊拉湖 | 再比布·吐尔逊 | 阿木提·木沙 | 3906 | 7155 | 2607 | 1466 | 15.3 | 14594 |
| 古勒巴格 | 哈丽曼·夏木西 | 阿克甫·克依木 | 1968 | 4617 | 1610 | 1951 | 5.77 | 15359 |
| 郭若 | 艾合买提·热吉甫 | 依力哈木·依明 | 2937 | 5904 | 1938 | 2421 | 20 | 14316 |
| 依提帕克 | 艾尔肯·阿西木 | 胡德来提·乃依木 | 1902 | 2775 | 1265 | 2975 | 23.39 | 15029 |
| 安西 | 买买提·尼亚孜 | 哈力瓦尔·赛丁 | 1685 | 3119 | 1053 | 2272 | 20 | 11600 |
| 阿克塔格 | 胡吉艾合买提·买买提 | | 1963 | 3350 | 1327 | 6657 | 10 | 15731 |
| 布尔加依 | 帕热丁·热合木吐拉 | | 1083 | 4382 | 745 | 2684 | 25 | 16663 |
| 合计 | | | 16488 | 35046 | 11300 | 20532 | 131.55 | 14287 |

【群众工作】

*劳动帮扶* 落实“周末书记”制度，开展进农家、干农活、暖民心活动，帮助劳动力短缺家庭解决葡萄采摘、照顾生病老人、子女入托入学、贷款经商等生活困难。全年开展劳动帮扶5000余场次，帮扶群众种植葡萄、哈密瓜等5000余亩，销售葡萄、红枣、哈密瓜等100余吨。

*爱心帮扶* 年内，镇政府为依提帕克村1名白血病患者筹集善款近27万元，帮助解决就医问题。

（玛合木提江·海瓦尔）

## 托克逊镇

【概况】 托克逊镇是全县政治、经济、文化中心，地处南北疆要道。位于县境东北部，西北距乌鲁木齐市区162千米，东北距吐鲁番市区78千米。镇北、东北至郭勒布依乡的开斯克村，东、南、西与夏镇巴扎尔村、色日克墩村、托台村相接，境内地势平坦，海拔高程0米。托克逊河（惯称白杨河）自西向东穿城而过，将县城分为南、北两个片区。国道314线（乌鲁木齐——喀什公路）纵穿西境。镇辖区14平方千米，全镇下辖8个社区。2019年，常住户居民16583户，总人口为38104人。党政班子成员15人，全镇有工作人员303名。社区两委班子成员57人。

【安全隐患治理】 年内，在人员密集场所建立了65个微型消防站。开展民用天然气安全隐患排查工作。发现不达标燃气表24家，各户主已按要求更换完毕。

联合县安监局、工商、消防大队、派出所等部门排查安全隐患。排查4590处店铺、房屋和人员密集场所，对有安全隐患的1500余家店铺、900个出租屋和40余处人员密集场所当场下发整改通知书，限期整改，年内已整改完毕。还开展了19场次大清查大排查，清查居民房屋和出租屋235户，清查地下室1820间，清理居民私拉电线38条，累计发现火灾、安保、安全措施等各类安全隐患1360处，现场整改1100处。

【基层组织建设】

*党员发展* 2019年，确定入党积极分子127人，接收预备党员14名。

*党费收缴* 全年收缴648名党员党费7万元。

*基层治理创新* 发挥“大党委”作用，天泉社区将杏园打造成居民休闲的“杏福乐园”；滨河社区清理平整土地13亩，种植草坪、铺设便道、建造篮球场，为居民提供舒适的宜居环境。

推广“街道吹哨，部门报到”工作体制，以吹哨反映群众诉求、发出集结令，以“报到”引领各部门响应、解决群众困难，全年吹哨66次，14个部门报到，解决社区群众难题54件。

示范推广红色物业党组织，构建以社区党组织为统领、红色物业党组织为支撑、物业公司和业主委员会为轴心、物业行政主管部门为助力，多元化服务群众体制。召集相关当事人协商解决居民小区物业管理中的公益性、群众性事务和各类矛盾纠纷。

*工会工作* 年内，有301名工会会员，生日有礼品，住院有慰问。

*妇女工作* 2019年，调解婚姻纠纷299件，召开妇女专场招聘会3场次帮助59名就业困难妇女就业，为3名创业妇女发放3万元循环无息贷款，为139名困难妇女办理好事实事98件捐款2.4万元。组织开展巾帼英雄大宣讲、唱响经典红歌、“美丽庭院”评比、关心关爱妇女残疾人、春风行动、爱心一元捐、妇女厨艺大赛等活动68场次，累计参与妇女群众8900余人。

*团建工作* 年内，组织开展28场次返乡学生活动座谈会、青年联谊活动、共青团爱心生日会等活动，累计有750名团员参与。

民族团结一家亲　组织237名镇社区干部与247户辖区居民结对认亲。每月开展1次联谊活动,张贴和发放双联户、打击扫黑除恶、防火防盗、明白册、进万家等6万份宣传资料。镇机关、社区干部、访惠聚工作队和下沉干部等1916名干部职工到结亲对象家中走访住户,为群众办实事、解难题,制订帮扶解决措施。2019年,累计开展民族团结联谊活动96场次,解决热难点问题563个,办好事实事156件,捐款3.59万元。

【党风廉政建设】

保密工作　全年召开保密工作会议6场次,开展专项检查和自查8次,将党政办、组织办、统战办、综治办、社区档案室和社区综治办设为保密要害部位进行管理,管理涉密计算机20台、打印机20台。

督导反馈　2019年,接到吐鲁番市群众工作督导组反馈问题38件,镇本级下发通报17期。镇党委在8个社区设立矛盾纠纷调处中心,由社区负责定期开展矛盾纠纷排查工作。及时整改上级巡视反馈问题,杜绝负债财务支出、违规支出和超额支出。为确保各项惠民政策资金发放及时,预防腐败,对低保、残疾人补贴、优抚金、联户长(小组长)报酬、基层补贴和业绩考核、计生(统战)协管员等补贴资金全部实行一卡通录入。

监督惩戒　2019年,问责干部处理115人,其中党内警告1人,政务警告1人,政务记过1人,组织处理99人,经济处罚6人,接待信访1起,收到群众举报1起移交县纪委,核实微线索2条,案件正在办理过程中。查处党员干部中进清真寺3名退休党员,2名受上级组织处理,1名主动悔过。查处党员干部中工作不严谨,操作失误给同一家庭夫妻双方多发放计生优抚金3000元,已缴回国库。

【群众工作】

入户走访　每周确定工作任务,针对不同人群家庭入户走访,合理设计干部入户走访时间、次数、入户宣讲主题等内容,提高入户走访质量;包联城镇(社区)市、县级、科级领导干部宣传党的惠民政策。后盾单位坚持入户走访,手把手教方法、点思路,摸清摸准摸透基层热难点问题,确保矛盾纠纷化解在萌芽状态。完善群众反映问题分级解决机制,以入户走访工作台账及民情日记作为干部走访成效的重要依据,确保各级干部接地气、解民忧,真正把脚印留在群众心中。

帮扶解困　全年累计开展结对帮扶140户,帮助12名困难群众提供帮扶基金1.66万元。梳理群众反映的热难点及历史遗留问题,动态摸排群众低保、就学、就医、就业以及困难人员子女托管等困难和诉求,建立群众反映问题台帐,限时解决并反馈。

纠纷化解　全年共登记接待来访群众23人,均调解完毕。共接收群众矛盾纠纷169起,调解169起,其中邻里纠纷44起、婚姻家庭纠纷62起、物业纠纷16起、合同纠纷8起、损害赔偿类纠纷7起、房产宅基地纠纷5起、其他类纠纷27起,矛盾纠纷类型主要以婚姻家庭纠纷和邻里纠纷为主。

【环境治理】　托克逊镇虽为城关镇,但依然与其他农业乡镇一样标准落实病虫害防治、白杨河综合治理、林业绿环和环境卫生等工作。

集中整治　集中整治银泉社区南疆路、阳光社区九龙路新农村、天泉社区新农村等城乡接合部的环境卫生,累计清理垃圾16万立方米,清理僵尸车52辆,动员社区干部在新农村种植榆树1800株,组织阳光社区居民粉刷了新农村8个巷道496户居民墙体。清理城郊接合部脏乱差片区22个,拆除私搭乱建羊圈、鸡圈和围栏24处。

河岸环境　2019年,9名镇、社区卫生员开通巡河APP软件,全年累计巡河680余次,组织开展河两边环境美化120余次,清理垃圾81袋,上报73处安全隐患并及时治理。

病虫害防治　全年集中开展辖区内树木病虫害防治喷药2场次。

创卫宣传　组织居民参加环境卫生讲座16场次、参加群众6500余人,利用小喇叭在61个小区不间断开展宣传创卫,在8个中心便民警务站打造了绿色等候区。

【社会保障】

就业和劳动保障　2019年,召开企业招聘会18场次,参会720人,现场提供就业岗位355个。城镇新增就业人员2015人,其中企业就业617人、党政机关事业单位就业196人、社会团体就业95人、自主创业1068人、困难人员就业39人,办理就业创业登记证150本。宣传引导大中专毕业生就业,建立82名大中专毕业生台账,62人就业,其余20人正备考。审核灵活就业补贴110人38.18万元,认定39名就业困难人员。千方百计的提升劳动者素质,开展职业技能培训14期537人。

最低生活保障　年初有城市低保507户703人,通过调查,全年退出低保380户538人,年底有低保家庭159户283人,分散供养“三无”人员6人,分散供养孤儿3人,全年发放补贴204.64万元。摸排80岁以上老人396人发放补贴25.13万元,开展临时救助50人共救助2万元,为城乡低保户、重病患者42人医疗救助25.22万元。“一卡通”惠民政策自查自纠和整改,累计清退各类惠农资金2.49万元。

帮扶困难群众　春节期间走访慰问困难群众695人发放慰问金13.9万元,古尔邦节期间走访慰问140户困难群众,慰问价值4.2万元的米、面、油。暖冬行动为困难群众发放爱心煤822.5吨,捐赠爱心衣服1198件,爱心菜1200千克,台灯35台,现金1.15万元。

公租房审核　审核117户公租房材料,第一批入住18人,正在等待公租房34人。走访享受公租房的1373户,不符合条件105套,正在协助有关部门核实清理。

【社会事业发展】

教育管理服务　托克逊镇辖区有14所学校(幼儿园),学生10736人,教师819人。2019年,未新增辍学学生。暑假期间,成立8个临时团支部双向管理1044名返乡学生;召开座谈会16场次,2000余名返乡学生参与座谈。返乡学生在镇域组建了8个实践活动小组和红领巾小课堂开展社会实践。

卫生保健和计划生育服务　全镇8个计生协会吸纳会员2181人,全年开展计生、艾滋病预防知识等各类形式宣传培训16场次,参训1500余人次,发放流动人口计划生育工作管理和知识宣传资料。受理特批生育服务证材料4个,办理计划生育服务证320本,独生子女光荣证15本,计划生育父母光荣证10本。全镇有已婚育龄妇女4959人,新出生272人,计划生育政策符合率100%。开展脊灰疫苗补充免疫活动,为3245人次儿童口服糖丸,上级部门的快速评估达到100%。2019年托克逊镇完成全民健康体检24729人。

残疾人工作　2019年,共有711名残疾人,应换证159人,换证112人,督促未换证的47人抓紧完成换证。全年清理不该享受两项补贴共1.12万元。

年内,为287名重度残疾人发放护理补贴和困难残疾人生活补贴28.55万元,为51名残疾人发放了1.56万元燃油补贴,为6名重度精神残疾人监护人发放护理费

6000 元,4 名残疾人享受了"阳光家园"托养服务。走访摸排 84 名精神残疾人员,3 名残疾人参加技能培训,2 名就业;为 3 名残疾人提供康复训练,为 7 名精神病残疾人免费发放药品。累计帮助残疾人协调解决轮椅 11 辆,康复辅助器具 34 个。

经济普查　2019 年,清查法人和活动单位 459 个,个体户 2390 个。

科技工作　年内,以创建科普示范社区活动为契机,利用每月远教日、妇女学习日举办科普讲座、健康体检、放映科普电教片,发放服务宣传、优生优育、预防艾滋、乙肝病防治等科普资料,累计开展学习培训 30 场次,在 3 个社区建立了科普电化站点,在天泉社区开展大型科普活动现场展演,380 余人参与。

普法工作　加强"法制六进"和"七五"普法,通过会议培训和专项考试培训全镇干部职工的法律法规知识。深入用工单位宣传相关的法律法规,为中小学校青少年学生上法制课 10 余次帮助群众解决日常法律问题 360 件;开展送温暖、送法律、送政策等活动 1260 余件。组织 296 名干部职工开展无纸化普法考试。

退役军人服务　2019 年,成立托克逊镇和社区两级退役军人服务工作站。共悬挂"光荣之家"光荣牌 727 户(不符合条件 9 户)。春节和"八一"期间,慰问困难退役军人、现役军人家属和优抚对象,发放慰问金 23.62 万元。

**【社区建设】**　2019 年,托克逊镇 8 个社区工作各有特色。

天泉社区　东至新农村,南至白杨河北岸,西至光明路,北至郭勒布依乡开斯克尔村。社区面积 2.5 平方千米,其中社区阵地 2.5 平方米。党员 48 人。

天泉社区突出"党建 + 综治"网格一体化建设和"党建 + 科普"素质提升建设,把党的组织覆盖到社区网格,以"小网格"推进"大党委"。同时履行"社区吹哨、部门报到"工作机制,发挥基层组织作用。推进社区党建 + 阵地建设模式,先后打造"杏福乐园""红色记忆主题教育长廊""群众文化活动场所""青少年科技体验室"等服务场所。"杏福乐园"是传播民族团结典型事迹的窗口。"红色记忆主题教育长廊"作为党性教育的一个重要载体,传播红色传统教育,强化党员的理想信念。2019 年,天泉社区获得 2019 年自治区先进基层党组织、吐鲁番市基层科普行动计划先进集体和吐鲁番市科普信息化工作先进集体荣誉称号。

山泉社区　东至木提桥,南至夏镇托台村,西至始昌南路,北至白杨河南岸。社区面积 2 平方千米。党员 88 人。

山泉社区着力抓党建,领导干部带头讲党课 10 场次,党支部集中学习 21 场次。设专组监督、跟踪、回访,动态管理,落实群众工作。严格落实闭环机制,2019 年群众反映热难点问题共 247 件,解决 246 件,上报问题 4 件。党建带动共青团、妇联等群团组织,储备青年后备力量。发展党员 2 人,开展主题团日活动 12 场次,主题党日活动 15 场次。以便民警务站为依托、以网格化管理为抓手、以"双联户"社会治理模式为载体,组建"双联户"单位 176 个,发挥双联户长作用,解决矛盾纠纷 41 起。成立社区大党委,开展在职党员进社区与辖区单位党组织联谊活动。组织在职党员进社区 128 人次,开展活动 12 场次。

龙泉社区　位于托克逊县城中心,东起解放南路,西至 314 国道,南至友好路,北以白杨河为界。党员 99 人。

龙泉社区推进"党建 + 精细治理""党建 + 凝心聚力""党建 + 共驻共建""党建 + 志愿服务"等特色服务工程,提升城市基层党组织服务功能。建立网格党支部 12 个,成立网格党小组 80

个，运行“城镇党委—社区党总支—网格党支部—楼栋党小组”四级组织架构，构建立体式的组织网络。调研走访，开展“面对面、听期盼”社区党建大走访活动。运行社区“大党委”机制，建立资源清单，实现社会组织发展与社区服务水平双促进、双提升，开展平安建设、园林城市创建和人居环境整治。

玉泉社区　东至解放路，南至南大街人民西路，西至九龙路，北至友好路。社区面积0.4平方千米。党员107人。

玉泉社区深化“支部建在网格”，建立网格党支部7个，党小组49个。每个网格组建一个网格党支部，形成“一人负责，多人协同”的服务格局。建立“党员先行”志愿者队伍30余名，开展环境卫生整治，便民居民服务、帮扶困难家庭、关爱未成年人行动、帮扶就业等志愿服务。落实推进社区“网格化”巡逻工作，建立5支巡逻队25人。管理118户298人出租屋及流动人口工作，实行出租屋管理报备、二维码管理制度。发挥双联户长作用，要求带头做好环境卫生整治、带头做好服务群众、带头遵纪守法、带头民族团结、带头致富增收、带头孝老爱亲。

银泉社区　东至九龙路，南至人民路法院以北，西至电视台住宅区，北至白杨河。社区面积5.2平方千米。党员93人。

银泉社区强化党建引领，开展党风廉政警示教育，组织辖区党员干部开展第21个党风廉政教育活动建立三合一便民警务站。在8号警务站前打造了“友善公园”服务场所，为居民办理便民业务790笔。围绕美丽庭院创建、文明城市创建、国家卫生城市、中华人民共和国成立70周年等群团活动，紧密了党群关系。组织党员干部和“爱心妈妈团队”开展慰问留守儿童、困难党员和群众、党员到街道绿化带打扫卫生等各类志愿服务活动。

金泉社区　东至光明路，南至白杨河岸，西至滨河小区后面，北至郭勒布依乡开斯克尔村。社区面积2平方千米。党员66人。

金泉社区全面改善工作作风，提高为民服务能力。不定期督察检查各类存在干部作风问题，解决好群众反映的困难诉求。入户走访13840户次，累计解决群众热难点问题225件，办理各类好人好事148件。全年有669人次参加了国语培训学习，1412人次聆听了周二、周六市厅级领导大宣讲。

阳光社区　东至南湖路，南至园区，西至九龙路新农村，北至英买里五巷。面积2000平方米，社区面积14.8平方千米。党员32人。

阳光社区以社区党组织为核心，构建横向到边、纵向到底的社区党组织网格化建设，将区域4个网格建立3个党支部和6个党小组，32名社区党员和辖区17个单位148名在职党员认联区域1228户居民户，推进党员联户全覆盖。全年收集群众反映的热难点问题112件，销号反馈112件，完成率为100%。调解矛盾纠纷32起，累计为群众做好人好事225件。借助“大党委”工作机制，解决了新农村绿化管网建设，辖区环境卫生整治等久拖未决的问题。

滨河社区　东至金泉路、南至白杨河、西至高速公路、北至郭乡开斯克尔村，社区面积1.2平方千米。党员53人。

滨河社区以主题教育为抓手，夯实党建工作基础。抓干部队伍建设，社区干部轮岗交流，挑选培养7名优秀年轻干部到重要岗位、复杂片区锻炼。抓党员队伍管理，组织党员志愿者亮身份、打头阵、做表率。抓基层骨干队伍培养，引导、扶持和推进发展文体、社区管理、公益志愿类居民服务组织11个279人，推选维稳双联户长302人，通过提供展示平台、考核表彰激励等方式，激发了干事热情。以特色项目为引领，推进治理体系和治理能力现代化，发挥辖区单

**2019 年托克逊镇各社区基本情况一览表**

表 23

| 社区名称 | 党总支书记 | 居委会主任 | 社区干部(人) | 常住居民(户、人) | 居民小组(个) | 残疾人(人) | 低保户(户、人) | 流动人口(人) |
|---|---|---|---|---|---|---|---|---|
| 天泉 | 木也赛尔·艾比布力 | 马磊 | 14 | 394 户<br>1292 人 | 4 | 27 | 1 户<br>2 人 | 490 |
| 山泉 | 滕玉美 | 吾尔娅提·图尔森 | 18 | 1802 户<br>5173 人 | 7 | 84 | 12 户<br>24 人 | 637 |
| 龙泉 | 辛晓英 | 再吐尼汗·阿不都斯木 | 20 | 2913 户<br>5485 人 | 12 | 88 | 3 户<br>7 人 | 1669 |
| 玉泉 | — | 伊斯拉木江·赛皮丁 | 23 | 2630 户<br>6503 人 | 6 | 108 | 26 户<br>48 人 | 197 |
| 银泉 | 热孜亚古力·沙吾尔 | 帕热旦·艾合买提 | 26 | 3074 户<br>6178 人 | 15 | 96 | 8 户<br>16 人 | 1315 |
| 金泉 | 周亚琴 | 曹华 | 16 | 1398 户<br>520 人 | 3 | 15 | 7 户<br>14 人 | 491 |
| 阳光 | 孙颉 | 阿不都热依木·赛塔尔 | 17 | 1228 户<br>2965 人 | 13 | 144 | 45 户<br>73 人 | 3735 |
| 滨河 | 张晓蓓 | 塔依尔·艾孜孜 | 21 | 3144 户<br>7988 人 | 31 | 144 | 51 户<br>82 人 | 5111 |
| 合计 | | | 155 | 16583 户<br>38104 人 | 91 | 706 | 153 户<br>266 人 | 13645 |

位作用,清理平整土地 13 亩,种植草坪、铺设便道、建造篮球场、设置游乐园,为居民提供舒适宜居的主题公园。推广“社区吹哨、部门报到”工作机制,吹哨 13 次,解决居民反映的娱乐休闲场地少、暖气不热、房屋漏水等问题 50 余条。用文化活动筑牢意识形态领域主阵地,组织周一升国旗、普通话学习、大宣讲和各类文体活动等活动 253 场次,惠及辖区居民 1.5 万余人次。

(阿孜古丽·买买提)

## 阿乐惠镇

**【概况】** 阿乐惠镇位于托克逊县西北部,西、南分别与和静、和硕县相邻,北、东与伊拉湖镇、博斯坦镇毗连,距托克逊镇中心 67 千米。总面积 [illegible]76.2 平方千米。阿乐惠镇利用水资源、区位资源、矿产资源、圣雄同心园等优势,打造产城融合、政企共建、合作开发的新型小城镇,并着力开发红色教育资源。镇辖鱼儿沟、南泉、阿拉沟三个社区,2019 年,总人口 8438 人,其中常住人口 715 人,流动人口 7723 人。阿乐惠镇有工作人员 71 人。

**【工业发展】** 2019 年,阿乐惠镇产城融合、政企共建、合作开发,由建设和服务主体新疆中泰新材料股份有限公司根据水资源、区位、矿产资源、圣雄同心园初具规模等优势完成阿乐惠镇总规修编。

2019年中泰圣雄园区资产总额116亿元。年内,实现营业收入47.56亿元。工业总产值79.33亿元,工业增加值12亿元。

【小城镇建设】

基础设施建设　2019年,阿乐惠城镇基础设施的污水处理厂项目、垃圾填埋场项目、镇区集中供暖等项目已办完前期手续,计划于2020年开工建设。镇区客运站、阿拉沟新阵地建设任务完成并投入使用,县人民医院分院、300套公租房项目等基础工程完工,填补了镇区基础设施空白。完成招商投资阿乐惠镇顺通大型停车场项目,物流园项目、加气站项目、聚鑫商业街项目及废弃矿渣二次回收利用项目前期工作完成。

旅游发展　阿乐惠镇年平均气温9.2℃,全年最热的7月份多年平均值为26.2℃,比县城同期低6℃—8℃,具有良好的发展夏季旅游条件。阿拉沟旅游大峡谷项目纳入托克逊县项目库。阿乐惠镇依托国家级唐代烽燧、阿拉沟水库和东风、胜利、星火、燎原、曙光5个兵工厂遗址和出土过黄金大墓(《丝路秘史》黄金密语——探索发现20110219)等文物的历史沉淀,正在打造吐鲁番市徒步、休闲的避暑纳凉胜地和红色教育基地。

【人居环境整治】　2019年,阿乐惠镇被定位为全国重点乡镇,镇政府大力整治人居环境,拆除破旧房屋350余间、违章建筑250处,私搭乱建棚舍100余处,整治群众房前屋后卫生156户,清理垃圾2100余吨,清理水渠1.7千米,完成镇区绿化150亩,农村生活垃圾处理率、主要道路绿化普及率均达95%。年内,防疫畜牧1.01万头(只),消毒圈面积1500平方米。建成屠宰点1处,市场提供新鲜肉7.5吨。投入100多万元美化、绿化、亮化主要街道,镇区面貌焕然一新。全镇挂牌"美丽庭院"17户,被市、县两级评为"最美家庭"4户。

【社会就业】　2019年,阿乐惠镇户籍人口10户19人均就业,同时充分利用圣雄工业园区企业用工需求,帮助托克逊籍769人就业,惠及家庭192户。

【基层组织建设】

制度保障　2019年,镇党委、政府把建章立制作为治本之策,探索建立了镇党委领导下的"联合党工委"工作机制,选举产生了13名领导班子成员,制定阿乐惠镇联合党工委工作制度,明确了党员报到登记制度、分类管理制度、联席会议制度。修改完善公车、固定资产管理等制度11个,通过综合施策,标本兼治,解决了制度"缺位"问题,各项工作在制度化、规范化、法治化轨道上健康运行。

落实责任　坚持书记抓、抓书记,第一书记统筹全局,各支部书记为党建工作第一责任人,每月召开党建月例会,工作重心下移、主要力量下沉,选派3名科级干部担任社区包联领导,代表镇党委履行监督责任,抓工作落实。年内,80%机关干部下沉到社区,由第一书记统筹管理,与社区各支力量混编AB岗开展工作,责任捆绑、风险共担、成果共享。

考核评价　实行党委扩大会议工作清单制度,规范抓实早派工、晚研判、周点评。规范了3个社区服务大厅工作流程,各社区分别设立矛盾纠纷调解室,提升社区服务群众能力。突出属地管理,指派科级干部联系协调后盾单位,坚持后盾单位履职与社区工作挂钩的考核评价机制,后盾单位每周逐一评估考评派驻(下沉)干部履职情况,乡镇党委常态化抽查和交叉检查,考评后盾单位责任落实情况并排名。全年开展全域月工作量化考核9次,通过定期排名,倒逼责任落实。

阵地建设　阿拉沟社区

新阵地建设完成并进驻办公。

后备力量培养　年内,调整11名中层干部,择优选拔4名干部进入社区“两委”班子成员,提升了基层组织整体履职水平。在实践中发掘人才、培养干部,确定11名后备干部作为社区“两委”班子人选,向县委推荐17名副科级后备干部,为衔接干部队伍梯打基础。

党员、团员发展　年内,发展党员4人、团员5人,培养入党积极分子13人,充实了党的后备力量。

选派8名干部赴内地省市学习,推荐6名干部赴自治区、市、县参加中短期培训和跟班学习。

群众工作　年内,累计走访群众2.6万户次,解决群众困难诉求250件,办理好事实事1149件,化解矛盾纠纷102件,开展“四项”活动8场次,引进中小微企业1个,组织技能培训5场次308人次,慰问困难群众78户价值2.78万元,把党的关怀和温暖送到了群众心坎上。群众思想教育工作始终不放松,深入宣传党的惠民政策、法律知识等内容,组织居民群众参加市厅级干部视频大宣讲88期1.2万人次、周一升国旗活动132场次,民族团结联谊活动35场次。

宣传教育　2019年,开展专题法制宣传教育、法治宣传6场次,受教育群众580人次。组织全体干部职工网络及普法考试2场次,发放各类平安宣传材料4200余份,群众对社会治安满意度和安全感均有提升。

【党风廉政建设】　班子带头学习、听意见、查问题、改作风、抓落实,紧盯专项整治内容,整改落实逐一销号,班子成员开展专题研讨7次、撰写报告11篇、检视问题103条、认领专项整治问题93个,普通党员干部主动查找问题344个,解决群众反映强烈的问题5个。2019年,严肃查处各类不作为、乱作为、慢作为和违纪违法行为,查办案件2个,运用“四种形态”问责处理干部52人次。

【安全生产】　2019年,检查矿山企业35场次,发现安全隐患28处,下发整改通知书28份。检查人员密集场所、重点部位1824个(家),发现隐患820处,下发整改通知书328份,均整改到位。定期开展各类演练,全年累计演练500余场次。加强交通管理站和劝导站,设交通管理员3人、劝导员6人,重新组建综合执法中队,劝导镇区违法载人、违停乱放等不文明行为,提升了镇区交通安全。加强食品安全,组织食品安全集中宣讲2场次,食品安全法律培训教育4场次。联系县市场监督管理局开展联合检查5场次,开展日常检查200余场次,发现过期食品100多件,封停超市2家,停业整顿饭馆51家。

【化解债务风险】　严守不发生系统性金融风险和政府债务风险的底线。2019年,协调偿还阿乐惠镇项目建设工程款2000余万元,债务风险得到化解。

【污染防治】　实施河长制,全镇2条河流设置2名河长,5名河段长及22名巡查员,不定时巡查河道,年内清理垃圾2100余吨,清理水渠1.7千米,完成镇区绿化150亩,生态环境质量持续优化。

【民族团结活动】　年内,开展各类联谊活动35场次,受教育6800余人次;法治宣传32场次2850人次,发放民族团结应知应会1000份、宣传手册238份、宣传海报188份,宣传挂历163份;组织民族团结创建基本知识测试2场次,参加干部280人;办公场所楼道、办公室、主要街道、企事等地方随处可见民族团结宣传展板和标语,节间慰问结对少数民族亲戚893户,慰问物品价值7万余元。

**2019 年阿乐惠镇各社区基本情况一览表**

表 24

| 社区名称 | 党支部书记 | 居委会主任 | 社区干部（人） | 总人口（人） | 常住人口（人） | 流动人口（人） |
|---|---|---|---|---|---|---|
| 南泉 | 祖丽皮亚·依明 | 木合塔尔·乃吉木 | 8 | 5187 | 94 | 5093 |
| 鱼儿沟 | 阿力木·乃斯尔 | 王　磊 | 10 | 2025 | 346 | 1679 |
| 阿拉沟 | 库地热提·买买提 | 夏克尔江·吾甫尔 | 9 | 1226 | 275 | 951 |
| 合　计 | | | 27 | 8438 | 715 | 7723 |

**【社会事业发展】**

教育　年内，联系企业和爱心人士捐助教学物资 17 余万元，解决学校标准化建设方面的困难问题。强化校园安全各项措施，履行校园安保，消防安全、食品安全、校园周边安全责任。发挥后盾单位作用，慰问困难学生 6000 余元。

卫生保健和计划生育　年内，代收代缴辖区 211 名居民医疗、养老保险 6.12 万元。镇卫生院就诊服务 8000 多人次，全民免费健康体检 2750 人，儿童预防接种 561 人次，妇幼保健健康服务 48 人次，儿童强化疫苗（糖丸）220 人次，妇女免费生殖检查 3 场次，宣传“两癌妇女筛查救治”活动 2 场次，宣讲预防艾滋病 2 场次。

年内，慰问困难妇女 6 人，折合资金 1000 余元。召开计生月例会 10 场次，组织集中业务学习 10 场次，集中宣讲 6 场次，受教育群众 1400 余人。提高广大群众对计划生育政策的知晓率。

妇女工作　2019 年，组织各类宣传教育活动 13 场次，受教育妇女 600 余人次。组织妇女免费检查 3 场次、收益妇女 260 人。发放妇女创业资金 2000 元。发放“爱心一元捐”项目小额循环贷款 3.5 万元。组织“爱心一元捐”捐款 5300 元。解决家庭纠纷案件 8 件。

（加娜提古丽·艾乃吐力）

## 克尔碱镇

**【概况】**　克尔碱镇位于托克逊县西北部，距县城 50 千米处，北邻乌鲁木齐县托里乡及达坂城区，南疆铁路从辖区内通过，辖区面积 2333.97 平方千米。托克逊县怪石林、红河谷、雅丹地貌、石刻水系图、岩画等旅游资源集中在镇域。高粱面馕是克尔碱镇的特色食品。辖克尔碱村、通沟村、英阿瓦提村 3 个行政村和红河谷社区。2019 年，全镇总人口 886 户 2260 人。镇干部职工 83 人。

**【社会经济发展】**　2019 年，克尔碱镇实现地区生产总值 4212.15 万元，同比增加 281.16 万元，增长 7.1%；其中种植业总产值 961.24 万元，同比增加 31.65 万元，同比增长 9.6%。林果业 974.90 万元，同比增加 154.65 万元，同比增长 18.85%。畜牧业总产值 1521.01 万元，同比增加 58.86 万元，同比增长 4%。二产总产值 93 万元，同比增加 5 万元，同比增长 5.6%；三产总产值 662 万元，同比增加 31 万元，同比增长 4.9%。

2019年,享受各项惠农补贴310万元。农牧民人均收入16222.8元,比上年增加1932.2元,同比增长13.52%。

种植业　2019年,克尔碱镇种植面积6290亩,总产量868.53万千克,净收入612.5万元。

林果业　2019年,克尔碱镇经济林总面积2945亩,其中核桃面积1217亩、葡萄种植面积376亩、杏树面积992亩、红枣178亩(不含红河谷的红枣)、苹果153亩、桃树29亩。

植树造林　克尔碱镇春季造经济林262.5亩,克尔碱镇春季造防护林25亩,村庄绿化面积24.6亩。

病虫害防治　2019年,开展春季防控工作,清园1683亩(其中杏树清园660亩、红枣清园103亩、核桃清园920亩),清理林带113亩。悬挂葡萄蛀果蛾诱捕器24块地,为辖区榆树、桑树、杨树等树木打药3次,总面积685亩,免费发放石硫合剂60瓶,葡萄喷洒石硫合剂面积286亩,开展果树技术指导现场会10次,参加培训人数540人次。

畜牧业　2019年,克尔碱镇全镇畜牧年末存栏7371头只,其中羊5700只(含黑羊3500只)、牛835头、其他836头(只)。

【村集体经济】　2019年,克尔碱镇村集体收入以种植、养殖、外出务工为来源,以旅游业、核桃种植业、馕产业、庭院经济、养殖业为主要特色产业。全年集体收入52.85万元,其中克尔碱村19万元,英阿瓦提村12.75万元,通沟村21.1万元。

【基层组织建设】

党员发展　2019年,克尔碱镇注重从双联户长、退伍军人、致富带头人、返乡大学生等人员中发展党员。年内,新发展党员4人,培养发展对象10人、积极分子8人、申请入党2人。

队伍建设　2019年,克尔碱镇选派1名副镇长担任通沟村党支部书记,1名地方性事业编干部担任克尔碱村党支部副书记,并下派25名镇政府干部常态化驻村工作。调整或补充不能胜任工作的7名村组干部,优化干部队伍。储备村级后备力量15人。关爱各级干部,落实“基层减负”年工作要求,保障正常轮休,及时协调解决各级干部及其家庭、工作、生活等方面存在的困难问题,让各级干部腾出更多的精力抓工作落实。

培训学习　年内,选派12名村“两委”成员参加县委党校村干部能力素质提升培训,选派1名地方性事业编干部参加市委组织部举办的优秀村级年轻储备干部示范培训。坚持夜校学习制度,村“两委”成员全部参与,共同学习、共同进步、共同提高,累计开展共同学习110余场次。组织党员干部开展“看历史、游家乡、爱祖国”活动,参加志愿服务。年内,各党支部共开展学习50余次,组织党员为群众做好事88件,组织党员参加志愿服务312人次。

为民解困　2019年,解决群众困难问题诉求、化解矛盾纠纷、落实惠民政策为抓手,强化群众工作成效,按照干部包片、包户原则,驻村各支力量干部混编,深入推进常态化入户走访,排查安全隐患、矛盾纠纷,解决群众困难诉求问题132个,帮助困难群众追回欠款27.05万元,解决创业贷款10户53万元,解决就医困难4户4人,解决就学困难6户6人。

制度保障　严格落实“三会一课”、民主评议党员、组织生活会、主题党日等基本制度。严格按照“四议两公开”(村党支部提议、村两委会商议、党员大会审议、村民会议或村民代表会议决议;决议公开、实施结果公开)、村民会议、村民代表会议等民主管理制度和村级财务管理办法等工作机制要求,强化民主决策议事及“三公开”(党务、政务、村务公开）力度，调整充实各村村务监督委员会，制定村规民约，健全村党组织领导的充满活力的法治、德治、自治相结合的农村基层治理机制。

基础保障 年内，翻新改造230平方米村级周转房改善驻村干部食宿条件，硬化水泥地坪1800平方米，投入12.5万元修缮翻新村委会阵地450平方米并购置办公桌椅及相关设备。

村级阵地 2019年，发挥村民服务中心办公议事、党员群众活动、教育培训、便民服务、文体娱乐等综合功能作用，累计组织开展农牧民夜校、厅级领导宣讲、技能培训、文艺会演、“四项”服务活动等700余场次。

**【民族团结活动】** 2019年，市交通运输局、市银监局、县人民法院及农村信用社、各村学校、派出所、警务站，卫生院等各级干部与克尔碱镇辖区3个行政村各级干部326人结对认亲371户。年内，累计入户2.2万余户次，包户住户5560户次，开展联谊等活动41场次，办实事好事750件，发放冬季取暖用煤82户148吨，捐赠棉衣棉鞋350件。

**【基础设施建设】**

道路建设 2019年，投入230万元建设道路1.88千米，改造道路、绿化带护坡1.2千米，改造路灯118盏。

乡村环境 年内，争取环境整治资金50万元、援疆资金50万元完善乡村环境基础设施和农村垃圾处理，各村配备1辆垃圾车，共配备垃圾箱450个。

厕所改造 2019年，完成改厕289座。

三区分离 年内，三区分离试点村英阿瓦提村全部实现分离。克尔碱村三区分离实现20%，通沟村实现60%。

**【美丽庭院创建】** 2019年，克尔碱镇创建美丽庭院示范户154户（25户为建档立卡贫困户），其中英阿瓦提村创建市级“美丽庭院”示范户50户、县级“美丽庭院”示范户30户，克尔碱村县级“美丽庭院”示范户32户，通沟村县级“美丽庭院”示范户42户。

**【民生保障】**

最低保障 2019年，克尔碱镇城乡低保对象（农村低保户、城市低保户、“五保”户建档立卡低保户）为47户118人，低保户发放总额为34.5万元。通过核查累计退出低保对象100人，新增7户9人。

劳动就业 2019年，组织开展职业技能培训3期，122人参加。全年实名制劳动力共1089人，富余劳动力291人，其中转移就业161人。大中专毕业生17人，其中14人就业，3人继续升学。克尔碱镇通过各种渠道输出劳动力191人，新增就业再就业23人。

社会保险 克尔碱镇参加城乡居民基本养老保险886人，参保率97.37%；参加城乡居民基本医疗保险1945人，参保率100%。2019年，满60岁新增享受养老保险待遇12人。

“一卡通” 2019年，所有涉农资金通过涉农资金“一卡通”平台发放，包括城乡低保金，村干部、十户长报酬等工资类项目，共发放“一卡通”567人。通过“一卡通”平台为338户农民发放耕地地力保护补贴项目资金32.35万元，发放2019年的退耕还林项目资金18.05万元。

补贴 全年发放80岁以上老年人补贴30人3.88万元。

救助 2019年，发放医疗救助8558元，临时救助5000元，累计受益197人。

慰问 年内，慰问困难群众156人3.12万元，慰问军人家属和困难军人9人3600元。

**【精准扶贫】** 2019年，克尔碱镇贫困户共78户254人，全部脱贫。78户贫困户中发展生产脱贫67户108人、转移就业49户69人、易地搬迁

(安居富民)78户254人、生态补偿脱贫40户40人、教育扶贫44户71人、低保兜底16户46人、医疗救助20户20人。

2019年,实施财政专项扶贫项目2个,投入资金11.3万元,扶持33户贫困户种植花生、芝麻、洋葱特色农产品,户均增收5000元。投资220万元建设1310平方米扶贫车间1个,提供8—10人的稳定就业岗位。

**【安居富民】** 2019年,克尔碱镇安居富民工程建设任务为52户,其中克尔碱村43户,英阿瓦提村9户。有低保户2户,一般户50户。年内全部建成竣工,达到入住条件。开工率、完工率、电子档案录入率均100%。

**【社会事业发展】**

*教育* 克尔碱镇有中心小学1所,教学点2个。克尔碱镇小学适龄儿童364人,入学率100%;初中正常适龄儿童96人,入学95人,入学率98.9%。克尔碱镇有教师82人,均为小学教师,大专及以上学历占100%。全镇学校校长全部持证上岗。

*卫生保健和计划生育* 克尔碱镇3个自然村均有村卫生室。2019年,克尔碱镇开展国家脊髓灰质炎强化免疫工作,分两次为172名儿童发放脊髓灰质液。克尔碱镇免费全民健康体检人数1785人。15—65岁年龄段的本镇户籍居民艾滋病检查1676人,无可疑人员。

2019年,克尔碱镇已婚育龄妇女465人,新出生18人,生育服务证发放率100%,计划生育符合率100%,计划生育知晓率100%。全年上报区快富161人、国快富及计划生育奖励人员14人,领取生育证服务23人,领取计划生育父母光荣证16人。

*妇女工作* "三八"国际妇女节等大型节纪念日通过每周一升旗仪式、入户走访、座谈的方式向妇女宣讲改善人居环境、"美丽庭院"建设和《中华人民共和国婚姻法》《反家庭暴力法》《妇女儿童权益保护法》等法律法规政策,受教1.2万人次。全镇收集"爱心一元"捐款2916元上交县妇联。英阿瓦提村1名困难妇女享受县妇联的2000元"关心关爱"创业资金。1名患者受助"贫困母亲'两癌'救助"中央专项彩票公益金1万元补助金。

*残疾人工作* 全年,全镇残疾人"两项"补助34人4.96万元。

**【安全生产监管】** 年内,组织开展气象灾害等应急演练。排查处理辖区工矿企业、居民危房、商店、饭馆等公共聚集场所的消防安全、食品安全等情况。2019年,排查隐患90余处次,均整改完毕。加强交通安全劝导服务,监管酒驾、超载超速、摩托车、电动车驾驶员不戴安全帽上路、货运车人货混载上路等违法行为。

**【信访化解】** 2019年内,克尔碱镇受理信访件共受理群众初访、重访18件84人,其中劳资纠纷6件34人、房屋纠纷2件3人、草原纠纷1件2人、工程款1件1人、土地征收引起的纠纷1件2人、煤矿残疾补偿费1件1人、运输费1件2人、机械租赁费4件9人、口头合同没有执行纠纷1件30人,办结13起78人,涉及金额65.48万元。

**【旅游发展】** 2019年,克尔碱镇依托怪石林景区、红河谷开发、薰衣草项目等地域优势资源,发展现代旅游产业,鼓励引导农牧民发展本地特色农牧业,发展民宿特色农家乐。年内,游客年流量3374车次21386人次。

**附:红河谷社区基本情况**

2019年,红河谷社区由原克尔碱社区更名。克尔碱社区成立于1984年,始终没有办公阵地,未配备社区两委及人员。2014年5月,按照托克逊县克尔碱镇机构改

**2019 年克尔碱镇各行政村基本情况一览表**

表 25

| 行政村名 | 党支部书记 | 村委会主任 | 人口（人） | 劳动力（人） | 年末畜牧存栏（只） | 集体总收入（万元） | 人均收入（元） |
|---|---|---|---|---|---|---|---|
| 克尔碱 | 艾尼·外力 | 艾尼娃·阿不拉 | 1190 | 465 | 2840 | 19 | 18468 |
| 英阿瓦提 | 阿力甫·热扎克 | | 664 | 380 | 749 | 12.75 | 12037 |
| 通沟 | 艾瓦力别克·衣比热 | | 406 | 92 | 3785 | 21.1 | 18163 |
| 合 计 | | | 2260 | 937 | 7374 | 52.85 | 16223 |

革方案中“克尔碱镇管理的社区维持原管理体制”要求，核定社区编制 3 人。2017 年核定克尔碱镇社区编制 6 人，实有 4 人。因无阵地及人员配备不齐等原因，2001 年克尔碱镇城市户口及流动人口的管理交由克尔碱村委员会暂为代管，2019 年代为管理的辖区城镇户有 75 户，城镇户口 385 人，更名为红河谷社区。克尔碱镇拟购置政府西侧 300 米，由淮北拓基赢造建筑工程有限公司建设的 2500 余平方米的博物馆作为红河谷社区办公阵地。地址位于克尔碱镇大十字西南部，面积约 4.15 平方千米，西至县道 079 与雅丹西路交叉口，东至克尔碱火车站东墙外 60 米，北至雅丹公路克尔碱镇政府东墙，南至克尔碱火车站西侧桥涵。红河谷社区阵地暂未投入使用。（木扎帕尔·吾甫尔）

## 库米什镇

**【概况】** 库米什镇位于托克逊县城西南部，是出入南疆的交通要道，是吐鲁番地区的南大门。北与博斯坦镇、夏镇相邻，东与吐鲁番市、南与巴州尉犁县、西与和硕县相邻。东西宽约 83 千米，南北长约 105 千米。距县城 100 余千米，314 国道穿镇而过，高速公路在镇区以北 500 米，独特的地理优势使库米什镇第三产业比较发达，主要从事矿业、餐饮、旅店等产业。农业种植主要有棉花、甜瓜、恰玛古等，恰玛古是维吾尔族等少数民族比较偏爱的蔬菜，库米什镇是全县种植恰玛古面积最多、质量最好的镇。总面积 7382.45 平方千米，镇辖柯尔克孜铁米村、英博斯坦村 2 个行政村和库米什社区，2019 年，常住人口 217 户 586 人。

**【经济社会发展】** 2019 年，库米什镇实现地区生产总值 1886.11 万元，同比增加 87.5 万元，增长 4.8%。其中种植业总产值 1161.63 万元，同比增加 53.78 万元，同比增长 4.8%。林果业 293.25 万元，同比增加 21.25 万元，同比增长 7.8%。畜牧业总产值 288.73 万元，同比增加 7.48 万元，同比增长 2.6%。二产总产值 23.5 万元，同比增加 1 万元，同比增长 4.44%。三产总产值 119 万元，同比增加 4 万元，同比增长 3.4%。

工业　2019 年，镇区登记在册企业 55 家企业，受经济下行“大环境”影响，全年开工生产 17 家。

种植业　全年种植棉花 4.2 万亩、甜瓜 5930 亩、打瓜 1200 亩、饲草 1000 亩、葵花 400 亩，恰马古 160 亩，其他

500亩,膜下滴灌覆盖率99%。

林果业　2019年,新栽农田防护林150亩,主要树种为胡杨、桑树,为了提高新栽林的成活率,库米什镇督促种植大户及时浇水、培土、扶正,林果病虫害防治100%。

畜牧业　2019年,全镇有牛羊养殖大户15户,牛羊育肥3441头(只),其中农户家庭养殖牛324头、羊3356只。全年羊存栏数1.32万头,牛存栏数350头,家禽存笼2193头羽,驴存栏35头,骆驼存栏99匹。全年免疫注射牛口蹄疫苗共127头次、注射羊口蹄疫苗共6375只次,小反刍羊6867只次,注射禽流感、新城疫苗1733羽份(鸡1651羽次、鸭48羽次、鹅34羽次),羊痘767只次,防疫密度100%以上。内外科治疗408头(只)次。羊驱虫4332只次、家犬驱虫2064条次。牛羊圈消毒面积12803.5平方米。

病虫害防治　年内,动用农用车2台,药物喷雾面积2000亩,清理全镇所有林带,同时修剪、灌水老林带200亩。加强有害生物的检测,定期检查酿酒葡萄、农作物及树木有害生物,发放黄板200片。

农业种植机械化　2019年,推广种植机采棉、无人机打药等现代化农业技术,机采棉种植面积超过95%,明显减少农业种植成本,农牧民使用机采棉节约种植成本4000万元左右,减少了拾花工数量,减轻了流动人口管理压力。

【民生保障】

最低生活保障　年内,严格按照标准3次调整城乡最低生活保障户,原有26户44人,清查不符合享受条件的22户36人后,调整为4户8人。全年发放低保金5.3万元,含不符合条件的低保户。

医疗救助　2019年,2人享受医疗救助资金2136元,其中低保户1人1105元、重病1人1031元。

老年人基本生活津贴发放　年内,全镇享受80周岁以上老年人基本生活津贴8户8人,发放基本生活津贴1.68万元。

社会养老保险参保　2019年,参加养老保险238人,参保金额2.5万元。

就业保障　2019年,新增就业20人,完成就业任务100%。组织各类劳动力培训100人,完成任务的100%。全年计划农业富余劳动力转移就业计划10人,实现转移就业8人,完成80%。困难人员就业2人。柯尔克孜铁米村199户553人,就业209人,建档立卡贫困户有4户8人,转移到协警、联防、清洁工岗位以及自主创业和灵活就业共5人。

【脱贫攻坚】　2019年,全镇建档立卡贫困户有4户8人,人均年收入均8000元以上。4户均享受过安居富民惠民政策,实现"两不愁三保障"。

【安居富民工程】　2019年,完成安居富民房任务6户,房屋、基础设施均在年内全面竣工,每户2.85万元补助,申请专项补助资金17.1万元,发放14.1万元。库米什镇共建安居富民房125套。

【民族团结】

"民族团结一家亲"活动　2019年,全镇108名干部入住217户家庭,包户住户全覆盖,开展文体活动2场次,进学校宣讲8场次,播放爱国红色电影2场次,受教育群众达800余人次。

为民服务　2019年,库米什镇为群众做好事实事123件,帮助群众解决矛盾纠纷23件,解决群众困难诉求27件。

【基层组织建设】

入户宣讲　广泛开展宣传,营造浓厚氛围,充分利用周一升国旗、干部包户住户、入户走访、"民族团结一家亲"、普通话学习等,组织全镇各级干部及"双联户长"深入沿街店铺、群众家中广泛开展宣传。

党员发展　2019 年，全镇有 21 人递交入党申请书，7 人发展为入党积极分子，预备党员 5 人，发展党员 6 人。

党员排查及党费收缴　年内，转出党员 5 人，转入 4 人，所有党员基本信息录入系统，全镇有党员 108 名，其中预备党员 5 名，党员党费收缴率 100%。

群众工作　结合干部下沉结亲和“两个全覆盖”活动要求，带头深入群众家中，与群众聊家常，交朋友，宣传党的十九大精神、惠民政策、用火用电安全等内容，及时掌握辖区社情民意，解决群众困难 48 件，办实事好事 156 件，化解各类矛盾纠纷 12 起。

从严治党　2019 年，镇党委组织纪委相关人员下村对党员干部违纪违法行为排查 4 次，拓宽信访和举报渠道，向群众来信访问认真调查核查，严重处理党员干部违反中央八项规定，违法违纪侵害群众利益的行为。年内，全镇党员干部无违纪违法行为发生。

巡视巡察整改　针对市委第一巡察组反馈 6 个方面 19 个问题及上年度述职评议查摆问题，查找思想、工作作风方面问题，剖析原因症结，开展 2 次专项检查，督促相关支部迅速整改，约谈相关责任人，确保个性问题整改到位。

**【村集体经济】**　2019 年，库米什镇将土地、矿产等资源优势转化为经济优势，通过土地经营壮大一批、资源开发培植一批、有偿服务发展一批，推动村集体加快经济发展。两村共与 8 家企业签订土地租赁和有偿提供服务等协议，总金额 39 万元，完成农村集体经济目标。

**【安全生产】**　年内，镇党政班子督促、指导企业做好安全防范、流动人口申报、安全生产等工作，监督管理涉爆企业炸药库，筑牢危爆物品安全监管的防线。重点抓好煤矿安全生产、非煤矿山安全生产和道路交通安全。淘汰落后的生产工艺，依法取缔和关闭非法和不具备安全生产条件的矿山企业 14 家。深化道路交通整治，加强对载重车辆、无牌无证车辆、农用车辆的监管力度，严查违法载客、超载超速、疲劳驾驶、酒后驾驶等违法行为，查处酒后驾驶 1 起，移交公安机关处理，依法拘留 3 个月。

**【美丽乡村创建】**

乡村绿化　2019 年，柯尔克孜铁米村新载桑树苗 6000 多棵，绿化面积 61 亩。

美丽庭院　年内，选定 52 户作为“美丽庭院”试点户并参与示范户创建活动，经实地走访、调查选出 5 户为“美丽庭院”示范户。

厕所改造　2019 年，库米什镇完成卫生厕所改造 182 座，其中水冲式厕所 157 座、双坑交替式卫生厕所 25 座，年内全部验收完成。

人居环境　年内，库米什镇开展全镇环境卫生整治，每周五定为“环境整治日”，发动镇、村干部、广大农牧民群众集中开展环境卫生整治，重点治理镇区脏、乱、差的沿街道路、防洪渠和爱民小区等区域卫生。年内，配备垃圾压缩车 1 辆，拖拉机牵挂式垃圾箱 10 个，大垃圾箱 15 个，垃圾桶 125 个，保洁员三轮电动车 3 辆，公益性岗位清洁工7 人。

**【社会事业发展】**

教育　2019 年，库米什镇中心小学有教师 24 人，小学生 77 人，幼儿 22 人。

卫生保健和计划生育　2019 年，库米什镇有镇卫生院 1 所，村卫生室 2 所，有医务人员 10 人，全民体检 1066 人，家庭签约 368 人；库米什镇有已婚育龄妇女 114 人，新出生人口 4 人，办理生育服务证 4 个，计划生育政策符合率 100%，上报准确率、生育服务证发放率 100%，长效节育措施 78 人，长效节育率 68%。

**妇女工作** 年内,库米什镇利用爱心"一元捐"巾帼扶贫资金5460元及创业资金帮扶款2000元为柯尔克孜铁米村2名妇女解决创业实际困难。

**残疾人工作** 年内,7名残疾人享受"两项补贴"6320元。 (方 军)

## 2019年库米什镇各行政村基本情况一览表

表26

| 行政村名 | 村党支部书记、主任 | 人口(人) | 年末耕地(亩) | 劳动力(人) | 年末牲畜存栏(头/只) | 集体总收入(万元) | 人均纯收入(元) |
|---|---|---|---|---|---|---|---|
| 柯尔克孜铁米 | 热瓦甫·吾甫尔 | 556 | 1200 | 306 | 13000 | 40 | 8990 |
| 英博斯坦 | 曹 文 | 30 | 57000 | 36 | 1340 | 29 | 14113 |
| 合 计 | | 586 | 58200 | 342 | 14340 | 69 | 11551.5 |

# 人物　荣誉

RENWU　RONGYU

## 人　物

### 2019年新任县级领导简介

**阿不力米提·阿不力孜**　男，维吾尔族，新疆吐鲁番人。1974年9月出生于新疆吐鲁番，1997年10月参加工作，2001年6月加入中国共产党，大学本科学历（新疆师范大学维吾尔语言文学专业）。

1997年10月，吐鲁番市（今高昌区，2015年撤地建市之前称吐鲁番市）胜金乡中学任教。1998年11月，调吐鲁番市委办公室工作。2002年6月，任吐鲁番市委办公室秘书（副科级）。2004年8月，任吐鲁番市委宣传部副部长。2006年10月，任吐鲁番市委办公室副主任。2007年9月，任吐鲁番市委组织部副部长。2008年7月，任吐鲁番市委组织部副部长（正科级，其间2008年7月至2010年5月，任市纪委常委）。2009年6月，任吐鲁番地委基层组织建设领导小组办公室副主任。2012年4月，任吐鲁番地委办公室副主任。2015年9月，任吐鲁番市委办公室副主任（2017年4月至2018年1月，任湖南省湘谭市岳塘区委挂职常委）。2019年2月，任吐鲁番市委教育工委副书记，市教育局党组副书记、局长。

2019年11月，任托克逊县委副书记、代县长。

2020年1月，任托克逊县委副书记、县长。

**薛　雪**　男，汉族，1979年9月出生于河南南阳。2003年7月参加工作，2009年7月加入中国共产党。大学本科学历（新疆大学建筑工程学院路桥专业），高级工程师［详见《托克逊年鉴（2017年）》315页］。2016年3月，任托克逊县人民政府党组成员、科技副县长（挂职）。

2019年2月，任吐鲁番市交通运输局党组成员、副局长。

2019年4月，任托克逊县委常委、常务副县长。

**丁振华**　男，汉族，山东安丘人，1974年11月出生于新疆托克逊。1993年12月参加工作，2002年6月加入中国共产党，在职大学学历（中央党校函授学院行政管理专业本科班学习）［详见《托克逊年鉴（2017

年)》316页]。

2016年4月,任托克逊县能源重化工工业园区党工委副书记、管委会主任。

2017年1月,任托克逊县政府党组成员、能源重化工园区管委会党工委副书记、主任,县环保局局长。

2019年3月,托克逊县政府党组成员、工业园区党工委副书记、管委会主任。

2019年4月,托克逊县政府党组成员、副县长、工业园区党工委副书记、管委会主任。

# 2019年县级主要领导

## 2019年托克逊县县级主要领导一览表

表27

| 组织机构 | 职　务 | 姓名 | 性别 | 民族 | 籍贯 | 学历 | 任职起止时间 |
|---|---|---|---|---|---|---|---|
| 中共托克逊县委 | 书　记 | 朱剑军 | 男 | 汉 | 河南杞县 | 在职研究生 | 2016年4月— |
| | 副书记、县长 | 马合木提·海吾尔 | 男 | 维吾尔 | 新疆吐鲁番 | 在职大学 | 2015年2月—2019年11月 |
| | | 阿不力米提·阿不力孜 | 男 | 维吾尔 | 新疆吐鲁番 | 大学 | 2019年11月任副书记、代县长<br>2020年1月— |
| | 副书记、政法委书记 | 邓　铭 | 男 | 汉 | 湖北武汉 | 在职大学 | 2017年5月—2019年3月任县委常委<br>2019年3月— |
| | 副书记(援疆干部) | 文建军 | 男 | 汉 | 湖南临武 | 在职研究生 | 2017年1月— |
| | 常委、人武部部长 | 毕海军 | 男 | 汉 | 湖北武汉 | 在职大学 | 2018年8月— |
| | 常委、纪委书记 | 艾尼瓦尔·尼牙孜 | 男 | 维吾尔 | 新疆鄯善 | 大学 | 2016年3月— |
| | 常委、统战部部长,县职业技能教育培训服务管理局党组书记 | 阿力木·克依木 | 男 | 维吾尔 | 新疆吐鲁番 | 大学 | 2015年9月— |
| | 常委、宣传部部长 | 巴哈古丽·马衣提 | 女 | 维吾尔 | 新疆托克逊 | 在职大学 | 2016年6月— |
| | 常委、常务副县长 | 崔允齐 | 男 | 汉 | 山东海阳 | 在职大学 | 2016年8月—2019年4月 |
| | | 薛　雪 | 男 | 汉 | 河南南阳 | 大学 | 2019年4月— |
| | 常委、组织部部长,吐鲁番地委党校托克逊县分校校长 | 梅　勇 | 男 | 汉 | 湖南澧县 | 在职研究生 | 2017年9月— |
| | 县委常委、副县长(援疆干部) | 欧辅国 | 男 | 汉 | 湖南宜章 | 在职大学 | 2017年2月— |
| | 县委常委、副县长 | 张　赳 | 男 | 汉 | 安徽滁州 | 在职大专 | 2018年8月— |

续表 27

| 组织机构 | 职　务 | 姓名 | 性别 | 民族 | 籍贯 | 学历 | 任职起止时间 |
|---|---|---|---|---|---|---|---|
| 托克逊县人民政府 | 县长 | 马合木提·海吾尔 | 男 | 维吾尔 | 新疆吐鲁番 | 在职大学 | 2015 年 3 月—2019 年 11 月 |
| | | 阿不力米提·阿不力孜 | 男 | 维吾尔 | 新疆吐鲁番 | 大学 | 2019 年 11 月代县长<br>2020 年 1 月— |
| | 常务副县长 | 崔允齐 | 男 | 汉 | 山东海阳 | 在职大学 | 2016 年 8 月—2019 年 4 月 |
| | | 薛　雪 | 男 | 汉 | 河南南阳 | 大学 | 2019 年 4 月— |
| | 副县长(援疆干部) | 欧辅国 | 男 | 汉 | 湖南宜章 | 大学 | 2017 年 2 月— |
| | 副县长 | 张　赳 | 男 | 汉 | 安徽滁州 | 在职大专 | 2018 年 8 月— |
| | 副县长 | 苏岁全 | 男 | 汉 | 陕西眉县 | 大学 | 2011 年 5 月—2019 年 2 月 |
| | 党组成员、副县长 | 李惠军 | 男 | 回 | 甘肃天水 | 在职大专 | 2016 年 4 月— |
| | 党组成员、副县长，吐鲁番地区行政学院托克逊县分院院长 | 夏拉帕提·吐尔逊 | 女 | 维吾尔 | 新疆托克逊 | 在职大学 | 2016 年 4 月—<br>2016 年 8 月— |
| | 党组成员、副县长(挂职) | 薛　雪 | 男 | 汉 | 河南南阳 | 大学 | 2016 年 3 月—2019 年 2 月 |
| | 党组成员、副县长 | 曹彦领 | 男 | 汉 | 江苏铜山 | 在职大学 | 2017 年 12 月—2019 年 5 月<br>2018 年 3 月任党组成员 |
| | 党组成员、副县长；政法委副书记 | 孟存录 | 男 | 汉 | 甘肃天水 | 在职大学 | 2017 年 12 月—<br>2018 年 3 月任党组成员 |
| | 党组成员、副县长，园区党工委副书记、管委会主任 | 丁振华 | 男 | 汉 | 山东安丘 | 在职大学 | 2016 年 4 月—<br>(2019 年 4 月任副县长) |
| 托克逊县人大常委会 | 县委书记、人大党组书记 | 朱剑军 | 男 | 汉 | 河南杞县 | 在职研究生 | 2016 年 6 月— |
| | 党组副书记、主任 | 阿力木·艾比布 | 男 | 维吾尔 | 新疆托克逊 | 在职研究生 | 2011 年 8 月— |
| | 党组成员、副主任 | 展长远 | 男 | 汉 | 河南西华 | 在职大学 | 2015 年 3 月— |
| | 党组成员、副主任 | 李崇铭 | 男 | 汉 | 四川遂宁 | 在职大学 | 2011 年 8 月— |
| | 党组成员、副主任 | 帕热扎提·赛提瓦里地 | 女 | 维吾尔 | 新疆托克逊 | 大学 | 2016 年 6 月任党组成员<br>(2016 年 9 月任副主任)— |

续表 27

| 组织机构 | 职　务 | 姓名 | 性别 | 民族 | 籍贯 | 学历 | 任职起止时间 |
|---|---|---|---|---|---|---|---|
| 托克逊县政协 | 党组书记、副主席 | 赵中革 | 男 | 汉 | 江苏铜山 | 在职大专 | 2014 年 11 月— |
| | 党组副书记、主席 | 赛福丁·卡德尔 | 男 | 维吾尔 | 新疆托克逊 | 在职大学 | 2015 年 3 月— |
| | 党组成员、副主席 | 赵新凯 | 男 | 汉 | 江苏铜山 | 在职大学 | 2014 年 2 月— |
| | 党组成员、副主席 | 亚生·肉孜 | 男 | 维吾尔 | 新疆托克逊 | 大学 | 2015 年 3 月— |
| 托克逊县人民检察院 | 党组副书记、检察长 | 艾尼瓦尔·艾合买提 | 男 | 维吾尔 | 新疆吐鲁番 | 在职大学 | 2016 年 6 月党组副书记—<br>2016 年 8 月任检察长— |
| 托克逊县人民法院 | 党组书记、副院长 | 张少峰 | 男 | 汉 | 河南南皮 | 在职大学 | 2009 年 5 月— |
| | 党组副书记、院长 | 热衣汗古丽·玉素甫 | 女 | 维吾尔 | 新疆吐鲁番 | 大学 | 2015 年 3 月— |
| 托克逊能源重化工工业园区 | 党工委书记、管委会副主任 | 赵新予 | 男 | 汉 | 河南禹州 | 在职大学 | 2016 年 4 月— |
| | 政府党组成员、副县长,党工委副书记、管委会主任 | 丁振华 | 男 | 汉 | 山东安丘 | 在职大学 | 2016 年 4 月— |
| 职业技能教育培训管理局 | 党组书记(兼) | 阿力木·克依木 | 男 | 维吾尔 | 新疆吐鲁番 | 大学 | 2017 年 11 月— |
| | 局　长 | 刘传柱 | 男 | 汉 | 江苏铜山 | 在职大学 | 2017 年 11 月— |

## 托克逊县主要机构负责人名录(2019 年 3 月 20 日至 12 月 31 日)

**【中共托克逊县纪律检查委员会、监察委员会各部门】**

县委常委、纪委书记、监委主任:艾尼瓦尔·尼牙孜(维吾尔族)

纪委副书记、监委副主任:王晓峰、陈胜军

纪委常委、监委委员:王继强(2019 年 7 月离任)、陈光建(2019 年 7 月任职)

纪委常委、监委委员、纪检监察员:吾买尔·艾合买提(维吾尔族)、陈思荣(女,2019 年 3 月离任)

纪委常委、办公室主任:丁莉(女,2019 年 7 月离任)、陈婷(女,2019 年 7 月任职)

监委委员、案件审理室主任:马宏莉(女,回族)

监委委员、纪委监委案件监督室

主任:孙晓波(2019 年 7 月任职)

纪委监委信访室

主任:付昌南

纪委监委组织宣传部

部长:冯虎(回族)

纪委监委党风政风监督室(县人民政府纠正行业不正之风办公室)

主任:崔娟(女,2019年7月离任)、王苏杰(2019年7月任职)

纪委、监委纪律检查员:艾合买提·尔西(维吾尔族,2019年7月离任)、阿力木江·比斯尔(维吾尔族,2019年7月离任)

**县纪工委(2019年,县纪委与县监委合署办公后,纪工委职能整合至纪检监察组)**

县第一纪工委

书记、监察分局局长:顾政宏(2019年7月离任)

副书记:艾尔西丁·阿不来克木(维吾尔族,2019年7月离任)

县第二纪工委

纪委常委、第二纪工委书记、监察分局局长:阿力木江·沙吾尔(维吾尔族,2019年7月离任)

副书记:郑天武(2019年7月离任)

县第三纪工委

书记、监察分局局长:陈光建(2019年7月离任)

副局长:陈婷(女,2019年7月离任)

县第四纪工委

书记、监察分局局长:张明明(2019年7月离任)

副书记:伊里汗木·巴热提(维吾尔族,2019年7月离任)

县第五纪工委

书记、监察分局局长:哈力娃尔·衣布拉音(维吾尔族,2019年3月离任)

副书记:黄金宝(2019年7月离任)

**纪检监察室(政治纪律监督监察室)**

第一纪检监察室(政治纪律监督监察室)

主任:再乃提古丽·司玛依(女,维吾尔族,2019年7月离任)、阿力亚古丽·海力力(女,维吾尔族,2019年10月任职)

第二纪检监察室(政治纪律监督监察室)

主任:金向斌(女,2019年3月离任)、徐荣瑞(2019年7月任职)

第三纪检监察室(政治纪律监督监察室)

主任:党泽鹏(2019年3月离任)、阿力木江·比斯尔(维吾尔族,2019年7月任职)

第四纪检监察室(政治纪律监督监察室)

主任:徐亮(2019年7月任职)

**纪检监察组**

第一纪检监察组

组长:陶长江(2019年7月任职)

副组长:王成(2019年7月任职)、伊里汗木·巴热提(维吾尔族,2019年7月任职)

第二纪检监察组

组长:阿力木江·沙吾尔(维吾尔族,2019年7月任职)

副组长:阿帕尔·热合曼(维吾尔族,2019年7月任职)、梁风(2019年7月任职)

第三纪检监察组

组长:艾尔西丁·阿不来克木(维吾尔族,2019年7月任职)

副组长:买买提·库尔班(维吾尔族,2019年7月任职)、崔娟(女,2019年7月任职)

第四纪检监察组

组长:张明明(2019年7月任职)

副组长:艾合买提·尔西(维吾尔族,2019年7月任职)、郑天武(2019年7月任职)

第五纪检监察组

组长:顾政宏(2019年7月任职)

副组长:马合木提·尼亚孜(维吾尔族,2019年7月任职)、孙加明(2019年7月任职)

第六纪检监察组

组长:王继强(2019年7月任职)

副组长:马强(回族,2019年7月任职)、卡热买

提·艾合买提(女,维吾尔族,2019年7月任职)

纪检监察工委

委员、书记:丁莉(女,2019年7月任职)

委员、副书记:再乃提古丽·司玛依(女,维吾尔族,2019年7月任职)

**【县委巡察工作领导小组办公室】**

主任:陈光建

副主任:王苏杰(2019年7月离任)、夏龙(2019年10月任职)

巡察专员:买尔哈巴·艾尼(女,维吾尔族,2019年10月任职)、乃比刚·艾尼(维吾尔族,2019年10月任职)

第一巡察组

副组长:纵华超(2019年3月离任)

第二巡察组

副组长:徐亮(2019年7月离任)

第三巡察组

副组长:阿帕尔·热合曼(维吾尔族,2019年7月离任)

**【中共托克逊委员会各部门】**

**县委办公室(政策研究室、档案局)**

主任(局长):朱刚(2019年10月任职)

副主任(副局长):朱刚(2019年3—10月主持工作)、阿木提江·买买提(维吾尔族)、韩军军(2019年10月离任)、马宁(回族,2019年10月任职)、张涛(2019年12月任职)

全面深化改革领导小组办公室

主任:崔允齐(兼,2019年4月离任)

专职副主任:陈慧琴(女,2019年3月离任)

党史、地方志办公室(党政机构改革后,职能全部合并至县委办公室)

主任:陈慧琴(女,2019年3月离任)

专用通信局

局长:田建国

档案馆

馆长:董琳(女,2019年3月任职)

副馆长:周萍(女,回族,2019年3月任职)

**机要保密局(县国家保密局、密码管理局)**

局长:吕玉华(女,2019年3月任职)

副局长:侯涛(2019年3月任职)、丁吉祥(2019年3月任职)

**组织部(县老干部局、公务员局)**

部长(局长):梅勇

副部长(副局长):王永生、董大全(2019年3月离任)、马洁(女,2019年3月离任)、郭建明(援疆干部)、李建东(2019年3月任职)、蒋颖(女,2019年3—7月任职)、玛依拉·赛提尼亚孜(女,维吾尔族,2019年10月任职)、韩军军(2019年10月任职)

远程教育管理中心(党员电化教育中心)

主任:蒋真

副主任:张晓芬(女,回族,2019年3月离任)、李红健(2019年3月任职)

关工委办公室

主任:热孜瓦古丽·阿不来(女,维吾尔族,2019年3月离任),努尔比亚·艾合买提(女,维吾尔族,2019年3月任职)

人才办

主任:马治明(2019年3月离任)

农村基层组织建设领导小组办公室

主任:靳春(2019年3月离任)

**宣传部(新闻出版局〈县版权局〉、人民政府新闻办公室、精神文明建设指导委员会办公室)**

部长:巴哈古丽·马衣提

（女，维吾尔族）

常务副部长：胡嘉丽（女，2019年7月任职）

副部长：迪力夏提·拜迪肉拉（维吾尔族）、陈刚、夏庆国（2019年3月任职）

精神文明办

主任：栗莉（女，2019年3月离任）

融媒体中心（广播电视台）

党组书记：胡嘉丽（女，2019年4月任职）

党组成员、副主任（副台长）：冯华（2019年3月任职）、张晓芬（女，回族，2019年3月任职）

**政法委**

书记：邓铭（兼）

兼职副书记：李惠军（回族，政府党组成员、副县长）、李东（公安局局长，2019年10月离任）、周毅新（公安局局长，2019年10月任职）、褚晓光（挂职）

副书记：胡振晓、庄震、木塔力甫·阿不力提甫（维吾尔族，2019年7—10月任职）

社会治安综合治理委员会办公室

副主任：朱刚（2019年3月离任）

网格化管理服务中心

副主任：兰宇东（2019年10月离任）、魏艳清（2019年3月任职）

**职业技能教育培训服务管理局**

局长：刘传柱

党组成员、副局长：薛焱、阿迪力·阿不都热合曼（维吾尔族）

办公室

主任：崔梅生

副主任：魏涛（女）

管理科

科长：金学全（回族）

安全保卫科

副科长：库尔班·合力力（维吾尔族）

**统一战线工作部（民族宗教事务局、人民政府侨务办公室）**

部长：阿力木·克依木（维吾尔族）

副部长：陈尧（2019年3月任职）、金学全（回族，2019年3月任职）、肖耀（2019年3月任职）

伊斯兰教协会

副会长：木衣布力·艾衣提（维吾尔族，2019年7月任职）

**县直机关工作委员会**

书记：宋西勇

副书记：吾日买提·买合买提（女，维吾尔族）、徐伟伟（女，2019年3月任职）

**机构编制委员会**

主任：彭秀艳（女，2019年3月离任）、靳春（2019年3月任职）

副主任：沙扎迪古丽·再帕尔（女，维吾尔族，2019年3月离任）、纵华超（2019年3月任职）、热孜万古丽·阿不来（女，维吾尔族，2019年3月任职）

**县委农村工作领导小组办公室（党政机构改革后，职能全部合并至农业农村局）**

主任：孟庆良（2019年3月离任）

副主任：孙虎（2019年3月离任）

**网信办（网信党工委办公室、互联网信息办公室）**

主任：陈刚

副主任：栗莉（女，2019年3月离任）、祖磊（2019年3月任职）、孙虎（2019年3月任职）

**吐鲁番市党校托克逊县分校**

校长：梅勇（兼）

常务副校长：王登元

副校长：张涛（2019年12月离任）、阿布都热苏力·热合曼（维吾尔族）

吐鲁番市行政学院托克逊县分院（原行政学院）

院长：夏拉帕提·吐尔逊（女，维吾尔族）

副院长：王登元、张涛（2019年12月离任）、阿布都

热苏力·热合曼(维吾尔族)

**【托克逊县人大常委会各工作部门】**

办公室主任:李志超

科教文卫工作委员会主任:王厚娥(女,2019年3月离任)、闫文勇(2019年3月任职)

财政经济工作委员会主任:艾尼·买苏提(维吾尔族,2019年3月离任)、吴建军(2019年3月任职)

法制工作委员会主任:阿不都瓦尔·哈力克(维吾尔族)

代表人事委员会主任:库尔班·阿不都热依木(维吾尔族)

**【托克逊县人民政府各工作部门】**

**政府机关党委**

书记:章东

专职副书记:唐慧(女,2019年3月离任)

**政府办公室(县人民政府外事办公室、信访局、扶贫开发办公室)**

主任:章东

副主任:张舒、阿力木·赛买提(维吾尔族,2019年10月离任)、黄彬(2019年3月任职)、阿不来孜·买明(维吾尔族,2019年3任职)

法制办公室(党政机构改革后,职能合并至司法局)

副主任:闫志军(2019年3月离任)

政务服务中心

副主任:崔令师(2019年10月任职)

**信访局(党政机构改革后不再单设,在政府办公室挂牌)**

局长:陆宝军(2019年3月离任)

副局长:热孜亚古力·沙吾尔(女,维吾尔族,2019年3月离任)

**公安局**

党委书记、局长、督察长:李东(2019年10月离任)、周毅新(2019年10月任职)

党委副书记、政委:木合塔尔·买买提(维吾尔族)

党委委员、纪检书记:买明·尼扎木(维吾尔族)

党委委员、副局长:袁国栋、周邦宇(援疆干部)、尚明、莫明·吐尔逊(维吾尔族)、木合塔尔·马合木提(维吾尔族,2019年6月离任)、陈刚(兼)、李欣(挂职,2019年7月离任)

党委委员、政工科科长:张建森

**发展和改革委员会(粮食和物资储备局)**

党组书记、副主任(副局长):丁光玉

党组副书记、主任(局长):黄金环(女)

党组成员、副主任(副局长):刘利华(女,2019年3月任职)、张青松(2019年7月任职)、陈子龙(援疆干部)

重点项目办公室

主任:贺生梅(女,土族)

援托工作办公室(党政机构改革后,职能分别转入发展和改革委员会)

主任:黄金环(女,2019年3月离任)

副主任:刘利华(女,2019年3月离任)

**煤炭工业管理局(党政机构改革后,职能分别转入发展和改革委员会、应急管理局)**

党支部书记、副局长:木依布力·艾衣提(维吾尔族,2019年3月离任)

局长:谢东君(2019年3月离任)

副局长:张青松(2019年3月离任)

**商务和工业信息化局(原商务和经济信息化委员会)**

党委书记、副局长:阿不都外力·卡得尔(维吾尔族,2019年3月离任)、段正义(2019年3月任职)

党委副书记、局长:段正

义(2019 年 3 月离任)、阿不都外力·卡得尔(维吾尔族,2019 年 3 月任职)

党委委员、副局长:马文喜(2019 年 7 月离任)、苗玉廷(2019 年 7 月任职)、谢明剑(援疆干部)

党委委员:李长红(2019 年 3 月任职)、黄建道(2019 年 3 月任职)

副局长:袁青科(挂职,2019 年 8 月任职)

**招商局(党政机构改革后,职能合并至商务和工业信息化局)**

副局长:李建东(2019 年 3 月离任)、许强(2019 年 3 月离任)、谢明剑(援疆干部,2019 年 3 月离任)

**县人力资源和社会保障局**

党组书记、副局长:王永生(2019 年 3 月任职)

党组副书记、局长:王永生(2019 年 3 月离任)、艾尼瓦尔·艾尔西(2019 年 10 月任职)

党组成员、副局长:冉永义(2019 年 3 月离任)、张新亮

党组成员:周小炎(女)、唐慧(女,2019 年 3 月任职)

社会保险管理局

局长:唐慧(女,2019 年 3 月任职)

副局长:金龙(回族)、冯春兰(女,2019 年 3 月离任)、栗莉(女,2019 年 3 月任职)

公共就业服务局

局长:周小炎(女)

副局长:梁兴云(2019 年 12 月离任)

**民政局(民间组织管理局)**

党组书记、副局长:吾拉木·木库提(维吾尔族,2019 年 3 月离任)、黄文祥(2019 年 3 月任职)

党组副书记、局长:闫文勇(2019 年 3 月离任)、吾拉木·木库提(维吾尔族,2019 年 3 月任职)

党组成员、副局长:阿不来提·依不拉音(维吾尔族,2019 年 3 月离任)

吐鲁番市康复治疗中心(怡心福利院)

党支部书记、主任(院长):唐杰(2019 年 7 月任职)

院长:吾拉木·木库提(维吾尔族,2019 年 3 月离任)

副院长:唐杰(2019 年 7 月离任)

**退役军人事务管理局**

党组书记、局长:王致波

党组成员、副局长:吾斯曼·海力力(维吾尔族)、赵军(2019 年 3 月任职)

**财政局(县国有资产监督管理委员会)**

党组副书记、局长:赵新凯(兼,2019 年 3 月离任)

党组书记、副局长(副主任):艾尔西丁·尼吉木(维吾尔族,2019 年 3 月离任)、王刚(2019 年 3 月任职)

党组副书记、局长(主任):陈长良(2019 年 3 月任职)

党组成员、副局长(副主任):古丽比热·买买提(女,维吾尔族,2019 年 3 月任职)、陈长良(2019 年 3 月离任)

党组成员:寇媛媛(女,回族,2019 年 3 月离任)、郝亚玲(女,回族,2019 年 7 月任职)

乡镇财政管理局

局长:寇媛媛(女,回族,2019 年 3 月离任)、郝亚玲(女,回族,2019 年 7 月任职)

**国有资产监督管理委员会(党政机构改革后不再单设,在财政局挂牌)**

党委书记:崔允齐(兼,2019 年 3 月离任)

党委副书记、副主任:杨涛(2019 年 3 月离任)

党委副书记、主任:陈长

良(2019 年 3 月离任)

**住房和城乡建设局(人民防空办公室)**

党委书记、副局长(副主任):刘斌(2019 年 3 月任职)

党委委员、副局长(副主任):阿克木·吾甫尔(维吾尔族,2019 年 3 月任职)、童涛(2019 年 3 月任职)

党委委员:童涛(2019 年 3 月离任)、鲍爱玲(女,2019 年 3 月任职)、李江(2019 年 3 月任职)

市容环境卫生管理中心

党支部书记:库尔班·合力力(维吾尔族,2019 年 3 月离任)、开比热·赛塔尔(女,维吾尔族,2019 年 3 月任职)

城乡规划管理局(党政机构改革后,职能全部合并至自然资源局)

党支部书记、副局长:阿克木·吾甫尔(维吾尔族,2019 年 3 月离任)

局长:刘斌(2019 年 3 月离任)

供排水公司

党支部书记、副经理:买苏提·库尔班(维吾尔族,2019 年 3 月离任)、外里·阿布里提甫(维吾尔族,2019 年 3 月任职)

党支部副书记、经理:李江

园林绿化管理中心

党支部书记:艾尼娃尔·卡哈尔(维吾尔族)

主任:童涛

**城市管理行政执法局**

党组书记、局长:鲍爱玲(女)

党组成员、副局长:依力哈木·阿不力孜(维吾尔族)

**生态环境局**

党组书记、副局长:肖强(2019 年 3 月任职)

党组副书记、局长:艾尔西丁·尼吉木(维吾尔族,2019 年 3 月任职)

副局长:黄建道(2019 年 3 月离任)

**自然资源局**

党组书记、副局长:高建国

党组副书记、局长:刘立兵

党组成员、副局长:阿斯卡尔·阿不来孜(维吾尔族)、马福(挂职,2019 年 6 月任职)

党组成员、纪检组组长:木塔力甫·买买提(维吾尔族)

党组成员:胡加合买提·阿不力米提(维吾尔族)、周义华(女)、钱江春

不动产登记中心

主任:周义华(女)

规划队

党支部书记:胡加合买提·阿不力米提(维吾尔族)

队长:阿克木·外力(维吾尔族)

**国土资源执法监察大队**

党支部书记:阿不力克木·亚森(维吾尔族)

大队长:桑晨(女,2019 年 4 月离任)

**林业和草原局**

党组书记、副局长:童振荣(回族,2019 年 3 月任职)

党组副书记、局长:童振荣(回族,2019 年 3 月离任)

党组成员、副局长:曾晓冬

党组成员:夏庆国(2019 年 3 月离任)、白克力·塔西铁木尔(维吾尔族)、买合木提·吐尔迪(维吾尔族,2019 年 3 月任职)

林业管理站

副站长:买合木提·卡德尔(维吾尔族)、阿不来提·奴拉洪(维吾尔族)

治沙站

站长:吐尔洪·买买提(维吾尔族)

林果业技术推广服务中心(林果业研究开发中心)

主任:白克力·塔西铁木

尔(维吾尔族)

副主任:赛提尼亚孜·赛提瓦力迪(维吾尔族)

草原工作站(党政机构改革后,隶属关系由畜牧兽医局转至林业和草原局)

站长:买合木提·吐尔迪(维吾尔族)

副站长:任文军

绿化委员会办公室

主任:夏庆国(2019 年 3 月离任)

**交通运输局**

党组书记、副局长:艾科拜尔·加拉力(维吾尔族,2019 年 3 月离任)、谢东君(2019 年 3 月任职)

局长:高峰(2019 年 3 月离任)

党组副书记、局长:艾科拜尔·加拉力(维吾尔族,2019 年 3 月任职)

党组成员、副局长:张建伟(2019 年 3 月离任)、李咏宝(2019 年 3 月任职)

**农业农村局(畜牧兽医局)**

党委书记、副局长:阿不都外力·阿不拉克(维吾尔族,2019 年 3 月离任)、李国洋(2019 年 3 月任职)

党委副书记、局长:吴建军(2019 年 3 月离任)、阿不都外力·阿不拉克(维吾尔族,2019 年 3 月任职)

党委委员、副局长:艾比布·艾尼(维吾尔族,2019 年 3 月任职)、张雪峰(2019 年 3 月任职)

党委委员:马龙(回族,挂职,2019 年 7 月任职)

畜牧兽医工作站

党支部书记:赛福丁·艾尼(维吾尔族)

站长:张鹏云

副站长:美力开木·夏日皮(女,维吾尔族,2019 年 3 月任职)

**畜牧兽医局(乡镇企业局、农业产业化发展局、农产品加工局)(党政机构改革后,职能全部合并至农业农村局)**

党组书记、副局长:李国洋(2019 年 3 月离任)

党组成员:赛福丁·艾尼(维吾尔族,2019 年 3 月离任)

**水利局**

党组书记、副局长、世界银行贷款项目室主任:塔衣尔·热克甫(维吾尔族,2019 年 3 月离任)、庞辉生(2019 年 7 月任职)

党组副书记、局长:黄文祥(2019 年 3 月离任)、塔衣尔·热克甫(维吾尔族,2019 年 3 月任职)

党组成员、副局长:高永利

计划节约用水办公室

主任:庞辉生(2019 年 3 月离任)、高永利(2019 年 3 月任职)

农村饮水安全工程管理站

站长:徐凯(2019 年 7 月任职)

**农牧业机械局**

党支部书记、副局长:王辉

局长:阿不来提·克依木(维吾尔族)

副局长:郭丰

**农村合作经济经营管理局**

党支部书记、副局长:热西丁·先木西(维吾尔族,2019 年 3 月离任)、杨涛(2019 年 3 月任职)

局长:刘学锋(2019 年 3 月离任)

副局长:沙扎迪古丽·再帕尔(女,维吾尔族,2019 年 3 月任职)

**新疆农业广播电视学校托克逊分校**

校长:艾尔肯·巴合依丁(维吾尔族)

副校长:阿扎地古丽·乃吉木(女,维吾尔族,2019 年 10 月离任)

**种子管理站**

站长:依力哈木·尼牙孜

(维吾尔族)

**农技推广中心**

党支部书记:白克力·塔西铁木尔(维吾尔族,2019年10月离任)

主任:刘明

副主任:艾乃吐力·尼米吐拉(维吾尔族)、王海宾

**农业综合执法大队(党政机构改革后,职能合并至农业农村局)**

队长:夏宝

**动物卫生监督所**

所长:王志勇

副所长:牙生·热依木(维吾尔族)

**审计局**

党组书记:阿不力米提·艾尼(维吾尔族,2019年3月离任)

局长:王刚(2019年3月离任)

党组副书记、局长:阿不力米提·艾尼(维吾尔族,2019年3月任职)

党组成员、副局长:寇媛媛(女,回族,2019年3月任职)、许强(2019年3月任职)、华文君(挂职,2019年7月任职)

**教育局(民族语言文字工作委员会)**

党委书记、副局长(副主任):李宏超

党委副书记、局长(主任):艾海提·热西丁(维吾尔族)

党委委员、副局长(副主任):李雪峰(援疆干部)、冯文博(2018年7月离任)、赵强(2019年7月任职)

党委委员:吴东风、杨树珍(女)、章霞(女)

党委委员、组织干事:徐伟伟(女,2019年3月离任)

人民政府教育督导室

主任:周燕(女,回族)

县一中

党支部书记:章霞(女)

党支部副书记、校长:阿里木·阿不都热合曼(维吾尔族)

副校长:李石井(2019年3月离任)、苏比努尔·艾热西丁(女,维吾尔族)、温贤勇

县二中

党支部书记:杨树珍(女)

党支部副书记、校长:迪丽努尔·比斯尔(女,维吾尔族)

党支部副书记、副校长:阿不都热依木·铁木尔(维吾尔族)

副校长:宋建斌、张文静(女)

县职业技能培训中心(职业高中)

党支部书记、主任(校长):吴东风

党支部副书记、副主任(副校长):阿不都外尔·依明(维吾尔族)

**文化体育广播电视和旅游局(文物局)(党政机构改革后,原文化体育广播影视局和旅游文物局重新组建)**

党组书记、副局长:艾克拜尔·肉苏力(维吾尔族,2019年3月离任)、穆荣(女,回族,2019年3月任职)

党组副书记、局长:穆荣(女,回族,2019年3月离任)、艾克拜尔·肉苏力(维吾尔族,2019年3月任职)

党组成员、副局长:冯华(2019年3月离任)、叶强(2019年3月任职)、艾克拜·克依木(维吾尔族,2019年3月任职)、李苏文(援疆干部)、吴瑾(女,援疆干部,2019年3月任职)

**旅游文物局(党政机构改革后,重新组建至文化体育广播电视和旅游局)**

副局长:艾克拜·克依木(维吾尔族,2019年3月离任)、吴瑾(女,援疆干部,2019年3月离任)、叶强(2019年3月离任)

**司法局**

党组书记、副局长:薛焱

党组成员、副局长:阿木提·艾米尔丁(维吾尔族)

**统计局**

党组书记、副局长：阿不都拉·尼亚孜(维吾尔族)

党组副书记、局长：李连齐

党组成员、副局长：阿瓦古力·先木西(女,维吾尔族)

**市场监督管理局(知识产权局)**

党组书记、副局长：阿木提·巴瑞(维吾尔族,2019年3月离任)、张军明(2019年3月任职)

党组副书记、局长：张军明(2019年3月离任)、阿木提·巴瑞(维吾尔族,2019年3月任职)

党组成员、副局长：阿不来克木·祖力甫卡(维吾尔族)、蔚世俊、何金海(锡伯族)

**科学技术局**

党组书记、副局长：席成(回族)

局长：高峰(2019年3月任职)

党组成员、副局长：艾合买提·肉孜(维吾尔族,2019年3月离任)、阿不来提·衣不拉音(维吾尔族,2019年3月任职)、李周(援疆干部)

**知识产权局(党政机构改革后,职能转入市场监督管理局)**

局长：祖磊(2019年3月离任)

**应急管理局(党政机构改革后,将原安全生产监督管理局等有关职能整合重新组建)**

党组书记、副局长：西克然木·亚生(维吾尔族,2019年3月离任)、邢强(2019年3月任职)

党组副书记、局长：邢强(2019年3月离任)、西克然木·亚生(维吾尔族,2019年3月任职)

党组成员、副主任科员：王俊(2019年3月任职)

**供销社**

党总支书记、副主任：李长红

主任：牛远军

**卫生健康委员会**

党委书记、副主任：朱丽莉(女,2019年3月离任)、董大全(2019年3月任职)

党委副书记、主任：木克热木·木斯来(女,维吾尔族,2019年3月任职)

党委委员、副主任：朱立行、吐尔地·克以木(维吾尔族,2019年3月离任)、欧社祥(援疆干部,2019年8月离任)

党委委员：陈世明

计划生育宣传技术指导站

副站长：杨蓉(女,回族)

卫生监督所

副所长：李荣(女,2019年3月离任)、古丽斯热·帕合热丁(女,维吾尔族,2019年3月任职)

疾病预防控制中心

党支部书记、副主任：刘忠

主任：马丽(女)

副主任：尔西丁·阿不拉(维吾尔族)

妇幼保健站

站长：卢柏涛(女)

副站长：阿孜古丽·塞塔尔(女,维吾尔族)

社区卫生服务中心

主任：徐尧

副主任：古丽孜拉·铁木尔(女,维吾尔族)

爱国卫生运动委员会办公室(党政机构改革后,合并至卫生健康委员会)

副主任：开比热·赛塔尔(女,维吾尔族,2019年3月离任)

县人民医院

党支部书记、副院长：阿孜古丽·尔西丁(女,维吾尔族)

党支部副书记、院长：陈世明

副院长：阿扎地古丽·卡德尔(女,维吾尔族,2019年

10月离任)、郭桂钢、李建军、阿布来克木·吾甫尔(维吾尔族,2019年10月任职)、阿布都拉·吾米热木孜(维吾尔族,挂职)

县维吾尔医医院

党支部书记、副院长:李奎

党支部副书记、副院长:梅仁强

副院长:阿布来克木·吾甫尔(维吾尔族,2019年10月离任)、阿扎地古丽·卡德尔(女,维吾尔族,2019年10月任职)

**医疗保障局**

党组书记、副局长:马洁(女,2019年3月任职)

党组成员、副局长:吐尔地·克以木(维吾尔族,2019年3月任职)、冯春兰(女,2019年3月任职)

## 【政协各主要部门】

秘书长、办公室主任:李宗新

专门委员会工作科科长:哈里瓦尔·玉素甫(维吾尔族)

## 【群众团体】

**总工会**

党组书记:蒋颖(女,2019年3月离任)、陆宝军(2019年3月任职)

党组副书记、主席:艾尼娃尔·肉孜(维吾尔族)

**团委**

书记:胡嘉丽(女)

副书记:买尔孜娅·艾亚孜丁(女,维吾尔族)

**妇联**

党组书记、主席:谢日甫古力·阿不都热合曼(女,维吾尔族)

党组成员、副主席:江华(女)

**红十字会**

专职常务副会长:刘永军

**残联**

党组书记、理事长:帕热地古丽·马合木提(女,维吾尔族)

党组成员、副理事长:戚军雯(女)

**工商联(总商会)**

党组书记:陈尧(2019年3月离任)

党组成员、常务副会长:陈长江(2019年7月离任)、黄建道(2019年7月任职)

**文学艺术界联合会**

主席:钱龙宁(2019年3月离任)

副主席:李石井(2019年3月任职)

**社会科学界联合会**

主席:巴哈尔古丽·力提甫(女,维吾尔族)

**县科学技术协会**

副主席:崔永成(2019年3月离任)

## 【托克逊能源重化工工业园区管理委员会】

管委会书记、副主任:赵新予

管委会副书记、主任:丁振华

党工委副书记:吴继远

党工委委员、管委会副主任:闫照江

党工委委员、管委会办公室主任:曹歌

规划部部长:韩梦娇(女,2019年10月任职)

财务部部长:马文喜(2019年7月任职)

经济合作发展部部长:马贵云(回族)

建设环境保护部部长:马玉婷(女,回族)

**黑山矿区管委会**

党委书记:肖强(2019年3月离任)、孟庆良(2019年3月任职)

## 【两院】

**人民检察院**

党组副书记、检察长:艾尼瓦尔·艾合买提(维吾尔族)

党组成员、副检察长:张辉(援疆干部,2019年6月离任)、依孜吐拉·艾合买提(维吾尔族)、牙库甫·肉苏

力(维吾尔族,2019年10月任职)

党组成员、纪检组组长:顾玉彬(2019年3月离任)

**人民法院**

党组书记、副院长:张少峰

党组副书记、院长:热依汗古丽·玉素甫(女,维吾尔族)

党组成员、副院长:周广逊、艾买都力·艾比布力(维吾尔族)、朱廷宇(2019年10月任职)

党组成员、执行局局长:郭尹明(女)

党组成员、纪检组组长:朱廷宇(2019年10月离任)

党组成员、政工科科长:欧阳利江(女)

**【乡镇】**

**郭勒布依乡**

党委书记、人大主席团主席:杨极思

副书记、乡长:艾乃吐拉·乃吉木(维吾尔族)

党委副书记:张思维(回族)

党委委员、纪委书记、监察办主任:阿里木江·热合木吐力(维吾尔族)

党委委员、常务副乡长:张吉凤

党委委员、组织干事:梁鹏飞

党委委员、宣传干事:依再提古丽·艾米都力(女,维吾尔族,2019年10月任职)

党委副书记、宣传干事:玛依拉·赛提尼亚孜(女,维吾尔族,2019年10月离任)

党委委员、武装部部长:木扎帕尔·买买提(维吾尔族)

党委委员、统战干事:阿不来孜·买明(维吾尔族,2019年10月离职)、艾西热甫江·拜迪(维吾尔族,2019年10月任职)

人大主席团副主席:赛依丁·伊明(维吾尔族)

副乡长:依再提古丽·艾米都力(女,维吾尔族,2019年10月离任)、亚森江·伊力汗木(维吾尔族)、李光伟(2019年3月任职)

**夏镇**

党委书记、人大主席团主席:张军

副书记、镇长:买尼克·克然木(维吾尔族)

副书记:席勇(回族,2019年3月离任)、张建伟(2019年3月任职)

党委委员、纪委书记、监察办主任:克里比努尔·皮大衣(女,维吾尔族,2019年3月离任)、热依汗古丽·尔西(女,维吾尔族,2019年3月任职)

党委委员、常务副镇长:胡春雷

党委委员、武装部部长:赵军(2019年3月离任)、佘新苗(2019年7月任职)

党委委员、统战干事:吐尔地·牙克甫(维吾尔族,2019年3月离任)

统战干事:雅各布·库尔班(维吾尔族,2019年3月任职)

党委委员、组织干事:王惠杰(2018年11月离任)、郝丽芸(女,2018年11月任职)

党委委员、宣传干事:迪力夏提·热西提(维吾尔族)

副镇长:伊斯坎达尔·萨那(维吾尔族,2019年3月离任)、马合木提·尼亚孜(维吾尔族,2019年7月离任)、热衣木江·热克甫(维吾尔族)、赵思扬(2019年3月任职)

人大主席团副主席:胡加合买提·克依木(维吾尔族)

**博斯坦镇**

党委书记、人大主席团主席:周毅新(2019年10月离任)、马生政(2019年10月任职)

副书记、镇长:莫明·沙吾提(维吾尔族)

副书记:张杰(2019年10月离任)、杨斌(2019年10月任职)

党委委员、纪委书记、监察办主任:买尔加尼古丽·艾合买提(女,维吾尔族)

党委委员、常务副镇长:刘根涛

党委委员、武装部部长:热依木·司马义(维吾尔族)

党委委员、统战干事:哈里瓦尔·阿不拉克(维吾尔族)

党委委员、宣传干事:塔吉古丽·塔西铁木尔(女,维吾尔族)

党委委员、组织干事:杨斌(2019年3月任职,2019年10月离任)

人大主席团副主席:艾斯哈尔·赛都力(维吾尔族)

副镇长:木克热木·木斯来(女,维吾尔族,2019年3月离任)、迪力夏提江·赛瓦都力(维吾尔族)、肉苏力·热衣木(维吾尔族)、阿曼古丽·赛提尼亚孜(女,维吾尔族,2019年7月任职)

**伊拉湖镇**

党委书记、人大主席团主席:吴卫强

副书记、镇长:阿不都外力·艾尼(维吾尔族)

副书记:龙小刚

党委委员、纪委书记、监察办主任:买合木提·木和然木(维吾尔族)

党委委员、常务副镇长:苗玉廷(2019年7月离任)、黄金宝(2019年7月任职)

党委委员、武装部部长:外力·都尕买提(维吾尔族)

党委委员、组织干事:朱永刚(2019年3月离任)、马治明(2019年3月任职)

党委委员、宣传干事:热依汗古丽·尔西(女,维吾尔族,2019年3月离任)、赵理可(2019年3月任职)

党委委员、统战干事:帕尔哈提·阿不来(维吾尔族)

人大主席团副主席:海尼木古丽·伊萨克(女,维吾尔族)

副镇长:赛米·吉力力(维吾尔族)、阿斯古丽·玉山(女,维吾尔族)、买买提·尼亚孜(维吾尔族)

**托克逊镇**

党委书记、人大主席团主席:张杨(女,2019年7月离任)、蒋颖(2019年7月任职)

副书记、镇长:地力木拉提·地里夏提(维吾尔族,2019年10月离任)、木依布力·吾甫尔(维吾尔族,2019年10月任职)

副书记:洪德秀、阿不来克木·阿不来孜(维吾尔族)、胡嘉丽(女,挂职,2019年3月离任)

党委委员、常务副镇长:张宏斌

党委委员、组织干事、宣传干事:马宁(回族,2019年7月离任)、黄江萍(女,2019年7月任职)

党委委员、武装部部长:马强(回族,2019年7月离任)

党委委员、统战干事:马合木提·托乎提(维吾尔族)

党委委员、纪委书记、监察办主任:于红霞(女)

人大主席团副主席:艾合坦木·阿不都拉(维吾尔族)

副镇长:阿不都艾尼·瓦力(维吾尔族)、吐尔地汗·艾依提(女,维吾尔族)、王征

**克尔碱镇**

党委书记:王世海

党委副书记、镇长:阿斯热古丽·外力(女,维吾尔族)

党委副书记、组织干事:兰宇东(2019年10月任职)

党委委员、常务副镇长、宣传干事:朱瑞团

党委委员、武装部部长、统战干事:帕尔哈提·阿不来孜(维吾尔族)

党委委员、人大主席团主席:赛外都·谢依都力(维吾尔族)

党委委员、组织干事兼宣传干事:赵强(2019年7月离任)

党委委员、组织干事:马宁(回族,2019年7—10月任职)

党委委员、纪委书记、监察办主任:黄国富

副镇长:艾瓦力别克·衣比热(哈萨克族)

**库米什镇**

党委书记:靳春海

党委副书记、镇长:艾尼瓦尔·尔西丁(维吾尔族)

党委委员、副书记：吴继远

党委委员、副书记：周涛(2019年7月离任)

党委委员、组织干事、宣传干事：方军(回族,2019年7月兼任组织干事)

党委委员、纪委书记、监察办主任：王惠杰

党委委员、人大主席团主席：木尼热汗·买买提(女,维吾尔族)

党委委员、武装部部长、统战干事：买买提·司马义(维吾尔族)

党委委员：陈栋(2019年7月任职)

副镇长：艾合买提·吐尔逊(维吾尔族)

**阿乐惠镇**

党委书记：马生政(2019年10月离任)、李建东(2019年10月任职)

党委副书记、镇长：木依布力·吾甫尔(维吾尔族,2019年10月离任)、阿力木·赛买提(维吾尔族,2019年10月任职)

党委副书记：尚天鸿

党委委员、纪委书记、监察办主任：买买提·乃吉木丁(维吾尔族)

党委委员、常务副镇长：李咏宝(2019年3月离任)、朱永刚(2019年3月任职)

党委委员、组织干事：汪应伟

党委委员、统战干事：托合提·吾买尔(维吾尔族)

党委委员、宣传干事：许红(女,2019年7月离任)、马喜(回族,2019年7月任职)

党委委员、人大主席团主席、武装部部长：李逊

党委委员、统战干事：托合提·吾买尔(维吾尔族)

副镇长：古丽斯热·帕合热丁(女,维吾尔族,2019年3月离任)、时重海、木扎帕尔·尼牙孜(维吾尔族,2019年3月任职)

**【条管部门】**

**税务局**

党委书记、局长：孙明

党委副书记、副局长：欧阳本辉

党委委员、副局长：艾克拜尔·吾斯曼(维吾尔族)、樊榕(女,2019年10月离任)、毛晖、赵健(女)、荆雪梅(女)、周世超、赵磊

党委委员、纪检组组长：郑鹏伟

**烟草专卖局**

局长：赵戟云

**气象局**

党支部书记、局长：袁建海

副局长：叶春华、地力夏提·马衣提(维吾尔族,2019年8月任职)

**国网托克逊县供电公司**

党支部书记：阿依古丽·阿甫力(女,维吾尔族)

经理：倪宝家(2019年9月离任)、魏伟(2019年9月任职)

副经理：聂志刚、李晓庆

**托克逊县电信分公司**

经理：杨坤

副经理：王铁栋、木斯来丁·艾尔西丁(维吾尔族)

**邮政公司**

总经理：马俊(2019年6月离任)、杨军(2019年6月任职)

副经理：陈小雄

**吐鲁番公路管理局托克逊分局**

党组书记、副局长：阿不来克木·衣沙木丁(维吾尔族)

党组副书记、局长：安建辉(2019年6月离任)、冉积蔚(2019年6月任职)

党组成员、副局长：阿不都瓦尔·阿力木(维吾尔族,2019年3月离任)

副局长：牙生江·阿布力米提(2019年5月任职)

**托克逊道路运输管理局**

党组书记、副局长：吾买尔·沙他尔(维吾尔族)

党组副书记、局长、执法大队大队长：姚黎明

**托克逊路政管理局**

党组书记、副局长:王东林(2019年9月离任)

党组副书记、局长:付晖

**托克逊客运站**

党支部书记、副站长:龙梅(女)

党支部副书记、站长:艾尼瓦尔·木合买提(维吾尔族)

副站长:李晓

工会主席:艾克拜尔·牙吾拉克(维吾尔族)

**移动公司**

经理:王勇

**联通公司**

经理:王立东

**【金融单位】**

**人民银行**

党组书记、行长:阿不都拉·阿不力米提(维吾尔族,2019年4月离任)、王磊(2019年4月任职)

党组成员、纪检组组长:戴击

党组成员、副行长:胡建萍(女)

**工商银行托克逊支行**

行长:马红霞(女,回族,2019年2月离任)

副行长:张海超、马玉梅(女,回族,2019年2月任职)、苑强强(2019年2月任职)

**农业银行**

行长:胡斌(2019年12月离任)

副行长:曹晓涛、梁新权

**农业发展银行**

党支部书记、行长:李学峰

纪检组组长、党支部委员、副行长:阿不来提·牙生(维吾尔族,2019月1月离任)、伍燕(女,2019年4月任职)

党支部委员、副行长:樊新宇(女,2019年4月离任)、景剑

**农村信用联社**

党委书记:崔允齐(兼,2019年4月离任)

党委副书记、理事长:王立兵

党委委员、主任:王国兰(女)

党委委员、纪委书记、监事长:阿不来克·阿不来孜(维吾尔族,2019年4月离任)、史长宁(2019年4月任职)

党委委员、副主任:张守勇(回族)、史长宁(2019年4月离任)、魏劲松(2019年4月任职)

**中国邮政储蓄银行股份有限公司托克逊县支行**

行长:孟凡强

**【军事单位】**

**人民武装部**

第一书记:朱剑军(兼)

书记、政委:刘瑞云

副书记、部长:毕海军

副部长:刘永

**消防大队**

党委书记、教导员:李先娜

党委副书记、副大队长:边永辉(主持工作)

消防中队

党支部书记、指导员:崔巍韬

党支部副书记、副中队长:买吾拉·买买提肉孜(维吾尔族)

**武警中队**

中队长:郑思伟

指导员:汪军

注:以上县级领导名表及主要机构领导名录均由组织部干部科审核,以2019年3月深化党政机构改革后机构名称为主。2019年3月以前主要机构和实职领导延续上年,此名录不再赘述。上划条管部门及金融、军事等单位均由各有关单位提供。

## 2019年逝世人物简历

离休干部

**王俊峰** 男,汉族,1930

年10月出生，山东禹城人，初中文化程度，1948年8月参加革命，1990年10月离休，离休前任托克逊县直机关党委书记（副县级）。

1948年8月，山东省济南市华东野战军六十五师一九四团三营入伍，获淮海战役三等功一次、横渡长江三等功一次、舟山群岛吃苦耐劳三等功一次；1960年8月，新疆托克逊县委干事；1962年4月，托克逊县商业局人事干部；1962年8月，托克逊县贸易公司秘书；1964年1月，托克逊县前进公社党委办公室主任、县供销社、县政府等干部秘书；1978年3月，任商业局服务公司副主任；1981年4月，人事科副科长；1984年7月，托克逊县委组织部副部长；1988年12月，托克逊县直属机关党委书记。

1990年11月，托克逊县直机关党委离休。

2019年9月17日，因病逝世，享年89岁。

### 退休县级干部

**阿不来·乃吉吾力**　男，维吾尔族，1951年6月出生于托克逊县郭勒布依乡，1969年2月参加工作，1978年6月加入中国共产党，1974年毕业于乌鲁木齐市师范专业学校。2012年1月退休。

1969年2月，郭勒布依乡中学任教师，1983年2月，托克逊县商业局干部；1985年12月，任郭勒布依乡副乡长；1990年1月，任郭勒布依乡副书记；1990年12月，任托克逊县农业局局长兼农广校校长；1993年1月，托克逊县河东乡党委书记、乡长；1995年10月，托克逊县农委书记；1997年2月起，历任托克逊县教委党委书记、主任，教育局党委书记；2000年3月，托克逊县教育委员会主任。

2002年7月，托克逊县人大副主任、党组成员。

2012年1月退休。

2019年9月29日，因病逝世，享年68岁。

## 2019年获自治区级以上级别表彰的先进人物简介

### 全国民族团结进步模范个人

**彭桂琴**　女，汉族，托克逊县第一小学党总支书记。1965年7月出生，1983年8月参加工作，1986年7月加入中国共产党。在职本科学历。曾在城镇幼儿园任院长多年，2011年9月调至托克逊县第一小学任校长。2016年获全国优秀党务工作者称号。2019年获国务院表彰的全国民族团结进步模范个人称号。

彭桂琴任第一小学校长后，积极探索民族团结教育之路。第一小学有2000多名学生，少数民族学生占71%。通过师生手拉手结对活动，民汉老师、学生互相学习，共同进步。把民族团结教育写进教案、引进课堂，各民族的学生一起进课堂、一起进操场，一起参加各种特色班级、社团活动。少数民族学生学打快板、学唱京剧等，汉族学生学维吾尔族刺绣、民族乐器等，各族学生像一家人一样生活在一起，快乐地成长。

彭桂琴通过班班结对子、师生结对子、教师结对子、学生结对子的形式抓党建促教学，倡导青蓝工程，师徒结对、以老带新、以新促老，将民族团结教育润物无声、潜移默化地融入到师徒结对的文化、学科、思想、生活和语言交流中，发挥骨干教师的传、帮、带作用，促进青年教师快速、健康成长。

### 全国生态建设突出贡献先进个人

**童振荣**　男，回族，1973年9

月出生。新疆鄯善县人，1995年8月参加工作，1999年7月加入中国共产党，本科学历。2017年1月任托克逊县林业局局长。2019年3月，任托克逊县林草局书记。2019年获国家林业和草原局表彰的全国生态建设突出贡献先进个人称号。

童振荣围绕“万亩桑园、万亩杏园”建设，大力开展绿色通道建设、退耕还林、农田防护林“整乡整村”推进、园区绿化、城市美化、美丽乡村建设等一系列重大造林绿化工程，全县森林资源得到持续增长，极大地改善了生态环境。他以身作则，在托克逊夏季高温酷热季节他带领林业干部像守护孩子一样守护托克逊的林业资源。近年，托克逊县累计完成营造林13.9万亩，其中人工造林9.9万亩，封育4万亩，森林覆盖率提高到了4.1%。农田林网化率达到90%以上，绿洲内部道路两侧绿化率达到96%。建成G30、吐托快速、三角地等面积在3000亩以上的集中连片造林区域4处，完成红山生态公园、沙丘造林等1000亩以上的4处，造林成活率达到90%以上。

自新一轮退耕还林工程实施以来，自治区累计下达托克逊县退耕还林工程建设任务3.41万亩，涉及全县6个乡(镇)、45个行政村、6468家退耕农户。童振荣带领干部职工同步设计、同步落实，加班加点核对符合政策的地块，落实各项退耕工作任务，依托工程形成以红枣、杏、葡萄为主的特色林果产业。使农民在享受补助政策的同时增加了产业收入。

童振荣大力提倡发展以葡萄、红枣、杏、桑葚精品园、观光园、采摘园为主的林果业。参与筹备四届杏花节和果品采摘活动，南湖杏花园、博斯坦枣园、英阿瓦提桑葚大道等以“新疆第一春”成为全疆各族群众的休闲踏春的首选之地，平均每年接待游客70万人次，推动了生态旅游产业的大发展，拓宽了农民增收新途径。大力发展林果产业，促进农民增收。2019年，营造经济林19.4万亩，占农田总面积的40%，2019年果品产量4.5万吨，林果收入占农牧民收入比重达到40%。

## 中央企业劳动模范

**阿依古丽·艾甫力** 女，维吾尔族，1977年4月出生。工程师、高级技师、一级企培师，托克逊供电公司党支部书记。2015年获得自治区民族团结进步模范。2017年获得吐鲁番市、新疆电力公司双劳模。2019年获人力资源社会保障部、国务院国资委表彰的中央企业劳动模范。

阿依古丽·艾甫力带领营销战线的同事们践行“四心”服务，打造出了“古丽服务队”这个在全疆服务业里越来越响亮的品牌。

把简单的事情用心做好。她善于思考，在吐鲁番供电公司紧张推进智能电表安装工作时，设计出智能电表演示台，还设计策划了安全用电小漫画、智能电表使用规范，张贴在智能电表表箱上。

为了更好地提高工作效率，她不断学习钻研探索，先后参加新疆电力公司组织的全疆营销服务规范行为手册、全疆供电营业厅标准化服务手册的编写工作。规范解决公司窗口常见问题，营业窗口投诉率逐年下降。她执笔的“古丽服务队特色品牌宣传”课题荣获全疆电力系统企业文化项目二等奖；组织编写的管理创新课题“边疆民族地区供电企业基于用户满意为目标的服务管理”获得自治区管理创新一等奖。

任托克逊县公司党支部书记以来，她组织共产党员服务队系统开展“三现三亮”活动（“线路现场亮严谨之行、用户现场亮安全之声、工作现场亮帮辅之心”，保障安全可靠供电）。发挥先行表率作用，奔赴在一线现场，通过图数治理清查、安全用电宣传、员工思想技能帮辅，保障了托克逊地区用户安全、可靠、持续用电，未发生一起用电安全事故，位列吐鲁番一区两县第一名，被誉为“45度下的电力铁军”。

## 全国妇女儿童维权先进个人

**买尔加尼古丽·艾合买提** 女，维吾尔族，1977年8月出生。新疆托克逊县博斯坦人，1999年9月参加工作，2005年7月入党，大学本科学历，2007年5月，任博斯坦镇党委委员、纪委书记。2019年，获全国妇联表彰的全国维护妇女儿童权益先进个人称号。

买尔加尼古丽·艾合买提具有较强的事业心和责任感，在分管妇女儿童维权工作期间，以积极实施妇女儿童规划，加快妇女儿童事业发展为目标，把贯彻“一法一办法”作为促进男女平等，全力以赴做好辖区妇女儿童工作。

她充分发挥村妇女群众主体作用，按照党建工作责任清单和任务清单，组织妇女群众参加“看历史、游家乡、爱祖国”“吐鲁番人游吐鲁番”主题活动，同时在广大妇女中开展“漂亮的脸蛋露出来”专题宣讲活动，引导妇女群众树立积极向上，科学时尚的生活理念。她注重宣传，重点宣讲生产生活、科学文化、政策法律、生产技能、健康知识等内容，充分发挥文化大院引领作用，打造思想宣传主阵地，全年组织全镇各村开展了350场次的文化宣传、法治教育和技能培训，文体娱乐活动420场次。

她注重发挥妇女群众文艺创作协会作用，搭建妇女群众文化活动平台，深入基层自编自演创作了妇女群众喜闻乐见的优秀文艺作品。宣传法律知识、讲解典型案例，正确引导妇女树立科学时尚的生活理念。

她积极协助镇党委开展对困难妇女，困难儿童的帮扶，关心关爱孤寡妇女、单亲幼儿，解决生活、学习上的困难。宣传党的各类惠民政策，掌握对困难妇女生活现状，组织妇女开展工艺品展览、妇女手工艺品展览，刺绣、馕等各类技能培训。贯彻实施妇女儿童发展纲要，为妇女儿童作表率、办实事，使博斯坦镇少儿工作得到了社会各界的关心与支持。

# 2019年托克逊县高级专业技术人员

## 2019年托克逊县高级专业技术人员一览表

表28

| 姓　名 | 性别 | 族别 | 学历 | 专　业 | 工作单位 | 职称 | 职称级别 | 批准文号 |
|---|---|---|---|---|---|---|---|---|
| 阿米娜古丽·阿不来克 | 女 | 维吾尔族 | 大学专科 | 护理学高等护理 | 夏镇中心卫生院 | 主任护师 | 正高 | 新卫人函〔2020〕2号 |
| 朱旭龙 | 男 | 汉族 | 大学本科 | 临床医学 | 县人民医院 | 主任医师 | 正高 | |
| 李　杰 | 男 | 汉族 | 大学本科 | 临床医学放射医学 | | | | |
| 热衣汗古丽·托乎提 | 女 | 维吾尔族 | 大学本科 | 流行病与卫生统计学预防医学 | 县疾病预防控制中心 | 主任医师 | 正高 | |
| 马　丽 | 女 | 汉族 | 大学专科 | 护理学 | | | | |
| 周永萍 | 女 | 汉族 | 大学专科 | 临床医学 | | | | |
| 海尼木古力·艾合买提 | 女 | 维吾尔族 | 硕士研究生 | 预防兽医学 | 夏镇人民政府 | 农业技术推广研究员 | 正高 | 新农人事〔2020〕88号 |
| 葛　萍 | 女 | 汉族 | 大学专科 | 汉语言文字学 | 县第一小学 | 高级教师 | 副高 | 吐市职称办〔2019〕17号 |
| 程海霞 | 女 | 汉族 | 大学本科 | 成人教育学英语 | | | | |
| 徐　娟 | 女 | 汉族 | 大学本科 | 汉语言文学 | | | | |
| 邓超群 | 女 | 汉族 | 大学本科 | 汉语言文字学 | | | | |
| 蔡红军 | 男 | 汉族 | 大学本科 | 体育教育训练学体育教育 | 县第一中学 | 高级教师 | 副高 | |
| 杨　兰 | 女 | 回族 | 大学本科 | 经济学—统计学 | | | | |
| 王　荣 | 女 | 回族 | 大学本科 | 教育学(心理教育方向) | | | | |
| 席　勇 | 男 | 回族 | 大学本科 | 计算机科学与技术 | | | | |
| 牛小丽 | 女 | 汉族 | 大学本科 | 教育技术学(可授教育学、理学学位) | | | | |
| 刘美玲 | 女 | 汉族 | 大学本科 | 法学—思想政治教育 | | | | |
| 丁　敏 | 女 | 汉族 | 大学本科 | 历史学 | | | | |
| 阿孜古丽·艾比布力 | 女 | 维吾尔族 | 大学专科 | 职业技术教育学数学 | | | | |

续表 28

| 姓　名 | 性别 | 族别 | 学历 | 专　业 | 工作单位 | 职称 | 职称级别 | 批准文号 |
|---|---|---|---|---|---|---|---|---|
| 李　斌 | 男 | 汉族 | 大学本科 | 数学与应用数学 | 县第二中学 | 高级教师 | 副高 | 吐市职称办〔2019〕17 号 |
| 张雅莉 | 女 | 汉族 | 大学本科 | 历史学历史教育 | 县第二中学 | 高级教师 | 副高 | 吐市职称办〔2019〕17 号 |
| 聂海霞 | 女 | 回族 | 大学本科 | 地理科学 | 县第二中学 | 高级教师 | 副高 | 吐市职称办〔2019〕17 号 |
| 刘　春 | 女 | 汉族 | 大学本科 | 汉语言文学 | 夏镇喀格恰克小学 | 高级教师 | 副高 | 吐市职称办〔2019〕17 号 |
| 热孜万古丽·阿布来肯木 | 女 | 维吾尔族 | 大学本科 | 物理学 | 夏镇中心学校 | 高级教师 | 副高 | 吐市职称办〔2019〕17 号 |
| 姜秀岚 | 女 | 汉族 | 大学本科 | 汉语言文学 | 夏镇中心学校 | 高级教师 | 副高 | 吐市职称办〔2019〕17 号 |
| 朱金娣 | 女 | 汉族 | 大学本科 | 汉语言文学 | 夏镇宁夏宫泛海希望小学 | 高级教师 | 副高 | 吐市职称办〔2019〕17 号 |
| 孙春香 | 女 | 汉族 | 大学本科 | 汉语言文学 | 夏镇宁夏宫泛海希望小学 | 高级教师 | 副高 | 吐市职称办〔2019〕17 号 |
| 王雪莲 | 女 | 回族 | 大学本科 | 英语语言文学 | 伊拉湖镇中学 | 高级教师 | 副高 | 吐市职称办〔2019〕17 号 |
| 桑伟琴 | 女 | 回族 | 大学本科 | 思想政治教育 | 伊拉湖镇中学 | 高级教师 | 副高 | 吐市职称办〔2019〕17 号 |
| 杨　霞 | 女 | 汉族 | 大学本科 | 汉语言文学 | 伊拉湖镇中心学校 | 高级教师 | 副高 | 吐市职称办〔2019〕17 号 |
| 马美芳 | 女 | 回族 | 大学本科 | 汉语言文学 | 博斯坦镇吉格代学校 | 高级教师 | 副高 | 吐市职称办〔2019〕17 号 |
| 左胜英 | 女 | 汉族 | 大学专科 | 政治和思想品德教育 | 城镇中心双语幼儿园 | 幼儿园高级教师 | 副高 | 吐市职称办〔2019〕17 号 |
| 孙宝华 | 女 | 汉族 | 大学专科 | 学前教育学 | 城镇中心双语幼儿园 | 幼儿园高级教师 | 副高 | 吐市职称办〔2019〕17 号 |
| 陈　红 | 女 | 汉族 | 大学专科 | 政治思想品德教育 | 城镇中心双语幼儿园 | 幼儿园高级教师 | 副高 | 吐市职称办〔2019〕17 号 |
| 卢文军 | 男 | 汉族 | 大学本科 | 经济管理 | 县委党校 | 高级讲师 | 副高 | 新党干校职字〔2019〕4 号 |
| 施　联 | 女 | 汉族 | 大学专科 | 口腔临床医学 | 县人民医院 | 副主任医师 | 副高 | 新卫人函〔2020〕2 号 |
| 赵万荣 | 男 | 汉族 | 大学本科 | 临床医学放射医学 | 县人民医院 | 副主任医师 | 副高 | 新卫人函〔2020〕2 号 |
| 仝　斌 | 男 | 汉族 | 大学本科 | 临床医学 | 县人民医院 | 副主任医师 | 副高 | 新卫人函〔2020〕2 号 |
| 马建新 | 男 | 汉族 | 大学本科 | 中医骨伤科学 | 县人民医院 | 副主任医师 | 副高 | 新卫人函〔2020〕2 号 |
| 曹向前 | 男 | 汉族 | 大学本科 | 临床医学眼耳鼻咽喉科 | 县人民医院 | 副主任医师 | 副高 | 新卫人函〔2020〕2 号 |
| 童德明 | 男 | 汉族 | 大学本科 | 临床医学 | 县人民医院 | 副主任医师 | 副高 | 新卫人函〔2020〕2 号 |

续表 28

| 姓 名 | 性别 | 族别 | 学历 | 专 业 | 工作单位 | 职称 | 职称级别 | 批准文号 |
|---|---|---|---|---|---|---|---|---|
| 李 杰 | 女 | 满族 | 大学专科 | 临床医学临床医学 | 县人民医院 | 副主任医师 | 副高 | 新卫人函〔2020〕2 号 |
| 朱新晨 | 男 | 汉族 | 大学本科 | 临床医学骨科学 | | | | |
| 胡淑娜 | 女 | 汉族 | 大学本科 | 麻醉学麻醉专业 | | | | |
| 买力克木·乃吉木 | 女 | 维吾尔族 | 大学专科 | 护理学 | | | | |
| 刘 霞 | 女 | 汉族 | 大学专科 | | | | | |
| 顾瑞红 | 女 | 汉族 | 中专 | | | | | |
| 孙贵宏 | 女 | 汉族 | 大学专科 | | | | | |
| 高 丽 | 女 | 回族 | 大学本科 | | | | | |
| 吴应渊 | 女 | 汉族 | 中专 | | | | | |
| 陈慧芳 | 女 | 汉族 | 中专 | 护理学护理 | | | | |
| 江 君 | 女 | 汉族 | 中专 | | | | | |
| 张 静 | 女 | 汉族 | 大学专科 | 护理学外科护理 | | | | |
| 努斯热提·热衣木 | 女 | 维吾尔族 | 中专 | 临床医学卫生职业 | | | | |
| 张建军 | 男 | 汉族 | 大学专科 | 药剂学 | | | | |
| 买买提·克白吐拉 | 男 | 维吾尔族 | 大学专科 | 民族医学(含:藏医学、蒙医学等)维吾尔医医疗 | 县维吾尔医医院 | 副主任医师 | 副高 | |
| 塔依尔·阿不都拉 | 男 | 维吾尔族 | 大学专科 | 民族医学(含:藏医学、蒙医学等)维吾尔医学 | | | | |
| 阿丽亚·哈力丁 | 女 | 维吾尔族 | 大学专科 | 民族医学(含:藏医学、蒙医学等)维吾尔医皮肤科 | | | | |
| 吾古力汗·吾力玛依提 | 女 | 维吾尔族 | 中专 | 临床检验诊断学 | | | | |

续表 28

| 姓　名 | 性别 | 族别 | 学历 | 专　业 | 工作单位 | 职称 | 职称级别 | 批准文号 |
|---|---|---|---|---|---|---|---|---|
| 斯热吉丁·巴合依 | 男 | 维吾尔族 | 大学专科 | 临床医学普通内科 | 夏镇卫生院 | 副主任医师 | 副高 | 新卫人函〔2020〕2 号 |
| 阿孜古丽·再英丁 | 女 | 维吾尔族 | 大学专科 | 护理学高护专业 | 夏镇卫生院 | 副主任医师 | 副高 | 新卫人函〔2020〕2 号 |
| 尼亚孜汗·巴热提 | 女 | 维吾尔族 | 大学专科 | 护理学高护专业 | 夏镇卫生院 | 副主任医师 | 副高 | 新卫人函〔2020〕2 号 |
| 赛丽米古丽·买买提 | 女 | 维吾尔族 | 大学专科 | 护理学临床护理 | 郭勒布依乡卫生院 | 副主任护师 | 副高 | 新卫人函〔2020〕2 号 |
| 徐　凯 | 男 | 汉族 | 大学本科 | 农业水利工程 | 县农村饮水安全工程管理站 | 高级工程师 | 副高 | 新水厅〔2019〕185 号 |
| 白克力·塔西铁木尔 | 男 | 维吾尔族 | 大学本科 | 园艺 | 县农业技术推广服务中心 | 高级农艺师 | 副高 | 新农人事〔2020〕88 号 |
| 祖热古丽·艾比布力 | 女 | 维吾尔族 | 大学本科 | 气象学 | 县农产品质量安全检测中心 | 高级农艺师 | 副高 | 新农人事〔2020〕88 号 |
| 卡米拉·买明 | 女 | 维吾尔族 | 大学本科 | 作物栽培学与耕作学农学 | 伊拉湖镇人民政府 | 高级农艺师 | 副高 | 新农人事〔2020〕88 号 |
| 娜海丽汗·吾甫尔 | 女 | 维吾尔族 | 大学本科 | 土壤学农业资源与环境 | 县农业技术推广服务中心 | 高级农艺师 | 副高 | 新农人事〔2020〕88 号 |
| 买买提·艾合买提 | 男 | 维吾尔族 | 大学本科 | 土壤学 农业资源与环境 | 伊拉湖镇人民政府 | 高级农艺师 | 副高 | 新农人事〔2020〕88 号 |
| 李德辉 | 男 | 汉族 | 大学本科 | 园艺 | 县农业技术推广服务中心 | 高级农艺师 | 副高 | 新农人事〔2020〕88 号 |
| 木哈热木·先木西 | 男 | 维吾尔族 | 大学本科 | 经贸系农业经济管理 | 伊拉湖镇人民政府 | 高级工程师 | 副高 | 新林人字〔2020〕9 号 |
| 马合木提·艾合买提 | 男 | 维吾尔族 | 大学本科 | 工民建 | 县建银建筑有限责任公司 | 高级工程师 | 副高 | 新建职〔2019〕6 号 |
| 拾景冬 | 男 | 汉族 | 大学本科 | 工民建 | 县建银建筑有限责任公司 | 高级工程师 | 副高 | 新建职〔2019〕6 号 |
| 李小龙 | 男 | 汉族 | 大学本科 | 机械制造及其自动化 | 新疆圣雄水泥有限公司 | 高级工程师 | 副高 | 新工信职称〔2020〕8 号 |
| 永　昭 | 女 | 锡伯族 | 大学本科 | 化工工艺 | 新疆圣雄氯碱有限公司 | 高级工程师 | 副高 | 新工信职称〔2020〕8 号 |
| 易遵勇 | 男 | 汉族 | 大学本科 | 环境工程 | 新疆圣雄氯碱有限公司 | 高级工程师 | 副高 | 新工信职称〔2020〕8 号 |
| 郭占明 | 男 | 汉族 | 大学本科 | 化学工程 | 新疆圣雄氯碱有限公司 | 高级工程师 | 副高 | 新工信职称〔2020〕8 号 |
| 于长洪 | 男 | 汉族 | 大学本科 | 土木工程 | 新疆圣雄氯碱有限公司 | 高级工程师 | 副高 | 新工信职称〔2020〕8 号 |
| 阿尔孜古丽·卡哈尔 | 女 | 维吾尔族 | 大学专科 | 机械电子工程农业机械化 | 博斯坦镇人民政府 | 高级工程师 | 副高 | 新工信职称〔2020〕10 号 |

续表 28

| 姓　名 | 性别 | 族别 | 学历 | 专　业 | 工作单位 | 职称 | 职称级别 | 批准文号 |
|---|---|---|---|---|---|---|---|---|
| 艾合买提·阿布都热依木 | 男 | 维吾尔族 | 大学本科 | 机械设计及理论 汽车拖拉机设计 | 县农牧业机械局 | 高级工程师 | 副高 | 新工信职称〔2020〕10 号 |
| 马合木提·买买提 | 男 | 维吾尔族 | 大学专科 | 农机化 | 博斯坦镇人民政府 | | | |
| 玛依努尔·西热甫 | 女 | 维吾尔族 | 大学本科 | 纺织工程 | 县农牧业机械局 | | | |
| 阿布都肉甫·皮达依 | 男 | 维吾尔族 | 大学专科 | 机械电子工程 农机化管理 | 伊拉湖镇人民政府 | | | |
| 陈勇江 | 男 | 汉族 | 大学本科 | 化学工程与工艺 | 新疆圣雄氯碱有限公司 | 高级工程师 | 副高 | 新工信职称〔2020〕11 号 |
| 张　衡 | 男 | 汉族 | 大学本科 | 机械设计制造及其自动化 | 新疆同泰煤业有限公司 | 高级工程师 | 副高 | 新发改办〔2019〕965 号 |

# 荣　誉

## 获国家及省级荣誉

### 2019 年获国家及各部委级荣誉一览表

表 29

| 单　位 | 荣誉称号 | 授奖单位 |
|---|---|---|
| 托克逊县 | “七五”普法中期先进集体 | 全国普法办 |
| 托克逊县 | 中国早熟杏之乡 | 中国园艺学会李杏分会、新疆园艺学会 |
| 托克逊县教育局 | 全国第六届中小学生艺术展演活动优秀组织奖 | 全国第六中小学生艺术展演活动组织委员会 |

### 2019 年托克逊县获国家及省部委级表彰的先进人物一览表

表 30

| 姓　名 | 工作单位 | 授奖称号 | 授奖单位 |
|---|---|---|---|
| 彭桂琴 | 县第一小学 | 全国民族团结进步模范个人 | 国务院 |
| 童振荣 | 县林草局 | 全国生态建设突出贡献先进个人 | 国家林业和草原局 |
| 阿依古丽·艾甫力 | 县供电公司 | 中央企业劳动模范 | 人力资源社会保障部 国务院国资委 |
| 买尔加尼古丽·艾合买提 | 博斯坦镇 | 全国维护妇女儿童权益先进个人 | 全国妇联 |

# 自治区及各厅级荣誉

## 2019 年托克逊县获自治区及厅局级嘉奖的单位一览表

表 31

| 单　　位 | 荣誉称号 | 授奖单位 |
| --- | --- | --- |
| 县第一小学 | 爱国拥军模范单位 | 自治区党委、自治区人民政府、新疆军区 |
| 托克逊镇天泉社区 | 先进基层党组织 | 自治区党委 |
| 中共博斯坦镇机关支部委员会 | | |
| 县委网信办 | 自治区优秀网评大队 | 自治区党委网信办 |
| 县交通运输局 | 2019 年度“四好农村路”示范县创建竞赛优胜单位（集体）奖 | 自治区交通运输厅、自治区总工会 |

## 2019 年托克逊县获自治区及厅局级嘉奖的先进人物一览表

表 32

| 姓　　名 | 工作单位 | 授奖称号 | 授奖单位 |
| --- | --- | --- | --- |
| 帕尔哈提·肉苏力 | 吐鲁番市市场监督管理局派驻博斯坦镇博斯坦村“访惠聚”工作队 | 优秀共产党员 | 自治区党委 |
| 艾合买提·热吉甫 | 伊拉湖镇郭若村 | 优秀党务工作者 | |
| 阿力木·艾比布 | 县人大常委会 | 人大系统先进个人 | 自治区人大常委会 |
| 庞辉生 | 县水利局 | 人民满意的公务员 | 自治区人民政府 |
| 陈胜军 | 县纪委监委 | 民族团结进步的践行者 | 自治区纪委监委 |
| 付昌民 | 县公安局 | 个人二等功 | 自治区公安厅 |
| 努尔孜叶·塔西铁木 | 县人民法院 | 全区法院“优秀党务工作者” | 自治区高级人民法院 |
| 艾西丁·再依尼丁 | 县公安局 | 第六届自治区道德模范 | 自治区精神文明建设指导委员会 |
| 哈力克·买买提 | 托克逊镇银泉社区 | | |

续表32

| 姓　　名 | 工作单位 | 授奖称号 | 授奖单位 |
| --- | --- | --- | --- |
| 加帕尔·玉苏甫 | 县交通运输局 | 2019年度“四好农村路”示范县创建竞赛优胜个人奖 | 自治区交通运输厅、自治区总工会 |
| 周世超 | 托克逊县税务局 | 国税地税征管体制改革工作嘉奖 | 国家税务总局新疆维吾尔自治区税务局 |
| 阿斯亚·阿不都热合曼 | 县第二中学 | 自治区优秀教师 | 自治区教育厅 |
| 索桂军 | | 优秀教练员 | 自治区教育厅、自治区体育局 |

# 吐鲁番市及各部门荣誉

## 2019年托克逊县获吐鲁番市及各处室表彰的先进单位一览表

表33

| 单　　位 | 荣誉称号 | 授奖单位 |
| --- | --- | --- |
| 伊拉湖镇党委 | 先进基层党组织 | 中共吐鲁番市委员会 |
| 夏乡南湖村党支部 | | |
| 郭勒布依乡开斯克尔村党支部 | | |
| 托克逊镇山泉社区党总支部 | | |
| 伊拉湖镇郭若村党支部 | | |
| 县委政法委、网信办联合党支部 | | |
| 县人力资源和社会保障局党支部 | | |
| 夏乡中心学校党支部 | | |
| 郭勒布依乡卫生院党支部 | | |
| 县华帝服装有限责任公司党支部 | | |
| 县公安局国内安全保卫大队 | 集体三等功 | 吐鲁番市公安局 |
| 县公安局巡逻防控大队 | | |
| 县气象局 | 先进集体 | 吐鲁番市气象局 |
| 国家税务总局托克逊县税务局 | 吐鲁番市开发建设火洲奖状 | 吐鲁番市总工会 |
| | 模范职工之家 | |
| 县道路运输管理局 | 先进集体 | 吐鲁番市道路运输管理局 |
| 托克逊镇天泉社区 | | 吐鲁番市科学技术协会<br>吐鲁番市财政局 |
| 托克逊镇滨河社区 | | 吐鲁番市政法委 |

## 2019 年托克逊县获吐鲁番市级及各处室表彰的先进人物一览表

表 34

| 姓　　名 | 工作单位 | 荣誉称号 | 授奖单位 |
|---|---|---|---|
| 周毅新 | 博斯坦镇 | 优秀共产党员 | 中共吐鲁番市委员会 |
| 玛依拉·赛提尼亚孜 | 郭勒布依乡 | | |
| 帕热旦·买苏提 | 夏镇巴扎社区 | | |
| 艾斯拉古丽·买买提 | 郭勒布依乡切克曼坎儿孜村 | | |
| 买明·尼扎木 | 县公安局 | | |
| 帕丽旦木·依斯卡尼 | 伊拉湖镇依提帕克村 | | |
| 辛晓英 | 托克逊镇龙泉社区 | | |
| 林　海 | 市银监局驻克尔碱镇通沟村 | | |
| 热奥甫·吾甫尔 | 库米什镇柯尔克孜铁米村 | | |
| 张祥瑞 | 县编办 | | |
| 李怀勇 | 市交通局驻克尔碱村“访惠聚” | | |
| 李予新 | 县卫健委驻阿乐惠镇南泉社区“访惠聚”工作队 | | |
| 章　辉 | 县疾控中心驻博斯坦镇长安村 | | |
| 张权有 | 县畜牧养殖基地便民警务站 | | |
| 阿力木·库尔那木 | 县交通修理厂便民警务站 | | |
| 王　荣 | 县第一中学 | | |
| 刘　忠 | 县疾控中心驻博斯坦镇伯日布拉克村“访惠聚”工作队 | | |
| 张　军 | 夏镇 | 优秀党务工作者 | 中共吐鲁番市委员会 |
| 刘　明 | 县农技推广中心驻郭勒布依乡萨依吐格曼村“访惠聚”工作队 | | |
| 冯浩慈 | 郭勒布依乡 | | |
| 再比布·艾乃吐力 | 夏镇布拉克贝希村 | | |

续表 34

| 姓　　名 | 工作单位 | 荣誉称号 | 授奖单位 |
|---|---|---|---|
| 库地热提・买买提 | 阿乐惠镇阿拉沟社区 | 优秀党务工作者 | 中共吐鲁番市委员会 |
| 庄　震 | 县委政法委 | | |
| 卢柏涛 | 县妇幼保健站 | | |
| 张　明 | 新疆伊泰资源开发有限责任公司 | | |
| 陈金花 | 伊拉湖镇中心学校 | | |
| 赵　海 | 县委网信办 | 2018 年优秀网络评论员领队 | 吐鲁番市委网信办 |
| 周　欢 | | | |
| 高　驰 | | | |
| 玉苏甫・艾乃吐拉 | | | |
| 沙拉木江・外力 | 县公安局 | 优秀教官 | 吐鲁番市公安局 |
| 谢依都拉・阿木提 | | 先进个人 | |
| 赛皮丁・塔西吐木尔 | | 个人三等功 | |
| 依孜吐拉・吾甫尔 | | | |
| 于鹏军 | | | |
| 赵典鹏 | | | |
| 张　飞 | | | |
| 艾西丁・再依尼丁 | | | |
| 赵　洋 | | 嘉奖 | |
| 艾西丁・再依尼丁 | | 第三届吐鲁番市道德模范 | 吐鲁番市精神文明建设指导委员会 |
| 阿尔孜古丽・热克甫 | 县农技中心 | 优秀推广员 | 吐鲁番市农技中心 |
| 赛提汗・卡德尔 | | | |
| 努斯热提・库吐丁 | | | |
| 袁建海 | 县气象局 | 优秀公务员 | 吐鲁番市气象局 |
| 张宏新 | | 优秀个人 | |

续表 34

| 姓　　名 | 工作单位 | 荣誉称号 | 授奖单位 |
|---|---|---|---|
| 吾曼尔江·赛提瓦力迪 | 托克逊公路管理分局 | 先进个人 | 吐鲁番公路管理局 |
| 谢　荣 | | 优秀工会积极分子 | |
| 张燕丽 | | 优秀工会干部 | |
| 阿衣加马力·艾西丁 | 国家税务总局县税务局 | 优秀工会(女子)工作者 | 吐鲁番市总工会 |
| 尤　春 | 城镇中心幼儿园 | 2018 年吐鲁番开发建设火洲奖章 | |
| 李雪峰 | 县教育局 | 吐鲁番市优秀援疆干部人才,记三等功一次 | 吐鲁番市委员会、吐鲁番市人民政府 |
| 杨冰倩 | 县第一中学 | 吐鲁番市李建华体育工作室优秀成员 | 吐鲁番市教育局 |
| | | 吐鲁番市中小学广播操比赛优秀指导老师 | |
| 李馨芳 | | 吐鲁番市继续教育初中教师培训优秀组织者 | |
| 赛地亚古丽·阿不来克木 | 县第二中学 | 优秀班主任 | |
| 魏新梅 | | 优秀思政教师 | |
| 索桂军 | | 优秀教师 | |
| 王雅婷 | 县第一小学 | 优秀青年好教师 | |
| 赵　阳 | 县第二小学 | 2018—2019 学年火洲青年好教师 | |
| 马艳丽 | | 2018—2019 学年火洲优秀人民教师 | |
| 赛地亚古丽·阿不来克木 | 县第二中学 | 2018—2019 学年优秀班主任 | |
| 魏新梅 | | 2018—2019 学年优秀思政教师 | |
| 索桂军 | | 2018—2019 学年火洲优秀人民教师 | |
| 阿斯热古丽·尼扎木 | 县第一中学 | 2018—2019 学年火洲优秀人民教师 | |
| 杨冰倩 | | 2019 年度工作室优秀成员 | |
| 陈　焱 | | | |
| 马　晶 | | | |
| 付淑武 | | 2018—2019 学年优秀班主任 | |
| 周　军 | | 2019 年度工作室优秀成员 | |

续表 34

| 姓　　名 | 工作单位 | 荣誉称号 | 授奖单位 |
| --- | --- | --- | --- |
| 范淑琴 | 县第一小学 | 2018—2019 学年优秀班主任 | 吐鲁番市教育局 |
| 徐　娟 |  | 2018—2019 学年优秀思政教师 |  |
| 谢雪梅 | 县第三小学 | 2018—2019 学年火洲优秀人民教师 |  |
| 阿地拉·阿不都肉苏力 | 夏镇中心学校 | 优秀思政教师 |  |
| 买尔孜也·阿木提 | 夏镇中心幼儿园 | 2018—2019 学年优秀学前教师 |  |
| 桑伟琴 | 伊拉湖镇中学 | 优秀思政教师 |  |
| 杨　婷 | 伊拉湖镇中心幼儿园 | 优秀学前教师 |  |
|  |  | 网络举报工作先进个人 | 中共吐鲁番市委员会网络安全和信息化委员办公室 |
| 买苏提·艾比布力 | 博斯坦镇田园小学 | 2018—2019 年火州教育系统优秀基层党支部书记 | 中共吐鲁番市委教育工委、吐鲁番市教育局 |
| 马依拉·卡哈尔 | 博斯坦镇中心幼儿园 | 2018—2019 年优秀学前教师 |  |

# 县级荣誉

## 2019 年县先进基层党组织和优秀共产党员、优秀党务工作者

### 先进基层党组织

乡(镇)

托克逊镇党委、夏镇机关党支部、郭勒布依乡机关党支部

村(社区)

夏镇巴扎社区党支部、夏镇托台村党支部、郭勒布依乡郭勒布依村党支部、博斯坦镇博斯坦村党支部、伊拉湖镇阿克塔格村党支部、托克逊镇金泉社区党总支部、阿乐惠镇鱼儿沟社区党支部、克尔碱镇克尔碱村党支部

机关

县财政局(国资委)党总支部、县商务和工业信息化局机关党支部、县城市管理行政执法局党支部、县水利局机关党支部、县文化体育广播电视和旅游局党支部

学校

郭勒布依乡中心学校党支部、城镇湘山幼儿园党支部

医疗卫生单位

伊拉湖镇中心卫生院党支部

非公有制经济党组织

吐鲁番白粮液酒业有限责任公司党支部

### 优秀共产党员

乡(镇)

艾克然木·塔西吐木尔　夏镇

阿依木古丽·吾吉　郭勒布依乡

努尔孜亚古丽·木依布力　博斯坦镇

帕热旦·木巴热克　伊拉湖镇

马　静　托克逊镇

村、社区(双联户)

陆　斌　夏镇铁提尔村

赵　军　郭勒布依乡河东村

阿迪来古丽·阿力木　博斯坦镇博孜尤勒贡村

张兴玉　伊拉湖镇郭

若村

彭明波 克尔碱镇克尔碱村

热孜瓦古丽·亚森 夏镇喀拉苏村

阿迪力·艾买提 郭勒布依乡喀拉阿什村

艾尼瓦尔·牙森 博斯坦镇李孟坎儿孜村

刘宏发 伊拉湖镇康喀村

马琴 托克逊镇玉泉社区

“访惠聚”驻村工作队（驻村管寺）

张新亮 县人社局驻夏镇工尚村“访惠聚”工作队

艾尼娃尔·艾衣提 县税务局驻郭勒布依乡郭勒布依村“访惠聚”工作队

丁吉祥 县机要保密局驻博斯坦镇硝尔坎儿孜村“访惠聚”工作队

杨根明 县商工局驻博斯坦镇琼帕依扎村“访惠聚”工作队

徐尧 县社区卫生服务中心驻博斯坦镇长安村“访惠聚”工作队

吴龙海 吐鲁番市教育局驻伊拉湖镇郭若村“访惠聚”工作队

徐永亮 县政法委驻伊拉湖镇古勒巴格村“访惠聚”工作队

江华 县妇联驻托克逊镇金泉社区“访惠聚”工作队

周全 吐鲁番市农发行驻托克逊镇银泉社区“访惠聚”工作队

阿迪力·阿不都热衣木 县城市管理行政执法局驻托克逊镇老南寺驻村管寺管委会

公安系统

木塔力甫·阿不力提甫 县公安局

阿不力米提·阿合买提 县公安局国保大队

阿布来提·夏尔皮 伊拉湖镇大十字便民警务站

阚国睿 库米什镇吐和高速路口便民警务站

白克力·热西提 县南疆路三源油脂厂便民警务站

张飞 博斯坦镇派出所

孙保峰 夏镇派出所

买买提·阿不都古力 郭勒布依乡派出所

援疆干部

郭建明 县委组织部

周邦宇 县公安局

机关（民族团结一家亲）

田建国 县委专用通信局

陈婷 县纪委监委第三监察分局

蒋真 县委组织部

吾热叶提古丽·买合木提 县农牧业机械局监理站

热夏提·热克甫 县教育局

阿丽亚·艾比布力 县住房和城乡建设局

左热古力·牙生 县卫生健康委员会

王国玲 县气象局

任苗利 县能源重化工工业园区管理委员会

学校

张玉华 县第二中学

周杰 县职业高中

医疗卫生单位

艾热夏提·阿布拉克 县人民医院急诊重症科

阿孜古丽·塞塔尔 县妇幼保健站

国有企业

买买提·卡地尔 县邮政分公司

非公有制企业

赵伟伟 吐鲁番金马能源开发有限责任公司

## 优秀党务工作者

乡（镇）

靳春海 库米什镇

张杰 博斯坦镇

龙小刚 伊拉湖镇

洪德秀 托克逊镇

郝丽芸 夏镇

梁鹏飞 郭勒布依乡

汪应伟 阿乐惠镇

木扎帕尔·吾甫尔 克尔碱镇

村(社区)

孙兆彬　夏镇色日克墩村

王雅荣　吐鲁番市供销社驻夏镇大地村“访惠聚”工作队

阿斯也·阿力木　郭勒布依乡奥依曼布拉克村

艾斯卡尔·阿不拉　吐鲁番市人大常委会驻郭勒布依乡尤库日克喀拉阿什村“访惠聚”工作队

阿不都外力·阿不拉克　县农业农村局驻博斯坦镇上湖坎儿孜村“访惠聚”工作队

祖木热提古丽·阿不来克木　博斯坦镇长安村

塔衣尔·热克甫　县水利局驻伊拉湖镇阿克塔格村“访惠聚”工作队

牟　江　吐鲁番市中心血站驻伊拉湖镇布尔加依村“访惠聚”工作队

肖秀蓉　吐鲁番市科协驻托克逊镇天泉社区“访惠聚”工作队

滕玉美　托克逊镇山泉社区

祖丽皮亚·依明　阿乐惠镇南泉社区

艾瓦力别克·衣比热　克尔碱镇

艾尼瓦尔·吾买尔　库米什镇

机关

李国洋　县农业农村局(畜牧兽医局)驻郭勒布依乡巴格万村“访惠聚”工作队

童振荣　县林业和草原局

黄金环　县发展和改革委员会

宋西勇　县直属机关工作委员会

努尔孜叶·塔西铁木尔　县人民法院

学校

章　霞　县教育局

医疗卫生

巴吐尔·巴拉提　县维吾尔医医院

国有企业

白　朝　县飞腾达城乡公交有限公司

非公有制经济党组织

刘开军　托克逊县民用爆破器材有限责任公司

# 附 录

FULU

## 重要文件摘录

### 托克逊县机构改革方案实施意见(摘录)

**一、总体要求**

深化机构改革,要坚持以习近平新时代中国特色社会主义思想为指导,全面贯彻党的十九大和十九届二中、三中全会精神,贯彻落实习近平总书记关于深化党和国家机构改革的重要论述,贯彻落实习近平总书记关于新疆工作的重要讲话和重要指示精神,贯彻落实以习近平同志为核心的党中央治疆方略、特别是社会稳定和长治久安总目标,牢固树立“四个意识”,坚定“四个自信”,坚决做到“两个维护”,坚持加强党的全面领导,坚持以人民为中心的发展思想,坚持社会主义市场经济改革方向,坚持优化协同高效,坚持以法治方式推进改革,坚持在中央统一领导下充分发挥地方积极性。

**二、调整优化党政机构和职能**

(一)建立健全和优化县委对重大工作的领导体制机制

1. 组建县监察委员会。落实党中央关于深化监察体制改革的部署和自治区党委工作要求,将县监察局的职责,以及县人民检察院查处贪污贿赂、失职渎职、预防职务犯罪等反腐败的相关职责整合,组建县监察委员会,同县纪律检查委员会合署办公,履行纪检、监察两项职责,实行一套工作机构、两个机关名称,不再保留县监察局。

2. 将县委全面深化改革领导小组改为县委全面深化改革委员会,作为县委议事协调机构。县委全面深化改革委员会办公室设在县委办公室。

3. 将县依法治县领导小组改为县委全面依法治县委员会,作为县委议事协调机构。县委全面依法治县委员会办公室设在县司法局。

4. 将县委国家安全协调小组改为县委国家安全委员会,作为县委议事协调机构。县委国家安全委员会办公室设在县委办公室。

5. 将县委网络安全和信息化领导小组改为县委网络安全和信息化委员会,作为县委议事协调机构。县委网络安全和信息化委员会办公室为县委网络安全和信息化委员会的办事机构,作为县委工作机关,对外加挂县互联网信息办公室牌子。

6. 将县财经领导小组改为县委财经委员会,作为县委议事协调机构。县委财经委员会办公室设在县委办公室。

7. 组建县委外事工作委员会,作为县委议事协调机构。县委外事工作委员会办公室设在县人民政府办公室。

8. 组建县委审计委员会,作为县委议事协调机构。县委审计委员会办公室设在县审计局。

9. 组建县委教育工作领导小组,作为县委议事协调机构。县委教育工作领导小组办公室设在县教育局。

(二)加强县委职能部门的统一归口协调管理职能

1. 县委组织部统一管理县委机构编制委员会办公室。将县机构编制委员会改为县委机构编制委员会,作为县委议事协调机构,调整优化县委机构编制委员会领导体制。县委机构编制委员会办公室作为县委机构编制委员会的办事机构,承担县委机构编制委员会日常工作,作为县委工作机关,归口县委组织部管理。

2. 县委组织部统一管理老干部工作。将县委老干部工作局并入县委组织部,保留县委老干部局牌子,不再保留单设的县委老干部局。

3. 县委组织部统一管理公务员工作。将县人力资源和社会保障局的公务员管理职责划入县委组织部,对外加挂县公务员局牌子。

4. 县委宣传部统一管理新闻出版和电影工作。将县文化体育广播影视局(县新闻出版局〈县版权局〉)的新闻出版、电影管理职责划入县委宣传部。对外保留县新闻出版局(县版权局)。

5. 县委统一战线工作部统一管理民族宗教工作。将县民族宗教事务委员会更名为县民族宗教事务局,相关职责划入县委统一战线工作部,对外加挂县民族宗教事务局牌子。

6. 县委统一战线工作部统一管理侨务工作。将县人民政府办公室的侨务工作相关职责划入县委统战部,对外加挂县人民政府侨务办公室牌子。将县人民政府办公室的海外华人华侨社团联谊等职责划归县归国华侨联合会行使。

(三)县委调整改革和优化职责的机构

1. 优化县委办公室职责。将县档案局(馆)行政职能,以及相关机构的政策研究职责划入县委办公室,对外加挂县委政策研究室、县档案局牌子。保留县档案馆,作为县委办公室所属正科级事业单位。将县委督查室并入县委办公室。

2. 优化县委宣传部职责。将县精神文明建设委员会办公室职责划入县委宣传部,对外加挂县精神文明建设指导委员会办公室、县人民政府新闻办公室牌子,不再保留单设的县精神文明建设委员会办公室。

3. 设立县委网络安全和信息化工作委员会。为适应反恐维稳需要,加强网信领域党的建设,设立县委网络安全和信息化工作委员会,作为县委派出机关,设在县委网络安全和信息化委员会办公室,主要负责全县网信领域党的建设和人才队伍建设,领导各网站工作,实现网信领域党的组织全覆盖。

4. 组建县委机要保密局。将县委机要局(县密码管理局)、县委保密委员会办公室(县国家保密局)的职责整合,组建县委机要保密局,作为县委工作机关,对外保留县国家保密局、县密码管理局牌子,在县委办公室统一领导下开展工作,不再保留县委机要局、县委保密委员会办公室。

5. 不再设立县社会治安综合治理委员会及其办公室,县委维护稳定领导小组及其办公室,有关职责交由县委政法委员会承担。

6. 将县委防范和处理邪教问题领导小组及其办公室职责交由县委政法委员会、县公安局承担。县委政法委员会主要负责协调指导各相关部门做好反邪教工作,分析研判有关情况信息并向县委提出政策建议,协调处置重大突发性事件等。县公安局主要负责收集邪教组织影响社会稳定、危害社会治安的情况并进行分析研判,依法打击邪教组织的违法犯罪活动等。

7. 不再设立县委新兴组织工作委员会、县委人才工作领导小组办公室、县委基层组织建设领导小组办公室,有关职责交由县委组织部承担。

县委继续保留政法委员会、直属机关工作委员会、巡察工作领导小组办公室作为县委工作机关。

(四)县人民政府调整改革和优化职责的机构

1. 优化县人民政府办公室职责。将县信访局的职责划入县人民政府办公室,加挂县人民政府外事办公室牌子,保留县信访局、县扶贫开发办公室牌子,不再保留单设的县信访局。

2. 优化县发展和改革委员会职责。将县煤炭工业管理局的除指导煤矿救护和组织协调煤矿事故应急救援以外的职责,县援托工作办公室的职责,以及县民政局的救灾物资储备管理职责,县商务和经济信息化委员会的食糖、食盐等储备管理职责等划入县发展和改革委员会,加挂县粮食和物资储备局牌子,不再保留县煤炭工业管理局、县援托工作办公室,不再保留县粮食局牌子。

3. 重新组建县教育局。将县教育局的职责,县民族宗教事务委员会(县民族语言文字工作委员会)的民族语言文字工作职责整合,重新组建县教育局,作为县人民政府工作部门,保留县民族语言文字工作委员会牌子。

4. 重新组建科学技术局。将县科学技术局的职责,县人力资源和社会保障局的外国专家管理职责整合,重新组建县科学技术局,作为县人民政府工作部门。

5. 将县商务和经济信息化委员会更名为县商务和工业信息化局。

6. 重新组建县司法局。将县司法局的职责,县人民政府办公室的法制工作职责等整合,重新组建县司法局,作为县人民政府工作部门,县人民政府办公室不再挂县人民政府法制办公室牌子。

7. 优化县财政局职责。将县国有资产监督管理委员会的职责划入县财政局,加挂县国有资产监督管理委员会牌子,不再保留单设的县国有资产监督管理委员会。

8. 优化县人力资源和社会保障局职责。将县社会保险管理局承担的行政职责划入县人力资源和社会保障局。

9. 组建县自然资源局。将县国土资源局(县测绘地理信息局、县不动产登记局)的职责,县城乡规划管理局的职责,以及县发展和改革委员会的组织编制并实施主体功能区规划职责,县水利局、县农牧兽医局、县林业局的资源调查和确权登记管理职责等整合,组建县自然资源局,作为县人民政府工作部门,不再保留县国土资源局(县测绘地理信息局、县不动产登记局)、县城乡规划管理局。

10. 组建县生态环境局。将县环境保护局的职责,以及县发展和改革委员会的应对气候变化和减排职责,县国土资源局的监督防止地下水污染职责,县水利局的编制水功能区划、排污口设置管理、流域水环境保护职责,县农牧兽医局的监督指导农业面源污染治理职责等整合,组建生态环境局,作为市生态环境局的派出机构,不再保留县环境保护局。

11. 优化县住房和城乡建设局职责。将

县房产管理局承担的行政职能划入县住房和城乡建设局,保留县人民政府防空办公室牌子。

12. 组建县农业农村局。将县委农村工作办公室的职责,县农牧兽医局(农业产业化发展局、农产品加工局)的职责,县农业综合开发办公室的职责,以及县发展和改革委员会的农业投资项目,县国土资源局的农田整治项目,县水利局的农田水利建设项目管理和渔业监督管理职责,县农业机械化管理局的农机管理、农机监管职责等整合,组建县农业农村局,作为县人民政府工作部门,加挂县畜牧兽医局牌子。县委农村工作领导小组办公室设在农业农村局,不再保留县委农村工作办公室、县农牧兽医局(农业产业化发展局、农产品加工局)、县农业综合开发办公室。

13. 组建县文化体育广播电视和旅游局。将县文化体育广播影视局(县新闻出版局〈县版权局〉)除新闻出版、电影管理以外的职责,县旅游文物局的职责等整合,组建县文化体育广播电视和旅游局,作为县人民政府工作部门,加挂县文物局牌子,不再保留县文化体育广播影视局、县旅游文物局。

14. 组建县卫生健康委员会。将县卫生和计划生育委员会的职责,以及县安全生产监督管理局的职业安全健康监督管理职责,县老龄工作委员会办公室的职责,县爱国卫生运动委员会办公室的职责等整合,组建县卫生健康委员会,作为县人民政府工作部门。县老龄工作委员会、县爱国卫生运动委员会的日常工作由县卫生健康委员会承担。不再保留县卫生和计划生育委员会。不再设立县老龄工作委员会办公室、县爱国卫生运动委员会办公室。

15. 组建县退役军人事务局。将县民政局的退役军人优抚安置职责,县人力资源和社会保障局的军官转业安置职责,以及军队有关职责等整合,组建县退役军人事务局,作为县人民政府工作部门,按照中央和自治区党委有关改革部署实施。

16. 组建县应急管理局。将县安全生产监督管理局的职责,以及县人民政府办公室的应急管理职责,县公安局的消防管理职责,县民政局的救灾职责,县国土资源局的地质灾害防治、县水利局的水旱灾害防治、县农牧兽医局的草原防火、县林业局的森林防火相关职责,县地震办公室的震灾应急救援职责、县煤炭局指导煤矿救护和组织协调煤矿事故应急救援工作职责,防汛抗旱、减灾、抗震救灾、森林防火等指挥部(委员会)的职责整合,组建县应急管理局,作为县人民政府工作部门,按照中央和自治区党委有关改革部署实施。不再保留县安全生产监督管理局、地震办公室。

17. 优化县审计局职责。将县发展和改革委员会的重大项目稽察,县财政局的预算执行情况和其他财政收支情况的监督检查职责,县国有资产监督管理委员会的国有企业领导干部经济责任审计等职责划入县审计局。

18. 重新组建县市场监督管理局。将县市场监督管理局的职责,以及县发展和改革委员会的价格监督检查与反垄断执法职责,县商务和经济信息化委员会的相关反垄断职责,县知识产权局的职责等整合,重新组建县市场监督管理局,作为县人民政府工作部门,加挂县知识产权局牌子。县食品安全委员会的具体工作由县市场监督管理局承担。县市场监督管理局不再挂县工商行政管理局、县质量技术监督局、县食品药品监督管理局、县食品安全委员会办公室牌子。不再保留单设的县知识产权局。县发展和改革委员会不再挂县价格监督检查局牌子。

19. 组建县医疗保障局。将县人力资源和社会保障局的城镇职工和城镇居民基本医疗保险、生育保险职责、新型农村合作医疗职责，县发展和改革委员会的药品和医疗服务价格管理职责，县民政局的医疗救助职责等整合，组建县医疗保障局，作为县人民政府工作部门。

20. 组建林业和草原局。将县林业局的职责，以及县农牧兽医局的草原监督管理职责，县国土资源局、县住房和城乡建设局、县环境保护局、县农牧兽医局的自然保护区、风景名胜区、自然遗产、地质公园管理职责等整合，组建县林业和草原局，作为县人民政府工作部门，由县自然资源局统一管理和协调。不再保留县林业局。

21. 不再设立县招商管理局（县经济技术协作办公室），有关职责交由县商务和工业信息化局承担。

22. 整合县广播电台、县电视录转台，组建县广播电视台，作为县人民政府直属事业单位，归口县委宣传部领导。

县人民政府继续保留公安局、民政局、交通运输局、水利局、统计局，作为县人民政府工作部门。

机构改革后，共设置党政机构 35 个。党委机构 11 个，其中：纪检监察机关 1 个，工作机关 10 个，政府工作部门 24 个。（详见附件）

**三、统筹推进其他各项改革**

（一）深化县人大、政协机构改革和群团组织改革

1. 深化县人大机构改革。加强人大对预算决算、国有资产管理等的监督职能，健全人大组织的工作制度，适应加强社会建设、深化国家监察体制改革的需要，完善人大专门委员会设置，更好发挥其职能作用。

2. 深化县政协机构改革。推进人民政协履职能力建设，加强人民政协民主监督，优化政协专门委员会设置，更好地发挥其作为专门协商机构的作用。

3. 深化群团组织改革。贯彻落实党中央、自治区党委和市委关于群团组织改革工作的决策部署，健全党委统一领导群团工作的制度，紧紧围绕保持和增强政治性、先进性、群众性这条主线，牢牢把握改革正确方向，始终保持党对群团组织的领导，坚决贯彻党的意志和主张，自觉服从服务县委工作大局，坚持以人民为中心，着力解决突出问题，以更大力度、更实举措推进改革，优化机构设置，创新运行机制，把群团组织建设的更加充满活力、更加坚强有力。坚持眼睛向下、面向基层，将力量配备、服务资源向基层倾斜，更好地适应基层和群众需要。促进党政机构同群团组织功能有机衔接，支持和鼓励群团组织承接适合由群团组织承担的公共服务职能，增强群团组织团结教育、维护权益、服务群众功能，增强群团组织的吸引力和影响力，更好发挥群团组织作为党和政府联系人民群众的桥梁纽带作用。

（二）深化事业单位改革

全面推进承担行政职能的事业单位改革，理顺政事关系，实现政事分开，除行政执法机构外，完全、主要和部分承担行政职能的事业单位全部纳入改革实施范围，统筹推进实施。在全面清理行政职能的基础上，按照能转职能的不转机构、确需转机构的实行综合设置的原则，区分情况推进改革。完全承担行政职能的事业单位，原则上与主管部门职能相近的内设机构进行整合，不单独设为行政机构；确需单设为行政机构的，要纳入党政机构限额。主要和部分承担行政职能的事业单位，行政职能回归主管部门，调整为公益类事业单位或并入其他相关事业单位，加大整合力度，减少机构数量，进一步理顺事业单位同主管部门的关系。改革后，除行政执法机构外，不再保留或新设承担行政职能的事业单位。

统筹推进涉改部门所属事业单位职责

调整和机构整合,根据部门组建和职责划转情况相应划转所属事业单位。对专业性较强的事业单位,原则上不拆分,根据主要职责确定主管部门。对职责相近或业务联系比较紧密的事业单位,要加大整合力度,减少机构数量。

(三)深化综合行政执法改革

按照党中央、自治区党委和市委深化市场监管、生态环境保护、文化市场、交通运输、农业5个领域综合行政执法改革的部署要求,统筹制订深化综合执法改革的实施意见,确保改革的整体推进、落实到位,继续推进和完善城市管理等跨领域部门综合执法,从源头上全面梳理、规范和精简行政处罚、行政强制事项,统筹配置行政执法职能和执法资源,减少执法队伍的种类,减少执法层级,下沉执法力量。一个部门设有多支执法队伍的,原则上整合为一支执法队伍。建立健全综合行政执法统筹协调机制,规范执法程序,严格执法责任,加强执法监督,锁定执法人员编制底数,暂时保持现状不变,待党中央、自治区党委和市委统一明确政策后逐步规范。全面清理清退临时人员和聘用人员,严禁使用辅助人员执法。综合行政执法改革涉及的机构编制事项按有关规定办理。

(四)深化乡(镇)机构改革

乡(镇)机构改革与县级党政机构改革统筹推进,分步实施。

1. 科学配置职能。理顺县与乡(镇)的权责关系,建立权责清单,强化乡(镇)社会管理和公共服务职能。乡(镇)机构改革要聚焦聚力维护稳定和服务群众两大任务,围绕加强党的建设、维护辖区稳定、强化社会治理、完善城镇管理、提高民生保障、促进区域发展六大职责,建立建全统领辖区各项社会事务、整合各类资源、调动各方力量的体制机制。

2. 统筹设置机构。推进构建简约高效的基层管理体制,综合设置乡(镇)党政机构,按照新党发〔2015〕10号文件精神,加大事业站所整合下放力度,保证基层事情基层办、基层权力给基层、基层事情有人办。

3. 推动治理重心下沉。结合乡村振兴战略,进一步下放经济社会管理事项,将与群众生活息息相关的公共服务管理职能下放到基层,把资源、服务、管理放到基层,推动社会治理重心向基层下移。深入推进审批服务便民化,进一步整合审批、服务、执法力量,积极探索综合设置基层审批服务机构,推动企业和群众办事"只进一扇门、最多跑一次"。乡(镇)机构改革要着眼于加强基层政权建设和各项基础工作,进一步增强基层党建、基层管理和基层服务功能,把基层党组织建设成为领导基层治理的坚强战斗堡垒。

(五)强化机构编制管理刚性约束

强化党对机构编制工作的集中统一领导,按照党中央有关部署和自治区党委、市委工作要求,统筹使用各类编制资源。重新制定或修订县党政机构和相关群团机关的"三定"规定,增强"三定"规定的严肃性和权威性。加快建立机构编制管理同组织人事、财政预算管理共享的信息平台,完善机构编制实名制管理。充分发挥机构编制在管理全流程中的基础性作用。优化编制资源配置,加大部门间、层级间编制统筹调配力度,满足党和政府各项事业发展需要。严格执行机构限额、领导职数、编制种类等规定,不得在限额外设置机构,不得超职数配备领导干部,不得擅自增加编制种类,不得突破总量增加编制。各部门擅自设立的机构和岗位、擅自配备的领导职数均要取消。严格控制编外聘用人员,从严规范适用岗位、职责权限和各项管理制度。坚决查处各类违纪违法行为,严肃追责问责。完善机构编制同纪检监察机关和组织人事、审计等部门的协作联动机制，形成监督检查合力。

**四、组织实施**

各部门要按照县委统一部署要求，周密组织实施，把握好改革发展稳定关系，有组织、有纪律、有步骤推进机构改革，确保思想不乱、工作不断、队伍不散、干劲不减。

（一）加强组织领导。各部门党委（党组）要将思想和行动统一到党中央决策部署和自治区党委、市委工作要求上来，提高政治站位，增强“四个意识”，坚定“四个自信”，坚决维护习近平总书记的核心地位，坚决维护党中央权威和集中统一领导。在推进改革中，各部门要不讲条件、不搞变通、不打折扣，切实把党中央精神和自治区党委、市委决策部署落到实处。县深化党政机构改革领导小组要在县委领导下，履行好牵头抓总、统筹协调的职责；各部门党委（党组）要切实履行主体责任，主要负责同志要履行第一责任人责任，把机构改革摆在当前各项工作的突出位置，强化责任、主动作为、精准发力，切实抓好本部门改革任务的安排部署和组织实施。

（二）周密组织实施。各涉改部门要依据县实施意见研究制定贯彻落实的具体方案。县深化党政机构改革领导小组办公室负责制定“三定”规定的规范性要求和有关部门编制职数框架，各部门按要求制定“三定”规定草案，按程序做好报批工作，3 月上旬基本完成。新组建部门领导班子成立后，要按照先转隶、再做“三定”的原则，及时将有关职责、机构和人员划转到新组建部门。纪检监察、组织、编制、人社、财政、审计、档案等部门要各司其职、各负其责，协同配合做好改革涉及的相关工作，确保 3 月底前按时完成县本级机构改革。

（三）处理好改革发展稳定的关系。要按照县委要求，以饱满的精神、过硬的作风、科学的方法，周全细致谋划，统筹兼顾推进机构改革。在落实改革任务的同时，要抓好县委关于稳定、发展的一系列决策部署的落实，特别是确保维护社会稳定、脱贫攻坚、安全生产、应急救援以及“访惠聚”驻村工作等方面的工作不停滞、不落空。改革中涉及调整职能的部门，职能没有划转之前，相关部门要按照原来职责正常开展工作，新老机构和人员接替要平衡有序、高效衔接、尽快到位，确保机构改革和日常工作两不误。

（四）做好思想政治工作。机构改革涉及广大干部职工的切身利益，必须高度重视思想政治工作。要密切关注干部思想动态，教育引导广大党员干部、特别是领导干部坚持党性原则和全局观念，提高政治站位，强化政治担当，服从组织安排，接受组织考验，把推动改革情况作为检验“四个意识”牢不牢的试金石，以实际行动拥护改革、支持改革、参与改革。要加强宣传和舆论引导，凝聚改革共识，坚定改革信心，争取各方面对改革的支持，为改革顺利开展营造良好环境。

（五）严肃机构改革纪律。要严明政治纪律和政治规矩，严格执行机构改革组织纪律、机构编制纪律、干部人事纪律、财经纪律、保密纪律，加强监督和执纪问责。涉及机构变动、职责调整的部门，要服从大局，确保机构、职责、队伍等按要求、按时限及时调整到位，禁止拖延迟滞、搞变通，禁止突击提拔和调整干部。要扎实做好涉改单位债权债务、固定资产清理工作，严禁涉改单位突击花钱，坚决防止国有资产流失。要把机构改革实施情况纳入重大决策部署督察任务和巡察范围，加大督促检查力度。对违反纪律的行为，要严肃查处、严厉问责。

## 中共托克逊县委员会机构设置表

- 机要保密局
- 巡察工作领导小组办公室
- 直属机关工作委员会
- 农村工作领导小组办公室（设在县农业农村局）
- 教育工作领导小组办公室（设在县教育局）
- 审计委员会办公室（设在县审计局）
- 机构编制委员会办公室
- 外事工作委员会办公室（设在县人民政府办公室）
- 财经委员会办公室（设在县委办公室）
- 网络安全和信息化委员会办公室
- 国家安全委员会办公室（设在县委办公室）
- 全面依法治县委员会办公室（设在县司法局）
- 全面深化改革委员会办公室（设在县委办公室）
- 政法委员会
- 统一战线工作部
- 宣传部
- 组织部
- 办公室
- 纪律检查委员会监察委员会机关

说明：

中共托克逊县委员会设置纪检监察机关 1 个，计入机构限额的工作机关 10 个（设在相关部门的县委议事协调机构的办事机构不计入机构限额）。其中纪律检查委员会与监察委员会合署办公，实行一套工作机构、两个机关名称；县委办公室挂政策研究室、县档案局牌子；组织部挂老干部局、县公务员局牌子；宣传部挂县新闻出版局（县版权局）、县人民政府新闻办公室、县精神文明建设指导委员会办公室牌子；统一战线工作部挂县民族宗教事务局、县人民政府侨务办公室牌子；网络安全和信息化委员会办公室挂县互联网信息办公室牌子；机要保密局挂县国家保密局、县密码管理局牌子；网络安全和信息化工作委员会设在网络安全和信息化委员会办公室，不计入机构限额

## 托克逊县人民政府机构设置表

- 林业和草原局
- 医疗保障局
- 统计局
- 市场监督管理局
- 审计局
- 应急管理局
- 退役军人事务局
- 卫生健康委员会
- 文化体育广播电视和旅游局
- 农业农村局
- 水利局
- 交通运输局
- 住房和城乡建设局
- 自然资源局
- 人力资源和社会保障局
- 财政局
- 司法局
- 民政局
- 公安局
- 商务和工业信息化局
- 科学技术局
- 教育局
- 发展和改革委员会
- 办公室

说明：

托克逊县人民政府设置办公室和工作部门 24 个。县人民政府办公室挂县人民政府外事办公室、信访局、扶贫开发办公室牌子；发展和改革委员会挂粮食和物资储备局牌子；教育局挂民族语言文字工作委员会牌子；财政局挂国有资产监督管理委员会牌子；住房和城乡建设局挂人民防空办公室牌子；农业农村局挂畜牧兽医局牌子；文化体育广播电视和旅游局挂文物局牌子；市场监督管理局挂知识产权局牌子

# 地方志专题

## 《中国影像方志》新疆卷·托克逊篇

**引言**

“五月天山雪,无花只有寒。”

这是李白诗中的天山。

然而,还不到五月,天山脚下的托克逊,却早已一片花海。

这座海拔为零米的小城,最先感知春天的温暖气流。每年杏花开时,整个新疆的春天,便从这里开始了。

千余年来,边疆与江南,东方与西方,不同的文化和物产在此交汇。

这里少雨干旱;这里也驿路繁忙,清泉遍地。鲜明的文化差异与丰富的物态风情是托克逊千年历史的密码,也是托克逊今天绽放华彩与生机的秘密。

**考古记**

20世纪80年代,托克逊县城西北大约50千米的克尔碱镇,几乎在一夜之间闻名遐迩。

这些分布在克尔碱沟两岸的岩画,刻画清晰、形象生动,暗红色的岩石上,腾跃奔逃的北山羊,安然自得的骆驼,穷追猛扑的虎狼,足蹬高靴、搭弓射箭的猎手,无不栩栩如生。

吐鲁番学研究院技术保护所所长徐东良,多年来一直为保护和研究这些岩画而努力。为留存完整的资料,徐东良在按照一定的比例精心绘制了岩画的复制品。

距克尔碱镇5千米处,一块距地名几十米高的巨石上,刻着克尔碱岩画中最为独特古代水系图。它以阴刻的手法,绘出了近40条大小河流、泉源和水渠。逼真的显示了当时自然水系的分布,对托克逊县古代水系分布具有极大的研究价值。一条条沟壑,代表着奔流的江河,让人仿佛穿越时空,身临其境。

在很长一段时间内,克尔碱岩画的年代和作者始终是困扰考古学界的一个谜团。直到2003年3月,附近鄯善县洋海墓地的大规模抢救性发掘,让这个问题有了新的线索。洋海墓地出土的木桶上刻画的北山羊、狼、鹿、野猪等大量动物图案,都与克尔碱岩画上的动物造型有着惊人的相似。

经考证,洋海墓地形成于距今大约3000多年前。从吐鲁番盆地西北部阿拉泰地区翻越天山迁徙而来的一支游牧民族,逐水草而居。到达吐鲁番盆地之后,选择适宜的环境定居下来,夏季到北部天山放牧,冬天大雪封山时再把牛羊赶下山,生活在温暖的盆地里。而克尔碱岩画就出自这个族群之手。

在游牧民族没有文字的漫长历史中,克尔碱岩画是先民们独特的生活日志。天山的水源,成就了这片土地物种丰富、水草丰美的盛景。丰沛的自然资源,滋养了先民们最初的表达欲望。刻画在岩壁上的,犹如一本朴拙的教科书,让遥远的当代人穿越时空,与历史相遇。

**地名记**

“银山碛口风似箭,铁门关西月如练。双双愁泪沾马毛,飒飒胡沙迸人面。”——岑参

边塞诗人岑参记录了盛唐时期的托克逊留给他最深切的感受。

碛,《说文解字》中释义为“水陼有石

者",也就是浅水里的沙石。唐朝以后引申为沙漠。

银山碛,古丝绸之路上一处意象鲜明的地标。唐人曾设驿馆于此,其地就在今天的托克逊县西南。

唐朝以前的托克逊,是天山脚下一片多风沙的大牧场。

托克逊县地方志办公室主任陈慧琴翻开托克逊县志。陈慧琴,托克逊县原地方志办公室主任,十多年前,她承担了托克逊县志的编修工作。在追寻托克逊早期历史印记的过程中,陈慧琴的目光被引向一座古老的烽燧。

托克逊县城以西 64 千米的阿拉沟东口,制高点上耸立着一座古老的方形烽燧。这座周长约 130 米,高约 6 米的烽火台,曾经出土了包含唐代借贷契约书和戍边卫士的姓名文书。

维吾尔语称古堡、烽燧为"口塔什吐尔",即"石头垒的烽火台"。这些乱石、河浆和木棍建造的烽燧,是保留至今的古代军事建筑,见证着托克逊地名的变迁历史。

托克逊县地处穿越天山南北的必经之路,也是东西方文化汇流之处。

唐朝以前,托克逊所在的天山南麓一直处于游牧民族的多方争战之中。609 年这里为高昌王国辖区,设立县级行政区划。640 年,唐灭高昌后建立西州,在此置天山县。自那时起,唐王朝在此修建烽燧,作为驻军通信的设施——烽燧和驿道,就此在这片土地上延绵不绝。

屹立千年的阿拉沟口烽燧,与雄浑壮美的天山相互映衬,也见证着这个地点在狼烟暂熄后的繁荣。

从传说中最初移居来的 90 户居民开始,托克逊逐渐演变成了天山脚下的重镇。1936 年,民国政府在此设托克逊县,隶焉耆行政区。此后,托克逊之名一直沿用至今。

**音律记**

多年在意大利游学歌剧的王江江,因为一次偶然的机会,迷上了木卡姆这种新疆特有的音乐形式。毕业后,他决定遍访新疆,搜集木卡姆音乐。

音乐人王江江要启程去拜访一位表演新疆木卡姆艺术的老艺人。

玉山·买合木提,托克逊木卡姆自治区非物质文化遗产传承人。王江江的到来令他欣喜不已。新疆木卡姆艺术是新疆维吾尔族大型古典音乐套曲,被誉为"东方音乐明珠"。作为沙漠绿洲上的古老驿站,托克逊一带拥有独具特色的木卡姆音乐。

玉山·买合木提从十五岁开始学习木卡姆的演唱,至今已有 30 多年。托克逊县木卡姆美妙的音乐背后是繁难的曲调。在他的记忆中,托克逊县的木卡姆共有五套完整的曲目,过去的民间艺人依靠口传心授的方式传承着这门古老的技艺。然而随着时间的流逝,这些老艺人相继离世,现在的托克逊已没有人能完整地表演木卡姆。为了传承托克逊县的木卡姆音乐。2006 年,玉山·买合木提组织了班社,在表演中探寻传统音乐的延续和发展之路。

清新明快的木卡姆音乐以反映爱情和劳动的内容为主,每到收获的季节,托克逊的人们常常举行小型的麦西来甫,载歌载舞,庆祝丰收。在这场宴会上,木卡姆不可或缺。

美妙的音乐承载着托克逊人真挚的情感,深深感染了这位年轻的踏访者。

2008 年,托克逊县政府开始积极组织民间艺人调查,组织学唱木卡姆的班社,开展文化遗产的保护工作。

2016 年,王江江将自己多年采访搜集的音乐资料整理成书,《艾萨拉姆新疆》,托克逊县的木卡姆音乐成了书中一抹亮丽的色彩。

绿洲上清新明快的独特韵律,是托克逊

人对生活的礼赞和热爱。木卡姆从民族的记忆成为非物质文化遗产,正承载着当地人共同的情感,走向更宽广的舞台。

**美食记**

托克逊的拌面,在当地人口中号称“新疆第一面”。

筋道爽滑的手拉面,配以鲜美的托克逊羊肉浇头,一口地道的托克逊拌面带来的满足感,从古时的驿道两侧,一直延续到了今天。

面条的食用在新疆历史久远。在各式各样的吃法中,拌面是最受人们喜爱的一种。

托克逊县是古丝绸之路上的著名驿站,南来北往的商旅路人在此休憩、用餐。饱腹又美味的托克逊拌面自然成了旅途餐桌上的主角。

漫长的历史中,托克逊拌面在参差多态的味蕾间调和,经年累月地起着细微的变化,最终形成了独具一格的味道。一碗下肚,足以慰藉风霜扑面的漫漫旅程。

艾尔西的拌面馆开在闹市区,为了成就一碗地道的托克逊拌面,艾尔西早早起床,去汲取来自天山融雪的自流泉水。

一揉、二盘、三拉,仿若行云流水。这是厨师艾尔西最熟悉的动作。

造就一道美食的,除了精湛的技艺,还有食材本身的纯粹。

而羊肉是一道完美拌面的另一个重要因素。

托克逊小黑羊,肉质鲜美,也是托克逊人餐桌上必不可少的美味。

如今,在托克逊县城大大小小的拌面馆共有400多家。为经营好托克逊拌面的品牌,县政府投资建造了美食城,当地有名的拌面馆相继迁移至此。每年还会举办拌面节,吸引大批游客。

大自然的神奇馈赠,成就了托克逊美食的独特风味。新鲜地道的食材,娴熟精湛的技艺,使托克逊的拌面香飘万里、名扬四海。这是令游子魂牵梦绕的家乡味道,也是令八方宾客心驰神往的佳肴美馔。

**保护记**

在托克逊,每一条坎儿井都有自己的名字。

维吾尔族老人阿不都热依木·依布拉依木在自家的房前引水浇园所用的水源,就来自以他自己名字命名的坎儿井。

一百多年前,被贬谪新疆的林则徐在日记中记载了这样一件事:“见沿途多土坑,询其名,曰‘卡井’,能引水横流者,由南而北,渐引渐高,水从土中穿穴而行,诚不可思议之事。”

让林则徐感叹不可思议的“卡井”就是“坎儿井”,是我国新疆荒漠地区一种独具特色的地下水利工程。

据清末史学大家王国维的《西域井渠考》记载,坎儿井最早在西汉武帝时期就已出现,《史记》中称之为“井渠”。

作为大规模的地下水利灌溉系统,坎儿井在新疆吐鲁番境内绵延约5000多千米,又被称为“地下运河”。与都江堰、广西灵渠并列为中国古代三大水利工程。

在新疆吐鲁番地区,共有1700多条坎儿井曾经流淌着甘甜的清泉,托克逊境内尤为密集。

托克逊县的气候特征为干旱少雨的温带大陆性气候,全年降水量只有5.7毫米,而年蒸发量却达到了3171.4毫米,几千年来这里的人们一直在与干旱做着顽强的斗争。

中华人民共和国成立之后,随着现代化水利设施的不断发展,古老的坎儿井逐渐被废弃。出生在一个坎儿井匠人世家的阿不都热依木·依布拉依木老人,每天都在思考如何将挖井技术传承下去。

2004 年,58 岁的阿不都热依木决定开挖一口自己的坎儿井。然而,这个决定却困难重重。

从寻找水源到开挖明渠,从解决坍塌到掏挖暗渠。阿不都热依木投入全部精力和财产,历经 10 年,从 50 多岁修到 60 多岁。10 年间,他得到了当地政府的支持,也有很多人参与到了这条坎儿井的开挖工程当中,坎儿井终于修成了。

如今,阿不都热依木在坎儿井旁盖了房子,开辟了 50 多亩绿地,栽上了防风固沙的白杨树,种上了蔬菜、瓜果和粮食。他将这片新的绿洲分给两个儿子,令他们守护好他亲手打造的家园。而这座新时代的坎儿井也成了整个村庄新的生命之源。

对于托克逊人来说,坎儿井是流淌在血液中无法阻断的精神源泉,而在他们的家乡,新修的水利工程便是这股源泉流淌至今的壮阔波澜。

1996 年的夏天,托克逊县遭遇了百年不遇的特大洪水灾害,从那时起,托克逊政府举全县力量,开始兴修水利绿化两岸,打造特色水景等利民工程。

如今,坐落在红山洼地的天然水库——红山水库,清水满注,宛如天池。2009 年 12 月开工建设的吐鲁番地区唯一的百米级大坝——阿拉沟水库,更是高峡出平湖,让人们对干旱不再心生畏惧。

古老的坎儿井打造了托克逊人最初的绿洲家园,也凝聚成了这片土地的精神血脉。而新兴的水利工程,正在超越历史的局限,将这里的荒漠变成天山脚下的美丽传说。

**当代记**

从西伯利亚南下的风从天山突围之后,几乎横扫整个托克逊。三十里风区,使得托克逊成为名副其实的“风库”。

风,是托克逊之痛,也是托克逊的资源。

在博格达峰清奇峻秀的背景下,一排排旋转的风力发电机擎天而立、迎风飞旋,与蓝天、白云相衬,蔚为壮观。

21 世纪初,国内风电产业发展拉开序幕。作为风力资源丰富的地区之一,托克逊顺势而为,积极发展清洁能源。

吐鲁番盆地西北部风区全年 3—20 米每秒的有效风速约为 5000 小时,区内风能蕴藏量每年可提供的电力相当于 22 亿千瓦时。

2007 年,小草湖风力发电场建立。这是当时全国规模最大的风力发电项目,此后,托克逊风电事业进入快速发展阶段。

充沛的风力资源为托克逊发展风电事业提供了重要条件,同时,超大的风力也给风电场的建设、运行和维护带来巨大挑战。托克逊有时甚至会出现几十年一遇的极限风速,这对建设风电场的野外作业和风电基础设备的安全可靠运行都极为不利。

第一批风电工作者们,刻苦攻坚,冲破一道道技术难关,不断提高设备安全性能,来应对极端天气。

如今,风电场已经成为托克逊主要的能源来源之一,整个托克逊已拥有 8 家企业,16 个项目。风能产生的电能,电力则通过国家电网,输送到全国各地。不仅产生了巨大的经济效益,也产生了积极的生态效益和社会效益。为加快风能等清洁资源的开发利用,推动智能化风电场建设,托克逊正在积极打造中国重要的风电产业示范基地。同时一大批国内领先的风电机组制造企业也纷纷建成投产,较为完整的风电产业链正在形成。

旷古的长风被驯服成了洁净的能源,另一种来自自然的古老馈赠也在托克逊绽放新的荣耀。

“吐鲁番的葡萄哈密的瓜”。托克逊的葡萄是吐鲁番的葡萄中成熟最早的品种。托克逊夏镇南湖村的葡萄种植园里,董月强正忙着修剪葡萄。托克逊从四月开始就进入了瓜果飘香的季节，也是葡萄种植者们最忙碌的季节。董月强是托克逊的葡萄种植大户，从15岁跟随父辈经营小葡萄园到今天的规模化经营，他见证了托克逊葡萄产业化发展的历程。2015年，他还组织成立了精品果业农民专业合作社，将零散种植的小葡萄园进行整合，实现统一管理、统一销售。

除了忙碌的采摘和运销之外，董月强还有一项特殊的任务，他接到县里选送优良品种参加吐鲁番葡萄节的任务。选送的葡萄每串要在500—600克之间，颗粒要均匀饱满。工人们小心采摘，精心挑选出的葡萄，还需要通过县林业和草原局检测中心的含糖量和农药残留度检测。董月强对他选送的品种信心满满。

2018年9月3日第二十七届中国丝绸之路吐鲁番葡萄节开幕，董月强代表托克逊县选送的无核白、马奶子、无核紫、火焰无核等品种成功入选葡萄节。同时，这届葡萄节还在托克逊设置了分场，展区里的葡萄品种令人眼花缭乱。董月强的无核葡萄受到人们的青睐。

葡萄合作社的员工们格外忙碌，除了采摘、运销、为葡萄节忙碌，他们还要处理大批网上订单，近年来，电子商务成了托克逊葡萄一个异军突起的重要销售渠道。

“一带一路”倡议的实施使得地理位置特殊的托克逊再次成为引人注目的焦点。

2017年，国家级电子商务示范项目产业园在这里建成。信息在这里汇聚，货物在这里集散，往昔的驼铃声声被今天的鼠标点击声所取代，丝路新驿站的繁华正被科技的力量重新书写。

古老的土地，遥远的馈赠与新时代科技力量的结合，成就了当代托克逊的繁华风貌，曾经的丝路重镇焕发别样的生机，书写着新的西域传奇。

**后记**

关山碛口的大漠狂风，成就了新能源的硕果累累；雄关隘道上的故垒烽烟，讲述着铁马金戈的峥嵘往昔。丝路驿站上的驼嘶马鸣，奏响东西交汇的乐章，怪石砂岩上的古朴岩画，刻印着先祖的生活印迹。

在天山雪水滋养出的绿洲上，传承着古老的文化，也续写着新丝路驿站的华彩篇章。　（来源于央视科教频道）

# 通讯报道

## 博士夫妻留疆种果树　带领村民走向致富路

曾　维

从北京到吐鲁番托克逊的戈壁滩，从做旅游到种果树再到发展林果产业……10年间，来自北京的张国伟和刘荣华夫妻俩用自己勤劳的双手创造了幸福的生活，带领着当地的村民一起奔小康。

隆冬时节，张国伟带着工人来到高昌区恰特喀勒乡公相村采收贫困户家的葡萄干，边查看葡萄干的品质，边了解贫困户的生活状况。张国伟:“10 年前我从北京来到吐鲁番种植果树,刚开始啥经验都没有,连种了两年都没有活几棵,当地很有经验村民的给我讲了种植的技术,在他们的帮助下,第三年我终于种成功了,现在收益很不错,我特别感激他们。现在能帮助贫困户,帮他们卖货,我感觉特别好,相互帮助。”

张国伟和刘荣华夫妻俩,一个硕士,一个博士,说起为何来吐鲁番,缘于张国伟对妻子刘荣华的一个承诺。2009 年在一次与朋友的聚会上,张国伟答应妻子要陪她重走古丝绸之路。当晚回到家后,张国伟思绪万千,他知道这是妻子多年的愿望,况且答应妻子怎能不做呢?第二天,张国伟就带着妻子自驾重走古丝绸之路,没想到这次旅行成了他们新事业的起点。刘荣华:“在聚会上,我就是跟老公开了一个玩笑,没想到他竟然当了真。真的就带着我重走古丝绸之路,圆了我多年的梦。吐鲁番的历史、人文别具风格,物产、林果都很丰富,品质非常的好,尤其是水果特别甜。在游览了高昌、交河故城这几个著名的景点后,看到了 2300 年都被风化了的历史剪影,突然心生感动。我俩就决定留下,在这做点事儿。机缘巧合下,买了 500 亩地,就开始在这种树了。”

于是,张国伟夫妻俩就这样留了下来,在托克逊县郭勒布依乡一大队买了 500 亩地开始种植果树。

张国伟夫妻俩种树的地方是托克逊县三十里风区的一个风口区域,当初他们要在这遍地都是大大小小石头和沙子的戈壁滩上种树,当地村民都不看好。张国伟说:“第一年种的树基本上都死了,他们说你傻子嘛,那么多钱在这里‘白坎种’掉了,‘白坎种’不知道啥意思,当时脑子就有一个信念,就想的我一定要把它种成。”

第一年,夫妻俩投入 200 多万元种的第一批树没活几棵,第二年他们拿出所有的积蓄接着种,在充满希望的期待中,一场 14 级的大风刮过什么也没留下。这场大风,把他们的信心也刮走了。刘荣华说:“辛辛苦苦干了两年,钱也投了,结果一事无成。”

经过回北京一段时间的调整,夫妻俩又回到了吐鲁番。这次,他们破釜沉舟卖掉在北京的房子,住进了自己在戈壁滩上盖的砖房,这一住就是 4 年,他们就全心全意做一件事,种树。刘荣华说:“我们又回来了,当地岁数大的、很有经验的人就告诉我们说,你们种杏树、桑树包括种枣树,即耐旱又抗风。我们又重新把土地平整完了以后,又开沟换土。第三年能把树种成,要感谢当地的老乡。”

奋斗终有回报,10 年的时间,戈壁滩上长起一片防风林,张国伟夫妻俩的果园也进入盛果期,一年有 200 多万元的收入。在他们的带动下,发展林果业现在成了村里增收的重要渠道。托克逊县郭勒布依乡喀拉布拉克村党支部书记阿克木·木太力说:“我们村的农民跟着该企业开发果园,目前我村形成了 2000 多亩杏园,1000 多亩枣园,引进了 30 多家专业户,现在绿化工作做好了以后,减小了风力,具备了种植的条件,大大地改善了生态环境。”

生命不息,奋斗不止。2012 年,张国伟夫妻俩成立了吐鲁番枣尔康农业科技开发有限责任公司,搭上了自治区发展林果产业的快车,开始筹备做果品深加工。经过几年的发展,公司现有现代化标准车间 12000 平方米,冷库 2000 平方米,酿酒车间 3500 平方米,酒窖 1200 平米,3 条自动清洗加工生产线,6 台自动化去核机,4 条自动装生产线,申报实用新型专利 6 项。荣获地区龙头企业及自治区级科技型企业等企业称号,制定了新疆首个枣夹核桃企业标准,多次在自治区创新创业大赛上获奖。公司生产的“高昌郡”葡萄酒多荣获国内外大奖。创建了

"高昌贡""丝路礼好""高昌郡"系列知名品牌,与好想你、百草味等企业建立了全面合作,2017年销售干鲜果品6000吨,销售额1.2亿元,带动吐鲁番近2000多农户均增收1000元以上,吸纳农民转移就业100多人。吐鲁番枣尔康农业科技开发有限责任公司员工祖热古丽·卡哈尔告诉记者:"我在这个公司上班5年了,一个月有3千的工资。我在家门口有这样的企业,我感到很幸福,我们的生活越来越好,感谢党和政府,感谢枣尔康公司。"

谈到未来的发展,张国伟充满了信心,他说:"习近平主席说'奋斗本身就是一种幸福,只有奋斗的人生才称得上幸福的人生''新时代是奋斗者的时代'。"接下来,我们企业将以特色农产品深加工为基础,打造特色农产品品牌,使'高昌郡·高昌贡'品牌成为名扬天下的吐鲁番礼物;努力研发更多优质产品,提高我们的经营和管理能力,努力把企业做优做强。我们还将发展田园休闲农业、健康养生、特色民宿等旅游业,带动各族群众发展家门口的旅游实现增收致富。"

(来源于吐鲁番人民广播电台,作者为电台记者)

## 托克逊县电商产业园:提供快捷服务 增强发展活力

吕 峰

托克逊县电子商务产业园是第三批国家级电子商务进农村综合示范项目,也是湖南省援建项目。产业园于2017年10月正式开园,总面积10500平方米,已建设6900平方米。2018年6月,托克逊县电商产业园项目顺利通过国家商务部中期验收。产业园注重品牌建设,如今,"天山风韵·丝路飘香"已成为托克逊县电商的公共品牌。截至目前,产业园已入驻企业23家,成功孵化中小网商200余户,电商销售覆盖全县。今年1—10月,全县电商快递量122.59万件,同比增长97.3%;农产品网络销售额为757.41万元,同比增长49.5%。

11月30日,记者走进托克逊县电商产业园采访。

产业园负责人张春波介绍,园区分为公共服务区、快递物流区、创业区三大板块,功能涵盖仓储物流、培训孵化、公共服务、产品展示、商务办公等。目前产业园已入驻企业23家,其中快递企业10家、电商企业10家、配套服务公司3家。

产业园还精心打造了一个"创客中心",配备了一支专业的运营团队,为初级网商免费提供办公设备、网络、培训、水电、网货资源、代办政务服务、包装、冷藏仓储等多项服务,真正让创客实现了"拎包创业",通过"创客中心"已成功孵化中小网商200余户。

在电商产业园的带动下,如今托克逊县电商产业呈现蓬勃发展的态势。

截至目前,全县建成了1个县级公共服务中心、8个乡镇电商服务站、27个村级电商服务点,村级服务点覆盖建档立卡贫困户3724人,其中贫困村电商服务点8个,贫困村覆盖率100%。

为助力打赢脱贫攻坚战,产业园累计培训电商6450人次,其中培训贫困户743人次。通过网络销售农产品2173.34万元,帮助95户贫困户销售农产品116.93

万元。

“经过电商产业园的培训,我实现了就业。现在我有了稳定的收入,生活也有了保障。感谢党的好政策,感谢电商产业园的帮助。”11月30日,电商艾米热汗·艾米热高兴地对记者说。

据张春波介绍,在电商产业园的带动下,托克逊县加快了农村快递市场化运作:县客运站与县百世快递为乡镇快递代投配送;县客运站为圆通、申通、优速、韵达四家代投,县百世快递为中通、天天、百世3家代投。县客运站代投76878件,上行3010件,百世快递代投61520余件,上行10200件,累计代投快递138398件,上行13210件。

为打通农村商贸流通最后一公里,该县积极探索配送新模式,促进工业品下行进乡村。据统计,仅今年8月已累计开展工业品下行8344件,配送金额达10.6万余元,商贸流通配送初见成效。

电商物流渠道畅通后,该县电商经济迅猛发展:今年1—10月,全县电商快递量122.59万件,同比增长97.3%;农产品网络销售额为757.41万元,同比增长49.5%。

百世快递负责人师利深切感受到了电商产业园带给公司的好处。他对记者说:“通过电商产业园,以前散布各处的快递被整合在一起。之前送一些偏远村子的快递,因为邮件少、路途远,送一趟快递要赔钱,现在快递公司相互合作,一个村子的快递业务由一家快递公司跑一趟就送完了,节约了时间和劳动力,各家公司都得到了实惠。”近年来,电子商务产业园积极探索“网红直播+社群团购+乡村旅游”的电商新模式,今年5月20日,托克逊县电子商务产业园组织策划“520要幸福”鲜杏采摘活动,直播观看人数1000余万人,活动期间完成鲜杏订单7000余件,鲜杏销售17.5余吨,线上销售额30余万元。

6月23日,举办“托克逊县公共品牌发布暨哈密瓜渠道对接会”,预售、现场签约和直播销售累计约200余吨哈密瓜,销售额达300万元。

9月17日,托克逊县电子商务工作领导小组参加“2019丰收节公益直播盛典新疆专场”活动,短短10分钟销售葡萄干6500多单,创造了托克逊县农产品单品上行销售的最快销售纪录。

10月16日,在“2019年托克逊县红枣开园仪式暨全渠道对接会”的直播活动中,有13.5万人在线收看,在线下单1500余单,销售额18万元。产业园通过积极对接采购商,开展农户红枣直采,累计采购枣农红枣54.77吨,累计销售45万元。

漠北果园商贸有限公司负责人赵鹏说:“在党的政策红利下,电商产业园为我们企业提供了实实在在的免费场地和销售渠道,还为我们企业的发展以及树立企业良好形象提供了多方面帮助与支持。”

编后:

四十年改革激荡,二十载电商峥嵘,如今,电子商务已经成为我国经济发展的重要驱动力之一。市场的需求、政策的红利、基础设施的完善,推动着电子商务产业的迭代升级。托克逊县电子商务产业园因时应势,在党和国家的政策红利下,为托克逊县的经济发展添上了璀璨的一笔,同时也为托克逊的脱贫攻坚战贡献了力量。

(来源于吐鲁番融媒体中心,作者为融媒体中心记者)

# 名词解释

1. 1 +3 +3 + 改革开放:“1”是围绕总目标抓好防恐维稳工作。第一个“3”是全面贯彻新发展理念,打好三大攻坚战(防范化解重大风险、精准扶贫、污染防治)。第二个“3”是推动高质量发展,抓好三项重点工作(加快建设丝绸之路经济带核心区建设、乡村振兴战略、旅游产业发展)。改革开放是1978年12月十一届三中全会中国开始实行的对内改革、对外开放的政策。

2. 三个离不开:汉族离不开少数民族,少数民族离不开汉族,各少民族之间也相互离不开。

3. 两个责任:落实党风廉政建设责任制,党委负主体责任,纪委负监督责任。

4. 五位一体:经济建设、政治建设、文化建设、社会建设、生态文明建设。

5. 四个全面:全面建成小康社会、全面深化改革、全面依法治国、全面从严治党。

6. 一带一路:丝绸之路经济带,21世纪海上丝绸之路。

7.“五同”工作:指在包户住户工作中,和住户一起同吃、同住、同劳动、同学习、同娱乐。

8.“1 +2 +5”:指访惠聚工作的总体要求:1是维护社会稳定。2是加强基层组织建设、做好群众工作。5是落实惠民政策、拓宽致富门路、推进脱贫攻坚、办好事办实事、壮大党员队伍。

9. 四个一律:(1)对非法生产经营建设和经停产整顿仍未达到要求的,一律关闭取缔。(2)对非法生产经营建设的有关单位和责任人,一律按规定上限予以经济处罚。(3)对存在违法生产经营建设行为的单位,一律责令停产整顿,并严格落实监管措施。(4)对触犯法律的有关单位和人员,一律依法严格追究责任。

10. 六个精准:扶贫对象精准、项目安排精准、资金使用精准、措施到户精准、因村派人精准、脱贫成效精准。

11. 七个一批:通过转移就业扶持一批、通过发展产业扶持一批、通过土地清理再分配一批、通过转为护边员扶持一批、通过实施生态补偿扶持一批、通过异地扶贫搬迁扶持一批、通过综合社会保障措施兜底一批。

12. 三个“加大力度”:加大教育扶贫力度、阻断贫困代际传递,加大健康扶贫力度、防止因病致贫因病返贫,加大基础设施建设力度、改善生产生活条件。

13. 四个落实:落实党委(党组)脱贫攻坚主体责任、落实纪委(纪检检查组)监督责 任、落实职能部门监管责任、落实脱贫攻坚过程中各类监督检查发现问题整改的主体责任。

14. “三高”项目:高污染、高耗能、高排放项目。

15. 两个毫不动摇:毫不动摇地发展公有制经济,毫不动摇地鼓励、支持、引导、包户民营经济发展。

16. 三个必须:管行业必须管安全,管业务必须管安全,管生产必须管安全。

17. 四种形态:党内关系要正常化,批评和自我批评要经常开展,让“咬耳朵,扯衣袖,红红脸,出出汗”成为常态。党纪轻处分和组织处理要成为大多数,对严重违纪的重处分,作出重大职务调整的应是少数,而严重违纪违法立案审查的应是极少数。

18. 三个区分开来:把缺乏经验先行先试出现错误与明知故犯行为区分开来,把国家尚无明确规定探索性试验与国家明令禁止后有规不依行为区分开来,把为推动改革的无意过失与为谋取私利的行为区分开来。

# 勘　误

《托克逊年鉴(2019)》中“数字托克逊2019”为2018年的数据；

第236页中的奥依曼布拉克村更正为奥依曼买里村；

第266页中侨联主席:王致波(2018年11月离任)更正为王致波(2018年1月离任)